最高の名前が必ず見つかる!

最新

たまひよ

女の子のしあわせ名前事典

たまごクラブ
特別編集

名前は赤ちゃんへの最初のプレゼント

「生まれてくるわが子に、最高の名前をプレゼントしたい！」
それはすべてのママ・パパの願いですね。
この本には女の子ならではの名づけのヒントがいっぱい！
たまひよ読者の実例名前を紹介するこの本と、
姓に合った名前検索が簡単にできるweb鑑定で
世界にたった一つのすてきな名前を
赤ちゃんにプレゼントできますように。

この本に使われている漢字の画数は『福武漢和辞典』『ベネッセ新修漢和辞典』（以上ベネッセコーポレーション刊）と監修者の栗原里央子先生の見解を参考にしていますが、お使いになる辞典、姓名判断の流派によっては画数の異なる場合があります。名前をつけられる際に、ご自分でしっかり確認されることをおすすめします。

＼これだけは押さえておきたい／

女の子の名づけ 特徴と成功のコツ 4大ポイント

女の子の名前について、いろいろな特徴を知った上で名づけをしましょう。

1 男女で人気のイメージが異なる

女の子のイメージはかわいらしさや優しさが人気

たまひよ読者が女の子の名前を考えるときは、「かわいらしい」「優しい」「やわらか」などのイメージが人気のようです。特定のイメージを持つ名前にするには、そのイメージを思い浮かべられる漢字を入れる方法があります。

「愛」「結」「彩」「美」なら女の子、「翔」「郎」「斗」「太」なら男の子の名前というように、漢字には、それぞれの性で人気のものが分かれる傾向が。

もちろん、両方の性をイメージできる漢字もありますが、漢字を選ぶときには、その漢字にどのような意味があるか、つけたい名前のイメージに合うかを調べましょう。

たまひよママ&パパに聞きました

女の子・男の子の名前のイメージは?

女の子

- かわいらしい
- 優しい
- やわらか
- 美しい
- ふわっとしている
- 愛らしい
- 華やか
- 花のイメージ
- おしゃれ
- ほがらか
- 温かい　など

男の子

- たくましい
- 強い
- 大きい
- 元気・わんぱく
- 活発
- 自由・のびやか
- 海や空などの自然
- 明るい
- 勇気がある
- 知的
- かっこいい

など

2 女の子は添え字の数が少ない

あえて人気漢字を選ばない選択も

女の子は男の子に比べて、添え字（P.49参照）の数が少ないのが実情。その添え字も、近年は「菜」「花」「奈」など特定の漢字が人気で、頭を悩ませるママ・パパも多いようです。

添え字以外のメインの漢字にも流行はあります。人気の漢字・添え字を使うと、将来、まわりの子どもと似た名前になる可能性もあります。

そこで、人気が集中しがちな添え字ではなく、あえて別の添え字をあててみるといいでしょう。あるいは、メインの漢字か添え字のどちらかを、人気漢字以外から選んでみてはいかがでしょう。すると、新鮮な印象になるかもしれません。

名づけの基礎知識

使いたい字や読みに添え字を合わせて 女の子に合う 添え字一覧

あらかじめ使いたい字や読みが決まっていて、名前をつけたいときは、
その文字や読みに添え字をプラスしてみましょう。
万葉仮名風の3文字の名前をつけるときにも、添え字は活躍します。

●1文字の添え字

あ	亜阿安
い	以伊依委惟維緯衣唯
え	衣栄永瑛英依衛絵恵慧江枝重笑
お	於央旺王緒
おり	織
か	榎伽佳加可嘉夏果歌河珂花茄華霞樺袈香珈
き	葵伎喜基嬉岐希幾揮機祈季稀紀規貴起輝己埼樹生槻来暉綺熙
こ	己湖胡鼓瑚仔子
さ	佐嵯沙瑳作紗早
すみ	純澄 ※「ずみ」でも使用
せ	世瀬勢
ち	茅治千知智稚致
つ	津通鶴都 ※「づ」でも使用
つき	月槻 ※「づき」でも使用
な	菜七奈那南名梛
なみ	波浪
ね	音祢峰嶺寧
の	乃埜濃能野
は	羽巴波葉
ひ	日妃斐比緋飛陽
ふ	舞歩
ほ	補帆保圃歩甫穂
み	海見視実深美未魅巳
め	芽女
や	也夜耶野弥矢椰
ゆ	結愉唯佑優宥悠有柚由祐裕遊夕
よ	依世代夜予与
ら	羅良楽
り	浬哩利李梨理璃里俐莉
る	流琉留瑠
わ	輪和環

●2文字の添え字

えこ	江子　枝子　栄子　恵子
かこ	香子　佳子　加子　歌子
きこ	希子　紀子　喜子　貴子
くこ	久子　玖子
さこ	佐子　沙子　紗子
ちこ	知子　智子
つえ	津江　津枝 ※「づえ」でも使用
つこ	津子 ※「づこ」でも使用
つよ	津代　津世 ※「づよ」でも使用
みこ	美子　実子
よこ	代子　世子
りこ	里子　利子　理子　梨子
わこ	和子

49

P.49もCHECK!

3 男女で名前の音が異なる

同じ漢字でも音で性別が分かれる

漢字の音（読み方）にも男の子で人気のもの、女の子で人気のものがあります。たとえば「和音」。同じ漢字を使っても、女の子は「かずね」、男の子は「かずと」と読ませる人が多いのです。女の子は「かずね」と読ませたほうが性別は間違われにくいでしょう。

中性的な名前の場合、音で工夫する手も

中性的な名前の場合、性別が間違えられるのを避けたければ、音で男女の区別をつけるという手も。

「中性的な名前をつけたい」「赤ちゃんの性別がはっきりしない」という人は、男女どちらでも使える名前を考えておいて、性別がわかった段階で音をあてるという方法もあります。

女の子・男の子で人気の読みも違う?

女の子		男の子
音《ね》	⟷	音《と》
例 和音《かずね》 海音《あまね》		例 和音《かずと》 海音《かいと》
陽《ひ》	⟷	陽《よう・はる》
例 陽菜《ひな》 陽南乃《ひなの》		例 陽介《ようすけ》 陽斗《はると》
心《ここ・み》	⟷	心《しん》
例 心美《ここみ》 心結《みゆ》		例 謙心《けんしん》 心吾《しんご》

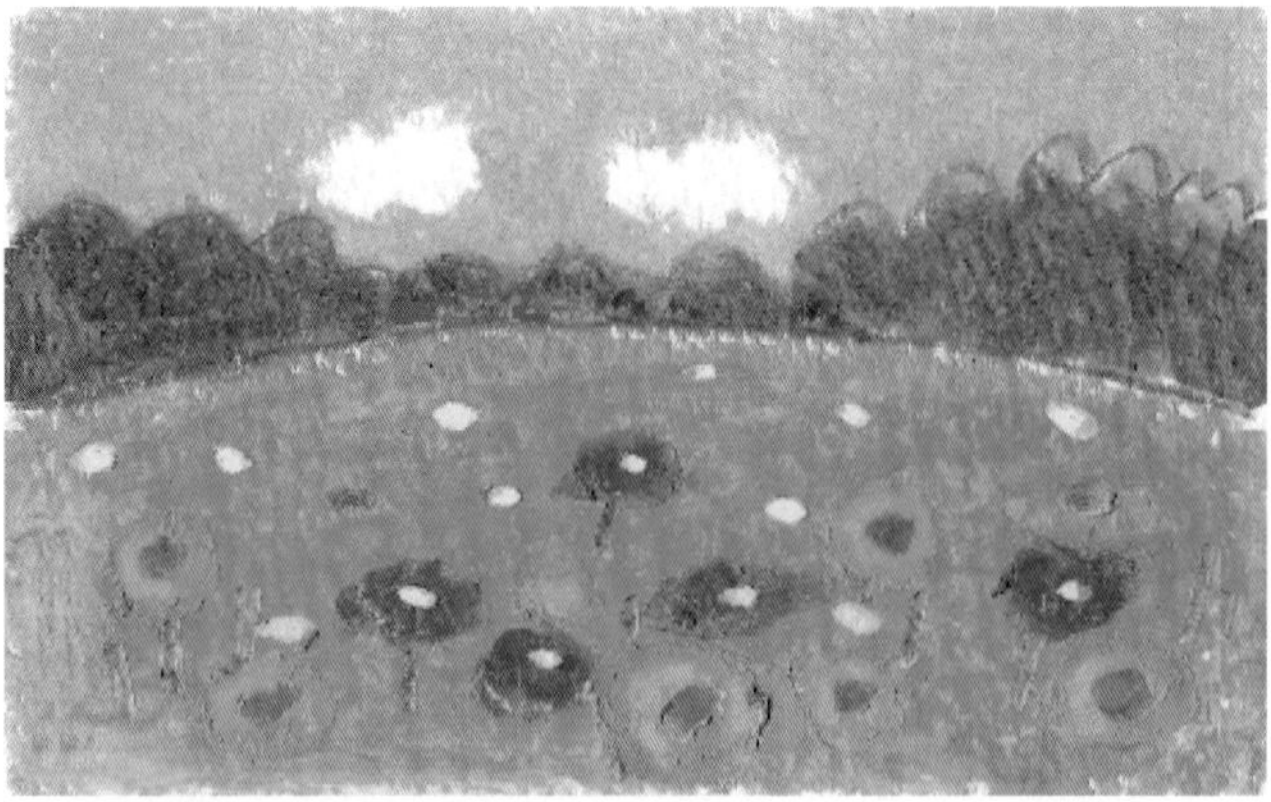

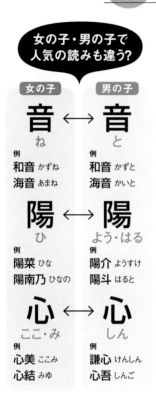

4 女の子は2音・3音が主流

名前の音が短くなる傾向が

以前は3音の名前が主流だった女の子の名前ですが、近年は3音だけでなく、2音の短い音の名前をつける人が増える傾向にあります。近年人気の1字名でも、「愛」（あい）、「優」（ゆう）、「結」（ゆい）など、2音の名前が多いのは女の子の特徴です。ニックネームとしても呼びやすいので、気になる人は2音の名前をチェックしてみてください。

ひらがな名前で個性を出すことも

女の子の名前は2音か3音が主流ですが、あてる字は1〜3字とさまざまな傾向があります。女の子の場合、やわらかい印象になるひらがな名前にするのもいいでしょう。また、1音ごとに万葉仮名風の漢字（P.51）をあてる方法も。ただし、万葉仮名風の名前は、姓とのバランスがとりにくいこともあるので、必ず紙に書いて確認しましょう。

たまひよママ&パパに聞きました

女の子・男の子の名前を考えるポイントは?

- 女の子はやわらかい音の名前、男の子は読み間違えられない名前にする
- あえて女の子でも男の子でも、どちらでも通る名前にする
- 女の子はママから１字、男の子はパパから１字をとった名前にする
- 女の子はひらがな名前、男の子は漢字１字の名前にする
- 女の子は字形・音が美しい名前、男の子は漢字の意味を重視
- 女の子は音の響き重視、男の子は画数重視
- 女の子はかわいらしいイメージ、男の子はたくましく強いイメージの漢字を入れる　など

の方法を見つけよう!

チェックが
多かった
名づけ方法の
ページへ!

プをチェック！　あなたに合った名づけ方法が見つかるはず♪

音にこだわるタイプ

P.14へ

たまひよ名づけ博士web鑑定の
「読み指定検索」なら、
お気に入りの読みや、
その読みを含めた良運の名前が、
約3万件の豊富な名前例の中から
探せます！（詳しくはP.26〜30）

- ■ 響きのいい名前にしたい
- ■ 胎児ネームがある
- ■ 呼びたい愛称がある
- ■ 音の持つパワーにこだわりたい

イメージにこだわるタイプ

P.15へ

たまひよ名づけ博士web鑑定の
「イメージ指定検索」なら、
イメージに合う良運の名前を、
約3万件の豊富な名前例の中から
探せます！（詳しくはP.26〜30）

- ■ こんな子になってほしいという強い願いがある
- ■ イメージのいい名前をつけてあげたい
- ■ 夫婦の趣味にちなんでつけたい
- ■ 好きなものから発想を広げたい

タイプ別チェックテストで

あなたにピッタリの名づけ

「何から考えていけばいいのかわからない…」。そんな人は、下記のタイ

漢字にこだわるタイプ

P.16へ

- すでに使いたい漢字が決まっている
- 親や祖父母などの名からとりたい漢字がある
- 漢字が持つ意味にこだわりたい
- 使う漢字に親の願いを込めたい

たまひよ名づけ博士web鑑定の
「漢字指定検索」なら、
使いたい漢字を含んだ良運の名前を、約3万件の豊富な名前例の中から探せます！（詳しくはP.26～30）

画数にこだわるタイプ

P.17へ

- 運勢のいい画数が気になる
- 姓名判断による名前の吉凶を調べたい
- 姓と相性のいい名前をつけたい
- 陰陽五行説による名前の吉凶も気になる

たまひよ名づけ博士web鑑定の
「漢字指定検索」
「候補名鑑定」なら、
良運の名前を探したり、運勢を鑑定したりできます。面倒な画数計算が不要で便利！
（詳しくはP.26～30）

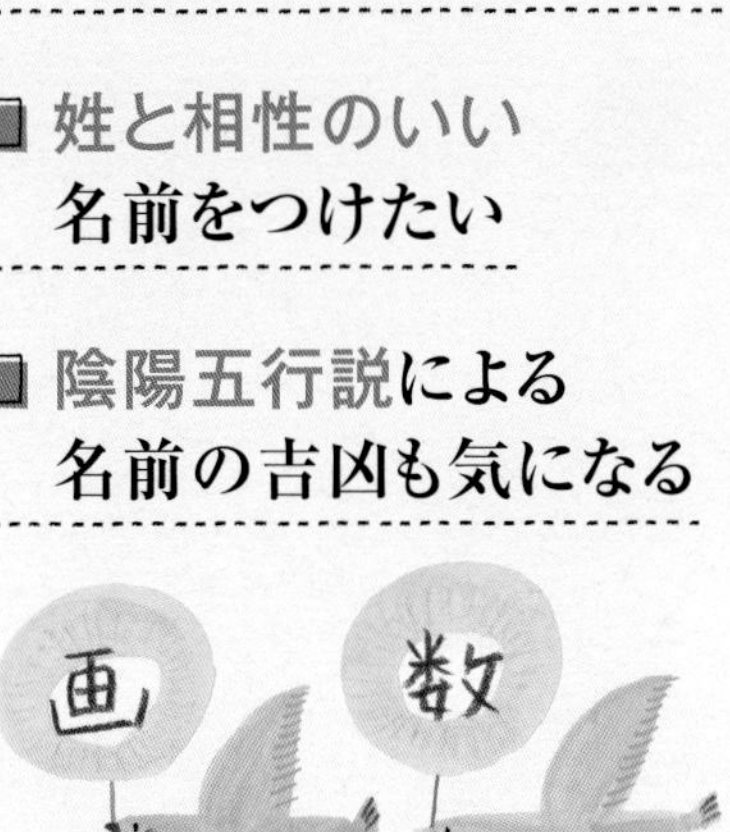

直感派の人向け

音

にこだわるタイプ

「読み」や「愛称」を重視する人向け。音の持つイメージは、その人の印象や性格にも影響するといわれています。一生を通してその音で呼ばれるので、親しみのある名前を選んで。

\ 名前決定までのアプローチ /

STEP 1 呼びたい響きから考える

pi pi pi
chi chi

まずは好きな響き、いいなと思う読み方をリストアップ。思いついた名前は実際に声に出して、その名前が発音しづらくないか、聞き取りやすいかどうかを確認します。「ひなちゃん」「りんちゃん」など、気に入った愛称から考えてもOK。

STEP 2 名前例をたくさん見る

たとえば「ひな」にしたいと読みが決まっている人は、「ひな」の名前例を見てみて。愛称を「ひなちゃん」や「ひな」にしたい人は、「ひなか」「ひなこ」「ひなた」などの名前例もチェック。いくつか読みの候補があって迷っている人は、候補の読みの名前例をたくさん見て、気に入ったものに○をつけていきながら絞るのもよいでしょう。

日那	ひな	ひな	瞳	仁美	仁実	ひとみ	ひとみ	仁葉	ひと葉	一葉
11	7		17	13	12	7		16	16	13
陽菜	緋奈	桧菜	緋那	陽奈	陽那	姫奈	雛	妃菜	妃夏	妃南
23	22	21	21	20	19	18	18	17	16	15
比奈子	日奈子	日向子	ひなこ	ひなこ	陽菜香	陽菜佳	陽菜花	雛花	日菜香	日菜花
15	15	13	9		32	31	30	25	24	22
日菜多	日奈多	日陽	ひなた	日向	ひなた	陽菜子	緋奈子	陽南子	緋那子	陽奈子
21	18	16	11	10		26	25	24	24	23

\ スマホでも探せる! /

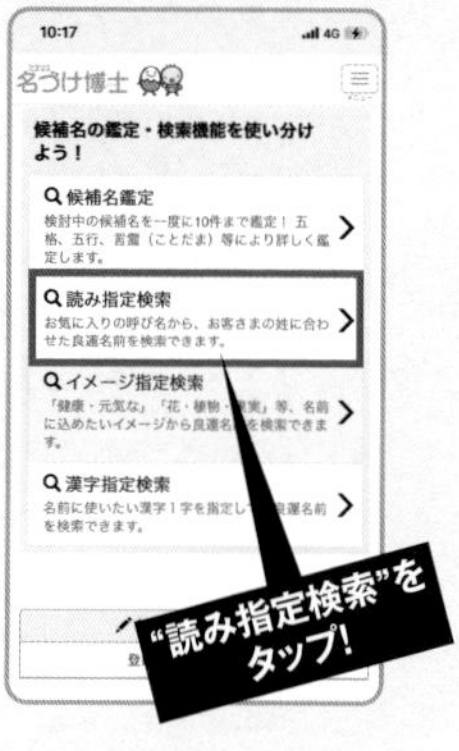

10:17
名づけ博士
候補名の鑑定・検索機能を使い分けよう!
候補名鑑定
検討中の候補名を一度に10件まで鑑定! 五格、五行、言霊(ことだま)等により詳しく鑑定します。
読み指定検索
お気に入りの呼び名から、お客さまの姓に合わせた良運名前を検索できます。
イメージ指定検索
漢字指定検索
"読み指定検索"をタップ!

STEP 3 決まった読みに漢字をあてはめる

読みが決まったら、それに合う漢字を考えていきます。明るいイメージなら「陽奈」、かわいいイメージなら「日菜」など、漢字の組み合わせで与える印象も変わります。「読み別漢字リスト」(P.199参照)や「万葉仮名風の漢字一覧」(P.51参照)も活用してみて。ただし、こだわりすぎて読みにくくならないように注意。音の持つパワー、「ことだま(言霊)で見る名前」(P.82参照)も参考に。

日那	ひな	ひな	瞳	仁美	仁実	ひとみ	ひとみ	仁葉	ひと葉	一葉	ひとは	仁絵	ひとえ	秀美	ひでみ
11	7		17	13	12	7		16	16	13		16		16	
陽菜	緋奈	桧菜	緋那	陽奈	陽那	姫奈	雛	妃菜	妃夏	妃南	日菜	妃奈	妃那	比奈	日奈
23	22	21	21	20	19	18	18	17	16	15	15	14	13	12	12

STEP 4 姓とのバランスを確認

オカシクナイ?

あてはめた漢字の意味や読みがおかしくないかチェックしましょう。「みづき」を「海月」とした場合、「くらげ」とも読めます。また、姓と合わせると「大庭佳代(おおばかよ)」のような意図しない意味になってしまうこともありますから、実際に書いたり、読み上げたりして確認するのがおすすめ。

詳しくはP.79へ

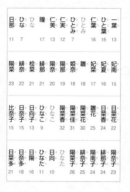

名前決定までのアプローチ

STEP 1 どんなイメージがいいか考える

「明るい子に」と願いを込めたり、ママとパパの共通の趣味から考えたり、赤ちゃんが生まれる季節や干支《えと》にちなんだり。海や花、音楽など、ママやパパが好きなものから発想を広げていってもいいですね。

願いを込めたい人向け イメージにこだわるタイプ

季節、自然、子どもへの願いなど、まずイメージを決定。そこからイメージを表す漢字と名前例を探していきます。ほかに、漢字の持つ意味からイメージを広げていく方法もあります。

STEP 2 イメージから連想する名前例をチェック

「イメージから選ぶ女の子の名前」(P.207参照)には、季節、干支、自然、込めたい願いなど、いろいろなイメージから連想される「イメージ漢字」と「名前例」があります。これを読んでみて、気に入ったものを見つけたり、さらに発想を広げていったりしてもいいでしょう。

スマホでも探せる!

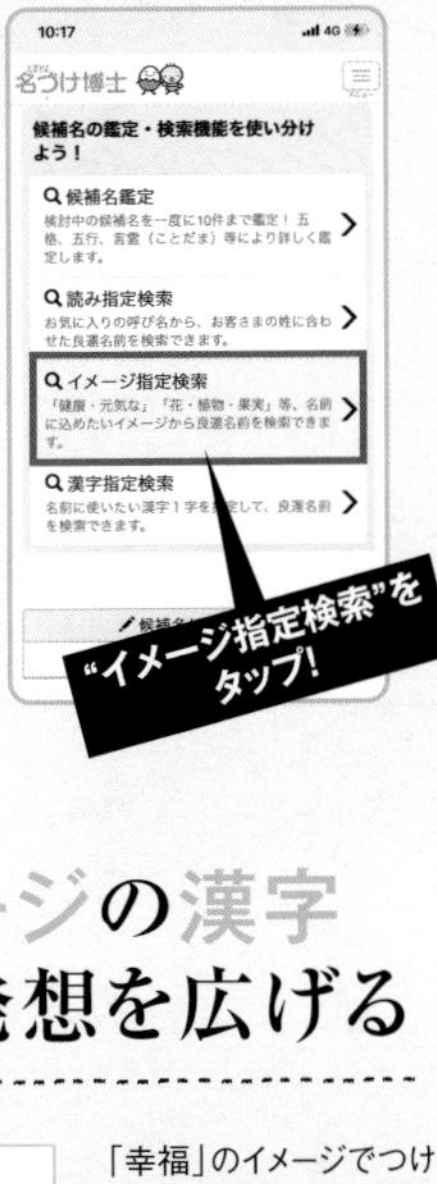

STEP 3 イメージの漢字から発想を広げる

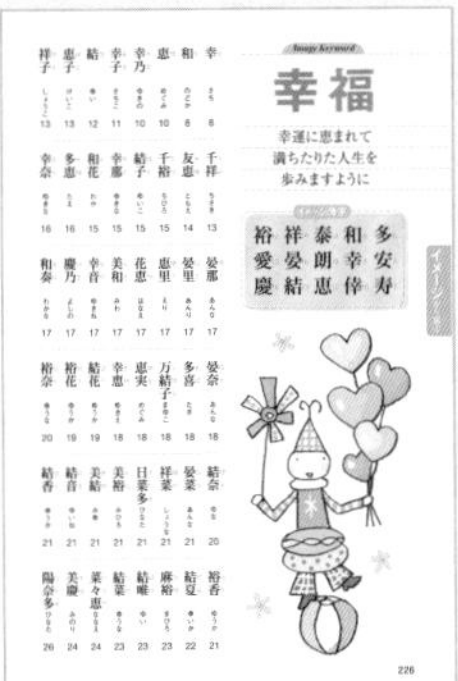

「幸福」のイメージでつけたいなら、そのイメージの漢字を探してみます。たとえば、「幸」「和」「祥」「慶」。メイン漢字を決めたら、それに合う漢字を探します。「笑う」という意味のある「咲」を合わせて「咲幸(さゆき)」、添え字をつけて「幸乃(ゆきの)」などのように考えてみましょう。名前例から選んでもOK。

STEP 4 姓とのバランスを最終確認

名前だけのイメージにこだわりすぎて、姓とのバランスが悪くなっている場合もあります。必ず紙に書いて確認してみましょう。また、声に出して読んでみるのも大事。姓とのイメージがあまりにかけはなれているのも考えものです。気になる場合は画数も最後にチェックしてみて。

詳しくはP.207へ

意味重視の人向け

漢字にこだわるタイプ

使いたい漢字が決まっている人向け。漢和辞典を使いこなすのは大変ですが、「画数別おすすめ漢字リスト」（P.255参照）には、画数、主な読み、意味、願い、名前例があって便利！

＼ 名前決定までのアプローチ ／

STEP 1 使いたい漢字から考える

コレとコレと…

好きな漢字を書き出してみましょう。「ママやパパの名前の1字を使いたい」「生まれた季節にちなんだ漢字を」「願いを込めたい」など、思いついたものを書き出してみて。「画数別おすすめ漢字リスト」（P.255参照）を見ながら、好きな漢字を抜き出していっても。

STEP 2 漢字の意味や願いをチェック

使いたい漢字の意味を「おすすめ漢字」や市販の漢和辞典で調べてみましょう。たとえば「逸」は「すぐれている、ぬきんでる」などのいい意味もありますが、「はずれる、わがまま」などのマイナスの意味も。辞典によって載っている意味は異なりますが、悔いのない範囲で調べておいて。「おすすめ漢字」内の「願い」も参考に。

＼ スマホでも探せる！ ／

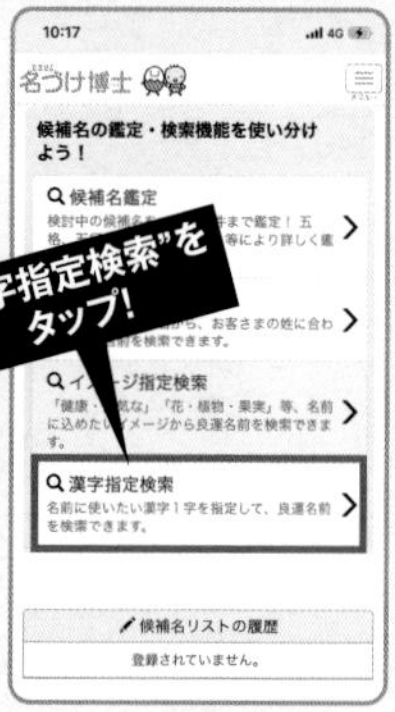

STEP 3 メインの漢字に組み合わせる漢字を選ぶ

メインの漢字が決まったら、組み合わせる漢字を選びます。「おすすめ漢字」からもう1字選んでもいいでしょう。「おすすめ漢字」には名前例もありますから、それも見てみて。「添え字一覧」（P.49参照）や「女の子の人気添え字」（P.183参照）も参考にしてください。

STEP 4 姓とのバランスを最終確認

名前が決まったら姓と名前を書いてみて。漢字の意味や願いにこだわりすぎて、不本意な名前になっていないか、バランスが悪くないかをチェックしてみましょう。さらに声に出して、読んでみましょう。気になる場合は画数も最後にチェックしてみて。

詳しくはP.255へ

＼ 名前決定までのアプローチ ／

STEP 1 画数名づけを確認する

姓名を構成する文字の画数を5つの部位ごとに計算した「五格」を基本とします。まず五格それぞれの意味と数え方を理解しましょう（P.337参照）。姓と名前の文字数が違う場合、「仮成数《かせいすう》」（P.338参照）を加える必要があるので、該当する人は確認しておきましょう。「陰陽五行」（P.340参照）も気になる人は参考にしてみて。

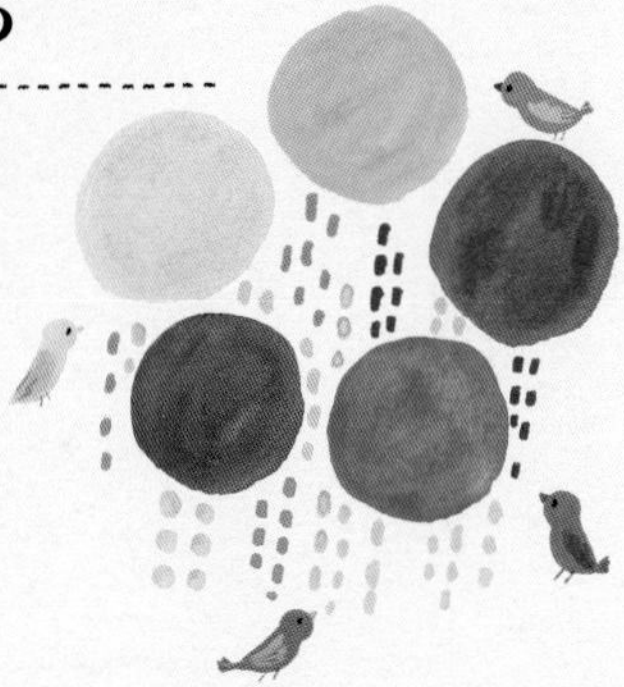

占いが好きな人向け 画数にこだわるタイプ

赤ちゃんの幸せを願って、つけたい名前の画数が吉数（運勢のいい画数）になる名前を考える方法。姓名判断は、流派がいろいろあるので、一つの流派に決めて考えるとよいでしょう。

STEP 2 「姓別吉数リスト」と「画数組み合わせリスト」を活用

7·18
近藤 佐藤 谷藤 尾藤 兵藤
6 7 14
3・4 5・11 5・18 6・10 7・9

未織　みおり
禾織　かおり
5-18

画数を重要視するなら、「姓別吉数リスト」（P.359参照）を活用！　姓に合う名前の画数がわかるリストです。いい画数、吉数がわかったら、今度は「画数組み合わせリスト」（P.403参照）を活用。たとえば佐藤の「姓別吉数リスト」の中の5・18を「画数組み合わせリスト」で探すと、「未織」「禾織」などの名前が見つかります。

＼ スマホでも探せる！ ／

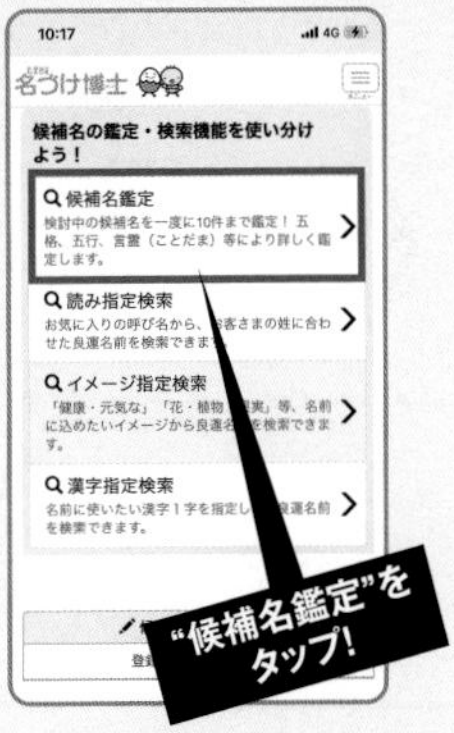
10:17
名づけ博士
候補名の鑑定・検索機能を使い分けよう！
候補名鑑定
検討中の候補名を一度に10件まで鑑定！ 五格、五行、言霊（ことだま）等により詳しく鑑定します。
読み指定検索
イメージ指定検索
漢字指定検索
名前に使いたい漢字１字を指定し
を検索できます。
"候補名鑑定"をタップ！

STEP 3 吉数になるよう組み合わせを探す

7·18
近藤 佐藤 谷藤 尾藤 兵藤
6 7 14
3・4 5・11 13・10 14・9 15・8

つけたい読みがある場合、吉数の漢字を探してみて。たとえば「佐藤」さんが「まい」とつけたい場合、「姓別吉数リスト」（P.359参照）の吉数の組み合わせの中の15・8を「音から選ぶ女の子の名前リスト」（P.95参照）から探すと、「舞依」が該当します。使いたい漢字がある場合は、その漢字の画数を基にして、組み合わせる漢字を「画数別おすすめ漢字リスト」（P.255参照）から選んでいきます。

真10 維14	愛13 唯11	舞15 依8	茉8 愛13	舞15 衣6
24	24	23	21	21

STEP 4 響きや漢字を決めたあと画数をチェックする

画数を重視するあまり、読みや漢字など、全体的にバランスが悪くなっていないかチェックしましょう。また、音や漢字重視の名前でも、画数が気になる場合は、最後にチェックしてみて。画数重視で名前を決めていく以外では、吉数になる確率は高くはないので、あまりこだわりすぎないように。吉数にしたい場合は、漢字を1字変更するとうまくいく場合も。

詳しくはP.335へ

＼ほかにも／

名づけのヒントはいっぱい！

名づけの方法はまだまだたくさんあります。
以下にヒントを挙げましたので、
選択肢を広げてみてください。

最後の文字（添え字）から決めてみる

女の子だったら「子」がつく名前にしたいという人は、「人気添え字」で名前例をチェック！「添え字一覧」を見て添え字を決めてから、組み合わせる漢字を考えるという方法もあります。

▶ 添え字一覧 P.49　▶ 人気添え字 P.183

異体字（旧字）も取り入れたい

「特徴のある字にしたい」ときは、異体字を使う手も。中でも「来」の旧字「來」は、とても人気があります。また、「つけたい名前が人気名前だったので避けたい」「つけたい名前の画数がよくない」などの場合も、異体字にしてみてもいいでしょう。上手に取り入れてみて。

▶ 名前に使える人名用漢字の異体字 P.43

国際的な名前にしたい！

「国際的な名前にしたい」という人は、P.46の「外国語をヒントに探す」を見てみましょう。注意する点はP.59にも載っているので、押さえておいて。国際的な名前は、漢字・かなだけでなく、ローマ字でも書いてみるのが◎。そのときは、P.60・61も参考にしてください。

▶ 外国語感覚の名前にするなら P.59

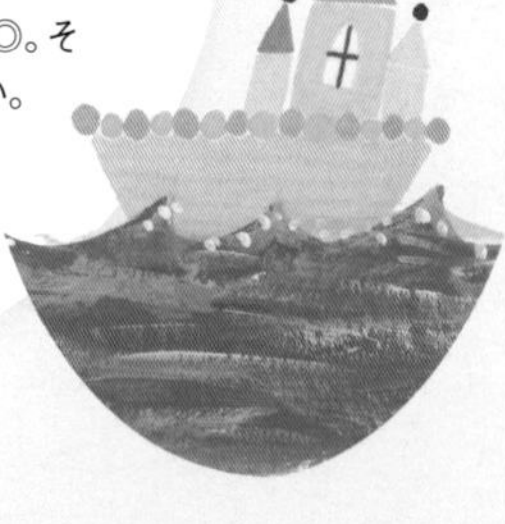

CONTENTS

第1章 名づけの基礎知識

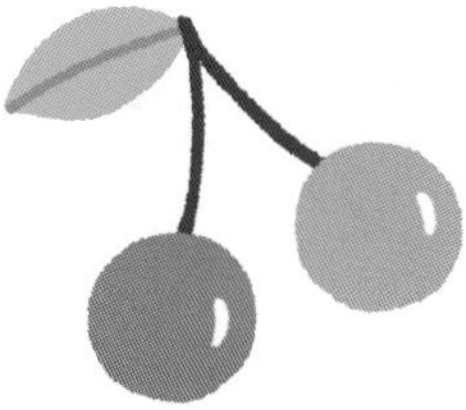

CONTENTS

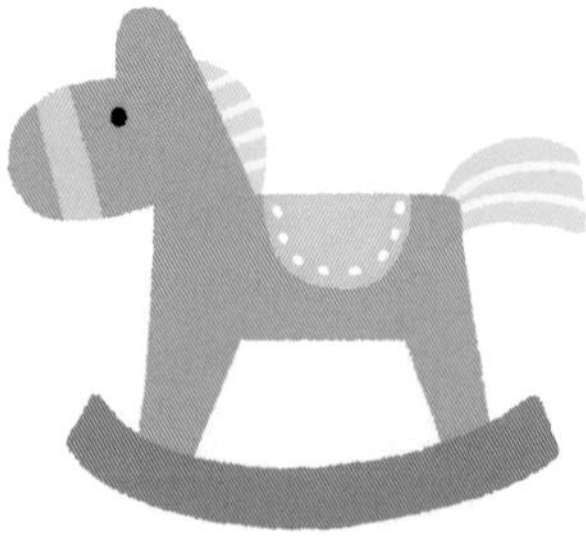

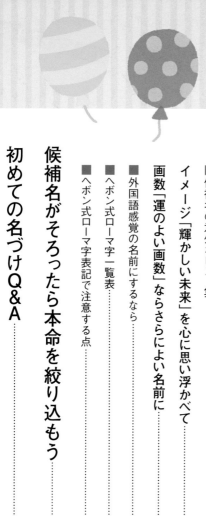

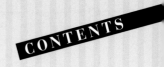

第2章 音から選ぶ 女の子の名前

CONTENTS

第3章 イメージから選ぶ 女の子の名前

第4章

画数別 おすすめ漢字リスト

第5章

画数から選ぶ 女の子の名前

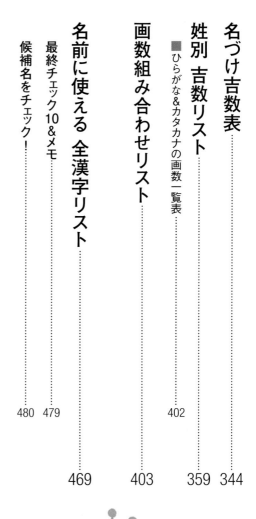

本書について

●本書に使われている漢字の画数は『福武漢和辞典』『ベネッセ新修漢和辞典』（以上ベネッセコーポレーション刊）と監修者の栗原里央子先生の見解を参考にしていますが、お使いになる辞典、姓名判断の流派によっては、画数の異なる場合があります。名づけの際に、ご自分でしっかりと確認されることをおすすめします。

●本書で紹介している名前やデータは、2005年１月から2023年９月までに、たまひよ編集部および、たまひよの商品・サービスをご利用のお客さまより寄せられた赤ちゃんのお名前の中からテーマに合ったものを抽出して掲載しています。

●本書で使われている漢字の字形については、法務省の定めた字形に基づいています。書体により微細な相違点はありますが、それらの相違は活字のデザイン上の相違に属するもので、字形の違いではないと考えられるものを使用しています。

●名前の漢字の読み方に関しては、名前に使える漢字であれば、あて字も含まれるため、漢和辞典にない読み方をしているものもありますのでご注意ください。

●名前の届け出が受理されるかどうかは、各自治体により判断が異なります。掲載した名前の例が必ず受理されるとは限りませんので、ご了承ください。

※令和7年5月より施行予定の改正戸籍法により、戸籍に氏名のふりがなが記載され、名前の読み方にも一定の規律が設けられることになりました。

STAFF

表紙デザイン／フロッグキングスタジオ

表紙・総扉イラスト／ヨモギ田リョオコ

目次イラスト／わたなべちいこ

本文デザイン／小出大介（ベルノ）

取材・文／尼崎道代、秋元 薫、伊藤あかね、岸本祐子、吉原佳音、抜井芳栄

校正／聚珍社、東京出版サービスセンター、くすのき舎、岡田 啓、樗木恭子

イラスト／mahicotori、小倉ともこ、the rocket gold star、ニーヤ・アキ、鈴木to-co*、本郷けい子、M@R

たまひよ名づけ博士web鑑定の使い方

START

まずは、スマホまたはパソコンで

st.benesse.ne.jp/hakaseweb

にアクセス

手順1 ログインIDとアクセスキーを入力します

※スマホ画面の場合で説明します。

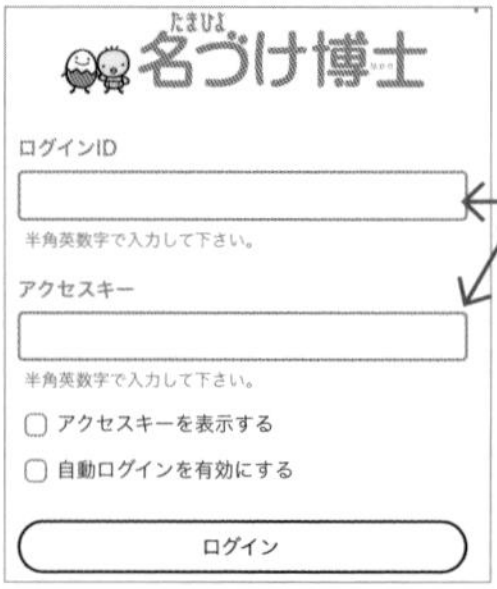

ここに入力

この袋とじの中のログインIDとアクセスキーを確認

手順2 初回のみ「姓」を設定します

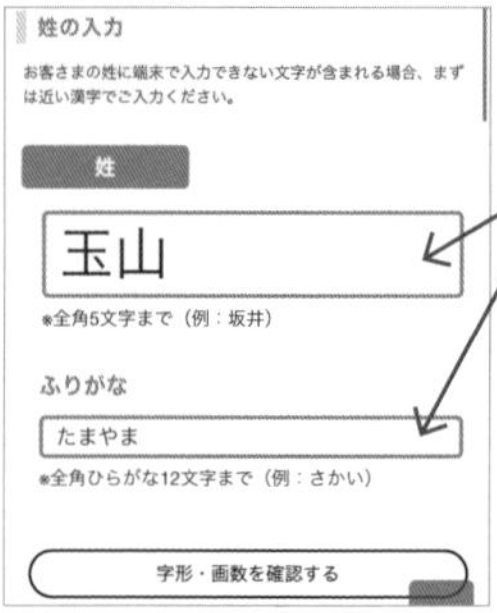

ここに入力

＼必ず確認を／

●一度設定した姓は変更できません。間違いのないように十分注意して、入力してください。姓は5文字まで入力可能です

●web上で入力できない漢字は、一度代わりの漢字を入力したあと、元の字の画数を指定してください

webサービスは、姓の設定後、1年間使えます

手順3 読みor漢字orイメージ指定検索、候補名鑑定から好みのweb鑑定をやってみよう

ここをタップするとこの画面に。やってみたい項目をタップします

下にスクロールすると出てくる「候補名の鑑定・検索機能を使い分けよう！」内をタップしてもそれぞれの機能を使えます

★パソコンの場合は画面上部のタブか下部にある「候補名の鑑定・検索機能を使い分けよう！」内の各ボタンをクリック

●ログイン ID とアクセスキーを入力すれば、スマホとパソコンなど複数の端末で利用することも可能です。

本書＋webで最高の名前探しができます！

約3万件のデータから名前例検索が簡単にできる「たまひよ名づけ博士web鑑定」は候補の絞り込みや姓に合わせた鑑定ができて便利！名づけに関する知識が詰まった本書で赤ちゃんの名前候補を挙げ、さらに名前例が豊富なwebを併用すれば、わが子にぴったりの最高の名前が見つかります。

たまひよ名づけ博士web鑑定って？

約3万件のデータから姓の画数に合った名前例を検索できるサービスです

気になる「読み」「漢字」「イメージ」の条件を選択するだけで、あなたの姓に合った名前例が検索できます。また、候補名を入力して鑑定することも！

●読み指定検索

「はるちゃん」「ゆうちゃん」など、呼び方や名前の読み方、音の響きから検索できます。

●漢字指定検索

「悠」「幸」など名前に使いたい漢字がある場合に、漢字1字から検索できます。

●イメージ指定検索

「美しい・きれい」など、名前のイメージから検索できます。

●候補名鑑定

「結衣」など具体的な候補名を画数、その名になったときの性格、運勢など、総合的に鑑定できます。

※名づけ博士の名前例は実例です。あて字も含まれていますのでご注意ください。

読みを指定して検索したい

「りんか」といった名前そのものの読みや、「りん」という読みを一部に使いたい、名前の最初の音を「り」にしたい場合などは「読み指定検索」で探せます。

手順 1 メニューを開いて「読み指定検索」をタップします

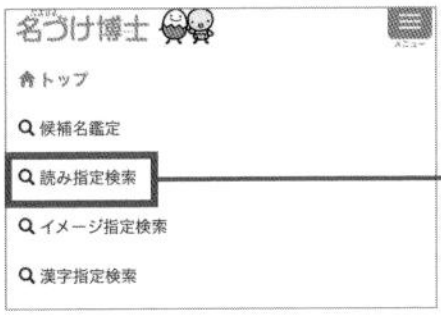

★パソコンの場合は画面上部のタブか下部のボタンをクリック

ここをタップ

手順 2 「読み」を入力して「一致条件」（それぞれの説明は下記参照）「性別」を選択。最後に「検索する」をタップします

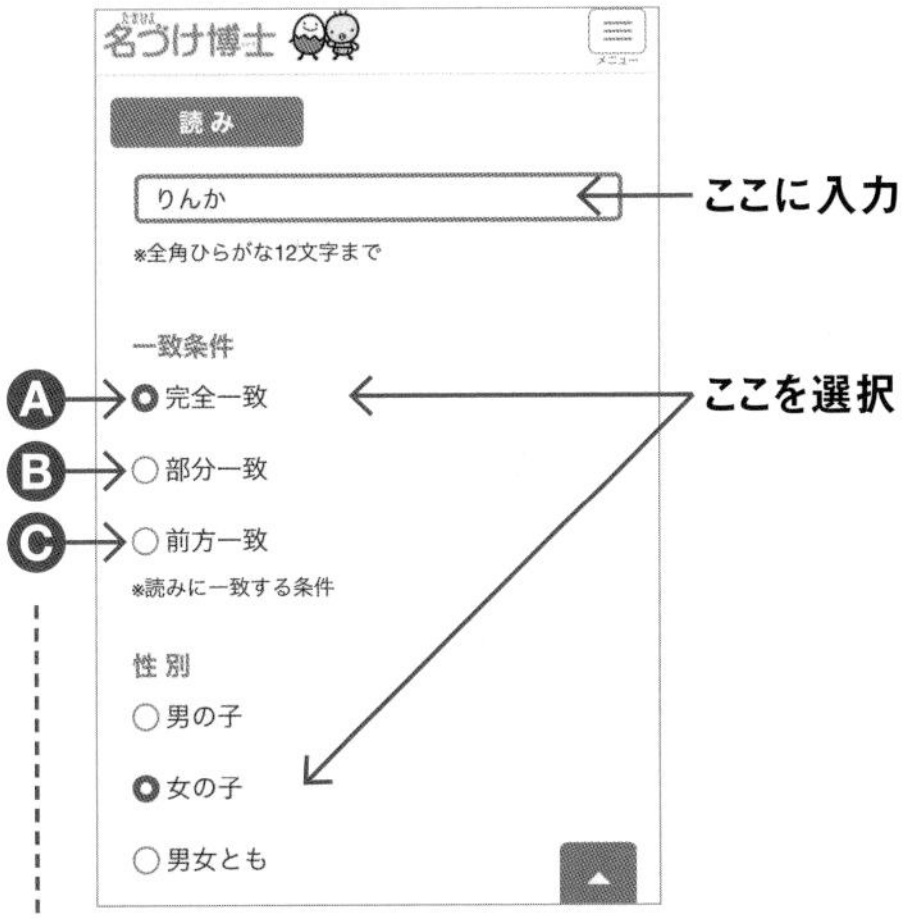

手順 3 候補名が表示されます。さらに詳しい説明を見たい場合は「候補名鑑定」をタップ。お気に入りの名前は「候補名リスト」に登録

（詳しくはP.30参照）

C 前方一致

その読みから始まる名前を検索するとき、または最初の音だけ決まっている場合は、これを選択。たとえば「り」で検索すると「莉子(りこ)」など「り」で始まる名前が出てきます。

B 部分一致

その読みが含まれている名前を検索するときは、これを選択。たとえば「りん」で検索した場合は「万琳(まりん)」「凛夏(りんか)」など、「りん」が含まれる名前が出てきます。

A 完全一致

名前の読み方そのものを検索するときは、これを選択。たとえば「りんか」で検索した場合は「凛華」「鈴夏」など、読み方に一致した名前が出てきます。

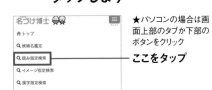

イメージを指定して検索したい

「季節にちなみたい」「願いを込めたい」など具体的なイメージが決まっている場合は、「イメージ指定検索」を使って探してみましょう。

手順1 「イメージ指定検索」をタップします

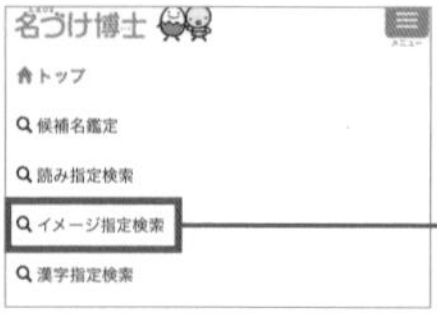

★パソコンの場合は画面上部のタブか下部のボタンをクリック

ここをタップ

手順2 好きなイメージを選択します

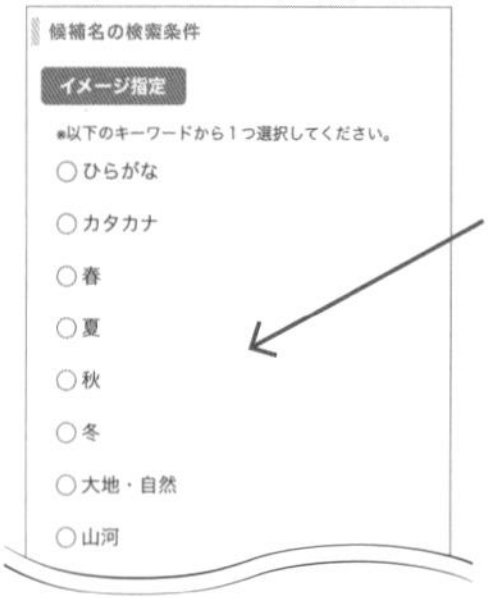

どれか1つを選択

下にスクロールしていくと全部で30のイメージがあります。好きなものを1つ選んで

手順3 下にスクロールして性別を選択し「検索する」をタップ

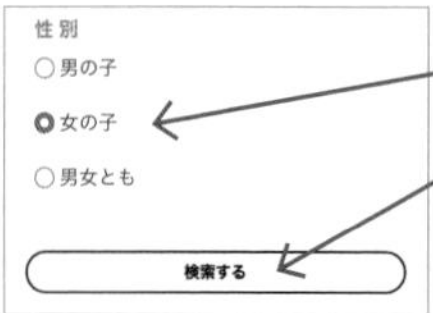

どれか1つを選択

ここをタップ

漢字を指定して検索したい

使いたい漢字が決まっている場合は、「漢字指定検索」を使って。好きな漢字を1字入力すると、候補名が表示されます。

手順1 「漢字指定検索」をタップします

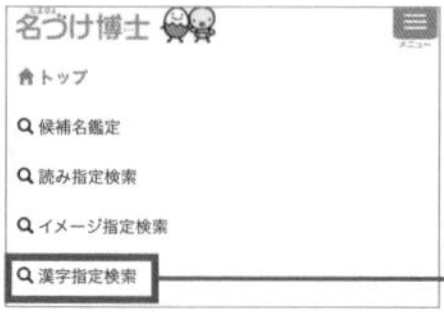

★パソコンの場合は画面上部のタブか下部のボタンをクリック

ここをタップ

手順2 使いたい漢字を1字入力して「性別」を選択。「字形を確認する」をタップ

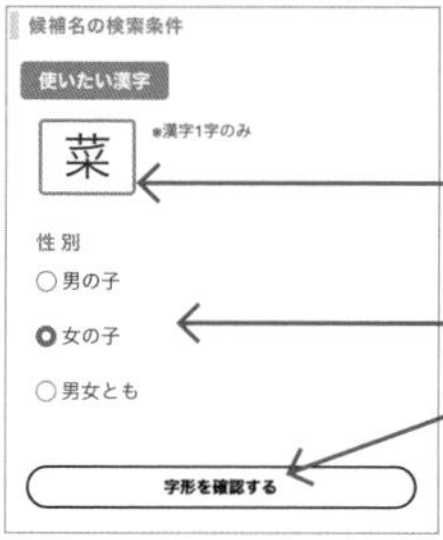

漢字を入力

どれか1つを選択

最後にここをタップ

手順3 入力した漢字が正しく表示されているか確認したあと「検索する」をタップ

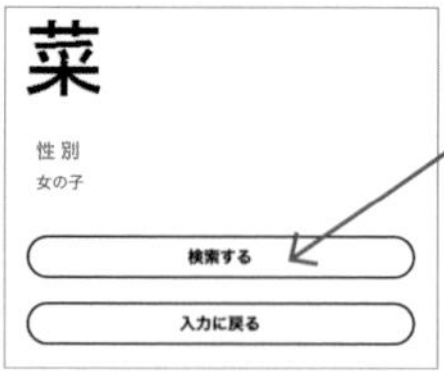

ここをタップ

※入力内容が違っていた場合は「入力に戻る」をタップ

手順4 候補名が表示されます。さらに詳しい説明を見たい場合は「候補名鑑定」をタップ。お気に入りの名前は「候補名リスト」に登録

（詳しくはP.30参照）

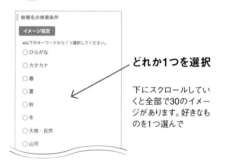

候補名を鑑定したい

「葵」など具体的な候補名を漢字の意味、画数のよさ、その名になったときの性格、運勢などとのバランスまで総合的に鑑定したい場合は「候補名鑑定」を活用して。

手順1 「候補名鑑定」をタップします

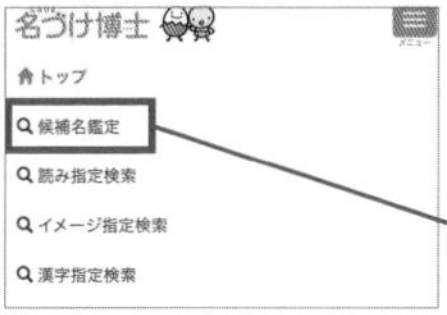

★パソコンの場合は画面上部のタブか下部のボタンをクリック

手順2 候補名を入力

1回につき最大10件まで入力できます

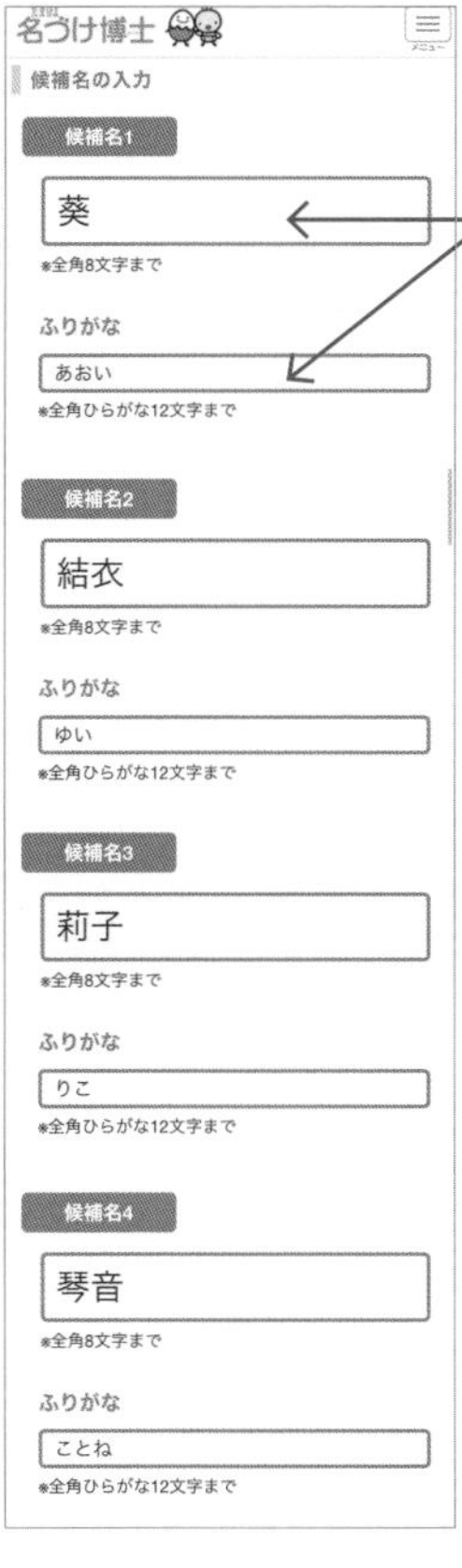

手順3 下にスクロールして「字形を確認する」をタップして候補名が正しく表示されているか確認したあと「鑑定する」をタップ

※入力内容が違っていた場合は「入力に戻る」をタップ

手順4 鑑定結果が表示されます。お気に入りの名前は「候補名リスト」に登録

（詳しくはP.30参照）

「候補名鑑定」で詳しい「鑑定結果」が！
リスト登録もOK!

読み or 漢字 or イメージ指定検索で表示される名前例の下の「候補名鑑定」をタップするか、P.29のように「候補名鑑定」を活用すると詳しい鑑定結果が！
候補名は100件までリストに登録できるので、その中から検討してくださいね。

最大100件まで「候補名リスト」に登録できます

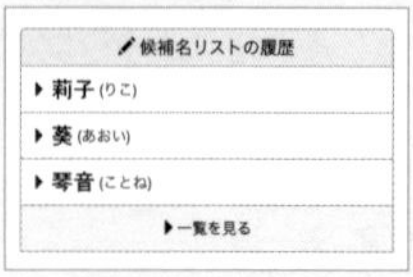

候補名リストの履歴
莉子 (りこ)
葵 (あおい)
琴音 (ことね)
一覧を見る

トップ画面で「候補名リストの履歴」が確認できます

「候補名リスト」の表示はメニューをタップして選択

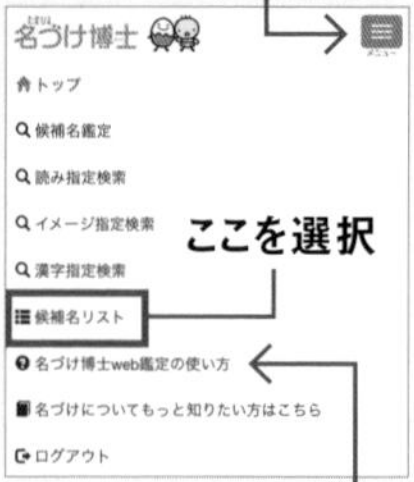

名づけ博士
メニュー
トップ
候補名鑑定
読み指定検索
イメージ指定検索
漢字指定検索
候補名リスト
名づけ博士web鑑定の使い方
名づけについてもっと知りたい方はこちら
ログアウト

ここを選択

使い方が
わからなくなったら
ここを見て

気に入った名前はここをタップ

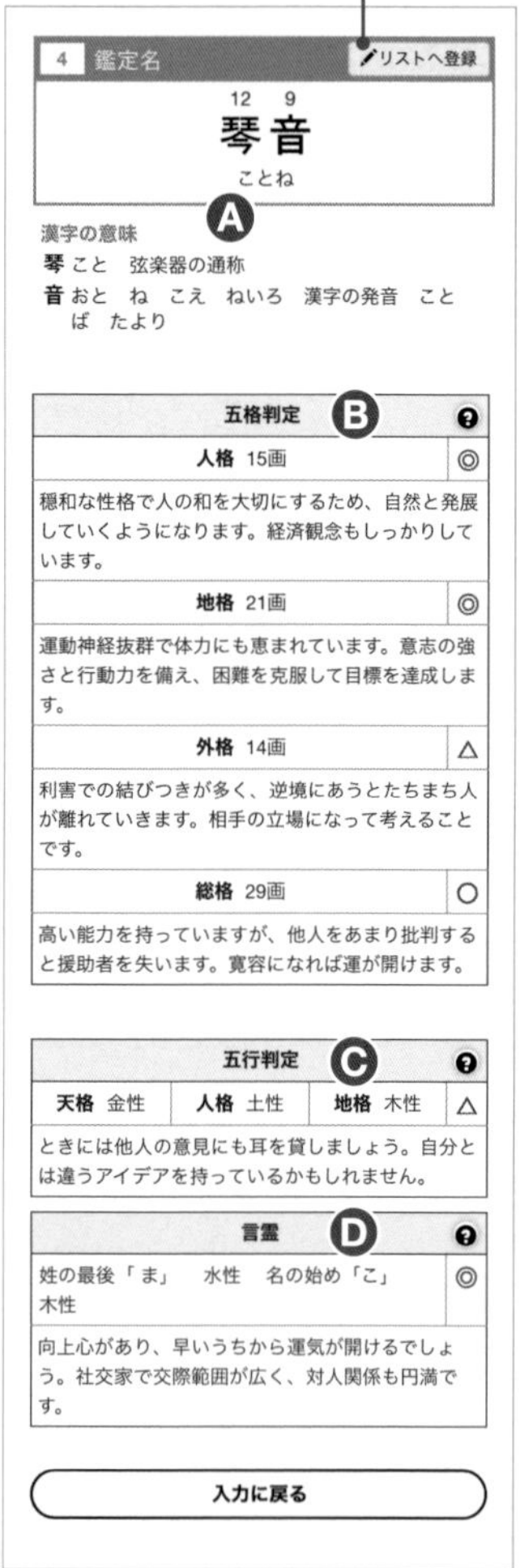

4 鑑定名
リストへ登録
12 9
琴音
ことね
A
漢字の意味
琴 こと 弦楽器の通称
音 おと ね こえ ねいろ 漢字の発音 ことば たより
五格判定 B
人格 15画 ◎
穏和な性格で人の和を大切にするため、自然と発展していくようになります。経済観念もしっかりしています。
地格 21画 ◎
運動神経抜群で体力にも恵まれています。意志の強さと行動力を備え、困難を克服して目標を達成します。
外格 14画 △
利害での結びつきが多く、逆境にあうとたちまち人が離れていきます。相手の立場になって考えることです。
総格 29画 ○
高い能力を持っていますが、他人をあまり批判すると援助者を失います。寛容になれば運が開けます。
五行判定 C
天格 金性 人格 土性 地格 木性 △
ときには他人の意見にも耳を貸しましょう。自分とは違うアイデアを持っているかもしれません。
言霊 D
姓の最後「ま」 水性 名の始め「こ」 木性 ◎
向上心があり、早いうちから運気が開けるでしょう。社交家で交際範囲が広く、対人関係も円満です。
入力に戻る

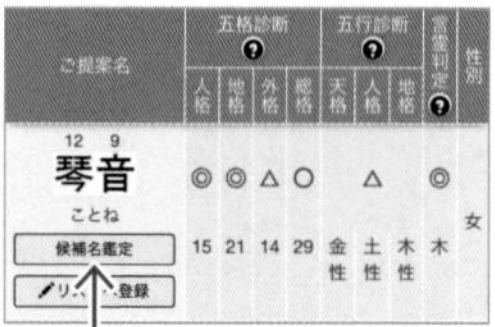

ご提案名
五格診断
人格
地格
外格
総格
五行診断
天格
人格
地格
言霊判定
性別
12 9
琴音
ことね
候補名鑑定
◎ ◎ △ ○ △ ◎
15 21 14 29 金性 土性 木性 木
女

ここをタップすると
左記の詳しい鑑定が出てきます

A 漢字の意味

名前にふさわしくない意味が含まれていないか、ここで確認

B 五格《ごかく》判定

すべてが◎になる名前には限りがあります。五格の詳細はP.337でチェック

C 五行判定

陰陽五行占いの結果。詳細はP.340をチェック

D 言霊《ことだま》

音が持つパワー占いの結果。詳細はP.82をチェック

第1章

名づけの基礎知識

この章では、名づけにおけるルールや注意点、
出生届の書き方・出し方など、
名づけに関する基本事項を紹介します。
名前を考え始めるとき、そして決まった名前の
最終チェックのときに読んでください。

近ごろ人気の名前も要チェック!

女の子の はじめに知りたい 名づけの注目ポイント

性別が女の子とわかったら、本格的に名づけをスタート!
注目ポイントをつかんでおくと頭の中が整理できます。
名づけがスムーズに始められるように、つけ方のコツをご紹介。

長く愛される名前に注目

傾向 優しい印象がありだれでも読みやすい

ここ数年は自由な発想で名づける人が多くなり、男女差のない名前、個性的な名前が増えてきました。そんな中、世代を超えて愛される名前も健在です。「愛」（あい）、「あかり」はママの世代から人気がありますし、「咲良」（さくら）、「心春」（こはる）のように、漢字を現代風にアレンジした名前も登場しています。これらの名前は優しい印象があり、比較的読みやすいといえます。

つけ方 古風な雰囲気を持つ漢字を使ってみても

女の子なら、古風な雰囲気を持つ「子」「乃」「代」などの添え字を使った名前を考えてもいいでしょう。近ごろの女の子の名前は、漢字2文字が多いので、あえて3文字で考えてみると、周囲と重ならず新鮮な名前が見つかるかもしれません。

第4章「画数別おすすめ漢字リスト」にも名前の候補が載っているので、こちらも参考にしてください。

今ほど名前がバラエティに富んでいなかった時代は、現在はあまり見られない、素敵な名前がありました。子どものころの卒業アルバムを見てみると、「同級生にこんな名前の人がいたなぁ」と、いい名前に出会えるかも。

親の願いを込めた名前に注目

傾向　願いを込めた名前は由来を説明しやすい

近ごろ人気の名前を見ると、ママやパパが赤ちゃんの幸せな未来を思い描いてつけた様子が目に浮かびます。

たとえば、「結衣」（ゆい）「結愛」（ゆあ）なら、人とのつながりを大切にして幸せになってほしい、「咲希」（さき）なら希望の花を咲かせる人生を歩んでほしいというように。

内面の美しさや人生の輝きを願う傾向は、女の子の名前によく使われる「心」「愛」「美」からも伝わります。

いつの日か、子どもから名前の由来を聞かれたとき、親の思いを込めた名前ならきちんと説明できますね。子どもも、「私の名前には、ママとパパの愛情がたくさん込められている」とわかり、きっとうれしいに違いありません。

つけ方　期待・夢・希望をふくらませてつける

おなかの赤ちゃんが女の子とわかれば、わが子の未来をあれこれ想像するのが、より楽しくなります。たとえば、歌やダンスが上手になってほしい、人気者になってほしい、海外にはばたいてほしい、などといくつも願いが出てくるでしょう。

これは名づけのステップとして大切なこと。なぜなら思いをめぐらせて名前を考えるとスムーズに決まることが多いからです。

第3章「イメージから選ぶ女の子の名前」には、具体的な思いとそれに合った名前が挙げられているので、ぜひ参考にしてください。

個性的な名前に注目

傾向・つけ方　少し難読でも、存在感はぴかいち！

個性的な名前も人気です。これらの名前のメリットは、インパクトが強く、周囲のだれとも重ならないことでしょう。

中には外国語のような響きも多く、カタカナにしてもしっくりするのが特徴です。まず音を決めてから万葉仮名風の漢字（P.51参照）をあてはめて、画数のよいものを選ぶことが多いようです。

ここで注意してほしいのは、凝りすぎた名前をつけられて、子どもが困らないかということ。成長してから、先生や友だちに何度も読み方や漢字を聞かれることもあるので、読みやすさを考慮しましょう。

存在感があって、なおかつ子どもがしあわせになる名づけを考えましょう。

ユニセックスな名前に注目

流行 つけ方 性別はわかりにくいが魅力はさらにアップ

ユニセックスな名前といえば、以前は「かおる」「ひろみ」「ひかる」などが人気でした。少し前までは「ゆい」「ゆうき」が男女ともに人気の名前で、男の子に多かった名前「そら」などを女の子につけることも増えてきました。時代とともに名づけの感覚が変化した表れといえます。

性別を超えた名前は人を引きつける魅力がありますが、学校や社会では性別を間違われることがあります。

どこかで子どもの性別について聞かれる場面もあることでしょう。多少わずらわしくても構わないと思えば、その名前がベストです。

たまひよ 女の子にも男の子にも共通人気の読みランキング

女の子、男の子のどちらにも人気の読みをランキングで紹介します。それにあてた人気の名前も挙げました。

		女の子例	男の子例
1位	あおい	葵 蒼依	蒼 碧
2位	ひなた	ひなた	陽向
3位	つむぎ	紬	紬
4位	りお	莉緒	理央
5位	そら	そら	空
6位	はる	はる	晴
7位	あお	蒼	碧
8位	せな	瀬奈	星那
9位	あさひ	あさひ	朝陽
10位	すい	翠	翠

※2023年「たまひよ」調べ

でも
この名前が
ベストね!!
ひろみちゃん
ゆいちゃん
そらちゃん
……。
う～ん

近ごろ気になる名づけのテクニック

花や木からヒントをもらう 女の子の名前

「花・木」にちなんだ名前は人気が高く、華やかで女の子に向いている名前です。
ここでは名づけに使えそうな「花と木にちなんだ名前」をいくつか集めてみました。
四季を彩る花々から個性あふれる名前を見つけてください。
ただ、花や木の名前に使われている漢字がすべて使えるとは限らないので、
漢和辞典などで調べながら名前を考えるといいでしょう。

Point

●ママやパパの好きな花、好きな木から探す
●赤ちゃんが生まれた季節に咲く花から探す

インターネットや植物図鑑などから探すと多くの候補が見つけられます。

読みや漢字をアレンジする方法もあります

たとえば…

葵（あおい） →	紗葵（さき）	葵乃（きの）
菜の花（なのはな） →	なのは（菜乃葉）	
桜（さくら） →	さくら	美桜（みお）
茉莉花（まつりか：別名ジャスミン） →	茉莉花（まりか）	莉花（りか）
瑠璃茉莉（るりまつり） →	瑠璃子（るりこ）	茉莉（まり）
蓮華（れんげ） →	蓮華（れんか）	蓮花（れんか）
梅（うめ） →	小梅（こうめ）	心梅（こうめ）
桃（もも） →	桃子（ももこ）	桃花（ももか）
樹（き） →	樹里（じゅり）	杏樹（あんじゅ）

ひらがなにしてもかわいい名前になります

あざみ　たとえば…

あずさ

あやめ

あん／あんず（杏）

かえで（楓）

ひまわり（向日葵）

ききょう（桔梗）

しおん（紫苑）

すみれ（菫）

ゆり（百合）

らん（蘭）

いい名前をつけるために

名づけのお約束

赤ちゃんに最高の名前をプレゼントしたい思いはだれでも同じですよね。
そのためには、名づけの基本を知ることが大切です。
ここでは、名づけのテクニック、出生届の書き方・出し方を紹介しますので、
ぜひ役立ててください。

最高の名前を贈る親としての心がまえ

赤ちゃんが一生つき合っていく名前だからこそ、漢字も響きも画数も最高にしたいと、あれこれ悩むことでしょう。ママとパパの思いを込めた名前をつけるために、名づけには押さえるべきポイントがいくつかあります。

法律で決められたルール、よい名前をつけるためのテクニックを知っておきましょう。

BESTの名前とは?

名前とは、親が赤ちゃんに贈る最初のプレゼント。一生つき合うものなので、赤ちゃんの幸せや、素晴らしい人生を願う気持ちをたくさん込めてください。

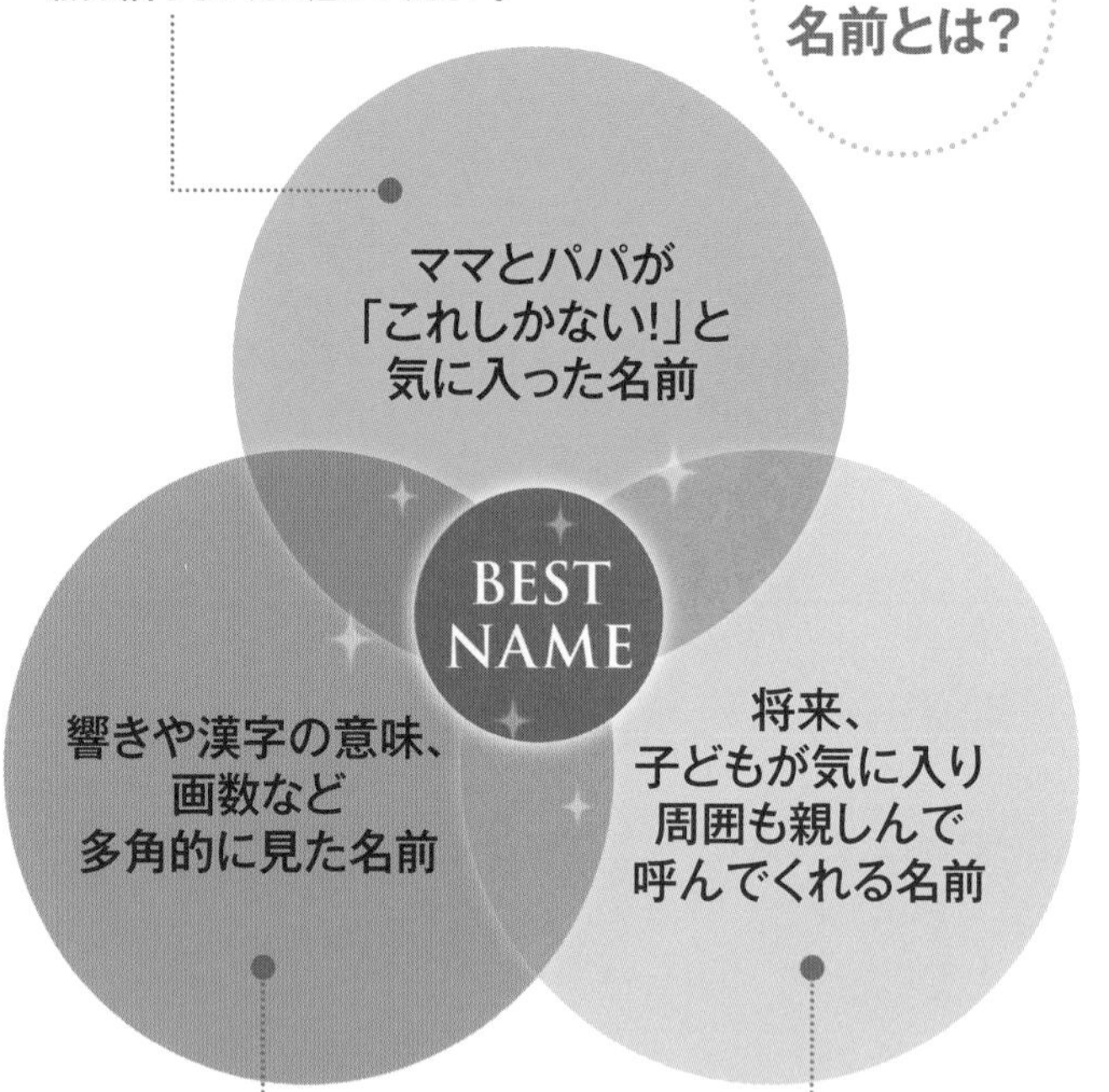
ママとパパが「これしかない!」と気に入った名前
BEST NAME
響きや漢字の意味、画数など多角的に見た名前
将来、子どもが気に入り周囲も親しんで呼んでくれる名前

名前に使う漢字がどんな意味を持つのか調べましょう。漢字には意外と知らない意味がたくさんあります。響きの印象、画数なども調べておくと、よりよい名づけができます。

親の愛情が込められているのはもちろん、名づけられた赤ちゃんが、自分の名前を好きになってくれるか、まわりも受け入れてくれるかどうかも大切です。

必ず知っておきたいルール

法律で決められている名づけの注意3つのポイント

1 使える漢字は決められている

名前に使える漢字は、戸籍法で決められている常用漢字と人名用漢字の約3000字体です（P.469～参照）。この中には名前には避けたい字も含まれ、実際に使える数はもっと少なくなります。

また、名前に使える漢字は字形も定められています。漢字には、同じ字でも書き方の違う異体字や略字、通用していても正しい字とは異なる俗字があります。

詳しくは法務省のホームページの「戸籍統一文字情報」を見てください。

常用漢字
人名用漢字

2 使えるものと使えないもの

●アルファベットを名前に使うことは、認められていません。

●1、2、3などの算用数字、Ⅰ、Ⅱ、Ⅲなどのローマ数字は使えません。

●一、二、三などの漢数字は使えます。

●「ー（長音記号）」「ゝ・ゞ・々（繰り返し記号）」は使えます。「奈々美」（ななみ）のように、名前のすぐ上の文字を繰り返すときに使えます。

●旧かな遣いの「ゐ・井（い）」「ゑ・ヱ（え）」の4文字は使えます。

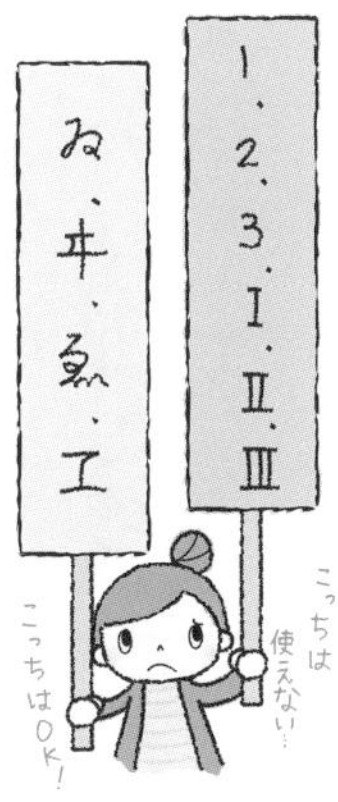

1、2、3、Ⅰ、Ⅱ、Ⅲ
ゐ、井、ゑ、ヱ
こっちは使えない…
こっちはOK!

3 漢字の読み方の自由と制限

●**読み方**※ 漢字の読み方は自由で、制限はありません。実際、「海」と書いて「まりん」と読ませるようなあて字の例もありますが、常識の範囲内のほうがいいでしょう。あまりにも読みづらいと、将来子どもが困るかもしれません。

また、漢字には音読みと訓読みのほか、「名のり」と呼ばれる、とくに名前に用いられる特別な読み方があります。

●**長さ** 名前の長さも法律上では決まりはなく、凝った長い名前もつけられます。でも、あまりに長い名前だと、読んだり書いたりするときに、親も子どもも面倒な思いをするので、呼びやすさ、書きやすさに配慮した長さにしましょう。

名前長すぎるわ…

※令和7年5月以降、戸籍法改正により変更予定

名づけの注意点はここ！

いい名前をつける チェックポイント

女の子の名前は「かわいらしさ」にこだわりたい人が多いようですが、
それだけで名前を決めないほうがいいケースも。
いろいろな角度から見て、よりよい名前をつけてあげましょう。

〜しづらい名前に注意して

言いづらい

姓と名前とのバランスはとても大切です。言いづらい名前の多くは、姓と名のつながりに問題があるようです。

まずはラ行に注意してください。ラ行の音が姓名の中に多いと、発音しづらい名前になる傾向があります。たとえば「相原蘭」（あいはら・らん）のように、姓の最後がラ行の人は、名前の最初の音はラ行を避けたほうが賢明です。

ほかに、「小川和花（おがわ・わか）」、「山野望（やまの・のぞみ）」のように、姓の最後と名前の最初が同じ音の場合は、少し発音しにくくなります。

聞き取りづらい

カ行・サ行・タ行・ハ行の音が姓名の中に多いと聞き取りにくくなる傾向があります。とくに「キ、ク、シ、チ、ツ、ヒ、フ」などは、はっきり発音しないこともあるので、「佐々木」（ささき）、「菊池」（きくち）など、姓がこれらの音で構成されている場合は、名前の音にも気をつけましょう。

上で説明した「言いづらい名前」は、聞きづらい名前にもなります。あまり神経質になる必要はありませんが、姓と名を続けて声に出して確認してみましょう。

ヤマノノゾミ
ヤマノノゾミ
・・・
イラッ
やっぱ言いづらい。

書きづらい

「舞」や「優」のように、15画以上になる多画数の漢字を名前に使うなら、組み合わせる字は、15画未満に抑えたほうがいいでしょう。多画数の漢字を2文字組み合わせると、名前だけで30画を超えるので、実際に書くのがたいへんです。

漢字を口頭で伝えづらい

「名前はどんな漢字ですか?」と聞かれたとき、難しい漢字は説明しづらいものです。紙があれば書いて見せられますが、電話での問い合わせには苦労することもあります。難しい漢字は避けるか、使う場合は1字にとどめましょう。

姓とのバランスに注目。書いて、読んで確認を

姓の画数とのバランス

●姓が多画数

基本的に30画以上の姓は多画数と考えます。ここに多画数の名前をつけると、書くのが面倒になるだけでなく、見た目も重い印象に。かといって、画数の少ない名前だと不安定な印象になります。姓が多画数なら、名前の合計画数は10～20画くらいにしてバランスをとりましょう。

●姓が少画数

画数の合計が10画未満の姓は、少画数と考えます。この場合、名前も少画数にすると、書いたときに軽い感じに見えて、少し頼りない印象になることも。その際は、名前の合計画数を15～20画くらいでまとめると、見た目のバランスがよくなるでしょう。姓と名前を実際に紙に書いてみて、確認しながら名前を考えてみてください。

1字姓

「泉」「滝」「沢」などの1字姓の場合、名前は2字名か3字名にすると全体のバランスがよくなります。

1字名にすると、書いたときに短すぎて単語や熟語に見えたり、寸詰まりの印象になってしまったりします。

後述しますが、1字姓の人は姓と名の区切りがはっきりわかる漢字を使うことも大事なポイントです。

滝　優　←つまった印象
滝　優子　←バランスはgood
滝　優有子　←バランスはgood

3字姓

「佐々木」「大久保」などの3字姓には、2字名がおすすめです。愛着のある漢字が多いと3文字の名前をつけたくなりますが、3字名にすると漢字の羅列がとても長い感じがして、姓と名の区切りもわかりづらくなります。かといって1字名では、見た目が頭でっかちの、少々バランスの悪い名前に見えます。

とくに、万葉仮名風の名前やひらがなの名前は3字名になりやすいので、避けたほうがいいかもしれません。

画数差のある姓

たとえば「瀬川」の場合、「瀬」が19画なのに対して「川」は3画で、16画の差があります。このとき「瀬川夕華」(せがわゆうか)とすると、いちばん上と下が重くアンバランスに。姓に画数差があるときは、重い字と軽い字を交互に配置することでバランスがとれます。この場合は「瀬川優加」(せがわゆうか)とすると印象がよくなります。

縦割れ

縦割れとは、「北沢沙紀」(きたざわさき)のように、姓名を構成している漢字が左右に割れてしまうこと。姓の最後の字と、名前の1字目の部首が同じだと、さらに強調されてしまいます。

姓名を縦書きにしてみるとバラバラな感じがわかるので、書いて確認してみましょう。名前に左右をつなぐヨコ線のある漢字を使うと解決できます。「北沢早希」にすると見た目もよくなります。

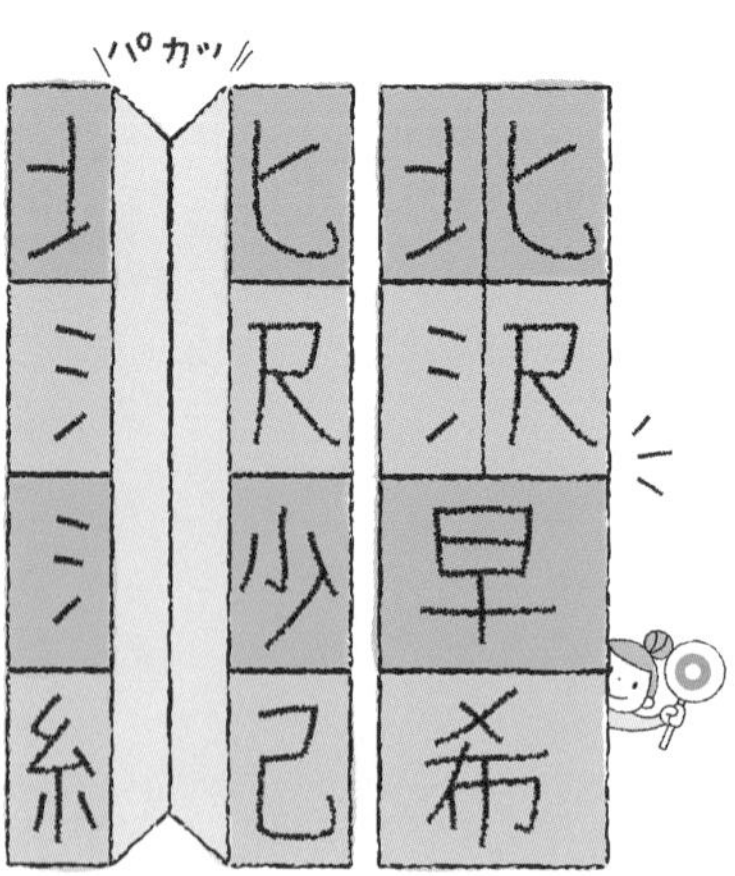

へんやつくり

漢字を構成しているへんやつくりが姓名でダブってしまうと、あまりよい印象を与えません。たとえば「浦沢浩江」（うらさわひろえ）だと、「さんずい」ばかりが目立ってしまいます。

このようなときは「浦沢広恵」などに変えるとずっと安定します。「きへん」や「にんべん」も同様です。

「小林桂子」（こばやしけいこ）や「柳沢涼音」（やなぎさわすずね）のように、姓の最後の文字と名前の1字目に同じ部首が続くのも、あまりバランスがよくありません。実際に書き出してチェックするといいでしょう。

姓と名の区切り

書いたときに、姓名の区切りがわかりづらい名前があります。1字姓の人に多いようですが、たとえば「堀」さんの場合、名前を「堀　江美子」（ほり・えみこ）にすると「堀江　美子」（ほりえ・よしこ）とも区切ることができ、まったく違う名前に見えます。

この場合、姓と名の区切りがはっきりする別の名前にしたほうがいいのですが、どうしても「えみこ」にこだわりたいのなら、「堀　恵美子」「堀　笑子」などのように漢字を変えてみましょう。姓でもよく使われる漢字を名前に使うときは、このような気配りが大切です。

濁音

「じゅり」「まどか」などの濁音の入った名前は、かわいい響きなので女の子におすすめですが、姓に濁音がある場合、名前にも濁音を入れるのは注意が必要です。姓名の中に濁音が多いと、濁った音に聞こえがちだからです。

たとえば「曽我部樹里」（そがべじゅり）と「曽我部朱里」（そがべしゅり）を比べてみると、印象の違いは一目瞭然。

どうしても濁音を入れた名前にしたいなら、濁音は姓名合わせて2文字までを目安にするといいでしょう。

左右対称、タテ・ヨコの線ばかりの名前

杏奈《あんな》
小百合《さゆり》
真実《まみ》
美南《みな》
里香《りか》

亜圭里《あかり》
章朋《あきほ》
真音《まさね》
昌美《まさみ》
由華《ゆか》

「八木未来」のように、左右に開いた文字で構成されている姓は、見た目に安定感がありますが、名前まで左右対称だと、ちょっと面白味がありませんね。
同じように、「田中由里」などタテ・ヨコの線だけで構成されている姓に、同じようなタテ・ヨコの線だけの名前をつけると、角ばった印象を与えます。
どちらも非対称の漢字を入れることで、見た感じがよくなります。

ガチャガチャだなぁ
そがべ じゅり
そがべ しゅり
こっちがイイね!

避けたいケースにも気をつけて

置き換え

日本人の姓の多くは漢字2文字ですが、その中には上下を逆にしても通用するものがあります。「中山」→「山中」、「松村」→「村松」などは、初対面の人はとくに勘違いしやすいものです。

こうした姓で、「理恵」（りえ）→「恵理」（えり）、「美奈」（みな）→「奈美」（なみ）などのように、置き換えが起こりやすい名前を持ってくると、たいへん混乱しやすい姓名になるため、名前には置き換えが起きにくいものを考えましょう。

また、「美彩」（みさ）や「彩美」（あやみ）のように読み方が異なる場合も、見た目には混乱しやすいので避けたほうがいいかもしれません。

姓と名の重複

姓名の音が10音にも満たないもので、この中でいくつも音が重複していると、やや音感が悪くなります。高橋孝子（たかはしたかこ）など2音の重複はもとより、森田珠美（もりたたまみ）のように1音の重複にも気をつけてみてください。ひらがなで書き出してみて、重複を確かめるようにしましょう。

姓と名の音が重複している名前の例

山本	元香	やまもと・もとか
清水	瑞希	しみず・みずき
野島	麻実	のじま・まみ
大橋	志帆	おおはし・しほ
生田	珠紀	いくた・たまき
丸山	真由	まるやま・まゆ
井上	恵美子	いのうえ・えみこ
宇佐美	美樹	うさみ・みき

よくある姓

人気がある名前は、言い換えれば「たくさんの人がつけている名前」でもあります。日本人に多い姓（佐藤や鈴木）の人が人気の名前をつけると、同姓同名が多くなります。同姓同名の人は学校でも社会に出ても混乱しやすいので、できれば避けたいところ。日本人に多い姓の人は、名前の漢字や読みを1字変えるなどの工夫をしてみるといいでしょう。

名前に使える 人名用漢字の異体字

使いたい漢字の画数が合わない場合は
その漢字の異体字（旧字）をあたってみてもいいでしょう。
ただ異体字の中には、名前には避けたい「惡」というような字も含まれているので、
ここでは名づけに活用できそうな字の一部を紹介しています。

旧字	勉 9	燈 16	莊 10	盡 14	讓 24	涉 10	祝 10	兒 8	嚴 20	劍 15	勳 16	器 16	樂 15	櫻 21	亞 8
新字	勉 10	灯 6	荘 9	尽 6	譲 20	渉 11	祝 9	児 7	厳 17	剣 10	勲 15	器 15	楽 13	桜 10	亜 7
読み	つとむ	とう	そう	じん	じょう	しょう	しゅく	じ	げん	けん	くん	き	がく	おう	あ

旧字	神 10	奬 14	緖 15	社 8	廣 15	顯 23	薰 17	響 22	寬 14	溫 13	逸 12	琢 12	朗 11	龍 16	每 7
新字	神 9	奨 13	緒 14	社 7	広 5	顕 18	薫 16	響 20	寛 13	温 12	逸 11	琢 11	朗 10	竜 10	毎 6
読み	じん	しょう	お	しゃ	ひろ	けん	かおる	きょう	ひろ	おん	いつ	たく	ろう	りゅう	まい

旧字	條 11	將 11	壽 14	驗 23	惠 12	曉 16	氣 10	海 10	祐 10	謠 17	步 7	德 15	藏 18	靜 16	粹 14
新字	条 7	将 10	寿 7	験 18	恵 10	暁 12	気 6	海 9	祐 9	謡 16	歩 8	徳 14	蔵 15	静 14	粋 10
読み	じょう	しょう	じゅ	けん	けい	あきら	き	かい	ゆう	よう	ほ	のり	ぞう	せい	すい

旧字	敍 11	郞 10	彌 17	壘 18	來 8	飜 21	梅 11	都 12	禪 17	穗 17
新字	叙 9	郎 9	弥 8	塁 12	来 7	翻 18	梅 10	都 11	禅 13	穂 15
読み	じょ	ろう	や	るい	らい	ほん	うめ	と	ぜん	ほ

旧字	渚 12	福 14	壯 7	祥 11	國 11	藝 18	祈 9	應 17	穰 22
新字	渚 11	福 13	壮 6	祥 10	国 8	芸 7	祈 8	応 7	穣 18
読み	なぎさ	ふく	そう	しょう	くに	げい	き	おう	じょう

迷うこともあるでしょう。でも楽しく！

候補の名前を考えてみよう

出産予定日までもうすぐの人も、まだまだの人も、
名づけに思いをめぐらせられるのは妊娠中の今。
自分に合った方法で、名前の候補をたくさん見つけてください。

性別が女の子とわかった！ さあ、ここから始めましょう

性別がわからない時期は、名づけといっても漠然としていて、芸能人の子どもの名前をチェックしたり、名づけの本に目を通したりするくらいで、まだまだ考えが固まっていない人も多いでしょう。

でも性別が女の子とわかったら、より具体的に名前を考えられるということ。赤ちゃんに贈る、たった1つの名前を考えはじめましょう。

名づけの手掛かりを見つける4つのコツ

いい名前をつけるには、まずいくつか候補を出してみるといいでしょう。そこで、名づけの参考になるのは、「音」「イメージ」「漢字」「画数」の4つの発想法です。

これらから、自分に合った方法で、名づけをスタートさせてください。赤ちゃんが将来、「自分の名前が大好き！」と思ってくれたら親としても幸せですね。

音

呼びやすさ、響きなどに注目

イメージ

希望や願いなどに注目

漢字

漢字の持つ意味などに注目

画数

画数による運などに注目

音

「音・響き」の印象から決めよう

好きな音や呼び名が決まっている

初めから「○○」と呼びたい、と呼び名が決まっている人は、漢字をいろいろと当てはめてみましょう。「めい」なら「芽衣」「愛生」「明唯」など、漢字の組み合わせ次第で、読みは同じでも印象はとても変わります。思っていた以上に候補の漢字が出てくる名前もあります。

個性的な呼び名にする場合、あとから漢字を当てはめるのは少し難しいかもしれませんが、万葉仮名（P.51参照）のテクニックを使えば大丈夫。「みゆり」なら「美友莉」など、1音を1つの漢字で当てはめます。心に決めた呼び名を大事にして、名前を見つけてください。

最初の音だけ先に決める

名前の音には、その子の性格や人生にも影響するパワーがあるといわれます。音や響きにはそれぞれ特徴・性格があり、赤ちゃんのころから繰り返し呼ばれているうちに、子どもの印象や性格にかかわるというものです。

下の表「各段の音の持つイメージ」というのは、占いと似ていますが、音から決める名づけにはたいへん参考になります。名前の最初の文字を決めれば、音の持つ特徴を赤ちゃんの将来に託すこともできます。P.86の「50音別　響きによる性格の違い」も参考にして、好きな響きの音を見つけてください。

各段の音の持つイメージ

あ段	前向き・決断力 向上心
い段	控え目・気配り 勤勉
う段	几帳面・強気 直感力
え段	明朗活発・誠実 慎重
お段	熱心・堅実 包容力

外国語をヒントに探す

世界に出ても通用する名前にしたいと思うなら、外国語の響きをまねて、魅力のある呼び名を考えてみましょう。

外国の人名や地名などで、日本でも使えそうな音はいくつかあります。たとえば、エミイ、エリカ、カレン、サラ、ジュリア、ノア、マリア、マリン、メイ、ユリ、レイ、なら、日本でも通用する名前といえるでしょう。外国の映画やドラマを観ながら、使えそうな名前を探すと楽しい名づけができそうです。

気をつけたいのは、日本の名前としてはよくても、外国語にするとマイナスの意味になるかもしれないということ。たとえば「アグリ」と名づけたら、英語圏ではugly（醜い）と聞こえます。

外国人風の名前は、個性的な響き、かっこいい印象など、名前を魅力的にしたいときに使うといいかもしれません。

50音表を活用して名前の候補を広げる

短い音（呼び名）でもお気に入りが1つあれば、そこから50音表を使ってパターンの違う名前を考えることができます。

「はる」の響きが気に入り、名前に使いたいと思ったら、すぐに頭に浮かぶのは「はるか」ですが、50音表で文字を合わせていくと「はるあ、はるこ、はるせ、はるみ、はるな、はるの」といい名前がたくさん浮かんできます。

最近は2音の名前も人気です。名前に使いたいけれど、まわりと同じ名前にはしたくないという場合には、50音表を生かして3音にしてみるのも手です。たとえば「ゆい」なら「ゆいか、ゆいな、ゆいの、ゆいほ」と広がります。

人気の名前にこの方法でアレンジを加えれば、周囲と重なる可能性は低くなり、新鮮な呼び名ができます。楽しい作業なので、口に出したり、書いてみたりしながら、すてきな名前を見つけてください。

女の子の名前を ニックネームから見つけよう

ここでのニックネームとは、親しみを込めて呼ぶ愛称のことで、
本来の名前を少し崩したり、短くしたりしたものです。
小さいころは、本来の名前よりニックネームで呼ぶほうが多いかもしれないので、
「こう呼んであげたいな」という思いを大切にしてください。
胎児ネームが決まっている人もこの方法がおすすめです。

＊1＊

赤ちゃんをこんなふうに呼びたいな～という呼び名・ニックネームを考えます。実際に声に出してみると、実感できます。

＊2＊

ニックネームとつながりそうな名前を探します。P.95からの「音から選ぶ女の子の名前リスト」も参考に。

＊3＊

気に入った名前の読みが決まったら、合う漢字を当てはめてみましょう。漢字の組み合わせで印象も大きく変わります。

たとえば…

「あーちゃん」と呼びたいな

呼び名は何がいいかな?

- あおい → 葵、蒼衣
- あすか → 明日香、亜寿華
- ありさ → 有紗、安梨紗

漢字を変えると印象が違うね

ニックネームから名前を考える例

ニックネーム	呼び名(漢字の組み合わせ)
きーちゃん	きあら(希愛良)　きえ(綺絵)　きらり(季良理)
くーちゃん	くみ(久美)　くるみ(久瑠実)　くれは(紅羽)
さーちゃん	さあや(咲彩)　さえこ(沙栄子)　さりな(紗理奈)
しーちゃん	しいな(詩菜)　しえ(紫衣)　しずか(静香)
ちーちゃん	ちあき(千秋)　ちさと(千里)　ちひろ(千紘)
なっちゃん	なつき(菜月)　なつほ(夏帆)　なな(奈々)
のーちゃん	のぞみ(望美)　のどか(和花)　ののか(野乃花)
はーちゃん	はづき(葉月)　はなこ(華子)　はのん(波音)
ひーちゃん	ひかり(光)　ひなた(陽向)　ひめか(姫香)
まーちゃん	まあや(麻綾)　ますみ(真純)　まそら(真昊)
りーちゃん	りいな(莉衣名)　りつか(莉津夏)　りりあ(理々愛)

ニックネームでなく名前で呼びたい!

名前をしっかりと呼びたい人は、ニックネームになりにくい名前を。たとえば「あい」ちゃん、「まお」ちゃん、「りん」ちゃんなどの、短めの名前は愛らしさが感じられます。

漢字 「使いたい漢字」を見つけよう

好きな漢字に添え字を合わせてみる

使いたい漢字は決まっているのに、名前が思いつかないときは、いろいろな添え字を組み合わせてみるといいでしょう。添え字とは「愛華」（あいか）の華、「陽菜」（ひな）の菜などのことです。

「美」を例にとってみましょう。いろいろな添え字を合わせると、「美亜、美香、美月、美奈、美優」などの名前になりますし、「美香子、美梨子」など2文字の添え字もよく合います。

最近は、特定の添え字に人気が集まる傾向があるので、「菜」なら「梛」に、「希」なら「綺」を使うと、女の子らしくて個性のある名前になるでしょう。

あえて添え字なしの1文字名でもかわいい

女の子は2字名（漢字2文字）が多いので、添え字はとても有効ですが、あえて添え字を使わない選択もあります。実際、1字名は見た目に新鮮で、目を引くよさがあるため、1字名にする人も増えています。

ただし、同じような発想をする人も多いので、特定の漢字に人気が集中する傾向があります。

そこで、女の子の名前によく使われる漢字をアトランダムに抜粋してみると、「葵……あおい」「凛……りん」「楓……かえで」「杏……あん」「愛……あい」「結……ゆい」「遥……はるか」「奏……かなで」「澪……みお」「心……こころ」「桜……さくら」などが挙げられます。

1字名は、見た目はシンプルですが、声に出してみるとかわいい響きが多いです。

ただし、1字名だと漢字の意味が限られてくる場合もあるので、漢和辞典などでよく意味を調べてから命名するのがおすすめです。

使いたい字や読みに添え字を合わせて 女の子に合う 添え字一覧

あらかじめ使いたい字や読みが決まっていて、名前をつけたいときは、
その文字や読みに添え字をプラスしてみましょう。
万葉仮名風の3文字の名前をつけるときにも、添え字は活躍します。

●1文字の添え字

あ	亜阿安
い	以伊依委惟維緯衣唯
え	衣栄永瑛英依衛絵恵慧江枝重笑
お	於央旺王緒
おり	織
か	榎伽佳加可嘉夏果歌河珂花茄華霞樺袈香珈
き	葵伎喜基嬉岐希幾揮機祈季稀紀規貴起輝己埼樹生槻来暉綺熙
こ	己湖胡鼓瑚仔子
さ	佐嵯沙瑳作紗早
すみ	純澄　※「ずみ」でも使用
せ	世瀬勢
ち	茅治千知智稚致
つ	津通鶴都　※「づ」でも使用
つき	月槻　※「づき」でも使用
な	菜七奈那南名梛
なみ	波浪
ね	音祢峰嶺寧
の	乃埜濃能野
は	羽巴波葉
ひ	日妃斐比緋飛陽
ぶ	舞歩
ほ	浦帆保圃歩甫穂
み	海見視実深美未魅巳
め	芽女
や	也夜耶野弥矢椰
ゆ	結愉唯佑優宥悠有柚由祐裕遊夕
よ	依世代夜予与
ら	羅良楽
り	浬哩利李梨理璃里俐莉
る	流琉留瑠
わ	輪和環

●2文字の添え字

えこ	江子　枝子　栄子　恵子
かこ	香子　佳子　加子　歌子
きこ	希子　紀子　喜子　貴子
くこ	久子　玖子
さこ	佐子　沙子　紗子
ちこ	知子　智子
つえ	津江　津枝　※「づえ」でも使用
つこ	津子　※「づこ」でも使用
つよ	津代　津世　※「づよ」でも使用
みこ	美子　実子
よこ	代子　世子
りこ	里子　利子　理子　梨子
わこ	和子

万葉仮名のイメージで漢字を当てる

万葉仮名とは『万葉集』などに用いられている表現法で、本来の意味とは関係なく、仮名のように漢字を当てることです。ここでの万葉仮名風の名前とは、「亜紗美」（あさみ）のように1字が1音を表す名前のこと。近年では女の子の名前によくみられます。「香里奈」（かりな）、「沙也加」（さやか）、「奈美恵」（なみえ）、「優樹菜」（ゆきな）など、万葉仮名風の名前の芸能人がいるのも、人気が出てきた理由かもしれませんね。

挟み字を次々と変えて違う名前に

万葉仮名風の名前にするときは、1字目には愛着のある字を使いたいもの。3文字目には、添え字をつけるとまとめやすいでしょう。

ここで紹介する挟み字のテクニックとは2文字目に注目する方法です。たとえば「亜○美」としてみます。○の部分に、「万葉仮名風の漢字一覧」（P.51）の中から合う漢字を入れてみましょう。「亜衣美、亜沙美、亜矢美……」など、印象の違うさまざまな名前になります。

これもあて字!?　女の子 男の子とも近年よく見かける漢字の読ませ方

人気名前の中にも、あて字や万葉仮名風の読ませ方が見受けられます。広く認知されつつある読み方の一例をご紹介します。ただ、まわりの人に読んでもらえるか、好意的に受け入れられるかを考えることが大切ですね。

寧［ね］　「ねい」とは読みますが、本来「ね」とは読みません。
例：寧々…ねね　琉寧…るね

愛［あ］　「あい・まな」とは読みますが、本来「あ」とは読みません。
例：琉愛…るあ　結愛…ゆあ

翔［と］　「しょう」とは読みますが、本来「と」とは読みません。
例：美翔…みと　翔愛…とあ

音［のん］　「おん・おと」とは読みますが、本来「のん」とは読みません。
例：夏音…かのん　花音…かのん

桜［お］　「おう・さくら」とは読みますが、本来「お」とは読みません。
例：音桜…ねお　真桜…まお

心［こ・ここ］　「こころ」とは読みますが、本来「こ・ここ」とは読みません。
例：心愛…ここあ　心音…ここね

優［ゆ］　「ゆう」とは読みますが、本来「ゆ」とは読みません。
例：美優…みゆ　心優…みゆ

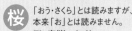

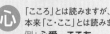

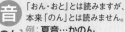

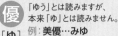

女の子に合う

気に入った名前に当てはめてみよう

万葉仮名風の漢字一覧

懐かしさや優しさが感じられる万葉仮名。
好きな音や響きは決まったけれど、しっくりくる漢字が見つからない人は、
万葉仮名風の漢字を用いてみるのもいいでしょう。

あ	安亜阿
い	以伊衣依委唯惟維緯
う	卯宇有羽佑雨祐
え	江衣枝英依映栄重恵笑得惠 瑛絵
お	央生於音旺桜緒
か	日加可伽花佳果河茄珈珂科 香夏華袈嘉樺榎歌霞
が	我芽賀雅駕
き	己木生伎妃岐希来季祈紀起 姫基規喜幾揮稀貴暉箕嬉槻 畿輝機樹麒葵煕
く	九久来玖紅矩駆駈
こ	子小己仔古来胡湖琥瑚鼓
ご	檎
さ	三小早佐作沙咲砂紗嵯瑳
し	仔史司四市此糸至孜志始姿 思偲梓視紫詞詩資
じ	治時滋慈蒔路爾
す	州朱寿洲栖珠素須諏寸
ず	寿津鶴逗
せ	世勢瀬
そ	素曽曾楚礎
た	多汰
ち	千治知茅致智稚馳薙
つ	津通都鶴
で	出

と	十斗杜途都登翔
な	七名那奈南菜梛
に	二仁弐
ね	子音祢峰嶺
の	乃之能埜野
は	巴羽波琶葉芭
ば	葉芭
ひ	日比妃灯飛斐陽緋桧
ふ	二布扶芙阜冨富
ぶ	歩舞蕪葡
ほ	帆甫朋歩保圃浦穂蒲葡
ま	万茉真麻満摩磨
み	三巳水未見実弥海美深視魅
む	六夢霧蕪
め	女芽
も	百茂
や	八也矢冶夜弥哉耶埜野椰
ゆ	夕友由有佑侑宥柚祐唯悠愉 結裕遊諭優
よ	与予世代夜誉
ら	良楽螺羅
り	吏利李里俐哩浬莉梨理璃
る	流琉留瑠
れ	令礼伶怜玲
ろ	呂路蕗露鷺
わ	吾和輪環

人気の名前をアレンジしてわが子らしく決める

人気の名前をそのままつけたくないけれど、流行を意識した名前にしたい場合は、少しだけアレンジしてみましょう。

たとえば人気名前ランキングで上位に入る「結菜」（ゆな）。「結」は生かし、名づけに使う人が多い「菜」を変化させてみます。「結茉」（ゆま）、「結芽」（ゆめ）、「結良」（ゆら）など。

あまり呼び名を変えたくなければ、「結那」「結奈」「結南」（ゆな）などにすると、さらに新鮮さを加えられます。

歴史上の人物をまねたり1字もらったり

尊敬している歴史上の人物がいるならば、その名前にあやかるのもいいでしょう。わが子も立派な人になってほしいという表れですね。時代にもよりますが、歴史上の人物名はとても参考になります。

ただ、その人物があまりにも偉大すぎると、子どもが名前コンプレックスに陥ることも……。また、歴史上の人物は、波瀾万丈の人生を歩んでいることも多いので、名前から1文字だけもらうとか、読みは同じでも漢字を変えるなどの配慮をしたほうがいいでしょう。

家族のつながりを名前で表す

もしもママとパパ両方の名前に、同じ漢字が使われていたら、それはすてきな偶然！　せっかくなので、子どもにも同じ字をつけてみませんか？

たとえば、ママは「真理子」（まりこ）、パパは「真一」（しんいち）なら、お姉ちゃんは「真央」（まお）、妹は「愛真」（えま）というように。

家族の絆が強くなる感じがしますし、漢字は同じでも読みは違うので、しつこさはありません。同じ漢字ではなく、音だけ共通にする方法もあります。

間違えやすい漢字

×がついている漢字は名前には使えない字体です。

使える漢字とよく似ているので、とくに注意が必要。

出生届を提出するときに指摘されて、「画数が変わってしまった」

「考え直さなくてはならなくなった」ということがないよう、よく確認しておきましょう。

○	×	○	×
翔	翔	蓮	蓮
啄	啄	慧	慧
晟	晟	媛	媛
黛	黛	柊	柊
昂	昂	那	那
拳	拳	耀	耀

漢和辞典を味方にして探す

名づけのヒントとして漢和辞典も役立ちます。画数や意味、なりたちなどを調べるのはもちろん、今まで気がつかなかった漢字に出合えたり、知らなかった漢字の意味がわかったりします。

また、漢字には一般の読みのほかに、人の名前に使える特別な読み方（名のり）があり、漢和辞典にはこれも紹介されています。1文字ごとに、名づけに使える常用漢字や人名用漢字であるかも明記されているので、たいへん便利です。

もし電子辞書があれば、調べるのはもっと早くなるので、名づけの作業もスムーズに運ぶでしょう。漢字を調べるのがどんどん楽しくなるかもしれません。

ただし、画数が変わった漢字もいくつかあるので、最新の辞典を用意したほうが安心です。下に凡例の見方を紹介しますので、辞書を引くときの参考にしてください。

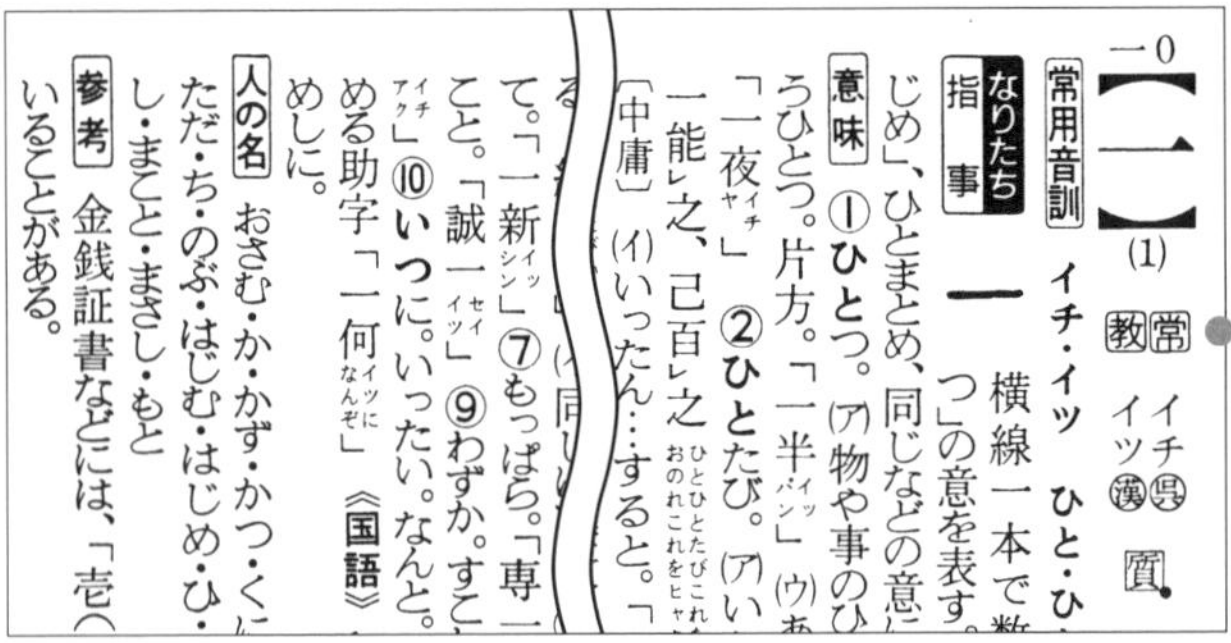

一0 【一】(1) 教 常 イチ・イッ ひと・ひ… イチ 呉 イッ 漢 質

常用音訓 イチ・イッ ひと・ひ…

なりたち 指事 一 横線一本で数「一つ」の意を表す。

意味 ①ひとつ。㋐物や事のひ…じめ」、ひとまとめ、同じなどの意… ㋑…うひとつ。片方。「一半《イッパン》」 ㋒あ…「一夜《イチヤ》」 ②ひとたび。㋐い…一能レ之、己百レ之 …〔中庸〕 ㋑いったん…すると。「…

…て。「一新《イッシン》」 ⑦もっぱら。「専一…こと。「誠一《セイイツ》」 ⑨わずか。すこ…」 ⑩いつに。いったい。なんと。…める助字「一何《イッになんぞ》」《国語》…めしに。

人の名 おさむ・か・かず・かつ・くに・ただ・ち・のぶ・はじむ・はじめ・ひ・し・まこと・まさし・もと

参考 金銭証書などには、「壱(…いることがある。

常用漢字

一般の社会生活の中で、日常的に使う漢字の目安として定められた漢字のことです。この辞典では「常」と表示されています。常用漢字のうち、小学校で学習するものを「教育漢字」といい、「教」で示している辞典もあります。常用漢字はすべての文字を名前に使うことができます。

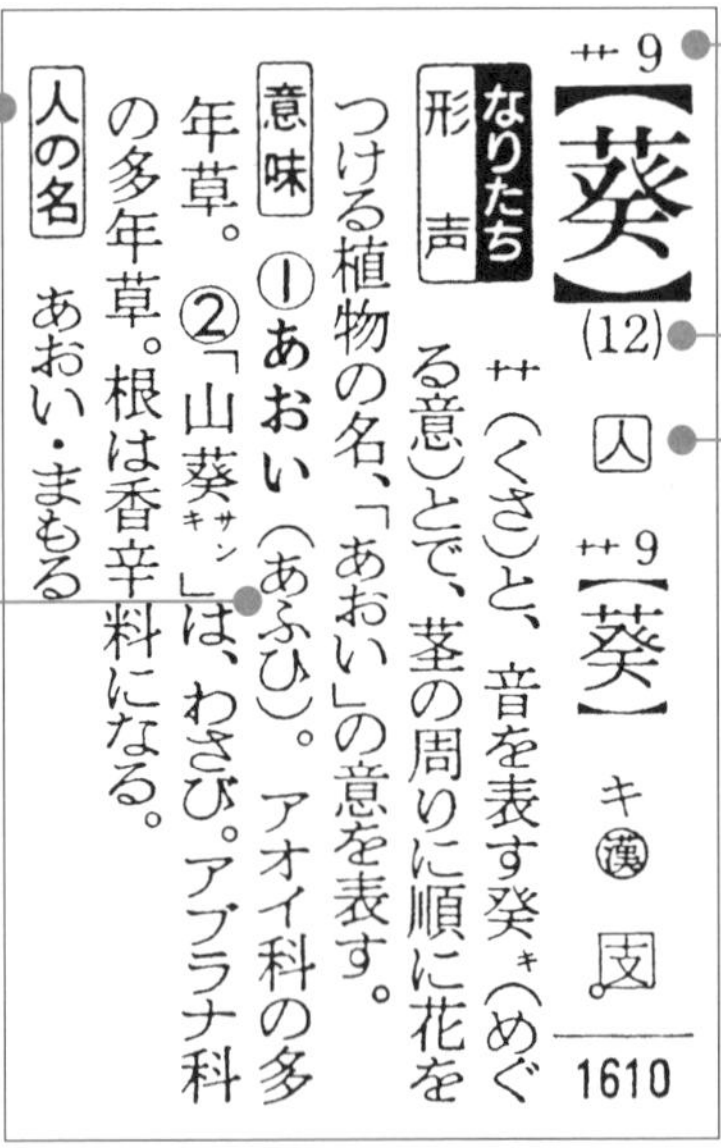

艹9 【葵】(12) 人 艹9【葵】 キ 漢 支 1610

なりたち 形声 艹(くさ)と、音を表す癸《キ》(めぐる意)とで、茎の周りに順に花をつける植物の名、「あおい」の意を表す。

意味 ①あおい（あふひ）。アオイ科の多年草。②「山葵《サンキ》」は、わさび。アブラナ科の多年草。根は香辛料になる。

人の名 あおい・まもる

画数

この辞典では漢字の下に総画数、漢字の上に部首を除いた画数が記されています。辞典によって表示のしかたが違うこともありますので気をつけましょう。

人名用漢字

常用漢字以外で名前に使うことが認められている漢字のことです。この漢和辞典では「人」と表示してありますが、辞典によっては違うマークで示していることもあります。辞典を使う前に、凡例（マークの解説など、その辞典の使い方の説明）をチェックしておきましょう。

人の名

音読み・訓読み以外の、とくに名前に使われる漢字の読み方です。「名のり」と記されていたり、記号で示されている辞書もあるので、各辞典の凡例を確認しておきましょう。

意味

その漢字の持っている意味が記されています。P.255以降でも漢字の意味の一部を紹介していますが、1つの文字でも実にさまざまな意味があるので、漢和辞典もチェックしてみて。中にはよくない意味の漢字もあります。漢字を決めるときは、ぜひ目を通してくださいね。

これは使える、役に立つ!

候補名の意外なヒント集

**候補の名前がなかなか思い浮かばない…と、うまくスタートできなくても大丈夫!
意外と身近なものには名づけのヒントがたくさん隠れています。
小まめにチェックして、イメージをふくらませてみましょう。**

昔の年賀状

友人や会社の人たちから届いた年賀状。過去のママとパパの分を合わせれば、かなりの枚数になりますね。名づけの参考にするだけでなく、ダブらないように子どもの名前は欠かさずチェックしましょう。

テレビ番組の登場人物

番組の登場人物や芸能人の名前をひととおり見てみましょう。主役の名前はもとより、脇役にもいい名前があるかもしれません。また番組の最後に紹介されるプロデューサーや製作スタッフの名前もヒントになるでしょう。

マンガや小説

マンガや小説には、人を引きつける名前がたくさん出てきます。登場人物の名前をそのままもらったり、漢字を変えたりするのもいいでしょう。念のため、漢字の意味と、名づけに使える漢字かどうかを調べておいて。

『たまごクラブ』『ひよこクラブ』

『たまごクラブ』と『ひよこクラブ』には数多くの読者が参加しています。漢字と読みの両方から、ひらめきがもらえそう。

宝塚歌劇団

芸能人の名前を参考にする人はたくさんいますが、視点を変えて宝塚歌劇団の団員の名前を見てみては? 公式ホームページにアクセスすれば、華やかな芸名にピンとくるかも!? 使える漢字かどうかを調べるのも忘れずに。

フリーペーパー、タウン誌の赤ちゃん紹介欄

無料配布のタウン誌やPR誌などにある、出生欄や赤ちゃん紹介コーナー。実際につけられた名前なので、ここから最近の傾向を読み取ることもできます。かわいい赤ちゃんの写真を見ながら参考にできるのもいいところ。

イメージ

「輝かしい未来」を心に思い浮かべて

希望や願いを子の名前に託す

名づけの基本にあるのは、わが子へのあふれんばかりの愛情です。この愛情を名前に託して、赤ちゃんにプレゼントしましょう。願いが多すぎて整理できなくても構いません。まずは紙に書き出してみてください。

「素直でみんなに好かれる子」「外を走り回る元気な子」「歌などの一芸に秀でる子」など、思いつくまま書いているうちに、イメージがわいてきて、使いたい漢字が出てきます。

たとえば「素直」の文字にピンときたら辞典で調べてみます。「心が正しいこと、正直」という意味があるので、候補の漢字は「素・直・心・正」に。これらの漢字に添え字をつけるなどして名前を考えてみましょう。P.255の「画数別おすすめ漢字リスト」では、名前例も出ているので、大いに活用してください。

もっと具体的に「オリンピックに出てほしい」と思えば、オリンピック選手の名前にあやかったり、「芸能人になってほしい」と思えば、女優やタレントの名前から1字もらったりするうちに、理想の名前に近づくことでしょう。

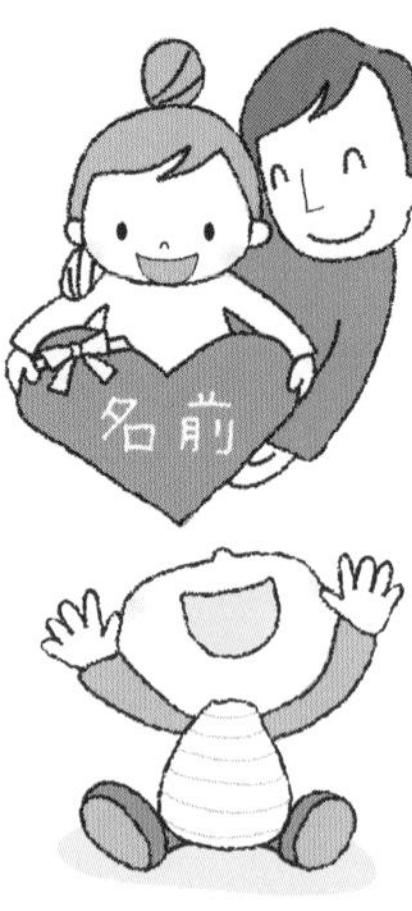

季節をヒントに考える

生まれた季節をイメージさせる名前は美しい印象を与えます。春夏秋冬の漢字を使うのはもちろん、俳句などに使われる季語にも注目すると、よい名前が考えられそうです。

季語の一部を例に挙げると、春は「桜、東風」、夏は「茂、涼風」、秋は「月、秋晴、流星」、冬は「冬凪、聖夜」など。

ちなみに四季は、春は3~5月、夏は6~8月、秋は9~11月、冬は12~2月ですが、歳時記※は、春は立春（2月4日）から、夏は立夏（5月5日）から、秋は立秋（8月7日）から、冬は立冬（11月7日）からと区別が異なります。

（※年によって日にちが異なることがあります）

地名から名づけのヒントを

ママとパパに思い出の場所はありませんか？　日本の土地、山や川には、美しい響きがたくさんあり、そこから子どもの名前をつけるケースも見られます。

そのまま名前に使うのはもちろん、漢字を1字もらったり、読みをまねしてもいいでしょう。

もし、夫婦で旅行する予定があれば、その地域の名前、山や川の名前をメモに書き留めておくと、あとで名づけに役立つかもしれません。旅先に限らず、故郷に目を向けてもいいでしょう。

自然の中に見つける

自然を見渡せば、名前に合う漢字が見えてきます。自然といえば、さわやかな印象を持つ「空」、夢やロマンを与えてくれる「海」が思い浮かびますが、「空」は「蒼空」（そら）「美空」（みく）と変化させて、今や人気の名前になっていますし、「海」は、「愛海」（あいみ）「七海」（ななみ）のように、添え字としてよく使われています。ママやパパに海に思い入れがあるなら、海にちなんだ「渚、帆、洋、汐、凪」などの漢字を使ってもいいでしょう。

また、きれいな夜空を見上げれば「宇、宙、輝、月、天、夜、星」などの漢字が思いつくのではないでしょうか。

木や花など自然の美しい色に引かれたら、そのイメージを名前に託してもいいでしょう。「藍、茜、白、朱、橙、丹、緋、翠、碧、桃」の漢字から彩りのある名前が見つかるかもしれません。

どれも図鑑などをひもとけば、イメージの幅もぐーんと広がり、すてきな名前が生まれそうです。

美しい地名の例

千歳	ちとせ	（北海道）
美郷	みさと	（秋田県）
榛名	はるな	（群馬県）
朝霞	あさか	（埼玉県）
梓	あずさ	（長野県）
伊吹	いぶき	（滋賀県）
志摩	しま	（三重県）
鈴鹿	すずか	（三重県）
瑞穂	みずほ	（岐阜県）
世羅	せら	（広島県）
穂波	ほなみ	（大阪府）
星賀	ほしか	（佐賀県）

画数

「運のよい画数」なら さらによい名前に

姓名判断をする メリット

画数といえば姓名判断ですが、画数にこだわる人もいれば、まったく気にしない人もいます。画数で人生がすべて決まるわけではありませんから、姓名判断をしない選択もあるでしょう。

出生届を出してから「やっぱり画数が気になる。もしもよくなかったらどうしよう……」と心配するくらいなら、出生届を出す前に姓名判断をしておくとよいでしょう。将来、結婚して姓が変わる可能性もありますが、それは大人になってからのこと。とりあえず今は、姓と合わせて吉数になるよい名前をつければ、画数に関しては安心です。

どこまで 画数にこだわるか?

姓名判断にはいくつかの流派があり、同じ画数でも、流派によって運がよかったり悪かったりします。どの流派にも通じる吉数の名前にしたいと思っても、それは不可能に近いので、1つの流派に絞りましょう。ただ、画数ありきで始めると、制約が増えて名前を考えるのが難しくなることもあります。

はじめに自分の好きな方法で候補名を出し、最後に名前を絞り込むときに姓名判断を使えば、すっきりと名前が決まります。ママとパパで意見が分かれたときにも、姓名判断でよい画数の名前を選べばお互いに納得することでしょう。

この本を信じるわ!
たまひよ
女の子の名前事典
うん、そうだね!

Point＊Advice

外国語感覚の名前にするなら

「海外で活躍してほしい」「外国の人と自由に交流できるような子に」
といった願いを名前に込めるママやパパもいます。
ここでは、外国語感覚の名前をつけるコツを紹介します。

音から入るアプローチを

外国語には、従来の日本語にない音の組み合わせがたくさんあります。個性的で外国語感覚の名づけをするなら、この外国語の音を、日本語の音や意味にあてはめるやり方があるでしょう。

音や意味を取り入れるにも、主に２つの方法があります。

１つは、外国語の人名・地名・形容詞などの音を、そのまま日本語にあてはめていくこと。「アンナ」（女性の人名）→「杏奈」「安那」などがこれにあたります。注意すべきは、元の単語が人名の場合、同じ性別のものを選んだほうがいいということ。たとえば「カレン」（女性の人名）なら、「加蓮」と男の子に使うよりも、「香蓮」などとして女の子に使うほうが合います。

意味を取り入れるときの注意

もう１つは、外国語感覚のあて字です。その単語の音だけでなく、意味まで含めて日本語にはめ込む方法です。名前の読みは自由という法則を最大限に利用していく超訳です。たとえば、run→「走」（らん）、luna→「月」（るな）などです。ただし、将来、子どもが幼稚園や小学校に通うときに担任の先生が１回で正しく読んでくれるかどうかは、あやしいでしょう。まわりにすんなり読んでもらいたいなら、避けたほうが無難です。

また、せっかくつけた外国語感覚の名前が、「外国で通用するか」についてもよく吟味する必要があります。たとえば、イタリア語で「カツオ」は男性自身を、フランス語では「コン」が女性の局部を意味し、ひんしゅくを買ってしまうからです。

また別の観点からいうと、フランス語の場合、h（アッシュ）は発音しませんから、日本語でハ行の音から始まる名前の人はア行の音で呼ばれる可能性が大です。「ハル（春）」ちゃんは「アル」ちゃんと呼ばれたりするわけです。

外国語感覚の名づけは、辞書で調べたり、語学に強い人にアドバイスをもらってから決めたほうがいいでしょう。

ヘボン式ローマ字一覧表

名前は漢字やカナだけでなく、ローマ字表記することも多いもの。
名づけのときはもちろん、赤ちゃんのパスポートを取得するときに役立ててください。

ヘボン式ローマ字つづり一覧表

あ a	い i	う u	え e	お o
か ka	き ki	く ku	け ke	こ ko
さ sa	し shi	す su	せ se	そ so
た ta	ち chi	つ tsu	て te	と to
な na	に ni	ぬ nu	ね ne	の no
は ha	ひ hi	ふ fu	へ he	ほ ho
ま ma	み mi	む mu	め me	も mo
や ya		ゆ yu		よ yo
ら ra	り ri	る ru	れ re	ろ ro
わ wa				を o
ん n(m)				
が ga	ぎ gi	ぐ gu	げ ge	ご go
ざ za	じ ji	ず zu	ぜ ze	ぞ zo
だ da	ぢ ji	づ zu	で de	ど do
ば ba	び bi	ぶ bu	べ be	ぼ bo
ぱ pa	ぴ pi	ぷ pu	ぺ pe	ぽ po

きゃ kya	きゅ kyu	きょ kyo
しゃ sha	しゅ shu	しょ sho
ちゃ cha	ちゅ chu	ちょ cho
にゃ nya	にゅ nyu	にょ nyo
ひゃ hya	ひゅ hyu	ひょ hyo
みゃ mya	みゅ myu	みょ myo
りゃ rya	りゅ ryu	りょ ryo
ぎゃ gya	ぎゅ gyu	ぎょ gyo
じゃ ja	じゅ ju	じょ jo
びゃ bya	びゅ byu	びょ byo
ぴゃ pya	ぴゅ pyu	ぴょ pyo

ヘボン式ローマ字表記で注意する点

ヘボン式ローマ字の表記には、いくつかのルールがあります。
ルールをマスターして正しく表記しましょう。

❶ 撥《はつ》音《おん》（"ん"で表記する音）

ヘボン式ではB・M・Pの前にNの代わりにMを置きます。

例 **Mimmi**（みんみ）

❷ 促《そく》音《おん》（つまる音。"っ"）では子音を重ねて示します。

例 **Rikka**（りっか）

※ただし、チ（chi）、チャ（cha）、チュ（chu）、
チョ（cho）音にかぎり、その前にtを加えます。

❸ 長音表記

「おう」または「おお」はOかOHによる
長音表記のいずれかを選択できます。

氏名のふりがな	パスポートに記載することができる表記一覧	
	ヘボン式ローマ字表記	OHによるローマ字表記
オオ	O	OH
オオノ	ONO	OHNO
コオリ	KORI	KOHRI
オウ	O	OH
コウノ	KONO	KOHNO
オウギ	OGI	OHGI
カトウ	KATO	KATOH
ヨウキ	YOKI	YOHKI

※ヘボン式ローマ字表記またはOHによる長音表記のいずれかの表記をパスポートでいったん選択したら、
それ以降のパスポートの申請は必ず選択した方式を一貫して使用し、途中で変更することがないようにしましょう。

※長音が入る姓の人で、家族間で姓の表記が異なっている場合、外国に入国する際にトラブルが生じる場合があります。
姓の表記の選択では、家族が同一の表記になるように注意しましょう。

名づけのゴールはすぐそこ!

候補名がそろったら 本命を絞り込もう

赤ちゃんのために、「たった1つのプレゼント」を決めるときがやってきました。
思い悩んでつけた名前は最高に違いありませんが、
さらに完璧をめざすために、これだけは確認しておきましょう。

ママとパパ2人で決める

赤ちゃんにつけたい名前がいくつもあって1つに決められない場合は、姓と名を書き出してみましょう。全体を見てバランスのいい名前はどれですか？　頭であれこれ考えたら声に出してみましょう。イメージにぴったりの名前はありますか？　ひらめき（インスピレーション）も大切です。ママだけではなく、パパにも参加してもらい共同作業にしましょう。

まだあるかも？名づけの〝うっかり〟

これまでに説明した名づけの注意点をクリアしているなら、「いい名前」といっていいでしょう。生まれた赤ちゃんの顔を見てから決める人は、候補を2つ3つにまで絞るといいでしょう。しかし、名づけでうっかり見逃している点はまだあるかもしれません。出産までの間に、さらにチェックを重ねてください。

うっかり1 変なあだ名やイニシャルにならない？

将来、変なあだ名がつかないように気を配りたいものです。「細井太恵」（ほそいたえ）「黒田真白」（くろだましろ）など姓と名の意味が違いすぎると、友だちにからかわれるかもしれません。

また、「草野 花」（くさのはな）「海野湊」（うみのみなと）のように、姓と名の意味が近すぎると、友だちに冷やかされるかもしれません。

イニシャルが「N・G」「W・C」「S・M」はもとより、「K・Y」にならないかもチェックしておくといいでしょう。

うっかり2 近くに同じ名前や愛称の子どもはいる?

身近なところに同名の子どもがいると、名前を呼んだときに同時に振り向くのでややこしくなります。近くの友だち、その姉妹に同じ名前の子がいないか、わかる範囲で確かめましょう。

また、名前は違っていても愛称が同じになるケースがあります。たとえば「みか」「みさき」「みお」「みさと」「みゆ」などは、みな「みーちゃん」と呼んでしまいがちです。

とくに小さいころは、姓より名前で呼ばれることが多いので、同じ名前はできるだけ避けたいのですが、人気の名前をつけた場合は、どんなに気をつけても重なってしまうことがあります。幼稚園や保育園に入ったら、同じ名前の友だちがいたという話もあります。

知っている範囲で同じ名前をつけないこと、人気の高い名前は工夫するのも一考です。

うっかり3 漢字や音に別の意味はない?

名前のほとんどは漢字の組み合わせで決まりますが、思いがけない意味を持つことがあります。

たとえをいくつか挙げてみましょう。「海月」（みつき）はくらげ、「梨園」（りえん）は歌舞伎の世界のこと。意味を知らなければ、うっかり名前にしてしまいそうです。

また、姓と名を通して読むと別の意味を連想させる名前もあります。「浅香絵里」（あさかえり）は朝帰り、「小田真理」（おだまり）はお黙り、「原　真紀」（はらまき）は腹巻き、「中川　類」（なかがわるい）は仲が悪い、などです。

あとから別の意味があることに気がついて、ママやパパ、子ども本人も名前に愛着がなくなっては大変です。そんなことがないように、漢和辞典で意味や単語なども確認してみましょう。

これで最終決定! ママもパパもみんな大好きな名前である

思い悩んで名前を決めたママとパパ。この2人が決めた名前を、赤ちゃんも気に入ってくれるでしょうか?

これから一生、赤ちゃんはこの名前とつき合い、家族やまわりの人に支えられながら生きていきます。だからこそ、本人にも家族にも、社会にも受け入れられる名前でありたいものです。

そして、子どもが自分の名前に愛着を持ってくれたら、最高の名づけができたといえるのではないでしょうか。

ママ、パパの「なぜ？　なに？」にお答えします

初めての 名づけQ&A

名づけを進めているうちに出てきた疑問の数々……。
名前を決定する前に、1つずつ解決していきましょう。
監修の栗原里央子先生にアドバイスをいただきました。

Q1 よい画数でないと、子どもの人生は運が悪くなる？

気に入った漢字があるので、名前に使いたいのですが、姓と合わせるとよい画数になりません。画数のよい名前をつけないと子どもはしあわせになれない？

A 人の運命は画数だけで決まるわけではありません。運命は「生年月日」「環境・経験」「遺伝」「開運法」の4つの要素が左右するといわれ、姓名判断は開運法の中に含まれているので、影響力としてはそれほど大きくないのです。

名づけが単なる画数合わせに終わっては、それこそ「よい名前」から離れてしまうでしょう。

Q2 親子間で相性がよくなる名前にするには？

私は母と折り合いが悪く、子どものころから、しょっちゅうケンカばかりしていました。そのせいもあって、生まれてくる子どもとは仲よくやっていきたいと思っています。親子間で相性のいい名前をつける方法はありますか？

A ママ・パパの名前から1字つける場合、音も同時につけるのはどうでしょう。発音が同じ、または近いと耳から入りやすく、口にしたときに親近感を覚えやすいものです。名前で呼んでいると、自然と絆が生まれ、きっと仲のよい親子になるでしょう。

ただ、ママ・パパから1字つける場合、その字の応用度が高いかどうかがポイントになります。応用しにくい字を無理して使い、違和感が出ないようにしてください。「親の名から1字つけると、親を超えられない」というのはまったくの迷信です。

Q3 姉妹が生涯ずっと仲よくしてくれる名前は？

昨年長女が生まれ、名前は「美結」（みゆ）にしました。今、おなかには2人目の女の子がいるので、姉妹仲よく育ってほしいと願っています。姉妹で相性のよい名前のつけ方を教えてください。

A この場合なら、姉妹ともに「結」の字を使ってみたらどうでしょうか？ 人気漢字の「結」には、「ゆ、ゆい、ゆう」という読み方があります。この字は応用がきくので、「結○」とする方法も考えられます。たとえば、結衣（ゆい）、結香（ゆいか）、結音（ゆいね）、結里（ゆり）、結子（ゆうこ）などです。

Q4 3姉妹に統一感のあるかわいい名前をつけたい

先日、おなかの赤ちゃんが女の子とわかりました。前から子どもは3人欲しいと思っていたので、あと2人が女の子だった場合を考えて、今から3人の名前を考えたいと思います。3姉妹におそろいの、かわいい名前をつけるコツはありますか？

A 3姉妹に「雪・月・花」の文字を1字ずつ使った人がいます。3人の名前を1字ずつ合わせると、ある言葉になるというのは、すてきなアイデアですね。あるいは、関連のある漢字を3つ考え、1文字ずつあてはめてもいいでしょう。たとえば日・月・星のイメージなら、左のような名前が候補に挙がります。

例 日…日菜子(ひなこ)、日登美(ひとみ)
月…美月（みづき）、歌月（かづき）
星…星子（せいこ）、星羅（せいら）

Q5 家族共通の漢字「智」でよい名前をつけたい

夫の家は代々、名前に「智」の字を使うのがしきたりになっています。祖父は「智助」、父は「智太郎」、夫は「智雄」。私たちの子どもも「智」を使うものと決められており、少し憂鬱です。

私は「凛」や「桜」などの1字名をつけたいのですが、夫の家への手前もあり、「智」の字を使わざるを得ません。

「智」という漢字を使って、なんとか読み方や組み合わせで今風のかわいい名前にできないでしょうか？

A 「智」には「ちえ、かしこい」など、とてもよい意味がありますから、むしろおすすめの漢字です。読み方は「とも」も「ち」もかわいらしい音なので、どちらでも使えます。人気のある添え字と組み合わせると、素敵な名前になるでしょう。

例 智花（ともか）、智咲（ちさき）
智沙（ちさ）

Q6 「一子」を「にこ」と読ませてもいいですか？

名前に使える漢字は決まっていますが、※読み方は自由であると聞いています。たとえば、「一子」を「にこ」と無理に読ませても構わないのでしょうか？　許容の範囲を教えてください。

A 原則として※読み方は自由です。実際に「月」と書いて「るな」と読ませる名前があります。これは社会通念上認められてきた範囲ですが、普通なら「一子」（いちこ）と読むのに、「にこ」と読ませる極端なケースでは、役所の窓口で受理されないでしょう。

　あまり無理な読み替えは避けるようにして、あくまでも常識の範囲内に。

にこです！
戸籍
一子

Q7 二女の名前に、「二」を入れられる？

2人目の女の子を出産しました。長女は「美春」（みはる）という名前ですぐに決まったのですが、二女はなかなかよい名前が浮かばず、夫婦でやっと決めたのが「一夏」（いちか）という名前。

　でも「二女に『二』を使ったらまぎらわしいのでは？」という両親の意見もあり、迷っています。年子なので、二女が長女に間違えられる心配もあります。やめたほうがよいでしょうか？

A 長女に「二葉」、二女に「一葉」とつけても法的に問題はないでしょう。ただ、数詞は序列を表すので、たしかに混乱する可能性はあります。まわりから何度も間違われるなど、困るシーンが出てくるかもしれませんね。

　上のお子さんが「美春」なので、姉妹で季節に関連した名前にするなら、「夏実」（なつみ）などとするのはどうでしょうか？

Q8 個性的な名前は、おばあちゃんになったときに変？

子どもに「瑠衣」（るい）という名前をつけたいのですが、パパと冗談で「この子が年をとったら『瑠衣ばあさん』だね。ちょっと変だなあ」という話になりました。子どもの名前は年をとったときのことまで考えてつけるべきですか？

A 「瑠衣」という名前、かわいいですね。年齢を重ねたときの感じ方は、人それぞれ。人気の読み方なので、同世代では一般的な名前です。そのころは「瑠衣ばあさん」のような名前も珍しくなく、違和感もないと思います。

レンさん こんにちは
ルイさん 今日も いい天気だねぇ

※令和7年5月以降、戸籍法改正により変更予定

Q9 歴史上の人物にあやかった名前をつけたい

パパは歴史が好きなので、「女の子なら、奥ゆかしく、歴史上有名な女性の名前をつけたい」と言っています。「江」「定子」「巴」などを挙げていますが、私は「古すぎる！　名前負けしそう！」と大反対。歴史関係で、今でも違和感のない名前なら夫婦で納得できるのですが、よい名前はないでしょうか。

A 歴史上の人物にあやかる場合は、すでに功績がわかっているので、イメージが覆される心配がありません。ただし、あまりにも偉大な人物だと、そのイメージに引きずられて、将来名前でからかわれるかもしれません。

候補に挙げられた名前は、今の時代の名前としては古めかしいように感じます。歴史に名を残した女性は、男性ほど多くないので、年代を広げて候補名を挙げてみることをおすすめします。

例 一葉、かのこ、ねね、みすゞ

Q10 ひらがなの名前にするコツは？

私の名前は、ひらがなで「かおり」です。私は気に入っているので、子どもの名前もひらがなにしたいと思っています。

でも、意外に難しく、漢字のほうがよく見えてしまうことも。迷ってばかりなので、女の子に合うひらがなの名前のつけ方があれば教えてください。

A ひらがなの名前は、それほど多くはありませんが、漢字のように字の意味にとらわれることがないため、女の子の名前として好まれているようです。ひらがなの名前は見た目がやわらかく、個性的な音の名前としてぴったりはまるでしょう。そうはいっても、その音を考えだすのはひと苦労ですね。まず、漢字で考えたものをひらがなに直すという方法だと、考えやすいかもしれません。

音でいえば3音程度で、通常、漢字1字で表記されるような名前を考えてみるといいと思います。

Q11 結婚して姓が変わることを考えたほうがいい？

私の名前は「由子」（ゆうこ）です。結婚する前は「黒崎」という画数の多い姓だったので「由子」でもバランスがよかったのですが、結婚したら「山田由子」になり、間の抜けた感じに…。子どもにはもし姓が変わったとしても、バランスのとれた名前をつけたいのですが。

A 将来、結婚後にどんな姓になるかを考え始めたらきりがありません。また、夫婦別姓の時代も間もなくやってくるかもしれません。

基本的には、今の姓で考えてください。名前は「山田」に合うように、左右対称ではない漢字から選ぶといいでしょう。

Q12 夫の両親がつけた名前を断る方法はある？

赤ちゃんの名前に、夫の両親が以前から考えていたという「佐々木英水」（ささきひでみ）を提案してきました。義父の「英治」からとった名前だそうですが、私たちは「瞳」（ひとみ）と決めていたため、気まずい雰囲気に。うまく断る方法はありませんか。

A 義理の両親から突然名前を提案されても、すぐに受け入れられないのは当然ですよね。「英水」という名前自体はいいと思いますが、姓名を合わせると、「木」「英」「水」と似た形の漢字が並ぶので、バランスの点からはあまりおすすめできません。

そこで、ご両親を説得するのに、姓名判断を使ってはいかがでしょう。「英水」は12画で苦難数の1つです。一方、「瞳」は17画で「積極的、地位と財産を築く吉数」。それをお話しすれば納得していただけると思います。

Q13 旧字体の姓は、何画と数えるのが正しいの？

赤ちゃんの名前は姓名判断をして決めようと思っています。わが家では、普段は「小沢」と書いていますが、戸籍上では「小澤」です。姓の画数はどちらを基準にすればいいですか？

また、子どもの名を「薫」にしたいのですが、「くさかんむり」は3画だという人と、4画だという人がいます。どちらが正しいのでしょうか？

A 戸籍上が「小澤」であれば、「小澤」で画数を数えるのが基本です。しかし、姓名判断とは姓名全体の画数で占うもの。日常生活で「小沢」と表記しているならば、「小沢」で画数を数えたほうがいいでしょう。

「くさかんむり」は、流派によって6画、4画、3画と数え方が違うようです。本書の場合は、名前は法律で定められた文字（常用漢字・人名用漢字）を見たままの字体の画数で数えているので、「くさかんむり」は3画となります。ですから、「薫」は16画と数えましょう。

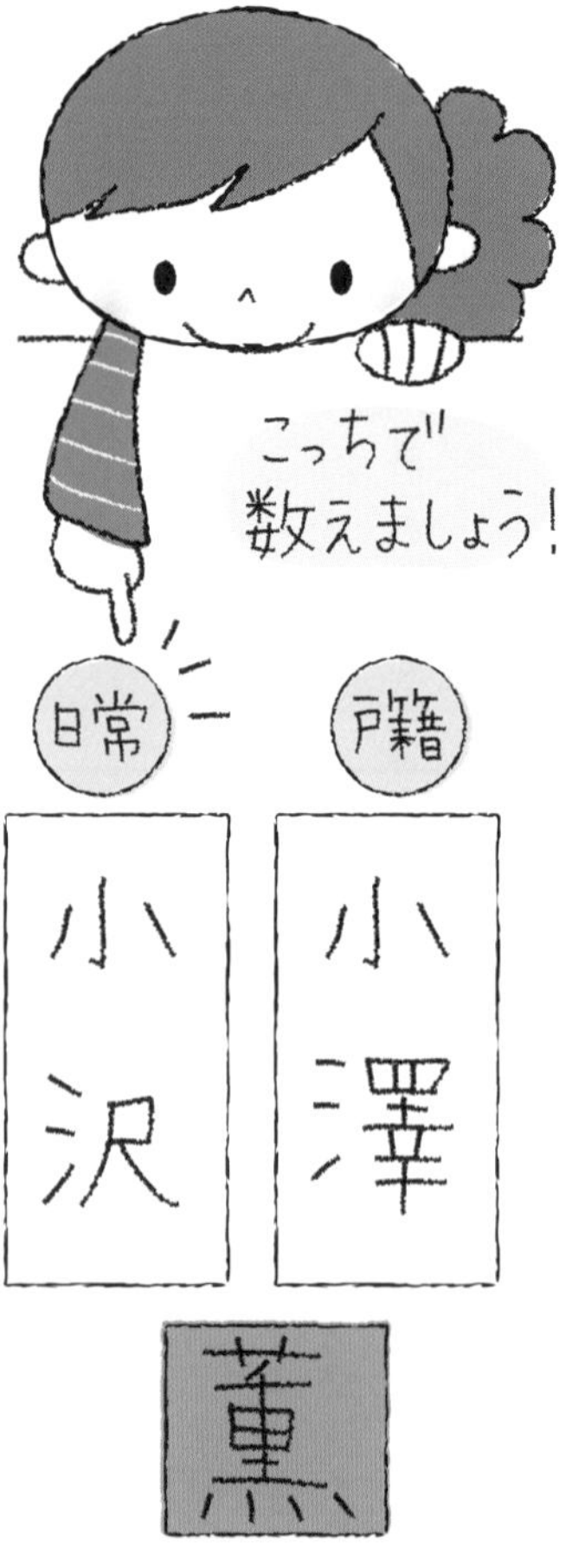

Q14 ミドルネームはつけられる?

私の姓は「鈴木」です。子どもにはなるべく個性的な名前をつけたいと思っています。そこで、ふと思いついたのが欧米人の名前で見かけるミドルネーム。これならかなりインパクトのある名前になると思うのですが、つけてもいいのでしょうか?

A 基本的には、名前の長さやミドルネームについて法律上の決まりはありません。ただ、姓が平凡だからという理由で「鈴木キャサリン優香」という名前で戸籍登録すると、「キャサリン優香」という名前を、今後ずっと名のらなければなりません。

これは子どもにとってかなりの負担になるので、外国人との間の子どもの場合は別として、ミドルネームは避けたほうが無難です。

Q15 親子で名前の漢字も読みも同じにしてもいい?

パパは私の名前を、「赤ちゃんにつけてもいいくらい今風だね」と言ってくれます。ふとした疑問ですが、親子で漢字も読みも同じにして戸籍登録できますか?

A 法律上、同じ戸籍内で同じ漢字の名前を使用することは認められていません。ただ、カタカナやひらがなに変えたり、漢字を変えて同じ読み方にすれば可能です。でも、家庭内に同姓同名の人がいたら混乱するので避けたほうがいいでしょう。

Q16 将来、同じ名前の人と結婚したらどうなるの?

おなかの子は女の子で、名前は「優」にほぼ決まり。でも1つだけ心配事が…。それは、将来「優くん」と結婚したらどうなるのかということです。

A 「ゆう」「ひなた」「そら」など男女両方で人気の名前は、将来、結婚相手と同姓同名になる可能性があります。

その場合は、基本的に2人とも同じ姓で同じ名前になりますが、社会的に不都合が生じる理由があれば、家庭裁判所に改名を申し出ることができます。

スムーズに提出するために

出生届の書き方と出し方

赤ちゃんが生まれたら、名前を記入して出生届を役所などに提出します。これで正式に戸籍に登録されることになるので、慎重に進めましょう。

赤ちゃんが生まれたら まず出生届を用意しよう

出生届は病院や産院で渡されることが多いので、あまり心配はいりませんが、不安なときは母親学級や役所などで事前に聞いておくといいでしょう。

病院・産院でもらう

病院や産院で出産した場合は、退院するまでに、出生届を渡してくれるので、自分で準備する必要はありません。このとき、出生届の右半分にある「出生証明書」は、お産に立ち会った医師、または助産師など法的資格のある人が記入してくれます。

ただ施設によっては用意されないこともあるので、前もって確認しましょう。

役所でもらう

自宅出産などの場合は自分で用意しなければならないので、自治体の役所の戸籍担当窓口でもらいます。出張所や支所に用意されていることもあるので、確認してから行くようにしましょう。

何枚必要か?

赤ちゃん1人につき1枚が必要です。1通の出生届に2人分の記入欄はありません。ですから双子が生まれたら2通、三つ子の場合は3通必要となります。

病院で双子を出産した場合、当然のことながら出生証明書を2人分記入した状態で、2通手渡されます。

※マイナンバー制度により、今後、手続きや書類が変更になる可能性があります

くれぐれも字の間違いに注意

いざ記入！その前に…

記入のしかたは難しくはありませんが、ママが書くのか、パパが書くのか、事前に相談しておいたほうがいいでしょう。字の間違いがないように、細心の注意を払ってください。

誰が書くか❶ 〈出生届〉

出生届は、右半分が「出生証明書」、左半分は「出生届」になっています。この「出生届」は届出人（原則として父母）が記入することになっています。

ママが書く場合もあれば、産後疲れや赤ちゃんのお世話で忙しいママに代わって、パパが書くこともあります。夫婦ともに書き方を理解しておくと安心です。

誰が書くか❷ 〈出生証明書〉

右半分の「出生証明書」はお産に立ち会った医師や助産師が記入します。自宅出産した場合は、立ち会ってくれた助産師など資格のある人が記入します。

ただ、医師や助産師は「子の氏名」欄の記入をしないので空欄のままです。役所に提出する際にも、空欄でも問題はありません。

名づけ＆主な行事タイムスケジュール

出生届の提出期限をうっかり忘れてしまうことのないように、あらかじめチェックしておきましょう。お祝い事の行事日程も参考にしてね。

スタート

妊娠

▼

予定日までに候補選び

名前は赤ちゃんの顔を見てからという人も、出産予定日までには男女それぞれの候補名をいくつか考えておいたほうが安心です。出産後14日間は、あっという間です。

▼

1日目　誕生　○月○日

赤ちゃんとの対面はどうでしたか？　赤ちゃんにぴったりの名前を選んであげましょう。まだ考えていなかった人は、これからが勝負！　期限に間に合うように考えましょう。

▼

7日目　お七夜　○月○日

赤ちゃんの命名式とお披露目を行います。誕生した日から7日目に行うのがしきたりですが、最近では日にちにこだわらない傾向も。半紙や奉書紙に赤ちゃんの名前を書いて、神棚や床の間などへ。

▼

ゴール

14日目　出生届提出期限

市区町村の役所に出生証明書、出生届、印鑑、母子健康手帳、国民健康保険証（加入者のみ）を持参して、出生届を提出します。提出期限が役所の休日の場合は、休み明けが提出期限となります。遅れないよう注意しましょう！

▼

30日前後　お宮参り　○月○日

お宮参りとは、赤ちゃんが生後30日前後のころに神社にお参りをする習慣のこと。現在ではあまり時期にこだわらず、赤ちゃん・ママの体調のよいときにお参りすることも増えています。

▼

100〜120日　お食い初め　○月○日

一生食べ物に困らないように、健康に過ごせますようにとの願いを込めて、初めておっぱい・ミルク以外のものを食べさせる行事。実際には、お赤飯などを食べさせるまねをします。

お手本を見ながら書けば安心

出生届 記入のポイント

出生届は役所に提出するときに戸籍係の人がチェックします。不備なく、受け付けてもらえるように、正確に記入しましょう。

記入の注意

鉛筆や消えやすいインキで書かないでください。

子が生まれた日からかぞえて14日以内に出してください。

子の本籍地でない市区町村役場に提出するときは、２通提出してください（市区町村役場が相当と認めたときは、1通で足りることもあります。）。２通の場合でも、出生証明書は、原本１通と写し１通でさしつかえありません。

子の名は、常用漢字、人名用漢字、かたかな、ひらがなで書いてください。子が外国人のときは、原則かたかなで書くとともに、住民票の処理上必要ですから、ローマ字を付記してください。

よみかたは、戸籍には記載されません。住民票の処理上必要ですから書いてください。

□には、あてはまるものに☑のようにしるしをつけてください。

→筆頭者の氏名には、戸籍のはじめに記載されている人の氏名を書いてください。

→子の父または母が、まだ戸籍の筆頭者となっていない場合は、新しい戸籍がつくられますので、この欄に希望する本籍を書いてください。

届け出られた事項は、人口動態調査（統計法に基づく指定統計第５号、厚生労働省所管）にも用いられます。

出生証明書

	子の氏名		男女の別　1男　2女
	生まれたとき		令和　年　月　日　午前／午後　時　分
(10)	出生したところ及びその種別	出生したところの種別	1病院　2診療所　3助産所　4自宅　5その他
		出生したところ	番地　番　号
		(出生したところの種別1～3) 施設の名称	
(11)	体重及び身長	体重　グラム	身長　センチメートル
(12)	単胎・多胎の別		1単胎　2多胎（　子中第　子）
(13)	母の氏名		妊娠週数　満　週　日
(14)	この母の出産した子の数	出生子（この出生子及び出生後死亡した子を含む）　人	死産児（妊娠満22週以後）　胎
(15)	1医師　2助産師　3その他		上記のとおり証明する。　令和　年　月　日　(住所)　番地　番　号　(氏名)　印

記入の注意

←夜の12時は「午前０時」、昼の12時は「午後０時」と書いてください。

←体重及び身長は、立会者が医師又は助産師以外の者で、わからなければ書かなくてもかまいません。

←この母の出産した子の数は、当該母又は家人などから聞いて書いてください。

←この出生証明書の作成者の順序は、この出生の立会者が例えば医師・助産師ともに立ち会った場合には医師が書くように１、２、３の順序に従って書いてください。

「出生証明書」は出産した施設で記入してもらいます。

記入前、記入後には必ずチェック!

※「出生証明書」は解説のため縮小されています。

❶日付

役所に提出する日を記入します。夜間・休日窓口に出すときも、提出する日を記入。

❷赤ちゃんの名前の読み方※

名前の読み方を記入するのは、住民票の処理のために必要なもので、戸籍には記載されません。

❸嫡出子

「嫡出子」とは、正式に婚姻の手続きをした夫婦の間に生まれた子のことです。「嫡出子でない子」とは、正式に婚姻の手続きをしていない女性から生まれた子のことです。

❹生まれたところ

右側の出生証明書「出生したところ」と同じ住所を都道府県名から書きます。

❺世帯主の氏名

世帯主がパパでなく、赤ちゃんの祖父の場合は、祖父の氏名を記入。「世帯主との続き柄」は「子の子」と記入します。

❻生年月日

元号（昭和・平成・令和）で書く決まりになっています。西暦ではありません。

＊書き間違えたら、その箇所に二重線を引き、押印して余白に正しく書き直します。修正液は使えません。

❾届出人

届出人とは、役所の窓口に持参した人のことではありません。原則として赤ちゃんの父親か母親です。

❽母の職業

専業主婦の場合は、「無職」と記入します。

❼本籍

本籍が住所と違い、正しくわからない場合は、本籍地が記載された住民票をもらって確認しましょう。筆頭者とは戸籍のはじめに記載されている人のことです。

出　生　届

❶ 令和　　年　　月　　日 届出

長 殿

受理　令和　年　月　日 第　　号	発送　令和　年　月　日
送付　令和　年　月　日 第　　号	長印

書類調査	戸籍記載	記載調査	調査票	附票	住民票	通知
※ ❷				❸		

生まれた子

(1) (よみかた) たま　ひよこ
子の氏名　氏 多摩　名 陽代子
父母との続き柄　☑嫡出子　□嫡出でない子　長　□男 ☑女

(2) 生まれたとき　令和〇年 6月 10日　☑午前 □午後 10時 00分

(3) ❹生まれたところ　東京都多摩市落合1丁目34　番地 番　号

(4) 住所（住民登録をするところ）　東京都千代田区神田神保町2丁目44　番地 番　号
❺世帯主の氏名　多摩恵一　世帯主との続き柄　子

生まれた子の父と母

(5) ❻父母の氏名 生年月日（子が生まれたときの年齢）
父　多摩恵一　平成〇年 8月31日（満〇歳）
母　多摩久美子　平成〇年 6月13日（満〇歳）

(6) ❼本籍（外国人のときは国籍だけを書いてください）　東京都千代田区神田神保町2丁目44　番地 番
筆頭者の氏名　多摩恵一

(7) 同居を始めたとき　平成〇年 10月（結婚式をあげたとき、または、同居を始めたときのうち早いほうを書いてください）

(8) 子が生まれたときの世帯のおもな仕事と
□1. 農業だけまたは農業とその他の仕事を持っている世帯
□2. 自由業・商工業・サービス業等を個人で経営している世帯
□3. 企業・個人商店等（官公庁は除く）の常用勤労者世帯で勤め先の従業者数が1人から99人までの世帯（日々または1年未満の契約の雇用者は5）
☑4. 3にあてはまらない常用勤労者世帯及び会社団体の役員の世帯（日々または1年未満の契約の雇用者は5）
□5. 1から4にあてはまらないその他の仕事をしている者のいる世帯
□6. 仕事をしている者のいない世帯

(9) 父母の職業　（国勢調査の年…　年…の4月1日から翌年3月31日までに子が生まれたときだけ書いてください）
父の職業　会社員　母の職業　会社員 ❽

その他

❾届出人

☑1. 父 □母　□2. 法定代理人（　　）　□3. 同居者　□4. 医師　□5. 助産師　□6. その他の立会者　□7. 公設所の長

住所　(4)欄に同じ　番地 番　号

本籍　(6)欄に同じ　番地 番　筆頭者の氏名

署名　多摩恵一　印　平成〇年 8月 31日生

事件簿番号	

※令和7年5月以降、戸籍法改正により変更予定

いよいよ名前を戸籍に登録

出生届を提出しよう

ママとパパが決めた世界一の名前を出生届に記入したら、速やかに提出します。

誰が提出するの？

出生届を役所に提出するのは原則として赤ちゃんの父母です。

実際、ママはまだ入院中だったり、産後の疲れもあったりするので、パパが行くケースも多いようです。赤ちゃんの両親とも提出に行けない場合は、同居者などの代理人でも構いません。郵送することもできますが、念のために事前に確認をしておきましょう。

赤ちゃんの両親以外の人が提出する場合は、出生届にもれがないか、必ず見直しましょう。記載に間違いがあった場合、代理人ではその場で訂正することはできません。

万が一、赤ちゃんの名前の漢字が間違っていても、気づかずにそのまま戸籍に登録されてしまいます。可能な限り、赤ちゃんの両親どちらかが行くようにしましょう。

どこへ提出するの？

提出先は次の役所の戸籍窓口です。

- **届出人（父母）の本籍地**
- **住民票のある市区町村**
- **赤ちゃんの出生地（病院などの所在地）**

これらが法律上で規定されている提出先となります。

夜間・休日窓口に出す場合

受付時間内に役所に行けない場合は、夜間・休日受付窓口（守衛室など）に提出することができます。場所はわかりにくいこともあるので、事前に確認しておくといいでしょう。書類は一旦預かりの形になり、後日、受付時間帯に審査され、正式に受理・決定となります。ただ、夜間・休日窓口では母子健康手帳の出生届出済証明、子どもに関する手当・助成の手続きなどはできないので、再び通常の受付時間に役所に行くことになります。

いつまでに提出するの?

出生届は、赤ちゃんが生まれた日から数えて14日以内に提出することが法律で定められています。また14日目が土日祝日などで役所が休みのときは、休み明けの日まで延長されます。

通常の受付時間に届けられない場合は、夜間・休日窓口でも受け付け可能です。期限を過ぎると、過料（5万円以下）の対象になることもあるので注意して。

そのほかに必要なものは?

正確に記入した出生届のほかに必要なものがあります。

1つは印鑑。その場で間違いに気がついたときに、線を引いて訂正し印鑑を押します。もう1つは母子健康手帳。「出生届出済証明」の箇所に証明をしてもらいます。

また、国民健康保険加入者の場合、出産育児一時金の手続きがあるので、国民健康保険証、預金口座番号がわかるものを持参しましょう。

出生届提出時の持ち物チェックリスト

- □ 医師の証明がある出生証明書と記入済みの出生届
  ※親の本籍地に提出する場合でも、それ以外のところで提出する場合でも、1通でかまいません。
- □ 届出人の印鑑
- □ 母子健康手帳
- □ 国民健康保険証（加入者のみ）

14日以内とは? もし過ぎたら?

出生届の提出期限14日以内を間違えないようにしましょう。たとえば生まれた日が4月1日なら、14日目は4月14日です。14日を過ぎても受理はしてもらえますが、1日でも遅れたら「戸籍届出期間経過通知書」に遅れた理由を書かなければならず、戸籍にもそのことが記載されてしまいます。遅延の理由によっては過料が科せられることもあります。

生まれた日 → 1日目　　提出期限 → 14日目

1日目	2	3	4	5	6	7	8	9	10	11	12	13	14日目	平日の開庁日

14日目が土日祝休日の場合は翌開庁日まで延びる

困ったとき、どうすればいい？

出生届Q&A

出生届に関する質問を集めてみました。さらに詳しく知りたい場合は、役所で尋ねてみれば間違いがありません。

Q1 母子健康手帳がなくても出生届は提出できる？

私は里帰り出産で、しばらく実家にいます。その間、パパは自宅で一人暮らし。母子健康手帳は私が持っていたいのですが、出生届は、母子健康手帳がなくても提出できますか？

A できます。母子健康手帳を持っていくのは、母子健康手帳に出生届を受けた役所が証明をする欄があるためです。後日、役所に母子健康手帳を持参すれば、証明してもらえます。

Q2 出生届を受け付けてもらえないこともある？

せっかく書いた出生届を受け付けてもらえないときは、どんなときですか？

A 出生届は、役所に提出するときに戸籍係の人が、記入に不備がないかを確認します。不備とは、親の生年月日の年号を西暦で書いた、誤字脱字や記入もれがある、そして名前に使用できない漢字が使われている場合などです。その場で訂正できればいいですが、最初からやり直しになることもあります。

Q3 海外で出産をした場合の手続きは？

夫の仕事の都合で、アメリカで出産することに。アメリカで生まれた赤ちゃんは、みんなアメリカ国籍になると聞いていますが、私たち夫婦は日本人なので子どもが日本国籍でなくなるのか心配です。

A 海外で出産した場合は、出生の日から3カ月以内に、その国の日本大使館、または本籍地の役所に出生の届出をしなくてはなりません。赤ちゃんが生まれた産院で出生証明書を書いてもらい、日本語訳文を添付し提出します（郵送も可能）。アメリカは、生まれたすべての赤ちゃんにアメリカ国籍を与える国なので、必ず出生届と一緒に日本国籍保留の届出をしてください。

出生届の「その他」の欄に「日本の国籍を留保する」と記入し、署名押印をします。これを行わないと、生まれたときにさかのぼって日本の国籍を失い、アメリカ国籍だけになってしまいます。

Q4 届けてすぐに間違いに気づいたけれど…

よい画数をと考えて「里紗」（りさ）と命名。ところが出生届を提出するときにうっかりして「里沙」と書いてしまいました。翌日、間違いに気づきましたが、すぐに申し出れば訂正できますか？

A もし、まだ戸籍に記載されていなければ、印鑑を持参して窓口に行けば訂正できる可能性があります。しかし、一度戸籍に記載されてしまうと、そう簡単には直すことができません。

どうしても訂正したい場合は、家庭裁判所に「名の変更許可」を申し立てる必要があります。

ただ、「画数がよくない」という理由では難しい場合が多いでしょう。画数がよくないからといっても、それで運命が決まってしまうわけではありません。無理に改名するよりは、現在のままをおすすめします。

Q5 改名は簡単にできますか？

今考えている名前に自信がありませんが、提出期限の14日目が近づいてきています。あとから別の名前に変えることはできますか？

A 結論からいうと、この理由では改名できません。改名するためには、まず家庭裁判所の許可を得ることが必要で、改名が許可される理由は、

①奇妙な名前である　②難しくて正確に読まれない　③同姓同名者がいて不便である　④異性と紛らわしい　⑤外国人と紛らわしい　⑥〇年〇月神官・僧侶となった（やめた）　⑦通称として長年使用した　⑧その他、の8項目です。

ですから、名前の画数が悪い、やっぱり気に入らないなどの理由では、改名はできません。

あとから「やっぱり違う名前のほうが…」とならないよう、名づけは、赤ちゃんのしあわせを願って慎重に行ってください。このことを常に心に留めておきましょう。

Point＊Advice

きょうだい名づけのポイント

双子や上の子がいる場合に、関連性を持たせた名前をつける方法があります。「家族の絆を大切に」「きょうだい仲よく」という願いを込めた、きょうだい名づけのコツを紹介します。

添え字やイメージでつながりを

きょうだいの名前を並べて書く機会は、意外に多いものです。調和のとれた名づけをするには、いくつかの方法があります。

最も一般的なのは、同じ添え字を使うことです。「咲希」「真希」といったように、メインの漢字は変えるけれど、同じ添え字の「希」を使うことで統一感を生むのです。男女ともに使える添え字を選べば、性別の異なるきょうだいでも調和します。

また、1字名、3字名、ひらがな名前、カタカナ名前など、名前の字数や形式で全体の印象を似せる方法もあります。ママ・パパで名前の印象が似ていれば、家族全体で共通したテーマを持つことも可能でしょう。

また、名前に込めるイメージをきょうだいで共通させる方法もおすすめです。

親の1字をその子に使うことで、家族で統一感を持たせることもできるでしょう。「女の子ならママ、男の子ならパパの名前から1字を使って」という人もいます。

きょうだい名前のパターン例

添え字「希」でつながる場合

[例]

咲希　さき(女の子)
真希　まき(女の子)
祐希　ゆうき(男の子)

親の1字「真」でつながる場合

[例]

結真　ゆま(女の子)
真衣　まい(女の子)
一真　かずま(男の子)

海のイメージでつながる場合

[例]

美帆　みほ(女の子)
七海　ななみ(女の子)
湊　みなと(男の子)

1字名でつながる場合

[例]

遥　はるか(女の子)
葵　あおい(女の子)
蓮　れん(男の子)

ニックネームのカブりを避ける

とはいえ、名前には、ほかの人と区別をつける役割があります。家できょうだいの名前を呼ぼうとしたとき、「ゆうちゃん」が2人いては混乱の元。きょうだいの名前を考えるときには、ニックネームのカブりを避ける配慮が大切です。「みゆちゃん」と「みうちゃん」のように、似たような響きにならないかもチェックしましょう。

逆に、きょうだいでも極端に雰囲気の違う名前だと不自然に感じることがあります。たとえば、双子なのに「麗羅」と「一乃」など、画数の多い・少ないが極端な名前はアンバランスな印象を受けることも。

また、「陽菜」と「久子」など、今風の名前と昔からある名前だと、「本当にきょうだい？」とちぐはぐに感じられます。

きょうだい名づけだからこそできる、バランスのいい名前を見つけてくださいね。

第2章

音から選ぶ女の子の名前

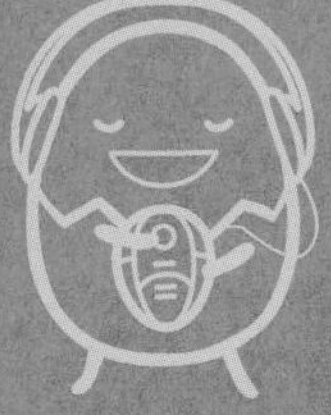

「こんな響きの名前をつけたい！」という
こだわりの音がある人は、音から名前を考えてみましょう。
この章では、音の持つ性質や実例から名前を考えていきます。

※読み仮名の「ず」「づ」の区別については実例に基づいています。

※本書では、仮成数（P.339）を加えて吉数にする場合も考えて、
画数としてそのままでは吉数ではない名前例も掲載しています。

声に出してみるとわかりやすい!

音から名前を考えよう

昨今は、音の響き(読み方)から名前を考える方法も人気です。
音によって印象も変わるので、呼びやすさも考えながら名前を選びましょう。

お気に入りの音から候補名を考えよう

名づけを考えるとき、「気に入った音(読み方)がある」「わが子をこう呼びたい」と考えている人におすすめです。

まずは、お気に入りの音を糸口に、名前を考えていきましょう。その名前が呼びやすいか、必ず声に出してみてください。発声する音量によって印象も変わってくるので、将来その名前を呼ぶシーンを想像して、声に大小をつけてみるといいでしょう。

また、名前だけでなく、姓から通して呼んだときの印象はどうか、将来どんなニックネームで呼ばれるかなどを想定しておくことも大切です。

選んだ音に合う漢字をあてはめていく

音が決まったら、その音に合う漢字を選びましょう。選んだ漢字の印象が、読み方に合っているかどうかをチェックすることも忘れずに。

音から漢字を選ぶときは、字を区切る場所をいろいろ変えてみるのもおすすめです。たとえば、「なつき」ならば漢字を「な・つき」とあてるのか、「なつ・き」とするのか、また「な・つ・き」と1音に1字をあてる万葉仮名風の漢字(P.51を参照)にするのかでも違ってきます。

バランスや意味も考えて、音にふさわしい漢字を探しましょう。

人気の頭音ランキング

順位	頭音	〈読みの一例〉
1位	ゆ	ゆづき　ゆい　ゆずは　ゆあ　ゆいな
2位	み	みお　みつき　みゆ　みこと　みう
3位	あ	あおい　あん　あんな　あかり　あいり
4位	り	りん　りこ　りお　りあ　りっか
5位	ひ	ひまり　ひな　ひなの　ひかり　ひなた
6位	さ	さくら　さな　さら　さき　さつき
7位	こ	ことは　こはる　ことね　ここな　こと
8位	な	なぎ　なぎさ　なつき　ななみ　なつめ
9位	い	いろは　いちか　いとは　いと　いおり
10位	か	かえで　かのん　かほ　かんな　かの

※2023年「たまひよ」調べ

音から選ぶ名づけのコツ

1 響きを声に出して候補を選定

気に入った音や読みを思いつくままに挙げてみましょう。思いついた名前は、繰り返し声に出し、響きを確認しておくのがコツ。「あいちゃん」「ゆうちゃん」など、ニックネームから考えていく方法もあります。

2 響きが決まったら漢字を選ぼう

音から考えた候補名を挙げたら、次にその名前に漢字をあてはめましょう。うまく合う漢字が見つからないときには、名前の字を区切る場所をいろいろ変えて、その音に合う漢字を探します(P.95～182を参照)。

3 姓名のバランスがとれているかを確認

あてはめる漢字が決まったら、姓名を通して紙に書いてみて(タテ書き・ヨコ書きで)、漢字(字形)のバランスを見ます。また、姓名を読み上げて響きのバランスも確認。このときに、漢字と響きの統一感があるかもチェックしましょう。

4 名前に使える漢字か、漢和辞典でチェック!

最後に、画数など気になるところをチェックしておきましょう。また、「いい名前が浮かんだのに、使用できない漢字だった」とあとで困らないように、必ず最新の漢和辞典や法務省のホームページなどで、最終チェックをしてください。

ことだま(言霊)で見る名前

候補名をたくさん挙げたものの、どれがいいか迷ったときに、音の持つパワー「ことだま」をヒントに絞り込むのもいいでしょう。

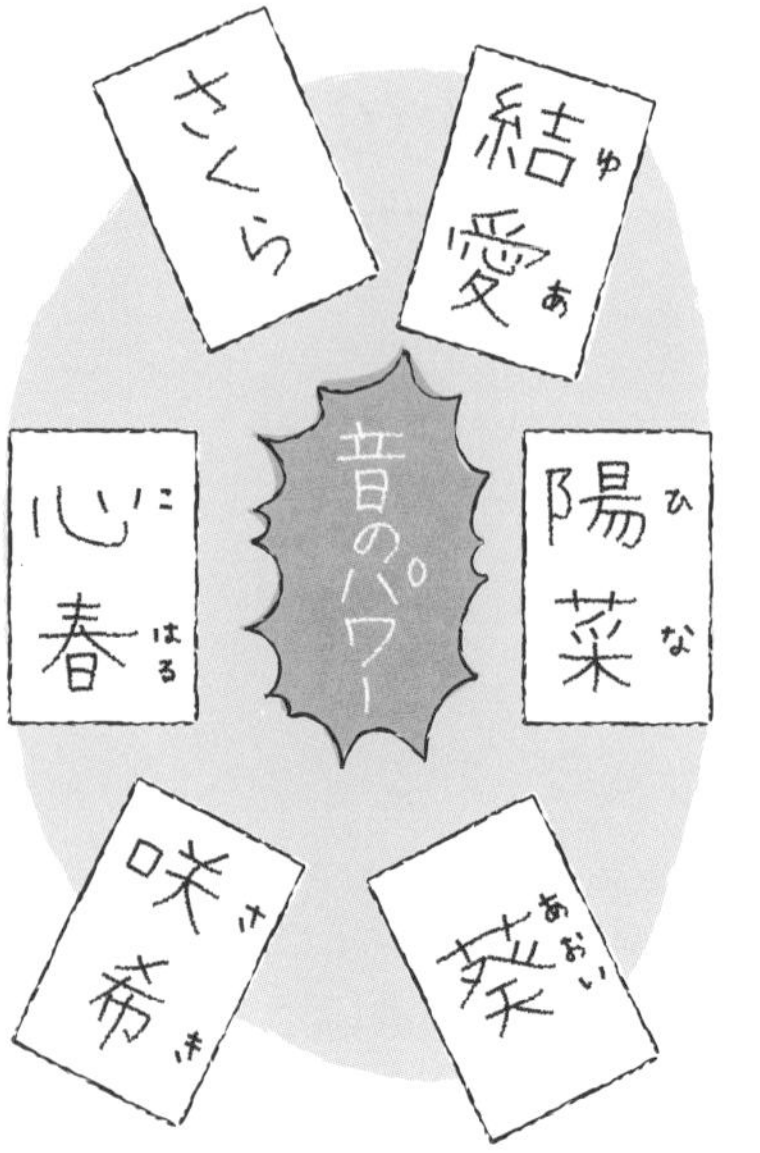

ことだまとは?

文字に画数のパワーがあるように、音にもパワーがある

　昔から音（言葉）にはそれぞれパワーが宿っているといわれてきました。そのパワーをことだま（言霊）といいます。文字の場合の画数のパワーは、名前を書くたびに増していきますが、同様にことだまは名前を呼ばれることでそのパワーを増します。呼ばれる頻度が高いほど、その音のパワーが増すわけですから、愛称と名前が違う場合は、よく呼ばれる愛称の音のパワーが増す、ということになります。

　人の一生の中では、書くことより呼ばれることのほうがはるかに多いため、ことだまのパワーは大切になってくるのです。

姓名判断では音は5つの性に分類されます

　ことだまは大きく分けて「木性」「火性」「土性」「金性」「水性」の5つの性に分けられます。とくに名前の第1音が大切で、その人の性格に大きく影響してきます。名前をことだまで見るときは、まず、第1音がどれに分類されるかを、ことだま早見表で探し出してください。その後、第2音、第3音……と見ていくといいでしょう。

ことだま早見表

アイウエオ	土性
カキクケコ	木性
サシスセソ	金性
タチツテト	火性
ナニヌネノ	火性
ハヒフヘホ	水性
マミムメモ	水性
ヤユヨ	土性
ラリルレロ	火性
ワヲ	土性
ン	土性

※濁音(゛)、半濁音(゜)の音は、清音と同じに。また、「キョ」「イッ」などの拗音や促音は、それぞれ「キ」「イ」と考えます。

ことだまを名づけに生かすには？

姓のいちばん下の音の性と隣り合う性の音から名前の第1音を選ぶのがベスト

姓と名のつながりにことだまを生かすことができます。５つの性は右下の図のようになり、隣り合う音同士は相性がいいとされています。とくに、矢印は調和の関係を示しています。

ことだまを名づけに生かすには、この性の関係をもとに、姓のいちばん下の音に隣り合う性の音を、名前の第１音に持ってくるようにすればいいのです。

たとえば、「クリハラ・ユイ」という姓名の場合、姓のいちばん下の音は「ラ」で火性です。名前のいちばん上の音は「ユ」でヤ行なので土性となり、隣り合う性同士でことだま的にも音のつながりがいいことになります。

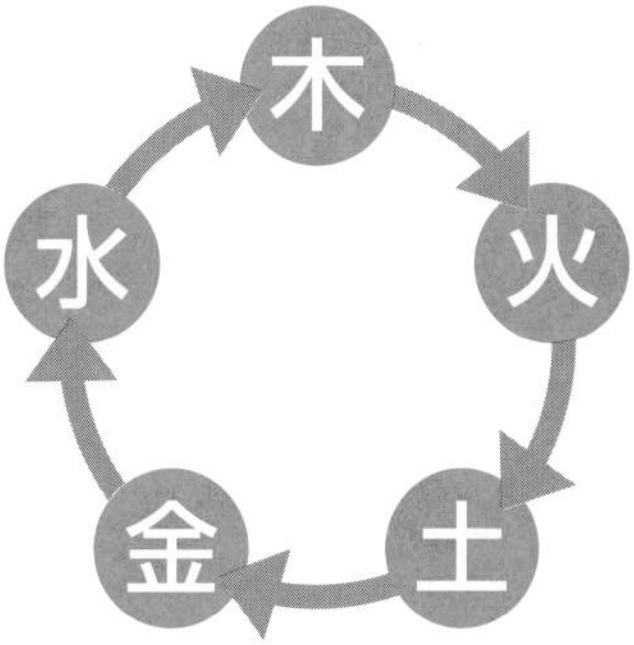

ことだまの性の関係は、画数における五行の考え方と同じです。隣り合う性同士の関係がよく、矢印の関係は調和を表し、とくによい関係とされます。

別の例

近《コン》藤《ドウ》颯《ソウ》子《コ》

ウ ◀ 姓のいちばん下の1音 ア行（土性）

ソ ◀ 名前の第1音 サ行（金性）

※例に挙げた「近藤颯子」という名前を見ると、姓のいちばん下の1音は「ウ」でア行、名前の第1音は「ソ」でサ行となり、ことだま早見表で見ると、それぞれ、土性と金性であることがわかります。これを右の図にあてはめると、隣り合う性同士で調和の関係になりますから、この名前はことだまで見るといい名前であるといえます。

ことだまの頼りすぎに注意

ことだまは、名づけを考えるときのいいヒントとなりますが、ことだまだけにとらわれてしまっては、名づけの本来の意味を見失ってしまうことになりかねません。

生まれてきた赤ちゃんに贈る最初のプレゼントが名前です。ママ、パパの願いや感覚を大切にしてください。名前の候補をいくつか挙げた上で、その中の１つを決めるときの最後の絞り込みのためにことだまを使う、という方法をおすすめします。

木性　カキクケコ

意志が強く 向上心にあふれる

カ行は「牙音《がおん》」とも呼ばれ、息が奥歯に触れて出てくる音です。木性の音で始まる女の子の名前には「カナ」「キョウコ」などがありますが、それほど数は多くありません。

名前の第1音が木性音の人は早熟型で、早いうちから運気が開けるでしょう。交際範囲も広く、社交的なので、いろいろな人とのつき合いを通じてネットワークを広げていきます。社会的にも信用や人望を得るでしょう。人間関係においては話術が巧みなことと、温和な性格が手伝って、だれからも好かれる人になります。その半面、肝心なときに優柔不断になったり、重要な場面で逃げ腰になるなど、度胸に欠けることがあります。

また、考えすぎてチャンスを逃したりすることもありますが、努力しだいで、夢は十分かなえられます。

火性　タチツテト ナニヌネノ ラリルレロ

知識欲が旺盛で 美的センスに優れる

火性音は「舌音《ぜつおん》」とも呼ばれるように、舌で発する音です。女の子の名前では「チナミ」「ナナコ」「レイカ」などがそうです。

名前の第1音が火性の人は、頭の回転が速く、知識欲が旺盛です。知識の収集に熱心なため、学問や研究を好みます。知識欲はファッションなどにも向けられ、美的センスも磨かれておしゃれなので周囲に華やかな印象を与えるでしょう。

半面、華やかさを好むあまり、生活が華美になったり浪費をしやすいので、経済観念をしっかり持つことが大切です。華やかさは人間関係にも及び、いつも周囲の目を集めようとしますが、つき合いが長続きせず、広く浅い交際を繰り返すことになりがちです。また、すぐ感情を表に出しがちな傾向もあります。

土性　アイウエオ ヤユヨ ワヲン

きまじめな努力家 潤滑油の役割も果たす

「喉音《こうおん》」とも呼ばれ、喉から発する音が土性です。男女ともに人気のある音で、女の子では「ユイ」「ユウカ」など「ユ」で始まる名前が人気です。

名前の第1音が土性の人は、他人に優しく、奉仕的に接します。人の輪の中で、潤滑油的な役割に向いています。努力型で、着実に地位を築いていきます。一見地味ですが、最終的にはそれまでの努力が実を結び、大きな成功を収める人です。人生設計も堅実で、危なげがないのも特徴です。

ただ、きまじめさが裏目に出て、視野が狭くなりがちです。思い込みも激しく頑固なので、一度こうと思ったらなかなか他人の意見に耳を貸しません。

また、自分からすすんで新しいことに挑戦するようなことも少ないでしょう。

金性　サシスセソ

リーダーシップをとれる人生エンジョイ型

「歯音《しおん》」と呼ばれ、息が前歯に触れて出る音です。音感がかたいので、名前を音で分けた場合、数はそれほど多くありません。女の子では「サキ」や「サクラ」などが人気です。

名前の第1音が金性音の人は活発で行動力があります。人をまとめ、先導する力があるので、人の上に立つようになるでしょう。経済観念も発達していて豊かな生活が送れます。動き回ることで運気を引き寄せられる人なので、よく働きよく稼ぐことで人生を楽しむことができるでしょう。

交際範囲が広く、目上の人にかわいがられたり、有力者からの引き立ても受けそうです。半面、自分の実力以上のことをしようとする面があり、度が過ぎると社会的信用を失いがち。さらに過労や美食が過ぎて健康を損ねやすい面もあります。

水性　ハヒフヘホ　マミムメモ

コツコツと努力を重ねどんな環境にも順応

「唇音《しんおん》」と呼ばれ、息が唇に触れて出てくる音が水性の音です。女の子の場合は、土性音に次いで人気のある音です。よく使われる名前では「ミホ」「モモカ」などがあります。

第1音が水性音の人は、どんな環境にも順応できる能力があります。また、小さなことから始め、しだいに大きくしていくといった創業者的な気質も備えています。華やかさを嫌い、人に見えないところで着実に努力を重ねていくので、気がつくとかなりの成功を収めているでしょう。その半面、気苦労が多かったり、ネガティブ思考の傾向もあります。困難にぶつかったときに、安易に逃避する道を選んだり、人を拒絶して引きこもりがちになることもありますが、相手の気持ちをとらえるのは上手です。

名前の第1音以外の音にも意味があります

第1音がその人の性格形成に大きく影響することはこれまでに述べてきましたが、この第1音が、願いを込めた理想の性格とすると、第2音にはその人がいちばん自然でいるときの性格を、最後の音には最終的にたどりつく性格を表します（2音の名前の場合は、左図のように第2音を最後の音と考えます）。50音が持つそれぞれの意味については、P.86～94にありますので参考にしてください。

ゆ―み　1番目の音　理想とする性格

さ　2番目の音　自然でいるときの性格

か―き　3番目の音　たどりつく性格

50音別

響きによる性格の違い

名前の音の響きから、性格を占ってみましょう。
とくに、名前の最初の音は印象が強いもの。
あなたは、音の響きにどんな願いを込めますか？

あ 前向きに発展する、すべての音の始まり

50音の始まりの音「あ」が名前につく人は、発展的な性格です。創造力や決断力に優れ、何事にも前向き。実行力もあるためリーダーシップを発揮します。一方、自己主張が強く、独断で強引に物事を推し進めようとすると、人との間で争いを起こし、孤立してしまうことも。

い 静穏な性格の内に強さを秘めています

穏やかで控えめな性格。外には目立って表れないものの、粘り強さもあります。困難にも負けず地道な努力を続けて成功を収めるタイプですが、引っ込み思案が過ぎればせっかくの運も逃しがち。だれからも愛されますが、求められると断りきれないところも。異性とのつき合いは慎重に！

う 縁の下の力持ち。大事なものを守ります

思いやりのある優しい性格。親孝行で自分の家族を大切に守ります。社交性があるとはいえないため、人の上に立って大きな事業を成し遂げるのは苦手ですが、コツコツと几帳面《きちょうめん》に自分の役目をこなします。消極的で心配性、優柔不断な一面もあり、くよくよ思い悩まないことが大切です。

え 明朗快活に困難にも立ち向かいます

明るく活発な人です。多少の困難や苦労にもめげずに、積極的に立ち向かっていく行動力で成功を収めます。ただし、移り気で集中力が持続しないところもあり、失敗を恐れて逃げ腰になってしまうと、さらに失敗を重ねる悪循環に陥ります。また、人に利用されて苦労することもあります。

く
負けず嫌いの社交家。周囲の支えで達成

意志が強く負けず嫌いな性格です。社交的で人当たりもよく、才気に恵まれていますから、まわりの人たちから引き立てや援助を受けて困難なことも成し遂げることができます。ただし、飽きっぽい性格が前面に出ると、何をしても長続きせず、大きな成功を収めることはできません。

け
人生の浮き沈みも、持ち前の明るさでクリア

明朗快活な性格です。情に厚く、誠実で人から信頼されます。ただし、盛運と衰運を繰り返す暗示もあります。ついているときも調子に乗りすぎず、不運なときに備えることが大切です。活発さが短気・粗暴というマイナスの形で表れることもあり、浮き沈みの激しい人生を送る可能性も。

こ
用心深い努力家。堅実な人生を歩み、人気者に

物静かで誠実な性格がだれからも好感を持たれます。コツコツと努力を続け、大きな失敗や波乱も少ない堅実な人生を歩みます。消極的で小心なため、いつも周囲に遠慮しすぎてチャンスを逃しがち。用心深く、リスクはできる限り避けようとするので、大きな成功は難しいかもしれません。

お・を
こだわりを持ち、綿密に計画を立てるタイプ

こだわりが強く、綿密に計画を立てて、熱心に打ち込むタイプ。仕事の面でも成功します。おおらかで温和な態度を身につければ人から好かれますが、強情な面が出すぎるとトラブルに。人を信頼できずに心の中に不満をためると、ささいなことでも腹を立ててしまいます。

か
気配りと決断力で信頼を集め、躍進します

穏やかで万事によく気が回り、冷静な判断ができるので周囲の信頼を集めます。一度取りかかったことは、たとえ困難があってもそれを乗り越え、成功に導く能力を秘めています。しかし、しっかりしているようで気弱な部分もあり、実行力が伴わない場合は中途半端に終わってしまうことも。

き
華やかな雰囲気。でも内面は寂しがり屋

華やかな雰囲気をまとい、たいていのことでは成功を収める知力・体力にも恵まれています。ただ、他人の意見を聞き入れず、性急に自分の思いどおりに事を運ぼうとすると、友だちや家族からも疎まれがちになりそう。交友関係はにぎやかですが、内面は寂しがり屋です。

さ 知らない土地でも笑顔と向上心で成功

陽気で華やかなことが好き。常に向上心を忘れず、実行力もあるため、周囲からリーダーとして頼りにされます。独立心も旺盛で、自分をアピールする才能にも恵まれているので成功します。故郷を離れてより大きく発展する暗示があります。ただし、陽気さを失うと不運に見舞われることも。

し 長く続く誠実な人間関係を築けます

表向き温和な態度が人から好意を持たれますが、実は頑固で警戒心の強い性格。交際範囲はあまり広がることはありませんが、誠実にじっくりとつき合うことができます。潜在的な能力を秘めているので、不平不満を抑えて能力を発揮するように心がければ、成功を収めることができます。

す 世話好きでNOと言えないお人好し

世話好きでお人好し。頼まれるとイヤと言えない性格で、損な役回りを引き受けてしまうことも多いでしょう。また、派手好きで、気前よく散財する傾向があります。意志の強さを発揮して、こまかいことに悩まず、自信を持って物事に取り組んでいけば幸運が訪れます。

せ プライドが高い野心家。抜群の行動力を発揮

頭脳明晰で情熱に満ちあふれています。野心を持って物事に意欲的に取り組むので、学業や仕事でまずまずの成果を上げることができます。ただし、高望みをしすぎたり、プライドの高さが災いして失敗することがあるかもしれません。地道な努力が、幸福の日々を送る秘訣《ひけつ》です。

そ つき合い上手で平和を愛する正直者

穏やかな性格の平和主義者です。だれとでも平等に正直につき合い、友好的な関係を保てますが、それが過ぎれば八方美人と言われることもあります。また、何事もよく考えた上で慎重に行動するタイプです。人と争うのが苦手で、大きな勝負や競争の激しい仕事にはあまり向いていません。

た 正義感が強く熱心。猪突猛進タイプ

外見は温和な印象を与えますが、内には闘争心を秘めて、走りだすと止まらないタイプです。計画性もあり、熱心に働くので成功を収めます。正義感が強く、自分とは直接かかわりがなくても、曲がったことは見逃せずに人と衝突することも。異性関係でも思い込んだら一途になるタイプです。

ち 勤勉さで身につけた知識や技術で成功

意志が強く、努力を惜しまない人です。探究心や知識欲も旺盛で、優れた技術を身につけることができます。困難を物ともせず、目標に向かってやり抜く力を持っています。多少の苦労やトラブルはあるものの、年齢を重ねるにつれて成果が表れ、経済的にも豊かになっていきます。

つ 自分の意見を持ち、強気で押し通します

自我が強く、人の助言に耳を貸したがらないタイプ。能力がある人ですから、強い性格がよい方向に向かえば、大きな成功を収めることができます。虚栄心や頑固な面が出すぎると、対人関係でトラブルを起こしたり、自分も他人も平穏ではいられなくなるので気をつけましょう。

て 交際上手で何事も真剣に挑戦します

何事にも真剣に取り組み、困難も乗り越えることができる性格。誠実で人当たりもいいため、スムーズな対人関係が成功への足がかりになるでしょう。ただし、見栄を張って浪費したり、思うように成果が上がらないことにあせると、苦労を重ねたにもかかわらず失敗が続くことがあります。

と 慎重さと気配り、根気強さが成功へ導きます

冷静沈着で、根気強さ、忍耐力があります。こまやかな心配りで、成功を手にすることができます。しかし、消極的になりすぎると、せっかくの努力も効果が上がらず、チャンスを逃してうまくいかないことも。異性関係では用心深い半面、気が多いところがあります。

ぬ 引っ込み思案な性格。踏み出す勇気が必要です

知性や才能もありますが、優柔不断で意志が弱いと、長所をうまく生かせません。ここぞというときにためらったり、踏みきれずにチャンスを逃しがちに。引っ込み思案もほどほどにして、時には勇気を出し、目標に向かっていく努力をすることで、運が開けていきます。

ね 穏やかな性格で人との和を大切にします

穏やかで人と争うことをしないため、だれにでも好かれます。力のある先輩や上司の引き立てがあって成功します。また、円満な家庭を築くこともできます。しかし、積極性や自立心がたりないと、何事も中途半端で終わりがちに。あれこれ思い悩むより、まず行動を起こすことも大切です。

の 頼りになる冷静沈着な知恵者

広い視野を持ち、落ち着いて判断することができる人です。包容力があり、人情に厚い性格で、人から慕われ、頼りにされます。時にはその寛容さを利用されることもありますが、全般的に幸運を手に入れることができます。ただし、冷静さが表に出すぎると嫌われてしまいます。

な 全力を傾け進歩し続ける頑張り屋

負けず嫌いで、常に人より一歩進んだポジションを取ろうとします。何事にも全力を傾け、熱心に取り組むことで、成功を収めます。ただし、その性格が悪いほうに出てしまうと、短気で意地悪になりがちです。家族や周囲の人たちとトラブルを起こして、人間関係が停滞するので注意。

に リーダーを陰で支える努力家で責任感も強い

温和で責任感の強い性格です。人を引っ張っていくより、トップを補佐する立場に向いています。とても思慮深く、人情にも厚いため、周囲からの人望を集めます。ただし、怠け心に負けると責任逃れな態度が目立つようになり、何事もうまくいかなくなる恐れがあります。

ふ　批判にもめげず自分の道を進んでいきます

直感力にすぐれ、聡明で決断も速い人です。人の言葉に惑わされず、自分の進むべき道に迷いがないので、交渉事も有利に運ぶことができます。ただし、理想が高すぎると思わぬ失敗を招くことも。手が届かないと思えば早々にあきらめてしまい、判断が早急すぎることもあります。

へ　慎重に行動するタイプ。晩年に運が開けます

どんなときもよく考え、慎重に行動する人です。無駄づかいを嫌ってコツコツと努力を続けます。中年期までは苦労も多いですが、しだいに運が開け、晩年には恵まれた生活を送ることができます。ただし、目の前の困難から逃避しようとすれば、不運が続くので注意しましょう。

ほ　クリエイティブな才能に恵まれ努力で成功

創造力に恵まれ、高い技術を身につけることができます。派手なパフォーマンスはありませんが、堅実な努力に結果が伴います。しかし、人間関係ではあまり深いかかわりを好まず、他人を信じられなくて非社交的になってしまうことも。良好な人間関係を築くことで、幸運に恵まれます。

は　自分の道を切り開く、独立心旺盛な行動派

思ったことはすぐに行動に移す、積極的な性格。加えて、社交的で交際上手です。強い意志を持ち、自分で道を切り開いて、成功につなげます。半面、強引で独り善がりな行動に走ってしまうと、対人関係がうまくいかなくなったり、家族ともぎくしゃくして孤独を感じてしまう場合も。

ひ　強運の持ち主。満ちたりた生活を手に入れます

目標に向かい、地道な努力を重ねるタイプ。どんな困難にもくじけず、自分の信念を貫き、強運に守られて成功を手にします。物質的・精神的にも満たされた幸福な生活を送ることができます。しかし、頑固な面が表に出ると、人間関係につまずき、努力しても報われない不運を嘆くことに。

ま　何事にも熱心。巧みな話術で周囲の人気者に

頭の回転が速く、ウィットに富んだ会話も得意です。仕事に誠実に取り組み、熱意が実を結んで成功するでしょう。才知におぼれず謙虚であれば、周囲の人からも好かれます。口先だけで、着実な努力を怠ると、成果は上がらず、不遇な生活に甘んじることになってしまいます。

み　華やかで話好き。美的センスのある情熱家

明るく、にぎやかなことが好きな性格。情熱的で美的才能に恵まれています。熱意と明るさがプラスに働き、仕事で成功し、家庭生活も豊かなものに。しかし、軽はずみな言動やつい口にしてしまった他人の悪口によって、誤解を受けることがあります。嫉妬《しっと》心からの異性とのトラブルにも注意。

む　温厚で控えめ。しんの通った強さも持つ

温厚で控えめな性格。家庭に恵まれ、円満に暮らすことができます。知的でよく考えてから行動に移すタイプで、自分の意志を貫く強さも持っているため、人知れずいつのまにか成功を収めています。しかし、積極性に欠けるため、せっかくのチャンスを逃したり、孤独を感じることも。

め　一見穏やか。内面には情熱を秘めています

おとなしく温和な印象を与えますが、内面の感情の起伏は激しい人です。そのエネルギーを前向きな行動に向ければ、成功への道が開けます。物事を悲観的にとらえ、不安におそわれて心の平静を失ったり、見栄を張って失敗することも。勇気を出して積極的に物事に取り組むことが大切。

も　人を引きつける魅力を備え、人脈づくりも得意

社交的で人を引きつける魅力があります。体も丈夫で精力的に働くので、多くの人からの信頼を得られます。人脈をつくることも得意なので成功するでしょう。ただ、自分の才能を過信したり、情にもろく、異性に一途になりがちな面もあります。異性とのつき合いには注意が必要です。

ら　頭の回転が速く、世渡り上手。気まぐれな面も

頭脳明晰、世渡り上手で、物事を自分に有利に運ぶ才能があります。まとまった財産を築くこともできるでしょう。しかし、気まぐれな言動で、人に不誠実な印象を与えてしまうと、寂しい晩年を送ることになります。誠意のある振る舞いを心がけていれば、心豊かに暮らせます。

り　さばさばした性格。華やかなことを好みます

性格は明るく、華やかなことを好みます。たくさんの人に囲まれているのが好きで、交友関係は広く浅く……。思うことをはっきりと主張しますが、あまりに自分の考え方にこだわりすぎると、人から敬遠され、人間関係がうまくいかなくなることも。周囲との協調も大切です。

や　チャンスを味方にし、抜群の実行力で活躍

精力的に仕事をこなす、やり手です。知識も豊富で実行力があり、チャンスをつかんで成功します。強い運に恵まれ、たいていのことはうまくやり遂げます。ただし、わがままや自我を押し通しすぎると、周囲の人とトラブルを起こしたり、人望を失って失敗につながります。

ゆ　自分の感性を頼りに、賢く先を見通します

感受性が強く、先見の明があります。上手に時流に乗って成功を収めることができます。困難に直面してもあきらめない根気強さを身につければ、何事もうまくいきます。また、頑固なところがあり、一度思い込むと人の意見を聞く耳を持ちません。新しいことに挑戦するのはやや苦手。

よ　思いやりにあふれ、周囲を笑顔にします

思いやりがあり、人のためになることを喜んでする人。円満な人柄でだれからも信頼され、人と人との間をうまく取り持ったり、リーダーとして慕われることも多いでしょう。賢さと熱意も備わって成功を収めます。情が深く、異性関係で深みにはまって思わぬ失敗をすることも。

わ　お金に困らない財運とタフな精神力の持ち主

頭がよく、タフな精神力の持ち主。金銭を手に入れる才覚と財運に恵まれ、豊かな一生を送ることができます。何事にも細心の注意を払い、大きな成功を収めますが、したたかな印象を持たれがちです。物欲に走ると、周囲から油断のならない人と見られてしまうので気をつけましょう。

ん　まじめな努力を続けることで報われます

まじめで優しい性格です。派手なところはありませんが、人知れず地道な努力を続けて、いつかその才能が開花します。周囲の人をよく気づかうので、だれからも好かれます。一方で、自分が思い込んだことを容易に変えようとしないため、回り道をすることもあるでしょう。

※「ん」は名前のまん中や最後に入る場合があるので、参考にして下さい。

る　目立つことは苦手。穏やかな幸せを好みます

おとなしく、あっさりした性格。平凡で穏やかな生活を好みます。人を出し抜こうという野心を持ちません。誠実な人柄が好感を呼び、目上の人から何かと引き立てがあり、仕事面での成功につながります。異性関係などでは、消極的で人頼みな性格が災いすることもあります。

れ　鋭い洞察力と処理能力でリーダーを補佐

頭脳明断で知識欲があり、鋭い洞察力を持っています。事務的な仕事を処理する能力に優れ、リーダーを補佐する役目に向いています。その一方で、やきもちやきなところもあるため、家族や仲間から疎まれることも。心をおおらかに人を受け入れることで、運も開けます。

ろ　責任感の強さと誠実さで自然とリーダーに

責任感が強く誠実な人柄で、まわりから尊敬を集めます。リーダーとなってその才能や指導力を存分に発揮し、大いに活躍するでしょう。地位や財産を手に入れ、充実した人生を送ることができます。しかし、自分のプライドにこだわりすぎると、周囲の人に嫌われてしまいます。

音から選ぶ 女の子の名前リスト

あ

あい

名前	画数	地格
あい	3・2	5
和	8	8
亜衣	7・6	13
愛	13	13
亜依	7・8	15
杏依	7・8	15
彩生	11・5	16
彩衣	11・6	17
亜唯	7・11	18
愛生	13・5	18
藍	18	18
愛衣	13・6	19
愛依	13・8	21
愛彩	13・11	24
愛唯	13・11	24
藍衣	18・6	24

あいか

名前	画数	地格
あいか	3・2・3	8
和花	8・7	15
娃花	9・7	16
娃佳	9・8	17
愛日	13・4	17
和香	8・9	17
娃香	9・9	18
愛加	13・5	18
愛可	13・5	18
愛禾	13・5	18
愛花	13・7	20
愛佳	13・8	21
愛果	13・8	21
愛香	13・9	22
亜依佳	7・8・8	23
愛夏	13・10	23
愛華	13・10	23
愛栞	13・10	23
藍加	18・5	23
愛椛	13・11	24
藍花	18・7	25
曖佳	17・8	25
愛嘉	13・14	27
愛歌	13・14	27
愛樺	13・14	27
藍夏	18・10	28
藍歌	18・14	32

あいく

名前	画数	地格
あいく	3・2・1	6
愛空	13・8	21
愛來	13・8	21

あいこ

名前	画数	地格
あいこ	3・2・2	7
あい子	3・2・3	8
亜衣子	7・6・3	16
愛子	13・3	16
愛心	13・4	17
藍子	18・3	21
愛衣子	13・6・3	22

あいさ

名前	画数	地格
あいさ	3・2・3	8
愛沙	13・7	20
愛咲	13・9	22
亜衣紗	7・6・10	23
愛桜	13・10	23
愛紗	13・10	23
愛彩	13・11	24

あいしゃ

名前	画数	地格
愛紗	13・10	23

あいじゅ

名前	画数	地格
藍寿	18・7	25

あいな

名前	画数	地格
あいな	3・2・5	10
娃那	9・7	16
和奈	8・8	16
娃奈	9・8	17
愛名	13・6	19
愛那	13・7	20
亜衣奈	7・6・8	21

※漢字の右側の数字は画数です。名前下の数字は地格になります。
※実例の名前ですので、あて字も含まれています。ご注意ください。

- 愛13 奈8 21
- 愛13 南9 22
- 亜7 依8 奈8 23
- 愛13 夏10 23
- 亜7 衣6 菜11 24
- 愛13 菜11 24
- 愛13 捺11 24
- 愛13 梛11 24
- 藍18 那7 25
- 藍18 菜11 29
- 愛13 依8 菜11 32

あいね

- 葵12 音9 21
- 愛13 音9 22
- 亜7 依8 音9 24
- 愛13 寧14 27
- 藍18 音9 27

あいの

- あ3 い2 の1 6
- 娃9 乃2 11
- 愛13 乃2 15

あいは

- 愛13 羽6 19
- 愛13 葉12 25

あいひ

- 愛13 妃6 19
- 愛13 姫10 23

あいみ

- あ3 い2 み3 8
- 愛13 弓3 16
- 愛13 心4 17
- 愛13 未5 18
- 愛13 実8 21
- 愛13 海9 22
- 愛13 美9 22
- 亜7 依8 美9 24
- 愛13 望11 24
- 藍18 美9 27

あいむ

- 愛13 夢13 26

あいら

- あ3 い2 ら3 8
- 愛13 来7 20
- 愛13 良7 20
- 愛13 桜10 23
- 愛13 徠11 24
- 藍18 来7 25
- 藍18 良7 25
- 愛13 羅19 32
- 愛13 蘭19 32
- 藍18 羅19 37

あいり

- あ3 い2 り2 7
- あ3 い2 梨11 16
- 娃9 里7 16
- 和8 莉10 18
- 愛13 李7 20
- 愛13 里7 20
- 亜7 衣6 莉10 23
- 愛13 莉10 23
- 葵12 梨11 23
- 和8 凛15 23
- 亜7 衣6 理11 24
- 愛13 梨11 24
- 愛13 理11 24
- 藍18 里7 25
- 愛13 璃15 28
- 藍18 梨11 29
- 愛13 衣6 梨11 30
- 愛13 依8 莉10 31
- 藍18 璃15 33

あいる

- あ3 い2 る3 8
- 亜7 衣6 琉11 24
- 愛13 琉11 24
- 愛13 瑠14 27
- 藍18 琉11 29

あお

- あ3 お4 7
- 青8 8
- 蒼13 13
- 碧14 14
- 愛13 央5 18
- 蒼13 央5 18

あおい

- あ3 お4 い2 9
- 葵12 12
- 蒼13 13
- 青8 衣6 14
- 碧14 14
- 青8 依8 16
- 葵12 生5 17
- 葵12 衣6 18
- 蒼13 生5 18
- 蒼13 衣6 19
- 碧14 生5 19

葵依 12 8 20
碧衣 14 6 20
蒼依 13 8 21
碧依 14 8 22
葵彩 12 11 23
葵唯 12 11 23
碧泉 14 9 23
蒼彩 13 11 24
蒼唯 13 11 24
藍衣 18 6 24
碧惟 14 11 25
碧彩 14 11 25
碧唯 14 11 25
亜緒衣 7 14 6 27

あおいこ

葵子 12 3 15

あおぞら

青空 8 8 16

あおな

蒼奈 13 8 21
碧菜 14 11 25

あおね

青音 8 9 17
葵音 12 9 21
蒼音 13 9 22
碧音 14 9 23

あおの

葵乃 12 2 14
蒼乃 13 2 15
碧乃 14 2 16

あおば

あおば 3 4 6 13
葵羽 12 6 18
青葉 8 12 20
蒼波 13 8 21
碧波 14 8 22
葵葉 12 12 24
蒼葉 13 12 25
碧葉 14 12 26

あかね

茜 9 9
あかね 3 3 4 10
朱音 6 9 15
明音 8 9 17
茜音 9 9 18
紅音 9 9 18
暁音 12 9 21
明寧 8 14 22
紅寧 9 14 23
緋音 14 9 23
明花音 8 7 9 24
亜香音 7 9 9 25
彩加音 11 5 9 25
明佳音 8 8 9 25

あかり

灯 6 6
あかり 3 3 2 8
朱里 6 7 13
灯里 6 7 13
明里 8 7 15
茜里 9 7 16
朱莉 6 10 16
燈 16 16
朱梨 6 11 17
朱理 6 11 17
明莉 8 10 18
明梨 8 11 19
茜梨 9 11 20
朱璃 6 15 21
明花里 8 7 7 22
彩加里 11 5 7 23
明佳里 8 8 7 23
明璃 8 15 23
亜花莉 7 7 10 24
明香里 8 9 7 24
彩花里 11 7 7 25
明花莉 8 7 10 25
明香莉 8 9 10 27
明香理 8 9 11 28
愛香莉 13 9 10 32

あき

あき 3 4 7
瑛 12 12
晶 12 12
亜希 7 7 14
亜季 7 8 15
明希 8 7 15
亜紀 7 9 16
杏紀 7 9 16
明季 8 8 16
亜姫 7 10 17
彩希 11 7 18
愛希 13 7 20
亜樹 7 16 23

あきえ

明恵 8 10 18

あきこ

明子 8 3 11
晃子 10 3 13
瑛子 12 3 15
晶子 12 3 15
亜希子 7 7 3 17
明希子 8 7 3 18

あきな

明奈 8 8 16
明菜 8 11 19
晃菜 10 11 21
陽菜 12 11 23
亜紀菜 7 9 11 27

あきの

秋乃 9 2 11
章乃 11 2 13
彬乃 11 2 13

あきは

晶羽 12 6 18
明葉 8 12 20
陽葉 12 12 24

あきほ

明歩 8 8 16
秋歩 9 8 17
晶帆 12 6 18
陽帆 12 6 18
明穂 8 15 23
秋穂 9 15 24
陽穂 12 15 27

あきら

あきら 3 4 3 10
瑛 12 12
晶 12 12
陽 12 12
翠 14 14

あけみ

朱美 6 9 15
明美 8 9 17
暁美 12 9 21

あこ

あこ 3 2 5
亜子 7 3 10
彩心 11 4 15
亜香 7 9 16
愛心 13 4 17
亜瑚 7 13 20

あさ

亜紗 7 10 17
明紗 8 10 18
愛彩 13 11 24

あさか

朝花 12 7 19
朝香 12 9 21
麻夏 11 10 21
麻華 11 10 21
亜紗花 7 10 7 24

あさき

あさき 3 3 4 10
亜咲 7 9 16
杏咲 7 9 16
明咲 8 9 17
愛咲 13 9 22

あさこ

朝子 12 3 15
安沙子 6 7 3 16

あさな

朝菜 12 11 23

あさの

麻乃 11 2 13

あさひ

旭 6 6
あさひ 3 3 2 8
朝日 12 4 16
麻妃 11 6 17
朝妃 12 6 18
亜紗妃 7 10 6 23
麻陽 11 12 23
朝陽 12 12 24

あさみ

あさみ 3 3 3 9
あさ美 3 3 9 15
麻未 11 5 16
麻実 11 8 19
麻美 11 9 20
朝海 12 9 21
亜沙美 7 7 9 23
亜咲美 7 9 9 25
安紗海 6 10 9 25
愛沙美 13 7 9 29

あじゅ

亜珠 7 10 17
愛珠 13 10 23

あず

あず 3 5 8
亜寿 7 7 14
亜珠 7 10 17

- 愛珠（13・10）23

あすか

- あすか（3・3・3）9
- あす花（3・3・7）13
- あす香（3・3・9）15
- 明日花（8・4・7）19
- 飛鳥（9・11）20
- 明日佳（8・4・8）20
- 明日果（8・4・8）20
- 明日香（8・4・9）21
- 明日風（8・4・9）21
- 明日夏（8・4・10）22
- 亜寿香（7・7・9）23
- 明日歌（8・4・14）26

あずき

- あずき（3・5・4）12
- 梓希（11・7）18

あずさ

- あずさ（3・5・3）11
- 梓（11）11
- 梓沙（11・7）18
- 杏彩（7・11）18
- 梓紗（11・10）21

あすな

- 明日那（8・4・7）19
- 明日奈（8・4・8）20
- 明日菜（8・4・11）23

あすは

- 明日羽（8・4・6）18
- 明日葉（8・4・12）24

あずは

- 梓羽（11・6）17
- 梓葉（11・12）23

あすみ

- あすみ（3・3・3）9
- 亜純（7・10）17
- 明純（8・10）18
- 明日実（8・4・8）20
- 彩純（11・10）21
- 明日美（8・4・9）21
- 明澄（8・15）23
- 愛澄（13・15）28

あずみ

- あずみ（3・5・3）11
- 梓末（11・5）16
- 安純（6・10）16
- 有純（6・10）16
- 亜純（7・10）17
- 杏純（7・10）17
- 梓美（11・9）20
- 安澄（6・15）21
- 亜澄（7・15）22
- 愛純（13・10）23

あつき

- 杏月（7・4）11
- 彩月（11・4）15
- 愛月（13・4）17

あづき

- 亜月（7・4）11
- 杏月（7・4）11
- 彩月（11・4）15
- 愛月（13・4）17

あつこ

- 温子（12・3）15
- 敦子（12・3）15
- 篤子（16・3）19

あつみ

- 淳美（11・9）20
- 温美（12・9）21
- 敦美（12・9）21
- 篤美（16・9）25

あのん

- あのん（3・1・2）6
- 安音（6・9）15
- 亜音（7・9）16
- 杏音（7・9）16
- 彩音（11・9）20
- 愛音（13・9）22

あまね

- 周（8）8
- あまね（3・4・4）11
- 天音（4・9）13
- 天祢（4・9）13
- 雨音（8・9）17
- 周音（8・9）17
- 天寧（4・14）18
- 亜麻音（7・11・9）27
- 愛茉音（13・8・9）30

あみ

- あみ（3・3）6
- 亜末（7・5）12
- 亜実（7・8）15
- 杏実（7・8）15
- 亜海（7・9）16
- 亜美（7・9）16
- 愛心（13・4）17

愛末	13 5	18
愛海	13 9	22
愛珠	13 10	23
碧海	14 9	23
愛深	13 11	24

あみか

あみか	3 3 3	9
亜美花	7 9 7	23
杏美花	7 9 7	23
亜美佳	7 9 8	24
愛美香	13 9 9	31

あむ

亜夢	7 13	20
愛夢	13 13	26

あや

文	4	4
礼	5	5
あや	3 3	6
彩	11	11
絢	12	12
綾	14	14
綺	14	14
亜弥	7 8	15
亜耶	7 9	16
彩矢	11 5	16
愛矢	13 5	18
愛弥	13 8	21
愛彩	13 11	24

あやか

あやか	3 3 3	9
文花	4 7	11
文香	4 9	13
あや香	3 3 9	15
彩日	11 4	15
采花	8 7	15
史華	5 10	15
礼華	5 10	15
郁花	9 7	16
彩可	11 5	16
彩禾	11 5	16
彩叶	11 5	16
采佳	8 8	16
朱夏	6 10	16
絢加	12 5	17
絢禾	12 5	17
采香	8 9	17
郁香	9 9	18
彩伽	11 7	18
彩花	11 7	18
采夏	8 10	18
絢花	12 7	19
綾加	14 5	19
彩佳	11 8	19
彩果	11 8	19
絢佳	12 8	20
彩香	11 9	20
絢香	12 9	21
綾花	14 7	21
彩夏	11 10	21
彩華	11 10	21
絢華	12 10	22
綾佳	14 8	22
綾香	14 9	23
綾夏	14 10	24
綾華	14 10	24
紋歌	10 14	24
綺華	14 10	24
彩歌	11 14	25
彩樺	11 14	25

あやこ

文子	4 3	7
彩子	11 3	14
絢子	12 3	15
綾子	14 3	17

あやさ

礼紗	5 10	15
彩沙	11 7	18
彩咲	11 9	20
彩紗	11 10	21
綾咲	14 9	23

あやせ

彩世	11 5	16
絢世	12 5	17
彩晴	11 12	23

あやな

あやな	3 3 5	11
文那	4 7	11
彩七	11 2	13
朱那	6 7	13
礼奈	5 8	13
文菜	4 11	15
采奈	8 8	16
礼菜	5 11	16
彩名	11 6	17
絢名	12 6	18
彩那	11 7	18

純奈　10・8　18
絢那　12・7　19
彩奈　11・8　19
絢奈　12・8　20
綾那　14・7　21
彩夏　11・10　21
綾奈　14・8　22
彩菜　11・11　22
絢菜　12・11　23
綾南　14・9　23
彩愛　11・13　24
綾菜　14・11　25
綺菜　14・11　25
綺愛　14・13　27

あやね

あやね　3・3・4　10

文音　4・9　13
礼音　5・9　14
朱音　6・9　15
采音　8・9　17
郁音　9・9　18
彩音　11・9　20
絢音　12・9　21
綾音　14・9　23
綺音　14・9　23
亜弥音　7・8・9　24
彩寧　11・14　25
絢寧　12・14　26
綺寧　14・14　28
彩耶音　11・9・9　29

あやの

文乃　4・2　6

あやの　3・3・1　7
礼乃　5・2　7
あや乃　3・3・2　8
郁乃　9・2　11
紋乃　10・2　12
彩乃　11・2　13
亜矢乃　7・5・2　14
絢乃　12・2　14
綾乃　14・2　16
綺乃　14・2　16
亜弥乃　7・8・2　17
絢野　12・11　23

あやは

彩巴　11・4　15
文葉　4・12　16
彩羽　11・6　17

絢羽　12・6　18
綾羽　14・6　20
綺羽　14・6　20
彩葉　11・12　23
絢葉　12・12　24

あやほ

彩帆　11・6　17

あやみ

あやみ　3・3・3　9
文美　4・9　13
礼実　5・8　13
彩心　11・4　15
彩水　11・4　15
絢心　12・4　16
彩未　11・5　16
彩実　11・8　19

彩海　11・9　20
彩美　11・9　20
絢海　12・9　21
絢美　12・9　21
綾美　14・9　23
綺美　14・9　23
綾望　14・11　25

あやめ

あやめ　3・3・2　8
采女　8・3　11
礼芽　5・8　13
絢女　12・3　15
采芽　8・8　16
綺女　14・3　17
彩芽　11・8　19
綾芽　14・8　22

彩萌　11・11　22
絢萌　12・11　23
彩愛　11・13　24
菖蒲　11・13　24
綾萌　14・11　25

あやり

彩里　11・7　18
綾里　14・7　21
彩莉　11・10　21
綾莉　14・10　24
綺莉　14・10　24
綾梨　14・11　25

あゆ

あゆ　3・3　6
歩　8　8
亜友　7・4　11

杏7友4 11
亜7由5 12
愛13夕3 16
彩11由5 16
愛13由5 18
安6優17 23
彩11結12 23
愛13悠11 24
杏7優17 24
愛13結12 25
彩11優17 28
愛13優17 30

あゆか

あ3ゆ3か3 9
あ3ゆ3花7 13
歩8叶5 13
歩8花7 15
歩8佳8 16
歩8果8 16
歩8香9 17
歩8夏10 18
歩8華10 18
亜7由5香9 21
彩11友4香9 24
彩11由5佳8 24
愛13友4佳8 25
愛13由5香9 27
愛13結12佳8 33

あゆこ

亜7由5子3 15
愛13由5子3 21
亜7優17子3 27

あゆな

あ3ゆ3な5 11
歩8那7 15
歩8奈8 16
あ3ゆ3菜11 17
歩8菜11 19
亜7由5奈8 20
亜7祐9奈8 24
彩11由5奈8 24
愛13友4奈8 25
亜7優17奈8 32
愛13結12菜11 36

あゆみ

歩8 8
あ3ゆ3み3 9
亜7弓3 10
歩8未5 13
あ3ゆ3実8 14
あ3ゆ3美9 15
愛13弓3 16
歩8実8 16
歩8美9 17
亜7由5実8 20
亜7由5美9 21
愛13歩8 21
亜7佑7美9 23
安6祐9美9 24
彩11友4美9 24
有6祐9美9 24
愛13由5美9 27
亜7優17実8 32
愛13結12美9 34

あゆむ

歩8 8
あ3ゆ3む4 10
歩8夢13 21

あゆり

あ3ゆ3り2 8
歩8里7 15
歩8莉10 18
歩8梨11 19
亜7由5梨11 23
愛13友4里7 24
愛13結12里7 32

ありさ

あ3り2さ3 8
有6沙7 13
あ3り2紗10 15
有6咲9 15
有6桜10 16
有6紗10 16
有6彩11 17
亜7里7沙7 21
亜7里7咲9 23
安6里7紗10 23
有6里7紗10 23
有6莉10沙7 23
亜7里7紗10 24
亜7莉10沙7 24
安6梨11沙7 24
杏7里7紗10 24
明8里7咲9 24
亜7梨11沙7 25
彩11里7沙7 25

亜7 莉10 紗10　27
愛13 里7 沙7　27
亜7 梨11 彩11　29
愛13 里7 咲9　29
愛13 里7 彩11　31
愛13 梨11 咲9　33
愛13 莉10 紗10　33

ありす

有6 珠10　16
亜7 莉10 朱6　23
亜7 梨11 朱6　24
愛13 莉10 珠10　33

あん

ア2 ン2　4
あ3 ん2　5
杏7　7
晏10　10
杏7 音9　16

あんじ

あ3 ん2 じ3　8
杏7 詩13　20
杏7 慈13　20

あんじゅ

杏7 朱6　13
杏7 寿7　14
安6 珠10　16
晏10 朱6　16
杏7 珠10　17
杏7 樹16　23

あんず

杏7　7
あ3 ん2 ず5　10
杏7 子3　10
杏7 朱6　13
杏7 珠10　17
杏7 鈴13　20

あんな

ア2 ン2 ナ2　6
あ3 ん2 な5　10
安6 那7　13
杏7 名6　13
安6 奈8　14
杏7 那7　14
杏7 奈8　15
杏7 和8　15
杏7 南9　16
安6 菜11　17
杏7 夏10　17
杏7 菜11　18
杏7 棚11　18
晏10 菜11　21

あんの

杏7 乃2　9

あんり

あ3 ん2 り2　7
杏7 里7　14
安6 莉10　16
安6 梨11　17
杏7 莉10　17
晏10 里7　17
杏7 梨11　18
杏7 理11　18
安6 璃15　21
杏7 璃15　22
杏7 凜15　22

い

いお

衣6 央5　11
依8 央5　13
衣6 桜10　16
唯11 央5　16
依8 桜10　18

いおり

い2 お4 り2　8
伊6 桜10 里7　23
伊6 織18　24
衣6 織18　24
依8 織18　26
衣6 緒14 里7　27
彩11 織18　29
伊6 緒14 理11　31

いく

郁9　9

いくこ

郁9 子3　12

いくの

郁9 乃2　11

いくほ

育8 歩8　16

いくみ

い2 く1 み3　6
郁9 末5　14
育8 実8　16
育8 海9　17

育8美9 17
郁9実8 17
郁9美9 18

いさき

一1咲9 10
伊6咲9 15
衣6咲9 15
依8咲9 17

いすず

五4十2鈴13 19

いずみ

泉9 9
い2ず5み3 10
泉9水4 13
衣6純10 16
和8泉9 17
泉9美9 18
伊6澄15 21
唯11純10 21
依8澄15 23

いちか

い2ち3か3 8
一1伽7 8
一1花7 8
一1佳8 9
一1香9 10
一1夏10 11
一1華10 11
い2ち3花7 12
一1椛11 12
苺8加5 13
一1楓13 14
一1歌14 15
苺8花7 15
衣6千3花7 16
苺8果8 16
唯11花7 18
依8愛13 21
依8知8佳8 24
唯11愛13 24
衣6智12花7 25

いちご

苺8 8
い2ち3ご4 9

いちの

一1乃2 3
い2ち3の1 6
依8千3乃2 13

いちは

一1葉12 13

いちほ

一1歩8 9

いちよう

一1葉12 13

いちる

い2ち3る3 8
一1瑠14 15

いつか

い2つ1か3 6
乙1佳8 9
一1華10 11

いつき

い2つ1き4 7
乙1希7 8
乙1稀12 13
樹16 16
維14月4 18
樹16生5 21
樹16希7 23
樹16季8 24

いづみ

い2づ3み3 8

いと

い2と2 4
糸6 6
綸14 14

いのり

い2の1り2 5
祈8 8
祈8里7 15
衣6乃2莉10 18
祈8莉10 18

いぶき

い2ぶ6き4 12
伊6吹7 13
衣6吹7 13
依8吹7 15
彩11吹7 18
依8蕗16 24

いまり

い2ま4り2 8
伊6万3里7 16
衣6万3里7 16
伊6鞠17 23

いろは

い2ろ2は4 8

	色羽	6 / 6	12
	彩巴	11 / 4	15
	彩羽	11 / 6	17
	彩花	11 / 7	18
	彩芭	11 / 7	18
	色葉	6 / 12	18
	彩春	11 / 9	20
	彩華	11 / 10	21
	彩葉	11 / 12	23

う

うい	うい	2 / 2	4
	初	7	7
	羽生	6 / 5	11
	羽衣	6 / 6	12
	羽唯	6 / 11	17
ういか	初花	7 / 7	14
	初華	7 / 10	17
	羽衣香	6 / 6 / 9	21
ういこ	羽衣子	6 / 6 / 3	15
うき	羽希	6 / 7	13
	羽姫	6 / 10	16
うた	うた	2 / 4	6
	詠	12	12
	詩	13	13
	歌	14	14
	優多	17 / 6	23
	雅楽	13 / 13	26
	詩楽	13 / 13	26
うたこ	詠子	12 / 3	15
	詩子	13 / 3	16
	歌子	14 / 3	17
うたな	詩奈	13 / 8	21
	詩菜	13 / 11	24
	歌菜	14 / 11	25
うたね	詩音	13 / 9	22
	歌音	14 / 9	23
うたの	詩乃	13 / 2	15
	歌乃	14 / 2	16
うたは	詩葉	13 / 12	25
うづき	卯月	5 / 4	9
	羽月	6 / 4	10
うの	うの	2 / 1	3
	羽乃	6 / 2	8
	優乃	17 / 2	19
うみ	うみ	2 / 3	5
	海	9	9
	羽未	6 / 5	11
	宇海	6 / 9	15
	羽海	6 / 9	15
	羽美	6 / 9	15
	侑実	8 / 8	16
	海美	9 / 9	18
	海珠	9 / 10	19
	優海	17 / 9	26
うめか	梅華	10 / 10	20
うめの	梅乃	10 / 2	12
うらら	うらら	2 / 3 / 3	8
	麗	19	19
	羽麗	6 / 19	25
うるは	美羽	9 / 6	15
	麗	19	19
	麗羽	19 / 6	25
	麗華	19 / 10	29
うるみ	麗心	19 / 4	23
	麗美	19 / 9	28

え

えいか	瑛香	12 / 9	21
	瑛華	12 / 10	22
えいな	英奈	8 / 8	16
えいみ	英末	8 / 5	13
	映美	9 / 9	18

- 瑛 12 美 9 — 21
- 詠 12 美 9 — 21

えこ

- え 3 こ 2 — 5
- 笑 10 子 3 — 13
- 絵 12 子 3 — 15

えつこ

- 悦 10 子 3 — 13

えな

- え 3 な 5 — 8
- 衣 6 那 7 — 13
- 永 5 奈 8 — 13
- 江 6 奈 8 — 14
- 依 8 那 7 — 15
- 映 9 凪 6 — 15
- 英 8 那 7 — 15
- 依 8 奈 8 — 16
- 英 8 奈 8 — 16
- 恵 10 那 7 — 17
- 恵 10 奈 8 — 18
- 瑛 12 那 7 — 19
- 瑛 12 奈 8 — 20
- 絵 12 奈 8 — 20
- 愛 13 奈 8 — 21
- 恵 10 菜 11 — 21
- 笑 10 菜 11 — 21
- 絵 12 菜 11 — 23
- 慧 15 奈 8 — 23
- 愛 13 菜 11 — 24

えま

- え 3 ま 4 — 7
- 永 5 茉 8 — 13
- 永 5 真 10 — 15
- 依 8 茉 8 — 16
- 衣 6 麻 11 — 17
- 映 9 茉 8 — 17
- 咲 9 茉 8 — 17
- 恵 10 茉 8 — 18
- 絵 12 茉 8 — 20
- 愛 13 茉 8 — 21
- 恵 10 麻 11 — 21
- 絵 12 真 10 — 22
- 愛 13 真 10 — 23
- 絵 12 麻 11 — 23
- 愛 13 麻 11 — 24
- 恵 10 舞 15 — 25

えみ

- え 3 み 3 — 6
- 咲 9 — 9
- 恵 10 未 5 — 15
- 英 8 美 9 — 17
- 栄 9 美 9 — 18
- 恵 10 実 8 — 18
- 笑 10 実 8 — 18
- 恵 10 美 9 — 19
- 笑 10 美 9 — 19
- 愛 13 実 8 — 21
- 瑛 12 美 9 — 21
- 絵 12 美 9 — 21
- 慧 15 美 9 — 24

えみか

- 笑 10 加 5 — 15
- 咲 9 花 7 — 16
- 笑 10 花 7 — 17
- 咲 9 香 9 — 18
- 笑 10 歌 14 — 24
- 恵 10 美 9 花 7 — 26

えみこ

- 笑 10 子 3 — 13
- 恵 10 実 8 子 3 — 21
- 笑 10 実 8 子 3 — 21
- 恵 10 美 9 子 3 — 22

えみな

- え 3 み 3 な 5 — 11
- 笑 10 奈 8 — 18
- 笑 10 菜 11 — 21
- 英 8 美 9 奈 8 — 25
- 恵 10 美 9 奈 8 — 27

えみほ

- え 3 み 3 ほ 5 — 11
- 笑 10 歩 8 — 18
- 笑 10 穂 15 — 25

えみり

- エ 3 ミ 3 リ 2 — 8
- え 3 み 3 り 2 — 8
- 咲 9 里 7 — 16
- 笑 10 里 7 — 17
- 笑 10 莉 10 — 20
- 英 8 美 9 里 7 — 24
- 恵 10 美 9 利 7 — 26
- 瑛 12 美 9 里 7 — 28
- 絵 12 美 9 梨 11 — 32

えり

- え 3 り 2 — 5
- 衣 6 里 7 — 13
- 依 8 里 7 — 15

英(8)里(7) 15
栄(9)里(7) 16
江(6)莉(10) 16
恵(10)里(7) 17
笑(10)里(7) 17
瑛(12)里(7) 19
絵(12)里(7) 19
恵(10)莉(10) 20
恵(10)梨(11) 21
瑛(12)莉(10) 22
絵(12)理(11) 23
惠(12)理(11) 23
愛(13)梨(11) 24
愛(13)理(11) 24

えりか

えりか(3・2・3) 8
瑛(12)里(7)加(5) 24
英(8)里(7)香(9) 24
絵(12)里(7)加(5) 24
恵(10)里(7)花(7) 24
江(6)梨(11)花(7) 24
笑(10)里(7)花(7) 24
恵(10)里(7)佳(8) 25
愛(13)里(7)花(7) 27
絵(12)里(7)香(9) 28
恵(10)梨(11)佳(8) 29
瑛(12)梨(11)佳(8) 31
恵(10)梨(11)華(10) 31
愛(13)莉(10)香(9) 32
絵(12)梨(11)香(9) 32

えりこ

英(8)里(7)子(3) 18
瑛(12)里(7)子(3) 22
恵(10)莉(10)子(3) 23
絵(12)理(11)子(3) 26

えりな

えりな(3・2・5) 10
映(9)里(7)奈(8) 24
絵(12)莉(10)七(2) 24
恵(10)里(7)那(7) 24
恵(10)里(7)奈(8) 25
瑛(12)里(7)奈(8) 27
絵(12)里(7)奈(8) 27
恵(10)莉(10)奈(8) 28
絵(12)里(7)菜(11) 30
瑛(12)梨(11)奈(8) 31
絵(12)理(11)奈(8) 31
恵(10)莉(10)菜(11) 31

お

おうか

央(5)佳(8) 13
桜(10)加(5) 15
桜(10)花(7) 17
桜(10)佳(8) 18
桜(10)果(8) 18
凰(11)花(7) 18
桜(10)香(9) 19
凰(11)佳(8) 19
桜(10)華(10) 20
凰(11)夏(10) 21
凰(11)華(10) 21
桜(10)歌(14) 24

おと

音(9) 9
和(8)音(9) 17
桜(10)都(11) 21

おとか

乙(1)華(10) 11
乙(1)歌(14) 15
音(9)花(7) 16

おとね

乙(1)音(9) 10
乙(1)寧(14) 15
音(9)寧(14) 23

おとは

乙(1)羽(6) 7
おとは(4・2・4) 10
乙(1)華(10) 11
乙(1)葉(12) 13
音(9)羽(6) 15
音(9)葉(12) 21

おとわ

音(9)羽(6) 15
音(9)和(8) 17

おりえ

オリエ(3・2・3) 8
織(18)江(6) 24

か

かいり

かいり(3・2・2) 7
海(9)里(7) 16
海(9)莉(10) 19

海9 梨11 20
桧10 梨11 21
海9 璃15 24

かえ

花7 依8 15
花7 映9 16
華10 衣6 16
花7 笑10 17
佳8 恵10 18
香9 恵10 19
花7 愛13 20
華10 絵12 22
佳8 慧15 23

かえで

かえで 3 3 4 10
椛11 11

楓13 13
花7 楓13 20
佳8 楓13 21
香9 楓13 22
華10 楓13 23

かえな

楓13 南9 22
楓13 菜11 24

かえら

カエラ 2 3 2 7

かお

花7 央5 12
佳8 央5 13
可5 桜10 15
夏10 央5 15
華10 央5 15

花7 音9 16
佳8 桜10 18
果8 桜10 18
香9 桜10 19
夏10 緒14 24
歌14 桜10 24
華10 緒14 24

かおり

かおり 3 4 2 9
香9 9
薫16 16
香9 里7 16
禾5 織18 23
佳8 央5 理11 24
圭6 織18 24
花7 織18 25

佳8 織18 26
香9 織18 27
香9 緒14 里7 30

かおる

郁9 9
かおる 3 4 3 10
薫16 16
馨20 20

かおるこ

薫16 子3 19
馨20 子3 23

かおん

花7 音9 16
香9 音9 18
夏10 音9 19
華10 音9 19

歌14 音9 23
花7 穏16 23

かこ

佳8 子3 11
果8 子3 11
香9 子3 12
華10 子3 13
花7 香9 16
楓13 子3 16
花7 瑚13 20

かざね

風9 音9 18

かじゅ

花7 珠10 17

かずえ

一1 恵10 11

和8 恵10 18

かずき

一1 希7 8
一1 姫10 11
和8 希7 15
和8 姫10 18

かずこ

和8 子3 11

かずさ

一1 咲9 10
一1 紗10 11
和8 沙7 15
和8 咲9 17
和8 彩11 19

かずな

一1 菜11 12

音から選ぶ
か
かずな～かなこ

和那 8 7 15
和奈 8 8 16
和菜 8 11 19

かずね
和音 8 9 17

かずの
和乃 8 2 10

かずは
かずは 3 5 4 12
一葉 1 12 13
和羽 8 6 14
万葉 3 12 15
和波 8 8 16
和葉 8 12 20

かすみ
かすみ 3 3 3 9

加純 5 10 15
可純 5 10 15
花純 7 10 17
佳純 8 10 18
果純 8 10 18
香純 9 10 19
夏純 10 10 20
禾澄 5 15 20
花澄 7 15 22
佳澄 8 15 23
歌純 14 10 24
香澄 9 15 24
夏澄 10 15 25
華澄 10 15 25

かずみ
一美 1 9 10

和美 8 9 17

かずよ
和代 8 5 13

かつき
香月 9 4 13
奏月 9 4 13
華月 10 4 14

かづき
花月 7 4 11
香月 9 4 13
夏月 10 4 14
華月 10 4 14

かな
奏 9 9
可奈 5 8 13
禾奈 5 8 13

叶奈 5 8 13
花那 7 7 14
伽奈 7 8 15
果那 8 7 15
花奈 7 8 15
伽南 7 9 16
佳奈 8 8 16
加菜 5 11 16
夏凪 10 6 16
果奈 8 8 16
香那 9 7 16
佳南 8 9 17
夏那 10 7 17
果南 8 9 17
花夏 7 10 17
華那 10 7 17

香奈 9 8 17
奏奈 9 8 17
佳夏 8 10 18
夏奈 10 8 18
花菜 7 11 18
華奈 10 8 18
佳菜 8 11 19
夏菜 10 11 21
楓菜 13 11 24
歌菜 14 11 25

かなえ
叶 5 5
かなえ 3 5 3 11
叶英 5 8 13
叶恵 5 10 15
奏衣 9 6 15

佳苗 8 8 16
香苗 9 8 17
奏依 9 8 17
華苗 10 8 18
叶愛 5 13 18
奏恵 9 10 19
奏瑛 9 12 21
奏絵 9 12 21
奏愛 9 13 22
加奈恵 5 8 10 23
佳奈恵 8 8 10 26
佳奈絵 8 8 12 28
花菜恵 7 11 10 28
香菜絵 9 11 12 32

かなこ
奏子 9 3 12

加5奈8子3 16
可5奈8子3 16
可5南9子3 17
佳8那7子3 18
佳8奈8子3 19
加5菜11子3 19
可5菜11子3 19
叶5菜11子3 19
香9奈8子3 20
花7菜11子3 21
佳8菜11子3 22
華10夏10子3 23
香9菜11子3 23
夏10菜11子3 24

かなで

奏9 9
かなで3・5・4 12
花7奏9 16
佳8奏9 17
果8奏9 17
奏9音9 18
奏9楓13 22
歌14奏9 23

かなの

奏9乃2 11

かなは

奏9羽6 15
奏9波8 17
奏9葉12 21
香9奈8葉12 29

かなほ

奏9帆6 15
奏9歩8 17
叶5那7帆6 18
奏9穂15 24
佳8奈8穂15 31

かなみ

かなみ3・5・3 11
叶5実8 13
奏9心4 13
花7南9 16
果8南9 17
香9波8 17
奏9実8 17
夏10波8 18
奏9海9 18
佳8奈8実8 24
花7奈8美9 24
佳8奈8美9 25
花7菜11美9 27
佳8菜11美9 28
香9菜11美9 29
夏10菜11美9 30

かなめ

要9 9
かなめ3・5・2 10
叶5芽8 13
奏9芽8 17
叶5夢13 18

かなん

佳8南9 17
果8南9 17
香9南9 18
花7楠13 20
果8楠13 21

かの

かの3・1 4
花7乃2 9
佳8乃2 10
果8乃2 10
香9乃2 11
奏9乃2 11
夏10乃2 12
華10乃2 12
嘉14乃2 16
歌14乃2 16
樺14乃2 16
花7野11 18
香9音9 18
夏10野11 21

かのこ

かのこ3・1・2 6
かの子3・1・3 7
佳8乃2子3 13
果8乃2子3 13
香9乃2子3 14
夏10乃2子3 15
華10乃2子3 15
栞10乃2子3 15
花7野11子3 21

かのは

叶5羽6 11
華10羽6 16
叶5葉12 17

かのん

カ2ノ1ン2 5

かのん 3 1 2 6
禾音 5 9 14
花音 7 9 16
叶望 5 11 16
佳音 8 9 17
果音 8 9 17
香音 9 9 18
奏音 9 9 18
夏音 10 9 19
華音 10 9 19
栞音 10 9 19
椛音 11 9 20
佳暖 8 13 21
果暖 8 13 21
華乃音 10 2 9 21
香暖 9 13 22

楓音 13 9 22
歌音 14 9 23
花穏 7 16 23
華暖 10 13 23
樺音 14 9 23
果穏 8 16 24
楓乃音 13 2 9 24
薫音 16 9 25
香穏 9 16 25
華穏 10 16 26

かほ

かほ 3 5 8
加帆 5 6 11
禾歩 5 8 13
花帆 7 6 13
果帆 8 6 14

花歩 7 8 15
花朋 7 8 15
香帆 9 6 15
佳歩 8 8 16
佳朋 8 8 16
夏帆 10 6 16
果歩 8 8 16
果朋 8 8 16
花保 7 9 16
華帆 10 6 16
果保 8 9 17
夏歩 10 8 18
夏朋 10 8 18
華歩 10 8 18
香保 9 9 18
椛歩 11 8 19

可穂 5 15 20
花穂 7 15 22
佳穂 8 15 23
果穂 8 15 23
香穂 9 15 24
佳穂 8 17 25
夏穂 10 15 25
華穂 10 15 25

かほこ

花帆子 7 6 3 16
佳帆子 8 6 3 17

かほり

かほり 3 5 2 10

かや

伽耶 7 9 16
花耶 7 9 16

佳耶 8 9 17
香弥 9 8 17
香耶 9 9 18
華耶 10 9 19

かやの

かやの 3 3 1 7
かや乃 3 3 2 8
茅乃 8 2 10
佳也乃 8 3 2 13
佳弥乃 8 8 2 18

かよ

佳世 8 5 13
佳代 8 5 13
華代 10 5 15

かよこ

佳代子 8 5 3 16

かりな

かりな 3 2 5 10
花里那 7 7 7 21
佳里奈 8 7 8 23
香里奈 9 7 8 24
夏里奈 10 7 8 25
花莉奈 7 10 8 25
果莉奈 8 10 8 26
香里菜 9 7 11 27
香莉奈 9 10 8 27
香理菜 9 11 11 31

かりん

かりん 3 2 2 7
果林 8 8 16
花梨 7 11 18
花琳 7 12 19

果林 8 12 20
花鈴 7 13 20
花稟 7 13 20
香梨 9 11 20
佳鈴 8 13 21
佳稟 8 13 21
果鈴 8 13 21
花綸 7 14 21
華梨 10 11 21
香琳 9 12 21
夏琳 10 12 22
花凜 7 15 22
花凜 7 15 22
華琳 10 12 22
香鈴 9 13 22
佳凜 8 15 23
佳凜 8 15 23
夏鈴 10 13 23
果凜 8 15 23
華鈴 10 13 23
香凜 9 15 24
楓梨 13 11 24
夏凜 10 15 25
夏凜 10 15 25
華凜 10 15 25
華凜 10 15 25
歌鈴 14 13 27
歌凜 14 15 29

かれん

カレン 2 1 2 5
かれん 3 3 2 8
可恋 5 10 15
花怜 7 8 15
叶恋 5 10 15
伽恋 7 10 17
花恋 7 10 17
香怜 9 8 17
佳恋 8 10 18
夏怜 10 8 18
果恋 8 10 18
華怜 10 8 18
香恋 9 10 19
花蓮 7 13 20
佳蓮 8 13 21
可憐 5 16 21
香蓮 9 13 22
夏蓮 10 13 23
華蓮 10 13 23
歌恋 14 10 24

かをり

かをり 3 4 2 9

かんな

カンナ 2 2 2 6
かんな 3 2 5 10
栞七 10 2 12
柑那 9 7 16
栞凪 10 6 16
栞名 10 6 16
柑奈 9 8 17
栞那 10 7 17
莞奈 10 8 18
栞奈 10 8 18
栞和 10 8 18
栞南 10 9 19
柑菜 9 11 20
栞菜 10 11 21
栞梛 10 11 21
栞愛 10 13 23
栞楠 10 13 23
寛菜 13 11 24
環那 17 7 24
環奈 17 8 25
環菜 17 11 28

き

きい

きい 4 2 6
希衣 7 6 13
喜衣 12 6 18
希唯 7 11 18
稀衣 12 6 18

きえ

希恵 7 10 17
喜恵 12 10 22
貴絵 12 12 24

きお

葵央 12 5 17
希桜 7 10 17

きおり

希織 7 18 25

ききょう

希京 7 8 15
桔梗 10 11 21

きくの

菊乃 11 2 13

喜12久3乃2 17

きこ

希7子3 10
紀9子3 12
葵12子3 15
稀12子3 15
貴12子3 15

きさ

希7沙7 14
希7咲9 16
希7紗10 17
季8紗10 18
姫10彩11 21

きさき

妃6咲9 15
希7咲9 16
季8咲9 17
葵12咲9 21
稀12咲9 21
綺14咲9 23

きさら

き4さ3ら3 10
季8更7 15
希7沙7良7 21
綺14更7 21
希7咲9来7 23
希7紗10良7 24

きずな

絆11 11
き4ず5な5 14
絆11那7 18
絆11菜11 22
絆11愛13 24

きな

希7菜11 18
姫10奈8 18

きぬか

絹13花7 20
絹13香9 22
絹13華10 23

きぬこ

絹13子3 16

きの

葵12乃2 14

きほ

希7帆6 13
希7歩8 15
紀9帆6 15
希7穂15 22
季8穂15 23
紀9穂15 24

きみ

希7実8 15

きみか

公4香9 13
季8実8佳8 24
貴12美9華10 31

きみこ

公4子3 7
貴12美9子3 24

きょう

杏7 7
京8 8
恭10 10
響20 20

きょうか

叶5佳8 13
京8加5 13
杏7花7 14
杏7佳8 15
杏7果8 15
京8花7 15
今4日4花7 15
杏7香9 16
享8佳8 16
京8佳8 16
香9花7 16
杏7華10 17
京8香9 17
今4日4香9 17
京8夏10 18
京8華10 18
恭10佳8 18
京8楓13 21
恭10歌14 24
響20花7 27

きょうこ

杏7子3 10
享8子3 11
京8子3 11
今4日4子3 11
恭10子3 13
梗11子3 14
響20子3 23

きよか

清11花7 18

清香 11 9 20
清華 11 10 21
聖佳 13 8 21
聖香 13 9 22

きよな
聖奈 13 8 21
聖菜 13 11 24

きよね
清音 11 9 20

きよの
清乃 11 2 13
聖乃 13 2 15

きよみ
清美 11 9 20

きよら
きよら 4 3 3 10

清良 11 7 18
聖來 13 8 21
聖桜 13 10 23

きらら
きらら 4 3 3 10
綺良々 14 7 3 24

きらり
きらり 4 3 2 9
希良梨 7 7 11 25
綺良莉 14 7 10 31

きり
きり 4 2 6
季里 8 7 15
希梨 7 11 18

きりか
桐花 10 7 17

桐佳 10 8 18

きわ
希羽 7 6 13
希和 7 8 15

く

くみ
久実 3 8 11
久美 3 9 12
公美 4 9 13
玖実 7 8 15
玖美 7 9 16

くみこ
久実子 3 8 3 14
久美子 3 9 3 15

くらら
くらら 1 3 3 7

くるみ
くるみ 1 3 3 7
來未 8 5 13
来実 7 8 15
来海 7 9 16
来美 7 9 16
來実 8 8 16
來海 8 9 17
來美 8 9 17
来望 7 11 18
胡桃 9 10 19
久留実 3 10 8 21
玖留実 7 10 8 25
来瑠美 7 14 9 30
來瑠美 8 14 9 31

くれあ
くれあ 1 3 3 7
紅亜 9 7 16
紅杏 9 7 16
久玲亜 3 9 7 19
紅彩 9 11 20
來愛 8 13 21
紅愛 9 13 22

くれな
紅那 9 7 16
紅奈 9 8 17
紅菜 9 11 20

くれは
くれは 1 3 4 8
来羽 7 6 13

紅羽 9 6 15
紅芭 9 7 16
紅華 9 10 19
紅葉 9 12 21
久玲葉 3 9 12 24

け

けい
けい 3 2 5
圭 6 6
京 8 8
恵 10 10
啓 11 11
景 12 12
慶 15 15

慧	15	15

けいか

恵衣	10 6	16
恵花	10 7	17
恵佳	10 8	18
慶花	15 7	22

けいこ

圭子	6 3	9
恵子	10 3	13
啓子	11 3	14
敬子	12 3	15
景子	12 3	15
慶子	15 3	18
憬子	15 3	18

けいと

京音	8 9	17
恵音	10 9	19
恵都	10 11	21
景都	12 11	23

けいな

圭那	6 7	13
桂奈	10 8	18
恵菜	10 11	21

こ

こいき

小粋	3 10	13
心粋	4 10	14

こう

光	6	6
幸	8	8
紅	9	9
香	9	9
虹	9	9
倖	10	10
香羽	9 6	15

こうみ

光美	6 9	15
幸実	8 8	16
香海	9 9	18
香美	9 9	18

こうめ

こうめ	2 2 2	6
小梅	3 10	13
心梅	4 10	14
幸芽	8 8	16
香芽	9 8	17
香梅	9 10	19

ここ

ここ	2 2	4
虹々	9 3	12
湖々	12 3	15
湖子	12 3	15
幸来	8 7	15
瑚々	13 3	16
瑚子	13 3	16
心瑚	4 13	17

ここあ

ここあ	2 2 3	7
心亜	4 7	11
心杏	4 7	11
心彩	4 11	15
心愛	4 13	17
心暖	4 13	17

ここな

ここな	2 2 5	9
心花	4 7	11
心那	4 7	11
心奈	4 8	12
心和	4 8	12
心奏	4 9	13
心南	4 9	13
志奈	7 8	15
心菜	4 11	15
心々奈	4 3 8	15
心絆	4 11	15
心愛	4 13	17
心々菜	4 3 11	18
胡々菜	9 3 11	23
瑚々菜	13 3 11	27

ここね

ここね	2 2 4	8
心音	4 9	13
心祢	4 9	13
心々音	4 3 9	16
心寧	4 14	18
湖々音	12 3 9	24

ここの

ここの	2 2 1	5
心乃	4 2	6
心暖	4 13	17

ここは

心羽	4 6	10
心芭	4 7	11
心春	4 9	13

心(4)晴(12) 16
心(4)葉(12) 16

ここみ

こ(2)こ(2)み(3) 7
心(4)実(8) 12
心(4)海(9) 13
心(4)美(9) 13
心(4)珠(10) 14
心(4)深(11) 15
心(4)望(11) 15
心(4)々(3)海(9) 16
瑚(13)々(3)実(8) 24
瑚(13)々(3)海(9) 25

こころ

こ(2)こ(2)ろ(2) 6
心(4) 4

ここわ

心(4)和(8) 12

こずえ

梢(11) 11
こ(2)ず(5)恵(10) 17

こすず

小(3)鈴(13) 16
心(4)鈴(13) 17
瑚(13)涼(11) 24

こと

こ(2)と(2) 4
采(8) 8
琴(12) 12
心(4)都(11) 15
古(5)都(11) 16
胡(9)都(11) 20
香(9)都(11) 20
瑚(13)音(9) 22
瑚(13)都(11) 24

ことえ

琴(12)衣(6) 18
琴(12)恵(10) 22
琴(12)絵(12) 24

ことか

こ(2)と(2)か(3) 7
采(8)加(5) 13
琴(12)加(5) 17
琴(12)花(7) 19
琴(12)香(9) 21
琴(12)華(10) 22

ことこ

琴(12)子(3) 15
琴(12)心(4) 16
心(4)都(11)子(3) 18
琴(12)湖(12) 24

ことな

こ(2)と(2)な(5) 9
采(8)那(7) 15
寿(7)奈(8) 15
采(8)奈(8) 16
寿(7)菜(11) 18
琴(12)那(7) 19
琴(12)奈(8) 20
琴(12)南(9) 21
琴(12)菜(11) 23

ことね

こ(2)と(2)ね(4) 8
寿(7)音(9) 16
采(8)音(9) 17
琴(12)音(9) 21
琴(12)祢(9) 21
古(5)都(11)音(9) 25
琴(12)寧(14) 26

ことの

こ(2)と(2)の(1) 5
こ(2)と(2)乃(2) 6
琴(12)乃(2) 14

ことは

こ(2)と(2)は(4) 8
寿(7)羽(6) 13
采(8)羽(6) 14
采(8)芭(7) 15
琴(12)巴(4) 16
琴(12)羽(6) 18
琴(12)春(9) 21
琴(12)葉(12) 24

ことみ

こ(2)と(2)み(3) 7
琴(12)心(4) 16
采(8)実(8) 16
寿(7)美(9) 16
琴(12)未(5) 17
采(8)美(9) 17
琴(12)実(8) 20
琴(12)弥(8) 20
琴(12)美(9) 21
琴(12)望(11) 23
古(5)都(11)美(9) 25

ことり

こ(2)と(2)り(2) 6

琴李（12・7）19
琴里（12・7）19
采鈴（8・13）21
琴莉（12・10）22
琴理（12・11）23
古都里（5・11・7）23
琴鈴（12・13）25

こな

小奈（3・8）11
胡那（9・7）16
胡奈（9・8）17
瑚奈（13・8）21

こなつ

こなつ（2・5・1）8
小夏（3・10）13
心夏（4・10）14

来夏（7・10）17
胡夏（9・10）19
虹夏（9・10）19
瑚夏（13・10）23
古奈都（5・8・11）24

こなみ

こなみ（2・5・3）10
小波（3・8）11
小南（3・9）12

このか

このか（2・1・3）6
心花（4・7）11
好花（6・7）13
心香（4・9）13
好香（6・9）15
木乃香（4・2・9）15

心乃華（4・2・10）16

このは

このは（2・1・4）7
小乃葉（3・2・12）17
好葉（6・12）18
木乃葉（4・2・12）18
瑚乃葉（13・2・12）27

このみ

このみ（2・1・3）6
好（6）6
小乃実（3・2・8）13
木の実（4・1・8）13
好美（6・9）15
心乃美（4・2・9）15

このん

このん（2・1・2）5

心音（4・9）13
心暖（4・13）17

こはく

こはく（2・4・1）7
小珀（3・9）12
瑚白（13・5）18
琥珀（12・9）21
瑚珀（13・9）22

こはな

小花（3・7）10
こはな（2・4・5）11
心花（4・7）11
小華（3・10）13

こはね

心羽（4・6）10
来羽（7・6）13

香羽（9・6）15
虹羽（9・6）15
湖羽（12・6）18
小羽音（3・6・9）18
瑚羽（13・6）19
香羽音（9・6・9）24

こはる

こはる（2・4・3）9
小春（3・9）12
心春（4・9）13
小晴（3・12）15
小遥（3・12）15
小陽（3・12）15
心悠（4・11）15
小暖（3・13）16
心温（4・12）16

心晴（4・12）16
心遥（4・12）16
心陽（4・12）16
来春（7・9）16
呼春（8・9）17
心暖（4・13）17
虹春（9・9）18
恋春（10・9）19
香晴（9・12）21
香遥（9・12）21
香陽（9・12）21
瑚春（13・9）22

こまき

こまき（2・4・4）10
小蒔（3・13）16
心蒔（4・13）17

こまち
こまち　2・4・3　9
小町　3・7　10
胡町　9・7　16
小真知　3・10・8　21
小茉智　3・8・12　23

こもも
こもも　2・3・3　8
小桃　3・10　13
香桃　9・10　19
瑚桃　13・10　23

こゆき
こゆき　2・3・4　9
小雪　3・11　14
心雪　4・11　15
来幸　7・8　15
小夕姫　3・3・10　16
香雪　9・11　20
瑚幸　13・8　21
恋雪　10・11　21
湖雪　12・11　23
瑚雪　13・11　24

さ

さあや
さあや　3・3・3　9
沙采　7・8　15
紗礼　10・5　15
早彩　6・11　17
紗采　10・8　18
早絢　6・12　18
咲彩　9・11　20
咲絢　9・12　21
桜彩　10・11　21
紗彩　10・11　21
沙亜耶　7・7・9　23
彩絢　11・12　23
咲綾　9・14　23
紗綾　10・14　24
紗亜弥　10・7・8　25

さい
采　8　8
彩　11　11
菜　11　11
彩衣　11・6　17

さいか
采花　8・7　15
彩花　11・7　18
采夏　8・10　18
彩夏　11・10　21
彩華　11・10　21

さえ
さえ　3・3　6
冴　7　7
沙衣　7・6　13
咲衣　9・6　15
小瑛　3・12　15
小絵　3・12　15
紗衣　10・6　16
紗江　10・6　16
早恵　6・10　16
彩衣　11・6　17
咲英　9・8　17
紗依　10・8　18
紗英　10・8　18
沙絵　7・12　19
彩英　11・8　19
咲恵　9・10　19
彩映　11・9　20
紗恵　10・10　20
彩恵　11・10　21
彩笑　11・10　21
彩瑛　11・12　23
彩絵　11・12　23
彩愛　11・13　24

さえこ
冴子　7・3　10
沙英子　7・8・3　18
紗英子　10・8・3　21
紗恵子　10・10・3　23
咲瑛子　9・12・3　24

さえら
紗衣良　10・6・7　23
冴羅　7・19　26

さお
紗央　10・5　15
咲桜　9・10　19
紗桜　10・10　20
彩桜　11・10　21
咲緒　9・14　23

さおり
さおり　3・4・2　9
彩央里　11・5・7　23
早織　6・18　24
佐織　7・18　25

- 沙織（7・18）25
- 紗央莉（10・5・10）25
- 幸織（8・18）26
- 咲織（9・18）27
- 紗桜里（10・10・7）27
- 桜織（10・18）28
- 紗織（10・18）28
- 彩織（11・18）29

さき

- さき（3・4）7
- 咲（9）9
- 小姫（3・10）13
- 早希（6・7）13
- 沙希（7・7）14
- 佐季（7・8）15
- 沙季（7・8）15
- 咲妃（9・6）15
- 紗生（10・5）15
- 佐紀（7・9）16
- 沙紀（7・9）16
- 彩生（11・5）16
- 咲希（9・7）16
- 咲来（9・7）16
- 紗妃（10・6）16
- 沙姫（7・10）17
- 咲季（9・8）17
- 桜希（10・7）17
- 紗希（10・7）17
- 咲紀（9・9）18
- 桜季（10・8）18
- 紗季（10・8）18
- 早貴（6・12）18
- 彩季（11・8）19
- 咲姫（9・10）19
- 紗姫（10・10）20
- 彩姫（11・10）21
- 咲葵（9・12）21
- 颯希（14・7）21
- 紗葵（10・12）22
- 沙樹（7・16）23
- 紗輝（10・15）25

さきえ

- 咲江（9・6）15
- 咲恵（9・10）19

さきこ

- 咲子（9・3）12
- 早希子（6・7・3）16
- 咲希子（9・7・3）19
- 咲貴子（9・12・3）24

さきな

- 咲那（9・7）16
- 咲奈（9・8）17
- 咲南（9・9）18
- 咲菜（9・11）20

さきね

- 咲音（9・9）18

さきの

- 咲乃（9・2）11

さきは

- 咲羽（9・6）15
- 咲葉（9・12）21

さきほ

- 咲帆（9・6）15
- 咲歩（9・8）17
- 咲穂（9・15）24
- 紗希穂（10・7・15）32

さく

- 咲（9）9
- 咲来（9・7）16
- 紗来（10・7）17

さくや

- 咲耶（9・9）18
- 朔夜（10・8）18
- 桜弥（10・8）18

さくら

- さくら（3・1・3）7
- 桜（10）10
- 咲花（9・7）16
- 咲来（9・7）16
- 咲良（9・7）16
- 百桜（6・10）16
- 咲空（9・8）17
- 咲來（9・8）17
- 朔来（10・7）17
- 桜良（10・7）17
- 桜空（10・8）18
- 桜來（10・8）18
- 咲桜（9・10）19
- 桜咲（10・9）19
- 紗久良（10・3・7）20
- 櫻（21）21
- 咲楽（9・13）22

さくらこ

- 桜子（10・3）13
- 桜香（10・9）19
- 桜瑚（10・13）23

櫻21 子3 24

さこ

紗10 子3 13
咲9 香9 18

さち

さ3 ち3 6
幸8 8
倖10 10
沙7 千3 10
紗10 千3 13
佐7 知8 15
紗10 幸8 18
紗10 知8 18
早6 智12 18
紗10 智12 22
彩11 智12 23

さちえ

幸8 恵10 18

さちか

幸8 花7 15
幸8 佳8 16
倖10 花7 17
幸8 香9 17
幸8 夏10 18

さちこ

さ3 ち3 こ2 8
幸8 子3 11
祥10 子3 13
佐7 知8 子3 18

さちほ

幸8 歩8 16
幸8 穂15 23

さちよ

幸8 代5 13
祥10 代5 15

さつき

さ3 つ1 き4 8
皐11 11
咲9 月4 13
彩11 月4 15
皐11 月4 15
咲9 希7 16
颯14 妃6 20
颯14 季8 22
颯14 姫10 24
颯14 葵12 26

さと

さ3 と2 5
里7 7
慧15 15
早6 都11 17
沙7 都11 18
咲9 音9 18
咲9 都11 20
紗10 都11 21

さとか

里7 佳8 15
里7 香9 16
聡14 花7 21
聡14 香9 23

さとこ

智12 子3 15
聡14 子3 17
紗10 都11 子3 24

さとみ

さ3 と2 み3 8
里7 実8 15
里7 美9 16
怜8 美9 17
智12 美9 21
聡14 美9 23

さとり

さ3 と2 り2 7
里7 莉10 17
里7 梨11 18
智12 理11 23

さな

さ3 な5 8
小3 奈8 11
沙7 凪6 13
早6 那7 13
沙7 奈8 15
沙7 南9 16
咲9 花7 16
咲9 那7 16
咲9 奈8 17
紗10 那7 17
沙7 菜11 18
彩11 那7 18
咲9 南9 18
紗10 奈8 18
彩11 奈8 19
紗10 南9 19
咲9 菜11 20
紗10 菜11 21
彩11 菜11 22

さなえ

- さ3 な5 え3　11
- 早6 苗8　14
- 紗10 苗8　18
- 紗10 菜11 恵10　31

さなみ

- さ3 な5 み3　11
- 沙7 南9　16
- 紗10 波8　18

さほ

- サ3 ホ4　7
- 沙7 歩8　15
- 咲9 帆6　15
- 佐7 保9　16
- 桜10 帆6　16
- 紗10 帆6　16
- 彩11 帆6　17
- 咲9 歩8　17
- 桜10 歩8　18
- 紗10 歩8　18
- 早6 穂15　21
- 沙7 穂15　22
- 咲9 穂15　24
- 紗10 穂15　25

さや

- さ3 や3　6
- 彩11　11
- 小3 夜8　11
- 沙7 矢5　12
- 沙7 弥8　15
- 冴7 弥8　15
- 紗10 矢5　15
- 早6 耶9　15
- 沙7 耶9　16
- 彩11 矢5　16
- 咲9 弥8　17
- 沙7 彩11　18
- 紗10 弥8　18
- 彩11 弥8　19
- 紗10 耶9　19
- 彩11 耶9　20
- 咲9 彩11　20
- 桜10 彩11　21
- 紗10 彩11　21
- 紗10 野11　21
- 彩11 陽12　23
- 咲9 綾14　23
- 紗10 綾14　24

さやか

- さ3 や3 か3　9
- さ3 や3 香9　15
- 彩11 加5　16
- 清11 加5　16
- 沙7 也3 花7　17
- 彩11 花7　18
- 清11 花7　18
- 早6 也3 香9　18
- 清11 佳8　19
- 彩11 香9　20
- 彩11 夏10　21
- 彩11 華10　21
- 彩11 也3 花7　21
- 清11 華10　21
- 爽11 華10　21
- 沙7 弥8 佳8　23
- 彩11 也3 香9　23
- 紗10 也3 夏10　23
- 紗10 弥8 加5　23
- 紗10 矢5 香9　24
- 颯14 夏10　24
- 沙7 耶9 香9　25
- 彩11 歌14　25
- 紗10 弥8 花7　25
- 紗10 耶9 香9　28

さやこ

- 清11 子3　14
- 咲9 也3 子3　15
- 紗10 也3 子3　16

さやな

- さ3 や3 な5　11
- 沙7 弥8 奈8　23

さやね

- 清11 音9　20
- 沙7 弥8 音9　24
- 紗10 耶9 音9　28

さやの

- さ3 や3 の1　7
- 清11 乃2　13
- 爽11 乃2　13
- 紗10 也3 乃2　15
- 紗10 耶9 乃2　21

さゆ

- 咲9 友4　13
- 紗10 夕3　13
- 彩11 友4　15
- 紗10 由5　15

- 紗10 有6 　16
- 紗10 唯11 　21
- 紗10 結12 　22
- 彩11 結12 　23
- 沙7 優17 　24

さゆき

- さ3 ゆ3 き4 　10
- 咲9 幸8 　17
- 沙7 雪11 　18
- 紗10 幸8 　18
- 紗10 雪11 　21
- 彩11 雪11 　22
- 沙7 優17 希7 　31

さゆな

- 紗10 由5 奈8 　23
- 紗10 優17 奈8 　35

さゆみ

- さ3 ゆ3 み3 　9
- 紗10 弓3 　13
- 紗10 由5 美9 　24
- 彩11 由5 美9 　25

さゆり

- さ3 ゆ3 り2 　8
- 小3 百6 合6 　15
- 咲9 百6 合6 　21
- 紗10 友4 里7 　21
- 彩11 百6 合6 　23
- 彩11 有6 里7 　24

さよ

- さ3 よ3 　6
- 小3 夜8 　11
- 早6 代5 　11
- 沙7 世5 　12
- 紗10 世5 　15
- 紗10 代5 　15
- 彩11 世5 　16
- 彩11 代5 　16

さよこ

- 小3 夜8 子3 　14
- 沙7 代5 子3 　15
- 紗10 代5 子3 　18

さら

- さ3 ら3 　6
- 更7 　7
- 早6 良7 　13
- 沙7 良7 　14
- 幸8 来7 　15
- 沙7 來8 　15
- 咲9 来7 　16
- 咲9 良7 　16
- 沙7 桜10 　17
- 咲9 來8 　17
- 桜10 来7 　17
- 紗10 来7 　17
- 紗10 良7 　17
- 彩11 良7 　18
- 紗10 楽13 　23
- 沙7 羅19 　26
- 咲9 蘭19 　28
- 紗10 羅19 　29
- 彩11 羅19 　30

さらさ

- さ3 ら3 さ3 　9
- 更7 沙7 　14
- 更7 咲9 　16
- 更7 紗10 　17

さり

- 咲9 里7 　16
- 沙7 莉10 　17
- 紗10 李7 　17
- 紗10 里7 　17
- 沙7 理11 　18
- 彩11 莉10 　21
- 紗10 梨11 　21
- 咲9 璃15 　24
- 紗10 璃15 　25

さりな

- 紗10 里7 奈8 　25
- 紗10 莉10 奈8 　28
- 紗10 理11 奈8 　29

さわ

- さ3 わ3 　6
- 爽11 　11
- 沙7 羽6 　13
- 佐7 和8 　15
- 沙7 和8 　15
- 砂9 羽6 　15
- 咲9 羽6 　15
- 桜10 羽6 　16
- 彩11 羽6 　17
- 咲9 和8 　17
- 紗10 和8 　18

さわこ

- 佐7 和8 子3 　18
- 桜10 和8 子3 　21
- 紗10 和8 子3 　21

し

しいか
- 詩（13）花（7）　20
- 詩（13）歌（14）　27

しいな
- しいな（1・2・5）　8
- 椎（12）南（9）　21
- 椎（12）菜（11）　23

しお
- 汐（6）　6
- 史（5）桜（10）　15
- 詩（13）央（5）　18
- 史（5）緒（14）　19
- 志（7）緒（14）　21

しおな
- 汐（6）那（7）　13
- 汐（6）菜（11）　17

しおり
- しおり（1・4・2）　7
- 栞（10）　10
- 汐（6）里（7）　13
- 汐（6）莉（10）　16
- 汐（6）梨（11）　17
- 栞（10）里（7）　17
- 史（5）織（18）　23
- 志（7）桜（10）里（7）　24
- 志（7）織（18）　25
- 詩（13）央（5）里（7）　25
- 栞（10）璃（15）　25
- 詩（13）織（18）　31

しおん
- しおん（1・4・2）　7
- 汐（6）音（9）　15
- 志（7）音（9）　16
- 心（4）温（12）　16
- 紫（12）苑（8）　20
- 紫（12）音（9）　21
- 詩（13）音（9）　22
- 志（7）穏（16）　23
- 詩（13）穏（16）　29

しずか
- しずか（1・5・3）　9
- 静（14）　14
- 寧（14）花（7）　21
- 静（14）香（9）　23
- 静（14）夏（10）　24

しずく
- しずく（1・5・1）　7
- 雫（11）　11
- 雫（11）月（4）　15
- 穏（16）空（8）　24

しずの
- 静（14）乃（2）　16

しずる
- 静（14）流（10）　24
- 静（14）琉（11）　25

しづ
- 志（7）津（9）　16

しの
- しの（1・1）　2
- 志（7）乃（2）　9
- 信（9）乃（2）　11
- 紫（12）乃（2）　14
- 詩（13）乃（2）　15
- 詩（13）野（11）　24

しのぶ
- 忍（7）　7
- しのぶ（1・1・6）　8

しはる
- 志（7）晴（12）　19

しほこ
- 志（7）帆（6）子（3）　16
- 詩（13）穂（15）子（3）　31

しほり
- しほり（1・5・2）　8
- 志（7）穂（15）里（7）　29

しま
- 志（7）麻（11）　18
- 志（7）磨（16）　23
- 詩（13）麻（11）　24

しゅう
- 柊（9）　9
- 朱（6）羽（6）　12
- 珠（10）生（5）　15

しゅうか
- 秀（7）香（9）　16
- 秋（9）花（7）　16
- 柊（9）花（7）　16
- 秋（9）華（10）　19
- 柊（9）華（10）　19

しゅか
- 朱（6）花（7）　13
- 朱（6）香（9）　15
- 朱（6）夏（10）　16

しゅな

朱6 那7 13
珠10 菜11 21

しゅり

朱6 李7 13
朱6 里7 13
朱6 莉10 16
柊9 里7 16
朱6 梨11 17
珠10 里7 17
珠10 梨11 21
珠10 理11 21
珠10 璃15 25

しょうこ

祥10 子3 13
笙11 子3 14
晶12 子3 15
翔12 子3 15
頌13 子3 16
彰14 子3 17

じゅな

珠10 那7 17
珠10 奈8 18
樹16 那7 23
樹16 奈8 24
樹16 菜11 27

じゅの

寿7 乃2 9
珠10 乃2 12
樹16 乃2 18

じゅり

珠10 李7 17
珠10 里7 17
寿7 莉10 17
珠10 莉10 20
樹16 里7 23
珠10 璃15 25
樹16 莉10 26
樹16 梨11 27
樹16 理11 27
樹16 璃15 31

じゅん

純10 10
絢12 12
潤15 15

じゅんこ

純10 子3 13
順12 子3 15

じゅんな

純10 奈8 18
淳11 奈8 19
純10 菜11 21
絢12 菜11 23
潤15 奈8 23

す

すい

粋10 10
翠14 14
穂15 15

すず

す3 ず5 8
紗10 10
寿7 々3 10
涼11 11
紗10 々3 13
鈴13 13
涼11 々3 14
珠10 寿7 17
寿7 珠10 17

すずか

す3 ず5 か3 11
す3 ず5 花7 15
涼11 加5 16
寿7 々3 花7 17
涼11 花7 18
涼11 佳8 19
寿7 々3 夏10 20
涼11 香9 20
鈴13 花7 20
涼11 華10 21
鈴13 佳8 21
鈴13 香9 22
鈴13 華10 23
涼11 楓13 24
鈴13 歌14 27

すずこ

紗10 子3 13
鈴13 子3 16

すずな

す3 ず5 な5 13
紗10 奈8 18
涼11 那7 18
涼11 奈8 19
涼11 南9 20

寿々菜 7 3 11 21
鈴奈 13 8 21
涼菜 11 11 22
珠々菜 10 3 11 24
鈴菜 13 11 24

すずね
すず音 3 5 9 17
紗音 10 9 19
凉音 10 9 19
涼音 11 9 20
鈴音 13 9 22
紗寧 10 14 24
涼寧 11 14 25

すずの
すずの 3 5 1 9
涼乃 11 2 13
鈴乃 13 2 15

すずは
紗羽 10 6 16
寿々羽 7 3 6 16
涼羽 11 6 17
涼葉 11 12 23
鈴葉 13 12 25

すずほ
紗帆 10 6 16
寿々穂 7 3 15 25
鈴穂 13 15 28

すずみ
寿々美 7 3 9 19
涼美 11 9 20

すみか
すみか 3 3 3 9
純花 10 7 17
純香 10 9 19
純夏 10 10 20
澄花 15 7 22
澄佳 15 8 23
純歌 10 14 24
澄夏 15 10 25

すみこ
純子 10 3 13

すみれ
すみれ 3 3 3 9
菫 11 11
菫礼 11 5 16
純怜 10 8 18
純玲 10 9 19
菫怜 11 8 19
菫玲 11 9 20
純鈴 10 13 23
澄玲 15 9 24
純麗 10 19 29

せ

せい
星 9 9
聖 13 13

せいか
星花 9 7 16
星香 9 9 18
星華 9 10 19
清香 11 9 20
聖佳 13 8 21
靖香 13 9 22
聖夏 13 10 23
聖華 13 10 23
聖歌 13 14 27

せいこ
聖子 13 3 16
誠子 13 3 16

せいな
星七 9 2 11
聖七 13 2 15
星那 9 7 16
星奈 9 8 17
星南 9 9 18
聖那 13 7 20
聖奈 13 8 21
惺菜 12 11 23
聖菜 13 11 24
静菜 14 11 25

せいら
セイラ 2 2 2 6
せいら 3 2 3 8
星良 9 7 16
星來 9 8 17
清良 11 7 18
聖来 13 7 20
聖良 13 7 20
静良 14 7 21
星蘭 9 19 28
聖羅 13 19 32

せな
せな 3 5 8
星七 9 2 11

- 世那（5・7）12
- 世奈（5・8）13
- 星那（9・7）16
- 星奈（9・8）17
- 星南（9・9）18
- 星菜（9・11）20
- 聖那（13・7）20
- 瀬七（19・2）21
- 聖奈（13・8）21
- 聖菜（13・11）24
- 瀬那（19・7）26
- 瀬奈（19・8）27
- 瀬菜（19・11）30

せら

- せら（3・3）6
- 星来（9・7）16
- 星良（9・7）16
- 世羅（5・19）24
- 世蘭（5・19）24
- 星羅（9・19）28

せり

- せり（3・2）5
- 芹（7）7
- 世莉（5・10）15
- 世梨（5・11）16
- 芹梨（7・11）18
- 瀬里（19・7）26
- 瀬莉（19・10）29
- 瀬梨（19・11）30

せりか

- 芹花（7・7）14
- 芹佳（7・8）15
- 芹果（7・8）15
- 芹香（7・9）16
- 芹華（7・10）17
- 聖梨香（13・11・9）33

せりな

- せりな（3・2・5）10
- 芹那（7・7）14
- 芹奈（7・8）15
- 芹菜（7・11）18
- 世莉奈（5・10・8）23
- 世理奈（5・11・8）24
- 聖梨奈（13・11・8）32
- 瀬里奈（19・7・8）34

せれな

- せれな（3・3・5）11
- 星伶奈（9・7・8）24
- 聖玲奈（13・9・8）30

せんり

- 千里（3・7）10
- 千莉（3・10）13

そ

その

- その（3・1）4
- 園乃（13・2）15
- 蒼乃（13・2）15

そのか

- そのか（3・1・3）7
- 苑花（8・7）15
- 園佳（13・8）21
- 想乃香（13・2・9）24
- 薗香（16・9）25
- 薗歌（16・14）30

そのこ

- 苑子（8・3）11
- 園子（13・3）16

そのみ

- 苑実（8・8）16
- 園未（13・5）18
- 薗美（16・9）25

そよか

- そよか（3・3・3）9
- そよ花（3・3・7）13
- そよ香（3・3・9）15
- そよ夏（3・3・10）16
- 奏花（9・7）16
- 颯花（14・7）21

そら

- そら（3・3）6
- 空（8）8
- 空良（8・7）15
- 奏来（9・7）16
- 奏空（9・8）17
- 爽良（11・7）18
- 想来（13・7）20
- 想空（13・8）21
- 想來（13・8）21
- 蒼空（13・8）21
- 蒼來（13・8）21
- 奏楽（9・13）22

そらね

- 天音（4・9）13
- 空音（8・9）17

た

たえ

たえ	4 3	7
妙	7	7
多恵	6 10	16

たえこ

妙子	7 3	10
多恵子	6 10 3	19

たかこ

孝子	7 3	10
貴子	12 3	15
多香子	6 9 3	18

たかみ

孝美	7 9	16
貴美	12 9	21
多香美	6 9 9	24

たから

宝	8	8
たから	4 3 3	10

たき

多希	6 7	13
多喜	6 12	18

たまえ

珠恵	10 10	20
珠笑	10 10	20

たまお

玉青	5 8	13
珠央	10 5	15
珠生	10 5	15
珠桜	10 10	20
珠緒	10 14	24

たまき

たまき	4 4 4	12
珠己	10 3	13
珠生	10 5	15
珠妃	10 6	16
環	17	17
珠希	10 7	17
珠季	10 8	18
珠紀	10 9	19
珠姫	10 10	20
瑞希	13 7	20
瑶希	13 7	20
瑞季	13 8	21
珠葵	10 12	22
珠稀	10 12	22
珠貴	10 12	22
珠綺	10 14	24
珠樹	10 16	26

たまこ

珠子	10 3	13

たまね

珠音	10 9	19
珠寧	10 14	24

たまみ

たまみ	4 4 3	11
珠未	10 5	15
珠実	10 8	18
玲美	9 9	18
珠海	10 9	19
珠美	10 9	19
碧海	14 9	23

たまよ

珠世	10 5	15
珠代	10 5	15

ち

ちあき

ちあき	3 3 4	10
千明	3 8	11
千秋	3 9	12
千晶	3 12	15
千陽	3 12	15
千亜希	3 7 7	17

ちい

千衣	3 6	9
千依	3 8	11

ちえ

千枝	3 8	11
千瑛	3 12	15
千絵	3 12	15
千愛	3 13	16
知恵	8 10	18
智恵	12 10	22
智絵	12 12	24

ちえみ

千笑	3 10	13
千恵美	3 10 9	22
千絵美	3 12 9	24
智恵美	12 10 9	31

ちえり

ちえり	3 3 2	8
千枝里	3 8 7	18

千愛里	3 13 7	23
千恵梨	3 10 11	24
千恵理	3 10 11	24
智恵理	12 10 11	33
ちお		
千桜	3 10	13
千緒	3 14	17
ちおり		
千央里	3 5 7	15
千桜里	3 10 7	20
千織	3 18	21
千緒里	3 14 7	24
ちか		
千加	3 5	8
千花	3 7	10
千佳	3 8	11
千果	3 8	11
千香	3 9	12
千夏	3 10	13
千華	3 10	13
千賀	3 12	15
知花	8 7	15
千楓	3 13	16
千嘉	3 14	17
知香	8 9	17
知夏	8 10	18
知華	8 10	18
智花	12 7	19
智佳	12 8	20
智香	12 9	21
ちかげ		
千景	3 12	15
千蔭	3 14	17
智蔭	12 14	26
ちかこ		
周子	8 3	11
千花子	3 7 3	13
千佳子	3 8 3	14
千香子	3 9 3	15
千華子	3 10 3	16
千賀子	3 12 3	18
知佳子	8 8 3	19
智佳子	12 8 3	23
智香子	12 9 3	24
智華子	12 10 3	25
ちぐさ		
千草	3 9	12
千種	3 14	17
智草	12 9	21
ちさ		
千咲	3 9	12
千桜	3 10	13
千紗	3 10	13
千彩	3 11	14
知佐	8 7	15
知沙	8 7	15
知咲	8 9	17
知紗	8 10	18
智咲	12 9	21
智紗	12 10	22
ちさき		
ちさき	3 3 4	10
千咲	3 9	12
知咲	8 9	17
千咲希	3 9 7	19
千紗希	3 10 7	20
千彩希	3 11 7	21
千咲紀	3 9 9	21
智咲	12 9	21
千彩咲	3 11 9	23
千咲貴	3 9 12	24
知紗希	8 10 7	25
ちさこ		
千咲子	3 9 3	15
千紗子	3 10 3	16
ちさと		
ちさと	3 3 2	8
千里	3 7	10
知里	8 7	15
千聖	3 13	16
知怜	8 8	16
千慧	3 15	18
智里	12 7	19
千沙都	3 7 11	21
千紗都	3 10 11	24
知沙都	8 7 11	26
ちず		
千寿	3 7	10
千珠	3 10	13
ちせ		
ちせ	3 3	6
千世	3 5	8
知世	8 5	13
千聖	3 13	16
知星	8 9	17
智世	12 5	17

知聖 8 13 21

ちづる
ちづる 3 3 3 9
千紘 3 11 14
千鶴 3 21 24
智鶴 12 21 33

ちとせ
ちとせ 3 2 3 8
千歳 3 13 16

ちな
ちな 3 5 8
千那 3 7 10
千奈 3 8 11
茅那 8 7 15
知那 8 7 15
千愛 3 13 16
知奈 8 8 16
知南 8 9 17
知菜 8 11 19
智奈 12 8 20
智菜 12 11 23

ちなつ
ちなつ 3 5 1 9
千夏 3 10 13
茅夏 8 10 18
知夏 8 10 18
千奈津 3 8 9 20
千菜都 3 11 11 25
智奈都 12 8 11 31

ちなみ
ちなみ 3 5 3 11
千波 3 8 11
智波 12 8 20
千菜美 3 11 9 23
知菜美 8 11 9 28
智菜美 12 11 9 32

ちの
千乃 3 2 5
茅乃 8 2 10

ちはな
千花 3 7 10
ちはな 3 4 5 12
千華 3 10 13
知花 8 7 15
智花 12 7 19

ちはや
千早 3 6 9
ちはや 3 4 3 10
千羽弥 3 6 8 17

ちはる
ちはる 3 4 3 10
千春 3 9 12
千温 3 12 15
千晴 3 12 15
千遥 3 12 15
千陽 3 12 15
千暖 3 13 16
知春 8 9 17
智春 12 9 21
智晴 12 12 24
智遥 12 12 24

ちひろ
ちひろ 3 2 2 7
千央 3 5 8
千紘 3 10 13
千尋 3 12 15
千裕 3 12 15
千陽 3 12 15
智央 12 5 17
知紘 8 10 18
千優 3 17 20
茅優 8 17 25
知優 8 17 25
智優 12 17 29

ちふゆ
千冬 3 5 8

ちほ
ちほ 3 5 8
千帆 3 6 9
千歩 3 8 11
千朋 3 8 11
知帆 8 6 14
知歩 8 8 16
千穂 3 15 18
智帆 12 6 18
智歩 12 8 20
知穂 8 15 23
智穂 12 15 27

ちゆ
千侑 3 8 11
千結 3 12 15
千優 3 17 20

ちゆき
千幸 3 8 11
千雪 3 11 14
千優希 3 17 7 27

ちよ
- ちよ（3・3）6
- 千代（3・5）8
- 知世（8・5）13
- 千陽（3・12）15
- 智代（12・5）17

ちよみ
- 千代美（3・5・9）17

ちより
- ちより（3・3・2）8
- 千依（3・8）11
- 千和（3・8）11

ちり
- 千莉（3・10）13
- 知里（8・7）15
- 千璃（3・15）18

つ

つかさ
- つかさ（1・3・3）7

つき
- つき（1・4）5
- 月姫（4・10）14

つきか
- 月花（4・7）11
- 月香（4・9）13

つきこ
- 月子（4・3）7

つきな
- 月那（4・7）11
- 月菜（4・11）15

つきの
- 月乃（4・2）6

つくし
- つくし（1・1・1）3
- 月紫（4・12）16
- 筑紫（12・12）24

つぐみ
- つぐみ（1・3・3）7
- 亜実（7・8）15
- 亜美（7・9）16
- 嗣実（13・8）21
- 緒美（14・9）23
- 緒珠（14・10）24

つばき
- つばき（1・6・4）11
- 椿（13）13
- 椿希（13・7）20
- 椿季（13・8）21
- 椿姫（13・10）23

つばさ
- つばさ（1・6・3）10
- 翼（17）17
- 翼沙（17・7）24
- 翼紗（17・10）27

つむぎ
- 紡（10）10
- つむぎ（1・4・6）11
- 紬（11）11
- 紬生（11・5）16
- 紡希（10・7）17
- 紬希（11・7）18
- 紡季（10・8）18

て

てるこ
- 照子（13・3）16

てるみ
- 照美（13・9）22

てんか
- 天花（4・7）11
- 天香（4・9）13
- 天歌（4・14）18

と

とあ
- 十愛（2・13）15
- 永愛（5・13）18

とうか
- 透花（10・7）17
- 橙花（16・7）23
- 橙佳（16・8）24

とうこ
- 灯子（6・3）9
- 東子（8・3）11
- 桐子（10・3）13
- 透子（10・3）13
- 陶子（11・3）14
- 塔子（12・3）15
- 橙子（16・3）19
- 瞳子（17・3）20

とも
- 友（4）4

とも 2 3 5
朋 8 8

ともえ

巴 4 4
朋江 8 6 14
友恵 4 10 14
朋恵 8 10 18
智恵 12 10 22
智絵 12 12 24

ともか

ともか 2 3 3 8
友花 4 7 11
友佳 4 8 12
友香 4 9 13
知花 8 7 15
朋花 8 7 15
知佳 8 8 16
朋佳 8 8 16
朋香 8 9 17
倫花 10 7 17
知華 8 10 18
朋夏 8 10 18
朝花 12 7 19
智佳 12 8 20
智香 12 9 21
朝香 12 9 21
智華 12 10 22

ともこ

友子 4 3 7
知子 8 3 11
朋子 8 3 11
倫子 10 3 13
智子 12 3 15

ともな

友菜 4 11 15
朋奈 8 8 16
智菜 12 11 23

ともね

友音 4 9 13
知音 8 9 17
朋音 8 9 17

ともの

友乃 4 2 6

ともは

友葉 4 12 16
知葉 8 12 20
朋葉 8 12 20
朝葉 12 12 24

ともみ

ともみ 2 3 3 8
友海 4 9 13
友美 4 9 13
知実 8 8 16
知美 8 9 17
朋美 8 9 17
智美 12 9 21

ともよ

知代 8 5 13
朋世 8 5 13
朋代 8 5 13
倫世 10 5 15
智世 12 5 17

とわ

とわ 2 3 5
十和 2 8 10
都羽 11 6 17
永遠 5 13 18

とわこ

十和子 2 8 3 13
永遠子 5 13 3 21
都和子 11 8 3 22

な

なお

尚 8 8
直 8 8
なお 5 4 9
七桜 2 10 12
直生 8 5 13
奈央 8 5 13
南帆 9 6 15
菜央 11 5 16
七緒 2 14 16
奈保 8 9 17
奈桜 8 10 18
南桜 9 10 19
七織 2 18 20
菜桜 11 10 21
那緒 7 14 21
直緒 8 14 22
奈緒 8 14 22
奈穂 8 15 23
夏緒 10 14 24
菜緒 11 14 25
菜穂 11 15 26

なおか
尚花 8 7 15
直佳 8 8 16
直香 8 9 17
奈緒香 8 14 9 31

なおこ
尚子 8 3 11
直子 8 3 11
奈央子 8 5 3 16
奈緒子 8 14 3 25
菜緒子 11 14 3 28
菜穂子 11 15 3 29

なおみ
尚美 8 9 17
直美 8 9 17
奈緒美 8 14 9 31

なぎ
凪 6 6
なぎ 5 6 11
梛 11 11

なぎさ
渚 11 11
凪沙 6 7 13
なぎさ 5 6 3 14
凪咲 6 9 15
凪紗 6 10 16
凪彩 6 11 17
渚沙 11 7 18
渚紗 11 10 21
渚彩 11 11 22

なこ
奈子 8 3 11
菜子 11 3 14
奈瑚 8 13 21
菜湖 11 12 23

なごみ
和 8 8
なごみ 5 4 3 12
和心 8 4 12
和実 8 8 16
和美 8 9 17
和珠 8 10 18

なつ
なつ 5 1 6
夏 10 10
七都 2 11 13
那津 7 9 16
奈津 8 9 17
名都 6 11 17
奈都 8 11 19
菜津 11 9 20

なつか
夏花 10 7 17
夏果 10 8 18
夏香 10 9 19
夏華 10 10 20

なつき
なつき 5 1 4 10
那月 7 4 11
奈月 8 4 12
夏月 10 4 14
菜月 11 4 15
夏妃 10 6 16
夏希 10 7 17
捺希 11 7 18
夏姫 10 10 20
夏稀 10 12 22
奈津季 8 9 8 25

なつこ
夏子 10 3 13
奈津子 8 9 3 20
奈都子 8 11 3 22
菜津子 11 9 3 23
菜都子 11 11 3 25

なつな
夏奈 10 8 18
夏菜 10 11 21

なつね
なつね 5 1 4 10
夏音 10 9 19
夏寧 10 14 24

なつの
なつの 5 1 1 7
夏乃 10 2 12
夏野 10 11 21

なつは
夏羽 10 6 16
夏波 10 8 18
夏葉 10 12 22

なつほ
夏帆 10 6 16
夏歩 10 8 18
夏穂 10 15 25

なつみ
なつみ 5 1 3 9
なつ美 5 1 9 15

捺末	11 5	16
夏実	10 8	18
夏海	10 9	19
夏美	10 9	19
奈摘	8 14	22
菜摘	11 14	25
奈津実	8 9 8	25
那津美	7 9 9	25
奈都美	8 11 9	28
菜津美	11 9 9	29
菜都美	11 11 9	31

なつめ

なつめ	5 1 2	8
夏芽	10 8	18

なな

ナナ	2 2	4
なな	5 5	10
奈々	8 3	11
七菜	2 11	13
七渚	2 11	13
菜々	11 3	14
奈那	8 7	15
那奈	7 8	15
那南	7 9	16
菜名	11 6	17
奈南	8 9	17
南奈	9 8	17
菜那	11 7	18
那菜	7 11	18
奈菜	8 11	19
菜南	11 9	20
菜愛	11 13	24

ななえ

七恵	2 10	12
七愛	2 13	15
奈苗	8 8	16
奈々恵	8 3 10	21
菜々恵	11 3 10	24

ななお

七緒	2 14	16
菜々桜	11 3 10	24
奈々緒	8 3 14	25

ななか

七花	2 7	9
七佳	2 8	10
七香	2 9	11
七華	2 10	12
ななか	5 5 3	13
菜央	11 5	16
七歌	2 14	16
なな花	5 5 7	17
那々花	7 3 7	17
奈々花	8 3 7	18
菜々花	11 3 7	21
奈々華	8 3 10	21
菜々香	11 3 9	23
菜々夏	11 3 10	24
菜々華	11 3 10	24
奈那香	8 7 9	24
那奈香	7 8 9	24
奈菜花	8 11 7	26

ななこ

なな子	5 5 3	13
七奈子	2 8 3	13
奈々子	8 3 3	14
七菜子	2 11 3	16
菜々子	11 3 3	17
奈那子	8 7 3	18
那奈子	7 8 3	18
菜那子	11 7 3	21
奈菜子	8 11 3	22
菜南子	11 9 3	23
夏菜子	10 11 3	24

ななさ

七彩	2 11	13
菜々紗	11 3 10	24

ななせ

七星	2 9	11
ななせ	5 5 3	13
七聖	2 13	15
奈々瀬	8 3 19	30
菜々瀬	11 3 19	33

ななね

七音	2 9	11
ななね	5 5 4	14
七寧	2 14	16
菜々音	11 3 9	23

ななは

七羽	2 6	8
七葉	2 12	14
奈々葉	8 3 12	23
南々葉	9 3 12	24
菜々葉	11 3 12	26

ななほ

七帆	2 6	8
ななほ	5 5 5	15

七穂	2 15	17
奈々帆	8 3 6	17
菜々穂	11 3 15	29

ななみ

七実	2 8	10
七海	2 9	11
七泉	2 9	11
七美	2 9	11
七珠	2 10	12
ななみ	5 5 3	13
七々実	2 3 8	13
七望	2 11	13
奈南	8 9	17
なな実	5 5 8	18
那々実	7 3 8	18
菜波	11 8	19
奈々海	8 3 9	20
奈々美	8 3 9	20
菜々実	11 3 8	22
菜々海	11 3 9	23
菜々美	11 3 9	23
奈那美	8 7 9	24

なのか

奈乃佳	8 2 8	18
菜乃花	11 2 7	20
菜乃佳	11 2 8	21
菜乃果	11 2 8	21
菜乃夏	11 2 10	23

なのは

なのは	5 1 4	10
奈乃羽	8 2 6	16
菜乃羽	11 2 6	19
菜乃葉	11 2 12	25

なほ

七帆	2 6	8
なほ	5 5	10
那帆	7 6	13
那歩	7 8	15
南帆	9 6	15
奈歩	8 8	16
菜帆	11 6	17
奈保	8 9	17
南歩	9 8	17
奈穂	8 15	23
菜穂	11 15	26

なほこ

南帆子	9 6 3	18
菜穂子	11 15 3	29

なみ

なみ	5 3	8
七海	2 9	11
那実	7 8	15
菜未	11 5	16
奈実	8 8	16
那海	7 9	16
奈美	8 9	17
那珠	7 10	17
菜実	11 8	19
菜海	11 9	20

なみね

波音	8 9	17

なゆ

七夕	2 3	5
なゆ	5 3	8
奈夕	8 3	11
那由	7 5	12
奈由	8 5	13
菜由	11 5	16
菜結	11 12	23
那優	7 17	24
奈優	8 17	25

なゆか

なゆか	5 3 3	11
菜優花	11 17 7	35

なる

奈留	8 10	18
那琉	7 11	18
菜瑠	11 14	25

なるみ

なるみ	5 3 3	11
成実	6 8	14
成海	6 9	15
成美	6 9	15
成珠	6 10	16
成望	6 11	17
愛実	13 8	21
奈留美	8 10 9	27

に

にいな

にいな	3 2 5	10
仁那	4 7	11
仁奈	4 8	12
仁菜	4 11	15
仁衣奈	4 6 8	18

新那	13 7	20
新奈	13 8	21
仁唯奈	4 11 8	23
新菜	13 11	24
にこ		
にこ	3 2	5
仁子	4 3	7
仁心	4 4	8
仁胡	4 9	13
仁香	4 9	13
虹心	9 4	13
二瑚	2 13	15
仁湖	4 12	16
仁瑚	4 13	17
にじか		
虹花	9 7	16
虹香	9 9	18
にじの		
虹乃	9 2	11
にな		
にな	3 5	8
仁那	4 7	11
仁奈	4 8	12
仁菜	4 11	15

ね

ねい		
寧	14	14
音衣	9 6	15
ねいろ		
ねいろ	4 2 2	8
音色	9 6	15
音彩	9 11	20
寧彩	14 11	25
ねお		
音央	9 5	14
祢央	9 5	14
音桜	9 10	19
音緒	9 14	23
祢緒	9 14	23
ねおん		
寧音	14 9	23
ねね		
ねね	4 4	8
音々	9 3	12
寧々	14 3	17
祢音	9 9	18
音寧	9 14	23
寧音	14 9	23
ねねか		
音々花	9 3 7	19
寧々花	14 3 7	24
寧々佳	14 3 8	25
寧々果	14 3 8	25
ねねこ		
寧々子	14 3 3	20

の

のあ		
のあ	1 3	4
乃亜	2 7	9
乃娃	2 9	11
乃彩	2 11	13
乃愛	2 13	15
乃蒼	2 13	15
埜亜	11 7	18
望亜	11 7	18
野亜	11 7	18
望愛	11 13	24
のい		
のい	1 2	3
乃衣	2 6	8
乃依	2 8	10
乃唯	2 11	13
のえ		
乃映	2 9	11
乃恵	2 10	12
乃絵	2 12	14
のぞみ		
希	7	7
のぞみ	1 5 3	9
希心	7 4	11
望	11	11
希未	7 5	12
希実	7 8	15
望心	11 4	15
希海	7 9	16
希美	7 9	16
希珠	7 10	17
希望	7 11	18
望実	11 8	19
望美	11 9	20
のどか		
のどか	1 4 3	8

和8 8
和8花7 15
和8佳8 16
和8果8 16
和8香9 17

のの

乃2々3 5
望11乃2 13
野11乃2 13

ののか

の1の1か3 5
乃2々3花7 12
乃2々3果8 13
乃2々3香9 14
乃2々3華10 15
希7乃2花7 16
希7乃2佳8 17
埜11乃2花7 20
野11乃2花7 20
野11々3花7 21
野11乃2香9 22
野11々3香9 23

ののは

の1の1は4 6
乃2々3葉12 17
望11乃2葉12 25

のぶこ

伸7子3 10

のりか

紀9花7 16
紀9佳8 17
紀9香9 18
徳14香9 23
徳14華10 24

のりこ

典8子3 11
法8子3 11
紀9子3 12
徳14子3 17

は

はすの

蓮13乃2 15

はすみ

羽6純10 16
芭7純10 17
羽6澄15 21
葉12純10 22
蓮13美9 22

はづき

羽6月4 10
は4づ3き4 11
芭7月4 11
葉12月4 16

はつな

初7奈8 15
初7菜11 18

はつね

初7音9 16
初7寧14 21

はつみ

初7実8 15
初7美9 16

はつめ

初7芽8 15

はな

花7 7
英8 8
は4な5 9
華10 10
羽6那7 13
羽6奈8 14
花7那7 14
羽6南9 15
花7奈8 15
巴4菜11 15
芭7奈8 15
咲9花7 16
波8奈8 16
羽6菜11 17
花7菜11 18
英8菜11 19
葉12奈8 20
葉12南9 21

はなえ

花7衣6 13
花7恵10 17
英8恵10 18
華10英8 18
華10恵10 20

はなか

花7佳8 15
花7果8 15
花7香9 16
英8香9 17

花(7)夏(10) 17
花(7)華(10) 17
華(10)花(7) 17
英(8)華(10) 18
華(10)佳(8) 18
華(10)果(8) 18
華(10)香(9) 19
花(7)菜(11)香(9) 27

はなこ

花(7)子(3) 10
華(10)子(3) 13
花(7)菜(11)子(3) 21

はなね

花(7)音(9) 16
華(10)音(9) 19
花(7)寧(14) 21

はなの

花(7)乃(2) 9
華(10)乃(2) 12
花(7)野(11) 18

はなみ

花(7)実(8) 15
花(7)海(9) 16
華(10)実(8) 18

はなよ

花(7)世(5) 12
花(7)代(5) 12
華(10)代(5) 15

はのん

はのん(4・1・2) 7
羽(6)音(9) 15
花(7)音(9) 16
芭(7)音(9) 16
波(8)音(9) 17
葉(12)音(9) 21

はる

ハル(2・2) 4
はる(4・3) 7
春(9) 9
悠(11) 11
温(12) 12
晴(12) 12
陽(12) 12
暖(13) 13
杷(8)琉(11) 19
春(9)瑠(14) 23
晴(12)琉(11) 23
葉(12)琉(11) 23

はるあ

春(9)亜(7) 16
陽(12)彩(11) 23
悠(11)愛(13) 24
遥(12)愛(13) 25
陽(12)愛(13) 25

はるか

ハルカ(2・2・2) 6
はるか(4・3・3) 10
悠(11) 11
遥(12) 12
明(8)花(7) 15
春(9)花(7) 16
悠(11)加(5) 16
春(9)佳(8) 17
明(8)香(9) 17
遥(12)加(5) 17
春(9)香(9) 18
悠(11)花(7) 18
春(9)華(10) 19
晴(12)花(7) 19
遥(12)花(7) 19
陽(12)花(7) 19
晴(12)佳(8) 20
悠(11)香(9) 20
遥(12)佳(8) 20
遥(12)果(8) 20
陽(12)佳(8) 20
晴(12)香(9) 21
暖(13)佳(8) 21
暖(13)果(8) 21
悠(11)夏(10) 21
悠(11)華(10) 21
遥(12)香(9) 21
陽(12)香(9) 21
遙(14)花(7) 21
晴(12)華(10) 22
陽(12)夏(10) 22
遙(14)香(9) 23
遼(15)香(9) 24

はるき

春(9)希(7) 16
陽(12)妃(6) 18
春(9)姫(10) 19
暖(13)姫(10) 23

はるこ

温(12)子(3) 15
晴(12)子(3) 15

遥子 12 3 15
陽子 12 3 15

はるな

春七 9 2 11
はるな 4 3 5 12
はる奈 4 3 8 15
春凪 9 6 15
春奈 9 8 17
春南 9 9 18
悠奈 11 8 19
晴奈 12 8 20
陽奈 12 8 20
暖奈 13 8 21
悠菜 11 11 22
晴菜 12 11 23
遥菜 12 11 23
陽菜 12 11 23

はるね

春音 9 9 18
晴音 12 9 21
遥音 12 9 21
陽音 12 9 21

はるの

はるの 4 3 1 8
春乃 9 2 11
悠乃 11 2 13
晴乃 12 2 14
遥乃 12 2 14
陽乃 12 2 14
暖乃 13 2 15

はるひ

はるひ 4 3 2 9
春妃 9 6 15
晴日 12 4 16
陽日 12 4 16
春陽 9 12 21
悠陽 11 12 23
遥陽 12 12 24

はるみ

春美 9 9 18
晴海 12 9 21
晴美 12 9 21
遥海 12 9 21

はんな

はんな 4 2 5 11
帆那 6 7 13
帆奈 6 8 14
帆南 6 9 15
帆夏 6 10 16
絆那 11 7 18
絆奈 11 8 19
絆菜 11 11 22

ひ

ひいらぎ

柊 9 9

ひいろ

日彩 4 11 15
陽色 12 6 18
陽彩 12 11 23
緋彩 14 11 25

ひおり

ひおり 2 4 2 8
日桜里 4 10 7 21
日桜莉 4 10 10 24
妃織 6 18 24
陽央里 12 5 7 24
姫織 10 18 28
陽桜里 12 10 7 29
陽織 12 18 30
緋織 14 18 32

ひかり

ヒカリ 2 2 2 6
光 6 6
ひかり 2 3 2 7
光里 6 7 13
光莉 6 10 16
光彩 6 11 17
光理 6 11 17
日花里 4 7 7 18
日香里 4 9 7 20
日夏里 4 10 7 21
日花莉 4 7 10 21
日花梨 4 7 11 22
日香莉 4 9 10 23
日香梨 4 9 11 24
陽花莉 12 7 10 29
陽花梨 12 7 11 30

ひかる

ヒカル 2 2 2 6
光 6 6
ひかる 2 3 3 8
輝 15 15
光琉 6 11 17
光瑠 6 14 20

ひさき
- 日4 咲9　13
- 妃6 咲9　15
- 陽12 咲9　21

ひさこ
- 久3 子3　6

ひさの
- 久3 乃2　5
- 悠11 乃2　13

ひじり
- 聖13　13
- 聖13 梨11　24

ひすい
- ひ2 す3 い2　7
- 妃6 翠14　20
- 姫10 翠14　24

ひでみ
- 秀7 美9　16

ひとえ
- 仁4 絵12　16

ひとは
- 一1 葉12　13
- ひ2 と2 葉12　16
- 仁4 葉12　16

ひとみ
- ひ2 と2 み3　7
- 仁4 実8　12
- 仁4 美9　13
- 瞳17　17

ひな
- ひ2 な5　7
- 日4 那7　11
- 日4 奈8　12
- 比4 奈8　12
- 妃6 那7　13
- 妃6 奈8　14
- 日4 菜11　15
- 妃6 南9　15
- 妃6 夏10　16
- 妃6 菜11　17
- 雛18　18
- 姫10 奈8　18
- 陽12 那7　19
- 陽12 奈8　20
- 緋14 那7　21
- 桧10 菜11　21
- 緋14 奈8　22
- 陽12 菜11　23
- 緋14 菜11　25
- 陽12 愛13　25

ひなか
- 日4 向6 花7　17
- 日4 向6 香9　19
- 日4 菜11 花7　22
- 日4 菜11 香9　24
- 雛18 花7　25
- 陽12 菜11 花7　30
- 陽12 菜11 佳8　31
- 陽12 菜11 香9　32

ひなこ
- ひ2 な5 こ2　9
- 日4 向6 子3　13
- 日4 奈8 子3　15
- 比4 奈8 子3　15
- 日4 南9 子3　16
- 日4 菜11 子3　18
- 妃6 南9 子3　18
- 妃6 菜11 子3　20
- 雛18 子3　21
- 陽12 奈8 子3　23
- 緋14 那7 子3　24
- 陽12 南9 子3　24
- 緋14 奈8 子3　25
- 陽12 菜11 子3　26

ひなた
- 日4 向6　10
- ひ2 な5 た4　11
- 日4 陽12　16
- 日4 奈8 多6　18
- 日4 菜11 多6　21
- 陽12 咲9　21
- 向6 日4 葵12　22
- 陽12 葵12　24
- 陽12 詩13　25
- 陽12 奈8 多6　26

ひなの
- ひ2 な5 の1　8
- ひ2 な5 乃2　9
- 日4 那7 乃2　13
- 日4 奈8 乃2　14
- 日4 南9 乃2　15
- 妃6 那7 乃2　15
- 日4 菜11 乃2　17
- 妃6 南9 乃2　17
- 妃6 菜11 乃2　19
- 雛18 乃2　20

陽奈乃（12・8・2）22
緋奈乃（14・8・2）24
陽菜乃（12・11・2）25
緋菜乃（14・11・2）27

ひなみ

ひなみ（2・5・3）10
妃波（6・8）14
妃奈美（6・8・9）23
日菜美（4・11・9）24
雛美（18・9）27
陽奈美（12・8・9）29
陽菜美（12・11・9）32

ひの

妃乃（6・2）8
陽乃（12・2）14
緋乃（14・2）16

ひびき

ひびき（2・4・4）10
響（20）20
響希（20・7）27
響季（20・8）28

ひまり

ひまり（2・4・2）8
日葵（4・12）16
日茉里（4・8・7）19
妃茉里（6・8・7）21
向日葵（6・4・12）22
日茉莉（4・8・10）22
陽莉（12・10）22
日真莉（4・10・10）24
妃茉莉（6・8・10）24
陽葵（12・12）24
陽万莉（12・3・10）25
陽茉里（12・8・7）27
陽真里（12・10・7）29
陽茉莉（12・8・10）30
陽茉梨（12・8・11）31
陽茉理（12・8・11）31

ひまわり

向日葵（6・4・12）22

ひめ

ひめ（2・2）4
姫（10）10
日芽（4・8）12
陽芽（12・8）20

ひめか

妃花（6・7）13
妃香（6・9）15
妃夏（6・10）16
妃華（6・10）16
姫花（10・7）17
姫果（10・8）18
姫香（10・9）19
姫夏（10・10）20
姫華（10・10）20
媛香（12・9）21
陽芽花（12・8・7）27

ひめな

妃那（6・7）13
姫奈（10・8）18
姫菜（10・11）21

ひめの

ひめの（2・2・1）5
姫乃（10・2）12
媛乃（12・2）14

ひより

ひより（2・3・2）7
日和（4・8）12
妃代里（6・5・7）18
姫依（10・8）18
姫和（10・8）18
陽依（12・8）20
陽和（12・8）20
日葉里（4・12・7）23
日陽里（4・12・7）23
陽世里（12・5・7）24
陽愛（12・13）25
陽依里（12・8・7）27

ひろか

ひろか（2・2・3）7
広果（5・8）13
弘佳（5・8）13
紘加（10・5）15
洋香（9・9）18
紘香（10・9）19
浩華（10・10）20
寛佳（13・8）21
裕香（12・9）21
裕華（12・10）22

ひろこ

弘子（5・3）8
紘子（10・3）13
裕子（12・3）15
寛子（13・3）16

ひろな

弘奈（5・8）13

紘菜 10 11 21
裕菜 12 11 23
寛菜 13 11 24
優奈 17 8 25

ひろの
ひろの 2 2 1 5
央乃 5 2 7
紘乃 10 2 12
啓乃 11 2 13
裕乃 12 2 14
寛乃 13 2 15

ひろみ
ひろみ 2 2 3 7
広海 5 9 14
弘美 5 9 14
宏美 7 9 16
博美 12 9 21
裕美 12 9 21

ふ

ふう
風 9 9
芙羽 7 6 13
楓 13 13
風羽 9 6 15

ふうか
ふうか 4 2 3 9
芙花 7 7 14
芙果 7 8 15
芙香 7 9 16
風花 9 7 16
風佳 9 8 17
楓加 13 5 18
風香 9 9 18
風奏 9 9 18
風夏 9 10 19
風華 9 10 19
楓花 13 7 20
楓佳 13 8 21
楓香 13 9 22
楓華 13 10 23
風羽香 9 6 9 24
楓歌 13 14 27

ふうこ
風子 9 3 12
芙羽子 7 6 3 16
楓子 13 3 16

ふうな
風奈 9 8 17
風菜 9 11 20
楓奈 13 8 21
楓和 13 8 21
風羽奈 9 6 8 23
楓菜 13 11 24

ふき
ふき 4 4 8
芙紀 7 9 16
蕗 16 16

ふじの
藤乃 18 2 20

ふたば
ふたば 4 4 6 14
二葉 2 12 14
双葉 4 12 16
ふた葉 4 4 12 20

ふづき
文月 4 4 8
風月 9 4 13
楓月 13 4 17

ふみ
文 4 4
史 5 5
ふみ 4 3 7
芙実 7 8 15
芙美 7 9 16
歩実 8 8 16
風美 9 9 18
楓実 13 8 21
楓海 13 9 22

ふみか
ふみか 4 3 3 10
文花 4 7 11
史花 5 7 12
文佳 4 8 12
史佳 5 8 13
史果 5 8 13
文香 4 9 13
史香 5 9 14
文華 4 10 14
史夏 5 10 15
史華 5 10 15
郁花 9 7 16
郁佳 9 8 17
郁香 9 9 18
芙美香 7 9 9 25

ふみな

文(4)那(7) 11
史(5)奈(8) 13
文(4)菜(11) 15
史(5)菜(11) 16
郁(9)奈(8) 17
芙(7)美(9)奈(8) 24

ふみの

文(4)乃(2) 6
史(5)乃(2) 7
郁(9)乃(2) 11

ふゆ

芙(7)悠(11) 18
芙(7)優(17) 24

ふゆか

冬(5)果(8) 13
冬(5)華(10) 15
芙(7)有(6)香(9) 22
芙(7)優(17)花(7) 31
風(9)優(17)香(9) 35

ふゆね

冬(5)音(9) 14

ふゆみ

冬(5)美(9) 14

ほ

ほたる

蛍(11) 11
ほ(5)た(4)る(3) 12

ほなみ

ほ(5)な(5)み(3) 13
帆(6)波(8) 14
帆(6)南(9) 15
歩(8)波(8) 16
帆(6)七(2)海(9) 17
帆(6)奈(8)海(9) 23
帆(6)奈(8)美(9) 23
穂(15)波(8) 23
穂(15)南(9) 24
歩(8)奈(8)美(9) 25
保(9)奈(8)美(9) 26
穂(15)奈(8)実(8) 31
穂(15)奈(8)美(9) 32
穂(15)菜(11)実(8) 34

ほの

ほ(5)の(1) 6
帆(6)乃(2) 8
歩(8)乃(2) 10
萌(11)乃(2) 13
穂(15)乃(2) 17
穂(15)音(9) 24

ほのか

ほ(5)の(1)か(3) 9
帆(6)加(5) 11
ほ(5)の(1)花(7) 13
帆(6)花(7) 13
帆(6)佳(8) 14
ほ(5)の(1)香(9) 15
帆(6)香(9) 15
帆(6)乃(2)伽(7) 15
歩(8)花(7) 15
帆(6)夏(10) 16
帆(6)華(10) 16
帆(6)乃(2)佳(8) 16
帆(6)乃(2)果(8) 16
帆(6)乃(2)香(9) 17
歩(8)香(9) 17
帆(6)乃(2)夏(10) 18
帆(6)乃(2)華(10) 18
歩(8)乃(2)佳(8) 18
歩(8)乃(2)香(9) 19
保(9)乃(2)香(9) 20
歩(8)乃(2)華(10) 20
萌(11)乃(2)果(8) 21
穂(15)花(7) 22
萌(11)乃(2)香(9) 22
穂(15)佳(8) 23
穂(15)香(9) 24
穂(15)乃(2)花(7) 24
穂(15)華(10) 25
穂(15)乃(2)佳(8) 25
穂(15)乃(2)香(9) 26
穂(15)乃(2)華(10) 27
穂(15)乃(2)歌(14) 31

ほのみ

ほ(5)の(1)み(3) 9
帆(6)乃(2)美(9) 17
穂(15)実(8) 23
穂(15)乃(2)実(8) 25
穂(15)乃(2)美(9) 26

ほまれ

ほ(5)ま(4)れ(3) 12
帆(6)希(7) 13
誉(13) 13
歩(8)希(7) 15

穂希 15 7 22

ま

まあや

万絢 3 12 15
茉彩 8 11 19
茉絢 8 12 20
真彩 10 11 21
眞彩 10 11 21
茉綾 8 14 22
麻絢 11 12 23
真綾 10 14 24
麻綾 11 14 25

まい

まい 4 2 6
苺 8 8
万依 3 8 11
茉生 8 5 13
苺衣 8 6 14
茉衣 8 6 14
真生 10 5 15
舞 15 15
眞生 10 5 15
真衣 10 6 16
麻生 11 5 16
眞衣 10 6 16
苺依 8 8 16
茉依 8 8 16
麻衣 11 6 17
真依 10 8 18
眞依 10 8 18
麻依 11 8 19
茉唯 8 11 19
真唯 10 11 21
舞衣 15 6 21
茉愛 8 13 21
舞依 15 8 23
愛唯 13 11 24
真維 10 14 24
舞泉 15 9 24
麻愛 11 13 24
麻維 11 14 25
舞彩 15 11 26

まいか

苺花 8 7 15
苺佳 8 8 16
苺果 8 8 16
苺香 8 9 17
苺珈 8 9 17
万衣香 3 6 9 18
舞花 15 7 22
真衣花 10 6 7 23
舞佳 15 8 23
舞果 15 8 23
真衣佳 10 6 8 24
舞香 15 9 24
舞奏 15 9 24
麻衣花 11 6 7 24
舞夏 15 10 25
舞華 15 10 25
麻衣果 11 6 8 25

まいこ

苺子 8 3 11
茉衣子 8 6 3 17
舞子 15 3 18
真衣子 10 6 3 19
麻衣子 11 6 3 20
真唯子 10 11 3 24
舞衣子 15 6 3 24
舞依子 15 8 3 26

まいな

苺那 8 7 15
舞奈 15 8 23
真衣奈 10 6 8 24

まいの

苺乃 8 2 10
舞乃 15 2 17

まいみ

苺実 8 8 16
苺美 8 9 17
舞美 15 9 24

まお

まお 4 4 8
万央 3 5 8
万桜 3 10 13
茉央 8 5 13
茉生 8 5 13
真央 10 5 15
真生 10 5 15
眞央 10 5 15
眞生 10 5 15
舞乙 15 1 16
麻央 11 5 16
麻生 11 5 16
万緒 3 14 17

満12央5 17
愛13央5 18
茉8桜10 18
真10桜10 20
舞15央5 20
眞10桜10 20
麻11桜10 21
満12桜10 22
茉8緒14 22
愛13桜10 23
雅13桜10 23
真10緒14 24
眞10緒14 24
真10穂15 25
舞15桜10 25
麻11緒14 25

舞15緒14 29
麻11織18 29

まおこ

真10生5子3 18
真10桜10子3 23

まおり

万3緒14里7 24
茉8織18 26
真10織18 28
麻11織18 29
真10緒14里7 31
舞15織18 33

まき

マ2キ3 5
万3姫10 13
万3喜12 15

万3稀12 15
茉8希7 15
真10妃6 16
真10希7 17
眞10希7 17
真10季8 18
麻11希7 18
真10紀9 19
真10姫10 20
麻11紀9 20
茉8貴12 20
真10規11 21
麻11姫10 21
真10葵12 22
真10喜12 22
麻11貴12 23

茉8樹16 24
真10樹16 26
麻11樹16 27

まこ

ま4こ2 6
茉8子3 11
真10子3 13
眞10子3 13
真10心4 14
麻11子3 14
槙14子3 17
茉8瑚13 21
真10瑚13 23
麻11湖12 23

まこと

ま4こ2と2 8

万3琴12 15
茉8琴12 20
真10琴12 22
眞10琴12 22
麻11琴12 23
舞15琴12 27

まさき

真10生5 15
真10希7 17
茉8咲9 17
真10咲9 19
麻11咲9 20
雅13姫10 23
舞15咲9 24
優17希7 24
真10輝15 25

まさみ

昌8美9 17
真10実8 18
真10美9 19
雅13美9 22
真10沙7実8 25

ましろ

ま4し1ろ2 7
茉8白5 13
真10白5 15
眞10白5 15

ますみ

真10純10 20
萬12純10 22
真10澄15 25
舞15純10 25

まどか

まどか　4・4・3　11
円花　4・7　11
円佳　4・8　12
円香　4・9　13
円華　4・10　14
円椛　4・11　15

まな

愛　13　13
万菜　3・11　14
茉那　8・7　15
茉奈　8・8　16
眞那　10・7　17
真奈　10・8　18
麻那　11・7　18
眞奈　10・8　18
麻奈　11・8　19
茉菜　8・11　19
愛奈　13・8　21
真菜　10・11　21
眞菜　10・11　21
真愛　10・13　23
舞奈　15・8　23
愛菜　13・11　24
舞菜　15・11　26

まなか

真佳　10・8　18
真香　10・9　19
愛佳　13・8　21
愛果　13・8　21
愛香　13・9　22
愛華　13・10　23
茉奈果　8・8・8　24
茉那香　8・7・9　24
茉南花　8・9・7　24
真菜花　10・11・7　28
真菜佳　10・11・8　29
真菜香　10・11・9　30
愛菜香　13・11・9　33

まなほ

真帆　10・6　16
愛帆　13・6　19
愛穂　13・15　28
真奈穂　10・8・15　33

まなみ

茉波　8・8　16
愛未　13・5　18
真波　10・8　18
愛実　13・8　21
愛海　13・9　22
愛美　13・9　22
茉奈実　8・8・8　24
茉菜美　8・11・9　28
麻菜美　11・11・9　31
舞奈美　15・8・9　32
愛菜美　13・11・9　33

まの

茉乃　8・2　10
真乃　10・2　12
舞乃　15・2　17
真望　10・11　21

まひろ

まひろ　4・2・2　8
万紘　3・10　13
茉央　8・5　13
茉紘　8・10　18
真尋　10・12　22
真裕　10・12　22
麻尋　11・12　23

まほ

茉帆　8・6　14
真帆　10・6　16
茉朋　8・8　16
麻帆　11・6　17
真歩　10・8　18
満帆　12・6　18
麻歩　11・8　19
舞帆　15・6　21
舞歩　15・8　23
茉穂　8・15　23
真穂　10・15　25
麻穂　11・15　26
舞穂　15・15　30

まみ

茉実　8・8　16
茉海　8・9　17
茉美　8・9　17
真美　10・9　19
真望　10・11　21
舞海　15・9　24
舞美　15・9　24

まや

まや　4・3　7
麻矢　11・5　16
茉弥　8・8　16
茉耶　8・9　17

真弥 10・8 18
麻弥 11・8 19
麻耶 11・9 20
茉椰 8・13 21
舞耶 15・9 24
舞彩 15・11 26

まゆ

まゆ 4・3 7
茉友 8・4 12
茉由 8・5 13
真由 10・5 15
麻友 11・4 15
万結 3・12 15
茉侑 8・8 16
万優 3・17 20
茉結 8・12 20
真悠 10・11 21
真結 10・12 22
茉優 8・17 25
真優 10・17 27
舞結 15・12 27
眞優 10・17 27
舞優 15・17 32

まゆか

万由花 3・5・7 15
万由香 3・5・9 17
茉由香 8・5・9 22
真由香 10・5・9 24
麻友香 11・4・9 24
真結香 10・12・9 31
真優佳 10・17・8 35
麻優花 11・17・7 35

まゆこ

万有子 3・6・3 12
茉由子 8・5・3 16
眞由子 10・5・3 18
茉佑子 8・7・3 18
麻佑子 11・7・3 21
万優子 3・17・3 23
茉結子 8・12・3 23
真悠子 10・11・3 24
茉優子 8・17・3 28
真優子 10・17・3 30

まゆみ

茉弓 8・3 11
真友美 10・4・9 23
真由美 10・5・9 24
真結美 10・12・9 31

まゆり

茉由莉 8・5・10 23
真由莉 10・5・10 25
茉優里 8・17・7 32

まよ

真世 10・5 15
真代 10・5 15
万葉 3・12 15
麻世 11・5 16

まり

万里 3・7 10
万莉 3・10 13
茉里 8・7 15
真里 10・7 17
麻里 11・7 18
茉莉 8・10 18
真梨 10・11 21
麻莉 11・10 21
真璃 10・15 25

まりあ

マリア 2・2・2 6
万里愛 3・7・13 23
麻里亜 11・7・7 25
真梨亜 10・11・7 28
茉莉愛 8・10・13 31
真莉愛 10・10・13 33
舞莉愛 15・10・13 38

まりか

万里花 3・7・7 17
毬花 11・7 18
真里花 10・7・7 24
茉里香 8・7・9 24
麻里香 11・7・9 27
茉莉香 8・10・9 27
茉梨香 8・11・9 28
真莉香 10・10・9 29

まりこ

万梨子 3・11・3 17
麻里子 11・7・3 21
茉莉子 8・10・3 21
真莉子 10・10・3 23
真梨子 10・11・3 24
真理子 10・11・3 24

まりな

まりな 4・2・5 11
まり奈 4・2・8 14
万里奈 3・7・8 18
茉里奈 8・7・8 23

真里那（10・7・7） 24
万莉菜（3・10・11） 24
満里奈（12・7・8） 27
真里菜（10・7・11） 28
麻莉奈（11・10・8） 29

まりの

毬乃（11・2） 13
茉莉乃（8・10・2） 20
真梨乃（10・11・2） 23
麻莉乃（11・10・2） 23

まりん

茉鈴（8・13） 21
真鈴（10・13） 23
茉凜（8・15） 23
愛梨（13・11） 24
麻鈴（11・13） 24
麻凜（11・15） 26
舞凜（15・15） 30

み

みあ

みあ（3・3） 6
美亜（9・7） 16
美杏（9・7） 16
未愛（5・13） 18
実愛（8・13） 21
美愛（9・13） 22

みい

未依（5・8） 13
美衣（9・6） 15
未唯（5・11） 16
美依（9・8） 17
美唯（9・11） 20

みいな

みいな（3・2・5） 10
美衣奈（9・6・8） 23
未依菜（5・8・11） 24
未唯奈（5・11・8） 24
実衣菜（8・6・11） 25
美衣菜（9・6・11） 26
美依菜（9・8・11） 28
美唯菜（9・11・11） 31

みう

みう（3・2） 5
ミウ（3・3） 6
心羽（4・6） 10
未羽（5・6） 11
未有（5・6） 11
未佑（5・7） 12
未侑（5・8） 13
実羽（8・6） 14
未海（5・9） 14
海羽（9・6） 15
美宇（9・6） 15
美羽（9・6） 15
美有（9・6） 15
実侑（8・8） 16
珠羽（10・6） 16
美侑（9・8） 17
望羽（11・6） 17
望有（11・6） 17
美海（9・9） 18
碧羽（14・6） 20
心優（4・17） 21
美結（9・12） 21
未優（5・17） 22
碧海（14・9） 23
実優（8・17） 25
美優（9・17） 26

みお

ミオ（3・3） 6
みお（3・4） 7
未央（5・5） 10
未生（5・5） 10
三桜（3・10） 13
実央（8・5） 13
実生（8・5） 13
弥央（8・5） 13
心桜（4・10） 14
美央（9・5） 14
美生（9・5） 14
珠央（10・5） 15
未桜（5・10） 15
光桜（6・10） 16
望生（11・5） 16
澪（16） 16
実桜（8・10） 18
心緒（4・14） 18
美音（9・9） 18
弥桜（8・10） 18
美桜（9・10） 19
未緒（5・14） 19
美凰（9・11） 20
望桜（11・10） 21
澪央（16・5） 21

澪生 16 5 21
実緒 8 14 22
弥緒 8 14 22
瑞桜 13 10 23
美緒 9 14 23
望緒 11 14 25

みおう

心桜 4 10 14
実桜 8 10 18
美桜 9 10 19

みおか

澪佳 16 8 24
澪夏 16 10 26
美桜香 9 10 9 28

みおこ

美桜子 9 10 3 22

実緒子 8 14 3 25
美緒子 9 14 3 26

みおな

未央那 5 5 7 17
実央奈 8 5 8 21
美央奈 9 5 8 22
澪奈 16 8 24
美桜奈 9 10 8 27
美桜菜 9 10 11 30
美織奈 9 18 8 35

みおり

みおり 3 4 2 9
美央里 9 5 7 21
実央莉 8 5 10 23
未織 5 18 23
澪里 16 7 23

光織 6 18 24
実桜里 8 10 7 25
実織 8 18 26
美桜里 9 10 7 26
美織 9 18 27
美桜莉 9 10 10 29

みおん

心音 4 9 13
実音 8 9 17
弥音 8 9 17
海音 9 9 18
美音 9 9 18
美穏 9 16 25
澪音 16 9 25

みか

みか 3 3 6

三佳 3 8 11
実加 8 5 13
心香 4 9 13
未佳 5 8 13
未果 5 8 13
美加 9 5 14
実花 8 7 15
未夏 5 10 15
未華 5 10 15
弥花 8 7 15
実果 8 8 16
美伽 9 7 16
美花 9 7 16
実香 8 9 17
珠花 10 7 17
美佳 9 8 17

美果 9 8 17
弥香 8 9 17
実夏 8 10 18
実華 8 10 18
美香 9 9 18
美珈 9 9 18
弥華 8 10 18
美夏 9 10 19
美華 9 10 19
美嘉 9 14 23
美歌 9 14 23

みかこ

実花子 8 7 3 18
実果子 8 8 3 19
美花子 9 7 3 19
美佳子 9 8 3 20

美香子 9 9 3 21

みき

みき 3 4 7
心希 4 7 11
未妃 5 6 11
未希 5 7 12
未来 5 7 12
未來 5 8 13
実希 8 7 15
美妃 9 6 15
実季 8 8 16
泉希 9 7 16
美希 9 7 16
美季 9 8 17
未稀 5 12 17
実姫 8 10 18

美紀 9・9 18
美姫 9・10 19
美葵 9・12 21
美喜 9・12 21
美稀 9・12 21
未樹 5・16 21
実樹 8・16 24
美樹 9・16 25

みきこ

未希子 5・7・3 15
美紀子 9・9・3 21
美姫子 9・10・3 22
美貴子 9・12・3 24
美樹子 9・16・3 28

みく

みく 3・1 4
ミク 3・2 5
未久 5・3 8
実久 8・3 11
美久 9・3 12
未来 5・7 12
未空 5・8 13
未來 5・8 13
実玖 8・7 15
実来 8・7 15
弥玖 8・7 15
弥来 8・7 15
実來 8・8 16
美玖 9・7 16
美来 9・7 16
弥來 8・8 16
海空 9・8 17
実紅 8・9 17
美空 9・8 17
美來 9・8 17
珠空 10・8 18
美紅 9・9 18
望空 11・8 19

みこ

みこ 3・2 5
弥子 8・3 11
美胡 9・9 18
美虹 9・9 18
美湖 9・12 21
美瑚 9・13 22

みこと

みこと 3・2・2 7
三琴 3・12 15
心琴 4・12 16
美采 9・8 17
未琴 5・12 17
実琴 8・12 20
弥琴 8・12 20
海琴 9・12 21
美琴 9・12 21
美詞 9・12 21
深琴 11・12 23
美古都 9・5・11 25

みさ

みさ 3・3 6
心咲 4・9 13
心彩 4・11 15
未紗 5・10 15
光紗 6・10 16
美佐 9・7 16
美沙 9・7 16
未彩 5・11 16
実咲 8・9 17
実紗 8・10 18
美砂 9・9 18
美咲 9・9 18
海紗 9・10 19
実彩 8・11 19
美紗 9・10 19
美彩 9・11 20

みさき

岬 8 8
みさき 3・3・4 10
三咲 3・9 12
心咲 4・9 13
未咲 5・9 14
光咲 6・9 15
実咲 8・9 17
美岬 9・8 17
弥咲 8・9 17
海咲 9・9 18
泉咲 9・9 18
美咲 9・9 18
望咲 11・9 20
未咲希 5・9・7 21
美佐希 9・7・7 23
美沙希 9・7・7 23
実沙紀 8・7・9 24
実咲希 8・9・7 24
美咲妃 9・9・6 24
美早紀 9・6・9 24

実8紗10希7　25
美9咲9希7　25
美9咲9姫10　28
美9紗10稀12　31

みさと

み3さ3と2　8
実8里7　15
海9里7　16
美9里7　16
美9怜8　17
美9智12　21
美9聖13　22
美9聡14　23
美9慧15　24
美9沙7都11　27
美9咲9都11　29

美9紗10都11　30

みずき

水4希7　11
み3ず5き4　12
水4姫10　14
み3ず5季8　16
水4葵12　16
水4稀12　16
泉9希7　16
瑞13妃6　19
瑞13希7　20
瑞13季8　21
瑞13紀9　22
瑞13姫10　23
瑞13葵12　25
瑞13喜12　25
瑞13稀12　25
瑞13貴12　25
瑞13綺14　27
瑞13樹16　29

みすず

み3す3ず5　11
三3鈴13　16
水4鈴13　17
美9寿7々3　19
美9涼11　20
実8鈴13　21
海9鈴13　22
美9鈴13　22
珠10鈴13　23
瑞13涼11　24
望11鈴13　24

みずは

瑞13羽6　19
瑞13葉12　25

みずほ

み3ず5ほ5　13
泉9帆6　15
瑞13帆6　19
瑞13歩8　21
瑞13保9　22
み3ず5穂15　23
泉9穂15　24
瑞13穂15　28
美9寿7穂15　31

みその

美9苑8　17
美9園13　22
美9薗16　25

みそら

み3そ3ら3　9
未5空8　13
未5宙8　13
実8空8　16
弥8空8　16
美9空8　17
美9宙8　17

みちか

三3千3花7　13
実8千3花7　18
未5知8可5　18
道12香9　21
美9知8花7　24
美9智12華10　31

みつき

み3つ1き4　8
心4月4　8
実8月4　12
弥8月4　12
光6希7　13
美9月4　13
光6季8　14
実8希7　15
深11月4　15
光6姫10　16
満12月4　16
光6葵12　18
光6稀12　18
実8姫10　18
碧14月4　18

みづき

みづき	3 3 4	10
弥月	8 4	12
美月	9 4	13
深月	11 4	15
瑞月	13 4	17
翠月	14 4	18
瑞季	13 8	21

みと

みと	3 2	5
美杜	9 7	16
未都	5 11	16
美音	9 9	18
美都	9 11	20
美登	9 12	21
美翔	9 12	21

みどり

みどり	3 4 2	9
翠	14	14
碧	14	14
緑	14	14
美鳥	9 11	20
碧里	14 7	21
緑里	14 7	21
翠莉	14 10	24

みな

みな	3 5	8
三奈	3 8	11
心那	4 7	11
未那	5 7	12
未奈	5 8	13
実那	8 7	15
美名	9 6	15
実奈	8 8	16
美那	9 7	16
未菜	5 11	16
弥奈	8 8	16
海奈	9 8	17
珠那	10 7	17
美奈	9 8	17
珠奈	10 8	18
美南	9 9	18
望那	11 7	18
実菜	8 11	19
弥菜	8 11	19
美菜	9 11	20

みなみ

南	9	9
みなみ	3 5 3	11
心南	4 9	13
未波	5 8	13
みな実	3 5 8	16
実波	8 8	16
みな美	3 5 9	17
海波	9 8	17
実南	8 9	17
美波	9 8	17
美南	9 9	18
未奈実	5 8 8	21
実奈美	8 8 9	25
未菜美	5 11 9	25

みのり

みのり	3 1 2	6
穂	15	15
実祈	8 8	16
実紀	8 9	17
実乃里	8 2 7	17
美祈	9 8	17
未乃莉	5 2 10	17
実莉	8 10	18
美紀	9 9	18
美乃里	9 2 7	18
実梨	8 11	19
実乃莉	8 2 10	20
実乃梨	8 2 11	21
実乃理	8 2 11	21
美乃莉	9 2 10	21
稔梨	13 11	24

みのん

実音	8 9	17
海音	9 9	18
美音	9 9	18

みはな

心花	4 7	11
心華	4 10	14
実花	8 7	15
美花	9 7	16
実華	8 10	18
望花	11 7	18
美華	9 10	19

みはる

みはる	3 4 3	10
心春	4 9	13
心晴	4 12	16
心遥	4 12	16
心陽	4 12	16

- 未悠 5 11　16
- 実春 8 9　17
- 心暖 4 13　17
- 未晴 5 12　17
- 美春 9 9　18
- 深春 11 9　20
- 海晴 9 12　21
- 海遥 9 12　21
- 美晴 9 12　21
- 美遥 9 12　21
- 美陽 9 12　21
- 美暖 9 13　22
- 望晴 11 12　23

みひろ

- みひろ 3 2 2　7
- 未宙 5 8　13
- 未紘 5 10　15
- 美宙 9 8　17
- 未尋 5 12　17
- 実紘 8 10　18
- 美紘 9 10　19
- 心優 4 17　21
- 美尋 9 12　21
- 美裕 9 12　21
- 美寛 9 13　22
- 弥優 8 17　25
- 海優 9 17　26
- 美優 9 17　26

みふゆ

- みふゆ 3 4 3　10
- 実冬 8 5　13
- 美冬 9 5　14

みほ

- みほ 3 5　8
- 未帆 5 6　11
- 未歩 5 8　13
- 海帆 9 6　15
- 美帆 9 6　15
- 実歩 8 8　16
- 海歩 9 8　17
- 美歩 9 8　17
- 美保 9 9　18
- 光穂 6 15　21
- 実穂 8 15　23
- 美鳳 9 14　23
- 美穂 9 15　24

みみ

- 実々 8 3　11
- 美々 9 3　12
- 未実 5 8　13
- 未美 5 9　14
- 実海 8 9　17
- 美海 9 9　18

みや

- みや 3 3　6
- 心弥 4 8　12
- 美弥 9 8　17
- 美哉 9 9　18
- 美耶 9 9　18

みやび

- みやび 3 3 4　10
- 雅 13　13
- 雅妃 13 6　19
- 雅姫 13 10　23

みゆ

- みゆ 3 3　6
- 実夕 8 3　11
- 美夕 9 3　12
- 実由 8 5　13
- 美友 9 4　13
- 美由 9 5　14
- 未柚 5 9　14
- 三結 3 12　15
- 実佑 8 7　15
- 美有 9 6　15
- 望友 11 4　15
- 実侑 8 8　16
- 心結 4 12　16
- 美佑 9 7　16
- 未悠 5 11　16
- 実柚 8 9　17
- 美侑 9 8　17
- 未結 5 12　17
- 美柚 9 9　18
- 美祐 9 9　18
- 実悠 8 11　19
- 実結 8 12　20
- 美唯 9 11　20
- 美悠 9 11　20
- 海結 9 12　21
- 実夢 8 13　21
- 心優 4 17　21
- 美結 9 12　21
- 美裕 9 12　21
- 美夢 9 13　22
- 未優 5 17　22

深結 11 12 23
望結 11 12 23
実優 8 17 25
弥優 8 17 25
海優 9 17 26
美優 9 17 26
珠優 10 17 27
深優 11 17 28
望優 11 17 28

みゆう

美夕 9 3 12
美友 9 4 13
未侑 5 8 13
美有 9 6 15
心結 4 12 16
美佑 9 7 16
未悠 5 11 16
実柚 8 9 17
美侑 9 8 17
未結 5 12 17
美宥 9 9 18
美柚 9 9 18
実悠 8 11 19
実結 8 12 20
美悠 9 11 20
海結 9 12 21
心優 4 17 21
美結 9 12 21
美裕 9 12 21
美釉 9 12 21
未優 5 17 22
深結 11 12 23
望結 11 12 23
実優 8 17 25
弥優 8 17 25
美優 9 17 26
深優 11 17 28
実優羽 8 17 6 31

みゆか

美由花 9 5 7 21
心優華 4 17 10 31
美優花 9 17 7 33
美優香 9 17 9 35
美優華 9 17 10 36

みゆき

幸 8 8
みゆき 3 3 4 10
実幸 8 8 16
美幸 9 8 17
未由希 5 5 7 17
美雪 9 11 20
珠雪 10 11 21
深雪 11 11 22
美由紀 9 5 9 23
美由姫 9 5 10 24

みゆな

みゆな 3 3 5 11
美友奈 9 4 8 21
美由奈 9 5 8 22
美侑奈 9 8 8 25
美結奈 9 12 8 29
実結菜 8 12 11 31
心優菜 4 17 11 32
美結菜 9 12 11 32
美優那 9 17 7 33
未優菜 5 17 11 33
美優奈 9 17 8 34
美優菜 9 17 11 37

みよ

実世 8 5 13
美世 9 5 14
美葉 9 12 21
美陽 9 12 21

みら

みら 3 3 6
未來 5 8 13
美来 9 7 16
美良 9 7 16
美楽 9 13 22
未羅 5 19 24
美羅 9 19 28

みらい

みらい 3 3 2 8
未来 5 7 12
未來 5 8 13
実来 8 7 15
弥来 8 7 15
実來 8 8 16
美來 9 8 17
美蕾 9 16 25

みり

みり 3 2 5
実里 8 7 15
未莉 5 10 15
美利 9 7 16
美里 9 7 16

末(5)梨(11) 16
実(8)莉(10) 18
美(9)莉(10) 19
美(9)璃(15) 24

みりあ

ミ(3)リ(2)ア(2) 7
み(3)り(2)あ(3) 8
末(5)莉(10)亜(7) 22
美(9)莉(10)亜(7) 26
美(9)梨(11)亜(7) 27
美(9)梨(11)愛(13) 33

みれい

み(3)れ(3)い(2) 8
実(8)礼(5) 13
末(5)怜(8) 13
美(9)礼(5) 14

実(8)伶(7) 15
実(8)怜(8) 16
美(9)伶(7) 16
実(8)玲(9) 17
美(9)怜(8) 17
美(9)玲(9) 18
美(9)鈴(13) 22
美(9)澪(16) 25
美(9)嶺(17) 26
美(9)麗(19) 28

みわ

み(3)わ(3) 6
末(5)羽(6) 11
末(5)和(8) 13
美(9)羽(6) 15
実(8)和(8) 16

弥(8)和(8) 16
美(9)和(8) 17

みわこ

美(9)羽(6)子(3) 18
実(8)和(8)子(3) 19
美(9)和(8)子(3) 20

む

むつみ

む(4)つ(1)み(3) 8
睦(13) 13
睦(13)未(5) 18
睦(13)実(8) 21
睦(13)海(9) 22
睦(13)美(9) 22

睦(13)望(11) 24

め

めい

メ(2)イ(2) 4
め(2)い(2) 4
芽(8) 8
明(8) 8
芽(8)以(5) 13
芽(8)生(5) 13
芽(8)衣(6) 14
明(8)衣(6) 14
恵(10)生(5) 15
芽(8)依(8) 16
萌(11)生(5) 16

明(8)依(8) 16
萌(11)衣(6) 17
愛(13)生(5) 18
愛(13)衣(6) 19
芽(8)惟(11) 19
芽(8)彩(11) 19
芽(8)唯(11) 19
萌(11)依(8) 19
愛(13)依(8) 21
芽(8)愛(13) 21
恵(10)唯(11) 21
芽(8)維(14) 22
愛(13)唯(11) 24

めいか

芽(8)加(5) 13
芽(8)花(7) 15

明(8)花(7) 15
明(8)佳(8) 16
明(8)果(8) 16
芽(8)香(9) 17
明(8)香(9) 17
芽(8)夏(10) 18
明(8)夏(10) 18
明(8)華(10) 18
芽(8)衣(6)花(7) 21
芽(8)衣(6)香(9) 23
芽(8)依(8)香(9) 25

めいこ

め(2)い(2)こ(2) 6
芽(8)生(5)子(3) 16
芽(8)衣(6)子(3) 17
芽(8)依(8)子(3) 19

めいさ

- 芽咲 8・9 17
- 明咲 8・9 17
- 芽紗 8・10 18
- 明紗 8・10 18
- 明彩 8・11 19
- 芽衣咲 8・6・9 23
- 芽衣紗 8・6・10 24

めいな

- めいな 2・2・5 9
- 芽那 8・7 15
- 芽奈 8・8 16
- 明奈 8・8 16
- 芽生奈 8・5・8 21
- 芽衣奈 8・6・8 22
- 芽衣菜 8・6・11 25
- 芽依菜 8・8・11 27

めぐ

- めぐ 2・3 5
- 恵 10 10
- 芽久 8・3 11
- 愛 13 13
- 芽来 8・7 15

めぐみ

- めぐみ 2・3・3 8
- 恵 10 10
- 萌 11 11
- 愛 13 13
- 慈 13 13
- 恵未 10・5 15
- 萌未 11・5 16
- 恵実 10・8 18
- 恵美 10・9 19
- 萌美 11・9 20
- 愛実 13・8 21
- 恵望 10・11 21
- 愛海 13・9 22
- 愛美 13・9 22
- 愛望 13・11 24

も

もあ

- もあ 3・3 6
- 萌亜 11・7 18
- 萌杏 11・7 18
- 萌彩 11・11 22
- 萌愛 11・13 24

もえ

- もえ 3・3 6
- 萌 11 11
- 百恵 6・10 16
- 百絵 6・12 18
- 萌恵 11・10 21
- 萌絵 11・12 23
- 萌愛 11・13 24

もえか

- 萌加 11・5 16
- 萌花 11・7 18
- 萌佳 11・8 19
- 萌果 11・8 19
- 萌香 11・9 20
- 萌夏 11・10 21
- 萌華 11・10 21
- 萌絵香 11・12・9 32

もえこ

- 萌子 11・3 14

もえな

- 萌那 11・7 18
- 萌奈 11・8 19
- 萌菜 11・11 22

もえの

- 萌乃 11・2 13

もか

- もか 3・3 6
- 茂花 8・7 15
- 百華 6・10 16
- 萌叶 11・5 16
- 萌花 11・7 18
- 望花 11・7 18
- 萌果 11・8 19
- 萌香 11・9 20
- 萌夏 11・10 21
- 萌栞 11・10 21
- 望華 11・10 21

もとこ

- 元子 4・3 7
- 素子 10・3 13

もとみ

- 元美 4・9 13
- 素実 10・8 18

もな

- モナ 3・2 5
- もな 3・5 8
- 萌名 11・6 17
- 萌那 11・7 18

萌奈	11 8	19
萌菜	11 11	22
望菜	11 11	22
もなみ		
もなみ	3 5 3	11
萌奈未	11 8 5	24
萌奈美	11 8 9	28
萌菜美	11 11 9	31
もね		
もね	3 4	7
百音	6 9	15
百寧	6 14	20
萌音	11 9	20
萌寧	11 14	25
もみじ		
もみじ	3 3 3	9
椛	11	11
紅葉	9 12	21
もも		
モモ	3 3	6
もも	3 3	6
百	6	6
李	7	7
百々	6 3	9
桃	10	10
桃々	10 3	13
百杏	6 7	13
萌々	11 3	14
桃百	10 6	16
百桃	6 10	16
百萌	6 11	17
百望	6 11	17
萌百	11 6	17
桃萌	10 11	21
萌桃	11 10	21
ももあ		
桃亜	10 7	17
桃杏	10 7	17
百愛	6 13	19
桃愛	10 13	23
萌々愛	11 3 13	27
ももえ		
ももえ	3 3 3	9
桃衣	10 6	16
桃江	10 6	16
百恵	6 10	16
百絵	6 12	18
桃恵	10 10	20
桃愛	10 13	23
ももか		
ももか	3 3 3	9
百加	6 5	11
百叶	6 5	11
もも花	3 3 7	13
百伽	6 7	13
百花	6 7	13
百佳	6 8	14
百果	6 8	14
李花	7 7	14
もも香	3 3 9	15
桃加	10 5	15
桃可	10 5	15
桃乎	10 5	15
百香	6 9	15
李佳	7 8	15
李果	7 8	15
百夏	6 10	16
百華	6 10	16
百々花	6 3 7	16
李香	7 9	16
桃伽	10 7	17
桃花	10 7	17
百椛	6 11	17
百々佳	6 3 8	17
百々果	6 3 8	17
李華	7 10	17
桃佳	10 8	18
桃果	10 8	18
百々香	6 3 9	18
桃香	10 9	19
百々夏	6 3 10	19
百々華	6 3 10	19
桃夏	10 10	20
桃華	10 10	20
百樺	6 14	20
桃椛	10 11	21
萌々花	11 3 7	21
萌々佳	11 3 8	22
萌々果	11 3 8	22
萌々香	11 3 9	23
桃榎	10 14	24
桃嘉	10 14	24
桃歌	10 14	24
桃樺	10 14	24
萌々夏	11 3 10	24
萌々華	11 3 10	24

ももこ
ももこ（3・3・2）8
もも子（3・3・3）9
桃子（10・3）13
桃々子（10・3・3）16
萌々子（11・3・3）17
桃瑚（10・13）23

ももな
ももな（3・3・5）11
百那（6・7）13
百奈（6・8）14
桃名（10・6）16
桃那（10・7）17
百菜（6・11）17
百々奈（6・3・8）17
杏菜（7・11）18
桃奈（10・8）18
百々菜（6・3・11）20
桃菜（10・11）21
萌々那（11・3・7）21
萌々奈（11・3・8）22
萌百奈（11・6・8）25
萌々菜（11・3・11）25

ももね
百音（6・9）15
杏音（7・9）16
李音（7・9）16
百々音（6・3・9）18
桃音（10・9）19
百寧（6・14）20
杏寧（7・14）21
百々寧（6・3・14）23
萌々音（11・3・9）23
桃寧（10・14）24

ももの
ももの（3・3・1）7
もも乃（3・3・2）8
百乃（6・2）8
桃乃（10・2）12
萌々乃（11・3・2）16

ももは
ももは（3・3・4）10
百羽（6・6）12
杏羽（7・6）13
百芭（6・7）13
桃羽（10・6）16
桃芭（10・7）17
百葉（6・12）18
萌々羽（11・3・6）20
百々葉（6・3・12）21
桃葉（10・12）22
萌々葉（11・3・12）26

ももみ
ももみ（3・3・3）9
百海（6・9）15
百美（6・9）15
李実（7・8）15
桃実（10・8）18
桃美（10・9）19
萌々美（11・3・9）23

ももよ
百代（6・5）11
桃世（10・5）15
桃代（10・5）15

や

やえ
やえ（3・3）6
八重（2・9）11
弥恵（8・10）18

やえの
八重乃（2・9・2）13

やこ
弥子（8・3）11

やすえ
康恵（11・10）21

やすこ
泰子（10・3）13
寧子（14・3）17

やすな
靖菜（13・11）24

やすは
泰葉（10・12）22
靖葉（13・12）25
寧葉（14・12）26

やや
弥々（8・3）11
椰々（13・3）16
弥耶（8・9）17
弥椰（8・13）21

ややの
八矢乃（2・5・2）9

やよい
やよい（3・3・2）8
弥生（8・5）13

ゆ

ゆあ

ゆ3あ3 6
侑8亜7 15
柚9亜7 16
柚9杏7 16
由5彩11 16
夕3愛13 16
友4愛13 17
悠11亜7 18
悠11杏7 18
由5愛13 18
結12亜7 19
夢13杏7 20
侑8愛13 21
柚9愛13 22
祐9愛13 22
結12彩11 23
唯11愛13 24
優17亜7 24
優17杏7 24
悠11愛13 24
結12愛13 25
裕12愛13 25
夢13愛13 26
優17愛13 30

ゆあん

友4杏7 11
侑8杏7 15
柚9杏7 16
悠11杏7 18
優17杏7 24

ゆい

ユ2イ2 4
ゆ3い2 5
夕3衣6 9
友4衣6 10
唯11 11
由5伊6 11
由5衣6 11
夕3依8 11
結12 12
佑7衣6 13
由5依8 13
夕3唯11 14
侑8衣6 14
友4彩11 15
友4唯11 15
宥9衣6 15
柚9衣6 15
祐9衣6 15
夕3結12 15
唯11生5 16
友4結12 16
悠11生5 16
由5惟11 16
由5唯11 16
侑8依8 16
惟11衣6 17
結12以5 17
結12生5 17
唯11衣6 17
悠11衣6 17
有6唯11 17
柚9依8 17
由5結12 17
祐9依8 17
結12伊6 18
結12衣6 18
裕12衣6 18
唯11依8 19
悠11依8 19
結12依8 20
裕12依8 20
悠11唯11 22
結12惟11 23
結12彩11 23
結12唯11 23
優17衣6 23
結12愛13 25
優17依8 25
優17泉9 26
優17維14 31

ゆいか

ゆ3い2か3 8
唯11加5 16
結12加5 17
唯11伽7 18
唯11花7 18
由5衣6花7 18
結12花7 19
唯11佳8 19
唯11果8 19
結12佳8 20

唯11 香9 20
結12 香9 21
唯11 夏10 21
唯11 華10 21
結12 夏10 22
結12 華10 22
結12 椛11 23
唯11 衣6 花7 24
悠11 衣6 花7 24
柚9 衣6 香9 24
結12 衣6 花7 25
結12 楓13 25
唯11 歌14 25
結12 歌14 26
優17 衣6 花7 30
優17 衣6 佳8 31
優17 衣6 香9 32

ゆいこ

ゆ3 い2 子3 8
唯11 子3 14
由5 衣6 子3 14
結12 子3 15
有6 衣6 子3 15
由5 依8 子3 16
結12 衣6 子3 21

ゆいさ

結12 咲9 21

ゆいな

ゆ3 い2 な5 10
由5 奈8 13
由5 菜11 16
惟11 那7 18
結12 名6 18
唯11 那7 18
惟11 奈8 19
結12 那7 19
唯11 奈8 19
由5 衣6 奈8 19
結12 奈8 20
結12 南9 21
唯11 夏10 21
友4 衣6 菜11 21
由5 依8 奈8 21
唯11 菜11 22
由5 衣6 菜11 22
結12 菜11 23
祐9 衣6 奈8 23
由5 依8 菜11 24
結12 愛13 25
悠11 衣6 奈8 25
結12 衣6 奈8 26
悠11 衣6 菜11 28
結12 衣6 菜11 29
結12 依8 菜11 31
優17 衣6 奈8 31
裕12 依8 菜11 31

ゆいね

結12 音9 21

ゆいの

ゆ3 い2 の1 6
唯11 乃2 13
由5 衣6 乃2 13
結12 乃2 14
結12 唯11 乃2 25

ゆいは

由5 羽6 11
唯11 羽6 17
結12 羽6 18
唯11 葉12 23
結12 葉12 24

ゆいほ

結12 帆6 18
唯11 歩8 19

ゆいり

由5 衣6 里7 18
結12 里7 19
唯11 莉10 21
結12 莉10 22
唯11 理11 22
結12 梨11 23
由5 依8 莉10 23
結12 依8 梨11 31

ゆう

夕3 3
友4 4
ユ2 ウ3 5
ゆ3 う2 5
有6 6
侑8 8
悠11 11
由5 羽6 11
結12 12
有6 羽6 12
佑7 羽6 13
佑7 有6 13
由5 侑8 13

侑生	8・5	13
宥羽	9・6	15
柚羽	9・6	15
結友	12・4	16
友結	4・12	16
唯羽	11・6	17
優	17	17
悠羽	11・6	17
結羽	12・6	18
結有	12・6	18
結海	12・9	21
友優	4・17	21
優生	17・5	22
優羽	17・6	23
優有	17・6	23
結優	12・17	29
優結	17・12	29

ゆうあ

ゆうあ	3・2・3	8
友彩	4・11	15
侑亜	8・7	15
夕愛	3・13	16
侑空	8・8	16
友愛	4・13	17
由愛	5・13	18
侑愛	8・13	21
優有	17・6	23
結葵	12・12	24
優亜	17・7	24
優杏	17・7	24
悠愛	11・13	24
結愛	12・13	25
裕愛	12・13	25
優彩	17・11	28
優葵	17・12	29
優愛	17・13	30

ゆうい

結唯	12・11	23
優衣	17・6	23
優依	17・8	25
優羽衣	17・6・6	29

ゆうか

ゆうか	3・2・3	8
友花	4・7	11
夕佳	3・8	11
友佳	4・8	12
由花	5・7	12
友香	4・9	13
有花	6・7	13
由佳	5・8	13
夕夏	3・10	13
夕華	3・10	13
侑加	8・5	13
佑花	7・7	14
友華	4・10	14
有佳	6・8	14
由香	5・9	14
祐加	9・5	14
佑佳	7・8	15
佑果	7・8	15
有香	6・9	15
由夏	5・10	15
由華	5・10	15
侑花	8・7	15
佑香	7・9	16
宥花	9・7	16
悠加	11・5	16
有夏	6・10	16
有華	6・10	16
柚花	9・7	16
祐花	9・7	16
侑佳	8・8	16
侑果	8・8	16
結加	12・5	17
佑夏	7・10	17
佑華	7・10	17
祐佳	9・8	17
裕加	12・5	17
侑香	8・9	17
悠伽	11・7	18
悠花	11・7	18
柚香	9・9	18
祐香	9・9	18
侑夏	8・10	18
侑華	8・10	18
結花	12・7	19
悠佳	11・8	19
柚華	9・10	19
祐華	9・10	19
裕花	12・7	19
結佳	12・8	20
悠香	11・9	20
裕佳	12・8	20
結香	12・9	21
悠夏	11・10	21
悠華	11・10	21

裕香	12・9	21
結夏	12・10	22
結華	12・10	22
優加	17・5	22
優禾	17・5	22
裕夏	12・10	22
優花	17・7	24
悠楓	11・13	24
結楓	12・13	25
優佳	17・8	25
優果	17・8	25
優香	17・9	26
優夏	17・10	27
優華	17・10	27
優嘉	17・14	31
優歌	17・14	31

ゆうき

ゆうき	3・2・4	9
夕季	3・8	11
由希	5・7	12
友紀	4・9	13
有希	6・7	13
夕姫	3・10	13
有紀	6・9	15
柚妃	9・6	15
由姫	5・10	15
夕葵	3・12	15
夕稀	3・12	15
侑希	8・7	15
友稀	4・12	16
友貴	4・12	16
柚希	9・7	16
祐希	9・7	16
侑季	8・8	16
悠妃	11・6	17
由葵	5・12	17
由稀	5・12	17
結妃	12・6	18
悠希	11・7	18
有稀	6・12	18
有貴	6・12	18
結希	12・7	19
裕希	12・7	19
祐葵	9・12	21
裕紀	12・9	21
優妃	17・6	23
悠葵	11・12	23
結葵	12・12	24
結喜	12・12	24
結稀	12・12	24
結貴	12・12	24
優希	17・7	24
優季	17・8	25
優姫	17・10	27
優稀	17・12	29
優貴	17・12	29
優輝	17・15	32

ゆうこ

ゆうこ	3・2・2	7
友子	4・3	7
由子	5・3	8
佑子	7・3	10
侑子	8・3	11
柚子	9・3	12
祐子	9・3	12
由布子	5・5・3	13
悠子	11・3	14
結子	12・3	15
裕子	12・3	15
夕湖	3・12	15
優子	17・3	20

ゆうな

ゆうな	3・2・5	10
夕那	3・7	10
友那	4・7	11
夕奈	3・8	11
友奈	4・8	12
由那	5・7	12
友南	4・9	13
有那	6・7	13
由奈	5・8	13
夕菜	3・11	14
佑奈	7・8	15
友菜	4・11	15
柚凪	9・6	15
侑那	8・7	15
佑南	7・9	16
柚那	9・7	16
由菜	5・11	16
由渚	5・11	16
祐那	9・7	16
侑奈	8・8	16
有菜	6・11	17
柚奈	9・8	17
祐奈	9・8	17
結名	12・6	18

佑菜	7 11	18
悠那	11 7	18
柚南	9 9	18
結那	12 7	19
優七	17 2	19
悠奈	11 8	19
裕那	12 7	19
遊那	12 7	19
侑菜	8 11	19
釉那	12 7	19
結奈	12 8	20
柚菜	9 11	20
祐菜	9 11	20
裕奈	12 8	20
結南	12 9	21
結夏	12 10	22
悠菜	11 11	22
結菜	12 11	23
結梛	12 11	23
裕菜	12 11	23
優那	17 7	24
悠愛	11 13	24
結愛	12 13	25
優奈	17 8	25
優南	17 9	26
優夏	17 10	27
優菜	17 11	28
優羽奈	17 6 8	31
優羽菜	17 6 11	34

ゆうね

友音	4 9	13
有音	6 9	15
祐音	9 9	18
悠音	11 9	20
結音	12 9	21
優音	17 9	26

ゆうの

夕乃	3 2	5
友乃	4 2	6
柚乃	9 2	11
悠乃	11 2	13
結乃	12 2	14
優乃	17 2	19

ゆうは

夕葉	3 12	15
友葉	4 12	16
悠羽	11 6	17
結羽	12 6	18
優羽	17 6	23
悠葉	11 12	23
結葉	12 12	24
優葉	17 12	29

ゆうひ

ゆうひ	3 2 2	7
夕陽	3 12	15
悠妃	11 6	17
悠姫	11 10	21
柚陽	9 12	21
優妃	17 6	23
悠陽	11 12	23
結陽	12 12	24
優陽	17 12	29

ゆうほ

佑帆	7 6	13
優帆	17 6	23
祐穂	9 15	24
優歩	17 8	25
優穂	17 15	32

ゆうみ

ゆうみ	3 2 3	8
夕海	3 9	12
友海	4 9	13
侑未	8 5	13
有実	6 8	14
佑実	7 8	15
有美	6 9	15
結心	12 4	16
佑美	7 9	16
悠未	11 5	16
侑実	8 8	16
侑美	8 9	17
祐海	9 9	18
悠海	11 9	20
悠美	11 9	20
結海	12 9	21
結美	12 9	21
優心	17 4	21
結望	12 11	23
祐羽美	9 6 9	24
優実	17 8	25
優海	17 9	26
優美	17 9	26

ゆうら

ゆうら	3 2 3	8
悠良	11 7	18
優来	17 7	24

ゆうり

ゆ3う2り2 7
夕3里7 10
友4里7 11
由5吏6 11
有6里7 13
夕3莉10 13
佑7里7 14
友4莉10 14
夕3梨11 14
友4梨11 15
友4理11 15
由5莉10 15
侑8里7 15
宥9里7 16
有6莉10 16
柚9李7 16
由5梨11 16
佑7莉10 17
有6梨11 17
佑7梨11 18
悠11李7 18
悠11里7 18
夕3璃15 18
侑8莉10 18
悠11莉10 21
有6璃15 21
結12莉10 22
悠11梨11 22
悠11理11 22
釉12莉10 22
結12梨11 23
結12理11 23
裕12梨11 23
裕12理11 23
釉12梨11 23
優17利7 24
優17李7 24
優17里7 24
優17莉10 27
優17梨11 28
優17理11 28
優17羽6里7 30
優17璃15 32

ゆうわ

結12羽6 18
結12和8 20
優17和8 25

ゆえ

夕3映9 12
結12瑛12 24
優17恵10 27
優17笑10 27

ゆか

ゆ3か3 6
由5加5 10
友4花7 11
有6加5 11
夕3佳8 11
友4香9 13
有6伽7 13
由5佳8 13
夕3夏10 13
侑8加5 13
由5香9 14
佑7佳8 15
佑7果8 15
有6香9 15
由5夏10 15
由5華10 15
侑8花7 15
佑7香9 16
有6華10 16
柚9花7 16
祐9花7 16
結12加5 17
柚9佳8 17
祐9佳8 17
侑8香9 17
悠11花7 18
柚9香9 18
祐9香9 18
結12花7 19
結12佳8 20
悠11香9 20
結12香9 21
雪11華10 21
唯11華10 21
悠11華10 21
裕12香9 21
結12夏10 22
結12華10 22
優17花7 24
優17佳8 25
優17果8 25
優17香9 26

優夏 17 10　27
優華 17 10　27

ゆかこ

友佳子 4 8 3　15
有花子 6 7 3　16
由佳子 5 8 3　16
悠花子 11 7 3　21
祐香子 9 9 3　21
結佳子 12 8 3　23
悠香子 11 9 3　23
裕佳子 12 8 3　23
結香子 12 9 3　24
優花子 17 7 3　27

ゆかな

友奏 4 9　13
友加奈 4 5 8　17

結奏 12 9　21
優奏 17 9　26

ゆかり

ゆかり 3 3 2　8
紫 12　12
縁 15　15
友加里 4 5 7　16
由加里 5 5 7　17
友佳里 4 8 7　19
由佳里 5 8 7　20
有佳里 6 8 7　21
由香里 5 9 7　21
友佳理 4 8 11　23
友香梨 4 9 11　24
由佳理 5 8 11　24
侑香里 8 9 7　24
由香理 5 9 11　25
優花里 17 7 7　31
優香里 17 9 7　33

ゆき

ゆき 3 4　7
幸 8　8
雪 11　11
友希 4 7　11
由妃 5 6　11
由希 5 7　12
友紀 4 9　13
有希 6 7　13
由季 5 8　13
夕姫 3 10　13
友姫 4 10　14
由紀 5 9　14
幸希 8 7　15
有紀 6 9　15
柚妃 9 6　15
由姫 5 10　15
侑希 8 7　15
友葵 4 12　16
友貴 4 12　16
柚希 9 7　16
祐希 9 7　16
侑季 8 8　16
悠妃 11 6　17
柚季 9 8　17
由葵 5 12　17
由喜 5 12　17
由稀 5 12　17
由貴 5 12　17
侑紀 8 9　17
結妃 12 6　18
幸姫 8 10　18
悠希 11 7　18
柚紀 9 9　18
結希 12 7　19
悠紀 11 9　20
結紀 12 9　21
雪姫 11 10　21
由樹 5 16　21
優妃 17 6　23
柚綺 9 14　23
結葵 12 12　24
結稀 12 12　24
結貴 12 12　24
優希 17 7　24
裕葵 12 12　24
優季 17 8　25
優姫 17 10　27
優葵 17 12　29
優貴 17 12　29

ゆきえ

ゆきえ 3 4 3　10
幸恵 8 10　18
友希恵 4 7 10　21
由希恵 5 7 10　22
雪絵 11 12　23
由紀恵 5 9 10　24

ゆきか

幸花 8 7　15
雪花 11 7　18
雪華 11 10　21

ゆきこ

- 幸子（8・3）11
- 由希子（5・7・3）15
- 有希子（6・7・3）16
- 由紀子（5・9・3）17
- 有紀子（6・9・3）18
- 侑希子（8・7・3）18
- 結希子（12・7・3）22
- 優希子（17・7・3）27
- 優貴子（17・12・3）32

ゆきな

- 千奈（3・8）11
- ゆきな（3・4・5）12
- ゆき奈（3・4・8）15
- 幸那（8・7）15
- 幸奈（8・8）16
- ゆき菜（3・4・11）18
- 雪那（11・7）18
- 夕希奈（3・7・8）18
- 幸菜（8・11）19
- 雪奈（11・8）19
- 友希奈（4・7・8）19
- 由希奈（5・7・8）20
- 友紀奈（4・9・8）21
- 有希奈（6・7・8）21
- 雪菜（11・11）22
- 友希菜（4・7・11）22
- 有姫那（6・10・7）23
- 由希菜（5・7・11）23
- 由起奈（5・10・8）23
- 友紀菜（4・9・11）24
- 有希菜（6・7・11）24
- 由紀菜（5・9・11）25
- 由貴奈（5・12・8）25
- 結希奈（12・7・8）27
- 結希菜（12・7・11）30
- 優希那（17・7・7）31
- 優妃奈（17・6・8）31
- 優希奈（17・7・8）32
- 由樹菜（5・16・11）32
- 優希菜（17・7・11）35
- 優貴奈（17・12・8）37
- 優樹奈（17・16・8）41
- 優樹菜（17・16・11）44

ゆきね

- ゆきね（3・4・4）11
- 幸音（8・9）17
- 雪音（11・9）20
- 優希音（17・7・9）33
- 優紀音（17・9・9）35

ゆきの

- 千乃（3・2）5
- ゆきの（3・4・1）8
- ゆき乃（3・4・2）9
- 幸乃（8・2）10
- 雪乃（11・2）13
- 友希乃（4・7・2）13
- 由妃乃（5・6・2）13
- 由希乃（5・7・2）14
- 友紀乃（4・9・2）15
- 由季乃（5・8・2）15
- 由紀乃（5・9・2）16
- 柚妃乃（9・6・2）17
- 由姫乃（5・10・2）17
- 薫乃（16・2）18
- 結希乃（12・7・2）21
- 悠季乃（11・8・2）21
- 裕希乃（12・7・2）21
- 結姫乃（12・10・2）24
- 優希乃（17・7・2）26
- 優葵乃（17・12・2）31

ゆきは

- 倖羽（10・6）16
- 雪羽（11・6）17
- 幸葉（8・12）20
- 雪葉（11・12）23

ゆきほ

- ゆきほ（3・4・5）12
- 幸歩（8・8）16
- 幸穂（8・15）23
- 結葵歩（12・12・8）32

ゆきみ

- ゆきみ（3・4・3）10
- 幸実（8・8）16
- 雪未（11・5）16
- 幸美（8・9）17
- 雪美（11・9）20
- 優希美（17・7・9）33

ゆさ

- 有咲（6・9）15
- 由紗（5・10）15
- 柚咲（9・9）18
- 優咲（17・9）26

ゆず

- ゆず（3・5）8
- 柚（9）9

柚9 子3 12
由5 珠10 15
結12 寿7 19
悠11 珠10 21
結12 珠10 22
優17 寿7 24
結12 瑞13 25

ゆずあ

柚9 愛13 22

ゆずか

ゆ3 ず5 か3 11
柚9 花7 16
柚9 佳8 17
柚9 果8 17
柚9 香9 18
柚9 夏10 19
柚9 華10 19
柚9 子3 香9 21
柚9 歌14 23

ゆずき

ゆ3 ず5 き4 12
柚9 妃6 15
柚9 希7 16
柚9 季8 17
柚9 紀9 18
柚9 咲9 18
柚9 姫10 19
柚9 葵12 21
柚9 稀12 21
柚9 貴12 21
柚9 綺14 23
柚9 樹16 25

ゆずな

ゆ3 ず5 な5 13
柚9 凪6 15
柚9 名6 15
ゆ3 ず5 奈8 16
柚9 那7 16
柚9 奈8 17
柚9 南9 18
柚9 夏10 19
柚9 菜11 20
柚9 子3 菜11 23

ゆずね

柚9 音9 18
柚9 寧14 23

ゆずの

柚9 乃2 11

ゆずは

ゆ3 ず5 は4 12
柚9 巴4 13
柚9 羽6 15
柚9 花7 16
柚9 芭7 16
柚9 波8 17
ゆ3 ず5 葉12 20
柚9 葉12 21
柚9 子3 葉12 24

ゆずひ

柚9 妃6 15
柚9 陽12 21

ゆずほ

ゆ3 ず5 ほ5 13
柚9 帆6 15
柚9 歩8 17
柚9 穂15 24

ゆずみ

ゆ3 ず5 み3 11
柚9 美9 18

ゆずゆ

柚9 夕3 12
柚9 友4 13
柚9 結12 21
柚9 優17 26

ゆつき

柚9 月4 13
祐9 月4 13
悠11 月4 15
結12 月4 16
優17 月4 21

ゆづき

弓3 月4 7
夕3 月4 7
友4 月4 8
ゆ3 づ3 き4 10
佑7 月4 11
柚9 月4 13
雪11 月4 15
唯11 月4 15
悠11 月4 15
結12 月4 16
裕12 月4 16
釉12 月4 16
夢13 月4 17
優17 月4 21
柚9 葵12 21

ゆな

ユナ	2・2	4
ゆな	3・5	8
弓奈	3・8	11
友那	4・7	11
夕奈	3・8	11
友奈	4・8	12
由那	5・7	12
友南	4・9	13
有那	6・7	13
由奈	5・8	13
夕夏	3・10	13
夕菜	3・11	14
佑奈	7・8	15
友菜	4・11	15
侑那	8・7	15
結心	12・4	16
柚那	9・7	16
由菜	5・11	16
祐那	9・7	16
侑奈	8・8	16
有菜	6・11	17
柚奈	9・8	17
祐奈	9・8	17
結凪	12・6	18
結名	12・6	18
佑菜	7・11	18
悠那	11・7	18
由愛	5・13	18
結那	12・7	19
唯奈	11・8	19
悠奈	11・8	19
侑菜	8・11	19
結奈	12・8	20
柚菜	9・11	20
祐菜	9・11	20
裕奈	12・8	20
結南	12・9	21
優心	17・4	21
悠夏	11・10	21
結夏	12・10	22
悠菜	11・11	22
結菜	12・11	23
結梛	12・11	23
優凪	17・6	23
優名	17・6	23
裕菜	12・11	23
釉菜	12・11	23
唯愛	11・13	24
優花	17・7	24
優那	17・7	24
結愛	12・13	25
優奈	17・8	25
優南	17・9	26
優夏	17・10	27
優菜	17・11	28
優愛	17・13	30

ゆの

ゆの	3・1	4
友乃	4・2	6
由乃	5・2	7
佑乃	7・2	9
宥乃	9・2	11
柚乃	9・2	11
祐乃	9・2	11
唯乃	11・2	13
悠乃	11・2	13
結乃	12・2	14
裕乃	12・2	14
夢乃	13・2	15
優乃	17・2	19

ゆのん

結音	12・9	21
結暖	12・13	25
優音	17・9	26

ゆほ

由歩	5・8	13
悠帆	11・6	17
優帆	17・6	23
優歩	17・8	25

ゆま

ゆま	3・4	7
夕茉	3・8	11
友茉	4・8	12
由茉	5・8	13
夕真	3・10	13
佑茉	7・8	15
友麻	4・11	15
由真	5・10	15
由眞	5・10	15
有真	6・10	16
由麻	5・11	16
柚茉	9・8	17
祐茉	9・8	17
結茉	12・8	20
悠真	11・10	21

結12真10 22
結12麻11 23
優17茉8 25
結12舞15 27
優17真10 27
優17麻11 28
優17舞15 32

ゆみ

ゆ3み3 6
有6未5 11
友4美9 13
由5実8 13
由5弥8 13
由5美9 14
祐9未5 14
佑7実8 15
有6美9 15
結12心4 16
佑7美9 16
有6望11 17
祐9実8 17
祐9美9 18
結12実8 20
結12海9 21
結12美9 21
優17心4 21
裕12美9 21
優17実8 25
優17海9 26
優17美9 26

ゆみか

弓3佳8 11
弓3夏10 13
弓3華10 13
由5美9香9 23
佑7美9香9 25
優17美9花7 33
優17海9香9 35
優17美9香9 35

ゆみこ

弓3子3 6
佑7未5子3 15
由5美9子3 17
有6美9子3 18
祐9美9子3 21
結12実8子3 23
悠11美9子3 23
裕12美9子3 24
優17美9子3 29

ゆみな

弓3奈8 11
結12美9菜11 32

ゆめ

ゆ3め2 5
夕3芽8 11
友4芽8 12
夢13 13
由5芽8 13
有6芽8 14
結12女3 15
佑7芽8 15
友4萌11 15
由5萌11 16
夕3愛13 16
侑8芽8 16
柚9芽8 17
由5夢13 18
悠11芽8 19
結12芽8 20
結12萌11 23
夢13萌11 24
結12愛13 25
結12夢13 25
優17芽8 25

ゆめか

ゆ3め2か3 8
夢13加5 18
夢13可5 18
夢13叶5 18
夢13花7 20
夢13佳8 21
夢13果8 21
夢13香9 22
夢13夏10 23
夢13華10 23
結12女3香9 24
優17芽8花7 32

ゆめき

夢13希7 20
夢13姫10 23

ゆめこ

夢13子3 16
優17芽8子3 28

ゆめな

夢13七2 15
夢13那7 20

夢奈 13 8 21
夢菜 13 11 24
夢渚 13 11 24

ゆめの

ゆめの 3 2 1 6
夢乃 13 2 15
結芽乃 12 8 2 22
結愛乃 12 13 2 27
優愛乃 17 13 2 32

ゆめほ

夢歩 13 8 21
夢穂 13 15 28

ゆめみ

ゆめみ 3 2 3 8
夢未 13 5 18
夢実 13 8 21

夢美 13 9 22
夢珠 13 10 23

ゆゆ

結々 12 3 15
由結 5 12 17
優々 17 3 20
夢結 13 12 25
優結 17 12 29

ゆら

ゆら 3 3 6
友来 4 7 11
夕來 3 8 11
由来 5 7 12
由良 5 7 12
有来 6 7 13
由空 5 8 13

由來 5 8 13
侑来 8 7 15
侑良 8 7 15
柚来 9 7 16
柚良 9 7 16
侑來 8 8 16
友楽 4 13 17
柚來 9 8 17
唯来 11 7 18
唯良 11 7 18
悠来 11 7 18
悠良 11 7 18
由楽 5 13 18
結来 12 7 19
結良 12 7 19
唯來 11 8 19

悠空 11 8 19
結來 12 8 20
夢來 13 8 21
侑楽 8 13 21
由藍 5 18 23
優来 17 7 24
優良 17 7 24
悠楽 11 13 24
由羅 5 19 24
由蘭 5 19 24
結楽 12 13 25
優來 17 8 25
優桜 17 10 27
優楽 17 13 30
結羅 12 19 31
結蘭 12 19 31

優羅 17 19 36

ゆり

ゆり 3 2 5
友李 4 7 11
友里 4 7 11
百合 6 6 12
由里 5 7 12
有里 6 7 13
夕莉 3 10 13
友莉 4 10 14
友梨 4 11 15
友理 4 11 15
由莉 5 10 15
侑里 8 7 15
有莉 6 10 16
柚里 9 7 16

由梨 5 11 16
由理 5 11 16
祐里 9 7 16
佑莉 7 10 17
有梨 6 11 17
有理 6 11 17
佑梨 7 11 18
悠里 11 7 18
侑莉 8 10 18
結里 12 7 19
祐梨 9 11 20
悠莉 11 10 21
有璃 6 15 21
結莉 12 10 22
悠理 11 11 22
結梨 12 11 23

- 結理 (12・11) 23
- 裕梨 (12・11) 23
- 裕理 (12・11) 23
- 優李 (17・7) 24
- 優里 (17・7) 24
- 優莉 (17・10) 27
- 優梨 (17・11) 28
- 優璃 (17・15) 32
- 優凛 (17・15) 32

ゆりあ

- ユリア (2・2・2) 6
- ゆりあ (3・2・3) 8
- 友利亜 (4・7・7) 18
- 友里亜 (4・7・7) 18
- 百合亜 (6・6・7) 19
- 友莉亜 (4・10・7) 21
- 由莉亜 (5・10・7) 22
- 有莉亜 (6・10・7) 23
- 由梨亜 (5・11・7) 23
- 友里愛 (4・7・13) 24
- 有梨亜 (6・11・7) 24
- 百合愛 (6・6・13) 25
- 侑莉亜 (8・10・7) 25
- 結莉亜 (12・10・7) 29
- 優里亜 (17・7・7) 31
- 侑梨愛 (8・11・13) 32
- 優莉亜 (17・10・7) 34
- 結莉愛 (12・10・13) 35
- 優梨亜 (17・11・7) 35
- 優理亜 (17・11・7) 35
- 結梨愛 (12・11・13) 36
- 優里愛 (17・7・13) 37
- 優梨愛 (17・11・13) 41
- 優理愛 (17・11・13) 41

ゆりえ

- ゆりえ (3・2・3) 8
- 友里恵 (4・7・10) 21
- 百合恵 (6・6・10) 22
- 友梨恵 (4・11・10) 25

ゆりか

- ゆりか (3・2・3) 8
- 友里加 (4・7・5) 16
- 友里花 (4・7・7) 18
- 百合花 (6・6・7) 19
- 友里香 (4・7・9) 20
- 百合香 (6・6・9) 21
- 由里香 (5・7・9) 21
- 百合夏 (6・6・10) 22
- 百合華 (6・6・10) 22
- 由梨花 (5・11・7) 23
- 友梨香 (4・11・9) 24
- 友理香 (4・11・9) 24
- 有梨花 (6・11・7) 24
- 柚里佳 (9・7・8) 24
- 由梨佳 (5・11・8) 24
- 由莉香 (5・10・9) 24
- 侑里香 (8・7・9) 24
- 友梨華 (4・11・10) 25
- 悠里花 (11・7・7) 25
- 由梨香 (5・11・9) 25
- 祐里香 (9・7・9) 25
- 裕里香 (12・7・9) 28
- 結梨花 (12・11・7) 30
- 結梨香 (12・11・9) 32
- 優里佳 (17・7・8) 32
- 優利香 (17・7・9) 33
- 優里香 (17・7・9) 33
- 優梨香 (17・11・9) 37

ゆりこ

- ゆり子 (3・2・3) 8
- 友里子 (4・7・3) 14
- 百合子 (6・6・3) 15
- 由里子 (5・7・3) 15
- 有里子 (6・7・3) 16
- 由莉子 (5・10・3) 18
- 侑里子 (8・7・3) 18
- 有理子 (6・11・3) 20
- 悠里子 (11・7・3) 21
- 裕里子 (12・7・3) 22
- 悠理子 (11・11・3) 25
- 優里子 (17・7・3) 27
- 優梨子 (17・11・3) 31
- 優理子 (17・11・3) 31

ゆりな

- ユリナ (2・2・2) 6
- ゆりな (3・2・5) 10
- ゆり奈 (3・2・8) 13
- 友里奈 (4・7・8) 19
- 百合奈 (6・6・8) 20
- 有里奈 (6・7・8) 21
- 友莉奈 (4・10・8) 22
- 夕莉南 (3・10・9) 22
- 友梨奈 (4・11・8) 23
- 友理奈 (4・11・8) 23
- 由里菜 (5・7・11) 23
- 由莉奈 (5・10・8) 23

有莉奈 6 10 8　24
由梨奈 5 11 8　24
祐里奈 9 7 8　24
夕莉菜 3 10 11　24
悠里那 11 7 7　25
由莉菜 5 10 11　26
由梨菜 5 11 11　27
裕里奈 12 7 8　27
悠里菜 11 7 11　29
結里菜 12 7 11　30
結理奈 12 11 8　31
優里那 17 7 7　31
優里奈 17 7 8　32
結莉菜 12 10 11　33
優里菜 17 7 11　35
優梨奈 17 11 8　36

優莉菜 17 10 11　38
優梨菜 17 11 11　39

ゆりの

ゆりの 3 2 1　6
友里乃 4 7 2　13
百合乃 6 6 2　14
悠莉乃 11 10 2　23
結莉乃 12 10 2　24
悠理乃 11 11 2　24

ゆわ

由羽 5 6　11
由和 5 8　13
結羽 12 6　18
結和 12 8　20
優羽 17 6　23
優和 17 8　25

よ

よう

葉 12　12
遥 12　12
陽 12　12
瑶 13　13

ようこ

洋子 9 3　12
葉子 12 3　15
遥子 12 3　15
陽子 12 3　15
瑶子 13 3　16
遙子 14 3　17
耀子 20 3　23

よしか

佳加 8 5　13
佳花 8 7　15
良佳 7 8　15
佳香 8 9　17

よしこ

佳子 8 3　11

よしの

よしの 3 1 1　5
よし乃 3 1 2　6
由乃 5 2　7
好乃 6 2　8
芳乃 7 2　9
佳乃 8 2　10
美乃 9 2　11
祥乃 10 2　12
淑乃 11 2　13
嘉乃 14 2　16
慶乃 15 2　17

よしみ

良美 7 9　16
佳美 8 9　17
善美 12 9　21

よつは

よつ葉 3 1 12　16
四葉 5 12　17

よつば

よつば 3 1 6　10
よつ葉 3 1 12　16
四葉 5 12　17

よりか

和香 8 9　17

よりこ

順子 12 3　15

ら

らいか

來花 8 7　15
来香 7 9　16
來果 8 8　16
来夏 7 10　17
来華 7 10　17
來華 8 10　18
蕾佳 16 8　24
蕾香 16 9　25

らむ

来夢 7 13　20

- 來夢 8 13　21

らら
- らら 3 3　6
- 來々 8 3　11
- 楽々 13 3　16
- 羅々 19 3　22
- 羅良 19 7　26
- 蘭楽 19 13　32

らん
- らん 3 2　5
- 藍 18　18
- 蘭 19　19

らんか
- 蘭華 19 10　29

らんこ
- 蘭子 19 3　22

らんな
- 蘭奈 19 8　27
- 藍菜 18 11　29

らんの
- 蘭乃 19 2　21

らんらん
- 蘭々 19 3　22

り

りあ
- りあ 2 3　5
- 莉亜 10 7　17
- 莉杏 10 7　17
- 梨亜 11 7　18
- 莉空 10 8　18
- 里愛 7 13　20
- 莉彩 10 11　21
- 璃亜 15 7　22
- 莉愛 10 13　23
- 梨愛 11 13　24
- 理愛 11 13　24
- 璃愛 15 13　28

りあな
- りあな 2 3 5　10
- 莉亜那 10 7 7　24
- 莉亜奈 10 7 8　25
- 莉愛奈 10 13 8　31

りあん
- りあん 2 3 2　7
- 里杏 7 7　14
- 莉杏 10 7　17
- 梨杏 11 7　18
- 理杏 11 7　18
- 璃杏 15 7　22
- 凛杏 15 7　22

りい
- 里衣 7 6　13
- 莉衣 10 6　16
- 梨衣 11 6　17
- 理衣 11 6　17
- 莉依 10 8　18
- 璃衣 15 6　21
- 莉唯 10 11　21

りいこ
- 莉依子 10 8 3　21
- 理依子 11 8 3　22
- 璃衣子 15 6 3　24

りいさ
- 里依咲 7 8 9　24
- 里依紗 7 8 10　25
- 莉依沙 10 8 7　25
- 理衣紗 11 6 10　27
- 莉依紗 10 8 10　28
- 梨依紗 11 8 10　29

りいな
- りいな 2 2 5　9
- 里衣名 7 6 6　19
- 里衣奈 7 6 8　21
- 里衣菜 7 6 11　24
- 莉衣奈 10 6 8　24
- 梨衣奈 11 6 8　25
- 莉衣菜 10 6 11　27
- 梨衣菜 11 6 11　28
- 莉唯菜 10 11 11　32

りえ
- りえ 2 3　5
- 里衣 7 6　13
- 里江 7 6　13
- 里英 7 8　15
- 里枝 7 8　15
- 利恵 7 10　17
- 梨衣 11 6　17
- 理衣 11 6　17
- 里恵 7 10　17
- 莉恵 10 10　20
- 梨恵 11 10　21
- 理恵 11 10　21
- 梨瑛 11 12　23
- 梨絵 11 12　23

理(11)絵(12) 23
理(11)惠(12) 23

りえこ

理(11)恵(10)子(3) 24

りお

リ(2)オ(3) 5
り(2)お(4) 6
利(7)央(5) 12
里(7)央(5) 12
倫(10)央(5) 15
莉(10)央(5) 15
梨(11)央(5) 16
理(11)央(5) 16
理(11)生(5) 16
利(7)桜(10) 17
里(7)桜(10) 17
琳(12)央(5) 17
稟(13)央(5) 18
梨(11)音(9) 20
璃(15)央(5) 20
凜(15)央(5) 20
凜(15)生(5) 20
莉(10)桜(10) 20
凜(15)生(5) 20
利(7)緒(14) 21
李(7)緒(14) 21
梨(11)桜(10) 21
理(11)桜(10) 21
里(7)緒(14) 21
鈴(13)音(9) 22
麗(19)央(5) 24
凜(15)音(9) 24
莉(10)緒(14) 24
梨(11)緒(14) 25
理(11)緒(14) 25
璃(15)桜(10) 25
凜(15)桜(10) 25
凜(15)桜(10) 25
梨(11)織(18) 29
璃(15)緒(14) 29
麗(19)桜(10) 29
凜(15)緒(14) 29

りおこ

梨(11)桜(10)子(3) 24

りおな

り(2)お(4)な(5) 11
莉(10)央(5)那(7) 22
里(7)央(5)菜(11) 23
莉(10)央(5)奈(8) 23
梨(11)央(5)奈(8) 24
理(11)央(5)奈(8) 24
里(7)桜(10)奈(8) 25
莉(10)央(5)菜(11) 26
莉(10)音(9)那(7) 26
里(7)桜(10)菜(11) 28
理(11)桜(10)奈(8) 29
里(7)緒(14)奈(8) 29
璃(15)央(5)菜(11) 31
莉(10)緒(14)那(7) 31
理(11)桜(10)菜(11) 32
里(7)緒(14)菜(11) 32
莉(10)緒(14)奈(8) 32
梨(11)緒(14)奈(8) 33
莉(10)緒(14)菜(11) 35

りおん

り(2)お(4)ん(2) 8
吏(6)音(9) 15
李(7)音(9) 16
里(7)音(9) 16
俐(9)音(9) 18
莉(10)苑(8) 18
理(11)苑(8) 19
莉(10)音(9) 19
梨(11)音(9) 20
理(11)音(9) 20
琳(12)音(9) 21
鈴(13)音(9) 22
稟(13)音(9) 22
里(7)穏(16) 23
璃(15)音(9) 24
凜(15)音(9) 24
凜(15)音(9) 24

りか

り(2)か(3) 5
里(7)花(7) 14
利(7)佳(8) 15
莉(10)加(5) 15
利(7)香(9) 16
理(11)加(5) 16
里(7)香(9) 16
里(7)夏(10) 17
莉(10)花(7) 17
梨(11)花(7) 18
理(11)花(7) 18
莉(10)佳(8) 18
莉(10)果(8) 18

梨佳 11・8 19
梨果 11・8 19
理佳 11・8 19
莉香 10・9 19
梨香 11・9 20
理香 11・9 20
梨夏 11・10 21
梨華 11・10 21
璃香 15・9 24
莉歌 10・14 24
梨歌 11・14 25

りかこ

里佳子 7・8・3 18
里香子 7・9・3 19
梨花子 11・7・3 21
莉佳子 10・8・3 21
莉香子 10・9・3 22
梨香子 11・9・3 23
理香子 11・9・3 23
梨華子 11・10・3 24
里歌子 7・14・3 24

りく

りく 2・1 3
里玖 7・7 14
莉来 10・7 17
梨玖 11・7 18
璃久 15・3 18
莉紅 10・9 19

りこ

りこ 2・2 4
李子 7・3 10
里子 7・3 10
莉子 10・3 13
梨子 11・3 14
理子 11・3 14
莉心 10・4 14
梨心 11・4 15
李紅 7・9 16
里胡 7・9 16
稟子 13・3 16
莉来 10・7 17
璃子 15・3 18
凜子 15・3 18
凜子 15・3 18
莉胡 10・9 19
莉香 10・9 19
理胡 11・9 20
莉湖 10・12 22
梨湖 11・12 23
莉瑚 10・13 23
梨瑚 11・13 24
璃瑚 15・13 28

りさ

リサ 2・3 5
りさ 2・3 5
里沙 7・7 14
吏咲 6・9 15
利咲 7・9 16
吏紗 6・10 16
李咲 7・9 16
里咲 7・9 16
利紗 7・10 17
李紗 7・10 17
里紗 7・10 17
莉沙 10・7 17
梨佐 11・7 18
梨沙 11・7 18
理佐 11・7 18
理沙 11・7 18
里彩 7・11 18
莉咲 10・9 19
梨咲 11・9 20
理咲 11・9 20
莉紗 10・10 20
梨紗 11・10 21
理紗 11・10 21
琳咲 12・9 21
莉彩 10・11 21
理彩 11・11 22
璃沙 15・7 22
璃咲 15・9 24
凜咲 15・9 24
璃紗 15・10 25
凜紗 15・10 25

りさき

梨咲 11・9 20

りさこ

りさこ 2・3・2 7
りさ子 2・3・3 8
里沙子 7・7・3 17
里紗子 7・10・3 20
梨沙子 11・7・3 21
理沙子 11・7・3 21
里彩子 7・11・3 21
莉咲子 10・9・3 22
莉紗子 10・10・3 23

梨11紗10子3 24
理11紗10子3 24
莉10彩11子3 24

りず

莉10珠10 20
梨11珠10 21
璃15珠10 25

りずは

り2ず5は4 11

りせ

莉10世5 15
梨11世5 16
理11世5 16
里7星9 16
璃15世5 20
璃15星9 24

りつ

律9 9

りっか

六4花7 11

りつか

り2つ1か3 6
立5夏10 15

りつこ

律9子3 12

りと

里7都11 18
莉10音9 19
莉10都11 21
璃15音9 24

りな

リ2ナ2 4
り2な5 7
梨11七2 13
里7名6 13
利7那7 14
里7那7 14
利7奈8 15
李7奈8 15
里7奈8 15
里7南9 16
莉10名6 16
吏6菜11 17
梨11名6 17
理11名6 17
莉10那7 17
利7菜11 18
李7菜11 18
梨11那7 18
理11那7 18
里7菜11 18
莉10奈8 18
梨11奈8 19
理11奈8 19
莉10南9 19
梨11南9 20
理11南9 20
莉10菜11 21
梨11菜11 22
理11菜11 22
璃15那7 22
凛15那7 22
璃15奈8 23
莉10愛13 23
梨11愛13 24
璃15南9 24
璃15菜11 26
凛15菜11 26
凜15菜11 26

りなこ

里7奈8子3 18
里7菜11子3 21
莉10奈8子3 21
理11奈8子3 22
莉10菜11子3 24
理11菜11子3 25

りの

リ2ノ1 3
り2の1 3
吏6乃2 8
里7乃2 9
莉10乃2 12
梨11乃2 13
理11乃2 13
稟13乃2 15
璃15乃2 17
凛15乃2 17
莉10希7 17
凜15乃2 17
璃15音9 24

りのあ

り2の1あ3 6
里7乃2杏7 16
璃15乃2亜7 24
莉10乃2愛13 25
梨11乃2愛13 26

りのこ

- 梨(11)乃(2)子(3) 16

りのん

- り(2)の(1)ん(2) 5
- 里(7)音(9) 16
- 莉(10)音(9) 19
- 梨(11)音(9) 20
- 琳(12)音(9) 21
- 鈴(13)音(9) 22
- 梨(11)暖(13) 24
- 璃(15)音(9) 24
- 凛(15)音(9) 24

りほ

- り(2)ほ(5) 7
- 李(7)帆(6) 13
- 里(7)帆(6) 13
- 里(7)歩(8) 15
- 浬(10)帆(6) 16
- 莉(10)帆(6) 16
- 梨(11)帆(6) 17
- 理(11)帆(6) 17
- 莉(10)歩(8) 18
- 梨(11)歩(8) 19
- 理(11)歩(8) 19
- 璃(15)帆(6) 21
- 里(7)穂(15) 22
- 璃(15)歩(8) 23
- 凛(15)歩(8) 23
- 里(7)穂(17) 24
- 俐(9)穂(15) 24
- 莉(10)穂(15) 25
- 梨(11)穂(15) 26
- 理(11)穂(15) 26

りほこ

- 里(7)帆(6)子(3) 16
- 理(11)穂(15)子(3) 29

りま

- 里(7)茉(8) 15
- 莉(10)茉(8) 18
- 莉(10)真(10) 20
- 梨(11)真(10) 21

りみ

- り(2)み(3) 5
- 李(7)実(8) 15
- 莉(10)未(5) 15
- 李(7)美(9) 16
- 莉(10)実(8) 18
- 莉(10)弥(8) 18
- 梨(11)実(8) 19
- 莉(10)美(9) 19
- 梨(11)美(9) 20
- 理(11)美(9) 20
- 璃(15)実(8) 23
- 璃(15)海(9) 24
- 璃(15)美(9) 24
- 凛(15)海(9) 24
- 凛(15)美(9) 24

りむ

- 莉(10)夢(13) 23
- 梨(11)夢(13) 24
- 理(11)夢(13) 24
- 璃(15)夢(13) 28

りゆ

- り(2)ゆ(3) 5
- 莉(10)悠(11) 21
- 莉(10)結(12) 22
- 里(7)優(17) 24
- 梨(11)優(17) 28

りゅうか

- 琉(11)花(7) 18
- 琉(11)華(10) 21

りよ

- 莉(10)世(5) 15
- 梨(11)世(5) 16
- 梨(11)代(5) 16
- 理(11)世(5) 16

りょう

- り(2)ょ(3)う(2) 7
- 怜(8) 8
- 凌(10) 10
- 凉(10) 10
- 涼(11) 11
- 椋(12) 12
- 稜(13) 13
- 綾(14) 14

りょうか

- 涼(11)花(7) 18
- 涼(11)香(9) 20
- 稜(13)花(7) 20
- 綾(14)花(7) 21
- 涼(11)夏(10) 21
- 涼(11)華(10) 21
- 諒(15)花(7) 22
- 綾(14)香(9) 23
- 綾(14)夏(10) 24
- 遼(15)香(9) 24

音から選ぶ
り
りょうか～りる

遼15華10　25

りょうこ

亮9子3　12
涼11子3　14
諒15子3　18
遼15子3　18

りょうな

涼11凪6　17
涼11奈8　19
梁11菜11　22
涼11菜11　22

りら

りら2 3　5
莉10良7　17
梨11良7　18
理11来7　18

莉10來8　18
璃15来7　22
莉10羅19　29

りり

りり2 2　4
李7々3　10
莉10々3　13
梨11々3　14
梨11吏6　17
里7莉10　17
莉10李7　17
莉10里7　17
梨11李7　18
梨11里7　18
璃15々3　18
里7梨11　18

凛15々3　18
梨11浬10　21
理11莉10　21
莉10理11　21
李7璃15　22
璃15莉10　25
璃15梨11　26

りりあ

りりあ2 2 3　7
莉10々3亜7　20
利7々3愛13　23
莉10里7亜7　24
梨11里7杏7　25
璃15々3亜7　25
梨11々3愛13　27
莉10里7愛13　30

梨11里7愛13　31
凛15々3愛13　31

りりか

りりか2 2 3　7
李7々3花7　17
里7々3花7　17
莉10々3花7　20
梨11々3花7　21
莉10々3果8　21
莉10々3香9　22
梨11々3香9　23
莉10々3夏10　23
莉10々3華10　23
梨11々3華10　24
里7莉10花7　24
莉10里7花7　24

梨11里7花7　25
璃15々3花7　25
里7梨11花7　25
凛15々3花7　25
凜15々3花7　25
莉10里7香9　26
梨11里7香9　27
莉10里7華10　27
梨11理11花7　29
梨11理11香9　31
璃15里7香9　31

りりこ

りりこ2 2 3　7
莉10々3子3　16
梨11々3子3　17
理11々3子3　17

里7莉10子3　20
璃15々3子3　21
凛15々3子3　21
凜15々3子3　21
莉10理11子3　24

りりな

莉10々3奈8　21
莉10々3菜11　24
梨11々3菜11　25
莉10里7奈8　25
凛15々3菜11　29
莉10梨11奈8　29

りる

りる2 3　5
莉10琉11　21
梨11琉11　22

名前	画数	総画
俐瑠	9・14	23
璃瑠	15・14	29
りん		
りん	2・2	4
倫	10	10
琳	12	12
鈴	13	13
稟	13	13
綸	14	14
凛	15	15
凜	15	15
梨音	11・9	20
凛音	15・9	24
凜音	15・9	24
りんか		
りんか	2・2・3	7
倫加	10・5	15
倫花	10・7	17
梨花	11・7	18
倫果	10・8	18
鈴加	13・5	18
琳花	12・7	19
梨香	11・9	20
鈴花	13・7	20
稟花	13・7	20
莉華	10・10	20
梨夏	11・10	21
梨華	11・10	21
琳香	12・9	21
稟佳	13・8	21
綸花	14・7	21
鈴香	13・9	22
凛花	15・7	22
凜花	15・7	22
鈴夏	13・10	23
鈴華	13・10	23
凛佳	15・8	23
凛果	15・8	23
稟華	13・10	23
凜佳	15・8	23
凜果	15・8	23
梨楓	11・13	24
凛香	15・9	24
凜香	15・9	24
凛夏	15・10	25
凛華	15・10	25
凜華	15・10	25
凛歌	15・14	29
りんこ		
倫子	10・3	13
琳子	12・3	15
鈴子	13・3	16
稟子	13・3	16
凛子	15・3	18
凜子	15・3	18
りんご		
りんご	2・2・4	8
林檎	8・17	25
りんな		
りんな	2・2・5	9
琳奈	12・8	20
倫菜	10・11	21
鈴奈	13・8	21
凛那	15・7	22
琳菜	12・11	23
凛奈	15・8	23
凜奈	15・8	23
鈴菜	13・11	24
凛南	15・9	24
稟菜	13・11	24
凜菜	15・11	26
りんね		
りんね	2・2・4	8
琳音	12・9	21
凛音	15・9	24
凜音	15・9	24
りんの		
稟乃	13・2	15
凛乃	15・2	17
凜乃	15・2	17

る

名前	画数	総画
るあ		
るあ	3・3	6
琉亜	11・7	18
瑠亜	14・7	21
留愛	10・13	23
琉愛	11・13	24
瑠彩	14・11	25
瑠愛	14・13	27
るあん		
るあん	3・3・2	8
琉杏	11・7	18
瑠杏	14・7	21
瑠晏	14・10	24

るい

- ルイ（2・2）4
- るい（3・2）5
- 琉生（11・5）16
- 留衣（10・6）16
- 琉衣（11・6）17
- 留依（10・8）18
- 琉依（11・8）19
- 瑠生（14・5）19
- 瑠衣（14・6）20
- 留唯（10・11）21
- 琉唯（11・11）22
- 瑠依（14・8）22
- 琉維（11・14）25
- 瑠唯（14・11）25
- 瑠維（14・14）28

るいな

- 瑠衣奈（14・6・8）28
- 瑠衣菜（14・6・11）31

るう

- 琉羽（11・6）17
- 瑠宇（14・6）20
- 瑠羽（14・6）20

るうな

- るうな（3・2・5）10
- 瑠海（14・9）23

るか

- ルカ（2・2）4
- るか（3・3）6
- 流花（10・7）17
- 琉伽（11・7）18
- 琉花（11・7）18
- 留佳（10・8）18
- 流香（10・9）19
- 琉佳（11・8）19
- 琉果（11・8）19
- 瑠加（14・5）19
- 流華（10・10）20
- 琉香（11・9）20
- 琉風（11・9）20
- 留華（10・10）20
- 琉夏（11・10）21
- 琉華（11・10）21
- 瑠伽（14・7）21
- 瑠花（14・7）21
- 瑠佳（14・8）22
- 瑠果（14・8）22
- 流楓（10・13）23
- 瑠珂（14・9）23
- 瑠香（14・9）23
- 瑠風（14・9）23
- 流歌（10・14）24
- 瑠夏（14・10）24
- 瑠華（14・10）24
- 琉歌（11・14）25
- 瑠椛（14・11）25
- 瑠樺（14・14）28

るき

- 琉希（11・7）18
- 琉姫（11・10）21
- 瑠希（14・7）21
- 瑠姫（14・10）24

るな

- ルナ（2・2）4
- るな（3・5）8
- 琉七（11・2）13
- 瑠七（14・2）16
- 留那（10・7）17
- 琉那（11・7）18
- 留奈（10・8）18
- 琉奈（11・8）19
- 琉南（11・9）20
- 流菜（10・11）21
- 留菜（10・11）21
- 瑠那（14・7）21
- 琉菜（11・11）22
- 瑠奈（14・8）22
- 瑠南（14・9）23
- 琉愛（11・13）24
- 琉楠（11・13）24
- 瑠菜（14・11）25
- 瑠梛（14・11）25
- 瑠愛（14・13）27

るの

- 琉乃（11・2）13
- 瑠乃（14・2）16

るみ

- るみ（3・3）6
- 琉未（11・5）16
- 留実（10・8）18
- 琉実（11・8）19
- 留美（10・9）19
- 琉美（11・9）20
- 瑠実（14・8）22
- 瑠海（14・9）23
- 瑠美（14・9）23

るみか

名前	画数	総画
瑠美佳	14・9・8	31
瑠美香	14・9・9	32

るみこ

名前	画数	総画
留美子	10・9・3	22
瑠実子	14・8・3	25

るり

名前	画数	総画
るり	3・2	5
琉里	11・7	18
琉莉	11・10	21
瑠李	14・7	21
瑠里	14・7	21
瑠莉	14・10	24
留璃	10・15	25
瑠梨	14・11	25
琉璃	11・15	26
瑠璃	14・15	29

るりこ

名前	画数	総画
るり子	3・2・3	8
瑠里子	14・7・3	24
瑠璃子	14・15・3	32

れ

れあ

名前	画数	総画
れあ	3・3	6
怜亜	8・7	15
玲亜	9・7	16
玲杏	9・7	16
羚亜	11・7	18
怜愛	8・13	21
玲愛	9・13	22
麗愛	19・13	32

れい

名前	画数	総画
レイ	1・2	3
れい	3・2	5
礼	5	5
伶	7	7
怜	8	8
玲	9	9
礼衣	5・6	11
羚	11	11
伶衣	7・6	13
怜生	8・5	13
礼依	5・8	13
鈴	13	13
怜衣	8・6	14
玲衣	9・6	15
黎	15	15
怜依	8・8	16
玲依	9・8	17
麗	19	19
麗巳	19・3	22
麗生	19・5	24
麗衣	19・6	25

れいあ

名前	画数	総画
怜亜	8・7	15
玲亜	9・7	16
玲杏	9・7	16
礼愛	5・13	18
羚亜	11・7	18
怜愛	8・13	21
玲愛	9・13	22
麗愛	19・13	32

れいか

名前	画数	総画
レイカ	1・2・2	5
れいか	3・2・3	8
礼花	5・7	12
怜加	8・5	13
礼佳	5・8	13
礼果	5・8	13
怜花	8・7	15
礼華	5・10	15
伶香	7・9	16
怜佳	8・8	16
玲伽	9・7	16
玲花	9・7	16
伶華	7・10	17
怜香	8・9	17
玲佳	9・8	17
玲果	9・8	17
怜華	8・10	18
玲香	9・9	18
玲華	9・10	19
鈴花	13・7	20
鈴華	13・10	23
麗加	19・5	24
麗花	19・7	26
麗佳	19・8	27
麗香	19・9	28
麗華	19・10	29

れいこ

名前	画数	総画
礼子	5・3	8
怜子	8・3	11
玲子	9・3	12
麗子	19・3	22

れいな

名前	各字画数	総画数
レイナ	1・2・2	5
れいな	3・2・5	10
礼那	5・7	12
礼奈	5・8	13
伶奈	7・8	15
怜那	8・7	15
令菜	5・11	16
怜奈	8・8	16
玲那	9・7	16
礼菜	5・11	16
玲奈	9・8	17
伶菜	7・11	18
玲南	9・9	18
怜菜	8・11	19
玲夏	9・10	19
羚奈	11・8	19
玲菜	9・11	20
鈴奈	13・8	21
怜衣奈	8・6・8	22
玲衣奈	9・6・8	23
玲依那	9・8・7	24
鈴菜	13・11	24
怜衣菜	8・6・11	25
麗凪	19・6	25
麗名	19・6	25
麗奈	19・8	27
麗菜	19・11	30

れいみ

名前	各字画数	総画数
伶美	7・9	16
怜美	8・9	17
玲美	9・9	18
麗未	19・5	24

れいら

名前	各字画数	総画数
レイラ	1・2・2	5
れいら	3・2・3	8
伶來	7・8	15
怜来	8・7	15
怜良	8・7	15
怜來	8・8	16
玲来	9・7	16
玲良	9・7	16
玲來	9・8	17
麗来	19・7	26
怜蘭	8・19	27
玲羅	9・19	28
麗羅	19・19	38
麗蘭	19・19	38

れお

名前	各字画数	総画数
礼央	5・5	10
玲央	9・5	14
玲桜	9・10	19
玲緒	9・14	23
麗央	19・5	24
麗桜	19・10	29

れおな

名前	各字画数	総画数
レオナ	1・3・2	6
れおな	3・4・5	12
礼央奈	5・5・8	18
怜央奈	8・5・8	21
玲央那	9・5・7	21
玲央奈	9・5・8	22
伶央菜	7・5・11	23
怜央菜	8・5・11	24
玲央菜	9・5・11	25
玲桜奈	9・10・8	27
玲緒奈	9・14・8	31
麗央奈	19・5・8	32
麗緒奈	19・14・8	41

れおん

名前	各字画数	総画数
れおん	3・4・2	9
玲音	9・9	18
麗音	19・9	28

れな

名前	各字画数	総画数
レナ	1・2	3
れな	3・5	8
礼那	5・7	12
令奈	5・8	13
礼奈	5・8	13
伶奈	7・8	15
怜那	8・7	15
玲名	9・6	15
怜奈	8・8	16
玲那	9・7	16
礼菜	5・11	16
怜南	8・9	17
玲奈	9・8	17
伶菜	7・11	18
玲南	9・9	18
恋奈	10・8	18
怜菜	8・11	19
玲菜	9・11	20
恋菜	10・11	21
麗那	19・7	26
麗奈	19・8	27
麗菜	19・11	30

れのん

伶7 音9 16
玲9 音9 18
恋10 音9 19
麗19 音9 28

れみ

れ3 み3 6
玲9 心4 13
玲9 未5 14
礼5 美9 14
伶7 美9 16
怜8 実8 16
怜8 美9 17
玲9 実8 17
玲9 美9 18
麗19 実8 27
麗19 美9 28

れんか

恋10 花7 17
恋10 華10 20
蓮13 花7 20
蓮13 佳8 21
蓮13 香9 22
蓮13 夏10 23
蓮13 華10 23
恋10 歌14 24

れんな

恋10 那7 17
恋10 奈8 18
蓮13 奈8 21
蓮13 南9 22
蓮13 菜11 24

ろ

ろっか

六4 花7 11

ろみ

蕗16 美9 25

わ

わか

わ3 か3 6
和8 加5 13
和8 花7 15
羽6 華10 16
和8 佳8 16
和8 果8 16
和8 香9 17
和8 夏10 18
和8 華10 18
和8 歌14 22

わかこ

和8 花7 子3 18
和8 佳8 子3 19
和8 香9 子3 20
和8 歌14 子3 25

わかな

わ3 か3 な5 11
羽6 叶5 11
和8 叶5 13
羽6 奏9 15
若8 奈8 16
和8 奏9 17
若8 菜11 19
稚13 奈8 21
和8 加5 奈8 21
和8 可5 奈8 21
和8 花7 奈8 23
羽6 花7 菜11 24
稚13 菜11 24
和8 佳8 奈8 24
和8 果8 奈8 24
和8 香9 那7 24
和8 華10 那7 25
和8 香9 奈8 25
和8 花7 菜11 26
和8 佳8 菜11 27
和8 果8 菜11 27
和8 香9 菜11 28
和8 香9 梛11 28
和8 華10 菜11 29
和8 歌14 奈8 30
和8 歌14 菜11 33

わかば

わ3 か3 ば6 12
わ3 か3 葉12 18
若8 葉12 20
和8 花7 葉12 27
和8 香9 葉12 29

わこ

わ3 こ2 5
和8 子3 11
和8 心4 12
和8 香9 17

気に入った音に合う字を見つけよう!

女の子の人気添え字

気に入った音にぴったり合う添え字を見つけることで
名前のバリエーションがとても広がります。
ここでは、読者が実際につけた名前から
人気の添え字とその実例を紹介します。

このリストの見方

女の子の名前につける人気の添え字を紹介しています。比較的、使用頻度が高い漢字を50字選びました。中には同じ漢字でも読み方の違う名前もあります。

また、実際の名前のため、あて字が含まれていることをご了承ください。この添え字一覧が名づけのヒントになれば幸いです。

菜 な

- 陽菜 ひな
- 結菜 ゆいな
- 陽菜 はるな
- 心菜 ここな
- 結菜 ゆな
- 優菜 ゆうな
- 愛菜 あいな
- 日菜 ひな
- 遥菜 はるな
- 瑠菜 るな
- 春菜 はるな
- 結菜 ゆうな
- 優菜 ゆな

- 里菜 りな
- 真菜 まな
- 杏菜 あんな
- 妃菜 ひな
- 紗菜 さな
- 羽菜 はな
- 晴菜 はるな

奈 な

- 優奈 ゆうな
- 杏奈 あんな
- 優奈 ゆな
- 莉奈 りな
- 里奈 りな
- 由奈 ゆな
- 愛奈 あいな
- 瑠奈 るな
- 栞奈 かんな
- 春奈 はるな

- 陽奈 ひな
- 玲奈 れな
- 真奈 まな
- 姫奈 ひな
- 那奈 なな
- 玲奈 れいな
- 怜奈 れいな
- 佳奈 かな
- 怜奈 れな
- 紗奈 さな

花 か

- 優花　ゆうか
- 桃花　ももか
- 彩花　あやか
- 百花　ももか
- 一花　いちか
- 風花　ふうか
- 穂乃花　ほのか
- 楓花　ふうか
- 春花　はるか
- 唯花　ゆいか

- 愛花　あいか
- 瑠花　るか
- 和花　のどか
- 穂花　ほのか
- 陽花　はるか
- 萌花　もえか
- 遥花　はるか
- 結花　ゆいか
- 柚花　ゆずか
- 菜々花　ななか

子 こ

- 莉子　りこ
- 菜々子　ななこ
- 桃子　ももこ
- 璃子　りこ
- 桜子　さくらこ
- 愛子　あいこ
- 日菜子　ひなこ
- 理子　りこ

- 真子　まこ
- 結子　ゆいこ
- 陽菜子　ひなこ
- 亜子　あこ
- 琴子　ことこ
- 日向子　ひなこ
- 雛子　ひなこ
- 瑚子　ここ
- 結子　ゆうこ
- 凛子　りんこ
- 梨子　りこ
- 翔子　しょうこ

香　か

明日香　あすか
桃香　ももか
遥香　はるか
陽香　はるか
晴香　はるか
穂香　ほのか
優香　ゆうか
春香　はるか
彩香　あやか
百香　ももか

綾香　あやか
穂乃香　ほのか
絢香　あやか
風香　ふうか
帆香　ほのか
萌々香　ももか
菜々香　ななか
結香　ゆうか
帆乃香　ほのか
京香　きょうか

音　ね

琴音　ことね
彩音　あやね
心音　ここね
綾音　あやね
絢音　あやね
天音　あまね
朱音　あかね
寧音　ねね

初音　はつね
愛音　あいね
明音　あかね
文音　あやね
綺音　あやね
鈴音　すずね
夏音　なつね
柚音　ゆずね
百音　もね
汐音　しおね
結音　ゆいね
涼音　すずね

乃 の

彩乃　あやの
綾乃　あやの
陽菜乃　ひなの
梨乃　りの
雪乃　ゆきの
莉乃　りの
夢乃　ゆめの
詩乃　しの
日菜乃　ひなの
凛乃　りの
琴乃　ことの
璃乃　りの
雛乃　ひなの

春乃　はるの
姫乃　ひめの
理乃　りの
妃奈乃　ひなの
香乃　かの
詩乃　うたの
絢乃　あやの

美 み

菜々美　ななみ
心美　ここみ
愛美　まなみ
琴美　ことみ
亜美　あみ
希美　のぞみ
歩美　あゆみ
真奈美　まなみ

仁美　ひとみ
成美　なるみ
奈々美　ななみ
愛美　あいみ
夏美　なつみ
愛美　あみ
杏美　あみ
恵美　めぐみ
亜沙美　あさみ
七美　ななみ
明日美　あすみ
奈美　なみ

衣 い

結衣　ゆい
優衣　ゆい
芽衣　めい
由衣　ゆい
真衣　まい
萌衣　めい
麻衣　まい
葵衣　あおい
柚衣　ゆい
舞衣　まい
碧衣　あおい
悠衣　ゆい
瑠衣　るい

唯衣　ゆい
琉衣　るい
蒼衣　あおい
祐衣　ゆい
愛衣　めい
美衣　みい
亜衣　あい

那 な

優那　ゆうな
瑠那　るな
優那　ゆな
奈那　なな
彩那　あやな
菜那　なな
琉那　るな
妃那　ひな

心那　ここな
莉那　りな
紗那　さな
栞那　かんな
玲那　れいな
梨那　りな
柚那　ゆな
悠那　ゆうな
咲那　さな
茉那　まな
玲那　れな
真那　まな

希 き

咲希	さき
夏希	なつき
柚希	ゆずき
瑞希	みずき
優希	ゆうき
紗希	さき
優希	ゆき
美希	みき
彩希	さき
光希	みつき
沙希	さき
珠希	たまき
真希	まき
早希	さき
明希	あき
悠希	ゆうき
美沙希	みさき
颯希	さつき
美咲希	みさき
有希	ゆき

華 か

彩華	あやか
愛華	あいか
百華	ももか
一華	いちか
楓華	ふうか
桃華	ももか
愛華	まなか
優華	ゆうか
瑠華	るか
穂華	ほのか
唯華	ゆいか
夢華	ゆめか
綾華	あやか
凛華	りんか
姫華	ひめか
悠華	ゆうか
琉華	るか
蓮華	れんか
舞華	まいか
萌華	もか

央 お

真央《まお》
莉央《りお》
奈央《なお》
麻央《まお》
梨央《りお》
理央《りお》
茉央《まお》
菜央《なお》
実央《みお》
美央《みお》
璃央《りお》

望央《みお》
愛央《まお》
凜央《りお》
未央《みお》
琳央《りお》
里央《りお》
麗央《りお》
夏央《なお》
万央《まお》

里 り

朱里《あかり》
樹里《じゅり》
愛里《あいり》
明里《あかり》
優里《ゆり》
優里《ゆうり》
友里《ゆり》
悠里《ゆうり》
美乃里《みのり》
汐里《しおり》

光里《ひかり》
侑里《ゆり》
栞里《しおり》
日花里《ひかり》
明香里《あかり》
藍里《あいり》
瑠里《るり》
杏里《あんり》
悠里《ゆり》
珠里《じゅり》

海 み

七海　ななみ
心海　ここみ
夏海　なつみ
愛海　まなみ
美海　みみ
愛海　あいみ
琴海　ことみ
優海　ゆうみ
希海　のぞみ
奏海　かなみ

菜々海　ななみ
愛海　あみ
碧海　あみ
来海　くるみ
亜海　あみ
七海　なみ
和海　なごみ
藍海　あいみ
虹海　ななみ
成海　なるみ

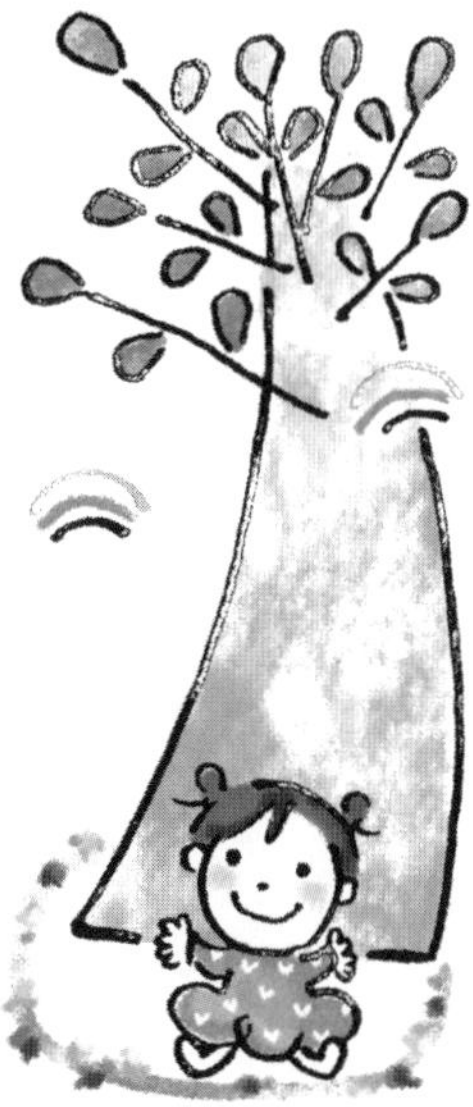

莉 り

愛莉　あいり
朱莉　あかり
明莉　あかり
杏莉　あんり
光莉　ひかり
汐莉　しおり
由莉　ゆり
瑠莉　るり

実莉　みのり
悠莉　ゆうり
珠莉　じゅり
陽莉　ひまり
妃莉　ひまり
優莉　ゆうり
煌莉　きらり
日茉莉　ひまり
由莉　ゆうり
樹莉　じゅり
茉莉　まり
朱莉　しゅり

佳 か

- 愛佳　あいか
- 桃佳　ももか
- 優佳　ゆうか
- 穂乃佳　ほのか
- 愛佳　まなか
- 千佳　ちか
- 春佳　はるか
- 由佳　ゆか
- 美佳　みか
- 穂佳　ほのか

- 彩佳　あやか
- 朋佳　ともか
- 凛佳　りんか
- 苺佳　まいか
- 和佳　わか
- 帆乃佳　ほのか
- 知佳　ちか
- 歩乃佳　ほのか
- 楓佳　ふうか
- 杏佳　きょうか

緒 お

- 真緒　まお
- 莉緒　りお
- 美緒　みお
- 菜緒　なお
- 里緒　りお
- 奈緒　なお
- 梨緒　りお
- 理緒　りお

- 麻緒　まお
- 直緒　なお
- 実緒　みお
- 茉緒　まお
- 心緒　みお
- 璃緒　りお
- 夏緒　なお
- 音緒　ねお
- 那緒　なお
- 舞緒　まお
- 紅緒　べにお
- 眞緒　まお

実 み

珠実 たまみ	心実 ここみ	優実 ゆうみ	愛実 あいみ	亜実 あみ	杏実 あみ	菜々実 ななみ	愛実 あみ	希実 のぞみ

来実 くるみ	夏実 なつみ	歩実 あゆみ	愛実 まなみ

望実 のぞみ	成実 なるみ	郁実 いくみ	南実 みなみ	真実 まみ	叶実 かなみ

来実 くるみ

優 ゆ

亜優 あゆ	未優 みゆ	愛優 あゆ	茉優 まゆ	実優 みゆ	真優 まゆ	心優 みゆ	美優 みゆ

安優 あゆ	有優 あゆ	弥優 みゆ	菜優 なゆ	奈優 なゆ	海優 みゆ	里優 りゆ	那優 なゆ	杏優 あゆ

舞優 まゆ	咲優 さゆ	光優 みゆ

葉 は

- 柚葉 ゆずは
- 琴葉 ことは
- 一葉 かずは
- 心葉 ここは
- 乙葉 おとは
- 紅葉 くれは
- 彩葉 あやは
- 涼葉 すずは
- 音葉 おとは
- 万葉 かずは
- 和葉 かずは
- 一葉 ひとは
- 瑞葉 みずは
- 詩葉 うたは
- 菜乃葉 なのは
- 心葉 このは

夏 か

- 彩夏 あやか
- 帆夏 ほのか
- 瑠夏 るか
- 楓夏 ふうか
- 愛夏 あいか
- 帆乃夏 ほのか
- 凛夏 りんか
- 悠夏 はるか
- 萌夏 もか
- 愛夏 まなか
- 唯夏 ゆいか
- 穂夏 ほのか
- 晴夏 はるか
- 和夏 わか
- 遥夏 はるか
- 涼夏 すずか

依 い

- 芽依 めい
- 由依 ゆい
- 蒼依 あおい
- 優依 ゆい
- 結依 ゆい
- 真依 まい
- 愛依 めい
- 亜依 あい
- 碧依 あおい
- 瑠依 るい
- 明依 めい
- 舞依 まい
- 柚依 ゆい
- 葵依 あおい
- 愛依 あい
- 琉依 るい

帆 ほ

- 真帆 まほ
- 夏帆 かほ
- 志帆 しほ
- 美帆 みほ
- 花帆 かほ
- 香帆 かほ
- 莉帆 りほ
- 麻帆 まほ
- 里帆 りほ
- 華帆 かほ
- 夏帆 なつほ
- 紗帆 さほ
- 梨帆 りほ
- 菜帆 なほ
- 佳帆 かほ
- 史帆 しほ

結

ゆ

- 美結 みゆ
- 心結 みゆ
- 愛結 あゆ
- 未結 みゆ
- 真結 まゆ
- 実結 みゆ
- 万結 まゆ
- 望結 みゆ
- 菜結 なゆ
- 海結 みゆ
- 愛結 みゆ
- 麻結 まゆ
- 光結 みゆ
- 茉結 まゆ
- 深結 みゆ
- 紗結 さゆ

歩

ほ

- 真歩 まほ
- 志歩 しほ
- 果歩 かほ
- 花歩 かほ
- 佳歩 かほ
- 夏歩 かほ
- 莉歩 りほ
- 未歩 みほ
- 瑞歩 みずほ
- 詩歩 しほ
- 里歩 りほ
- 華歩 かほ
- 咲歩 さほ
- 幸歩 ゆきほ
- 実歩 みほ
- 知歩 ちほ

穂

ほ

- 佳穂 かほ
- 果穂 かほ
- 瑞穂 みずほ
- 真穂 まほ
- 美穂 みほ
- 華穂 かほ
- 志穂 しほ
- 香穂 かほ
- 千穂 ちほ
- 咲穂 さほ
- 花穂 かほ
- 夏穂 かほ
- 里穂 りほ
- 菜穂 なほ
- 奈穂 なほ
- 莉穂 りほ

梨

り

- 愛梨 あいり
- 杏梨 あんり
- 友梨 ゆり
- 煌梨 きらり
- 琴梨 ことり
- 瑠梨 るり
- 由梨 ゆり
- 明梨 あかり
- 友梨 ゆうり
- 世梨 せり
- 朱梨 あかり
- 汐梨 しおり
- 優梨 ゆり
- 藍梨 あいり
- 姫梨 ひめり
- 絵梨 えり

月

つき

菜月	なつき
美月	みつき
咲月	さつき
彩月	さつき
那月	なつき
紗月	さつき
皐月	さつき
沙月	さつき
夏月	なつき
桜月	さつき
渚月	なつき
奈月	なつき
優月	ゆつき
睦月	むつき
結月	ゆつき
夢月	むつき

良

ら

咲良	さくら
紗良	さら
咲良	さら
彩良	さら
優良	ゆら
沙良	さら
愛良	あいら
悠良	ゆら
玲良	れいら
結良	ゆら
空良	そら
想良	そら
侑良	ゆら
星良	せいら
綺良	きら
聖良	せいら

羽

は

柚羽	ゆずは
琴羽	ことは
音羽	おとは
優羽	ゆうは
桃羽	ももは
彩羽	あやは
乙羽	おとは
雪羽	ゆきは
心羽	ここは
菜羽	なのは
奏羽	かなは
希羽	ののは
紅羽	くれは
叶羽	かのは
夢羽	ゆめは
来羽	くれは

果

か

桃果	ももか
優果	ゆうか
愛果	あいか
楓果	ふうか
歩果	ほのか
歩乃果	ほのか
穂果	ほのか
愛果	まなか
苺果	まいか
穂乃果	ほのか
歩果	あゆか
杏果	ももか
朋果	ともか
萌果	ほのか
凛果	りんか
萌果	もか

織

おり

詩織　しおり
伊織　いおり
志織　しおり
衣織　いおり
沙織　さおり
史織　しおり
美織　みおり
妃織　ひおり
汐織　しおり
彩織　さおり
圭織　かおり
香織　かおり
紫織　しおり
早織　さおり
咲織　さおり
陽織　ひおり

紗

さ

有紗　ありさ
凪紗　なぎさ
梨紗　りさ
理紗　りさ
更紗　さらさ
千紗　ちさ
里紗　りさ
莉紗　りさ
愛紗　あいさ
実紗　みさ
渚紗　なぎさ
知紗　ちさ
一紗　かずさ
未紗　みさ
和紗　かずさ
梓紗　あずさ

芽

め

優芽　ゆめ
結芽　ゆめ
夏芽　なつめ
由芽　ゆめ
彩芽　あやめ
侑芽　ゆめ
叶芽　かなめ
夢芽　ゆめ
友芽　ゆめ
柚芽　ゆめ
幸芽　こうめ
陽芽　ひめ
悠芽　ゆめ
絢芽　あやめ
倖芽　こうめ
采芽　あやめ

季

き

瑞季　みずき
紗季　さき
咲季　さき
沙季　さき
柚季　ゆずき
四季　しき
彩季　さき
珠季　たまき
桜季　さき
亜季　あき
光季　みつき
樹季　いつき
颯季　さつき
優季　ゆき
由季　ゆき
実沙季　みさき

唯 い

愛唯　めい
結唯　ゆい
芽唯　めい
真唯　まい
瑠唯　るい

理 り

愛理　あいり
朱理　あかり
恵理　えり
煌理　きらり
真理　まり

紀 き

咲紀　さき
美紀　みき
早紀　さき
沙紀　さき
有紀　ゆき

恵 え

萌恵　もえ
菜々恵　ななえ
百恵　ももえ
彩恵　さえ
愛恵　まなえ

未 み

愛未　まなみ
歩未　あゆみ
來未　くるみ
来未　くるみ
愛未　あいみ

和 わ

美和　みわ
紗和　さわ
沙和　さわ
咲和　さわ
実和　みわ

波 なみ

美波　みなみ
穂波　ほなみ
夏波　ななみ
那波　ななみ
千波　ちなみ

葵 き

瑞葵　みずき
柚葵　ゆずき
夏葵　なつき
咲葵　さき
紗葵　さき

南 な

瑠南　るな
陽南　ひな
杏南　あんな
心南　ここな
結南　ゆな

沙 さ

理沙　りさ
凪沙　なぎさ
梨沙　りさ
美沙　みさ
莉沙　りさ

璃 り

瑠璃　るり
明璃　あかり
愛璃　あいり
美璃　みり
珠璃　じゅり

弥 や

紗弥　さや
沙弥　さや
咲弥　さや
亜弥　あや
真弥　まや

加 か

彩加　あやか
愛加　あいか
桃加　ももか
悠加　はるか
遥加　はるか

亜 あ

優亜　ゆあ
優亜　ゆうあ
乃亜　のあ
美亜　みあ
紅亜　くれあ

読み別 漢字リスト

常用漢字や人名用漢字の中から、
名前にふさわしい漢字を選び、50音順に並べました。
男の子向け、女の子向け の漢字を合わせて紹介しています。
音読み・訓読みを主体とし、さまざまな漢和辞典の
名のり（人名に用いられる読み方）も入れています。

※漢字の下の数字は画数です。

あ行

あ　安6 有 亜7 吾 阿8 娃9

あい　娃9 挨10 愛13 藍18

あお　青8 蒼13 碧14

あおい　葵12

あか　朱6 赤7 明8 紅9

あかね　茜9

あき(ら)　旭6 明8 亮9 映 昭 秋 晃10 朗 哲 章11 彬 晶12 暁 陽 瑛 暉13 彰14 瞭17 顕18

あきら　亨7 明8 英 聖13 幌 輝15

あけ　朱6 明8 暁12 緋14

あさ　旭6 浅9 麻11 朝12

あさひ　旭6

あし　芦7

あずさ　梓11

あずま　東8

あつ　斡14

あつ(し)　厚9 純10 淳11 惇 敦12 温 渥 篤16

あや　文4 礼5 朱6 采8 紋10 彩11 絢12 綾14

あゆ　歩8 鮎16

あゆみ(あゆむ)　歩8

あらた　新13

あり　有6

あん　安6 杏7 案10 晏 庵11

あんず　杏7

い　以5 生 衣6 伊 似7 依8 委 威9 唯11 惟 尉 偉12 椅 維14 緯16

いお　庵11

いおり　庵11

いく　生5 行6 育8 郁9 幾12

いさ　功5 勇9 勲15

いさお　功5 勲15

いさみ(いさむ)　勇9

いずみ　泉9

いずる　出5

いたる　至6 到8 格10

いち　一1 市5 壱7

いちご　苺8

いつ　一1 逸11

いつき　樹16

いと　糸6 弦8 絃11 綸14

いわ(お)　岩8 磐15 巌20

う　右5 卯 宇6 有 羽 佑7 雨8

うい　初7

うた　唄10 詠12 詩13 歌14 謡16

うみ　海9

うめ　梅10

うら　裡12

うるう　閏12

うん　運12 雲

え　江6 衣 枝8 英 依 映9 栄 重 柄 恵10 笑 絵12 瑛 慧15 衛16

えい　永5 英8 映9 栄 詠12 営 瑛 鋭15 影 衛16

えつ　悦10 越12

えのき　榎14

えみ 笑10

えん 円4 延8 苑 遠13 園 薗16

お 小3 夫4 生5 央 男7 於8 郎9 音 朗10 雄12 緒14

おう 王4 央5 欧8 旺 桜10

おき 沖7 興16

おさむ 収4 司5 治8 修10 理11 統12

おと 乙1 音9 響20

おみ 臣7

おり 折7 織18

おん 苑8 音9 恩10 薗16

か行

か 日4 加5 可 花7 伽 佳8 果 茄 河 珈9 珂 迦 香 華10 夏 榎14 歌 嘉 駕15 霞17

が 牙4 我7 芽8 賀12 雅13

かい 介4 快7 改 恢9 海 開12 絵 魁14

がい 凱12 鎧18

かいり 浬10

かえで 楓13

かおる(かおり) 香9 薫16 馨20

かく 拡8 格10 覚12

がく 学8 岳 楽13

かけ(る) 駈15

かげ 景12 影15

かず 一1 和8 知 計9 数13

かすみ 霞17

かずら 葛12

かぜ 風9

かつ 且5 克7 活9 恰 勝12 葛

かつ(て) 曽11 曾12 嘗14

かつら 桂10

かな 奏9 哉

かなめ 要9

かね 兼10 謙17

かん 完7 冠9 柑 莞10 栞 菅11 貫 敢12 寛13 幹 歓15

がん 岩8 巌20

き 己3 木4 生5 気6 伎 企 希7 来 岐 季8 祈 枝 紀9 城 起10 記 姫 基11 埼 規 貴12 喜 稀 揮 幾 期 葵 暉13 綺14 旗 熙 畿15 輝 毅 槻 嬉 器 樹16 機 興 徽17 騎18

ぎ 伎6 宜8 祇9 義13 儀15

きく 掬11 菊 鞠17

きち 吉6

きぬ 衣6 絹13

きみ 公4 君7 卿12

きゅう 久3 及 究7 求 玖 笈10

きよ(し) 浄9 清11 淑 聖13 精14 潔15 澄

きょう 叶5 共6 匡 杏7 亨 享8 京 協 供 侠9 恭10 教11 強 梗 郷 卿12 喬 蕎15 興16 響20

きり 桐10 霧19

きん 均7 金8 欣 勤12 欽 錦16 謹17

ぎん 吟7 銀14

く 久3 玖7 来 紅9 駆14 駈15

くう 空8

くす(のき) 楠13

くず 葛12

くに 邦7 国8

くら 倉 10 蔵 15
くん 君 7 訓 10 勲 15
ぐん 軍 9 郡 10 群 13
けい 兄 5 圭 6 京 8 計 9 勁 奎 恵 10 桂 啓 11 経 渓 卿 12 敬 景 継 13 慶 15 慧
憩 16
けつ 傑 13
げつ 月 4
けん 建 9 研 兼 10 剣 拳 健 11 堅 12 絢 献 13 権 15 賢 16 謙 17 顕 18
げん 元 4 玄 5 弦 8 原 10 絃 11 現 源 13 厳 17
こ 子 3 己 小 乎 5 仔 来 7 胡 9 湖 12 鼓 13 瑚
ご 五 4 伍 6 吾 7 悟 10 梧 11 瑚 13 護 20
こい 恋 10
こう 工 3 公 4 広 5 弘 功 巧 甲 行 6 光 好 考 向 孝 7 宏 攻 幸 8 昊 厚 9 恒 恰 香 紅 郊 洸 虹 浩 10 晃 耕 高 貢 航 倖 紘 康 11 梗 皓 12 幌 13 煌 滉 構 14 綱 閤 縞 16 興 鋼 鴻 17
ごう 剛 10 郷 11 豪 14 轟 21
こずえ 梢 11 梶
こと 琴 12
こま 駒 15
これ 之 3 此 6 惟 11

さ行

さ 小 3 左 5 早 6 佐 7 作 沙 砂 9 咲 紗 10 彩 11 嵯 13 瑳 14
さい 才 3 斉 8 采 哉 9 宰 10 埼 11 彩 斎 菜
さえ 冴 7
さかえ 栄 9
さき 早 6 先 咲 9 埼 11
さく 作 7 咲 9 索 10 朔 策 12
さくら 桜 10
さざなみ 漣 14
さずく 授 11
さだ 定 8 貞 9 禎 13
さだむ 定 8
さち 幸 8 倖 10 祥
さと 里 7 郷 11
さと(し) 知 8 怜 哲 10 悟 敏 覚 12 智 達 聖 13 聡 14 賢 16 論
さと(る) 了 2 知 8 哲 10 悟 敏 惺 12 覚 智 達 聖 13 聡 14 慧 15 賢 16
さね 実 8 真 10
さら 更 7
さん 珊 9 撰 15 讃 22
し 士 3 仔 5 史 司 示 四 市 糸 6 志 7 孜 施 9 思 詞 12 紫 獅 13 詩 資 嗣
じ 二 2 示 5 次 6 児 7 治 8 滋 12 蒔 13 慈 路 爾 14
しい 椎 12
しお 汐 6 潮 15
しおり 栞 10
しき 式 6 色 識 19
しげ(る) 成 6 茂 8 重 9 滋 12 慈 13 繁 16
しず(か) 静 14

じつ 実 8
しな 品 9 科
しの 篠 17
しのぶ 忍 7 偲 11
しま 嶋 14 縞 16
しゅ 朱 6 珠 10 趣 15
じゅ 寿 7 受 8 珠 10 樹 16
しゅう 収 4 州 6 舟 秀 7 周 8 宗 秋 9 洲 柊 修 10 習 11 脩 集 12 萩 蹴 19
じゅう 十 2 充 6 重 9 柔
しゅく 叔 8 祝 9 淑 11
しゅん 旬 6 春 9 俊 隼 10 峻 竣 12 舜 13 楯 馴 駿 17 瞬 18
じゅん 旬 6 洵 9 隼 10 純 淳 11 惇 閏 12 順 楯 13 準 馴 詢 潤 15 醇 諄
じょ 女 3 如 6
しょう 正 5 匠 6 肖 7 抄 尚 8 昇 承 昌 昭 9 省 将 10 祥 称 章 11 渉 梢 唱 菖 笙 翔 12 勝 晶 湘 照 13 奨 頌 嘗 14 彰 蕉 15
じょう 丈 3 丞 6 定 8 常 11 嘗 14 錠 16 壌 穣 18 譲 20
しん 心 4 申 5 伸 7 臣 芯 信 9 真 10 訊 晋 秦 進 11 紳 晨 深 慎 13 新 榛 14 親 16 薪
じん 人 2 仁 4 壬 尽 6 甚 9 訊 10 陣 尋 12
す 州 6 寿 7 洲 9 素 10 須 12 諏 15
ず 逗 11 鶴 21
すい 水 4 翠 14
ずい 随 12 瑞 13
すえ 末 5 季 8
すが 菅 11
すぎ 杉 7
すぐる 卓 8 英 俊 9 傑 13 優 17
すけ 介 4 丞 6 助 7 佑 昌 8 亮 9 祐 宥 相 資 13 輔 14
すず 涼 11 鈴 13 錫 16
すすむ 晋 10 進 11
すばる 昴 9
すみ 純 10 栖 淑 11 澄 15
せ 世 5 瀬 19
せい 井 4 正 5 生 成 6 西 青 8 斉 征 省 9 政 星 晟 10 清 11 盛 惺 12 晴 誠 13 勢 聖 靖 精 14 誓 静
せき 夕 3 石 5 汐 6 隻 10 績 17
せつ 雪 11 節 13 説 14
せり 芹 7
せん 千 3 川 仙 5 宣 9 茜 泉 専 扇 10 船 11 撰 15 鮮 17
ぜん 全 6 善 12 然 禅 13
そ 素 10 曽 11 曾 12
そう 双 4 壮 6 宋 7 走 宗 8 相 9 奏 草 荘 倉 10 曽 11 爽 窓 創 12 惣 湊 想 13 聡 14 総 綜 叢 18
ぞう 三 3 造 10 蔵 15
その

苑 8　園 13　薗 16

そめ　染 9

そら　空 8　宙

た行

た　大 3　太 4　多 6　汰 7

たい　大 3　太 4　汰 7　泰 10

だい　大 3　醍 16

たいら　平 5

たえ　妙 7

たか　考 6　啓 11　鷹 24

たか(し)　天 4　孝 7　尭 8　峻 10　高　崇 11　隆　喬 12　敬　貴　尊　嵩 13

たく　卓 8　拓　琢 11

たくみ　工 3　巧 5　匠 6

たけ　丈 3　竹 6　岳 8　偉 12　嵩 13

たけ(し)　武 8　孟　長　威 9　剛 10　赳　健 11　猛　雄 12　豪 14　毅 15

たすく　匡 6　助 7　佑　輔 14　翼 17

たず(ねる)　訊 10

ただ　祇 9　唯 11　惟　維 14

ただ(し)　中 4　正 5　匡 6　忠 8　貞 9　真 10

ただす　匡 6

たつ　立 5　辰 7　建 9　竜 10　達 12　龍 16

たつき　樹 16

たて　楯 13

たま　玉 5　珠 10　球 11

たまき　環 17

たみ　民 5

たもつ　保 9

ち　千 3　地 6　池　茅 8　知　治　致 10　智 12　稚 13　馳

ちか　史 5　近 7　周 8　睦 13　愛　誓 14　親 16

ちから　力 2

ちく　竹 6　築 16

ちゅう　中 4　仲 6　沖 7　忠 8　宙

ちょう　丁 2　兆 6　長 8　重 9　挺 10　彫 11　張　朝 12　超　蝶 15

つ　津 9　都 11

つかさ　司 5

つき　月 4　槻 15

つぎ　次 6　嗣 13

つぐ　二 2　次 6　亜 7　継 13　嗣

つとむ　努 7　勉 10　務 11　勤 12

つな　綱 14

つね　恒 9　常 11

つばき　椿 13

つばさ　翼 17

つぶら　円 4　圓 13

つや　艶 19

つゆ　露 21

つよし　威 9　剛 10　強 11　健　猛　豪 14　毅 15

つら　連 10　貫 11

つる　鶴 21

で　出 5

てい　丁 2　汀 5　定 8　貞 9　挺 10　悌　逞 11　禎 13　醍 16

てつ　哲 10　鉄 13　徹 15

てる　映 9　照 13　暉　輝 15

てん　天 4　典 8　展 10

でん　伝 6

と　十 2　人　斗 4　杜 7　飛 9　都 11　渡 12　登

とう　刀 2　冬 5　灯 6　東 8　到　桐 10　桃　透　陶 11　萄　登 12　統　董　嶋 14　橙 16　瞳 17　藤 18

どう　桐 10　堂 11　道 12

とおる　亨 7　透 10　通　徹 15

とき　迅 6　時 10

とく　督 13　徳 14　篤 16

とし　年 6　利 7　寿　俊 9　敏 10　淑 11　稔 13　駿 17

とみ　富 12

とも　友 4　共 6

伴 7 供 8 朋 知 倫 10 智 12 朝 **ともえ** 巴 4 **とよ** 豊 13 **とら** 虎 8 寅 11

な行

な 名 6 那 7 奈 8 南 9 菜 11 梛 **なえ** 苗 8 **なお** 尚 8

直 **なか** 中 4 央 5 仲 6 **なが** 永 5 長 8 **なぎ** 凪 6 **なぎさ** 汀 5 渚 11 **なつ** 夏 10 捺 11 **なな** 七 2 **なみ** 波 8 浪 10 **なり** 也 3 成 6 **なる** 成 6 鳴 14 **な(れる)** 馴 13

に 仁 4 弐 6 似 7 **にい** 新 13 **にぎ(わい)** 賑 14 **にじ** 虹 9 **にしき** 錦 16 **にょ** 女 3 如 6 **ね** 祢 9 音 根 10 峯 嶺 17 **ねん** 年 6 念 8 稔 13 **の** 乃 2 之 3 野 11

埜 **のぞみ** 望 11 **のどか** 和 8 **のぶ** 申 5 伸 7 延 8 信 9 宣 展 10 順 12 暢 14 **のぼる** 上 3 昇 8 登 12 **のり** 法 8 典 則 9 紀 乗 矩 10 倫 記 規 11 教

尋 12 徳 14 範 15 憲 16 **の(る)** 駕 15

は行

は 巴 4 羽 6 波 8 葉 12 播 15 **ばい** 苺 8 **はぎ** 萩 12 **はく** 白 5 伯 7 拍 8 博 12 **ばく** 麦 7 **はし** 橋 16

はじめ 一 1 元 4 初 7 始 8 朔 10 肇 14 **は(せる)** 馳 13 **はた** 秦 10 旗 14 機 16 **はつ** 初 7 発 9 **はな** 花 7 英 8 華 10 **はま** 浜 10 **はや** 早 6 迅 速 10 逸 11 **はやお** 駿 17

はやと(はやぶさ) 隼 10 **はり** 梁 11 **はる** 治 8 春 9 晴 12 陽 **はる(か)** 遥 12 遙 14 **はるか** 悠 11 **はん** 半 5 帆 6 汎 伴 7 絆 11 磐 15 範 繁 16 **ばん** 播 15 磐 **ひ** 比 4

日 妃 6 灯 飛 9 陽 12 緋 14 **び** 美 9 **ひい** 曾 12 **ひかり** 光 6 **ひかる** 光 6 晃 10 **ひこ** 彦 9 **ひさ(し)** 久 3 永 5 寿 7 玖 尚 8 **ひし** 菱 11 **ひじり** 聖 13 **ひで** 秀 7

英 8 **ひと** 一 1 人 2 仁 4 **ひとし** 一 1 仁 4 均 7 斉 8 等 12 **ひとみ** 眸 11 瞳 17 **ひびき** 響 20 **ひら** 平 5 **ひらめ(く)** 閃 10 **ひろ** 宥 9 緩 15 優 17 **ひろ(い)** 汎 6 **ひろ(し)** 大 3 広 5

弘 宏 7 洋 9 洸 浩 10 紘 啓 11 裕 12 博 寛 13 滉 **ひろむ** 弘 5 啓 11 博 12 **ふ** 不 4 布 5 扶 7 芙 吹 歩 8 冨 11 富 12 普 **ぶ** 武 8 葡 12 舞 15

蕪
ふう 風 9 楓 13
ふく 福 13
ふさ 房 8
ふじ 藤 18
ふとし 太 4
ふみ 文 4 史 5 郁 9
ふゆ 冬 5
ぶん 文 4
へい 平 5 兵 7
べに 紅 9
べん 勉 10
ほ 帆 6 甫 7 歩 8 保 9 圃 10 葡 12 蒲 13 輔 14 穂 15
ほう 方 4 邦 7 芳 宝 8 朋 法 峰 10 峯 逢 11 萌 豊 13
ぼう 望 11
ほく 北 5
ほし 星 9
ほたる 蛍 11
ほまれ 誉 13
ほろ 幌 13

ま行

ま 万 3 茉 8 馬 10 真 麻 11 摩 15 磨 16
まい 舞 15
まいる 哩 10
まき 牧 8 槇 14 薪 16
ま(く) 巻 9 播 15
まこと 允 4 実 8 信 9 真 10 誠 13
まさ 公 4 正 5 匡 6 昌 8 政 9 柾 真 10 将 雅 13 優 17
まさし 正 5 政 9 雅 13
まさ(に) 祇 9
まさる 大 3 卓 8 勝 12 優 17
ます 益 10 増 14
まち 町 7 待 9 街 12
まつ 末 5 松 8
まど 円 4 窓 11 圓 13
まどか 円 4 圓 13
まなぶ 学 8
まもる 守 6 保 9 衛 16 護 20
まゆ 繭 18
まり 毬 11 鞠 17
まる 丸 3
まん 万 3 満 12
み 三 3 巳 水 4 未 5 見 7 弥 8 実 美 9 海 視 11 幹 13 魅 15
みお 澪 16
みき 幹 13
みぎわ 汀 5
みさお 操 16
みさき 岬 8
みず 水 4 瑞 13
みち 充 6 通 10 倫 道 12 満 路 13
みつ 三 3 充 6 光 貢 10 満 12 蜜 14
みつぐ 貢 10
みつる 充 6 光 満 12
みどり 緑 14 翠 碧
みな 皆 9
みなと 港 12 湊
みなみ 南 9
みね 峰 10 峯 嶺 17
みのる 実 8 稔 13 穣 18
みやこ 京 8 都 11
みやび 雅 13
みゆき 幸 8
む 六 4 武 8 務 11 夢 13 霧 19
むつ 六 4 陸 11 睦 13
むつみ 睦 13
むね 宗 8 棟 12
むらさき 紫 12
め 女 3 芽 8
めい 明 8 命 盟 13 銘 14
めぐ 恵 10
めぐ(る) 斡 14
めぐみ 恵 10
も 茂 8 萌 11
もう(でる) 詣 13
もえ 萌 11
もと 元 4 本 5 素 10 朔 基 11
もとい 基 11
もとむ 求 7 要 9
もみじ 椛 11
もも 百 6 桃 10
もり 守 6 杜 7 盛 11 森 12 護 20
もん 文 4 門 8 紋 10

や行

や 八 2 也 3 乎 5

矢 冶 7 弥 8 夜 耶 9 哉 野 11 椰 13

やす 晏 10 廉 13

やす(し) 安 6 保 9 泰 10 恭 康 11 靖 13 寧 14

やな 梁 11

ゆ 愉 12 諭 16

ゆ(う) 夕 3 友 4 由 5 佑 7 柚 9 悠 11 裕 12 結 遊 優 17

ゆい 唯 11 惟 結 12

ゆう 右 5 有 6 邑 7 侑 8 勇 9 宥 柚 祐 湧 12 雄 釉 優 17

ゆき 之 3 行 6 幸 8 征 雪 11

ゆずる 譲 20

ゆたか 裕 12 豊 13 穣 18

ゆみ 弓 3

ゆめ 夢 13

よ 与 3 予 4 四 5 世 代 余 7 夜 8 誉 13 興 17

よい 宵 10

よう 要 9 洋 容 10 庸 11 陽 12 葉 蓉 13 瑶 楊 遙 14 養 15 謡 16 曜 18 燿 耀 20

よし 由 5 吉 6 好 良 7 芳 芦 佳 8 宜 宣 9 美 純 10 恵 祥 啓 11 善 12 喜 義 13 嘉 14 慶 15

より 依 8 頼 16

ら行

ら 良 7 螺 17 羅 19

らい 礼 5 来 7 徠 11 雷 13 頼 16 蕾

らん 嵐 12 藍 18 蘭 19

り 利 7 里 李 哩 10 浬 莉 理 11 梨 裡 12 璃 15

りき 力 2

りく 陸 11

りつ 立 5 律 9

りゅう 柳 9 流 10 留 竜 笠 11 隆 琉 劉 15 龍 16

りょう 了 2 良 7 亮 9 凌 10 竜 梁 11 涼 菱 量 12 稜 13 領 14 綾 僚 遼 15 諒 龍 16 瞭 17

りん 林 8 俐 9 倫 10 琳 12 鈴 13 稟 綸 14 凜 15 凛 臨 18 麟 24

る 流 10 留 琉 11 瑠 14

るい 塁 12 類 18

れい 令 5 礼 伶 7 励 怜 8 玲 9 羚 11 鈴 13 澪 16 嶺 17 麗 19

れん 連 10 恋 廉 13 蓮 漣 14 錬 16

ろ 芦 7 呂 侶 9 路 13 蕗 16 露 21 鷺 24

ろう 郎 9 朗 10 浪 狼

ろん 論 15

わ行

わ 和 8 輪 15 環 17

わか 若 8 稚 13

わたる 亘 6 航 10 渉 11 渡 12

GIRL'S NAME

第3章

イメージから選ぶ女の子の名前

こんな雰囲気の名前にしたい、
親の願いを込めた名前にしたい…。
そんなイメージから名前を考えたい人は、
この章を活用してください。
さまざまなイメージや親の願いから
連想される漢字、名前例を挙げています。

※本書では、仮成数(P.339)を加えて吉数にする場合も考えて、
画数としてそのままでは吉数ではない名前例も掲載しています。

好きなことや希望から連想する!

イメージから名前を考えよう

生まれてくる子どもを思い浮かべ、そのイメージに合った漢字を選び出しましょう。
その思いを込めた漢字から、名前の組み合わせを考えていくのがこの方法です。

子どもへの思いを込めた漢字から名前を連想しよう

幸せ、健康、美しさ、優しさ、たくましさ……。子どもに託したい願いは人それぞれです。

まずは、子どもに願うこと、誕生にまつわる思い出など、思いつくことを次々と書き出していきましょう。そして、イメージが固まってきたら、それに合う漢字や音の響きを抜き出し、文字を組み合わせていきます。

次のページからは、代表的なイメージと、そのイメージに合う漢字、そして名前例を紹介しています。名前はわが子への最初のプレゼントなので、親の愛情を込めた思いをイメージに託し、すてきな名前を考えてあげましょう。

イメージから選ぶ名づけのコツ

1 思いつくままイメージを考える

子どもに願うこと、誕生にまつわる思い出などを、思いつくままにどんどん、頭に思い描いてみましょう。

↓

2 言葉を書き出し、意味を調べよう

連想した言葉を書き出してみましょう。辞書で意味を調べると、イメージがさらにまとまってきます。

↓

3 イメージに合う漢字を選んでみよう

イメージどおりの意味や響きを持つ漢字をあてはめていきます。画数もチェックしておくといいでしょう。

↓

4 候補を絞り込んで名前を決定!

候補を絞り込んだら、姓とのバランス、書きやすさ、呼びやすさなどを総合的に見て、決定します。

※漢字の右側の数字は、それぞれの画数になります。名前の下の数字は地格です。
※漢字の持つ意味は、P.255からの「画数別おすすめ漢字リスト」や、お持ちの漢和辞典を参照してください。
※名前は実例ですので、あて字も含まれています。ご了承ください。

Image Keyword

春

新しい命が芽吹く強さと
やわらかな春の日ざしを
併せ持つ人に

イメージ漢字

陽 12	爽 11	華 10	風 9	花 7
颯 14	菫 11	桜 10	春 9	芽 8
麗 19	萌 11	菜 11	桃 10	若 8

春	9	はる	9
菫	11	すみれ	11
春乃	9・2	はるの	11
小春	3・9	こはる	12
千風	3・9	ちかぜ	12
千春	3・9	ちはる	12
桃乃	10・2	ももの	12
桜子	10・3	さくらこ	13
爽乃	11・2	さやの	13
芽生	8・5	めい	13
萌乃	11・2	もえの	13
桃子	10・3	ももこ	13
陽乃	12・2	はるの	14
芽衣	8・6	めい	14
春花	9・7	はるか	16
桃衣	10・6	ももえ	16
百華	6・10	ももか	16
若奈	8・8	わかな	16
爽那	11・7	さわな	18
春香	9・9	はるか	18
風香	9・9	ふうか	18
美風	9・9	みかぜ	18
萌那	11・7	もえな	18
萌里	11・7	もえり	18
桃果	10・8	ももか	18
唯花	11・7	ゆいか	18
萌果	11・8	もえか	19
爽香	11・9	さやか	20
春菜	9・11	はるな	20
陽奈	12・8	ひな	20
結芽	12・8	ゆめ	20
若葉	8・12	わかば	20
彩華	11・10	あやか	21
陽香	12・9	はるか	21
陽音	12・9	はるね	21
陽咲	12・9	ひさき	21
桃菜	10・11	ももな	21
瑠花	14・7	るか	21
陽菜	12・11	ひな	23
結菜	12・11	ゆいな	23
颯姫	14・10	さつき	24
穂乃花	15・2・7	ほのか	24
優花	17・7	ゆうか	24
陽菜乃	12・11・2	ひなの	25
瑠菜	14・11	るな	25
麗奈	19・8	れいな	27
美麗	9・19	みれい	28
麗華	19・10	れいか	29

Image Keyword

夏

明るく、すがすがしく
はつらつとした
イメージの人に

イメージ漢字

葉 12	涼 11	南 9	虹 9	帆 6
蓮 13	葵 12	夏 10	風 9	波 8
榎 14	陽 12	蛍 11	海 9	雨 8

名前	画数	読み	総画
南	9	みなみ	9
千波	3・8	ちなみ	11
七海	2・9	ななみ	11
小夏	3・10	こなつ	13
志帆	7・6	しほ	13
涼乃	11・2	すずの	13
夏月	10・4	なつき	14
香帆	9・6	かほ	15
葉子	12・3	ようこ	15
夏帆	10・6	かほ	16
虹花	9・7	にじか	16
葉月	12・4	はづき	16
双葉	4・12	ふたば	16
莉帆	10・6	りほ	16
雨音	8・9	あまね	17
夏希	10・7	なつき	17
美雨	9・8	みう	17
美波	9・8	みなみ	17
奏海	9・9	かなみ	18
柑南	9・9	かんな	18
紗波	10・8	さなみ	18
涼那	11・7	すずな	18
真波	10・8	まなみ	18
美南	9・9	みなみ	18
沙葵	7・12	さき	19
夏海	10・9	なつみ	19
涼音	11・9	すずね	20
美涼	9・11	みすず	20
佳蓮	8・13	かれん	21
陽南	12・9	ひな	21
柚葵	9・12	ゆずき	21
柚葉	9・12	ゆずは	21
夏葵	10・12	なつき	22
夏葉	10・12	なつは	22
愛海	13・9	まなみ	22
夏蓮	10・13	かれん	23
涼葉	11・12	すずは	23
穂波	15・8	ほなみ	23
瑠南	14・9	るな	23
琴葉	12・12	ことは	24
桃榎	10・14	ももか	24
結葵	12・12	ゆうき	24
瑠夏	14・10	るか	24
彩榎	11・14	あやか	25
絵蓮	12・13	えれん	25
夏凜	10・15	かりん	25
瑞葵	13・12	みずき	25
優南	17・9	ゆうな	26

Image Keyword

秋

移りゆく自然の美しさと、
実り多き人生を
イメージして

イメージ漢字

漢字	画数
夕	3
月	4
実	8
秋	9
紅	9
爽	11
菊	11
梨	11
椛	11
萩	12
萄	12
楓	13
稔	13
澄	15
穂	15

名前	各字の画数	読み	総画
月乃	4・2	つきの	6
実夕	8・3	みゆ	11
夕依	3・8	ゆい	11
夕奈	3・8	ゆうな	11
夕芽	3・8	ゆめ	11
千秋	3・9	ちあき	12
奈月	8・4	なつき	12
夕海	3・9	ゆうみ	12
楓	13	かえで	13
美月	9・4	みづき	13
夕華	3・10	ゆうか	13
梨乃	11・2	りの	13
紗月	10・4	さつき	14
小萩	3・12	こはぎ	15
深月	11・4	みづき	15
秋花	9・7	しゅうか	16
結月	12・4	ゆづき	16
梨央	11・5	りお	16
穂乃	15・2	ほの	17
実咲	8・9	みさき	17
梨帆	11・6	りほ	17
千穂	3・15	ちほ	18
美紅	9・9	みく	18
実結	8・12	みゆ	20
梨音	11・9	りおん	20
梨咲	11・9	りさ	20
香萄	9・12	かほ	21
愛実	13・8	まなみ	21
実乃梨	8・2・11	みのり	21
美萄	9・12	みほ	21
梨紗	11・10	りさ	21
志穂	7・15	しほ	22
澄花	15・7	すみか	22
楓香	13・9	ふうか	22
果澄	8・15	かすみ	23
佳穂	8・15	かほ	23
愛梨	13・11	あいり	24
香澄	9・15	かすみ	24
咲穂	9・15	さきほ	24
楓菜	13・11	ふうな	24
美澄	9・15	みすみ	24
真澄	10・15	ますみ	25
真穂	10・15	まほ	25
実優	8・17	みひろ	25
菜穂	11・15	なほ	26
穂乃香	15・2・9	ほのか	26
梨穂	11・15	りほ	26
穂奈実	15・8・8	ほなみ	31

Image Keyword

冬

澄みきった
冬の空気のように
ピュアな心を持つ人に

イメージ漢字

冬5 冴7 芹7 初7 柊9 星9 玲9 純10 清11 雪11 温12 聖13 睦13 凜15 凛15

名前	画数	読み	総画
柊子	9・3	とうこ	12
実冬	8・5	みふゆ	13
雪乃	11・2	ゆきの	13
小雪	3・11	こゆき	14
美冬	9・5	みふゆ	14
可純	5・10	かすみ	15
冴弥	7・8	さや	15
芹佳	7・8	せりか	15
芹奈	7・8	せりな	15
千温	3・12	ちはる	15
初実	7・8	はつみ	15
冬華	5・10	ふゆか	15
初佳	7・8	もとか	15
冴香	7・9	さえか	16
芹香	7・9	せりか	16
芹南	7・9	せりな	16
千聖	3・13	ちさと	16
初音	7・9	はつね	16
美冴	9・7	みさえ	16
深冬	11・5	みふゆ	16
純花	10・7	あやか	17
星奈	9・8	せいな	17
玲奈	9・8	れいな	17
清花	11・7	きよか	18
柊香	9・9	しゅうか	18
純奈	10・8	じゅんな	18
星南	9・9	せいな	18
美玲	9・9	みれい	18
柊華	9・10	しゅうか	19
星華	9・10	せいか	19
温花	12・7	はるか	19
玲華	9・10	れいか	19
清音	11・9	きよね	20
純華	10・10	すみか	20
睦希	13・7	むつき	20
雪音	11・9	ゆきね	20
玲菜	9・11	れいな	20
紗雪	10・11	さゆき	21
純菜	10・11	じゅんな	21
聖奈	13・8	せいな	21
睦実	13・8	むつみ	21
雪華	11・10	ゆきか	21
美聖	9・13	みさと	22
雪菜	11・11	ゆきな	22
聖華	13・10	きよか	23
凜佳	15・8	りんか	23
凜音	15・9	りんね	24
華凜	10・15	かりん	25

Image Keyword

大地

おおらかに包み込む
大地のような
存在感のある人に

イメージ漢字

悠 11	野 11	砂 9	実 8	広 5
颯 14	菜 11	咲 9	苑 8	沙 7
樹 16	萌 11	恵 10	牧 8	花 7

千咲	3・9	ちさき	12
咲月	9・4	さつき	13
千恵	3・10	ちえ	13
悠乃	11・2	ゆうの	13
沙希	7・7	さき	14
叶恵	5・10	かなえ	15
咲妃	9・6	さき	15
沙奈	7・8	さな	15
砂羽	9・6	さわ	15
志苑	7・8	しおん	15
真広	10・5	まひろ	15
咲希	9・7	さき	16
沙耶	7・9	さや	16
野乃子	11・2・3	ののこ	16
美沙	9・7	みさ	16
萌末	11・5	もえみ	16
百恵	6・10	ももえ	16
美苑	9・8	みその	17
萌衣	11・6	めい	17
芽咲	8・9	めいさ	17
沙彩	7・11	さあや	18
美砂	9・9	みさ	18
美咲	9・9	みさき	18
悠花	11・7	ゆうか	18
理沙	11・7	りさ	18
沙絢	7・12	さあや	19
悠奈	11・8	ゆうな	19
理苑	11・8	りおん	19
咲菜	9・11	さな	20
野乃花	11・2・7	ののか	20
恵理	10・11	えり	21
紗野	10・11	さや	21
詩苑	13・8	しおん	21
夏萌	10・11	なつめ	21
悠莉	11・10	ゆうり	21
莉野	10・11	りの	21
彩萌	11・11	あやめ	22
悠菜	11・11	ゆうな	22
杏樹	7・16	あんじゅ	23
樹里	16・7	じゅり	23
咲穂	9・15	さほ	24
詩野	13・11	しの	24
恵里奈	10・7・8	えりな	25
沙織	7・18	さおり	25
樹音	16・9	じゅね	25
美樹	9・16	みき	25
樹莉	16・10	じゅり	26
樹梨菜	16・11・11	じゅりな	38

Image Keyword

海・水

壮大な海の広がり、
水辺のさわやかさを
イメージした人に

イメージ漢字

澄 15	清 11	流 10	帆 6	水 4
潤 15	尋 12	浬 10	沙 7	汐 6
潮 15	湘 12	渚 11	波 8	凪 6

七帆	2・6	ななほ	8
水月	4・4	みづき	8
小波	3・8	こなみ	11
史帆	5・6	しほ	11
渚	11	なぎさ	11
水希	4・7	みずき	11
沙帆	7・6	さほ	13
汐里	6・7	しおり	13

凪沙	6・7	なぎさ	13
水咲	4・9	みさき	13
未波	5・8	みなみ	13
浬子	10・3	りこ	13
帆波	6・8	ほなみ	14
里沙	7・7	りさ	14
彩水	11・4	あやみ	15
沙也加	7・3・5	さやか	15

沙和	7・8	さわ	15
汐音	6・9	しおね	15
知沙	8・7	ちさ	15
千尋	3・12	ちひろ	15
那波	7・8	ななみ	15
南帆	9・6	なほ	15
美凪	9・6	みなぎ	15
紗帆	10・6	さほ	16

汐莉	6・10	しおり	16
凪紗	6・10	なぎさ	16
奈波	8・8	ななみ	16
水葵	4・12	みずき	16
汐梨	6・11	しおり	17
波音	8・9	なみね	17
莉沙	10・7	りさ	17
沙菜	7・11	さな	18

結凪	12・6	ゆな	18
浬奈	10・8	りな	18
流依	10・8	るい	18
流音	10・9	るね	19
美尋	9・12	みひろ	21
水優	4・17	みゆう	21
浬菜	10・11	りな	21
花澄	7・15	かすみ	22

真尋	10・12	まひろ	22
愛流	13・10	あいる	23
潤奈	15・8	じゅんな	23
澄佳	15・8	すみか	23
麻尋	11・12	まひろ	23
静流	14・10	しずる	24
夏澄	10・15	かすみ	25
沙耶香	7・9・9	さやか	25

Image Keyword

空・宇宙

どこまでも広がる
可能性を秘めた
人になりますように

イメージ漢字

輝 15	恒 9	空 8	宇 6	月 4
	星 9	宙 8	来 7	未 5
	陽 12	昊 8	果 8	世 5

未央	5・5	みお	10
千宙	3・8	ちひろ	11
月花	4・7	つきか	11
由宇	5・6	ゆう	11
来未	7・5	くるみ	12
沙世	7・5	さよ	12
未来	5・7	みき	12
弥月	8・4	みつき	12
世奈	5・8	せな	13
月音	4・9	つきね	13
知世	8・5	ともよ	13
未空	5・8	みそら	13
美月	9・4	みつき	13
未宙	5・8	みひろ	13
柚月	9・4	ゆづき	13
美世	9・5	みよ	14
珠世	10・5	たまよ	15
千陽	3・12	ちはる	15
月菜	4・11	つきな	15
菜月	11・4	なつき	15
美宇	9・6	みう	15
青空	8・8	あおぞら	16
彩世	11・5	あやせ	16
果歩	8・8	かほ	16
咲来	9・7	さき	16
星花	9・7	せいか	16
星那	9・7	せいな	16
星良	9・7	せいら	16
月葉	4・12	つきは	16
結月	12・4	ゆつき	16
理世	11・5	りせ	16
空美	8・9	そらみ	17
美空	9・8	みそら	17
美宙	9・8	みひろ	17
夢月	13・4	むつき	17
百々果	6・3・8	ももか	17
愛世	13・5	まなせ	18
愛未	13・5	まなみ	18
真宙	10・8	まひろ	18
美星	9・9	みほし	18
愛果	13・8	あいか	21
陽向子	12・6・3	ひなこ	21
楓果	13・8	ふうか	21
美陽	9・12	みお	21
果穂	8・15	かほ	23
遥陽	12・12	はるひ	24
紗輝	10・15	さき	25
優果	17・8	ゆうか	25

Image Keyword

光・風

まわりを照らし、
さわやかな風を吹かせる
人をイメージして

イメージ漢字

光 6	映 9	爽 11	晴 12	颯 14
明 8	晃 10	涼 11	陽 12	舞 15
風 9	晄 10	晶 12	暉 13	輝 15

明子	8・3	あきこ	11
千明	3・8	ちあき	11
風子	9・3	ふうこ	12
晃子	10・3	あきこ	13
映月	9・4	はづき	13
光希	6・7	みつき	13
涼子	11・3	りょうこ	14
明里	8・7	あかり	15
千晶	3・12	ちあき	15
千晴	3・12	ちはる	15
晴子	12・3	はるこ	15
陽子	12・3	ようこ	15
明奈	8・8	あきな	16
明歩	8・8	あきほ	16
風花	9・7	ふうか	16
光姫	6・10	みつき	16
明音	8・9	あかね	17
涼羽	11・6	すずは	17
涼帆	11・6	すずほ	17
明莉	8・10	あかり	18
風音	9・9	かざね	18
舞子	15・3	まいこ	18
光稀	6・12	みつき	18
光葉	6・12	みつは	18
涼花	11・7	りょうか	18
風夏	9・10	ふうか	19
晶奈	12・8	あきな	20
爽華	11・10	さやか	21
涼華	11・10	すずか	21
晴香	12・9	はるか	21
舞衣	15・6	まい	21
舞羽	15・6	まいは	21
舞帆	15・6	まほ	21
美晴	9・12	みはる	21
陽奈乃	12・8・2	ひなの	22
舞花	15・7	まいか	22
明璃	8・15	あかり	23
明穂	8・15	あきほ	23
晴菜	12・11	はるな	23
陽奈子	12・8・3	ひなこ	23
舞奈	15・8	まな	23
咲輝	9・15	さき	24
舞美	15・9	まいみ	24
舞耶	15・9	まや	24
美輝	9・15	みき	24
夏輝	10・15	なつき	25
瑞輝	13・15	みずき	28
舞優	15・17	まひろ	32

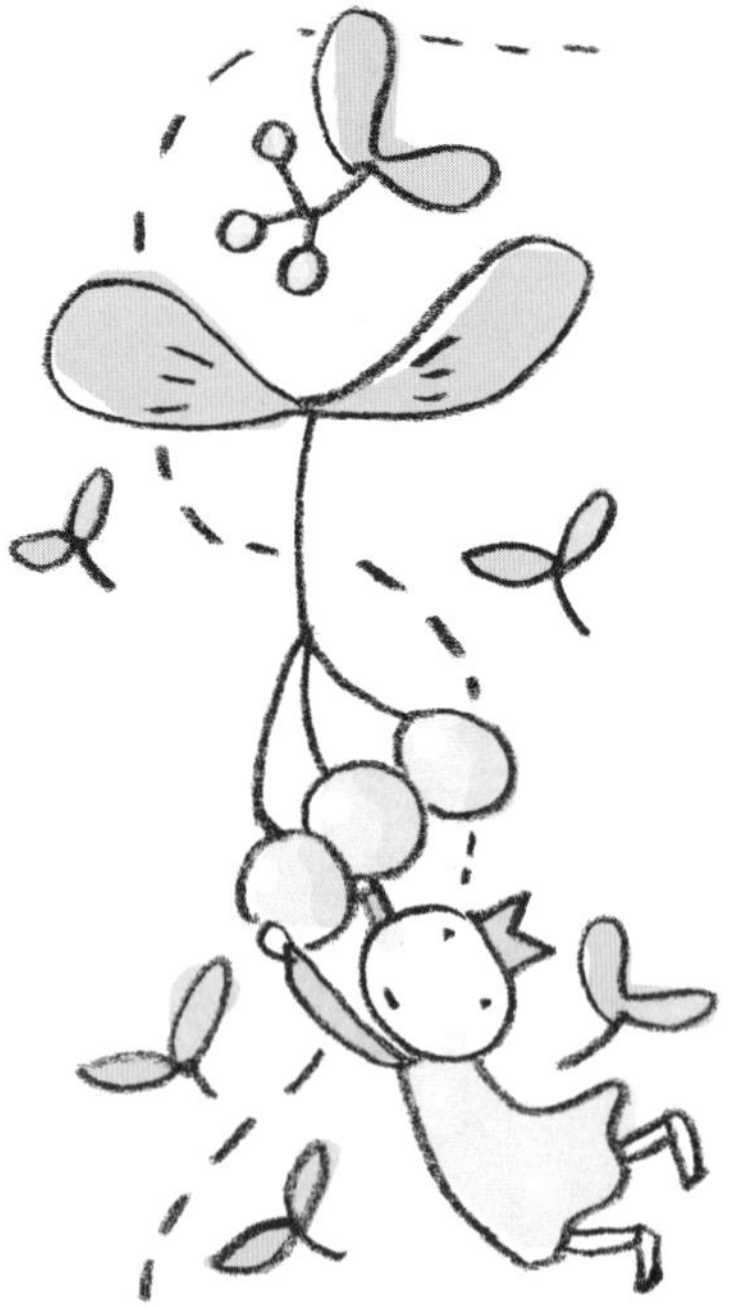

佳乃	8 2	かの	10
佳子	8 3	かこ	11
千佳	3 8	ちか	11
弓佳	3 8	ゆみか	11
佳乃子	8 2 3	かのこ	13
偲乃	11 2	しの	13
史佳	5 8	ふみか	13
由佳	5 8	ゆか	13
夢	13	ゆめ	13
佳帆	8 6	かほ	14
百佳	6 8	ももか	14
花佳	7 8	はなか	15
瑞乃	13 2	みずの	15
夢乃	13 2	ゆめの	15
里佳	7 8	りか	15
佳奈	8 8	かな	16
佳歩	8 8	かほ	16
帆乃佳	6 2 8	ほのか	16
美佳	9 8	みか	17
佳恋	8 10	かれん	18
桃佳	10 8	ももか	18
瑞妃	13 6	みずき	19
夢羽	13 6	ゆめは	19
聖良	13 7	せいら	20
瑞希	13 7	みずき	20
夢花	13 7	ゆめか	20
夢那	13 7	ゆめな	20
愛佳	13 8	あいか	21
聖奈	13 8	きよな	21
瑞歩	13 8	みずほ	21
夢佳	13 8	ゆめか	21
夢奈	13 8	ゆめな	21
來夢	8 13	らいむ	21
聖香	13 9	きよか	22
夢香	13 9	ゆめか	22
夢音	13 9	ゆめね	22
聖華	13 10	せいか	23
舞佳	15 8	まいか	23
瑞姫	13 10	みずき	23
夢華	13 10	ゆめか	23
莉夢	10 13	りむ	23
聖菜	13 11	せいな	24
瑞菜	13 11	みずな	24
夢菜	13 11	ゆめな	24
梨夢	11 13	りむ	24
瑞葉	13 12	みずは	25
莉里佳	10 7 8	りりか	25
瑞穂	13 15	みずほ	28

Image Keyword

幻想

神秘的な魅力を
兼ね備えた
ロマンチストに

イメージ漢字

瑞 13	想 13	佳 8
聖 13	夢 13	偲 11
憧 15	路 13	覚 12

Image Keyword

草・木

すくすくのびやかに
成長していく
自然体のイメージ

イメージ漢字

楓 13	麻 11	梢 11	柊 9	生 5
樺 14	葵 12	梓 11	莉 10	芽 8
樹 16	葉 12	萌 11	桐 10	茉 8

名前	画数	読み	総画
茉乃	8・2	まの	10
梢	11	こずえ	11
茉子	8・3	まこ	11
莉乃	10・2	りの	12
梓乃	11・2	しの	13
桐子	10・3	とうこ	13
茉央	8・5	まお	13
万莉	3・10	まり	13
七葉	2・12	ななは	14
二葉	2・12	ふたば	14
茉衣	8・6	まい	14
茉帆	8・6	まほ	14
一樺	1・14	いちか	15
葵子	12・3	きこ	15
梓月	11・4	しづき	15
楓乃	13・2	ふうの	15
茉希	8・7	まき	15
茉那	8・7	まな	15
由莉	5・10	ゆり	15
莉央	10・5	りお	15
柊花	9・7	しゅうか	16
友葉	4・12	ともは	16
麻央	11・5	まお	16
茉奈	8・8	まな	16
莉名	10・6	りな	16
杏莉	7・10	あんり	17
茉咲	8・9	まさき	17
麻帆	11・6	まほ	17
早葵	6・12	さき	18
光葵	6・12	みつき	18
莉奈	10・8	りな	18
日茉里	4・8・7	ひまり	19
莉音	10・9	りおん	19
梓音	11・9	しおん	20
楓花	13・7	ふうか	20
楓希	13・7	ふうき	20
茉絢	8・12	まあや	20
麻耶	11・9	まや	20
咲葵	9・12	さき	21
楓奈	13・8	ふうな	21
愛莉	13・10	あいり	23
彩葉	11・12	あやは	23
春樺	9・14	はるか	23
麻琴	11・12	まこと	23
茉凛	8・15	まりん	23
莉緒	10・14	りお	24
麻緒	11・14	まお	25
愛樺	13・14	あいか	27

Image Keyword

果実

みずみずしく、
実りある人生に
なりますように

イメージ漢字

杏	7	苺	8	桃	10
李	7	果	8	梅	10
実	8	柚	9	萄	11
梨	11	葡	12	椰	13
穂	15				

杏	7	あんず	7
苺	8	いちご	8
実乃	8・2	みの	10
久実	3・8	くみ	11
柚乃	9・2	ゆずの	11
柚子	9・3	ゆず	12
小梅	3・10	こうめ	13
杏那	7・7	あんな	14
杏花	7・7	きょうか	14
成実	6・8	なるみ	14
梨子	11・3	りこ	14
亜実	7・8	あみ	15
杏奈	7・8	あんな	15
実花	8・7	みか	15
実希	8・7	みき	15
李果	7・8	ももか	15
柚羽	9・6	ゆずは	15
友梨	4・11	ゆり	15
苺果	8・8	まいか	16
苺実	8・8	まいみ	16
美杏	9・7	みあん	16
李音	7・9	ももね	16
柚花	9・7	ゆずか	16
柚希	9・7	ゆずき	16
李咲	7・9	りさ	16
桃花	10・7	ももか	17
柚奈	9・8	ゆずな	17
莉杏	10・7	りあん	17
李々花	7・3・7	りりか	17
杏梨	7・11	あんり	18
柚香	9・9	ゆうか	18
悠李	11・7	ゆうり	18
柚音	9・9	ゆずね	18
明梨	8・11	あかり	19
桃音	10・9	ももね	19
梨奈	11・8	りな	19
愛李	13・7	あいり	20
梅華	10・10	うめか	20
茉椰	8・13	まや	21
菜々実	11・3・8	ななみ	22
梨菜	11・11	りな	22
紗椰	10・13	さや	23
結梨	12・11	ゆうり	23
麻椰	11・13	まや	24
柚穂	9・15	ゆずほ	24
瑠梨	14・11	るり	25
梨理花	11・11・7	りりか	29
梨緒奈	11・14・8	りおな	33

Image Keyword

花

咲き誇る花のように、
美しく華やかに、
存在感を放って

イメージ漢字

漢字	画数
花	7
杏	7
芭	7
咲	9
香	9
桜	10
菜	11
菊	11
菖	11
麻	11
萩	12
蓮	13
摘	14
蘭	19

名前	各字の画数	読み	総画
一花	1・7	いちか	8
杏子	7・3	きょうこ	10
香乃	9・2	かの	11
咲乃	9・2	さきの	11
咲子	9・3	さきこ	12
百花	6・7	ももか	13
花歩	7・8	かほ	15
百香	6・9	ももか	15
麻未	11・5	あさみ	16
杏南	7・9	あんな	16
杏華	7・10	きょうか	17
菜々子	11・3・3	ななこ	17
麻衣	11・6	まい	17
彩花	11・7	あやか	18
麻那	11・7	まな	18
遥花	12・7	はるか	19
桃香	10・9	ももか	19
結花	12・7	ゆいか	19
愛花	13・7	あいか	20
萌香	11・9	もえか	20
恵麻	10・11	えま	21
紗菜	10・11	さな	21
遥香	12・9	はるか	21
真麻	10・11	まあさ	21
結香	12・9	ゆいか	21
彩菜	11・11	あやな	22
杏璃	7・15	あんり	22
花穂	7・15	かほ	22
香蓮	9・13	かれん	22
麻菜	11・11	まな	22
綾香	14・9	あやか	23
絢菜	12・11	あやな	23
恵蓮	10・13	えれん	23
菜々香	11・3・9	ななか	23
菜々美	11・3・9	ななみ	23
麻結	11・12	まゆ	23
結菜	12・11	ゆな	23
結麻	12・11	ゆま	23
瑠香	14・9	るか	23
愛菜	13・11	あいな	24
香穂	9・15	かほ	24
香里奈	9・7・8	かりな	24
麻鈴	11・13	まりん	24
菜緒	11・14	なお	25
菜摘	11・14	なつみ	25
優香	17・9	ゆうか	26
優菜	17・11	ゆうな	28
陽麻里	12・11・7	ひまり	30

Image Keyword

色・香り

色とりどりの美、
においたつ魅力を
備えた人に

イメージ漢字

緋 14	彩 11	香 9	朱 6
碧 14	紫 12	紅 9	虹 9
薫 16	緑 14	桃 10	茜 9

茜	9	あかね	9
一香	1・9	いちか	10
彩	11	あや	11
七香	2・9	ななか	11
朱花	6・7	あやか	13
朱那	6・7	あやな	13
彩乃	11・2	あやの	13
友香	4・9	ともか	13
彩子	11・3	あやこ	14
香乃子	9・2・3	かのこ	14
紫乃	12・2	しの	14
史香	5・9	ふみか	14
千香子	3・9・3	ちかこ	15
桃代	10・5	ももよ	15
有香	6・9	ゆうか	15
朱夏	6・10	あやか	16
薫	16	かおる	16
伶香	7・9	れいか	16
彩名	11・6	あやな	17
香奈	9・8	かな	17
香苗	9・8	かなえ	17
知香	8・9	ともか	17
朋香	8・9	ともか	17
実紅	8・9	みく	17
彩那	11・7	あやな	18
咲香	9・9	さきか	18
紫帆	12・6	しほ	18
紀香	9・9	のりか	18
美香	9・9	みか	18
桃実	10・8	ももみ	18
彩実	11・8	あやみ	19
沙也香	7・3・9	さやか	19
姫香	10・9	ひめか	19
彩香	11・9	あやか	20
彩音	11・9	あやね	20
彩美	11・9	あやみ	20
紫苑	12・8	しおん	20
唯香	11・9	ゆいか	20
彩夏	11・10	あやか	21
紫音	12・9	しおん	21
野乃香	11・2・9	ののか	22
桃葉	10・12	ももは	22
香奈江	9・8・6	かなえ	23
静香	14・9	しずか	23
舞香	15・9	まいか	24
藍香	18・9	あいか	27
紫穂	12・15	しほ	27
紫織	12・18	しおり	30

Image Keyword

布・模様

つなぐ糸、描かれた文様から
ノスタルジックな
イメージを持つ人に

イメージ漢字

布 5　衣 6　紗 10
彩 11　麻 11　絢 12
絹 13　綾 14　緋 14
彰 14　綺 14　繭 18
織 18　藍 18　羅 19

一紗 (1・10)	かずさ	11
千紗 (3・10)	ちさ	13
衣音 (6・9)	いおん	15
咲衣 (9・6)	さえ	15
紗世 (10・5)	さよ	15
亜衣子 (7・6・3)	あいこ	16
綾乃 (14・2)	あやの	16
衣真 (6・10)	えま	16
紗羽 (10・6)	さわ	16
麻由 (11・5)	まゆ	16
綾子 (14・3)	あやこ	17
芽衣子 (8・6・3)	めいこ	17
紗奈 (10・8)	さな	18
紗苗 (10・8)	さなえ	18
紗歩 (10・8)	さほ	18
結衣 (12・6)	ゆい	18
絢花 (12・7)	あやか	19
絢那 (12・7)	あやな	19
紗耶 (10・9)	さや	19
綾羽 (14・6)	あやは	20
絢芽 (12・8)	あやめ	20
莉紗 (10・10)	りさ	20
瑠衣 (14・6)	るい	20
藍子 (18・3)	あいこ	21
綾里 (14・7)	あやり	21
綺良 (14・7)	きら	21
紗彩 (10・11)	さあや	21
紗也佳 (10・3・8)	さやか	21
紗和子 (10・8・3)	さわこ	21
綾音 (14・9)	あやね	23
有里紗 (6・7・10)	ありさ	23
瑞紗 (13・10)	みずさ	23
優衣 (17・6)	ゆうい	23
綺夏 (14・10)	あやか	24
伊織 (6・18)	いおり	24
早織 (6・18)	さおり	24
紗都子 (10・11・3)	さとこ	24
夏綺 (10・14)	なつき	24
未羅 (5・19)	みら	24
理紗子 (11・10・3)	りさこ	24
藍花 (18・7)	あいか	25
藍那 (18・7)	あいな	25
藍良 (18・7)	あいら	25
藍里 (18・7)	あいり	25
藍音 (18・9)	あいね	27
藍海 (18・9)	あいみ	27
咲羅 (9・19)	さら	28
詩織 (13・18)	しおり	31

Image Keyword

生命

生あるものの息吹から
躍動感を感じる
人になって

イメージ漢字

生 5 寿 7 育 8
芽 8 萌 11 喬 12
湧 12 新 13 稚 13

名前	画数	読み	総画
実生	8・5	みお	13
弥生	8・5	やよい	13
杏寿	7・7	あんじゅ	14
真生	10・5	まお	15
芽花	8・7	めいか	15
芽吹	8・7	めぶき	15
育実	8・8	いくみ	16
芽依	8・8	めい	16
萌生	11・5	めい	16
育海	8・9	いくみ	17
寿莉	7・10	じゅり	17
美芽	9・8	みめ	17
萌衣	11・6	もえ	17
結生	12・5	ゆい	17
夏芽	10・8	なつめ	18
彩芽	11・8	あやめ	19
芽唯	8・11	めい	19
萌奈	11・8	もえな	19
新奈	13・8	にいな	21
萌夏	11・10	もえか	21
綾芽	14・8	あやめ	22
芽瑠	8・14	める	22
新菜	13・11	にいな	24
芽衣紗	8・6・10	めいさ	24

Image Keyword

生き物・暦

生き物や暦をヒントに
生命の脈動を感じる
イメージをふくらまそう

イメージ漢字

乙 1 子 3 巳 3
己 3 文 4 卯 5
未 5 蛍 11 皐 11
蝶 15 鮎 16 繭 18
雛 18 鶴 21

名前	画数	読み	総画
文乃	4・2	あやの	6
乙羽	1・6	おとは	7
乙希	1・7	いつき	8
吏子	6・3	りこ	9
亜子	7・3	あこ	10
乙華	1・10	おとか	11
奈巳	8・3	なみ	11
未羽	5・6	みう	11
文佳	4・8	ふみか	12
未来	5・7	みく	12
文香	4・9	あやか	13
文音	4・9	あやね	13
乙葉	1・12	おとは	13
未歩	5・8	みほ	13
莉子	10・3	りこ	13
美卯	9・5	みう	14
愛子	13・3	あいこ	16
未結	5・12	みゆ	17
璃子	15・3	りこ	18
雛乃	18・2	ひなの	20
雛子	18・3	ひなこ	21
千鶴	3・21	ちづる	24
陽菜子	12・11・3	ひなこ	26
智鶴	12・21	ちづる	33

Image Keyword

夢・希望

やりたいことを見つけ、
目標に向かって
たゆまず進んでいく人に

イメージ漢字

漢字	画数
一	1
叶	5
成	6
光	6
希	7
志	7
育	8
歩	8
明	8
展	10
望	11
翔	12
創	12
夢	13
誉	13

名前	画数	読み	総画
一乃	1・2	いちの	3
希	7	のぞみ	7
一希	1・7	かずき	8
一歩	1・8	いちほ	9
志乃	7・2	しの	9
志月	7・4	しづき	11
千歩	3・8	ちほ	11
友希	4・7	ゆうき	11

名前	画数	読み	総画
未希	5・7	みき	12
由希	5・7	ゆき	12
一葉	1・12	いちは	13
可歩	5・8	かほ	13
希帆	7・6	きほ	13
希羽	7・6	きわ	13
有希	6・7	ゆき	13
亜希	7・7	あき	14

名前	画数	読み	総画
光季	6・8	みつき	14
歩那	8・7	あゆな	15
一歌	1・14	いちか	15
希実	7・8	きみ	15
希和	7・8	きわ	15
光美	6・9	こうみ	15
志歩	7・8	しほ	15
那歩	7・8	なほ	15

名前	画数	読み	総画
侑希	8・7	ゆうき	15
里歩	7・8	りほ	15
志帆子	7・6・3	しほこ	16
奈歩	8・8	なほ	16
茉歩	8・8	まほ	16
実歩	8・8	みほ	16
歩音	8・9	あゆね	17
奏歩	9・8	かなほ	17

名前	画数	読み	総画
咲歩	9・8	さきほ	17
珠希	10・7	たまき	17
歩乃花	8・2・7	ほのか	17
美歩	9・8	みほ	17
侑希乃	8・7・2	ゆきの	17
真歩	10・8	まほ	18
結希	12・7	ゆうき	19
来夢	7・13	らいむ	20

名前	画数	読み	総画
志緒	7・14	しお	21
夢果	13・8	ゆめか	21
明希歩	8・7・8	あきほ	23
志穏	7・16	しおん	23
美沙希	9・7・7	みさき	23
夢理	13・11	ゆめり	24
夢梨	13・11	ゆめり	24
志織	7・18	しおり	25

Image Keyword

未来

将来に向かって
新しい自分を切り開き、
躍進していくイメージ

イメージ漢字

遥 12	時 10	来 7	代 5	千 3
夢 13	悠 11	飛 9	未 5	久 3
新 13	翔 12	紀 9	永 5	元 4

千乃	3 2	ちの	5
未久	5 3	みく	8
千帆	3 6	ちほ	9
千花	3 7	ちか	10
千里	3 7	ちさと	10
千依	3 8	ちい	11
千奈	3 8	ちな	11
未帆	5 6	みほ	11

千奈	3 8	ゆきな	11
美久	9 3	みく	12
未来	5 7	みらい	12
佳代	8 5	かよ	13
千華	3 10	ちか	13
千紘	3 10	ちひろ	13
朋代	8 5	ともよ	13
元香	4 9	はるか	13

元美	4 9	もとみ	13
友紀	4 9	ゆき	13
遥乃	12 2	はるの	14
久美子	3 9 3	くみこ	15
紗代	10 5	さよ	15
珠代	10 5	たまよ	15
千咲子	3 9 3	ちさこ	15
千遥	3 12	ちはる	15

実来	8 7	みく	15
亜紀	7 9	あき	16
沙紀	7 9	さき	16
千紗子	3 10 3	ちさこ	16
千歳	3 13	ちとせ	16
由紀乃	5 9 2	ゆきの	16
千種	3 14	ちぐさ	17
咲紀	9 9	さき	18

美紀	9 9	みき	18
柚紀	9 9	ゆずき	18
璃久	15 3	りく	18
珠紀	10 9	たまき	19
時音	10 9	ときね	19
真紀	10 9	まき	19
飛鳥	9 11	あすか	20
千奈津	3 8 9	ちなつ	20

遥奈	12 8	はるな	20
遥音	12 9	はるね	21
美遥	9 12	みはる	21
紀穂	9 15	きほ	24
久瑠実	3 14 8	くるみ	25
美沙紀	9 7 9	みさき	25
由紀菜	5 9 11	ゆきな	25
千優希	3 17 7	ちゆき	27

Image Keyword

幸福

幸運に恵まれて
満ちたりた人生を
歩みますように

イメージ漢字

裕 12	祥 10	泰 10	和 8	多 6
愛 13	晏 10	朗 10	幸 8	安 6
慶 15	結 12	恵 10	倖 10	寿 7

幸	8	さち	8
和	8	のどか	8
恵	10	めぐみ	10
幸乃	8・2	ゆきの	10
幸子	8・3	さちこ	11
結	12	ゆい	12
恵子	10・3	けいこ	13
祥子	10・3	しょうこ	13
千祥	3・10	ちさき	13
友恵	4・10	ともえ	14
千裕	3・12	ちひろ	15
結子	12・3	ゆいこ	15
幸那	8・7	ゆきな	15
和花	8・7	わか	15
多恵	6・10	たえ	16
幸奈	8・8	ゆきな	16
晏那	10・7	あんな	17
晏里	10・7	あんり	17
恵里	10・7	えり	17
花恵	7・10	はなえ	17
美和	9・8	みわ	17
幸音	8・9	ゆきね	17
慶乃	15・2	よしの	17
和奏	8・9	わかな	17
晏奈	10・8	あんな	18
多喜	6・12	たき	18
万結子	3・12・3	まゆこ	18
恵実	10・8	めぐみ	18
幸恵	8・10	ゆきえ	18
結花	12・7	ゆうか	19
裕花	12・7	ゆうか	19
裕奈	12・8	ゆうな	20
結奈	12・8	ゆな	20
晏菜	10・11	あんな	21
祥菜	10・11	しょうな	21
日菜多	4・11・6	ひなた	21
美裕	9・12	みひろ	21
美結	9・12	みゆ	21
結音	12・9	ゆいね	21
結香	12・9	ゆうか	21
裕香	12・9	ゆうか	21
結夏	12・10	ゆいか	22
麻裕	11・12	まひろ	23
結唯	12・11	ゆい	23
結菜	12・11	ゆうな	23
菜々恵	11・3・10	ななえ	24
美慶	9・15	みのり	24
陽奈多	12・8・6	ひなた	26

Image Keyword

自由

どんなときものびやかに。
後悔のない、自分らしい
選択ができる人に

イメージ漢字

由 5　生 5　希 7
伸 7　逸 11　望 11
翔 12　達 12　遥 12

名前	画数	読み	総画
由乃	5・2	よしの	7
未生	5・5	みお	10
未由	5・5	みゆ	10
由衣	5・6	ゆい	11
由羽	5・6	ゆう	11
遥	12	はるか	12
由花	5・7	ゆうか	12
茉生	8・5	まお	13
茉由	8・5	まゆ	13
由佳	5・8	ゆうか	13
由奈	5・8	ゆな	13
由実	5・8	ゆみ	13
由芽	5・8	ゆめ	13
美生	9・5	みう	14
由香	5・9	ゆか	14
小遥	3・12	こはる	15
紗生	10・5	さき	15
紗由	10・5	さゆ	15
翔子	12・3	しょうこ	15
望心	11・4	のぞみ	15
遥子	12・3	はるこ	15
真由	10・5	まゆ	15
由莉	5・10	ゆうり	15
由季乃	5・8・2	ゆきの	15
希春	7・9	きはる	16
麻生	11・5	まお	16
美希	9・7	みき	16
由唯	5・11	ゆい	16
祐希	9・7	ゆうき	16
由麻	5・11	ゆま	16
亜希子	7・7・3	あきこ	17
紗希	10・7	さき	17
遥未	12・5	はるみ	17
真希	10・7	まき	17
未遥	5・12	みはる	17
真由子	10・5・3	まゆこ	18
由衣花	5・6・7	ゆいか	18
遥那	12・7	はるな	19
遥佳	12・8	はるか	20
亜由美	7・5・9	あゆみ	21
海遥	9・12	みはる	21
由依奈	5・8・8	ゆいな	21
結希乃	12・7・2	ゆきの	21
真由佳	10・5・8	まゆか	23
優希	17・7	ゆうき	24
由梨奈	5・11・8	ゆりな	24
美咲希	9・9・7	みさき	25
優希菜	17・7・11	ゆきな	35

Image Keyword

愛される

だれからも愛され、
また自らもまわりを
慈しむ人になって

イメージ漢字

慈 13	純 10	真 10	朋 8	友 4
誠 13	博 12	恋 10	幸 8	仁 4
愛 13	聖 13	恵 10	信 9	好 6

名前	画数	読み	総画
恵	10	けい	10
朋子	8・3	ともこ	11
好花	6・7	このか	13
純子	10・3	じゅんこ	13
聖	13	ひじり	13
好美	6・9	このみ	15
幸花	8・7	さちか	15
朋花	8・7	ともか	15
愛乃	13・2	まなの	15
真代	10・5	まよ	15
幸実	8・8	こうみ	16
幸歩	8・8	さちほ	16
千愛	3・13	ちなり	16
朋奈	8・8	ともな	16
真妃	10・6	まき	16
亜純	7・10	あすみ	17
恵花	10・7	あやか	17
恵那	10・7	えな	17
花純	7・10	かすみ	17
花恋	7・10	かれん	17
幸美	8・9	こうみ	17
沙恵	7・10	さえ	17
咲幸	9・8	さゆき	17
朋音	8・9	ともね	17
朋美	8・9	ともみ	17
恋那	10・7	れんな	17
佳恵	8・10	かえ	18
好葉	6・12	このは	18
朋恵	8・10	ともえ	18
真奈	10・8	まな	18
恵美	10・9	えみ	19
愛良	13・7	あいら	20
愛里	13・7	あいり	20
恵真	10・10	えま	20
紗恵	10・10	さえ	20
聖那	13・7	せいな	20
恋華	10・10	れんか	20
愛奈	13・8	あいな	21
愛歩	13・8	まなほ	21
愛音	13・9	あいね	22
愛海	13・9	あいみ	22
愛美	13・9	あいみ	22
絵恋	12・10	えれん	22
愛華	13・10	あいか	23
加奈恵	5・8・10	かなえ	23
愛恵	13・10	まなえ	23
幸穂	8・15	ゆきほ	23
聖羅	13・19	せいら	32

Image Keyword

思いやり

どんなときも
優しい心づかいを
忘れない人に

イメージ漢字

愛13 温12 惇11 良7 仁4
篤16 敦12 淳11 佑7 心4
優17 慈13 順12 和8 安6

心 4	こころ	4
仁4 乃2	にの	6
仁4 子3	にこ	7
佑7 月4	ゆづき	11
仁4 美9	ひとみ	13
万3 佑7 子3	まゆこ	13
心4 咲9	みさき	13
敦12 子3	あつこ	15
彩11 心4	あやみ	15
順12 子3	じゅんこ	15
仁4 菜11	にな	15
佑7 実8	ゆうみ	15
佑7 奈8	ゆな	15
佑7 芽8	ゆめ	15
仁4 絵12	ひとえ	16
心4 結12	みゆ	16
美9 佑7	みゆ	16
佑7 香9	ゆうか	16
仁4 瑚13	にこ	17
仁4 衣6 奈8	にいな	18
佑7 菜11	ゆうな	18
心4 優17	みゆう	21
亜7 佑7 美9	あゆみ	23
明8 佑7 香9	あゆか	24

Image Keyword

祝福

幸せの象徴として
守られ、祝福されるような
人生を歩んで

イメージ漢字

誉13 喜12 倖10 吉6
嘉14 瑞13 祥10 寿7
慶15 愛13 晴12 幸8

千3 幸8	ちゆき	11
愛13	あい	13
晴12 乃2	はるの	14
嘉14 乃2	かの	16
幸8 歩8	ゆきほ	16
紗10 幸8	さゆき	18
愛13 羽6	まなは	19
幸8 菜11	ゆきな	19
愛13 花7	まなか	20
晴12 音9	はるね	21
晴12 美9	はるみ	21
晴12 海9	はるみ	21
瑞13 季8	みずき	21
晴12 夏10	はるか	22
愛13 美9	まなみ	22
美9 嘉14	みか	23
瑞13 華10	みずか	23
愛13 理11	あいり	24
悠11 嘉14	はるか	25
瑞13 稀12	みずき	25
瑞13 貴12	みずき	25
萌11 嘉14	もえか	25
嘉14 穂15	かほ	29
優17 嘉14	ゆうか	31

Image Keyword

誠実

まごころのこもった
純粋な気持ちを、
いつまでも持ち続ける人に

イメージ漢字

廉 13	誠 13	真 10	忠 8	礼 5
聡 14	慎 13	淑 11	英 8	正 5
憲 16	義 13	善 12	信 9	実 8

名前	画数	読み	総画
礼	5	あや	5
礼乃	5・2	あやの	7
実久	8・3	みく	11
真乃	10・2	まの	12
礼奈	5・8	あやな	13
礼芽	5・8	あやめ	13
真子	10・3	まこ	13
淑乃	11・2	よしの	13
礼音	5・9	あやね	14
美礼	9・5	みれい	14
紗礼	10・5	さあや	15
真央	10・5	まお	15
実里	8・7	みさと	15
実来	8・7	みらい	15
由真	5・10	ゆま	15
佑実	7・8	ゆみ	15
真衣	10・6	まい	16
真帆	10・6	まほ	16
礼菜	5・11	れいな	16
聡子	14・3	さとこ	17
千聡	3・14	ちさと	17
夏実	10・8	なつみ	18
聡美	14・9	さとみ	23
実優	8・17	みゆう	25

Image Keyword

心

優しさ、思いやり、喜び…
いろんな気持ちの出発点。
プラスの気持ちを大切に

イメージ漢字

緒 14	愛 13	悦 10	信 9	心 4
	誠 13	恭 10	恒 9	考 6
	想 13	惟 11	真 10	祈 8

名前	画数	読み	総画
心月	4・4	みづき	8
心弥	4・8	みや	12
恭子	10・3	きょうこ	13
心春	4・9	みはる	13
愛乃	13・2	あいの	15
心結	4・12	みゆう	16
愛心	13・4	あいみ	17
恭花	10・7	きょうか	17
心緒	4・14	みお	18
愛実	13・8	あいみ	21
真実子	10・8・3	まみこ	21
心優	4・17	みゆ	21
里緒	7・14	りお	21
奈緒	8・14	なお	22
愛夏	13・10	あいか	23
愛紗	13・10	あいさ	23
美緒	9・14	みお	23
結惟	12・11	ゆい	23
真緒	10・14	まお	24
梨緒	11・14	りお	25
愛瑠	13・14	あいる	27
愛璃	13・15	あいり	28
志緒理	7・14・11	しおり	32
里緒菜	7・14・11	りおな	32

Image Keyword

努力

何事にも一生懸命。
こつこつと積み重ねた成果で
日々精進していくイメージ

イメージ漢字

結 12	歩 8	克 7	己 3
徹 15	脩 11	励 7	叶 5
磨 16	達 12	果 8	志 7

名前（画数）	読み	総画
千(3)果(8)	ちか	11
莉(10)己(3)	りこ	13
果(8)帆(6)	かほ	14
結(12)乃(2)	ゆいの	14
結(12)子(3)	ゆうこ	15
果(8)奈(8)	かな	16
志(7)音(9)	しおん	16
志(7)津(9)	しづ	16
志(7)保(9)	しほ	16
朋(8)果(8)	ともか	16
実(8)果(8)	みか	16
結(12)心(4)	ゆうみ	16
夏(10)果(8)	なつか	18
歩(8)乃(2)果(8)	ほのか	18
結(12)帆(6)	ゆいほ	18
結(12)名(6)	ゆうな	18
彩(11)果(8)	あやか	19
志(7)結(12)	しゆう	19
結(12)那(7)	ゆいな	19
果(8)蓮(13)	かれん	21
結(12)衣(6)子(3)	ゆいこ	21
結(12)音(9)	ゆうね	21
結(12)海(9)	ゆうみ	21
瑠(14)果(8)	るか	22

Image Keyword

正直

真実を語る、
清廉潔白で美しい心の
持ち主でいて

イメージ漢字

清 11	律 9	忠 8	公 4
誠 13	真 10	直 8	正 5
義 13	倫 10	実 8	竹 6

名前（画数）	読み	総画
七(2)実(8)	ななみ	10
倫(10)	りん	10
直(8)子(3)	なおこ	11
実(8)月(4)	みつき	12
律(9)子(3)	りつこ	12
実(8)生(5)	みう	13
倫(10)子(3)	りんこ	13
直(8)花(7)	なおか	15
真(10)白(5)	ましろ	15
真(10)未(5)	まみ	15
真(10)矢(5)	まや	15
実(8)玖(7)	みく	15
実(8)那(7)	みな	15
実(8)佑(7)	みゆ	15
倫(10)花(7)	ともか	17
直(8)香(9)	なおか	17
直(8)美(9)	なおみ	17
真(10)里(7)	まり	17
実(8)玲(9)	みれい	17
清(11)良(7)	きよら	18
真(10)生(5)子(3)	まおこ	18
真(10)実(8)	まみ	18
清(11)美(9)	きよみ	20
清(11)華(10)	きよか	21

Image Keyword

おおらか

小さなことにこだわらず
広い視野を持って
人生を歩んでほしい

イメージ漢字

寛 13	敦 12	康 11	明 8	広 5
寧 14	暖 13	悠 11	泰 10	安 6
樹 16	靖 13	裕 12	淳 11	汎 6

名前（画数）	読み	総画
安 6 未 5	あみ	11
悠 11	はるか	11
安 6 希 7	あき	13
安 6 里 7	あんり	13
悠 11 乃 2	ひさの	13
安 6 奈 8	あんな	14
悠 11 子 3	ゆうこ	14
暖 13 乃 2	はるの	15
安 6 莉 10	あんり	16
千 3 暖 13	ちはる	16
千 3 寛 13	ちひろ	16
未 5 悠 11	みはる	16
悠 11 加 5	ゆうか	16
悠 11 未 5	ゆうみ	16
寧 14 々 3	ねね	17
安 6 加 5 里 7	あかり	18
裕 12 衣 6	ゆい	18
悠 11 那 7	ゆうな	18
悠 11 里 7	ゆうり	18
悠 11 奈 8	はるな	19
実 8 悠 11	みゆう	19
暖 13 花 7	はるか	20
美 9 悠 11	みゆう	20
悠 11 香 9	ゆうか	20
悠 11 音 9	ゆうね	20
悠 11 海 9	ゆうみ	20
安 6 澄 15	あずみ	21
寛 13 奈 8	かんな	21
暖 13 奈 8	はるな	21
茉 8 寛 13	まひろ	21
美 9 裕 12	みゆう	21
悠 11 紗 10	ゆうさ	21
由 5 樹 16	ゆき	21
亜 7 樹 16	あき	23
沙 7 樹 16	さき	23
樹 16 那 7	じゅな	23
裕 12 菜 11	ゆな	23
裕 12 理 11	ゆり	23
樹 16 奈 8	じゅな	24
寛 13 菜 11	ひろな	24
実 8 樹 16	みき	24
咲 9 樹 16	さき	25
夏 10 樹 16	なつき	26
真 10 樹 16	まき	26
裕 12 里 7 香 9	ゆりか	28
樹 16 璃 15	じゅり	31
美 9 沙 7 樹 16	みさき	32
樹 16 莉 10 亜 7	じゅりあ	33

Image Keyword

調和

まわりとの和を大切に、
だれとでも仲よくできる
幸せな人間関係を築いて

イメージ漢字

友 4　和 8　律 9　規 11
正 5　法 8　修 10　順 12
共 6　則 9　理 11　憲 16

名前	画数	読み	総画数
友乃	4・2	ゆの	6
友子	4・3	ともこ	7
律	9	りつ	9
友花	4・7	ともか	11
友杏	4・7	ゆあん	11
友那	4・7	ゆうな	11
友里	4・7	ゆうり	11
友希	4・7	ゆき	11
和子	8・3	わこ	11
友奈	4・8	ゆな	12
友芽	4・8	ゆめ	12
友美	4・9	ともみ	13
友海	4・9	ゆうみ	13
友希乃	4・7・2	ゆきの	13
理乃	11・2	りの	13
友莉	4・10	ゆうり	14
理子	11・3	りこ	14
萌友	11・4	もゆ	15
友菜	4・11	ゆうな	15
友佳子	4・8・3	ゆかこ	15
友紀乃	4・9・2	ゆきの	15
友理	4・11	ゆり	15
和音	8・9	かずね	17
汐理	6・11	しおり	17
光理	6・11	ひかり	17
有理	6・11	ゆり	17
理名	11・6	りな	17
理帆	11・6	りほ	17
和香	8・9	わか	17
和紗	8・10	かずさ	18
紗和	10・8	さわ	18
佐和子	7・8・3	さわこ	18
和夏	8・10	わか	18
友希奈	4・7・8	ゆきな	19
友里奈	4・7・8	ゆりな	19
理奈	11・8	りな	19
美和子	9・8・3	みわこ	20
愛和	13・8	あいな	21
紗理	10・11	さり	21
理恵	11・10	りえ	21
理紗	11・10	りさ	21
理菜	11・11	りな	22
麻友香	11・4・9	まゆか	24
真理子	10・11・3	まりこ	24
理央奈	11・5・8	りおな	24
和香那	8・9・7	わかな	24
優和	17・8	ゆうな	25
絵理香	12・11・9	えりか	32

Image Keyword

明るい

明朗活発で楽しく、
まわりを晴れやかにする
ムードメーカーに

イメージ漢字

喜 12	晴 12	夏 10	明 8	日 4
彰 14	陽 12	笑 10	春 9	光 6
輝 15	晶 12	朗 10	晃 10	旭 6

名前	画数	読み	総画数
光	6	ひかり	6
笑	10	えみ	10
夏乃	10・2	かの	12
日奈	4・8	ひな	12
笑子	10・3	しょうこ	13
千笑	3・10	ちえみ	13
千夏	3・10	ちなつ	13
夕夏	3・10	ゆうか	13
日奈乃	4・8・2	ひなの	14
明希	8・7	あき	15
彩日	11・4	あやか	15
小陽	3・12	こはる	15
夏生	10・5	なつき	15
夏未	10・5	なつみ	15
明花	8・7	めいか	15
夏帆	10・6	なつほ	16
日南子	4・9・3	ひなこ	16
心晴	4・12	みはる	16
心陽	4・12	みはる	16
笑花	10・7	えみか	17
春佳	9・8	はるか	17
春奈	9・8	はるな	17
日菜乃	4・11・2	ひなの	17
明咲	8・9	めいさ	17
陽帆	12・6	あきほ	18
夏歩	10・8	かほ	18
春南	9・9	はるな	18
晴名	12・6	はるな	18
春音	9・9	はるね	18
日花里	4・7・7	ひかり	18
日菜子	4・11・3	ひなこ	18
帆乃夏	6・2・10	ほのか	18
美春	9・9	みはる	18
笑美	10・9	えみ	19
咲笑	9・10	さえ	19
晴花	12・7	はるか	19
陽花	12・7	はるか	19
陽那	12・7	ひな	19
笑菜	10・11	えみな	21
咲喜	9・12	さき	21
咲陽	9・12	さや	21
美喜	9・12	みき	21
優日	17・4	ゆうひ	21
明香里	8・9・7	あかり	24
明里咲	8・7・9	ありさ	24
晴陽	12・12	はるひ	24
輝代加	15・5・5	きよか	25
真輝	10・15	まき	25

名前	画数	読み	総画
爽	11	さわ	11
泉月	9・4	いつき	13
沙良	7・7	さら	14
実花	8・7	みはな	15
歩実	8・8	あゆみ	16
咲良	9・7	さくら	16
泉里	9・7	せんり	16
帆乃実	6・2・8	ほのみ	16
実季	8・8	みき	16
泉希	9・7	みずき	16
実弥	8・8	みや	16
明奈	8・8	めいな	16
良美	7・9	よしみ	16
玲良	9・7	れいら	16
明美	8・9	あけみ	17
郁実	9・8	いくみ	17
紗良	10・7	さら	17
瞳	17	ひとみ	17
実咲	8・9	みさ	17
実乃里	8・2・7	みのり	17
芽泉	8・9	めい	17
莉良	10・7	りら	17
明純	8・10	あすみ	18
果純	8・10	かすみ	18
佳純	8・10	かすみ	18
清良	11・7	せいら	18
真弥	10・8	まや	18
明夏	8・10	めいか	18
明紗	8・10	めいさ	18
留実	10・8	るみ	18
純美	10・9	あやみ	19
純香	10・9	すみか	19
結良	12・7	ゆら	19
瞳子	17・3	とうこ	20
真彩	10・11	まあや	21
真唯	10・11	まい	21
真菜	10・11	まな	21
真雪	10・11	まゆき	21
泉葵	9・12	みずき	21
瑠泉	14・9	るい	23
泉澄	9・15	いずみ	24
華澄	10・15	かすみ	25
澄夏	15・10	すみか	25
真奈花	10・8・7	まなか	25
真那実	10・7・8	まなみ	25
真結子	10・12・3	まゆこ	25
明香音	8・9・9	あかね	26
明香莉	8・9・10	あかり	27

Image Keyword

無邪気

いつまでも子どものころの
純粋な気持ちを
忘れないでいてほしい

イメージ漢字

澄 15	素 10	泉 9	実 8	正 5
醇 15	清 11	純 10	直 8	生 5
瞳 17	爽 11	真 10	明 8	良 7

Image Keyword

さわやか

明朗でさっぱりした印象が
人を引きつけ、
好感を持たれるイメージ

イメージ漢字

輝 15	晴 12	爽 11	直 8	白 5
澄 15	颯 14	清 11	風 9	青 8
駿 17	緑 14	涼 11	海 9	明 8

名前（画数）	読み	総画
風（9）	ふう	9
涼（11）	すず	11
晴（12）	はる	12
茉（8）白（5）	ましろ	13
緑（14）	みどり	14
羽（6）海（9）	うみ	15
小（3）晴（12）	こはる	15
成（6）海（9）	なるみ	15
眞（10）白（5）	ましろ	15
海（9）凪（6）	みなぎ	15
海（9）帆（6）	みほ	15
青（8）依（8）	あおい	16
亜（7）海（9）	あみ	16
海（9）花（7）	みか	16
青（8）音（9）	あおね	17
風（9）佳（8）	ふうか	17
風（9）果（8）	ふうか	17
海（9）音（9）	あまね	18
涼（11）花（7）	すずか	18
美（9）海（9）	みうみ	18
海（9）咲（9）	みさき	18
美（9）海（9）	みみ	18
明（8）華（10）	めいか	18
海（9）莉（10）	かいり	19
涼（11）奈（8）	すずな	19
風（9）華（10）	ふうか	19
青（8）葉（12）	あおば	20
彩（11）海（9）	あやみ	20
奈（8）々（3）海（9）	ななみ	20
晴（12）佳（8）	はるか	20
晴（12）奈（8）	はるな	20
涼（11）香（9）	りょうか	20
朝（12）海（9）	あさみ	21
琴（12）海（9）	ことみ	21
颯（14）希（7）	さつき	21
涼（11）夏（10）	すずか	21
海（9）結（12）	みゆ	21
涼（11）華（10）	りょうか	21
明（8）佳（8）里（7）	あかり	23
明（8）澄（15）	あすみ	23
風（9）歌（14）	ふうか	23
瑠（14）海（9）	るみ	23
輝（15）咲（9）	きさき	24
明（8）佳（8）音（9）	あかね	25
颯（14）葵（12）	さつき	26
優（17）海（9）	ゆうみ	26
美（9）南（9）海（9）	みなみ	27
明（8）香（9）理（11）	あかり	28

Image Keyword

清潔

清らかで潔い人生で
あってほしいという
願いを込めて

イメージ漢字

白 5　明 8　怜 8　純 10　清 11　廉 13　綺 14　澄 15　凜 15　凜 15　操 16　麗 19

名前	画数	読み	総画
怜	8	れい	8
純	10	じゅん	10
千怜	3・8	ちさと	11
怜子	8・3	れいこ	11
未怜	5・8	みれい	13
明李	8・7	あかり	15
花怜	7・8	かれん	15
凜	15	りん	15
怜花	8・7	れいか	15
怜那	8・7	れいな	15
怜良	8・7	れいら	15
綺乃	14・2	あやの	16
羽純	6・10	はすみ	16
実怜	8・8	みれい	16
怜奈	8・8	れいな	16
明美	8・9	あみ	17
怜美	8・9	さとみ	17
美怜	9・8	みさと	17
怜香	8・9	れいか	17
純奈	10・8	あやな	18
夏怜	10・8	かれん	18
純佳	10・8	すみか	18
明理	8・11	あかり	19
香純	9・10	かすみ	19
麗	19	れい	19
怜菜	8・11	れいな	19
華純	10・10	かすみ	20
明花里	8・7・7	あかり	22
花凜	7・15	かりん	22
凜花	15・7	りんか	22
麗子	19・3	れいこ	22
綺香	14・9	あやか	23
綺音	14・9	あやね	23
綺美	14・9	あやみ	23
依澄	8・15	いずみ	23
佳澄	8・15	かすみ	23
佳凜	8・15	かりん	23
咲綺	9・14	さき	23
凜奈	15・8	りんな	23
綺華	14・10	あやか	24
綺莉	14・10	あやり	24
凜音	15・9	りおん	24
綺梛	14・11	あやな	25
夏凜	10・15	かりん	25
麻凜	11・15	まりん	26
麗花	19・7	れいか	26
歌凜	14・15	かりん	29
麗菜	19・11	れいな	30

Image Keyword

行動的

バイタリティーにあふれ、
信じた道をまっすぐ
進むイメージ

イメージ漢字

颯14 晴12 夏10 歩8 矢5
輝15 翔12 敏10 海9 早6
駿17 陽12 逸11 飛9 志7

歩	8	あゆみ	8
千早	3・6	ちはや	9
一夏	1・10	いちか	11
早代	6・5	さよ	11
沙矢	7・5	さや	12
夏乃	10・2	なつの	12
加歩	5・8	かほ	13
早良	6・7	さら	13
史歩	5・8	しほ	13
千夏	3・10	ちか	13
夏子	10・3	なつこ	13
茉矢	8・5	まや	13
歩花	8・7	あゆか	15
早紀	6・9	さき	15
紗矢	10・5	さや	15
夏代	10・5	なつよ	15
史夏	5・10	ふみか	15
未夏	5・10	みか	15
由夏	5・10	ゆうか	15
歩果	8・8	あゆか	16
歩奈	8・8	あゆな	16
夏妃	10・6	なつき	16
夏羽	10・6	なつは	16
帆夏	6・10	ほなつ	16
歩美	8・9	あゆみ	17
早彩	6・11	さあや	17
早都	6・11	さと	17
咲歩	9・8	さほ	17
夏花	10・7	なつか	17
晴加	12・5	はるか	17
里夏	7・10	りか	17
夏奈	10・8	かな	18
夏波	10・8	かなみ	18
華歩	10・8	かほ	18
早智	6・12	さち	18
知夏	8・10	ちなつ	18
夏歩	10・8	なつほ	18
歩菜	8・11	あゆな	19
歩乃香	8・2・9	ほのか	19
歩夢	8・13	あゆむ	21
詩歩	13・8	しほ	21
晴南	12・9	はるな	21
夢歩	13・8	ゆめほ	21
晴華	12・10	はるか	22
早耶香	6・9・9	さやか	24
紗矢香	10・5・9	さやか	24
優歩	17・8	ゆうほ	25
晴歌	12・14	はるか	26

Image Keyword

情熱的

何事にも一生懸命、
熱い心を持って
取り組める人に

イメージ漢字

陽 12	途 10	歩 8	心 4
愛 13	夏 10	直 8	志 7
勢 13	温 12	真 10	利 7

奏心	9・4	かなみ	13
利那	7・7	りな	14
利奈	7・8	りな	15
真名	10・6	まな	16
利咲	7・9	りさ	16
実乃利	8・2・7	みのり	17
佑夏	7・10	ゆうか	17
真依	10・8	まい	18
真季	10・8	まき	18
夏美	10・9	なつみ	19
夏恋	10・10	かれん	20
沙也夏	7・3・10	さやか	20
夏姫	10・10	なつき	20
唯夏	11・10	ゆいか	21
優心	17・4	ゆうみ	21
琉夏	11・10	るか	21
真結	10・12	まゆ	22
夏鈴	10・13	かりん	23
瑚夏	13・10	こなつ	23
夏穂	10・15	かほ	25
夏里奈	10・7・8	かりな	25
真凜	10・15	まりん	25
凜夏	15・10	りんか	25
真優	10・17	まひろ	27

Image Keyword

ユーモア

まわりを楽しませる
ことができる
機知に富んだ人に

イメージ漢字

喜 12	笑 10	明 8	妙 7
楽 13	爽 11	朗 10	良 7
嬉 15	愉 12	悦 10	知 8

笑子	10・3	えこ	13
知世	8・5	ちせ	13
沙知	7・8	さち	15
知花	8・7	ちか	15
那知	7・8	なち	15
良佳	7・8	よしか	15
咲良	9・7	さら	16
知歩	8・8	ちほ	16
笑里	10・7	えみり	17
知春	8・9	ちはる	17
知美	8・9	ともみ	17
花笑	7・10	はなえ	17
笑実	10・8	えみ	18
紗知	10・8	さち	18
笑菜	10・11	えな	21
希沙良	7・7・7	きさら	21
美愉	9・12	みゆ	21
笑歌	10・14	えみか	24
笑瑠	10・14	えみる	24
咲嬉	9・15	さき	24
紗嬉	10・15	さき	25
珠嬉	10・15	たまき	25
真嬉	10・15	まき	25
綺良莉	14・7・10	きらり	31

Image Keyword

知的

豊かな知識を持ち、
知性あふれる人に
なりますように

イメージ漢字

賢 16	理 11	悟 10	知 8	冴 7
諭 16	智 12	哲 10	俐 9	英 8
優 17	聡 14	啓 11	敏 10	佳 8

名前	画数	読み	総画
七佳	2・8	ななか	10
佳乃	8・2	よしの	10
知子	8・3	ともこ	11
友佳	4・8	ゆうか	12
知代	8・5	ちよ	13
眞子	10・3	まこ	13
千佳子	3・8・3	ちかこ	14
千智	3・12	ちさと	15
知花	8・7	ちはな	15
万智	3・12	まち	15
佳苗	8・8	かなえ	16
知佳	8・8	ちか	16
知怜	8・8	ちさと	16
知実	8・8	ともみ	16
俐那	9・7	りな	16
怜佳	8・8	れいか	16
知咲	8・9	ちさき	17
理々子	11・3・3	りりこ	17
智帆	12・6	ちほ	18
俐咲	9・9	りさ	18
彩佳	11・8	あやか	19
那智	7・12	なち	19
知葉	8・12	ともは	20
佳鈴	8・13	かりん	21
咲智	9・12	さち	21
智咲	12・9	ちさき	21
智香	12・9	ともか	21
真理	10・11	まり	21
実乃理	8・2・11	みのり	21
理沙子	11・7・3	りさこ	21
愛俐	13・9	あいり	22
佳菜子	8・11・3	かなこ	22
智恵	12・10	ちえ	22
智紗	12・10	ちさ	22
琴理	12・11	ことり	23
知穂	8・15	ちほ	23
友理奈	4・11・8	ゆりな	23
瑠俐	14・9	るり	23
依知佳	8・8・8	いちか	24
恵理子	10・11・3	えりこ	24
千恵理	3・10・11	ちえり	24
知優	8・17	ちひろ	25
優佳	17・8	ゆうか	25
理緒	11・14	りお	25
樹理	16・11	じゅり	27
優理	17・11	ゆうり	28
結理奈	12・11・8	ゆりな	31
智恵理	12・10・11	ちえり	33

Image Keyword

学芸優秀

学問と芸術ともに秀で、
探究心のある人に
育ってほしい

イメージ漢字

文4 秀7 美9
俐9 能10 章11
蛍11 雪11 尋12
創12 徳14 優17

名前	画数	読み	総画
文乃	4・2	ふみの	6
文子	4・3	あやこ	7
文花	4・7	あやか	11
七美	2・9	ななみ	11
蛍	11	ほたる	11
美乃	9・2	よしの	11
久美	3・9	くみ	12
美々	9・3	みみ	12
咲文	9・4	さあや	13
文香	4・9	ふみか	13
美友	9・4	みゆう	13
千雪	3・11	ちゆき	14
文華	4・10	ふみか	14
文菜	4・11	あやな	15
成美	6・9	なるみ	15
美羽	9・6	みう	15
美妃	9・6	みき	15
美名	9・6	みな	15
美帆	9・6	みほ	15
文葉	4・12	あやは	16
秀美	7・9	ひでみ	16
美玖	9・7	みく	16
美来	9・7	みく	16
美里	9・7	みさと	16
優	17	ゆう	17
沙雪	7・11	さゆき	18
雪花	11・7	ゆきか	18
優乃	17・2	ゆうの	19
雪奈	11・8	ゆきな	19
千優	3・17	ちひろ	20
茉尋	8・12	まひろ	20
美雪	9・11	みゆき	20
優子	17・3	ゆうこ	20
徳花	14・7	のりか	21
美園	9・13	みその	22
亜沙美	7・7・9	あさみ	23
亜美花	7・9・7	あみか	23
雪絵	11・12	ゆきえ	23
優亜	17・7	ゆうあ	24
優那	17・7	ゆうな	24
優里	17・7	ゆうり	24
優奈	17・8	ゆうな	25
優実	17・8	ゆうみ	25
美優	9・17	みゆう	26
優美	17・9	ゆうみ	26
優華	17・10	ゆうか	27
優姫	17・10	ゆうき	27
優莉	17・10	ゆうり	27

Image Keyword

気品

凛としていて
気品がただよう、
上品さを備えた人に

イメージ漢字

漢字	画数
妃	6
秀	7
典	8
美	9
高	10
姫	10
淑	12
崇	12
喬	12
貴	12
敬	12
雅	13
凜	15
優	17
麗	19

名前	各字画数	読み	総画
妃乃	6・2	ひめの	8
典子	8・3	のりこ	11
姫乃	10・2	ひめの	12
姫子	10・3	ひめこ	13
雅	13	みやび	13
貴子	12・3	たかこ	15
美羽	9・6	みはね	15
由姫	5・10	ゆき	15
柚妃	9・6	ゆずき	15
亜美	7・9	あみ	16
珠妃	10・6	たまき	16
妃奈乃	6・8・2	ひなの	16
妃莉	6・10	ひまり	16
亜姫	7・10	あき	17
妃菜	6・11	ひな	17
姫花	10・7	ひめか	17
美奈	9・8	みな	17
美典	9・8	みのり	17
美怜	9・8	みれい	17
由貴	5・12	ゆき	17
由姫乃	5・10・2	ゆきの	17
妃菜乃	6・11・2	ひなの	19
美姫	9・10	みき	19
柚姫	9・10	ゆずき	19
珠姫	10・10	たまき	20
姫華	10・10	ひめか	20
朝美	12・9	あさみ	21
咲貴	9・12	さき	21
妃佳里	6・8・7	ひかり	21
姫菜	10・11	ひめな	21
美貴	9・12	みき	21
心優	4・17	みひろ	21
柚貴	9・12	ゆずき	21
珠貴	10・12	たまき	22
夏貴	10・12	なつき	22
雅美	13・9	まさみ	22
優名	17・6	ゆうな	23
優羽	17・6	ゆうは	23
優妃	17・6	ゆうひ	23
美穂	9・15	みほ	24
美由姫	9・5・10	みゆき	24
末紗姫	5・10・10	みさき	25
弥優	8・17	みひろ	25
美優	9・17	みゆ	26
海優	9・17	みゆう	26
優音	17・9	ゆうね	26
真奈美	10・8・9	まなみ	27
美紗貴	9・10・12	みさき	31

Image Keyword

華やか

その場にいるだけで
場が華やぐ、
魅力的な人になって

イメージ漢字

花 7	珂 9	華 10	雅 13	璃 15
冴 7	珈 9	彩 11	綺 14	舞 15
咲 9	珠 10	琉 11	瑠 14	麗 19

一華	1・10	いちか	11
華乃	10・2	かの	12
千咲	3・9	ちさ	12
珠子	10・3	たまこ	13
華子	10・3	はなこ	13
咲帆	9・6	さほ	15
妃珂	6・9	ひめか	15
彩加	11・5	あやか	16
希咲	7・9	きさき	16
雅子	13・3	まさこ	16
里咲	7・9	りさ	16
咲季	9・8	さき	17
璃乃	15・2	りの	17
琉衣	11・6	るい	17
珠季	10・8	たまき	18
朋華	8・10	ともか	18
琉花	11・7	るか	18
琉那	11・7	るな	18
怜華	8・10	れいか	18
彩奈	11・8	あやな	19
珠音	10・9	たまね	19
珠美	10・9	たまみ	19
茉彩	8・11	まあや	19
芽琉	8・11	める	19
華恋	10・10	かれん	20
桃華	10・10	ももか	20
留華	10・10	るか	20
琉海	11・9	るみ	20
珂蓮	9・13	かれん	22
結華	12・10	ゆいか	22
璃沙	15・7	りさ	22
瑠奈	14・8	るな	22
舞依	15・8	まい	23
舞奈	15・8	まいな	23
雅姫	13・10	まさき	23
実璃	8・15	みのり	23
璃奈	15・8	りな	23
瑠音	14・9	るね	23
愛琉	13・11	あいる	24
珂凜	9・15	かりん	24
瑠華	14・10	るか	24
瑠莉	14・10	るり	24
璃々花	15・3・7	りりか	25
留璃	10・15	るり	25
久瑠美	3・14・9	くるみ	26
璃緒	15・14	りお	29
優璃	17・15	ゆうり	32
舞織	15・18	まおり	33

Image Keyword

芸術的

創造力や表現力に優れ、
芸術と美を愛する人に
なりますように

イメージ漢字

吟	7
音	9
奏	9
奎	9
映	9
筐	11
絃	11
絵	12
琴	12
楽	13
鈴	13
響	20

奏乃	9 2	かなの	11
奏子	9 3	かなこ	12
音々	9 3	ねね	12
天音	4 9	あまね	13
鈴	13	りん	13
琴乃	12 2	ことの	14
朱音	6 9	あやね	15
音羽	9 6	おとは	15
琴子	12 3	ことこ	15
鈴乃	13 2	すずの	15
千絵	3 12	ちえ	15
百音	6 9	ももね	15
鈴子	13 3	すずこ	16
心琴	4 12	みこと	16
琴未	12 5	ことみ	17
琴羽	12 6	ことは	18
咲音	9 9	さきね	18
美音	9 9	みおん	18
絵里	12 7	えり	19
沙絵	7 12	さえ	19
鈴羽	13 6	すずは	19
夏音	10 9	なつね	19
鈴花	13 7	りんか	20
絢音	12 9	あやね	21
絵美	12 9	えみ	21
音葉	9 12	おとは	21
奏絵	9 12	かなえ	21
果鈴	8 13	かりん	21
琴音	12 9	ことね	21
琴美	12 9	ことみ	21
咲絵	9 12	さえ	21
実鈴	8 13	みすず	21
絵真	12 10	えま	22
詩音	13 9	しおん	22
鈴音	13 9	すずね	22
真琴	10 12	まこと	22
美鈴	9 13	みすず	22
鈴香	13 9	りんか	22
絵麻	12 11	えま	23
華鈴	10 13	かりん	23
響子	20 3	きょうこ	23
鈴夏	13 10	りんか	23
鈴菜	13 11	すずな	24
智絵	12 12	ちえ	24
璃音	15 9	りおん	24
響花	20 7	きょうか	27
佳奈絵	8 8 12	かなえ	28
絵梨奈	12 11 8	えりな	31

絢(12)	あや	12
詠(12)	うた	12
詩(13)	うた	13
綾(14)	あや	14
絢(12)乃(2)	あやの	14
絢(12)子(3)	あやこ	15
詩(13)乃(2)	しの	15
千(3)絢(12)	ちあや	15

絢(12)心(4)	あやみ	16
詩(13)子(3)	うたこ	16
歌(14)乃(2)	うたの	16
歌(14)子(3)	うたこ	17
詩(13)月(4)	しづき	17
絢(12)羽(6)	あやは	18
絢(12)奈(8)	あやな	20
絢(12)香(9)	あやか	21

綾(14)花(7)	あやか	21
綾(14)那(7)	あやな	21
絢(12)美(9)	あやみ	21
咲(9)絢(12)	さあや	21
綾(14)奈(8)	あやな	22
綾(14)美(9)	あやみ	23
絢(12)萌(11)	あやめ	23
咲(9)綾(14)	さあや	23

史(5)織(18)	しおり	23
綾(14)夏(10)	あやか	24
歌(14)純(10)	かすみ	24
紗(10)綾(14)	さあや	24
姫(10)歌(14)	ひめか	24
桃(10)歌(14)	ももか	24
恋(10)歌(14)	れんか	24
彩(11)歌(14)	あやか	25

綾(14)菜(11)	あやな	25
綾(14)萌(11)	あやめ	25
歌(14)菜(11)	うたな	25
麻(11)綾(14)	まあや	25
琉(11)歌(14)	るか	25
遥(12)歌(14)	はるか	26
香(9)織(18)	かおり	27
歌(14)鈴(13)	かりん	27

咲(9)織(18)	さおり	27
楓(13)歌(14)	ふうか	27
美(9)織(18)	みおり	27
詩(13)穂(15)	しほ	28
唯(11)織(18)	いおり	29
穂(15)乃(2)歌(14)	ほのか	31
優(17)歌(14)	ゆうか	31
藍(18)歌(14)	あいか	32

Image Keyword

文学的

文芸や書物が好きで
教養豊かな人に
なってほしい

イメージ漢字

歌 14	詠 12	華 10	文 4
綾 14	絢 12	章 11	知 8
織 18	詩 13	庵 11	記 10

一加	1・5	いちか	6
千加	3・5	ちか	8
直	8	なお	8
由加	5・5	ゆか	10
百加	6・5	ももか	11
加奈	5・8	かな	13
茉生	8・5	まい	13
苺加	8・5	まいか	13
侑加	8・5	ゆうか	13
和加	8・5	わか	13
咲生	9・5	さき	14
美生	9・5	みお	14
珠生	10・5	たまき	15
真生	10・5	まき	15
莉生	10・5	りお	15
樹	16	いつき	16
加奈子	5・8・3	かなこ	16
菜生	11・5	なお	16
直佳	8・8	なおか	16
悠加	11・5	はるか	16
萌加	11・5	もえか	16
唯加	11・5	ゆいか	16
琉生	11・5	るい	16
遥加	12・5	はるか	17
結加	12・5	ゆいか	17
愛加	13・5	あいか	18
明希子	8・7・3	あきこ	18
紗也加	10・3・5	さやか	18
成葉	6・12	なるは	18
楓加	13・5	ふうか	18
瑞生	13・5	みずき	18
成穂	6・15	なるほ	21
和加奈	8・5・8	わかな	21
安樹	6・16	あんじゅ	22
明花音	8・7・9	あかね	24
妃織	6・18	ひおり	24
里織	7・18	りお	25
佳織	8・18	かおり	26
紗樹	10・16	さき	26
樹菜	16・11	じゅな	27
樹梨	16・11	じゅり	27
美織	9・18	みお	27
紗織	10・18	さおり	28
瑞樹	13・16	みずき	29
理織	11・18	りお	29
梨織	11・18	りお	29
舞織	15・18	まお	33
優樹菜	17・16・11	ゆきな	44

Image Keyword

創造的

新しいものを生み出していく
意欲とパワーを
備えた人に

イメージ漢字

新 13	建 9	考 6	生 5
樹 16	能 10	明 8	加 5
織 18	創 12	直 8	成 6

心遥	4・12	みはる	16
遥妃	12・6	はるひ	18
万優	3・17	まゆ	20
遥南	12・9	はるな	21
遥華	12・10	はるか	22
遥夏	12・10	はるか	22
遥菜	12・11	はるな	23
優妃	17・6	ゆうき	23
優帆	17・6	ゆうほ	23
智遥	12・12	ちはる	24
遥稀	12・12	はるき	24
優花	17・7	ひろか	24
優李	17・7	ゆうり	24
瑚遥	13・12	こはる	25
茉優	8・17	まひろ	25
優和	17・8	ゆうわ	25
美優	9・17	みひろ	26
優夏	17・10	ゆうか	27
優梨	17・11	ゆうり	28
智優	12・17	ちひろ	29
優貴	17・12	ゆうき	29
優葉	17・12	ゆうは	29
優陽	17・12	ゆうひ	29
優穂	17・15	ゆうほ	32

Image Keyword

超える

勇気を出して挑戦し、
物事を乗り越えていく
イメージ

イメージ漢字

己 3　秀 7　克 7
卓 8　凌 10　梁 11
逸 11　隆 11　琢 11
越 12　遥 12　優 17

名づけのヒント1

生まれ月や干支からイメージしてみよう

赤ちゃんの生まれ月や干支《えと》にちなんで、名前を考える方法もあります。古くから親しまれる漢字だけに、昔ながらの情緒あふれる名前を考えるのにいいでしょう。生まれ月をそのまま使うだけでなく、気に入った漢字1字から名前のイメージを広げたり、同じ音に別の漢字を置き換えたり、名づけのアプローチもさまざまです。必ず辞典で、漢字が持つ意味を調べてから使うようにしましょう。

［月］

1月……睦月 むつき
2月……如月 きさらぎ
3月……弥生 やよい
4月……卯月 うづき
5月……皐月 さつき
6月……水無月 みなづき
7月……文月 ふづき・ふみづき
8月……葉月 はづき・はつき
9月……長月 ながつき
10月……神無月 かんなづき
11月……霜月 しもつき
12月……師走 しわす

［干支と時刻］

子 ね……午後11時〜午前1時
丑 うし……午前1時〜午前3時
寅 とら……午前3時〜午前5時
卯 う……午前5時〜午前7時
辰 たつ……午前7時〜午前9時
巳 み……午前9時〜午前11時
午 うま……午前11時〜午後1時
未 ひつじ……午後1時〜午後3時
申 さる……午後3時〜午後5時
酉 とり……午後5時〜午後7時
戌 いぬ……午後7時〜午後9時
亥 い……午後9時〜午後11時

※人名に使えない字も含まれます。

Image Keyword

若さ

若々しく、たのもしく、
可能性に満ちあふれた
イメージ

イメージ漢字

新 13	芽 8	初 7	仔 5	子 3
稚 13	春 9	苗 8	成 6	未 5
雛 18	萌 11	若 8	早 6	生 5

伸子	7・3	のぶこ	10
未羽	5・6	みはね	11
萌	11	もえ	11
亜未	7・5	あみ	12
早希	6・7	さき	13
桃子	10・3	とうこ	13
初妃	7・6	はつき	13
未來	5・8	みく	13
侑未	8・5	ゆうみ	13
早苗	6・8	さなえ	14
奈々子	8・3・3	ななこ	14
春帆	9・6	はるほ	15
未紗	5・10	みさ	15
未紘	5・10	みひろ	15
友萌	4・11	ゆめ	15
百合子	6・6・3	ゆりこ	15
早恵	6・10	さえ	16
初美	7・9	はつみ	16
楓子	13・3	ふうこ	16
未菜	5・11	みな	16
未唯	5・11	みゆ	16
結生	12・5	ゆう	17
早絢	6・12	さあや	18
雛	18	ひな	18
芽夏	8・10	めいか	18
凛子	15・3	りんこ	18
未緒	5・14	みお	19
萌奈	11・8	もな	19
瑠生	14・5	るい	19
若菜	8・11	わかな	19
新那	13・7	にいな	20
萌音	11・9	もね	20
小雛	3・18	こひな	21
早穂	6・15	さほ	21
萌恵	11・10	もえ	21
未優	5・17	みゆ	22
萌唯	11・11	めい	22
芽衣奈	8・6・8	めいな	22
芽衣音	8・6・9	めいね	23
萌々香	11・3・9	ももか	23
萌々音	11・3・9	ももね	23
陽南子	12・9・3	ひなこ	24
未依菜	5・8・11	みいな	24
美早紀	9・6・9	みさき	24
優芽	17・8	ゆめ	25
雛音	18・9	ひなね	27
優芽子	17・8・3	ゆめこ	28
真優子	10・17・3	まゆこ	30

Image Keyword

満足感

満たされ、充実した人生を送ってほしいという願いを込めて

名前	画数	読み	総画数
未有	5・6	みう	11
充希	6・7	みつき	13
有花	6・7	ゆうか	13
有希	6・7	ゆうき	13
有那	6・7	ゆうな	13
有里	6・7	ゆり	13
美有	9・6	みゆ	15
有紗	6・10	ありさ	16
安珠	6・10	あんじゅ	16
栄里	9・7	えり	16
有真	6・10	ゆま	16
美幸	9・8	みゆき	17
有菜	6・11	ゆうな	17
紗栄	10・9	さえ	19
温那	12・7	はるな	19
安佳里	6・8・7	あかり	21
有里奈	6・7・8	ゆりな	21
幸穂	8・15	さちほ	23
優有	17・6	ゆう	23
紫温	12・12	しおん	24
有梨花	6・11・7	ゆりか	24
有理奈	6・11・8	ゆりな	25
満里奈	12・7・8	まりな	27
安優美	6・17・9	あゆみ	32

イメージ漢字

安 6	実 8	栄 9	晏 10
充 6	幸 8	能 10	満 12
有 6	旺 8	悦 10	温 12

名づけのヒント2

思い出の地名にちなんだ名前を探そう

夫婦の思い出の場所、愛する故郷など、地名から名前をイメージしていく方法もあります。昔からよく聞く地名だと、読み方を想像しやすく、また親しみやすいでしょう。身近なところに名前のヒントがあるかもしれないので、土地の由来を含め、探してみてください。

ただし、一般的に姓としてありがちな地名は、避けたほうがいいでしょう。将来、姓が変わったときに、名前とダブる可能性があります。

青葉	あおば
飛鳥	あすか
明日香	あすか
淡路	あわじ
和泉	いずみ
伊勢	いせ
伊万里	いまり
伊予	いよ
近江	おうみ
門真	かどま
紀伊	きい
志摩	しま
千歳	ちとせ
直江	なおえ
那智	なち
萩	はぎ
美濃	みの
宮古	みやこ
三輪	みわ
八千代	やちよ
吉野	よしの
若狭	わかさ

Image Keyword

かわいい

まわりから大切にされ
愛らしさ、かわいらしさを
持ったイメージ

イメージ漢字

漢字	画数
小	3
子	3
丸	3
月	4
円	4
花	7
苺	8
珠	10
瑶	13
愛	13
綾	14
薗	16

名前	各字の画数	読み	総画数
円	4	つぶら	4
花	7	はな	7
小羽	3・6	こはね	9
小花	3・7	こはな	10
小町	3・7	こまち	10
沙月	7・4	さつき	11
小奈	3・8	さな	11
小夜	3・8	さや	11
尚子	8・3	なおこ	11
那月	7・4	なつき	11
心花	4・7	みはな	11
小桃	3・10	こもも	13
祥子	10・3	さちこ	13
千花子	3・7・3	ちかこ	13
日向子	4・6・3	ひなこ	13
円香	4・9	まどか	13
万里子	3・7・3	まりこ	13
夕珠	3・10	ゆず	13
瑶	13	よう	13
華月	10・4	かづき	14
小鈴	3・13	こすず	16
七菜子	2・11・3	ななこ	16
珠羽	10・6	みう	16
美花	9・7	みか	16
百々花	6・3・7	ももか	16
莉々子	10・3・3	りりこ	16
杏珠	7・10	あんじゅ	17
珠里	10・7	じゅり	17
珠李	10・7	じゅり	17
愛心	13・4	まなみ	17
珠奈	10・8	じゅな	18
珠実	10・8	たまみ	18
悠花	11・7	はるか	18
愛那	13・7	あいな	20
珠莉	10・10	じゅり	20
菜々花	11・3・7	ななか	21
愛佳	13・8	まなか	21
優月	17・4	ゆづき	21
綾花	14・7	りょうか	21
愛香	13・9	あいか	22
綾佳	14・8	あやか	22
綾海	14・9	あやみ	23
愛華	13・10	まなか	23
愛珠	13・10	まなみ	23
綾華	14・10	あやか	24
真綾	10・14	まあや	24
綾梨	14・11	あやり	25
結衣花	12・6・7	ゆいか	25

Image Keyword

平和

平和を願い、
穏やかで友好的な心で
人とつながっていくイメージ

イメージ漢字

安6 和8 昌8
治8 厚9 泰10
温12 鳩13 寧14
静14 輪15 穏16

和心	8・4	なごみ	12
安寿	6・7	あんじゅ	13
安那	6・7	あんな	13
十和子	2・8・3	とわこ	13
静	14	しずか	14
佐和	7・8	さわ	15
和奈	8・8	かずな	16
静乃	14・2	しずの	16
心温	4・12	みおん	16
和咲	8・9	かずさ	17
和美	8・9	かずみ	17
咲和	9・8	さわ	17
昌美	8・9	まさみ	17
和葉	8・12	かずは	20
温美	12・9	あつみ	21
静花	14・7	しずか	21
莉温	10・12	りおん	22
静音	14・9	しずね	23
里穏	7・16	りおん	23
凜和	15・8	りんな	23
和佳奈	8・8・8	わかな	24
詩温	13・12	しおん	25
和歌子	8・14・3	わかこ	25
詩穏	13・16	しおん	29

名づけのヒント3

女の子の名前として人気！ 花や草木にちなんだ名前

花や草木にちなんだ名前は、女の子の名前として人気があります。気に入った漢字を選んで添え字をつけたり、ひらがなにしたりすることで、名前例にバリエーションも出せます。ただし、くさかんむりや、きへんが多すぎる名前（姓名）は、バランスが悪くなるので注意しましょう。

- 藍　あい
- 葵　あおい
- 麻　あさ
- 朝顔　あさがお
- 梓　あずさ
- 楓　かえで
- 桔梗　ききょう
- 楠　くすのき
- 小菊　こぎく
- 桜　さくら
- 菫　すみれ
- 椿　つばき
- 苗　なえ
- 菜の花　なのはな
- 芭蕉　ばしょう
- 柊　ひいらぎ
- 雛菊　ひなぎく
- 向日葵　ひまわり
- 芙蓉　ふよう
- 牡丹　ぼたん
- 槙　まき
- 茉莉花　まつりか
- 木蓮　もくれん
- 椛　もみじ
- 紅葉　もみじ
- 桃　もも
- 椰子　やし
- 百合　ゆり
- 柚子　ゆず
- 蘭　らん

Image Keyword

名声

誉れ高く、
まわりに支持され
認められる人に

イメージ漢字

輝 15　望 11　知 8　令 5
響 20　誉 13　栄 9　名 6
耀 20　暉 13　高 10　明 8

明	8	めい	8
万知	3 / 8	まち	11
里名	7 / 6	りな	13
知佐	8 / 7	ちさ	15
知里	8 / 7	ちさと	15
知花	8 / 7	ともか	15
玲名	9 / 6	れいな	15
紗名	10 / 6	さな	16

知佳	8 / 8	ともか	16
知香	8 / 9	ちか	17
菜名	11 / 6	なな	17
知恵	8 / 10	ちえ	18
知紗	8 / 10	ちさ	18
遥名	12 / 6	はるな	18
結名	12 / 6	ゆいな	18
愛名	13 / 6	あいな	19

明日佳	8 / 4 / 8	あすか	20
響	20	ひびき	20
明日香	8 / 4 / 9	あすか	21
明日美	8 / 4 / 9	あすみ	21
優名	17 / 6	ゆな	23
耀子	20 / 3	ようこ	23
明寿香	8 / 7 / 9	あすか	24
海輝	9 / 15	みき	24

Image Keyword

豊か

実り多く、豊かな人生を
送ってほしいという
願いを込めて

イメージ漢字

豊 13　裕 12　充 6
福 13　満 12　宝 8
潤 15　富 12　恵 10

宝	8	たから	8
裕子	12 / 3	ゆうこ	15
福子	13 / 3	ふくこ	16
裕月	12 / 4	ゆづき	16
恵茉	10 / 8	えま	18
恵実	10 / 8	えみ	18
奏恵	9 / 10	かなえ	19
咲恵	9 / 10	さえ	19

恵美	10 / 9	めぐみ	19
裕奈	12 / 8	ゆな	20
恵菜	10 / 11	えな	21
美裕	9 / 12	みゆ	21
裕希乃	12 / 7 / 2	ゆきの	21
裕美	12 / 9	ゆみ	21
梨恵	11 / 10	りえ	21
裕夏	12 / 10	ゆうか	22

日満里	4 / 12 / 7	ひまり	23
裕菜	12 / 11	ゆうな	23
裕理	12 / 11	ゆうり	23
恵里花	10 / 7 / 7	えりか	24
友梨恵	4 / 11 / 10	ゆりえ	25
恵玲奈	10 / 9 / 8	えれな	27
恵梨花	10 / 11 / 7	えりか	28
満理奈	12 / 11 / 8	まりな	31

Image Keyword

日本的

伝統的で美しい
日本の心、文化を
忘れない人に

イメージ漢字

乃 2　京 8　和 8
桜 10　姫 10　菊 11
庵 11　都 11　梗 11
琴 12　雅 13　鶴 21

名前	各字画数	読み	総画数
帆乃	6・2	ほの	8
花乃	7・2	はなの	9
桜	10	さくら	10
京子	8・3	きょうこ	11
都	11	みやこ	11
琴	12	こと	12
乃々佳	2・3・8	ののか	13
詩乃	13・2	うたの	15
和沙	8・7	かずさ	15
和那	8・7	かずな	15
京花	8・7	きょうか	15
琴心	12・4	ことみ	16
実和	8・8	みわ	16
瑠乃	14・2	るの	16
和佳	8・8	わか	16
亜弥乃	7・8・2	あやの	17
京香	8・9	きょうか	17
乃々葉	2・3・12	ののは	17
帆乃香	6・2・9	ほのか	17
姫奈	10・8	ひな	18
美乃里	9・2・7	みのり	18
和華	8・10	わか	18
琴花	12・7	ことか	19
琴里	12・7	ことり	19
奈都	8・11	なつ	19
優乃	17・2	ゆの	19
琴弥	12・8	ことみ	20
姫夏	10・10	ひめか	20
美都	9・11	みと	20
和香子	8・9・3	わかこ	20
恵都	10・11	けいと	21
紗都	10・11	さと	21
保乃華	9・2・10	ほのか	21
美琴	9・12	みこと	21
琴菜	12・11	ことな	23
深琴	11・12	みこと	23
瑚乃香	13・2・9	このか	24
瑚乃美	13・2・9	このみ	24
千紗都	3・10・11	ちさと	24
瑠姫	14・10	るき	24
穂乃佳	15・2・8	ほのか	25
和香奈	8・9・8	わかな	25
優希乃	17・7・2	ゆきの	26
美沙都	9・7・11	みさと	27
優姫	17・10	ゆき	27
菜都希	11・11・7	なつき	29
美紗姫	9・10・10	みさき	29
菜都美	11・11・9	なつみ	31

Image Keyword

歴史

いにしえからの積み重ねを
大切に育て、時代を
リードしていける人に

イメージ漢字

漢字	画数	漢字	画数	漢字	画数	漢字	画数
久	3	代	5	京	8	統	12
史	5	由	5	記	10	街	12
世	5	来	7	悠	11	霞	17

名前	各字の画数	読み	総画数
史	5	ふみ	5
由乃	5・2	ゆの	7
千代	3・5	ちよ	8
妃由	6・5	ひより	11
万由子	3・5・3	まゆこ	11
百代	6・5	ももよ	11
悠	11	ゆう	11
朋世	8・5	ともよ	13
史奈	5・8	ふみな	13
由依	5・8	ゆい	13
由奈	5・8	ゆうな	13
希京	7・8	ききょう	15
史華	5・10	ふみか	15
莉世	10・5	りせ	15
京佳	8・8	きょうか	16
史菜	5・11	ふみな	16
未悠	5・11	みゆう	16
美来	9・7	みらい	16
由菜	5・11	ゆな	16
由梨	5・11	ゆり	16
史穂	5・15	しほ	20
璃世	15・5	りせ	20
悠華	11・10	ゆうか	21
世莉奈	5・10・8	せりな	23

名づけのヒント4

歴史上、有名な人物の名前も参考に

歴史上で有名な人物の名前もイメージの参考になります。あまりにも有名な人物の名前をそのままつけると、先入観を持たれる可能性があります。また、悲劇的な人生を送っている人物も多くいます。そのまま使わず、名前から1字もらう、同じ音に別の漢字をあてるなど、工夫するといいでしょう。ただ、有名な人物の名前は、筆名や通称の場合があるので、名前に使える字かの確認は必要です。

- 篤姫　あつひめ（徳川家定夫人）
- 有吉佐和子　ありよしさわこ（作家）
- 市川房枝　いちかわふさえ（女性解放運動家）
- 宇野千代　うのちよ（作家）
- 円地文子　えんちふみこ（作家）
- 岡本かの子　おかもとかのこ（作家）
- 小野小町　おののこまち（歌人）
- 金子みすゞ　かねこみすず（詩人）
- 須賀敦子　すがあつこ（随筆家）
- 清少納言　せいしょうなごん（作家・歌人）
- 田中絹代　たなかきぬよ（女優）
- 津田梅子　つだうめこ（教育家）
- ねね　ねね（豊臣秀吉夫人）
- 樋口一葉　ひぐちいちよう（作家）
- 日野富子　ひのとみこ（足利義政夫人）
- 卑弥呼　ひみこ（邪馬台国女王）
- 平塚らいてう　ひらつからいちょう（女性解放運動家）
- 藤原定子　ふじわらのていし（一条天皇皇后）
- 北条政子　ほうじょうまさこ（源　頼朝夫人）
- 紫式部　むらさきしきぶ（作家・歌人）
- 与謝野晶子　よさのあきこ（歌人）

第4章

画数別
おすすめ漢字リスト

この章では、名前に使える人気漢字の読みや画数、意味、
そしてその漢字に込めたいママやパパの願い、
イメージのふくらませ方などを紹介しています。
「音の響き」や「イメージ」で名前を決めかねているときや、
最初から漢字にこだわった名づけをするときに活用してください。

※本書では、仮成数(P.339)を加えて吉数にする場合も考えて、
画数としてそのままでは吉数ではない名前例も掲載しています。

このリストの見方

名づけで使う人気漢字を画数順に掲載しました。「画数と主な読み」「主な意味と(その漢字に)込めたい願い」、そして「名前例」を紹介しています。「主な意味と込めたい願い」では、漢字の意味の中でもよいイメージをふくらませて、ポジティブな印象となるように記述しました。なお、漢字は辞書によって意味が異なることもあるので、必ずほかの辞書も参考にしながら最終的に判断することをおすすめします。

画数・漢字	主な読み	主な意味と込めたい願い	名前例
一 1画	イチ・イツ・おさむ・かず・かつ・はじめ・ひ・ひで・ひと	意味 ①いち。ひとつ。数の名。②はじめ。最初。③最上のもの。④まとめる。⑤同じ。等しい。⑥すべて。⑦あるひとつの。⑧わずか。⑨まじりけがない。 願い 物事をまとめる、等しいことを表すことから、協調性と平等性を持った心豊かな女性に育ってほしいという願いを込めて。また、ママやパパにとってのナンバーワンであり、オンリーワンである、かけがえのない大切な子という思いも込めて。	一1花7 いちか 一1葉12 かずは 一1綺14 いつき 一1羽6 かずは
乙 1画	イツ・オツ・お・おと・き・たか・つぎ・と・とどむ	意味 ①きのと。十干の二番目。物事の二番目。②気がきいている。③みょうだ。変だ。④「幼い」「美しい」「愛らしい」などの意味を表す接頭語。 願い 響きと字体に古風な魅力が感じられる字。この字を使った名前としては、物語に登場する「乙姫（おとひめ）」がある。みんなから愛される、かわいらしい女性に成長するようにとの願いを込めて。	乙1葉12 おとは 乙1音9 おとね 乙1華10 おとか 璃15乙1 りお
七 2画	シチ・シツ・かず・な・なな・なの	意味 ①しち。なな。ななつ。数の名。②数の多いようす。③ななつ。むかしの時刻のよび名。現在の午前四時または午後四時ごろ。 願い 七福神のように日本の文化に縁が深く、縁起のよい数字。「ラッキーセブン」という言葉で知られるように、多くの幸運が訪れる人生を送れますようにと願って。また、女の子には訓読みの「なな」という響きがかわいらしく、たくさんの人に愛される女性にという祈りも込めて。	七2海9 ななみ 七2菜11 なな 七2緒14 ななお 愛13七2 あいな
二 2画	ジ・ニ・かず・さ・すすむ・つぎ・つぐ・ふ・ぶ・ふた	意味 ①ふたつ。に。数の名。②ふたたび。③二番目。つぎ。④別の。異なる。⑤並ぶ。匹敵する。 願い つぎという意味があることから、人生の扉を次々に開けて幸せをつかんでほしいと願って。また、二番目の子、二女によく使う文字。上の子と手と手を取り合って仲よく育ってほしいという思いも込めて。	二2瑚13 にこ 二2葉12 ふたば 二2胡9 にこ 二2千3華10 にちか
乃 2画	ダイ・ナイ・いまし・おさむ・の	意味 ①すなわち。接続詞。②そこで。そして。順接を表す。③そうではあるが。それなのに。逆接を表す。④なんじ。あなた。おまえ。二人称の代名詞。⑤格助詞の「の」に当てる。⑥平仮名の「の」は「乃」の草書体からできた字。 願い 古風で可憐なイメージ。奥ゆかしさと凛（りん）とした強さの両面を持つ日本女性「大和撫子（やまとなでしこ）」に育ってほしいという願いを込めて。	彩11乃2 あやの 陽12菜11乃2 ひなの 莉10乃2 りの 志7乃2 しの
八 2画	ハチ・ハツ・かず・や・やつ・やっ・よう・わ・わかつ	意味 ①やつ。やっつ。や。数の名。②数の多いこと。③ひじょうに長い年月。④やつ。むかしの時刻のよび名。現在の午前二時または午後二時ごろ。 願い 末広がりで縁起のよい字とされることから、素晴らしい未来がどんどん広がっていきますようにと願って。絆（きずな）を大切にし、人と人との結びつきを広げていける女性に育ってほしいという祈りを込めて。	八2重9 やえ 八2矢5乃2 ややの 八2重9乃2 やえの

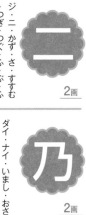

主な読み　画数・漢字　主な意味と込めたい願い　名前例

久　3画

キュウ・ク・つね・なが・ひこ・ひさ・ひさし

意味 ①ひさしい。長い間。ずっと変わらない。②以前からの。古い。

願い 長いという意味を持つことから、健康と長寿への祈りと、いつまでも美しく輝く女性になってほしいという願いを込めて。

- 実久（8・3）　みく
- 久子（3・3）　ひさこ
- 久美（3・9）　くみ
- 久留実（3・10・8）　くるみ

弓　3画

キュウ・ゆみ

意味 ①ゆみ。つるをはり、矢をつがえて射る武器。②ゆみなり。ゆみの形に曲がったもの。③弓のまとまでの距離をはかる単位。一弓は一・三五メートル。

願い 弓がしなる様子から、強さとしなやかさの両面を持つイメージ。何事にもくじけず、常に明るさを持って困難に立ち向かっていける女性に成長することを期待して。

- 弓佳（3・8）　ゆみか
- 弓子（3・3）　ゆみこ
- 真弓（10・3）　まゆみ
- 紗弓（10・3）　さゆみ

三　3画

サン・かず・さぶ・さむ・そう・ぞう・ただ・なお・み・みつ

意味 ①さん。みつ。みっつ。数の名。②数の多いようす。しばしば。何度も。

願い 数の多い様子を表すことから、人生に多くの幸運がおとずれるようにという願いを込めて。

- 三奈（3・8）　みな
- 三結（3・12）　みゆ
- 三千花（3・3・7）　みちか
- 三佳（3・8）　みか

子　3画

シ・ス・こ・しげ・たか・ただ・ちか・つぐ・とし・ね・み・やす

意味 ①こども。むすこ。むすめ。②女子の名にそえる語。③学徳や地位のある男子の敬称。④あなた。きみ。⑤実。たね。たまご。⑥小さいものや道具の名に用いる接尾語。⑦五段階に分けた爵位（公侯伯子男）の第四位。⑧ね。十二支の一番目。動物ではねずみ、時刻では午前零時、または、午後十一時から午前一時ごろまで。方位では北。

願い 小さくかわいらしいという意味から、わが子を慈しむ、愛するという親の思いを込めて。

- 莉子（10・3）　りこ
- 桃子（10・3）　ももこ
- 日菜子（4・11・3）　ひなこ
- 結衣子（12・6・3）　ゆいこ

女　3画

ジョ・ニョ・ニョウ・おん・な・こ・たか・め・よし

意味 ①おんな。婦人。②むすめ。まだ結婚しない女子。

願い ひざまずいている女性の姿を表す字形。しとやかさや奥ゆかしさを持った女性になることを願って。「め」の音で止め字として使うと、やや古風な趣も加えられる。

- 絢女（12・3）　あやめ
- 彩女（11・3）　あやめ
- 結女（12・3）　ゆめ
- 綺女（14・3）　あやめ

小　3画

ショウ・お・こ・さ・ささ・ちい・ちいさ

意味 ①ちいさい。こまかい。形、規模が小さい。②少ない。わずか。ちょっとした。③身分が低い。④若い。幼い。⑤自分に関係することがらにつけてへりくだる意味を表すことば。⑥「ちいさい」「すこし」の意味を表す接頭語。⑦ほぼ。おおよそ。

願い 小さくてかわいらしいイメージから、多くの人たちに愛され、大切にされる女性に育ってほしいという願いを込めて。

- 小春（3・9）　こはる
- 小雪（3・11）　こゆき
- 小乃羽（3・2・6）　このは
- 小百合（3・6・6）　さゆり

画数・漢字	主な読み	主な意味と込めたい願い	名前例
千 3画	セン・かず・ち・ゆき	意味 ①数の単位。百の十倍。②数の多いこと。たくさん。 願い 数の多いことを表すことから、豊かで実り多い人生を歩み、大きな愛ですべてを包み込む女性になってほしいという祈りを込めて。 	千3尋12 ちひろ 千3咲9 ちさき 千3穂15 ちほ 紗10千3 さち
之 3画	シ・いたる・これ・の・ひ・で・ゆき・よし	意味 ①これ。この。指示代名詞。また、語調を整えたり、強調したりすることば。②ゆく。おもむく。至る。③…の。主語や所有を示すことば。④平仮名の「し」は、「之」の草書体からできた字。 願い 行く、至るといった前に進んでいくイメージから、積極性のある自立した女性に育ってほしいと願って。	之3恵10 ゆきえ 之3愛13 のあ
万 3画	バン・マン・かず・かつ・すすむ・たか・つもる・ま・よろず	意味 ①数の単位。千の十倍。②数の多いようす。いろいろの。③決して。必ず。 願い 数がとても多い、かならずといった意味を持つことから、さまざまな才能にあふれた輝く女性になってほしい、また、あふれるほどの幸せを手にしてほしいという願いを込めて。	万3結12 まゆ 万3紘10 まひろ 万3里7 まり 万3由5子3 まゆこ
也 3画	ヤ・あり・ただ・なり	意味 ①…である。文末に用いて、断定の意味を表す。②や。か。文末に用いて、疑問・反語などの意味を表す。③…は。…のは。句末に用いて、強調・提示の意味を表す。④平仮名の「や」は「也」の草書体からできた字。 願い 断定や強調を表すことから、毅然とした態度をとりつつも、さわやかで気持ちのよい女性に育ってほしいと願って。	彩11也3香9 さやか 紗10也3 さや 美9也3子3 みやこ 佳8也3乃2 かやの
夕 3画	セキ・ゆ・ゆう	意味 ゆうべ。日ぐれ。 願い 日暮れや夕焼けなど、美しく豊かな日本古来の風景をイメージする漢字。情緒豊かで控えめな美しさと魅力にあふれる女性に育ってほしいという願いを込めて。 	夕3奈8 ゆうな 真10夕3 まゆ 夕3希7菜11 ゆきな 夕3稀12 ゆうき
与 3画	ヨ・あた・あと・くみ・すえ・とも・のぶ・ひとし・もと・もろ・よし	意味 ①あたえる。②くみする。組む。力を合わせる。③あずかる。関係する。④ともに。つれだって。 願い 多くの友人に恵まれ、人から慕われる女性になるようにとの期待を込めて。また、困難にあっても周囲の人と協力して乗り越えていけるようにという願いを託して。	日4与3梨11 ひより 喜12与3香9 きよか 紗10与3 さよ

画数・漢字	主な読み	主な意味と込めたい願い	名前例
円 4画	エン・オン・つぶら・のぶ・まど・まどか・まる・みつ	意味 ①まるい。まる。②まるい形。輪の形。③まるい板状のもの。④まるくて立体的なもの。⑤なめらか。⑥満ちている。⑦欠けたところがない。あたり。一帯。⑧日本の貨幣の単位。一銭の百倍。 願い 欠けることのない丸い形を意味することから、「円満」「円滑」など物事が滞りなく進んでいくことを表す。すべてにおいて満ち足りた、豊かな人生が送れるようにとの願いを込めて。	円花（4・7）まどか 円香（4・9）まどか 円（4）まどか 円華（4・10）まどか
月 4画	ガツ・ゲツ・つき	意味 ①つき。②一か月。③七曜の一つ。 願い 月の光のように、優しく穏やかな魅力を放つ女性に育ってほしいと願って。止め字としても使うことができ、幸運の多い人生が送れるようにという祈りも込めて。 	優月（17・4）ゆづき 美月（9・4）みづき 菜月（11・4）なつき 月乃（4・2）つきの
元 4画	ガン・ゲン・つかさ・ながはじめ・はる・もと・ゆき・よし	意味 ①もと。おおもと。②はじめ。最初。③おさ。かしら。④あたま。こうべ。⑤年号。年号のはじめの年。⑥もとになるものが二つ以上、またはたくさんあること。⑦げん。中国の王朝名。 願い 始まりを表すことから、チャレンジ精神旺盛で、物事の本質を見極めることができる女性に。先駆者や革新者と呼ばれるような人になってほしいという気持ちも込めて。	元子（4・3）もとこ 元香（4・9）もとか 元香（4・9）はるか 元美（4・9）もとみ
公 4画	コウ・きみ・きん・ただ・ただし・とおる・とも・ひろ・まさ	意味 ①国家。政府。②社会一般。③共有の。④かたよらない。⑤天子。諸侯。⑥五段階に分けた爵位（公侯伯子男）の最上位。⑦年長者や同輩を敬ってつけることば。⑧親しみや軽べつをこめてつけることば。 願い 公平でバランス感覚の優れた、周囲の人たちに親しまれる女性になってほしいと願って。また、正義感が強く、しんのある女性に育ってほしいという気持ちも込めて。	公子（4・3）こうこ 公美（4・9）くみ 公香（4・9）きみか 公子（4・3）きみこ
心 4画	シン・きよ・こころ・さね・なか・み・むね・もと	意味 ①精神。胸のうち。②考え。意志。③思いやり。なさけ。④おもむき。ふぜい。⑤おもむきを解するこころ。⑥しんぞう。⑦まんなか。たいせつなところ。 願い 思いやりに満ちあふれ、相手の身になって考えることのできる優しい女性に成長してほしいと願って。また、物事の中心となる人物になれるようにという期待も込めて。	心春（4・9）こはる 心結（4・12）みゆ 心美（4・9）ここみ 心菜（4・11）ここな
仁 4画	ジン・ニ・きみ・ただし・と・ひさし・ひと・ひとし・ひろし	意味 ①いつくしみ。いつくしむ。②親しみ。親しむ。③思いやり。あわれみ。④儒教で、人道のもととする徳。また、徳の高い人。⑤ひと。⑥果実の核のなかみ。 願い 人をいつくしむ心や、自我を抑えて他人を思いやることのできる人に。思いやりがあって、心の優しい内面的な美しさを持つ女性に育ってほしいという願いを込めて。	仁美（4・9）ひとみ 仁菜（4・11）にいな 仁香（4・9）にこ 仁那（4・7）にな

画数・漢字	主な読み	主な意味と込めたい願い	名前例
水 4画	スイ・たいら・な・なか・み・みず・ゆ・ゆく	意味 ①酸素と水素の化合物。②相撲が長びいたときの中休み。③間にはいってじゃまをするもの。④さそい。⑤かわ。水のあるところ。⑥五行（木・火・土・金・水）の一つ。時節では冬、方位では北。⑦七曜の一つ。⑧液体。水のようなもの。 願い みずみずしくさわやかな、魅力あふれる女性に育ってほしいという気持ちを込めて。人の心や社会に潤いを与えられるような人になってほしいと願って。	水4希7 みずき 泉9水4 いずみ 水4姫10 みずき 水4鈴13 みすず
丹 4画	タン・あかし・あきら・に・まこと	意味 ①あか。あかい。に。朱。②たん。丹砂と薬物をねりまぜた薬。とくに、不老不死の薬。③まごころ。 願い 「丹精」「丹念」など、まごころを込めて念入りに行うことを表す言葉に使用される漢字。周囲の人に思いやりを持って接することができる、気持ちの温かな女性に育ってほしいという祈りを込めて。	萌11丹4香9 もにか 丹4菜11 にな 丹4衣6菜11 にいな
天 4画	テン・あま・あめ・たか・たかし	意味 ①あめ。そら。②天の神。③自然。自然の道。また、その力。④めぐりあわせ。運命。⑤自然の。生まれつきの。⑥神の国。⑦いただき。てっぺん。⑧天子や天皇に関することがらにつけることば。 願い 高く広がる空のように澄みきった心を持てるように。飾らずとも自然のままで輝く魅力にあふれた女性に育ってほしいと願って。また、てっぺんを表すことから、リーダーや、スポーツや芸術分野で頂点をとる女性にという期待も込めて。	天4音9 あまね 天4音9 たかね 天4寧14 あまね 天4乃2 あまの
日 4画	ジツ・ニチ・あき・か・はる・ひ・ひる	意味 ①ひ。太陽。②昼。昼間。③一日。一昼夜。④七曜の一つ。⑤日々。日ましに。⑥「日本」の略。⑦日数をかぞえることば。 願い 明るく照らす太陽のように、周囲の人を元気にするような女性に育ってほしいと願って。また、どんなことにもくじけない、明日の自分を信じることのできる前向きな女性になってほしいという気持ちも込めて。	日4和8 ひより 向6日4葵12 ひまり 日4菜11 ひな 明8日4香9 あすか
巴 4画	ハ・とも・ともえ	意味 ①うずまき。②うずまき形のもよう。 願い うずまきのように、周囲の人たちがいつのまにか引き込まれてしまうほどの魅力を持った人になってほしい。まわりの人と力を合わせ、大きなことを成し遂げることのできる素晴らしい女性に育ってほしいという願いを込めて。	巴4菜11 はな 琴12巴4 ことは 彩11巴4 あやは 巴4 ともえ
比 4画	ヒ・くら・たか・たすく・ちか・とも・なみ・ひさ	意味 ①くらべる。並べて検討する。②並べる。並ぶ。③親しむ。近づく。④なかま。同類のもの。⑤同類のものをくらべたときの割合。 願い だれからも愛されて、親しい友人にも恵まれる豊かな人生を歩んでほしいという気持ちを込めて。また、人との関係を大切にできる心優しい女性に育ってほしいという願いも込めて。	比4奈8 ひな 比4奈8乃2 ひなの 比4奈8子3 ひなこ 比4菜11 ひな

画数・漢字｜主な読み｜主な意味と込めたい願い｜名前例

文　4画

主な読み　ブン・モン・あき・あや・とき・のぶ・のり・ひとし・ふみ

意味　①あや。もよう。かざり。②文字。ことば。③ふみ。手紙。④本。記録。⑤学問や芸術。⑥いれずみ。⑦もん。むかしの貨幣の単位。⑧もん。たびやくつなどの大きさの単位。

願い　えり元が美しく交わっている形からできた字であることから、けがれのない純粋な精神と教養、気品を持ち、たたずまいも美しい女性であってほしいと願って。また、学問の道を究めていくような才媛にという思いも込めて。

名前例
- 文乃（4・2）　ふみの
- 文奈（4・8）　あやな
- 文音（4・9）　あやね
- 文香（4・9）　あやか

木　4画

主な読み　ボク・モク・き・こ・しげ

意味　①き。立ち木。②物をつくる材料となる木。また、木でつくったもの。③五行（木・火・土・金・水）の一つ。時節では春、方位では東。④星の名。木星のこと。⑤七曜の一つ。⑥ありのまま。かざりけがない。

願い　空に向かって伸びる木のように、高みに向かい、心身共にすくすくと成長することを願って。また、樹木の持つ、守り育てるイメージから、たくましさと優しさを併せ持った女性になるようにとの思いも託して。

名前例
- 木の実（4・1・8）　このみ
- 木乃葉（4・2・12）　このは
- 木乃香（4・2・9）　このか
- 瑞木（13・4）　みずき

友　4画

主な読み　ユウ・すけ・とも

意味　①とも。仲間。②ともとする。親しむ。仲がよい。仲よく助けあう。③味方。

願い　多くの友人に恵まれ、友が困っているときに手を差し伸べられる心優しい女性になってほしいと願って。また、困ったときには手を差し伸べてくれる多くの友人に恵まれた人生を送ってほしいという気持ちも込めて。

名前例
- 麻友（11・4）　まゆ
- 友香（4・9）　ともか
- 友乃（4・2）　ともの
- 友佳（4・8）　ゆうか

以　5画

主な読み　イ・これ・さね・しげ・とも・もち・ゆき

意味　①…によって。…で。目的・手段・原因・対象を示すことば。②…から。…より。範囲や方向を示すことば。③もってする。用いる。④おもう。⑤ゆえ。理由。⑥率いる。⑦平仮名の「い」は「以」の草書体からできた字。

願い　人と農具のすきを合わせて成り立った漢字であることから、土台のしっかりした家庭を持ち、幸福な人生をと願って。明確な目的を持って取り組む女性になってほしいという気持ちも込めて。

名前例
- 芽以（8・5）　めい
- 結以（12・5）　ゆい
- 留以（10・5）　るい
- 真以（10・5）　まい

永　5画

主な読み　エイ・ヨウ・とお・なが・のり・はるか・ひさ・ひさし・ひら

意味　①距離が長い。遠い。はるか。②時間が長い。また、その時間。とこしえ。限りなく。

願い　川の流れが分かれている様子から形づくられた漢字。支流のある長い川を表す意味もあり、たくさんの人に恵みをもたらすような、社会に貢献できる女性に育ってほしいと願って。長く限りなく続く幸福な人生であってほしいという祈りも込めて。

名前例
- 永愛（5・13）　とあ
- 永茉（5・8）　えま
- 彩永（11・5）　さえ
- 永奈（5・8）　えな

央　5画

主な読み　オウ・ヨウ・あきら・ちか・てる・なか・ひさ・ひさし・ひろし

意味　①なかば。まんなか。中心。②つきる。なくなる。

願い　世界の中央、表彰台の中央、舞台の中央など、どの道を選択しても、華々しい活躍ができるようにと願って。また、どこへ行っても注目されるような素晴らしい女性に育ってほしいという期待も込めて。

名前例
- 真央（10・5）　まお
- 未央（5・5）　みお
- 茉央（8・5）　まひろ
- 玲央奈（9・5・8）　れおな

画数・漢字	主な読み	主な意味と込めたい願い	名前例
加 5画	カ・くわ・ます	意味 ①くわえる。たす。増やす。②くわわる。増える。仲間にはいる。③たし算。④「加奈陀（カナダ）」の略。⑤平仮名の「か」は「加」の草書体からできた字。 願い 何事も自分のプラスにできる明るく前向きな性格を持ち、だれからも愛される社交的な女性に育ってほしいと願って。「か」の一音とシンプルな字形で、ほかの字と組み合わせやすい。	麗(19)加(5) れいか 由(5)加(5)里(7) ゆかり 理(11)加(5) りか 加(5)奈(8)子(3) かなこ
可 5画	カ・コク・あり・とき・よし	意味 ①よい。まあまあよい。②よいとする。③べし。…することができる。…してよろしい。…するがよい。…だろう。④気持ちを表す語につける接頭語。 願い 人を許し、受け入れることのできる、大きな心の女性に育ってほしいという気持ちを込めて。また、自分の実力や魅力を思う存分発揮することができる女性に成長してほしいと願って。	愛(13)可(5) まなか 可(5)奈(8)子(3) かなこ 彩(11)可(5) あやか 可(5)凛(15) かりん
禾 5画	カ・いね・のぎ	意味 ①稲。②イネ科の植物。または、穀物類の総称。③わら。穀物類のくき。④のぎ。稲や麦などの花の外側に生じる針のような突起。 願い 植物の穂の形からできており、豊かな実りを象徴する漢字。幸せで恵まれた人生を送ることができるようにとの願いを込めて。	禾(5)織(18) かおり 絢(12)禾(5) あやか 禾(5)帆(6) かほ 優(17)禾(5) ゆうか
叶 5画	キョウ・かな	意味 ①あう。あわせる。②願いどおりになる。③やわらぐ。 願い 大きな夢や目標を持ち、望みをかなえて充実した人生を送ってほしいと願って。また、柔軟な心で、周囲の人たちと心を合わせることのできる協調性のある人に。バランス感覚の優れた女性に育ってほしいという気持ちも込めて。	夢(13)叶(5) ゆめか 愛(13)叶(5) あいか 羽(6)叶(5) わかな 叶(5)恵(10) かなえ
乎 5画	コ・か・や	意味 ①か。や。文末に用いて、疑問・反語などの意味を表す。②や。名詞につけて、呼びかけの意味を表す。③かな。文末に用いて、詠嘆の意味を表す。④形容する語につけて、その状態を強調する。⑤に。を。より。前置詞的に用いて、場所・時間・比較などの意味を表す。 願い 組み合わせる字を際立たせる効果がある字。止め字として使うと個性が感じられる名前になる。人々の印象に残る名前を贈りたいという親の思いを託して。	乎(5)春(9) こはる 桃(10)乎(5) ももか 璃(15)乎(5) りこ 乎(5)都(11) こと
功 5画	ク・コウ・いさ・いさお・かつ・こと・つとむ・なり・なる・のり	意味 ①いさお。てがら。②仕事。つとめ。働き。できあがり。③ききめ。 願い 自分の選んだ道で努力を惜しまずに鍛練し、素晴らしい結果を残せる女性になってほしい。その道で成功をおさめてほしいという願いを込めて。	美(9)功(5) みく

名前例	主な意味と込めたい願い	主な読み	画数・漢字

広　5画

主な読み：コウ・お・たけ・とう・ひろ・ひろし

意味 ①面積や範囲などがひろい。②ひろまる。ひろめる。ひろがる。ひろげる。

願い 世界に広く知れ渡るような活躍をしてほしいと期待して。また心の広くおおらかな女性に。大きな家を表す字であることから、子どもたちがのびのびと明るく育つ家庭をつくってほしいという気持ちも込めて。

名前例	画数	読み
千広	3 5	ちひろ
広華	5 10	ひろか
広美	5 9	ひろみ
広奈	5 8	ひろな

弘　5画

主な読み：グ・コウ・お・ひろ・ひろし・ひろむ・みつ

意味 ①ひろい。大きい。②ひろめる。いきわたらせる。ひろまる。

願い 世界に広く知れ渡るような活躍をしてほしいという期待を込めて。また、弓を引いて弦をいっぱいに張る様子を表すことから、何事にもくじけず、困難に立ち向かっていける強さとしなやかさの両面を持った女性に育ってほしいと願って。

名前例	画数	読み
弘奈	5 8	ひろな
弘子	5 3	ひろこ
弘佳	5 8	ひろか
美弘	9 5	みひろ

司　5画

主な読み：シ・おさむ・かず・つかさ・つとむ・もと・もり

意味 ①つかさどる。管理する。職務として行う。②つかさ。つとめ。役目。役所。役人。

願い 人の上に立つことのできる度量と包容力を持った女性になってほしいと願って。また、面倒見がよく、あふれるほどの責任感を持った人に育ってほしいという気持ちも込めて。

名前例	画数	読み
司帆	5 6	しほ

史　5画

主な読み：シ・ちか・ちかし・ふひと・ふみ・み

意味 ①ふびと。天子の言行や国家の記録をつかさどる役人。②王朝や時代のできごとの移り変わりを記録した書物。③さかん。むかしの役人の階級で、太政官と神祇官の四等官のうちの四番目の地位。

願い 教養があり、内面から輝く女性になってほしいと願って。また、文学の才能に恵まれ、芸術やエンターテインメントの世界で活躍できるように。歴史に名が残るような活躍をしてほしいと期待して。

名前例	画数	読み
史帆	5 6	しほ
史華	5 10	ふみか
史	5	ふみ
史織	5 18	しおり

市　5画

主な読み：シ・いち・ち・まち

意味 ①いち。いちば。品物の売り買いをする所。②売り買い。取り引き。③まち。人家が多く、にぎやかなところ。④市制をしいている地方自治体。

願い 人が集まる場所を示すことから、明るく楽しい人柄で、多くの人を引きつける魅力ある女性に育ってほしいと願って。また、経済力や商才にも恵まれるようにという期待も込めて。

名前例	画数	読み
市華	5 10	いちか
市佳	5 8	いちか
市椛	5 11	いちか

世　5画

主な読み：セ・セイ・つぎ・つぐ・とき・とし・よ

意味 ①世の中。浮き世。社会。②時代。とき。③人の一生。一代（三十年）。④ひとりの君主が統治する期間。⑤血のつながりや相続の数を示す。

願い 大きな愛で世代をつなぐことのできる女性に育ってほしいと願って。また、どんなことも成し遂げる心の強い女性に。時代をつくり上げる素晴らしい人になれるようにという祈りも込めて。

名前例	画数	読み
世奈	5 8	せな
莉世	10 5	りせ
理世	11 5	りよ
紗世	10 5	さよ

名前例	主な意味と込めたい願い	主な読み	画数・漢字

正 5画

主な読み ショウ・セイ・あきら・きみ・ただ・ただし・まさ・まさし

意味 ①まちがっていない。②ただす。ただしくする。③まさに。ちょうど。たしかに。④ほんもの。主となるもの。⑤長官。かみ。⑥年のはじめ。⑦ゼロより大きい数。

願い 善悪を見分けることのできる冷静な判断力を持った聡明な女性に。また、自分の選んだ道でするどい見識を持ち、本物を見る目を養ってほしい。そして価値を見いだすことのできるプロフェッショナルになってほしいと願って。

名前例	画数	読み
正美	5・9	まさみ

生 5画

主な読み ショウ・セイ・い・いき・いく・う・お・おき・き・たか・なり

意味 ①はえる。草木が芽を出す。②うむ。うまれる。③いきる。いかす。④じゅうぶんに熟さない。⑤とりたての。⑥うまれながら。⑦いのち。⑧暮らし。⑨いきいきしている。⑩純粋なこと。⑪ひと。たみ。⑫男子が自分をへりくだっていうことば。⑬ういういしい。

願い 健やかに育ってほしいと願って。また、日日をいきいきと過ごし、困難を乗り越える女性になることを信じて。

名前例	画数	読み
芽生	8・5	めい
弥生	8・5	やよい
結生	12・5	ゆい
真生	10・5	まお

代 5画

主な読み タイ・ダイ・か・しろ・とし・のり・よ

意味 ①入れかわる。②人のかわりに行う。③かわり。④かわるがわる。⑤歴史上のある時代・ある期間。⑥位をうけつぐ順位。⑦人の一生。⑧数や年齢のはばを表す。⑨材料。⑩田地。

願い 「時代」「世代」などの言葉に代表されるように、脈々と引き継がれる壮大な時間の流れを感じさせる漢字。いつまでも若々しく、生命力にあふれる女性に育ってほしいとの願いを託して。

名前例	画数	読み
桃代	10・5	ももよ
沙代	7・5	さよ
佳代	8・5	かよ
千代	3・5	ちよ

汀 5画

主な読み テイ・なぎさ・みぎわ

意味 みぎわ。なぎさ。きしべ。

願い すっきりした字形で独特の美しさを持つ字。波打ち際を表すことから、静かな浜辺に寄せては返す白波のイメージ。波に洗われる浜辺のように、清らかで穏やかな心を持つ女性に育ってほしいとの思いを込めて。

名前例	画数	読み
汀	5	なぎさ

冬 5画

主な読み トウ・かず・とし・ふゆ

意味 四季の一つ。立冬から立春までの間。太陽暦では十二・一・二月。

願い 冬の澄みきった空気のような、透明感あふれる女性に成長してほしいと願って。また、どんなに厳しい状況でも我慢強く、それを人生の糧にできる生命力あふれた女性になってほしいという気持ちも込めて。

名前例	画数	読み
冬音	5・9	ふゆね
美冬	9・5	みふゆ
冬華	5・10	ふゆか
千冬	3・5	ちふゆ

白 5画

主な読み ハク・ビャク・あき・あきら・きよ・きよし・し・しら・しろ

意味 ①しろい色。②けがれがない。③しろくする。④明らか。⑤明るい。⑥はっきりしている。⑦申す。述べる。⑧何も書いてない。

願い 純粋で気品ある清楚な女性に育ってほしいと願って。自分の考えを明確にはっきりと伝えることのできる快活な人になってほしいという気持ちも込めて。

名前例	画数	読み
真白	10・5	ましろ
瑚白	13・5	こはく
眞白	10・5	ましろ
茉白	8・5	ましろ

名前例	主な意味と込めたい願い	主な読み	画数・漢字

未 5画

主な読み ビ・ミ・ひつじ

意味 ①まだ…しない。否定をあらわすことば。②ひつじ。十二支の八番目。動物では羊。時刻では午後二時。または、午後一時から三時まで。方位では南南西。

願い 木の枝葉をかたどり、枝葉が茂る意味を表す漢字であることから、のびやかに健やかに育ってほしいと願って。また、枝葉が伸びていくように無限の可能性を秘めた人に。そしてさまざまな分野で活躍できる女性になることを願って。

名前例	画数	読み
未来	5・7	みく
未羽	5・6	みう
未結	5・12	みゆ
未織	5・18	みおり

矢 5画

主な読み シ・ただ・ちかう・なお・や

意味 ①弓のつるにかけて射るもの。武具・狩猟具の一つ。②矢のようにはやい。③ちかう。約束を固く守る。

願い 純粋でまっすぐな女性に育ってほしいと願って。また、まっすぐに飛ぶ矢のように、勢いのある人生が送れるようにという祈りも込めて。正月の縁起物である破魔矢（はまや）から連想できるように、悪しきものをよせつけない清らかな人に。

名前例	画数	読み
麻矢	11・5	まや
沙矢	7・5	さや
真矢	10・5	まや
亜矢香	7・5・9	あやか

由 5画

主な読み ユ・ユイ・ユウ・ただ・ゆき・よし・より

意味 ①よりどころ。わけ。原因。②方法。手がかり。③人から伝え聞いたことを表すことば。④…から。動作・時間の起点を表す。⑤もとづく。⑥平仮名の「ゆ」は「由」の草書体からできた字。

願い 家族や周囲の人たちのよりどころであり、手本となる女性に育ってほしいと願って。また、原因や起点を表すことから、物事を論理的に考えることのできる理知的な人になってほしいという気持ちも込めて。

名前例	画数	読み
由芽	5・8	ゆめ
真由	10・5	まゆ
由莉	5・10	ゆり
由葵	5・12	ゆうき

立 5画

主な読み リツ・リュウ・た・たか・たかし・たち・たつる

意味 ①まっすぐに立つ。②起こる。起こす。③始まる。④たちどころに。ただちに。⑤リットル。容積の単位。

願い 独立心旺盛で、自立した女性に育つようにと願って。また、地に足が着いた、安定した人生を歩んでいけるようにという気持ちを込めて。

名前例	画数	読み
立花	5・7	りつか
立夏	5・10	りつか

令 5画

主な読み リョウ・レイ・なり・のり・はる・よし

意味 ①言いつける。いいつけ。②教え。いましめ。③法律。きまり。④長官。⑤よい。美しい。⑥他人の肉親を敬っていうことば。⑦…させる。使役の意味を表す。⑧もし。たとい。仮定の意味を表す。

願い まじめにまっすぐに生きて厚い信頼を寄せられる人になってほしい、そして多くの人に慕われる女性になってほしいという気持ちを込めて。また、清らかな心を持った美しい女性に成長すると信じて。

名前例	画数	読み
令菜	5・11	れな
令華	5・10	れいか
令奈	5・8	れいな
令奈	5・8	れな

礼 5画

主な読み ライ・レイ・あきら・あや・のり・ひろ・ひろし・まさ・まさし

意味 ①のり。人のふみ行うべききまり。②生活上の儀式・作法。③敬意を表す動作。おじぎ。あいさつ。④感謝の気持ち。また、その品物。

願い 作法や礼儀を重んじる、楚々とした女性に育ってほしいと願って。また、感謝の気持ちを大切にする謙虚さを持ったすてきな人に。そして多くの人に感謝される心の優しい人になってほしいという気持ちも込めて。

名前例	画数	読み
美礼	9・5	みれい
礼乃	5・2	あやの
礼	5	れい
紗礼	10・5	さあや

旭　6画

キョク・あき・あきら・あさ・あさひ・てる

意味 ①朝日。②明らか。

願い 太陽が地平線から出て大地に光を注ぐように、多くの人に恵みをもたらすような人になってほしいと願って。また、明るくはつらつとした、笑顔のすてきな太陽のような女性に育ってほしいという思いも込めて。

名前例	画数	読み
旭	6	あさひ
旭夏	6・10	あさか
旭陽	6・12	あさひ
旭妃	6・6	あさひ

安　6画

アン・あ・やす・やすし

意味 ①やすい。やすらか。危険がない。②品物の価値が低い。③簡単にできる。たやすい。④やすめる。やすんじる。⑤楽しむ。甘んじる。⑥すえる。置く。⑦いずくんぞ。疑問や反語を表すことば。

願い 人に安心感を与えられる、穏やかでおおらかな落ち着きのある女性に育ってほしいと願って。また、安らかに、平和に暮らしていけるように、安定した人生を歩んでほしいという気持ちも込めて。

名前例	画数	読み
安那	6・7	あんな
安奈	6・8	あんな
安里	6・7	あんり
安珠	6・10	あんじゅ

伊　6画

イ・いざ・これ・ただ・よし

意味 ①これ。この。②かれ。かの。③「伊太利（イタリア）」の略。

願い イタリアの略称として使われ、モダンでおしゃれなイメージから、服飾やクリエイティブな世界で活躍してほしい、創造力の豊かな女性に育ってほしいという気持ちを込めて。

名前例	画数	読み
伊織	6・18	いおり
伊桜里	6・10・7	いおり
由伊	5・6	ゆい
伊吹	6・7	いぶき

衣　6画

イ・エ・きぬ・ころも・そ・みそ

意味 ①着物。着るもの。②着る。着物を身につける。

願い 立派な着物を着られるような、富や財に恵まれるようにと祈って。衣服を表すことから、モダンでおしゃれな印象で、創造力に富み、服飾やデザインなどの芸術の世界で活躍できるようにという気持ちも込めて。経験という衣をたくさんまとった女性に育ってほしいと願って。

名前例	画数	読み
結衣	12・6	ゆい
芽衣	8・6	めい
紗衣	10・6	さえ
衣織	6・18	いおり

宇　6画

ウ・うま・たか・のき

意味 ①ひさし。のきした。②屋根。③家。④建物をかぞえることば。⑤そら。天。⑥天下。天地四方。⑦たましい。⑧平仮名の「う」は「宇」の草書体からできた字。

願い 屋根や家のように、家族を守れる、しんのある女性に育ってほしいと願って。天下、天地四方のすべての空間、事柄を表すことから、すべてを受け入れる広く大きな心を持った女性になってほしいという気持ちも込めて。

名前例	画数	読み
美宇	9・6	みう
未宇	5・6	みう
由宇	5・6	ゆう
結宇	12・6	ゆう

羽　6画

ウ・は・はね・わ・わね

意味 ①鳥や虫のはね。②中国古代の音階を表す五音（宮・商・角・徴・羽）の一つ。③鳥などをかぞえることば。

願い 自由にのびのびと育ち、自分の個性を発揮してほしい。世界に羽ばたいて活躍できる人になってほしいと願って。また、軽やかなイメージから、かわいらしい女性に成長してほしいという気持ちも込めて。

名前例	画数	読み
美羽	9・6	みう
彩羽	11・6	いろは
柚羽	9・6	ゆずは
優羽	17・6	ゆう

画数・漢字	主な読み	主な意味と込めたい願い	名前例
吉 6画	キチ・キツ・さち・とみ・はじめ・よ・よし	意味 よい。めでたい。りっぱな。さいわい。 願い 大吉、吉日、吉報という言葉などからもイメージできるように、めでたいことの多い人生を願って。縁起のよいこと、伝統を感じさせることから、気品ある女性に育ってほしいという気持ちも込めて。	吉(6)菜(11) よしな 吉(6)笑(10) きえ 吉(6)乃(2) よしの
圭 6画	ケイ・か・かど・きよ・きよし・たま・よし	意味 ①むかし中国で、天子が諸侯に領土を賜るしるしとして与えた玉。②かど。玉のとがった角。 願い 玉のように美しく成長し、大切にされる女性になってほしいという願いを込めて。玉が積み重なっていくことをイメージして、喜びや財が拡大していくようにという気持ちも込めて。	圭(6) けい 圭(6)織(18) かおり 彩(11)圭(6) あやか 圭(6)純(10) かすみ
光 6画	コウ・あき・あきら・てる・ひかり・ひかる・ひろし・みつ	意味 ①輝く。照らす。②ひかり。③つや。④ほまれ。名声。⑤けしき。⑥時間。 願い 周囲を明るく照らすことのできる、ぬくもりを感じさせる愛情あふれる女性に。どんなときでも向上心を持ち、輝きを失わない人に育ってほしいと願って。また、周囲の人たちの希望の光となる存在になってほしいという祈りも込めて。	光(6)希(7) みつき 光(6)莉(10) ひかり 光(6)桜(10) みお 光(6) ひかる
向 6画	キョウ・コウ・ひさ・む・むか・むき・むけ	意味 ①面する。その方にむく。②おもむき。傾き。③先。以前。④適する。 願い 夢や目標に向かって頑張る様子をイメージできることから、素直でひたむきで純粋な女性に育つようにと願って。また、明るく前向きで、多くの人たちから慕われる人になってほしいという気持ちも込めて。	向(6)日(4)葵(12) ひまり 日(4)向(6)子(3) ひなこ 日(4)向(6) ひなた 向(6)日(4)葵(12) ひまわり
好 6画	コウ・この・このみ・す・たか・み・よし・よしみ	意味 ①このむ。すく。すきだと思う。②このみ。すきなもの。③よい。このましい。④美しい。⑤仲よし。⑥うまく。たくみに。 願い だれからも好かれる心の美しい女性に育ってほしいと願って。どんなこともうまくこなしていける、器用な人になってほしいという気持ちも込めて。	好(6)花(7) このか 好(6)香(9) このか 好(6) このみ 好(6)葉(12) このは
江 6画	コウ・ゴウ・え・きみ・ただ・のぶ	意味 ①中国の川の名。長江のこと。②大きな川。③いりえ。海や湖が陸地に入りこんだ部分。 願い ゆったりとした水の流れをイメージすることから、おおらかで穏やかな女性に育つことを願って。以前は止め字として使われることが多かったが、すっきりとした字形は止め字以外に使ってもほかの字に合わせやすい。	紗(10)江(6) さえ 香(9)奈(8)江(6) かなえ 江(6)莉(10) えり 江(6)里(7)奈(8) えりな

名前例	主な意味と込めたい願い	主な読み	画数・漢字

合 6画

主な読み カッ・ガッ・コウ・ゴウ・あ・あい・かい・はる・よし

意味 ①あう。あわせる。②かなう。③集まる。集める。④容量の単位。一升の十分の一。⑤土地の面積の単位。一坪の十分の一。⑥山の高さを十に分けた一つ。

願い 一つにぴったり合う、出会う、集めるなどの意味を表すことから、人との出会いに恵まれるように、また、学校や会社でよい人間関係をつくることができるようにとの思いを込めて。

名前例
- 百(6)合(6)香(9) ゆりか
- 小(3)百(6)合(6) さゆり
- 百(6)合(6)奈(8) ゆりな
- 百(6)合(6) ゆり

汐 6画

主な読み セキ・きよ・しお

意味 しお。うしお。夕方に起こるしおのみちひ。

願い きれいな夕日が水面に光るロマンチックな情景をイメージすることから、優しい女性に育ってほしいという願いを込めて。海を連想する字の中でも、ひときわ繊細な印象の漢字。

名前例
- 汐(6)里(7) しおり
- 汐(6)莉(10) しおり
- 汐(6)梨(11) しおり
- 汐(6)音(9) しおん

朱 6画

主な読み シュ・あけ・あけみ・あや

意味 ①赤。②江戸時代の貨幣の単位。一両の十六分の一。③しゅずみ。赤い墨。

願い 鳥居や和食器などに使われるオレンジ色を混ぜたような明るい赤のことで、伝統を重んじる気品ある女性に育ってほしいという願いを込めて。温かみのある色であることから、人の心を癒やすことのできる包容力と豊かな心を持った人に育ってほしいという思いも込めて。

名前例
- 朱(6)莉(10) あかり
- 朱(6)里(7) あかり
- 朱(6)音(9) あかね
- 朱(6)花(7) あやか

充 6画

主な読み ジュウ・あ・あつ・たかし・まこと・み・みち・みつ・みつる

意味 ①みちる。みたす。②あてる。あてがう。③ふさぐ。ふさがる。

願い 充実した人生を歩んでほしい、たくさんの人の愛に囲まれた幸せに満ちあふれた家庭をつくってほしいと願って。また、育むということを表す漢字であることから、すくすくと健康に育ってほしいという祈りも込めて。

名前例
- 充(6)結(12) みゆ
- 充(6)希(7) みつき
- 充(6)咲(9) みさき

旬 6画

主な読み シュン・ジュン・とき・ひとし

意味 ①十日間。一か月を三分したうちの一つ。②十年。③満ちる。いっぱいになる。④しゅん。野菜や魚などのもっとも味のよい時期。

願い 物事の旬の時期、チャンスのときを見逃さない、瞬発力のある人に。そして、夢や目標を実現できる人生を送ってほしいと願って。いつまでもフレッシュで、みずみずしい魅力あふれる女性に育ってほしいという気持ちも込めて。

名前例
- 旬(6)華(10) しゅんか
- 旬(6)那(7) じゅんな

匠 6画

主な読み ショウ・たくみ

意味 ①たくみ。職人。②先生。学問・芸術にすぐれた人。③趣向などをこらすこと。

願い 技術を身につけ、自立心と自主性を持った女性になってほしいと願って。芸術的な才能にあふれ、美しいものや、世の中の役に立つものをつくり出せる人になってほしい、社会に貢献できる女性になってほしいという思いも込めて。

名前例
- 匠(6)香(9) しょうこ

名前例 | 主な意味と込めたい願い | 主な読み | 画数・漢字

色 6画

主な読み：シキ・ショク・いろ・しこ

意味 ①いろどり。②男女間の愛情。③愛人。④ひびき。調子。⑤おまけ。⑥顔かたち。表情。⑦ようす。おもむき。⑧仏教で、形あるものすべて。

願い 色や形の美しさや人を愛することを表すことから、あでやかで愛情の深い女性に成長することを願って。また、種類という意味もあることから、さまざまな可能性を持った人に育ってほしいという期待も込めることができる。

名前例	画数	読み
陽色	12・6	ひいろ
色葉	6・12	いろは
色羽	6・6	いろは
音色	9・6	ねいろ

成 6画

主な読み：ジョウ・セイ・おさむ・さだ・しげ・しげる・なり・なる

意味 ①できあがる。実る。②なしとげる。しあげる。③まとまった形にしあげる。

願い どんな道を歩んでも、かならず成功するようにと願って。責任感のある落ち着いた雰囲気を持った女性に育ってほしいという願いを込めて。また、多くの人やものを育て、形あるものを残していけるようにという祈りの気持ちも込めて。

名前例	画数	読み
成美	6・9	なるみ
成実	6・8	なるみ
成穂	6・15	なるほ
成海	6・9	なるみ

早 6画

主な読み：サッ・ソウ・はや

意味 ①はやい。②すみやか。急ぐ。③若い。④年若い意味を表す接頭語。

願い 早朝、早春という言葉から連想されるように、いつまでも若々しいフレッシュな魅力を。さわやかな息吹を感じさせるすてきな女性に育ってほしいという気持ちを込めて。

名前例	画数	読み
早希	6・7	さき
早智	6・12	さち
早穂	6・15	さほ
早紀子	6・9・3	さきこ

多 6画

主な読み：タ・おお・おおし・かず・とみ・な・まさ・まさる

意味 ①おおい。たくさん。②増す。増やす。③功績を認める。ほめる。④ありがたく思う。

願い 多くの人に幸福を与え、多くの幸福を手にする人生を送ってほしいと願って。また、たくさんの才能を開花させ、素晴らしい功績を残せる女性に育ってほしいという気持ちも込めて。

名前例	画数	読み
多恵	6・10	たえ
日菜多	4・11・6	ひなた
優多	17・6	うた
多香子	6・9・3	たかこ

灯 6画

主な読み：テイ・チン・トウ・ひ

意味 ひ。ともしび。

願い 元は、ろうそく立ての上の火を表したことから、優しく人を包んでくれる温かな光を連想させる字。人の心をホッと和ませるような、優しくチャーミングな女性に成長してほしいと願って。

名前例	画数	読み
灯	6	あかり
灯里	6・7	あかり
灯子	6・3	とうこ
灯梨	6・11	あかり

凪 6画

主な読み：なぎ・なぐ

意味 ①なぐ。海上の風や波が穏やかになる。②なぎ。波風がすこしもない状態。

願い 波風の立たない平穏な様子を表すことから、穏やかで落ち着いたたたずまいの女性に。そして海のような大きな心を持ってほしいと願って。また、美しい響きから、容姿も整った麗しい女性に育ってほしいという祈りの気持ちも込めて。

名前例	画数	読み
凪紗	6・10	なぎさ
栞凪	10・6	かんな
凪	6	なぎ
美凪	9・6	みなぎ

画数・漢字	主な読み	主な意味と込めたい願い	名前例
帆 6画	ハン・ほ	意味 風を受けて船を進ませる布。ほかけ船。 願い 大海原を進む帆船をイメージすることから、活発で行動力ある女性に。さわやかで快活な人柄で多くの人に親しまれる人に育ってほしいと願って。また、順風満帆（じゅんぷうまんぱん）な人生を歩んでほしいという祈りも込めて。	真10帆6 まほ 花7帆6 かほ 帆6乃2佳8 ほのか 志7帆6 しほ
妃 6画	ハイ・ヒ・き・ひめ	意味 ①つれあい。妻。②きさき。皇后の次に位する女性。③皇太子や皇族の妻。 願い 「王妃」「后妃」などと使われるように、元はとくに天子の正妻・皇后を表す高貴で育ちのよさを感じさせる漢字。気品がただよう優美な女性に育つようにとの願いを込めて。	妃6菜11 ひな 咲9妃6 さき 結12妃6 ゆき 妃6織18 ひおり
百 6画	ハク・ヒャク・お・と・は・げむ・も・もも	意味 ①十の十倍の数。②じゅうぶん。すべて。あますところなく。③もろもろ。多数の。さまざまの。あらゆる。 願い 数が多いことを意味する縁起のよい字。友だちや幸せ、才能などに恵まれるようにとの願いを込めて。「もも」の音の響きもかわいらしく、女性の名前にぴったり。	百6花7 ももか 百6音9 もね 百6恵10 ももえ 百6合6香9 ゆりか
名 6画	ミョウ・メイ・あきら・な・なづく	意味 ①なまえ。呼び名。②なのる。自分のなまえを言う。名づける。③ほまれ。評判。なだかい。④人数をかぞえることば。 願い 自分の名を名乗って相手に自分の存在を知らせるという意味を持つことから、自分の考えを明確に表現できる才媛に。名声・名誉など、世界に名をはせる活躍ができる女性になってほしいという期待も込めて。	菜11名6 なな 栞10名6 かんな 結12名6 ゆいな 陽12名6 ひな
有 6画	ウ・ユウ・あ・あり・たもつ・なお・みち・もち・り	意味 ①ある。存在する。②持つ。持ち続ける。③また。さらに。その上に。 願い 輝くような存在感を放ち、上に立てる女性になるように。才能・知力・体力、たくさんの能力に恵まれて、豊かな人生が歩めるようにという願いを込めて。	有6紗10 ありさ 有6真10 ゆま 有6紀9 ゆき 美9有6 みゆう
亜 7画	ア・アツ・オウ・つぎ・つぐ	意味 ①次ぐ。二番目。準じる。②亜細亜（アジア）の略。 願い 次ぐという意味から、親や先人を敬う人に、伝統を重んじる人になってほしいと願って。また、アジア全体をイメージして、大陸的でおおらかな女性に育ってほしいという気持ちも込めて。	亜7美9 あみ 亜7子3 あこ 亜7優17 あゆ 亜7弥8 あや

杏 7画

アン・キョウ・コウ・あんず

意味 あんず。からもも。バラ科の落葉高木。

願い 花は美しく、丸くて小さな果実はおいしいことから、中身も見た目も兼ね備えた素晴らしい女性になるように。果実がたくさんなる豊かな木のように、実りある人生を送れるようにと願って。また、「キョウ」という響きが女の子らしくかわいいことから、好感度の高い女性にという気持ちも込めて。

名前例	画数	読み
杏奈	7・8	あんな
杏	7	あん
杏璃	7・15	あんり
杏花	7・7	きょうか

壱 7画

イチ・イツ・かず

意味 ①ひとつ。②もっぱら。ひたすら。

願い ママとパパにとってのオンリーワン、かけがえのない大切な子という思いを込めて。ひとつのことにひたすらに取り組む強い精神力を持ち、夢をかならずかなえてほしいと願って。

名前例	画数	読み
壱希	7・7	いつき
壱果	7・8	いちか

伽 7画

カ・ガ・キャ

意味 ①梵語「カ・ガ・キャ」の音訳に用いる。②人の退屈をまぎらわすこと。③病人の世話をすること。

願い 退屈をまぎらわすことや、お伽噺（おとぎばなし）という言葉で使われるように、おもしろみのあることを考える創造力を持った人に。エンターテインメントの世界で活躍できるようにと願って。また、人を楽しませて明るい笑顔を引き出せる心豊かな女性になってほしいという気持ちを込めて。

名前例	画数	読み
桃伽	10・7	ももか
一伽	1・7	いちか
美伽	9・7	みか
伽音	7・9	かのん

花 7画

カ・ケ・はな・はる

意味 ①草木の花。②奈良時代以降は梅の花、平安時代以降は桜の花をさす。③美しい。華やか。④芸人などに与える祝儀。⑤花の形をしたもの。⑥花のように美しいもの。

願い 華やかさや美しさをストレートに表すことができる漢字。組み合わせる字によっては、野山に咲く花の持つ素朴な愛らしさもイメージできる。可憐な女性に育ってほしいとの願いを込めて。

名前例	画数	読み
花音	7・9	かのん
桃花	10・7	ももか
花	7	はな
梨花	11・7	りか

希 7画

キ・ケ・まれ

意味 ①まれ。少ない。珍しい。②こいねがう。望む。③薄い。まばら。

願い 類いまれなきらめく才能を持った人に。夢や目標に向かって、希望に満ちて前に進める女性に育ってほしいと願って。また、輝かしい未来を予感させるイメージで、素晴らしい人生を歩んでほしいという祈りも込めて。

名前例	画数	読み
咲希	9・7	さき
希	7	のぞみ
瑞希	13・7	みずき
希帆	7・6	きほ

芹 7画

キン・せり

意味 せり。セリ科の多年草。湿地や水辺に生え、葉によいかおりがあり、食用にする。春の七草の一つ。

願い せりは独特の芳香を持つ春の七草の一つ。早春のイメージと音の響きから、かわいらしく明るい女の子に育ってほしいという願いを込めて。

名前例	画数	読み
芹菜	7・11	せりな
芹奈	7・8	せりな
芹那	7・7	せりな
芹香	7・9	せりか

名前例	主な意味と込めたい願い	主な読み	画数・漢字

玖
7画

主な読み：キュウ・ク

意味 ①黒色の美しい玉。②書類などで、数字の「九」の代わりに用いる。

願い 吸い込まれるように輝く玉のように美しい女性に。優雅で高貴な印象を与える気品ある女性に育ってほしいという願いを込めて。

名前例	画数	読み
美玖	9・7	みく
里玖	7・7	りく
玖実	7・8	くみ
静玖	14・7	しずく

孝
7画

主な読み：キョウ・コウ・たか・たかし・のり・みち・ゆき・よし

意味 ①父母や目上の人によく仕える。真心をもって仕える。②祖先に飲食物を供えてまつる。

願い 親や師などの目上の人に感謝の気持ちを忘れない道徳心をしっかり持った人に。思いやりにあふれ、多くの人に慕われ尊敬される女性になってほしいという気持ちを込めて。

名前例	画数	読み
孝子	7・3	たかこ
孝美	7・9	たかみ

宏
7画

主な読み：コウ・あつ・ひろ・ひろし

意味 場所や規模、人物や物の度量が広くて大きい。りっぱである。

願い 音が響き渡るほどの大きな建物を表すことから、心にゆとりのある女性になってほしいという願いを込めて。

名前例	画数	読み
宏佳	7・8	ひろか
宏美	7・9	ひろみ
美宏	9・7	みひろ
千宏	3・7	ちひろ

更
7画

主な読み：コウ・さら・のぶ・ふ

意味 ①改める。かえる。とりかえる。②かわるがわる。③むかしの時刻のよび名で、午後七時から午前五時までを五つに分けたもの。④ふける。夜遅くなる。⑤たけなわになる。⑥年をとる。⑦さらに。その上に。⑧生きかえる。

願い 未知の物事にも臆することなく立ち向かう、向上心にあふれた女性になるようにとの期待を込めて。

名前例	画数	読み
更紗	7・10	さらさ
更沙	7・7	さらさ
更	7	さら
更彩	7・11	さらさ

佐
7画

主な読み：サ・すけ・たすく・よし

意味 ①助ける。②助け。助ける人。③すけ。むかしの役人の階級で、衛門府などの四等官のうちの二番目の地位。④軍人で将官につぐ階級。

願い 周囲の人に信頼されて、それにこたえて人を助けることのできる女性に育ってほしいと願って。また、互いに助け合える友に恵まれるようにという祈りの気持ちも込めて。

名前例	画数	読み
佐奈	7・8	さな
理佐子	11・7・3	りさこ
知佐	8・7	ちさ
佐和	7・8	さわ

沙
7画

主な読み：サ・シャ・いさ・す・すな

意味 ①砂。②物事のよしあしを定める。

願い 自由に形を変える砂のように、柔軟な心で対処できる女性に。物事のよしあしや真偽を見極めることのできる洞察力、美意識を持った人になってほしいという期待を込めて。

名前例	画数	読み
沙羅	7・19	さら
沙樹	7・16	さき
沙弥	7・8	さや
美沙希	9・7・7	みさき

画数・漢字	主な読み	主な意味と込めたい願い	名前例
冴 7画	コ・ゴ・さえ	意味 ①さえる。冷える。澄みわたる。さえわたる。②凍る。寒い。 願い 知性と感性を兼ね備えた才媛に。研ぎ澄まされた感性により、芸術・技術・学問、あらゆる分野で才能を発揮して活躍できる人になってほしいと願って。 	美9冴7 みさえ 冴7雪11 さゆき 冴7香9 さえか 冴7 さえ
志 7画	シ・こころざ・こころざし・さね・しるす・むね・ゆき	意味 ①心が目的に向かう。②ある目的への気持ち・意志・信念。③しるす。書きしるしたもの。 願い 夢や目的に向かって強い信念を持って進める人に育ってほしいと願って。また、筋の通ったすがすがしい女性に育ってほしいという気持ちも込めて。	志7歩8 しほ 志7乃2 しの 志7保9 しほ 志7音9 しおん
秀 7画	シュウ・さかえ・しげる・ひで・ほ・ほず・みのる・よし	意味 ①ひいでる。抜きん出てすぐれている。②ひじょうにすぐれた人や物。③美しさや高さの目立つもの。 願い 精神・容姿・知性・感性など、あらゆることに抜きんでているようにと願って。また、秀でた能力を持っていても、おごり高ぶらない人柄で、多くの人に慕われ、尊敬される女性になってほしいという気持ちを込めて。	真10秀7 まほ 秀7美9 ひでみ 秀7香9 しゅうか 秀7華10 しゅうか
初 7画	ショ・ソ・うい・そ・はじ・はじめ・はつ・もと	意味 ①物事のおこりはじめ。②はじめて。③はじめてする。④うぶ。世間ずれしていないこと。 願い フレッシュさが連想できる漢字。いつまでも初心を忘れず物事に真剣に取り組む人、未来に向かって元気に明るく歩んでいく女性に成長することを願って。	初7音9 はつね 初7衣6 うい 初7佳8 もとか 初7穂15 はつほ
伸 7画	シン・ただ・の・のぶ・のぶる・のぼる	意味 ①のびをする。②長くなる。③まっすぐになる。④広くなる。⑤述べる。申し述べる。⑥のす。のばして広げる。⑦勢力が強くなる。 願い 素直な心を持った女性に成長してほしい、夢や希望に向かってまっすぐに進んでいく向上心のある女性に育ってほしいという願いを込めて。また、のびのびと健やかに成長できるようにという祈りの気持ちも込めて。	伸7子3 のぶこ 伸7枝8 のぶえ
吹 7画	スイ・ふ・ふき・ふけ	意味 ①息をはき出す。②管楽器をふき鳴らす。 願い 風が吹く、芽吹くということから連想されるように、さわやかではつらつとした女性に育ってほしいという願いを込めて。 	彩11吹7 いぶき 維14吹7 いぶき 芽8吹7 めぶき 美9吹7 みぶき

画数・漢字	主な読み	主な意味と込めたい願い	名前例
町 7画	チョウ・テイ・まち	意味 ①市街地。市街の区域。②地方自治体の一つで、村より大きく、市より小さい。③むかしの距離の単位。④むかしの面積の単位。一町は十反。⑤あぜ。あぜみち。 願い 人が住む家が集まっているところを意味することから、家庭や友人に恵まれるようにという思いを託して。いつも大勢の人に囲まれた、和やかで楽しい人生を送ることができるようにとの願いを込めて。	胡(9)町(7) こまち 小(3)町(7) こまち
杜 7画	ズ・ト・ド・もり	意味 ①やまなし。バラ科の落葉果樹。山野に自生する。②ふさぐ。閉じる。③神社のある森。 願い 自然の場所で実をつける木を表すことから、実りある豊かな人生を歩んでほしいと願って。木のそよぐようなさわやかさと透明感のある女性に。また、神社の神聖な森をイメージして、高貴で気品ある女性になってほしいという気持ちも込めて。	圭(6)杜(7) けいと 実(8)杜(7) みと 美(9)杜(7) みと 美(9)杜(7) みもり
那 7画	ダ・ナ・とも・ふゆ・やす	意味 ①西方の異民族の国の名。現在の中国の四川省にあった。②なんぞ。いかんぞ。いかん。疑問や反語を表すことば。③あの。あれ。④どこ。どの。どのあたり。⑤梵語の「ナ」の音訳に用いる。 願い 疑問や反語を意味することから、自分の意見をはっきりと伝えることができる人に。物事に矛盾を感じたとき、周囲の人のために疑問を表明し、勇気を持って解決していく女性になってほしいと願って。	優(17)那(7) ゆうな 栞(10)那(7) かんな 那(7)奈(8) なな 心(4)那(7) ここな
芙 7画	フ・はす	意味 はすの花。はちす。 願い 清らかで美しいはすの花のように、清純さと美しさを兼ね備えた女性に成長することを願って。左右対称の落ち着いた字形からも、バランスのとれたしっとりとした雰囲気が感じられる。	芙(7)花(7) ふうか 芙(7)雪(11) ふゆき 芙(7)羽(6)子(3) ふうこ 芙(7)美(9)奈(8) ふみな
芳 7画	ホウ・か・かおる・かんば・みち・よし	意味 ①かんばしい。かおりがよい。②評判がよい。名声が高い。てがら。③美しい。④他人の物事につけて敬意を表すことば。 願い 香りがよいことを表すことから、そばにいるだけで癒やされるようなすてきな女性に。美しい容姿とたたずまいで評判もよく、多くの人の心をつかむ女性になってほしいという気持ちを込めて。	彩(11)芳(7) あやか 理(11)芳(7) りほ 芳(7)乃(2) よしの 芳(7)凛(15) かりん
妙 7画	ビョウ・ミョウ・たえ	意味 ①たえなる。この上なく美しい。②言うに言われないおもむき。たくみな。③ふしぎな。④わかい。 願い 女性らしい美しい心や姿を持ち、人の気持ちの機微を察する細やかな心づかいができる人に成長してほしいという思いを込めて。	妙(7)華(10) たえか 妙(7)子(3) たえこ 妙(7) たえ

名前例	主な意味と込めたい願い	主な読み	画数・漢字

佑 7画

主な読み：ウ・ユウ・すけ・たすく

意味 ①助ける。助け。②じょう。むかしの役人の階級で、神官の四等官のうちの三番目の地位。

願い 人を助けることのできる思いやりや愛情にあふれた女性に。助け合える友にも恵まれるように。大切なものを守れる強さと優しさの両面を併せ持った女性に育ってほしいという願いも込めて。

名前例
- 佑7香9 ゆうか
- 佑7衣6 ゆい
- 佑7奈8 ゆうな
- 佑7子3 ゆうこ

邑 7画

主な読み：オウ・ユウ・くに・さとし・すみ・むら

意味 ①国都。領地。②さと。

願い 字形や音からも素朴で温かなイメージが伝わる字。故郷や両親をいつまでも大切に思ってほしいという願いを託して。また、素直で心優しい女性に成長してほしいという思いを込めて。

名前例
- 邑7圭6 ゆうか
- 美9邑7 みゆ
- 邑7 ゆう
- 邑7佳8 ゆうか

来 7画

主な読み：ライ・き・きた・く・ゆき

意味 ①こちらに近づく。②招く。③次の。これから先。④このかた。今まで。

願い 幸運を招き寄せる人生を送ってほしいと願って。わが子に明るく輝く未来が来るようにという思いを込めて。

名前例
- 未5来7 みく
- 未5来7 みらい
- 来7実8 くるみ
- 咲9来7 さくら

利 7画

主な読み：リ・き・さと・とおる・とし・まさ・みのる・よし

意味 ①鋭い。よく切れる。②はやい。すばやい。③つごうがよい。役にたつ。④もうけ。収益。⑤りし。りそく。⑥勝つ。勝ち。⑦よく働く。⑧作用・効果があらわれる。

願い 物事をスムーズに運ぶことのできる、聡明で活発な女性になってほしいと願って。また、気配り上手で商才に長け、富や財を築けるようにという期待も込めて。

名前例
- 利7奈8 りな
- 優17利7 ゆうり
- 恵10利7 えり
- 由5利7香9 ゆりか

李 7画

主な読み：リ・すもも・もも

意味 ①すもも。中国原産のバラ科の落葉高木。春に白い花をつける。②おさめる。③姓の一つ。

願い 木と子の字からなり、子を生む意味を表すことから、子孫繁栄を願って。また、豊かで実りのある人生を送れるようにという気持ちも込めて。

名前例
- 李7咲9 りさ
- 李7緒14 りお
- 李7花7 ももか
- 瑠14李7 るり

里 7画

主な読み：リ・さと・さとし

意味 ①むらざと。ふるさと。②育ち。また、自分の家。嫁の実家。③子どもの養育を依頼した家。④道のり。また、道のりをはかる単位。日本では、一里は三六町。約四キロメートル。

願い ふるさとを思い出させるような、寛容で温和な女性になってほしい、家族を大切にする人にと願って。また、長い道のりでも、途中であきらめることなく進む、しんの強い女性になってほしいという気持ちも込めて。

名前例
- 里7桜10 りお
- 朱6里7 あかり
- 里7奈8 りな
- 美9里7 みさと

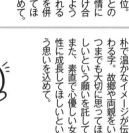

画数・漢字	主な読み	主な意味と込めたい願い	名前例
良 7画	リョウ・あきら・お・かず・たか・つかさ・まこと・よ・よし・ら	意味 ①できがよい。すぐれている。②穏やかな。③やや。しばらくして。④生まれつき正しい。⑤まことに。⑥妻が夫をよぶことば。 願い あらゆる面で優れた能力を発揮し、周囲の人たちのよきお手本になるような女性になってほしいと願って。誠実で穏やかな人柄で、多くの人に好感を持たれる女性になってほしいという願いも込めて。	咲(9)良(7) さくら 紗(10)良(7) さら 結(12)良(7) ゆら 良(7)美(9) よしみ
伶 7画	リョウ・レイ	意味 ①演奏者。②俳優。③召し使い。④かしこい。利口。 願い 音楽の才能など、芸術的な才能に恵まれるようにと願って。知性と、人々を魅了する美しさを持った女性に育ちますようにという気持ちも込めて。	美(9)伶(7) みれい 伶(7)菜(11) れな 純(10)伶(7) すみれ 伶(7) れい
呂 7画	リョ・ロ・とも・なが	意味 ①中国の古代の音楽や雅楽の調子。②ことばの調子。③平仮名の「ろ」は「呂」の草書体からできた字。 願い 音楽や言語に関する才能に恵まれるように。また、背骨の意味もあり、しんの強さ、人を支える強い心を持った女性に成長できるようにという祈りを込めて。	衣(6)呂(7)巴(4) いろは 心(4)呂(7) こころ 真(10)比(4)呂(7) まひろ 茉(8)妃(6)呂(7) まひろ
依 8画	イ・エ・より	意味 ①よりかかる。頼る。②従う。③もとづく。④もとのまま。⑤木のおいしげるようす。 願い 人に頼られる度量を持ち、一方では頼りになる存在にも恵まれ、豊かな愛情の中で生涯を送れるようにと願って。また、自然のままの飾らない人柄で多くの人に愛されるように。人の和を大切にするすてきな女性になってほしいという願いも込めて。	芽(8)依(8) めい 陽(12)依(8) ひより 由(5)依(8) ゆい 瑠(14)依(8) るい
育 8画	イク・そだ・なり・やす	意味 ①そだてる。養う。②そだつ。成長する。③そだち。生まれた後の環境。 願い わが子の成長を見守り、あふれるほどの愛情を注ぐという親の気持ちをいっぱい込めて。また、すくすくと健康に育ち、元気で活発な、明るい女性に成長するようにと願って。	育(8)美(9) いくみ 育(8)実(8) いくみ 育(8)歩(8) いくほ
英 8画	エイ・あや・すぐる・たけし・てる・とし・ひで・ふさ・よし	意味 ①はなぶさ。実のならない花。②ひいでる。すぐれる。③英吉利（イギリス）の略。 願い 花のように美しく人を引きつける魅力にあふれ、花のように人の心を和ませることができるすてきな女性になってほしいと願って。また、英知にあふれた、優れた女性になってほしいという気持ちも込めて。	紗(10)英(8) さえ 華(10)英(8) はなえ 英(8)恵(10) はなえ 里(7)英(8) りえ

画数・漢字	主な読み	主な意味と込めたい願い	名前例
苑 8画	エン・オン・その	意味 ①庭。草木を植えた庭や畑。②まきば。囲いをもうけて、動物を放し飼いにするところ。③いろいろな物事の集まるところ。 願い 洗練された庭園をイメージすることから、品格が高く、多くの人に支持される好感度の高い女性になってほしいと願って。また、人が集まる大きな舞台に立てる人に、スポーツやエンターテインメントの世界で活躍できるようにという気持ちも込めて。	理(11)苑(8) りおん 苑(8)子(3) そのこ 苑(8)実(8) そのみ 美(9)苑(8) みその
旺 8画	オウ	意味 ①盛んなようす。②美しい光。 願い 多くの人の中にいても美しい光を放つような、華やかな存在感のある女性に育ってほしいと願って。周囲を明るく楽しくできる人になってほしい。また、スポットライトを浴びるような、芸術やエンターテインメントの世界で活躍する人になってほしいという気持ちも込めて。	茉(8)旺(8) まお 美(9)旺(8) みお 奈(8)旺(8) なお 莉(10)旺(8) りお
佳 8画	カ・カイ・ケ・よし	意味 ①美しい。②すぐれている。③めでたい。④おいしい。 願い 内面もたたずまいも美しい聡明な女性に成長し、だれからも愛されるような人になってほしいと願って。優れた能力で成功し、幸せをつかんで喜びの多い人生を送ってほしいという願いも込めて。	佳(8)子(3) かこ 佳(8)歩(8) かほ 桃(10)佳(8) ももか 春(9)佳(8) はるか
果 8画	カ・あきら・は・はた・まさる	意味 ①くだもの。木の実。②はたす。しとげる。③善悪のむくい。④思い切りがよい。⑤はたして。思ったとおりに。⑥はてる。⑦はて。終わり。 願い 小さな木の実やフレッシュな果物のように、愛らしい女性に育ってほしいという期待を込めて。また、成し遂げるという意味もあることから、何かを成就させ、実り多き人生を送れるようにとの願いも託して。	果(8)歩(8) かほ 愛(13)果(8) まなか 果(8)暖(13) かのん 桃(10)果(8) ももか
河 8画	カ・ガ・かわ	意味 ①大きな川。②川に似たもの。③中国の川の名。黄河のこと。 願い 大きな河のように、ゆったりと落ち着きのある女性になってほしいと願って。また、人々に恵みの水をもたらす川のように、多くの人に幸福をもたらし、社会に貢献できる女性に育ってほしいという気持ちも込めて。	美(9)河(8) みか
芽 8画	ガ・ゲ・め・めい	意味 ①草木のめ。②めばえる。物事の起こり。始まり。 願い いつまでも初々しくさわやかな女性であってほしい。未来の可能性を感じさせる子に育ち、美しく成長してほしいと願って。そして才能や魅力を存分に発揮できる人になってほしいという気持ちを込めて。	芽(8)依(8) めい 優(17)芽(8) ゆめ 彩(11)芽(8) あやめ 芽(8)衣(6)紗(10) めいさ

画数・漢字	主な読み	主な意味と込めたい願い	名前例
祈 8画	キ・いの	**意味** ①いのる。願う。神に願って幸いを求める。②いのり。 **願い** 人の幸せを祈ることのできる、あふれるほどの愛情を持った人に。純粋で清らかな女性に育ってほしいと願って。また、めざすところに向かって努力を重ねていく、意志の強い女性になってほしいという気持ちも込めて。	美9 祈8 みのり 祈8 里7 いのり 祈8 いのり 美9 祈8 みき
季 8画	キ・すえ・とき・とし・みのる	**意味** ①きょうだいの中でいちばん年下の者。末っ子。②四季の終わりの月。③とき。時節。一年を四つに分けた三か月。春夏秋冬。 **願い** 年長者に目をかけられるほど愛嬌があって、徳のある女性に育ってほしいと願って。四季の美しさをいとおしむ感性の豊かな人に。また、年少者を気にかける優しさや、育てることのできる包容力のある女性になってほしいという気持ちも込めて。	紗10 季8 さき 柚9 季8 ゆずき 瑞13 季8 みずき 樹16 季8 いつき
享 8画	キョウ・すすむ・たか・つら・ゆき	**意味** ①うける。自分に与えられたものをすなおに受け入れる。授かる。②もてなす。供え物をして神をまつる。 **願い** どんな場所、どんな地位になっても、置かれたところで自分の持ち味を発揮できる女性になってほしいと願って。素直さと、人を受け入れることのできる包容力のある女性に育ってほしい、多くのものを授かることのできる幸運な人生を歩んでほしいという願いも込めて。	享8 佳8 きょうか 享8 華10 きょうか 享8 子3 きょうこ
京 8画	キョウ・ケイ・おさむ・たかし・ちか・ひろし	**意味** ①みやこ。首都。②京都のこと。③東京のこと。④数の単位。兆の一万倍。⑤大きい。高い。 **願い** 情報・流行・政治・経済など、あらゆる分野の最先端が集まり発信する大きな都のように、中心となる存在をめざして。洗練されて雅（みやび）な美しい人に。奥ゆかしく古風な一面を持った女性に育ってほしいという願いも込めて。	京8 果8 きょうか 京8 子3 きょうこ 京8 佳8 きょうか 京8 みやこ
空 8画	ク・クウ・コウ・あ・から・そら	**意味** ①あな。②大空。③天候。④方向。方角。⑤落ち着かないこと。⑥文章などを暗記すること。⑦いつわり。⑧中身がない。⑨さびしい。人の気配がない。⑩役に立たない。⑪むなしく。むだに。⑫そらごと。いつわり。⑬からになる。⑭航空の略。 **願い** 大空にはばたくイメージで、世界で活躍ができるようにという願いを込めて。無限に続く空のように、大きな心を持った女性に育ってほしいという気持ちも込めて。	蒼13 空8 そら 美9 空8 みく 空8 音9 そらね 未5 空8 みく
幸 8画	コウ・さい・さき・さち・たか・ひで・みゆき・ゆき・よし	**意味** ①さいわい。しあわせ。②さち。恵み。自然界からとれたもの。③さいわいに。運よく。④かわいがる。気に入る。⑤みゆき。天子のおでまし。 **願い** 幸せになってほしいという親の愛情をいっぱいに込めて。幸運が次次にやってくる、笑顔の多い幸せな人生を送ってほしいという願いを込めて。	咲9 幸8 さゆき 幸8 子3 さちこ 幸8 菜11 ゆきな 幸8 乃2 ゆきの

画数・漢字	主な読み	主な意味と込めたい願い	名前例
昂 8画	コウ・ゴウ・あき・あきら・たか・たかし・のぼる	意味 ①あがる。のぼる。高くなる。②気がたかぶる。意気があがる。③たかい。 願い 高まる、上がるなどの勢いを感じさせることから、意欲的で上をめざしていく意志の強い女性に成長してほしいと願って。また、豊かな感受性を持ち、いろいろな分野で活躍してほしいという思いも込めて。	昂8奈8 こうな
采 8画	サイ・あや・うね・こと	意味 ①とる。つみとる。選びとる。②いろどり。あや。もよう。③すがた。ありさま。④知行所。領地。⑤仕事。つとめ。役職。⑥さいころ。 願い 音や字体に趣がある字。元は手を合わせて草木の芽や実を取るという意味があることから、多くの幸せを手に入れ、華やかな人生を送ることを願って。	采8音9 ことね 采8奈8 ことな 采8芽8 あやめ 采8佳8 あやか
枝 8画	キ・シ・え・えだ・しげ	意味 ①木のえだ。②分かれ出たもの。 願い 細くても、しっかりと葉を茂らせて果実をつける枝のイメージから、しなやかさとたくましさを兼ね備えた、しんの強い女性になってほしいとの期待を込めて。止め字として使われることが多いが、「え」の一音は、先頭字や中間字として使ってもほかの字とマッチしやすい。	紗10枝8 さえ 沙7枝8 さえ 千3枝8 ちえ 里7枝8 りえ
治 8画	ジ・チ・おさ・おさむ・さだ・ただす・つぐ・なお・はる・よし	意味 ①物事の乱れを整える。国をおさめる。②なおす。なおる。③いとなむ。管理する。 願い 事業を営んだり、好きなことで身を立てることができる女性に育ってほしいという気持ちを込めて。心や体を治す研究者や医療の道など、人の役に立てる女性にという願いを込めて。	治8美9 はるみ
実 8画	シツ・ジツ・さね・なお・のり・まこと・み・みつ・みの・みのる	意味 ①草や木の、み。くだもの。②みのり。草や木のみが熟す。③満ちる。満たす。なかみがじゅうぶんにある。④まこと。なかみがあってほんとうである。⑤ほんとうに。⑥まごころ。親切な。⑦生まれた。もとの。 願い 努力が実を結び、夢をかなえられるように。また、誠実さと思いやりのある素晴らしい女性に育ってほしいと願って。まごころを持った人に出会え、豊かな家族をつくれるようにという祈りの気持ちも込めて。	実8咲9 みさき 愛13実8 まなみ 実8玖7 みく 実8希7 みき
若 8画	ジャ・ジャク・ニャ・ニャク・も・より・わか・わく	意味 ①わかい。幼い。②もし。仮定を表すことば。③もしくは。④ごとし。…のようだ。⑤状態を表すときにつけることば。⑥いくらか。すこし。⑦なんじ。二人称代名詞。 願い 若さや幼さを意味することから、生命力を感じさせる漢字。いつまでも変わらない、みずみずしい気持ちや若々しい容姿を持ち続ける女性になることを願って。	若8菜11 わかな 若8奈8 わかな 若8葉12 わかば 若8那7 わかな

名前例	主な意味と込めたい願い	主な読み	画数・漢字
周音 8 9 あまね 周子 8 3 ちかこ 周華 8 10 しゅうか 周夏 8 10 しゅうか	意味 ①まわり。②めぐる。物のまわりをひとまわりしてくる。③あまねく。広く行きわたる。④しゅう。中国古代の王朝名。 願い 素晴らしい気配りで、一緒にいる人たちが心休まるような、思いやりにあふれた女性に。周囲を隅々まで見渡せる視野の広い人に。また、まわりの人に祝福されることの多い人生を送ってほしいという気持ちも込めて。	シュウ・あまね・いたる・ただ・ちか・のり・ひろし・まこと	周 8画
宗子 8 3 そうこ	意味 ①おさ。かしら。その道の第一人者。②たっとぶ。むねとする。③神や仏の教え。④おたまや。祖先のたましいをまつるところ。⑤おおもと。祖先。本家。 願い どの道を歩んでも、指導者や先駆者になれるような才媛になってほしいと願って。祖先を敬い、家を大事にする優しい女性に育ってほしいという思いも込めて。	シュウ・ソウ・たかし・とき・むね・もと	宗 8画
尚 8 なお 尚子 8 3 なおこ 尚美 8 9 なおみ 尚花 8 7 なおか	意味 ①まだ。そのうえ。②たっとぶ。とうとぶ。重んじる。③好み。④高くする。高い。⑤加える。重ねる。⑥久しい。古い。 願い より高みをめざしていくことのできる、向上心と強い精神力を持った女性になってほしいと願って。人を敬い、品格に満ち満ちた人になってほしいという思いも込めて。	ショウ・たか・たかし・なお・なか・なり・ひさ・ひさし・まさ	尚 8画
昌奈 8 8 あきな 昌美 8 9 まさみ	意味 ①勢いが強い。②栄える。③よい。美しい。④明らか。 願い 太陽が昇ることから形づくられた字で、周囲を明るくするほがらかな女性になってほしいと願って。また、向上心や積極性のある人になってほしいという気持ちも込めて。	ショウ・あき・あきら・さかえ・すけ・まさ・まさし・まさる	昌 8画
青依 8 8 あおい 瑚青 13 8 こはる 青葉 8 12 あおば 青生 8 5 あおい	意味 ①あお。あおい。②若い。年少の。③黒い毛の馬。また、馬の俗称。④未熟。 願い 澄みきった空の青や、深い海の青をイメージして、若々しいさわやかさと思慮深さの両面を持った女性に育ってほしいという願いを込めて。また、けがれのない澄んだ心、広く大きな心を持った人に育ってほしいという気持ちを込めて。	ショウ・セイ・チン・あお・きよ・はる	青 8画
知紗 8 10 ちさ 知里 8 7 ちさと 知香 8 9 ちか 知美 8 9 ともみ	意味 ①感じとる。覚える。見分ける。②ちえ。さとい。かしこいこと。③しらせる。しらせ。④友人。⑤もてなし。あしらい。⑥治める。 願い 知性を感じさせ、学問の道に精進する優秀な女性に。素晴らしい友人に恵まれるようにと願って。また、人よりも多くのことに気づく、豊かな感性を持った女性に育ってほしいという気持ちも込めて。	チ・あき・あきら・さと・さとし・さとる・とし・とも・はる	知 8画

画数・漢字	主な読み	主な意味と込めたい願い	名前例
宙 8画	チュウ・おき・ひろし・みち	意味 ①空。大空。空間。②そらんじる。③空中。 願い 小さなことにこだわらない心の広い女性に。包容力にあふれた人になってほしいと願って。また、自然科学の分野で、宇宙に飛び出すほどの活躍をしてほしいという期待も込めて。	宙8 そら 真10宙8 まひろ 知8宙8 ちひろ 美9宙8 みひろ
直 8画	ジキ・チョク・すぐ・すなお・ただ・ちか・なお・なおき・なおし	意味 ①なおす。まっすぐにする。正しくする。②なおる。正しくなる。よくなる。③じか。直接。④やがて。まもなく。⑤まっすぐ。⑥つとめの番に当たる。とのい。⑦ただちに。すぐに。⑧ただ。それだけ。⑨あたい。値段。価値。⑩値うちがある。 願い まっすぐに正直に生き、信頼を集めるに人なってほしいと願って。また、素直な人柄で、多くの人に愛される女性に育ってほしいという思いも込めて。	直8緒14 なお 直8美9 なおみ 直8香9 なおか 直8子3 なおこ
典 8画	テン・おき・すけ・つかさ・つね・のり・ふみ・みち・よし	意味 ①書物。手本となる書物。②規則。法律。手本となることがら。③儀式。作法。④しきたり。⑤つかさどる。⑥さかん。むかしの役人の階級で、大宰府の四等官のうちの四番目の地位。 願い 思慮深くて礼儀正しく、聡明な女性になってほしいと願って。物事に対してまじめに取り組み、努力を続けて成功するように、そして書物に残るような活躍ができますようにという気持ちを込めて。	典8華10 のりか 美9典8 みのり 典8花7 のりか 典8子3 のりこ
奈 8画	ダイ・ナ・ナイ・なに	意味 ①いかん。いかに。いかんぞ。なに。②平仮名の「な」は「奈」の草書体からできた字。 願い 大きい実のなる木を表す字であり、実り多き人生を送ってほしいという気持ちを込めて。また、疑問を表す意味であることから、意見をはっきりと伝えることのできる快活な女性に育ってほしいと願って。	杏7奈8 あんな 奈8々3 なな 奈8央5 なお 春9奈8 はるな
波 8画	ハ・ヒ・なみ	意味 ①水の起伏。②波のようになっておしよせてくるもの。また、その動き。③物事の上がり下がり。④もめごと。乱れる。⑤まなざし。 願い 波の音のように、一緒にいると心が安らぐような女性に育ってほしいと願って。 	美9波8 みなみ 香9波8 かなみ 波8音9 なみね 穂15波8 ほなみ
枇 8画	ビ・ヒ	意味 〈枇杷（びわ）〉は、バラ科の常緑高木の果樹。 願い 枇杷（びわ）が持つ淡い甘さとコロンとした温かみのある形を思い起こさせる漢字。素直で素朴な、かわいらしい女性に育ってほしいという願いを込めて。 	枇8夏10里7 ひかり 枇8真10李7 ひまり 枇8奈8 ひな 枇8依8 ひより

名前例 | 主な意味と込めたい願い | 主な読み | 画数・漢字

苗 8画

主な読み ビョウ・ミョウ・え・たね・なえ・なり・なわ・みつ

意味 ①種子からのび出たばかりの植物。②すじ。ちすじ。子孫。

願い 稲の苗のように、すくすくと太陽に向かって育ってほしいという思いを込めて。また、幸せな結婚をして、よき母として子宝に恵まれますようにと願って。

名前例
- 奈(8)苗(8)　ななえ
- 香(9)苗(8)　かなえ
- 早(6)苗(8)　さなえ
- 佳(8)苗(8)　かなえ

歩 8画

主な読み フ・ブ・ホ・あゆ・あゆみ・ある・すすむ

意味 ①あるく。②物事の進みぐあい。なりゆき。③足を出して歩くことをかぞえることば。④土地の面積の単位。一歩は約三・三平方メートル。⑤利率の単位。一歩は一割の十分の一。⑥手数料。⑦将棋の駒の名。

願い どんなときでも前に進んでいく明るい人に。最初の一歩を踏み出す勇気を持ったしんの強い女性に育ち、かならず夢をつかんでほしいと願って。

名前例
- 志(7)歩(8)　しほ
- 果(8)歩(8)　かほ
- 咲(9)歩(8)　さほ
- 歩(8)実(8)　あゆみ

宝 8画

主な読み ホウ・たか・たかし・たから・たけ・とみ・とも・みち・よし

意味 ①たからもの。きわめて価値のあるもの。金・銀・珠玉の類。②貨幣。金銭。③たいせつにする。たっとぶ。④天子や仏に関することがらにそえることば。

願い ママやパパにとって、大切なかけがえのない子という思いを込めて。また、財や富に恵まれて、光り輝くような女性になってほしいという願いも込めて。

名前例
- 李(7)宝(8)　りほ
- 咲(9)宝(8)　さほ
- 宝(8)　たから
- 真(10)宝(8)　まほ

朋 8画

主な読み ホウ・とも

意味 ①友だち。同じ先生につく学友。②仲間。

願い 心許せるよき友人に恵まれた豊かな人生を送ってほしいと願って。また、ひもでつないだ二つの貝を連ねた形からできた漢字で、古代の財貨を表すことから、富や財にも恵まれるようにという思いも込めて。

名前例
- 朋(8)美(9)　ともみ
- 朋(8)佳(8)　ともか
- 真(10)朋(8)　まほ
- 花(7)朋(8)　かほ

命 8画

主な読み ミョウ・メイ・いのち・とし・なが・のぶ・のり・まこと・み・みこと・みち・よし

意味 ①いのち。②おおせ。言いつけ。言いつける。③めぐり合わせ。④戸籍簿。⑤めあて。⑥人としてのつとめ。⑦みこと。むかし、神や貴人につけてよんだことば。

願い 健やかに長生きできるようにという願いや、「この子は自分の命のように大切な存在」という親の思いを、ストレートに伝える字。また字の意味から、自分のなすべきことを一途にやり遂げる強い気持ちを持った人になってほしいという願いも込めることができる。

名前例
- 美(9)命(8)　みこと
- 命(8)　みこと

明 8画

主な読み ミョウ・メイ・あ・あか・あき・あきら・あけ・きよし・てる

意味 ①あかるい。あきらか。あかるく光る。②はっきりしている。③目立ってあらわれる。④目がよく見える。⑤さとい。かしこい。⑥夜があける。夜をあかす。⑦あきらかにする。⑧あす。あした。⑨あかり。⑩始まる。⑪開く。⑫すきま。ひま。⑬みん。中国の王朝名。

願い 明るく活発で、だれからも好かれる女性になってほしいと願って。また、明るい未来を歩んでいけるようにという思いも込めて。

名前例
- 明(8)莉(10)　あかり
- 明(8)依(8)　めい
- 明(8)日(4)香(9)　あすか
- 明(8)花(7)　はるか

画数・漢字	主な読み	主な意味と込めたい願い	名前例
茂 8画	モ・しげ・しげみ・しげる・とお・とよ・もち・もと・ゆたか	意味 ①しげる。しげり。草木が盛んにのびる。②しげみ。草木の盛んに生えているところ。③さかんなありさま。④すぐれてりっぱである。 願い 草木が生い茂っているさまは、豊かさと成長の証し。美しく健康に育ち、自分の能力を存分に発揮して夢をつかんでほしいという願いを込めて。	茂8花7 もか 茂8香9 もか 茂8奈8 もな 茂8音9 もね
夜 8画	ヤ・よ・よる	意味 ①日没から日の出までの暗い時間。②よふけ。よなか。 願い 美しい夜空を想像させることから、情緒豊かな人に。思慮深く気づかいのできる女性に育ってほしいという願いを込めて。また、天文学などの自然科学の分野で活躍してほしいという思いも込めて。	小3夜8 さや 小3夜8 さよ 小3夜8子3 さよこ 沙7夜8 さや
弥 8画	ビ・ミ・いよ・ひさ・ひさし・ひろ・みつ・や・よし・わたる	意味 ①いよいよ。ますます。②広くゆきわたる。③久しい。長い間。④つくろう。とじ合わせる。⑤いや。いよいよ、ますますの意味の接頭語。⑥梵語「ミ」の音訳に用いる。 願い 空間的にも時間的にも大きく広がっていくことを表すことから、おおらかで懐の深い女性に育ってほしいと願って。また、気づかいの素晴らしい奥ゆかしい女性になってほしいという思いも込めて。	紗10弥8 さや 弥8生5 やよい 弥8桜10 みお 紗10弥8花7 さやか
怜 8画	リョウ・レイ・レン・さと・さとし・とき	意味 さとい。かしこい。 願い 知性と思いやりを持った才媛に。人の心の痛みを察することのできる、思いやりにあふれた女性になってほしいという願いを込めて。	怜8奈8 れいな 怜8佳8 れいか 怜8 れい 美9怜8 みれい
和 8画	オ・ワ・かず・かつ・ちか・とも・な・なご・のどか・ひとし	意味 ①声や調子を合わせる。②やわらぐ。なごむ。気が合い、親しむ。③なごやか。穏やか。のどか。④あえる。まぜ合わせる。⑤穏やかになる。⑥数学で、二つ以上の数を加えたもの。⑦日本。日本の。⑧なぐ。なぎ。風雨がなく海が穏やかなこと。 願い 人を和ませることのできる人に。また、経験のすべてをプラスにする、心豊かな女性にと願って。日本の伝統を重んじる古風な女性にという思いも。	和8奏9 わかな 日4和8 ひより 美9和8 みわ 紗10和8 さわ
侑 8画	ウ・ユウ・あつむ・すすむ	意味 ①すすめる。ごちそうをすすめる。②助ける。③むくいる。 願い すすんで人を助けたり、支えることのできる優しく度量の大きな女性になってほしいと願って。支えてくれる度量の大きな人にめぐり合い、温かい家族に囲まれて穏やかな一生を送れるようにという思いを込めて。また、感謝の気持ちを忘れない人間味あふれる人になってほしいという気持ちも込めて。	侑8希7 ゆき 侑8花7 ゆうか 未5侑8 みゆう 侑8子3 ゆうこ

名前例	主な意味と込めたい願い	主な読み	画数・漢字
愛13來8 あいく 桜10來8 さくら 咲9來8 さら 未5來8 みく	意味 （「来」の旧字体）①こちらに近づく。②招く。③次の。これから先。④このかた。今まで。 願い うれしいことがやってくる幸運な人生を祈って。そして、明日への喜びや期待を感じることのできる、明るく元気な女性に育ってほしいという願いを込めて。	ライ・き・きた・く・ゆき	來 8画
昊8 そら 昊8実8 こうみ 未5昊8 みそら 美9昊8 みそら	意味 ①空。大空。②大きい。 願い 青く広がる大空のように、さわやかで周囲の人を笑顔にすることのできるすてきな女性になってほしいと願って。大空にはばたくように、のびのびと健やかに育ってほしい。広く世界で活動できるようになってほしいという気持ちを込めて。	コウ・あきら・そら・ひろ・ひろし	昊 8画
苺8香9 まいか 苺8花7 いちか 苺8果8 まいか 苺8果8 いちか	意味 いちご。バラ科の多年草。実は食用となり赤くて甘い。きいちご。くさいちご。 願い 赤く小さないちごの実のように、かわいらしくだれからも愛される女性に育ってほしいという思いを込めて。一文字の「いちご」の音のほか、「マイ」の音も女の子らしい響き。	バイ・マイ・いちご	苺 8画
陽12茉8莉10 ひまり 茉8優17 まゆ 茉8奈8 まな 絵12茉8 えま	意味 〔茉莉（まつり）〕は、モクセイ科の常緑低木。ジャスミンの一種。花は白く、かおりが高い。 願い 豊かな香りと、白くかわいい花を咲かせるジャスミンの花のように、容姿は可憐で、心は穏やかな女性に育ってほしいと願って。また、人を癒やすことのできる魅力あふれる女性になってほしいという気持ちも込めて。	バツ・マ・マツ	茉 8画
茜9 あかね 茜9里7 あかり 茜9梨11 あかり 茜9音9 あかね	意味 ①あかね草。アカネ科の多年草。根から赤い染料をとる。②赤。あかね色。やや黒ずんだ赤。 願い 夕暮れどきの空の色にたとえられる落ち着いた赤色を表す字。穏やかで人を包み込むような温かい心を持った女性になってほしいという祈りを込めて。	セン・あかね	茜 9画
彩11郁9 あやか 郁9 かおる 郁9乃2 あやの 郁9美9 いくみ	意味 ①文物や文化の盛んなようす。②香気の強いようす。 願い 文化が盛んである様子を表すことから、学問や芸術など、さまざまな事柄に詳しい教養のある女性になってほしいと願って。また、センスもよくたたずまいも美しい、洗練された女性になってほしいという気持ちも込めて。	イク・あや・か・かおる・たかし	郁 9画

画数・漢字	主な読み	主な意味と込めたい願い	名前例
映 9画	エイ・ヨウ・あき・あきら・うつ・てる・は・みつ	意味 ①かげがうつる。②照り輝く。色があざやかに見える。 願い 日の光に照らされてきらきらと輝くように、注目される女性になってきらめく才能に恵まれてほしいと願って。映像や色彩などの芸術的な才能に恵まれるように。また、勢いがあって陽気な性格で、周囲を明るく照らすことのできる女性に育ってほしいという気持ちも込めて。	映9里7奈8　えりな 彩11映9　さえ 映9月4　はづき 花7映9　かえ
栄 9画	エイ・さかえ・しげ・しげる・はる・ひさ・ひさし・ひで・ひろ	意味 ①さかえる。②ほまれ。名誉。③盛んにするもの。④地位や名声があがる。 願い 栄える、繁栄するなど、愛情も富も得られるような豊かなイメージから、幸福に満ちあふれた人生を送ってほしいと願って。家を繁栄させる賢い女性になってほしいという願いも込めて。また、どの分野でも価値あることを成し遂げる人になってほしいと期待して。	紗10栄9　さえ 咲9栄9　さえ 栄9里7　えり 栄9美9　えいみ
音 9画	イン・オン・お・おと・と・ね	意味 ①おと。ね。声。ひびき。②ねいろ。ふし。③おん。漢字の読み方の一つ。むかしの中国の発音にもとづいているもの。④おとずれ。たより。 願い 音楽の才能に恵まれるように。音楽のように人を楽しませたり、癒やしたりできる女性になってほしいと願って。また、音楽や文学の才能など、文化・芸術全般にきらめく才能を発揮してほしいという気持ちも込めて。	花7音9　かのん 琴12音9　ことね 音9羽6　おとは 天4音9　あまね
珂 9画	カ	意味 ①宝石の名。白めのう。②くつわ貝。③くつわ貝でつくった馬のくつわの飾り。 願い パワーストーンとしても知られる白めのうは、心が洗われるような輝きを放つ石。見目麗しく、上品なたたずまい、純粋な心を持った人に育ってほしいと願って。落ち着いた雰囲気を持ったすてきな女性に育ってほしいという気持ちも込めて。	珂9菜11子3　かなこ 珂9奈8　かな 珂9音9　かのん 珂9凛15　かりん
海 9画	カイ・あま・うな・うみ・み	意味 ①うみ。地球の表面上の塩水をたたえた広い場所。②すずりの水をためるところ。③大きく広い。④ものが多く集まるところ。 願い 海のように大きな愛情がある女性に成長してほしいと願って。また、波が動くように、元気で活発な、生命力にあふれる女性になってほしいという気持ちも込めて。	七2海9　ななみ 美9海9　みう 海9琴12　みこと 彩11海9　あやみ
柑 9画	カン	意味 みかん。こうじ。ミカン科の常緑樹。 願い みかんのようにかわいらしく、みんなに愛される女性に育ってほしいという祈りを込めて。また、みかんの甘酸っぱい香りから、さわやかで明るい人に成長してほしいという願いも。	柑9那7　かんな 柑9菜11　かんな 柑9奈8　かんな 柑9南9　かんな

画数・漢字	主な読み	主な意味と込めたい願い	名前例
紀 9画	キ・おさむ・かなめ・しるす・ただし・とし・のり・はじめ・もと	意味 ①すじ道をたてて記録する。②のり。すじみち。③いとぐち。始まり。④小さなつな。細いつな。⑤とし。歳月。⑥「日本書紀」の略。 願い 人として正しい道を歩み、間違ったことを正せる女性になってほしいと願って。また、文学の才能が花開くように。書物や歴史に記されるような活躍をしてほしいという気持ちも込めて。	有(6)紀(9) ゆき 沙(7)紀(9) さき 美(9)紀(9) みき 紀(9)子(3) のりこ
胡 9画	ウ・コ・ゴ	意味 ①えびす。古代中国の北方または西方に住んでいた民族。②なんぞ。どうして。疑問を示すことば。③でたらめ。いいかげんな。 願い 古代中国の異民族に由来する大陸的でエキゾチックな漢字。世界にはばたく個性的な女性に成長することを期待して。	胡(9)桃(10) くるみ 仁(4)胡(9) にこ 美(9)胡(9) みこ 莉(10)胡(9) りこ
紅 9画	ク・コウ・あか・くれない・べに・もみ	意味 ①くれない。あざやかな赤色。②べに。べに花からとった赤い顔料や染料。③女性についていうことば。 願い くれないの色のように、優美であでやかな女性になってほしいと願って。あふれる魅力で人を引きつけ、芸術や芸能の世界で活躍できるようにという気持ちも込めて。	紅(9)愛(13) くれあ 美(9)紅(9) みく 紅(9)音(9) あかね 紅(9)緒(14) べにお
香 9画	キョウ・コウ・か・かお・かおり・かおる・かが・たか・よし	意味 ①よいにおい。②かんばしい。においがよい。③たきもののかおりをかぎ分ける遊び。香合わせ。④「香車」の略。将棋の駒の一つ。 願い かぐわしいにおいのように、人を引きつける魅力がイメージされる字。自然に人が集まってくるチャーミングな女性になることを願って。	桃(10)香(9) ももか 穂(15)香(9) ほのか 香(9)穂(15) かほ 香(9)奈(8) かな
哉 9画	サイ・えい・か・かな・き・すけ・ちか・とし・はじめ・や	意味 ①かな。詠嘆・感嘆を表すことば。②や。疑問・反語を表すことば。 願い 感嘆を表すことから、みずみずしい感性を持った、豊かな表現力を持った女性に育ってほしいと願って。また、疑問や反対の気持ちをしっかりと相手に伝えることのできる、意志の強い女性になってほしいという思いも込めて。	沙(7)哉(9) さや 美(9)哉(9) みや 早(6)哉(9)香(9) さやか 哉(9)子(3) かなこ
咲 9画	ショウ・さ・さき	意味 ①花が開く。②笑う。 願い 笑うという意味を表し、周囲の人を笑顔にすることのできる朗らかな人になってほしいと願って。また、ささいなことにこだわらないおおらかさと、花のような魅力的な笑顔で、人を引きつけることのできる女性に育ってほしいという願いを込めて。	咲(9)希(7) さき 美(9)咲(9) みさき 咲(9)良(7) さくら 千(3)咲(9) ちさき

画数・漢字	主な読み	主な意味と込めたい願い	名前例
思 9画	シ・おも・こと	意味 ①考える。心をはたらかせる。②したう。いとしい。 願い 相手の気持ちを思いやることのできる人になってほしいと願って。また、先を見通したり、慎重にじっくりと考えられる、思慮深い女性に育ってほしいという気持ちを込めて。	思9央5 しお 思9乃2 しの 思9実8 ことみ 美9思9 みこと
秋 9画	シュウ・あき・おさむ・とき・みのる	意味 ①四季の一つ。立秋から立冬までの間。太陽暦では九・十・十一月。②穀物の実りの季節。③としつき。年月。④たいせつな時期。 願い 美しい情緒に富んだ紅葉の時期をイメージして、趣のある落ち着いた美しさを持った女性に育ってほしいと願って。また、実り多き豊かな人生を歩んでほしいという祈りを込めて。	秋9奈8 あきな 秋9花7 しゅうか 秋9穂15 あきほ 千3秋9 ちあき
春 9画	シュン・あずま・かず・す・とき・はじめ・はる	意味 ①四季の一つ。立春から立夏までの間。太陽暦では三・四・五月。②年のはじめ。正月。③青年期。④とし。としつき。 願い 植物が芽吹いたり、生き物が誕生する春のイメージから、生命力に満ちあふれた人に。また、春の日ざしのように、人の心を温かくする人に育ってほしいという気持ちも込めて。	心4春9 こはる 春9花7 はるか 春9奈8 はるな 春9 はる
昭 9画	ショウ・あき・あきら・てる・はる	意味 ①明らか。明るい。②明らかにする。 願い 周囲の人たちを明るく照らすことのできる、快活でおおらかな女性に育ってほしいという気持ちを込めて。	昭9香9 はるか
信 9画	シン・あき・あきら・さだ・しげ・しの・のぶ・のぶる・まこと	意味 ①誠実。うそいつわりのないこと。②しんじる。③しるし。あかし。証拠。④わりふ。手形。⑤伝達の合図。めじるし。⑥たより。手紙。 願い いつわりのない誠実な人柄と素直さで、信頼される人に。人に尽くすまごころを持った女性に成長することを願って。また、信頼し合える友人に恵まれて、幸せで充実した生涯を送ってほしいという気持ちも込めて。	信9歩8 しほ 信9保9 しほ 信9乃2 しなの 信9乃2 しの
星 9画	ショウ・セイ・とし・ほし	意味 ①空に光るほし。②小さな点。ぽち。③思うつぼ。④犯人。⑤年月。時の流れ。⑥重要な人物のたとえ。 願い どの道に進んでも輝く才能を発揮できる女性になってほしいと願って。夜空に光り輝く星のように、清らかで美しく、人を魅了する存在に。その名のとおり、スターや世の中の重要人物になれますようにという期待も込めて。	星9奈8 せな 星9那7 せな 星9七2 せいな 星9良7 せいら

画数・漢字	主な読み	主な意味と込めたい願い	名前例
泉 9画	セン・い・いずみ・きよし・ずみ・み・みず・もと	意味 ①いずみ。地中からわき出る水。②温泉・鉱泉のこと。③滝。④みなもと。⑤地下。冥土。あの世。 願い 尽きることなくわき上がってくる知恵やひらめき、才能に恵まれるようにと願って。生まれ持った魅力や能力を生かして、社会に貢献できる女性になってくれると期待して。また、あふれ出る泉のように、透明感のある魅力的な女性に育ってほしいという願いも込めて。	泉(9) いずみ 七(2)泉(9) ななみ 泉(9)希(7) みずき 碧(14)泉(9) あおい
奏 9画	ソウ・かな	意味 ①すすめる。さしあげる。②申す。君主に申し上げる。③かなでる。楽器を鳴らす。④なしとげる。 願い 音楽のように、楽しい気分にさせたり和ませたり、人を癒やすことのできる人になってほしいと願って。また、周囲の人たちと調和をはかることができる、リーダーの資質を持った女性になってほしいという気持ちも込めて。	和(8)奏(9) わかな 奏(9)音(9) かのん 奏(9) かなで 奏(9)子(3) かなこ
津 9画	シン・つ	意味 ①港。渡し場。船着き場。②しみ出る。にじみあふれる。 願い 港や岸という意味を持つことから、人が集まってにぎわうイメージ。人から信頼され、たくさんの友人に囲まれて充実した人生を送ることができるようにという願いを託して。	志(7)津(9) しづ 紗(10)津(9)季(8) さつき 千(3)奈(8)津(9) ちなつ 奈(8)津(9)実(8) なつみ
南 9画	ダン・ナ・ナン・あけ・なみ・みな・みなみ・よし	意味 ①みなみ。②南の方向へ行く。 願い 暖かな風と日の光を感じさせるイメージから、まごころを持った温かい女性に育ってほしいと願って。また、南国の豊富な果実と広がる花々を想像し、実り多き人生が送れるようにという気持ちも込めて。	咲(9)南(9) さな 杏(7)南(9) あんな 帆(6)南(9) ほなみ 南(9)帆(6) なほ
虹 9画	コウ・にじ	意味 ①雨あがりなどに、空気中の水滴に日光があたって生じる現象。七色の弓形の光を放つ。②長い橋のたとえ。 願い 夢や栄光に向かっていくイメージがあり、努力を惜しまずに頑張れる女性に。成功や栄光をかならず手にしてほしいと願って。また、世の中に夢を与えられるような、国や人のかけ橋になってほしいという気持ちも込めて。	虹(9)羽(6) こはね 虹(9)心(4) にこ 虹(9)香(9) にじか 虹(9)乃(2) にじの
祢 9画	ネ・デイ	意味 ①父の霊をまつったところ。親の廟。②廟にまつった亡父のこと。③神職者のこと。④平仮名の「ね」は、「祢」の草書体。 願い 父のために建てた廟（びょう）を意味することから、祖先を敬い、伝統を重んじる子になるようにという願いを込めて。また、いつまでも変わらない父娘の深い絆を願う気持ちを託して。	彩(11)祢(9) あやね 祢(9)々(3) ねね 祢(9)々(3)佳(8) ねねか 祢(9)緒(14) ねお

名前例 ｜ 主な意味と込めたい願い ｜ 主な読み ｜ 画数・漢字

飛 9画

主な読み：ヒ・と

意味 ①空中をかけまわる。また、かけめぐらせる。②順序を経ずにぬかして進む。③とびあがる。空中にかけのぼる。④とぶように速い。すみやか。急な。⑤高い。そびえる。

願い 跳んだりはねたりする元気な女の子をイメージする漢字。大空を自由自在に飛ぶ鳥のように、自由を愛し、輝く未来へ向かって大きくはばたいていけるような人になることを願って。

名前例	画数	読み
飛奈	9・8	ひな
飛和	9・8	とわ
飛鳥	9・11	あすか
優飛	17・9	ゆうひ

美 9画

主な読み：ビ・ミ・うつく・うま・うまし・きよし・とみ・はる・ふみ・よし

意味 ①うつくしい。きれい。見た目がよい。②おいしい。③よい。りっぱな。正しい。④ほめる。

願い 好ましい意味をいくつも備えた人気の字。美しい容姿ときれいな心を併せ持った女性に成長することを願って。字形も整っているので、止め字、先頭字、中間字のいずれに使っても収まりがよい。

名前例	画数	読み
美咲	9・9	みさき
美桜	9・10	みお
美結	9・12	みゆ
愛美	13・9	まなみ

柊 9画

主な読み：シュウ・ひいらぎ

意味 ひいらぎ。モクセイ科の常緑小高木。かたく光沢のある葉は、先にとげのようなふちがあり、節分の夜には魔よけとして用いる。

願い 柊の花は冬の季語なので、冬生まれのかわいい女の子の名前に使われる漢字。柊にあやかって、いつまでも強く優しく、健やかにすくすくと成長する女性になることを願って。

名前例	画数	読み
柊花	9・7	しゅうか
柊	9	しゅう
柊華	9・10	しゅうか
柊	9	ひいらぎ

風 9画

主な読み：フ・フウ・かざ・かぜ

意味 ①かぜ。②教え導く。③ならわし。習慣。④すがた。ようす。⑤けしき。⑥うわさ。⑦味わい。おもむきがある。⑧遠まわしにほのめかす。⑨うた。

願い 風のように、どこにでも行ける行動力と、のびのびとした気持ちのよい女性になってほしいと願って。風をイメージさせるようなさわやかな人に。また、ならわしや教えを表すことから、礼儀正しい気品のある女性になってほしいという気持ちも込めて。

名前例	画数	読み
風花	9・7	ふうか
風香	9・9	ふうか
風歌	9・14	ふうか
美風	9・9	みかぜ

保 9画

主な読み：ホ・ホウ・お・たも・たもつ・まもる・もち・もり・やす・やすし

意味 ①たもつ。もつ。②養い育てる。また、子守り役。つきそい。③かばい守る。弱いものを助け守る。④からだを休める。⑤平仮名の「ほ」は「保」の草書体からできた字。

願い 助ける、育てるなど、自分より弱いものを守ることを表す。慈愛に満ちた優しい女性に育つようにとの思いを込めて。

名前例	画数	読み
志保	7・9	しほ
花保	7・9	かほ
美保	9・9	みほ
奈保	8・9	なほ

耶 9画

主な読み：ジャ・ヤ

意味 ①や。か。句末につけて、疑問・反語・感嘆などの意味を示すことば。②父をよぶことば。

願い 疑問や反語を表すことから、意見や意志をきちんと伝えられる女性になってほしい、自分を信じて個性を伸ばしていける女性に育ってほしいと願って。また、感嘆を表す漢字でもあるので、豊かな感情を持った人間味あふれる女性にという気持ちも込めて。

名前例	画数	読み
咲耶	9・9	さや
茉耶	8・9	まや
紗耶	10・9	さや
香耶	9・9	かや

名前例	主な意味と込めたい願い	主な読み	画数・漢字
美勇（9・9） みゆ	意味 ①いさむ。ふるいたつ。②いさましい。強い。③いさぎよい。思いきりがよい。④いきおいこむこと。⑤おとこだて。おとこぎ。 願い 大事な岐路に立ったときに、不安な気持ちを抑えて踏み出せる勇気を秘めた女性に。凛とした美しさを持ち、自信を持ってわが道を歩める人に成長することを信じて。	ユウ・いさ・いさお・いさみ・いさむ・お・たけ・たけし・はや	勇 9画
宥乃（9・2） ゆの 宥花（9・7） ゆうか 美宥（9・9） みゆう 千宥（3・9） ちひろ	意味 ①許す。大目にみる。②なだめる。やわらげしずめる。 願い 人を受け入れて包み込むことのできる寛大な心を持った人になってほしいと願って。また、豊かな感性で人の心を鎮めたり、なだめたりすることのできる女性に育ってほしいという気持ちも込めて。	ユウ・すけ・ひろ	宥 9画
柚希（9・7） ゆずき 柚葉（9・12） ゆずは 柚花（9・7） ゆずか 柚茉（9・8） ゆま	意味 ①ゆず。ミカン科の常緑小高木。柑橘類の一種で、かおりのよい実は調味料として用いられる。②たてまき。織物の縦糸をまく道具。 願い 上品な味とさわやかな香りのゆずの果実のように、いつまでもみずみずしい感覚を持った女性に。料理の味を引き立てたり、香りで人を癒やすことから、自らの魅力を発揮しながら、まわりの人のよいところを引き出すことのできる、包容力のある女性になってほしいと願って。	ジク・ユ・ユウ・ゆず	柚 9画
祐希（9・7） ゆうき 祐菜（9・11） ゆうな 祐奈（9・8） ゆうな 祐希（9・7） ゆき	意味 ①助ける。天や神が助ける。人が助ける。②助け。さいわい。天や神の与える助け。また、幸福。 願い 大きな力に守られ、幸運やチャンスの多い恵まれた人生を歩んでほしいと願って。また、人を助け、人に助けられる徳のある女性に育ってほしいという気持ちを込めて。	ユウ・さち・すけ・たすく・よし	祐 9画
洋香（9・9） ひろか 洋子（9・3） ようこ 美洋（9・9） みひろ 千洋（3・9） ちひろ	意味 ①大海。そとうみ。②広々としたようす。③世界を大きく東西に分けたもの。④西洋の。 願い 海のように、広く大きな心を持った包容力のある女性になってほしいと願って。また、世界を駆けめぐって活躍できるようにという願いも込めて。	ヨウ・うみ・きよ・なみ・ひろ・ひろし・み	洋 9画
要央里（9・5・7） いおり 要（9） かなめ	意味 ①かんじんなところ。もっとも大切なところ。②扇のもとの部分。③しめくくる。しめくくり。文章などをかんたんにまとめたもの。あらまし。④望む。 願い どのような道を進んでも重要な人物に。物事の最も大切な部分を担うことのできる女性になってほしいと願って。人をまとめることのできる人に。家族の要となる女性になってほしいという気持ちを込めて。	ヨウ・い・かなめ・とし・め・もとむ・やす	要 9画

名前例	主な意味と込めたい願い	主な読み	画数・漢字

律 9画

主な読み：リチ・リツ・ただし・ただす・のり

意味 ①おきて。法令や刑罰に関するきまり。②のっとる。基準や法則に従う。③学問上などの法則。④僧が守るべきいましめ。⑤音楽の調子。音階。⑥漢詩の一形式。

願い 目標に向かって、自分を厳しく律することができる精神力の強い女性に育ってほしいと願って。また、学問を究めたり、芸術的な才能にも恵まれるようにという願いも込めて。

名前例：
- 律(9)聡(14)　りさと
- 律(9)　りつ
- 律(9)子(3)　りつこ

亮 9画

主な読み：リョウ・あき・あきら・きよし・すけ・とおる・まこと・よし

意味 ①明らか。はっきりしている。②すけ。むかしの役人の階級で、職・坊の四等官のうちの二番目の地位。

願い 自分の意見をはっきりと伝えることのできる積極性を持った人になってほしいと願って。また、明るく朗らかで、人を助ける思いやりにもあふれた女性に育ってほしいという思いも込めて。

名前例：
- 亮(9)子(3)　りょうこ

玲 9画

主な読み：リョウ・レイ・たま

意味 ①玉や金属がふれあって鳴る音。②透き通るように美しいようす。

願い 玉が触れ合ったときの美しい音をイメージして、涼やかで透明感のある、清らかな女性に育ってほしいという願いを込めて。

名前例：
- 玲(9)奈(8)　れな
- 玲(9)美(9)　れみ
- 玲(9)菜(11)　れいな
- 美(9)玲(9)　みれい

俐 9画

主な読み：リ・さと・さとし

意味 かしこい。さかしい。

願い 知的で落ち着いた人に。素晴らしい洞察力と知恵で人生を切り開く、気品あふれる賢い女性に育ってほしいと願って。

名前例：
- 俐(9)緒(14)　りお
- 俐(9)花(7)　りか
- 俐(9)菜(11)　りな
- 明(8)俐(9)　あかり

洸 9画

主な読み：コウ・たけし・ひろ・ひろし・ふかし

意味 ①水がわきたつようす。②勇ましいようす。③水が深く広いようす。

願い わきたつ水が広がっていくように、いきいきと活動する積極性のある女性になってほしいと願って。また、透明感があってフレッシュで、笑顔のまぶしい女性に育ってほしいという気持ちも込めて。

名前例：
- 真(10)洸(9)　まひろ
- 美(9)洸(9)　みひろ
- 千(3)洸(9)　ちひろ
- 茉(8)洸(9)　まひろ

洵 9画

主な読み：シュン・ジュン・のぶ・まこと

意味 ①まことに。まこと。②ひとしい。③うずまく水。

願い 清らかな水の流れのように澄んだ心と穏やかな性格の女性に育つようにとの思いを込めて。「シュン」や「ジュン」の音を持つ字としてはそれほど使われていないので、印象的な名前をつけることができる。

名前例：
- 洵(9)虹(9)　じゅんな
- 洵(9)子(3)　のぶこ

画数・漢字	主な読み	主な意味と込めたい願い	名前例
珈 9画	カ	意味 ①女性の髪飾り。玉をつけたかんざし。②〈珈琲（コーヒー）〉は、オランダ語 koffie の音訳。 願い コーヒーのあて字〈珈琲〉にも使われる漢字。読みやすいが、一般的にはあまり使われない珍しさもポイント。古風でしゃれたイメージから、個性的でおしゃれな女性になることを期待して。	珈9帆6　かほ 帆6乃2珈9　ほのか 優17珈9　ゆうか 美9珈9　みか
珀 9画	ハク	意味 〈琥珀（こはく）〉は、樹脂が化石となったもの。黄色で、つやがある。 願い 古来から貴重なものとして大事にされ、長い月日をかけてできた琥珀をイメージして、世の中の宝となるような女性に育ってほしいと願って。家族に大切にされ、家族を大切にする女性になってほしいという思いも込めて。	琥12珀9　こはく 湖12珀9　こはく 瑚13珀9　こはく 胡9珀9　こはく
恩 10画	オン・おき・めぐみ	意味 ①恵む。恵み。②いつくしむ。いつくしみ。③情け。 願い 「オン」という優しい響きや字体からも、いつくしみや思いやり、何事も大切にする心を感じさせる優しい女性のイメージ。情が厚く、人から受けた恩を忘れず受け止め、その優しさをきちんとまわりの人に与えることができる人に。	禾5恩10　かのん 汐6恩10　しおん 凛15恩10　りおん 詩13恩10　しおん
夏 10画	カ・ゲ・なつ	意味 ①四季の一つ。立夏から立秋までの間。太陽暦では六・七・八月。②か。中国最古の王朝名。③むかしの中国の自称。 願い 元気で躍動的なイメージがある漢字。夏は生命活動が最も活発な時期であることから、明るくて活動的、いきいきと輝きながら人生を謳歌していく、情熱的な女性になることを願って。	彩11夏10　あやか 瑠14夏10　るか 千3夏10　ちなつ 夏10美9　なつみ
華 10画	カ・ケ・ゲ・は・はな・はる	意味 ①草木の花。②はなやか。にぎやか。③栄える。④すぐれている。⑤中国の美称。⑥おしろい。粉。 願い 美しく咲きそろった花を意味することから、ゴージャスなイメージがある字。人を引きつける魅力を持った、きらびやかな女性に育ってほしいという期待を込めて。	一1華10　いちか 結12華10　ゆいか 華10　はな 華10蓮13　かれん
浬 10画	リ・かいり	意味 海里。海上での距離の単位。一浬は一八五二メートル。 願い 航海上での距離の単位である「海里」を表す字。大海原を悠然と進むイメージから、自分のペースを守りながら、大きな夢に向かって人生を歩んでいけるようにという願いを込めて。	麻11浬10　まり 悠11浬10　ゆり 杏7浬10　あんり 浬10奈8　りな

名前例	主な意味と込めたい願い	主な読み	画数・漢字
莞奈（10・8） かんな 莞菜（10・11） かんな	意味 ①カヤツリグサ科の多年草。むしろを織るのに用いる。②にっこり笑うようす。 願い 穏やかで素直、いつもニコニコしている人間味のあふれた人になれるように。優しくて、だれとでも円満な人間関係を築くことができる純粋な女性になれるよう願って。	カン	莞 10画
祐起子（9・10・3） ゆきこ 由起奈（5・10・8） ゆきな 友起（4・10） ゆき 真起（10・10） まき	意味 ①おき上がる。立つ。立ち上がる。②身をおこす。③始める。④よびおこす。気づかせる。⑤始まる。⑥盛んになる。⑦物事のはじめ。 願い 始めるという意味から、先見の明を持ち、行動力を発揮しながら先駆者・開拓者になっていく女性に。周囲に流されず、新しいものを生み出すパワーを持ち、目標に向かって自ら行動を起こす人になれることを願って。	キ・おき・かず・たつ	起 10画
桔花（10・7） きっか 小友桔（3・4・10） こゆき 桔梗（10・11） ききょう 瑞桔（13・10） みずき	意味 〔桔梗（ききょう）〕は、キキョウ科の多年草。白または紫色の花をつけ、根はせきどめの薬として用いる。日本では、秋の七草の一つ。 願い 桔梗は山野で白や紫のかわいらしい花を咲かせる日本古来の植物。その様子から、清楚なかわいらしさとしんの強さを併せ持った女性に成長することを願って。	キツ・ケツ	桔 10画
恭子（10・3） きょうこ 恭花（10・7） きょうか 恭歌（10・14） きょうか 恭佳（10・8） きょうか	意味 ①うやうやしい。うやまいかしこまる。②つつしむ。つつしみ深い。 願い 謙虚な気持ちを忘れずに、冷静に自分を見つめることができるように。真の自信を胸に秘め、礼儀正しく、まわりの人から愛される、奥ゆかしい女性になることを願って。	キョウ・たか・たかし・ただ・ただし・のり・やす・やすし・よし	恭 10画
桐佳（10・8） きりか 桐奈（10・8） きりな 桐花（10・7） きりか 桐子（10・3） とうこ	意味 きりの木。ゴマノハグサ科の落葉高木。材は軽く、木目も美しいので、家具・げた・琴などの材料に用いる。 願い まっすぐに伸びる桐の特徴や「きり」という響きから、りりしい印象の名前に。素直な人柄で、心身共にしなやかで、まっすぐな、凛とした雰囲気を持つ女性になることを願って。	トウ・ドウ・きり	桐 10画
恵奈（10・8） えな 咲恵（9・10） さえ 恵（10） めぐみ 恵子（10・3） けいこ	意味 ①めぐむ。ほどこす。あわれむ。②かしこい。 願い 穏やかさと温かさのイメージがある漢字。人間の本質的な優しさを持ち、だれに対しても分け隔てなく接することのできる慈愛に満ちた美しい女性に。素直で賢く、思いやりにあふれた人生を歩むことを願って。	エ・ケイ・あや・さとし・しげ・とし・めぐ・めぐみ・やす・よし	恵 10画

画数・漢字	主な読み	主な意味と込めたい願い	名前例
桂 10画	ケイ・かつ・かつら・よし	意味 ①にっけい・もくせいなど、かおりのよい木の総称。②中国の伝説で月に生えているという木。そこから「月」の別名。③カツラ科の落葉高木。良質の建材として建築・家具などに用いる。④「桂馬」の略。将棋の駒の一つ。 願い 栄誉のしるしである月桂樹にあやかり、日日の努力が実って、栄誉をつかむことができる人に。たおやかに見えながら、しんの強さを持った人々を引きつける魅力ある女性になることを願って。	桂(10)奈(8) けいな 桂(10)子(3) けいこ
悟 10画	ゴ・さと・さとし・さとる	意味 ①さとる。さとり。真理を知る。②さとす。心の迷いをさます。③さとい。かしこい。 願い 知的で落ち着いたイメージのある漢字。道理がわかる、会得するなどの意味があり、物事の本質を見極める力を持ち、自分の信じた道を迷わず進んでいける賢い女性になることを願って。	美(9)悟(10) みさと
倖 10画	コウ・さいわい・さち	意味 さいわい。思いがけないしあわせ。 願い 個性と古風な雰囲気を感じさせ、幸あふれる女性を思わせる漢字。運が強く小さな幸せを大切にしながら、大きな幸せもつかむ人生を歩めるように。多くの愛情に恵まれ、その恵みや優しさをまわりの人にも分け与えられる人になることを願って。	倖(10)羽(6) こはね 倖(10) さち 倖(10)花(7) さちか 倖(10)芽(8) こうめ
晃 10画	コウ・あき・あきら・きら・そら・てる・ひかる・ひろ・ひろし・みつ	意味 ①明らか。②輝く。③光。 願い 日光がまぶしく輝いている様子を表す。いつも陽気で朗らかで、だれからも愛される明るい性格の女性になるよう願いを込めて。まぶしいくらいに輝かしい人生を、自分でつかんで歩んでいけることを期待して。	晃(10)里(7) ひかり 晃(10)子(3) あきこ 晃(10)帆(6) あきほ 千(3)晃(10) ちあき
浩 10画	コウ・いさむ・おおい・きよし・はる・ひろ・ひろし・ゆたか	意味 ①広く大きい。②豊か。分量が多い。 願い 元は広々と広がる水面のことを表すことから、広い心を持ち、人生が豊かにのびのびと広がっていくように。また、心が満たされた優しい女性に成長するようにという願いを込めて。	浩(10)美(9) ひろみ 浩(10)華(10) ひろか 美(9)浩(10) みひろ 浩(10)菜(11) ひろな
紘 10画	コウ・ひろ・ひろし	意味 ①ひも。冠のひも。②つな。大づな。③はて。境界。④大きい。広い。 願い 鋼のように長く続くことを表すことから、縁起のよいイメージを持つ漢字。好きなことを長く続ける集中力や粘り強さを持ち、あきらめることのないスケールの大きい人になることを願って。	千(3)紘(10) ちひろ 茉(8)紘(10) まひろ 紘(10)子(3) ひろこ 美(9)紘(10) みひろ

画数・漢字	主な読み	主な意味と込めたい願い	名前例
朔 10画	サク・きた・はじめ・もと	意味 ①ついたち。陰暦で、月の第一日。②こよみ。③北の方角。 願い 新月を表すことからロマンを感じさせる漢字。始まりという意味もあり、スタートラインから、いちばんにスタートできる人になるように願って。打たれ強く、初心を忘れず、何度でもスタートラインに立てる強さを持った女性に。	朔10耶9 さくや 朔10良7 さくら 朔10来7 さくら 朔10楽13 さくら
桜 10画	オウ・さくら	意味 ①バラ科の落葉高木。日本の国花で、古くから観賞用として親しまれている。②しなみざくら。桜桃。バラ科の落葉低木。紅色の小さな実は食用となる。③馬肉。さくら肉。④露店などで客寄せの役をする人。 願い 古来から愛され、日本の情緒を感じさせる漢字。春のシンボルでもある桜のイメージから、やわらかな春の日ざしのように優しくて温かく、美しい心を持った女性になることを願って。	美9桜10 みお 桜10 さくら 里7桜10 りお 桜10子3 さくらこ
紗 10画	サ・シャ	意味 うすぎぬ。地の薄い絹織物。 願い 軽やかで優しい印象の漢字。強さとしなやかさと繊細な感性を備えた気品を感じさせる漢字であることから、人生をしなやかに送る柔軟性を持った人に。たおやかで、あでやかな美しい女性になることを願って。	紗10弥8 さや 紗10菜11 さな 紗10季8 さき 有6紗10 ありさ
珠 10画	シュ・ジュ・ズ・たま・み	意味 ①貝の中にできるまるく美しいたま。真珠のこと。②まるいもの。③美しいもののたとえ。 願い 美しいもののたとえに使われる漢字。美しいものをきちんと見極めることができる、澄んだまなざしを持った人に。玉のように美しい、本物の輝きを放つ女性になることを願って。	結12珠10 ゆず 杏7珠10 あんじゅ 珠10寿7 すず 珠10莉10 じゅり
修 10画	シュ・シュウ・あつむ・おさ・おさむ・なお・のぶ・のり・ひさ	意味 ①清めおさめる。②学びおさめる。また、その人。③きたえおさめる。④つくろう。なおす。⑤辞典や書物をまとめる。編集する。⑥文章などを飾りととのえる。 願い 学問や芸ごとを身につける意味で使われることから、文芸・芸術方面での成功を願って。常に向上心を持ち、自分を磨きながら目標に向かって努力する女性になることを期待して。	修10加5 しゅうか
純 10画	ジュン・あつ・あつし・あや・いたる・きよし・すなお・すみ	意味 まじりけがない。自然のままでかざりけがない。けがれがない。 願い 誠実で、皆から愛される人に。美しく澄んだ瞳と素直で清らかな心を持つ穏やかな人柄で、周囲に惑わされず、ありのままの自分を大切にできる女性になることを願って。	純10玲9 すみれ 花7純10 かすみ 純10 じゅん 純10奈8 じゅんな

画数・漢字	主な読み	主な意味と込めたい願い	名前例
祥 10画	ショウ・あきら・さか・さき・さち・さむ・ただ・やす・よし	意味 ①めでたいこと。喜ばしい。②きざし。しるし。めでたいことの前ぶれ。③喪明けの祭り。 願い 喜びのきざしを意味することから縁起のよいイメージの漢字。小さなきざしから大きなものまで運をしっかりキャッチできる感受性を持ち、幸運に満ちた人生を送れるようにと願って。	祥(10)子(3) しょうこ 祥(10)加(5) さちか 祥(10)乃(2) よしの 千(3)祥(10) ちさき
笑 10画	ショウ・え・えみ・わら	意味 ①わらう。えむ。②わらい。えみ。 願い 文字どおり、いつも笑顔で幸せな人生を送るようにという願いを込めて。また周囲の人を笑顔にできる、明るく朗らかな女性に成長してほしいという思いも託して。	笑(10)花(7) えみか 笑(10)里(7) えみり 千(3)笑(10) ちえみ 咲(9)笑(10) さえ
真 10画	シン・さな・さね・ただ・ただし・ま・まこと・まさ・まな・み	意味 ①ほんとう。いつわりのない。②本来の姿。③まことの道。自然の道。④書法の一体。楷書。⑤「正しい・まじりけのない」などの意味を表す接頭語。 願い ポジティブで明るいイメージの漢字。誠実で飾りけのないありのままの自分を信じて、前向きに生きることのできる女性に。純粋でまごころのある人になるよう願いを込めて。	真(10)央(5) まお 真(10)帆(6) まほ 真(10)奈(8) まな 真(10)子(3) まこ
素 10画	ス・ソ・しろ・しろし・すなお・はじめ・もと	意味 ①白い。②ありのまま。かざりけのない。③根本となるもの。④もとから。ふだん。⑤本職でない。⑥身分が低い。位や肩書きがない。 願い 純粋な美しさのイメージがある漢字。素朴で清らかな心を持ち、本質を見失わず、信じたものをまっすぐに受け止めることのできる素直な女性になることを願って。	素(10)子(3) もとこ 素(10)良(7) そら 素(10)実(8) もとみ 素(10)楽(13) そら
泰 10画	タイ・あきら・とおる・ひろ・ひろし・やす・やすし・ゆたか	意味 ①安らか。穏やか。②広い。大きい。ゆったりとしている。③はなはだ。きわめて。 願い ゆったりと、何事にも動じないおおらかな心を持った人に。のびやかに育ち、穏やかで人の心を和ませる、包容力がある女性になることを願って。波乱の少ない人生になることを祈って。	泰(10)子(3) やすこ 泰(10)葉(12) やすは
桃 10画	トウ・もも	意味 もも。ももの木。中国原産のバラ科の落葉小高木。春先に白色または淡紅色の花をつけ、夏に実をつける。実は食用となる。 願い 「桃」には古来から不老長寿をかなえ、邪気をはらう力があるとされることから、元気に健やかな成長を願って。春の暖かさが感じられる可憐（かれん）で神秘的な雰囲気を持った女性に。	桃(10)花(7) ももか 桃(10)子(3) ももこ 桃(10) もも 桃(10)奈(8) ももな

画数・漢字	主な読み	主な意味と込めたい願い	名前例
透 10画	トウ・す・すき・とおる	意味 ①とおる。とおす。物の中を抜けてとおる。②すく。すける。すきとおる。 願い さわやかな響きで、純粋でけがれのない心を持つ女性に。すきとおるという意味もあることから、透明感にあふれて、頭脳明晰、頭の回転も速い才能あふれる人に育つように。	透10子3 とうこ 透10羽6 とわ 透10花7 とうか
梅 10画	バイ・うめ・め	意味 ①うめ。うめの木。中国原産のバラ科の落葉高木。早春に白色または紅色の花をつけ、初夏に酸味の強い実をつける。果実は梅干しなどにして食用にする。②つゆ。梅の実が熟すころに降り続く長雨。 願い やや古風な印象があるが、安産や結婚を祝う縁起のよい字。春の日だまりのような温かい心を持ち、だれからも愛される女性に育つことを願って。	小3梅10 こうめ 梅10乃2 うめの 香9梅10 こうめ 梅10華10 うめか
桧 10画	カイ・ひのき・ひ	意味 （「檜」の略字）①いぶき。ヒノキ科の常緑高木。庭木やいけがきに植えられ、材は、床柱・器具・鉛筆などに用いられる。②ひのき。ヒノキ科の常緑高木。日本の特産で、材は耐水力が強く、良質の建築・器具材などになる。 願い ひのきはすがすがしい香りがする常緑樹で建材としても耐久性に優れている。このことから、すがすがしい気品を持ち、何事にもくじけない、しんの強い女性になることを願って。	桧10菜11 ひな 桧10梨11 かいり 桧10莉10 かいり 桧10奈8 ひな
姫 10画	キ・ひめ	意味 ①女子の美称。②身分の高い人のむすめ。③小さなものの意味を表す接頭語。④きさき。君主の妻。⑤そばめ。君主に愛される正妻以外の婦人。 願い 高貴な女性を意味する上品な漢字。愛らしさの中にも、毅然（きぜん）とした美しさを持った女性に成長してほしいという願いを込めて。	姫10華10 ひめか 咲9姫10 さき 瑞13姫10 みずき 姫10香9 ひめか
峰 10画	フ・ホウ・お・たか・たかし・ね・みね	意味 ①山のいただき。頂上。②やま。高い山。③刀の刃の背の部分。 願い 高くそびえる美しい山の頂のイメージから、堂々とした気品を感じさせる漢字。みんなから慕われ、尊敬される女性に成長することを期待して。 	美9峰10子3 みほこ 峰10子3 みねこ 萌11峰10 もね 彩11峰10 あやね
峯 10画	フ・ホウ・お・たか・たかし・ね・みね	意味 「峰」の本字。 願い 峰と同じ意味を持つが、左右対称の字体が美しく、よりシャープなイメージ。名高い山の頂上をめざして多くの登山者が集まるように、人が自然に集まってくる魅力的で包容力のある女性に成長することを願って。 	彩11峯10 あやね 峯10里7 みねり 峯10花7 みねか 峯10夏10 みねか

主な読み	画数・漢字	主な意味と込めたい願い	名前例
ブン・モン・あや	紋 10画	意味 ①あや。もよう。②家ごとに決められているしるし。もんどころ。 願い 織物の模様の華やかさと、家紋のおごそかなイメージを持つ漢字。美的センスあふれるつややかな印象がある名前に。多彩な魅力の持ち主で、伝統を大切にする心を持ち、毎日を豊かに、大切に生きる女性になることを願って。	紋音（10・9）あやね 紋歌（10・14）あやか 紋子（10・3）あやこ 紋乃（10・2）あやの
リュウ・ル・しく・とも・なが・はる	流 10画	意味 ①水などが流れる。②形にならずに終わる。成立しない。③刑罰として遠くへ追いやる。④世間に広まる。⑤さすらう。⑥水・電気・空気などのながれ。⑦根拠のない。⑧学問や芸術などで、思想や手法の違いによって生じた系統。⑨等級。身分。⑩血すじ。⑪それる。はずれる。 願い 広まる、行き渡るの意味もあることから、細かいところまで気配りができ、だれからも好かれる友人の多い人になれるように願って。	愛流（13・10）あいる 流華（10・10）るか 流奈（10・8）るな 光流（6・10）ひかる
リュウ・ル・ため・と・とめ・ひさ	留 10画	意味 ①ひきとめる。つなぎとめる。心にとめる。②とまる。とどまる。同じところに長くいる。③とどこおる。 願い 穏やかな安定感を感じさせるイメージの漢字。とどまるという意味があることから、自分の故郷や居場所をしっかり持ち、その場所をいつまでも大切に思える穏やかな女性に。	留奈（10・8）るな 留佳（10・8）るか 留美（10・9）るみ 留衣（10・6）るい
リョウ・しのぐ	凌 10画	意味 ①しのぐ。相手を越える。おしのける。②別天地にのぼる。上に出る。③うち勝つ。④ひむろ。氷をたくわえておく部屋。⑤激しい。 願い 凜とした強さを感じさせる漢字。心身共に強靭（きょうじん）で、ほかの人より抜きんでているものを持つ。どんな困難も乗り越える力を兼ね備え、自分で人生を切り開いていける人になることを願って。	凌花（10・7）りょうか 凌（10）りょう 凌香（10・9）りょうか
リン・おさむ・とし・とも・のり・ひと・ひとし・みち・もと	倫 10画	意味 ①人としてふみ行うべきすじ道。②友。仲間。同類。③秩序。順序。 願い 人の守るべき道、道理の意味もあることから、困っている人を助ける正義感を持ち、道徳を重んじながら社会貢献できる人に。まじめで人を思いやる心を持ち、多くの人から信頼される。人間関係を大切にすることから、いつもよい仲間に囲まれた幸せな人生を送れることを願って。	倫子（10・3）りんこ 倫（10）りん 果倫（8・10）かりん 倫香（10・9）ともか
レン・こ・こい	恋 10画	意味 こう。こい。こいしい。心がひかれる。 願い 人を思う気持ちをストレートに表し、字形や音にかわいらしさが感じられる字。素直で一途な気持ちを持った女性。周囲の人にかわいがられる女性に成長してほしいという祈りを込めて。	花恋（7・10）かれん 佳恋（8・10）かれん 恋雪（10・11）こゆき 恋羽（10・6）こはね

名前例	主な意味と込めたい願い	主な読み	画数・漢字
果8連10 かれん 可5連10 かれん 花7連10 かれん 華10連10 かれん	意味 ①つらねる。つらなる。続く。②ひき続いて。続けざまに。③ひきつれる。④つれ。仲間。 願い 人と人のつながりや、さまざまな物事の結びつきをイメージさせることから、多くの人との出会いや触れ合い、友人や仲間を大切にする女性になるよう願って。幸せが永遠に続くようにという気持ちを込めて。	レン・つ・つぎ・つら・まさ	連 10画
凉10香9 すずか 凉10 りょう 凉10音9 すずね 凉10乃2 すずの	意味 （「涼」の俗字）①すずしい。すずしさ。②ものさびしい。③すずむ。 願い 木陰を渡る風の心地よさを連想させる漢字。さわやかに軽やかに、風のように人生を渡っていく人になることを願って。周囲をホッとさせ安心感を与えられる、すがすがしい女性の名前にぴったり。	リョウ・すず	凉 10画
晏10奈8 あんな 晏10加5 はるか 晏10 あん 晏10里7 あんり	意味 ①遅い。②安らか。 願い 心がいつも安定し、頼りがいがあり、どんなときも落ち着いた行動がとれる、だれからも好かれるような人に。曇りのない澄みきった空のように、美しい心を持った女性になることを願って。 	アン・はる・やす	晏 10画
晄10佳8 こうか 晄10歌14 こうか 晄10花7 こうか 晄10美9 あきみ	意味 ①明らか。②輝く。③光。 願い 「日」と「光」が並んだとても明るい印象がある字。日の光が輝く様子を表すことから、いつも笑顔で周囲の人を幸せな気持ちにさせる、朗らかな女性に育ってほしいという思いを込めて。 	コウ・あき・あきら・てる・ひかる・みつ	晄 10画
栞10 しおり 栞10奈8 かんな 栞10那7 かんな 栞10璃15 しおり	意味 ①読みかけの本にはさんで目じるしとするもの。②案内書。手引き。③山道などを歩くときに、木の枝などを折って目じるしとするもの。 願い 文学的、芸術的な雰囲気が漂う漢字。落ち着いた美しさが感じられる、女性にぴったりの名前。道しるべという意味を持つことから、自分のセンスを磨きながら人の手本となり、高みをめざしていく女性になることを願って。	カン・しおり	栞 10画
眞10子3 まこ 眞10彩11 まあや 眞10衣6 まい 眞10緒14 まお	意味 （「真」の旧字体）①ほんとう。いつわりのない。②本来の姿。③まことの道。自然の道。④書法の一体。楷書。⑤「正しい・まじりけのない」などの意味を表す接頭語。 願い ポジティブで明るいイメージの漢字。誠実で飾りけのないありのままの自分を信じて、前向きに生きることのできる女性に。純粋でまごころのある人になるとの願いを込めて。	シン・さな・さね・ただ・ただし・ま・まこと・まさ・まな・み	眞 10画

画数・漢字	主な読み	主な意味と込めたい願い	名前例
莉 10画	リ・レイ・まり	意味 〔茉莉（まつり）〕は、モクセイ科の常緑低木。ジャスミンの一種。 願い 癒やしのイメージがあり、芳香のように人を和ませ、リラックスさせるような温かい人に。愛らしくだれからも好かれる人気者になることを願って。	愛莉（13・10） あいり 莉子（10・3） りこ 莉桜（10・10） りお 明莉（8・10） あかり
梓 11画	シ・あずさ	意味 ①とうきささげ。ノウゼンカズラ科の落葉高木。夏に淡黄色の花が咲く。②カバノキ科の落葉高木。弓や版木をつくるのに用いる。③版木。版木で印刷する。④木工。大工。木の器具をつくる人。 願い 出版することを「上梓（じょうし）」ということからも、本が好きな文才のある女性に育ってほしいという期待を込めて。「あずさ」「あず」など、音の響きも女の子らしくかわいらしい。	梓（11） あずさ 梓乃（11・2） しの 梓歩（11・8） しほ 梓紗（11・10） あずさ
惟 11画	イ・ユイ・これ・ただ・たもつ・のぶ・よし	意味 ①思う。よく考える。②限定を表すことば。③これ。この。発語のことば。 願い 思慮深いというイメージを持つ漢字。人を思いやる心を忘れずに、分別を持ち、自らの考えで行動できる明るく前向きな女性になることを願って。	結惟（12・11） ゆい 芽惟（8・11） めい 惟奈（11・8） ゆいな 由惟（5・11） ゆい
逸 11画	イチ・イツ・すぐる・とし・はつ・はや・まさ・やす	意味 ①にげる。②いさむ。③はずれる。そびれる。④世間から身をかくす。⑤めずらしい。⑥すぐれている。ぬきんでる。⑦わがまま。⑧気楽に楽しむ。のんびりする。 願い すり抜けるという意味から、優れた才能に恵まれ、類いまれなセンスを持ち、枠を超えて自分の道を歩いていける人に。規則にとらわれない自由で楽しい独想的な発想ができる女性に。	逸希（11・7） いつき 逸香（11・9） いちか
椛 11画	かば・もみじ	意味 ①もみじ。秋の終わりに落葉樹の葉が、赤や黄色などに変わること。また、その葉。紅葉。②カエデ科の落葉高木の通称。 願い 葉が花のように色づく、もみじを意味する漢字。和の趣を感じさせる名前にぴったり。紅葉した木々のように、あでやかで優美な女性に成長してほしいという願いを込めて。	百椛（6・11） ももか 結椛（12・11） ゆいか 一椛（1・11） いちか 椛音（11・9） かのん
規 11画	キ・ただ・ただし・ただす・ちか・なり・のり・もと	意味 ①ぶんまわし。コンパス。②おきて。手本。決まり。③ただす。正しくする。 願い 物事の基準を表すことから、規律を守り、正しい行いができる清廉（せいれん）な人に。優れた指導力を備えた、みんなから頼りにされるような人になることを願って。	祐規（9・11） ゆき 友規（4・11） ゆうき 真規（10・11） まき 瑞規（13・11） みずき

画数・漢字	主な読み	主な意味と込めたい願い	名前例
菊 11画	キク	意味 キク科の多年草。品種がたくさんあり、秋に赤・黄・白などの花をさかせ、観賞用となる。 願い 菊は、色とりどりの花を咲かせ古くから人に愛されている、日本の秋を代表する花。高貴で凛とした美しさを持った女性に成長してほしいという願いを込めて。	菊11恵10 きくえ 菊11乃2 きくの 菊11花7 きっか
啓 11画	ケイ・あきら・さとし・たか・のぶ・ひろ・ひろし・ひろむ	意味 ①導く。教え導く。②あける。はい出る。③申し上げる。お出ましになる。④先ばらいする。 願い 視界がぱっと明るく開けていく前向きなイメージを持つ漢字。まわりから慕われる人柄と知性を持つ女性に。知的な世界への扉を自らが先頭に立って開き、着々と前へ進んでいくことを願って。	啓11華10 けいか 啓11花7 ひろか 啓11子3 けいこ 啓11乃2 ひろの
絃 11画	ゲン・いと・お・つる	意味 ①楽器に張る糸。②糸を張った楽器の総称。③弦楽器をひく。 願い 音楽の才能に恵まれることを願って。また、弦楽器の音色のように、優美で人を引きつける魅力ある女性に成長するようにとの思いを込めて。弦楽器の中でも琴のような和楽器のイメージがあり、古風な雰囲気を添えられる漢字。	絃11葉12 いとは 心4絃11 こいと 千3絃11 ちづる 絃11 いと
彩 11画	サイ・あや・いろど・たみ	意味 ①飾りをつける。色をつける。②飾り。美しい色模様。あや。③姿。ようす。 願い 艶やかで、華やか、色彩豊かなイメージのある女性の名前に。多くの才能に恵まれ、それを上手に生かしていくことができる人に。まわりの人を引きつける魅力的な女性になることを願って。	彩11乃2 あやの 彩11花7 あやか 陽12彩11 ひいろ 紗10彩11 さあや
菜 11画	サイ・な	意味 ①なっぱ。あおもの。野菜。②あぶらな。③おかず。 願い あぶらな（菜の花）は、春のいぶきを感じさせる黄色い花。また、青々とした野菜のイメージから、飾らない健康的な魅力を持った女性に育ってほしいという思いを込めて。	結12菜11 ゆいな 菜11々3子3 ななこ 菜11月4 なつき 里7菜11 りな
皐 11画	コウ・すすむ・たか・たかし・さ	意味 ①さわ。水辺の低地。②さつき。陰暦五月の別の名。 願い 旧暦の五月を表すことから、さわやかな季節を感じさせる字。明るい日ざしにあふれ、いきいきとした木々の葉のようにまわりの人を元気にさせるパワーを持った人に。のびのびと成長していく生命力を持った女性になることを願って。	皐11 さつき 皐11姫10 さつき 皐11希7 さつき 皐11月4 さつき

名前例	主な意味と込めたい願い	主な読み	画数・漢字

雫

11画

主な読み：ダ・しずく

意味 しずく。雨だれ。水のしたたり。

願い しずくが落ちるというイメージから、のどかで風情を感じさせる女性に。まわりに潤いをもたらすことができる、協調性や心の豊かさを持った魅力的な女性になることを願って。

名前例：
- 雫11 しずく
- 雫11奈8 しずな
- 雫11佳8 しずか
- 雫11玖7 しずく

淑

11画

主な読み：シュク・とし・よし

意味 ①しとやか。上品。おもに女性の美徳についていうことば。②よい。善良。③よしとする。あこがれしたう。

願い しとやかで上品な女性を「淑女」というように、女性の美徳を表す漢字。女性らしい細やかな気配りや、美しい身のこなしができる人に成長してほしいとの思いを込めて。

名前例：
- 淑11乃2 としの
- 淑11乃2 よしの

淳

11画

主な読み：ジュン・あつ・あつし・きよ・きよし・すなお・ただし・まこと

意味 ①人情がある。真心がある。②まじりけがない。すなお。かざりけがない。

願い まこと、素直などの意味を表すことから、純粋でまじめ、飾りけがなく、思いやりに満ち、素直な人に。情に厚く人に潤いを与えることができる女性になるよう願って。

名前例：
- 淳11奈8 じゅんな
- 淳11水4 あつみ
- 淳11稀12 あつき
- 淳11美9 あつみ

渚

11画

主な読み：ショ・なぎさ

意味 なぎさ。みぎわ。海辺。波打ちぎわ。

願い 河川や海などを表すことから、さわやかで、情緒的なイメージを与える。夏らしい印象もあることから、青い空や潮風が似合う元気で活発な女性になることを願って。

名前例：
- 渚11 なぎさ
- 渚11紗10 なぎさ
- 心4渚11 ここな
- 愛13渚11 あいな

梢

11画

主な読み：ショウ・ソウ・こずえ・たか

意味 ①木の枝の先。②はし。すえ。物事の終わり。

願い 細い小枝を意味することから、しなやかさと可憐さを併せ持った女性に成長するように。周囲の人から愛される人になるようにとの思いを込めて。

名前例：
- 梢11子3 そうこ
- 梢11瑛12 こずえ
- 梢11 こずえ

章

11画

主な読み：ショウ・あき・あきら・あや・たか・とし・のり・ふみ・ゆき

意味 ①もよう。②飾り。③明らかにする。あらわす。④ふみ。文書。⑤音楽や詩文のひと区切り。一段落。

願い 物事の秩序や節目ごとのけじめを重んじる意味もあることから、まじめで勤勉、規則正しい生活を送れる人に。詩文や文章の意味もあることから、文才を授かり頭のさえわたる美しい女性になるよう願って。

名前例：
- 章11圭6 あきか
- 章11乃2 あきの
- 章11子3 あきこ

画数・漢字	主な読み	主な意味と込めたい願い	名前例
深 11画	シン・とお・ふか・ふみ・み	意味 ①水がふかい。底がふかい。②おくぶかい。③夜がふけている。④色が濃い。⑤厚い。ねんごろな。⑥深いの意味を表す接頭語。 願い 物事をじっくりと緻密に考えることができる思慮深い女性になってほしいという期待を込めて。また、上品で奥ゆかしい人に成長するようにとの願いも。	深11結12 みゆう 愛13深11 まなみ 深11雪11 みゆき 深11月4 みづき
清 11画	ショウ・シン・セイ・きよ・きよし	意味 ①きよらか。澄む。②けがれがない。③すがすがしい。さっぱりとして気分がよい。④きれいにする。⑤俗でない。風流である。⑥しめくくる。⑦しん。中国の王朝名。 願い 清らかで清潔な印象がある漢字。澄んだ心と穏やかな人柄、清涼感あふれるすがすがしい魅力を兼ね備えた、心身共に美しい女性になることを願って。	清11香9 さやか 清11華10 きよか 清11音9 さやね 清11良7 きよら
雪 11画	セチ・セツ・きよみ・きよむ・そそぐ・ゆき	意味 ①ゆき。ゆきが降る。②白い色。雪のように白いようす。③清い。清らか。④洗い清める。ぬぐう。 願い 白くきれいな様子から、純粋で清楚な心の持ち主に。すすぐ、清めるという意味もあることから、清潔感とクールさを併せ持つ、さわやかですてきな名前に。素直で、真っ白な透明感のある美しい女性になることを願って。	雪11乃2 ゆきの 小3雪11 こゆき 紗10雪11 さゆき 雪11姫10 ゆき
爽 11画	ソウ・あきら・さ・さや・さわ	意味 ①さわやか。さっぱりして気持ちのよいようす。②勢いがよい。③明らか。夜明けの明るさ。 願い すっきりして気持ちがよい様子を表すことから、明るくさっぱりした性格、さわやかで優しい人に。笑顔がすてきで、だれからも好かれる快活な雰囲気を持った女性になることを願って。	爽11 さわ 爽11歌14 さやか 爽11楽13 そら 爽11香9 さやか
鳥 11画	チョウ・とり	意味 鳥類の総称。 願い 力強くはばたき、大空を舞う鳥のイメージから、自由にのびのびと育つようにとの願いを込めて。また将来、広い世界で活躍できるようにという期待を込めて。最も人気がある名前は「飛鳥（あすか）」だが、「とり」の音を生かすと個性的な名前にも。	飛9鳥11 あすか 美9鳥11 みどり
紬 11画	チュウ・つむぎ	意味 ①真綿をつむいだ糸で織った絹織物。②つむぐ。まゆから糸をひき出す。 願い 紬は、絹織物の中でも非常に丈夫で庶民に愛された織物。そのことから、素朴で健康的な女性に育つようにとの願いを込めて。また糸から布を織るように、こつこつと自分の夢に向かって進むようにとの思いも託すことができる。	紬11 つむぎ 紬11生5 つむぎ 紬11希7 つむぎ 紬11衣6 つむぎ

画数・漢字	主な読み	主な意味と込めたい願い	名前例

都 11画

ツ・ト・いち・くに・さと・ひろ・みやこ

意味 ①みやこ。②大きな町。③すべて。みな。④みやびやか。美しい。⑤行政区画の一つ。「東京都」の略。

願い みやびで華やかなイメージ。人がたくさん集まる場所でも自分の存在や意見をアピールできる人に。人をまとめ統率することができる人に。華やかで洗練された女性になることを願って。

名前例	画数	読み
瑚都	13・11	こと
景都	12・11	けいと
美都	9・11	みさと
奈都	8・11	なつ

埜 11画

ショ・ヤ・ぬ・の・ひろ

意味 （「野」の古字）①のはら。広々としたところ。②畑。耕地。③未開。人知や文化が開けていないこと。④民間。⑤いなかびた。いやしい。⑥自然のまま。⑦分に過ぎる。だいそれた。⑧区域。範囲。

願い 雄大な大地を連想させるおおらかな人柄、素朴で飾らず自分の信じた道をしっかり歩いていける人に。自由な精神を持ち、健やかにのびのびと成長することを願って。

名前例	画数	読み
埜愛	11・13	のあ
真埜	10・11	まや
埜乃香	11・2・9	ののか
莉埜	10・11	りの

彬 11画

ヒン・あき・あきら・あや・しげし・ひで・よし

意味 〈彬彬（ひんぴん）〉は、文（かざり）と質（なかみ）とがよく調和しているようす。外形も内容もともにすぐれているようす。

願い 樹木の並んだような美しい字体。賢くて優しく、外見も内面も整った鮮やかな心を持った女性になることを願って。心の豊かさを持った人に。

名前例	画数	読み
心彬	4・11	こあき
彬乃	11・2	あきの

萌 11画

ホウ・ボウ・ミョウ・きざし・め・めぐみ・めみ・もえ

意味 ①きざし。事の起こり。②草木が芽を出す。芽ばえ。

願い 新しいことのスタートや誕生を意味することから、いつもフレッシュな気持ちを持ち、明るく希望に満ちた人生を送れるようにという願いを込めて。「もえ」や「も」の音が女性らしいかわいらしさを感じさせる人気の漢字。

名前例	画数	読み
萌々花	11・3・7	ももか
萌衣	11・6	めい
由萌	5・11	ゆめ
萌花	11・7	もえか

望 11画

ボウ・モウ・のぞむ・み・もち

意味 ①遠くを見る。②ねがう。③ほまれ。人気。④満月。陰暦十五日の月。

願い 人気や評判という意味もあることから、人望のある人になるように願って。ロマンに満ちて、努力して望みをかなえる強い意志を期待して。多くの可能性を力に、夢をかなえる女性になるように。

名前例	画数	読み
望結	11・12	みゆ
七望	2・11	ななみ
心望	4・11	ここみ
希望	7・11	のぞみ

麻 11画

マ・あさ・お・ぬさ

意味 ①あさ。クワ科の一年草。茎の皮から繊維をとり、糸・布をつくる。②あさいと。あさぬの。③しびれ。しびれる。

願い しなやかさの中にしんの強さと快活さを秘めた人に。自然な温かさと、素朴な美しさを感じさせる優しい女性になることを願って。

名前例	画数	読み
麻央	11・5	まお
麻衣	11・6	まい
麻友	11・4	まゆ
恵麻	10・11	えま

画数・漢字	主な読み	主な意味と込めたい願い	名前例
野 11画	ショ・ヤ・ぬ・の・ひろ	意味 ①のはら。広々としたところ。②畑。耕地。③未開。人知や文化が開けていないこと。④民間。⑤いなかびた。いやしい。⑥自然のまま。⑦分に過ぎる。だいそれた。⑧区域。範囲。 願い 広い野原のイメージから、明るくて心の広いおおらかな性格の女性に。自然と親しみ、心身ともにのびのび成長する元気な女性になることを願って。飾らないありのままの自分を信じて育っていくように。	野[11]乃[2]花[7] ののか 志[7]野[11] しの 花[7]野[11]子[3] かのこ 詩[13]野[11] しの
唯 11画	イ・ユイ・ただ	意味 ①ただ。それだけ。②はい。返事の声。 願い 大切な人という気持ちを込めて、唯一無二の存在であることを伝えるメッセージとしてつけたい漢字。素直でのびのびと成長していく女性に。魅力的な個性と存在感を持ち、自分自身を大切にしながら生きてほしいという願いを込めて。	唯[11] ゆい 唯[11]華[10] ゆいか 唯[11]菜[11] ゆいな 真[10]唯[11] まい
悠 11画	ユウ・ちか・はるか・ひさ・ひさし	意味 ①はるか。遠い。久しい。②ゆったりしている。 願い 広大な風景や時の流れを表す。ゆったり落ち着いた印象で、スケールの大きさを感じられる漢字。いつも自然体でゆったりのびやかに、マイペースで笑顔を絶やさない女性に。	悠[11]月[4] ゆづき 悠[11] はるか 真[10]悠[11] まゆ 悠[11]花[7] ゆうか
梨 11画	リ・なし	意味 なしの木。なしの実。中国原産のバラ科の落葉高木。春に白い花がさき、秋に水分の多い甘い実をつける。果実は食用。 願い 果実がたわわに実っているイメージから、豊かな才能や感性を持ち、多くの人に優しさを分けられることを願って。白く美しい梨の花にあやかり、清楚で華麗な女性になることを祈って。	愛[13]梨[11] あいり 梨[11]乃[2] りの 梨[11]緒[14] りお 梨[11]花[7] りか
理 11画	リ・おさむ・すけ・たか・ただ・ただし・とし・のり・まさ・みち	意味 ①とりあつかう。②筋道。③分かる。さとる。④筋目。物の表面にあるもよう。⑤自然科学の称。 願い 知的な女性のイメージがある漢字。知性豊かで、理性があり、理解力に優れ、義理人情を重んじる人になる願いを込めて。物事の道理を理解し、筋道を立ててシャープに考えることができる女性に。	愛[13]理[11] あいり 理[11]央[5] りお 理[11]乃[2] りの 理[11]紗[10] りさ
琉 11画	リュウ・ル	意味 ①〔琉璃（るり）〕は、宝石の名。七宝の一つ。紺青色の宝石。また、ガラスの古いよび名。②琉球のこと。沖縄県の古いよび名。 願い きれいな字体で、さわやかな南国のイメージの漢字。青い海や空をイメージして使われることも多い。青く深く澄んだ美しい海のような広い心を持ち、暖かい風のように優しい人柄の女性になることを願って。	愛[13]琉[11] あいる 琉[11]那[7] るな 琉[11]花[7] るか 琉[11]衣[6] るい

画数・漢字	主な読み	主な意味と込めたい願い	名前例
梁 11画	リョウ・はり・やな・はし	意味 ①川にかけ渡した木の橋。②屋根を支えるために二本の支柱の上に渡す横木。③水中に木や竹などを並べ立て、流れをせきとめて魚をとるしかけ。④りょう。中国の王朝名。 願い 川にかけた橋を表すことから、バランス感覚に優れ、国際社会で国や人の間をつなぐかけ橋になって活躍することを期待して。人の役に立ち、思いやりのある女性になることを願って。	梁11佳8 りょうか 梁11夏10 りょうか 梁11奈8 りょうな 梁11菜11 りょうな
涼 11画	リョウ・すず	意味 ①すずしい。すずしさ。②ものさびしい。③すずむ。 願い 木陰の涼しい風の心地よさを感じさせる字。清涼感のある響きで、さわやかな印象のある名前に。好感度が高く、優れた知性と表現力を持った、純粋な女性になることを願って。	涼11夏10 すずか 涼11子3 りょうこ 涼11音9 すずね 美9涼11 みすず
凰 11画	オウ・おおとり	意味 おおとり。くじゃくに似た想像上の霊鳥。凰はおおとりの雌、鳳はおおとりの雄。 願い 天下泰平のときに現れる鳥ということから、大きな翼を広げて天高く自由に飛ぶことができる人生を送れるようにと願って。幸運を招く運を持つ人に。気品があって、縁起のよい華やかな印象を持つ名前に。	凰11佳8 おうか 美9凰11 みお 凰11華10 おうか 莉10凰11 りお
彗 11画	エ・ケイ・スイ	意味 ①ほうき。②はく。はらう。③ほうき星。 願い 彗星（すいせい）のロマンに満ちたイメージとスケールの大きさや神秘的な美しさを感じさせる漢字。夜空に輝く星のようなきらめきと宇宙の広さを感じさせる器の大きさを持ち、だれからも好かれる魅力的な女性になることを願って。	彗11 すい 彗11玲9奈8 えれな
徠 11画	ライ・き・きた・く・ゆき	意味 （「来」の古字）①こちらに近づく。②招く。③次の。これから先。④このかた。今まで。 願い 明るい前向きな雰囲気のある漢字。好奇心と柔軟な発想力を持ち、明るい未来へ向かって着実に前へ進めるように。次の世代にもきちんと伝承していけるものを身につけることを願って。個性的な女性の名前に。	愛13徠11 あいら 未5徠11 みく 結12徠11 ゆら 美9徠11 みらい
梛 11画	ダ・ナ・なぎ	意味 なぎ。暖地に自生するマキ科の常緑高木。木目が細かく、家具などに用いられる。 願い なぎは神木とされ、よく神社の境内に植えられている。その神聖なイメージから、清らかで穏やかな性格の子に育ち、神様から守られた安寧な人生が送れるようにという祈りを込めて。	心4梛11 ここな 結12梛11 ゆな 愛13梛11 あいな 梛11月4 なつき

毬 11画

主な読み：キュウ

意味 ①まり。②まりの形をしたもの。③いが。とげの密生している外皮。

願い 日本に古くからあるおもちゃの「まり」を表す漢字。色とりどりの糸で美しく模様が入れられた手まりのイメージから、繊細で優しい性格の女性となることを願って。

- 毬11花7　まりか
- 毬11亜7　まりあ
- 毬11夏10　まりか
- 毬11乃2　まりの

笙 11画

主な読み：ショウ・セイ

意味 しょうのふえ。長短十七本の竹の管を立て並べた管楽器。雅楽に使う。

願い 日本古来の楽器にまつわる漢字で、和の心を伝える伝統的でみやびやかな印象の名前に。ゆったりした大河の流れを感じさせる音色から、おおらかな性格の持ち主になるように。笙（しょう）の澄んだ音色のような優美な女性になることを願って。

- 笙11花7　しょうか
- 笙11子3　しょうこ
- 笙11　しょう

絆 11画

主な読み：ハン・バン・きずな

意味 ①ものをつなぎとめるもの。②強い結びつき。③つなぐ。つなぎとめる。

願い 人とのつながりを意味する漢字。人と人のつながり、縁を大切にして心と心のつながりを築ける人に。約束を守り、信頼にこたえられる女性になることを願って。

- 絆11菜11　はんな
- 絆11那7　はんな
- 絆11那7　きずな
- 絆11　きずな

菫 11画

主な読み：キン・すみれ

意味 ①すみれ。スミレ科の多年草。春、むらさきの花をつける。②とりかぶと。キンポウゲ科の多年草。毒草の一種。③むくげ。アオイ科の落葉低木。

願い 野山に咲く紫色の小さな菫（すみれ）の花のイメージから、素朴なかわいらしさを持ち、だれにでも愛される女性に育ってほしいという願いを込めて。音の美しさからも女性らしい名前を贈ることができる。

- 菫11　すみれ
- 菫11子3　すみれこ
- 菫11礼5　すみれ
- 菫11玲9　すみれ

葵 12画

主な読み：キ・あおい・まもる

意味 ①あおい。アオイ科の多年草。観賞用の植物。②〔向日葵（こうじつき）〕は、ひまわり。

願い 落ち着いた品格があり、徳川家の家紋「三葉葵（みつばあおい）」でも知られる和をイメージする漢字。穏やかで気品のある女性に成長してほしいという思いを込めて。また、あおいの花のように、愛らしい人に育ってほしいという願いも。

- 葵12　あおい
- 陽12葵12　ひまり
- 咲9葵12　さき
- 葵12衣6　あおい

絢 12画

主な読み：ケン・あや

意味 あや。いろどり。織物の美しいもよう。

願い 色を折り重ねた美しい柄のように、深みのある美しさが際立つ個性的な魅力を醸し出す女性に。いろいろな体験を通して、彩りや深みのある人生を送れるように。華やかできらびやかな人生が送れるようにという願いを込めて。

- 絢12音9　あやね
- 絢12香9　あやか
- 絢12菜11　あやな
- 絢12乃2　あやの

偉 12画

イ・いさむ・えら・おおい・たけ

意味 ①えらい。すぐれている。②りっぱ。③大きい。からだつきがりっぱ。

願い 非常に優れていて、知的な女性のイメージがある漢字。心身のスケールの大きさが感じられ、まわりから尊敬され頼られる心優しい人になるように願って。

- 琉11偉12　るい
- 結12偉12　ゆい

瑛 12画

エイ・あき・あきら・てる

意味 ①美しい透明な玉。②玉の光。

願い 水晶のように透明で美しいイメージの漢字。純真無垢な心根とキラリと光る個性を兼ね備えた女性になることを願って。幻想的で気品があり、優しい心でまわりの人に癒やしを与えられる人に。

- 瑛12香9　えいか
- 瑛12里7子3　えりこ
- 瑛12　あき
- 紗10瑛12　さえ

詠 12画

エイ・うた・よ

意味 ①声を長くのばし、ふしをつけて漢詩や和歌をうたう。②漢詩や和歌をつくること。③感動などを声に出す。

願い 漢詩や和歌を吟じたり創作したりするという意味から、古風でみやびやかな印象の漢字。ゆったりと穏やかな性格で、文学や芸術に関心や才能がある女性に育ってほしいという期待を込めて。

- 詠12美9子3　えみこ
- 詠12　うた
- 詠12真10　えま
- 詠12美9　えいみ

温 12画

オン・あつ・あつし・すなお・のどか・はる・みつ・ゆたか

意味 ①あたためる。あたたかい。あたたかさ。②穏やか。なごやか。やさしい。すなお。③たいせつにする。④たずねる。習う。復習する。

願い 人として大切な寛大さや優しさを表す漢字。穏やかで優しく温かい気持ちを持った人に。心の温かさで人を包み込んであげられるような、だれからも好かれる気立てのよい女性になることを願って。安定感を感じさせる優しい印象の名前に。

- 心4温12　こはる
- 温12子3　あつこ
- 千3温12　ちはる
- 詩13温12　しおん

賀 12画

カ・ガ・しげ・のり・ます・よし・より

意味 ①よろこぶ。ことほぐ。祝う。祝い。②めでたいこと。よろこび。

願い 「賀正」「祝賀」「慶賀」など、めでたさを表す縁起のよい意味を持つ漢字。喜びに満ちた幸せな人生を送ってほしいという祈りを託して。

- 千3賀12　ちか
- 彩11賀12　あやか
- 一1賀12　いちか
- 賀12子3　かこ

絵 12画

エ・カイ

意味 ①え。物の姿・形・ありさまなどを描いたもの。②描く。

願い 美術や芸術を連想させる漢字。豊かな感性と美的センスを持った女性に成長することを期待して。また、キャンバスに絵筆を走らせるように、自分の人生を自由にのびのびと描いてほしいという思いを託して。

- 彩11絵12　さえ
- 萌11絵12　もえ
- 絵12梨11奈8　えりな
- 絵12麻11　えま

喜　12画

キ・このむ・たのし・のぶ・はる・ひさ・ゆき・よし・よろこ

意味 ①よろこぶ。うれしい。うれしがる。②おかしい。楽しい。

願い 人に喜びをもたらし、広い心で人に接することができ、うれしさや楽しみを分かち合える女性に。喜びに満ちた人生を歩むことができるようにという願いを込めて。誕生の喜びと祝福の気持ちを込めてつけたい。

- 真10 喜12 子3　まきこ
- 咲9 喜12　さき
- 由5 喜12　ゆき
- 美9 喜12　みき

幾　12画

キ・いく・おき・ちか・ちかし

意味 ①いくばく。いくら。どれほど。②ほとんど。ちかい。③きざし。けはい。④こいねがう。

願い 数を問う意味を表すことから、探究心や向上心が旺盛な女性に成長し、いつも前向きに人生を歩んでほしいという思いを込めて。

- 幾12 帆6　いくほ

稀　12画

キ・ケ・まれ

意味 ①めったにない。珍しいこと。②まばら。③薄い。

願い めったにない、貴重なことを表す。類いまれな存在感があり、際立つ感性と個性がきらりと光る女性になるように願って。親にとってかけがえのない、愛される存在であることを伝えたい。

- 柚9 稀12　ゆずき
- 由5 稀12　ゆき
- 稀12 衣6　きい
- 早6 稀12　さき

貴　12画

キ・あつ・あて・たか・たかし・たけ・たっと・とうと・よし

意味 ①値段が高い。すぐれた値打ちがある。②身分が高い人。③うやまう。たいせつにする。④相手への尊敬の気持ちを表すことば。

願い 貴いもの、身分が高い人などを表す、誇り高く上品なイメージの漢字。落ち着いた気品のある振る舞いができる、賢い女性に成長してほしいという期待を込めて。

- 咲9 貴12　さき
- 麻11 貴12　まき
- 柚9 貴12　ゆずき
- 瑞13 貴12　みずき

暁　12画

ギョウ・あき・あきら・あけ・さとし・さとる・とき・とし

意味 ①あかつき。夜明け。②さとる。よく知る。

願い 夜明けの空を表すことから、すがすがしく、明るく希望にあふれる未来に向かって前向きに歩き出す人になれるようにという思いを込めて。目標を失わず、成功を重ねていけるような、しんの強い女性になることを願って。

- 暁12 美9　あけみ
- 暁12 帆6　あきほ
- 暁12　あき
- 暁12 子3　あきこ

琴　12画

キン・ゴン・こと

意味 ①弦楽器の一種。箱形の胴の上に弦を張ったもの。日本では、十三弦の琴をさす。②琴に似た楽器。

願い 琴が奏でる、美しくみやびやかな音色のイメージから、しとやかで古風な趣のある女性に育ってほしいという期待を込めて。

- 琴12 音9　ことね
- 美9 琴12　みこと
- 琴12 葉12　ことは
- 琴12 乃2　ことの

名前例　主な意味と込めたい願い　主な読み　画数・漢字

景　12画

主な読み：エイ・ケイ・あきら・かげ・ひろ

意味 ①光。日光。②かたち。ありさま。③けしき。④うやまう。⑤めでたい。大きい。⑥影。⑦売り物にそえて客におくる品。

願い 明るく雄大な風景を連想させることから、おおらかで広い心を持ち、すべてを包み込むような優しさが身についている人に。風情や落ち着きがある、すがすがしい女性になることを願って。

景都	12 11	けいと
景子	12 3	けいこ
景	12	けい
千景	3 12	ちひろ

結　12画

主な読み：ケチ・ケツ・ひとし・むす・ゆ・ゆい・ゆう

意味 ①むすぶ。つなぐ。糸やひもでつないで一つにまとめる。②集まる。③むすびつく。④終わる。しめくくる。

願い 日々の努力が実を結び、成功をつかみ取れることを願って。人と人との結びつきを大切に、優しく思いやりのある人間関係を築くことができる女性になるように願って。

結愛	12 13	ゆあ
結衣	12 6	ゆい
心結	4 12	みゆ
結子	12 3	ゆうこ

湖　12画

主な読み：コ・みずうみ

意味 ①みずうみ。②中国ではとくに洞庭湖（湖南省にある名勝）をさす。

願い 澄んだ水をたたえる大きな湖のように、心が広い豊かな人に育ってほしいという願いを込めて。静かな水面のイメージから神秘的で穏やかで優しい人柄を持った人に。湖のようなさわやかさや、心地よさにあふれた温厚な女性に。

美湖	9 12	みこ
湖雪	12 11	こゆき
湖春	12 9	こはる
里湖	7 12	りこ

紫　12画

主な読み：シ・むら・むらさき

意味 ①むらさき。赤と青の間の色。②しょうゆのこと。

願い 紫色は古くより高貴な色とされていたことから、しとやかで気品のある女性に成長してほしいという願いを込めて。「シ」の音を持つ漢字の中でも、上品な印象を与える漢字。

紫音	12 9	しおん
紫帆	12 6	しほ
紫乃	12 2	しの
紫織	12 18	しおり

詞　12画

主な読み：シ・ジ・こと・ふみ

意味 ①ことばの総称。②中国の宋の時代にさかんになった韻文。③文法上のことば。

願い 単語や文章など「ことば」全般を意味することから、文学的な才能に恵まれた知的な女性になってほしいという願いを込めて。

詞央里	12 5 7	しおり
美詞	9 12	みこと
詞音	12 9	しおん
詞帆	12 6	しほ

順　12画

主な読み：ジュン・すなお・とし・なお・のぶ・のり・はじめ・まさ・みち

意味 ①従う。さからわない。すなお。おとなしい。②ことのしだい。道筋。並び。③物事が都合よく進行する。

願い 穏やかでだれにでも好かれる性格の女性になるように、またトラブルのない順調な人生を送れるようにという願いを込めて。「ジュン」の音を持つ漢字の中では、すっきりとした素直な印象の漢字。

順子	12 3	じゅんこ
順子	12 3	よりこ

画数・漢字 ｜ 主な読み ｜ 主な意味と込めたい願い ｜ 名前例

晶 12画

主な読み ショウ・セイ・あき・あきら・まさ

意味 ①明らか。明るくきらめく。②鉱石の名。③純粋な鉱物がもつ一定のかたち。

願い 星の光を三つ組み合わせた形で、明らかに、輝くという意味がある。澄んだ光が、まばゆくきらめく様子から、純粋な魅力を思わせる漢字。クールで美しい輝きを放つ女性になることを願って。

名前例	画数	読み
晶奈	12・8	あきな
晶子	12・3	しょうこ
晶	12	あきら
千晶	3・12	ちあき

湘 12画

主な読み ショウ

意味 〔湘水（しょうすい）〕は、中国の川の名。

願い 地名の湘南のイメージから、太陽のように笑顔が輝き、海のように大きな懐を持つ、清涼感のある女性になることを願って。中国にある川のイメージからさわやかで、豊かな心の持ち主になることを願って。

名前例	画数	読み
湘夏	12・10	しょうか
湘佳	12・8	しょうか
湘乃	12・2	しょうの
湘南	12・9	しょうな

尋 12画

主な読み ジン・たず・ひろ・ひろし

意味 ①さがしもとめる。聞き出す。②つね。ふつう。③長さの単位。一尋は手を左右に広げた長さで、日本では六尺（約一・八メートル）にあたる。

願い クラシカルで個性的な字体が印象に残る女性らしい漢字。深く長いという意味があることから、探究心があり、精神的に奥深く、人に誠実な対応ができる女性になることを願って。

名前例	画数	読み
千尋	3・12	ちひろ
美尋	9・12	みひろ
麻尋	11・12	まひろ
知尋	8・12	ちひろ

晴 12画

主な読み セイ・きよし・てる・は・はる・はれ

意味 ①はれる。②表向きの。③名誉。④はらす。はらいのぞく。

願い 澄んだ青空のように心が澄み渡り、相手を和ませるさわやかな明るさを持った人に。晴れやかでのびのびとした、まぶしい笑顔の似合う女性に。いつでも前向きな気持ちで、どんなことも一生懸命に頑張れる人になることを願って。

名前例	画数	読み
心晴	4・12	こはる
美晴	9・12	みはる
晴香	12・9	はるか
晴菜	12・11	はるな

善 12画

主な読み セン・ゼン・さ・ただし・たる・よ・よし

意味 ①正しい。②うまく。じゅうぶんに。③親しくする。

願い 人としてよいところをたくさん持った子に育ってほしいという気持ちを、ストレートに託すことができる漢字。ほかの人を思いやる心を持った女性に成長するように、みんなと楽しさを分かち合い、喜びに満ちた人生を送ることができるようにという思いを込めて。

名前例	画数	読み
善香	12・9	よしか
善美	12・9	よしみ

智 12画

主な読み チ・あきら・さと・さとし・さとる・とし・とも・のり・まさる

意味 ①知恵。②かしこい。さとい。③物知り。④知る。さとる。

願い 本質的な賢さがあり、豊富な知識とあふれる好奇心、優れた判断力を兼ね備えた、頭のよい人に。傑出した思考や能力に恵まれた女性になることを願って。

名前例	画数	読み
智香	12・9	ともか
智咲	12・9	ちさき
智子	12・3	ともこ
千智	3・12	ちさと

名前例	主な意味と込めたい願い	主な読み	画数・漢字

朝 12画

主な読み：チョウ・あさ・あした・さ・つと・とき・とも・はじめ

意味 ①あさ。②ひとたび。あるひととき。③天子が政治を行うところ。④ある天子が在位する期間。⑤ある王朝が継続する期間。⑥国。国家。

願い 澄んだ空気に満ちあふれ、明るい日ざしが差し込むさわやかなイメージ。新しい一日の始まりにちなんで、いつでも何事にも新鮮な気持ちで向かい合うことができる、フレッシュな女性になることを願って。

名前例：
- 朝(12)妃(6) あさひ
- 朝(12)花(7) あさか
- 朝(12)香(9) ともか
- 朝(12)子(3) あさこ

登 12画

主な読み：ト・トウ・たか・ちか・とみ・とも・なり・なる・のぼる・のり

意味 ①高いところにのぼる。物の上にあがる。②行く。公式の場に参上する。出勤する。③高い地位につく。④試験に合格する。⑤人を登用する。⑥記録する。⑦たてまつる。

願い 向上心と行動力を持ち、たゆまぬ努力を続けることができ、目標に向かって着実に進んでいく人に。自分のやるべきことを積極的にきちんと果たし、成果が実って尊敬される女性になることを願って。

名前例：
- 登(12)子(3) とうこ
- 美(9)登(12) みと

道 12画

主な読み：トウ・ドウ・おさむ・つな・つね・のり・まさ・みち・ゆき

意味 ①通りみち。人や物の通るところ。②人の守り行うべきすじみち。③方法。わざ。④学問や技芸。⑤老子の教え。また、それを修める人。⑥語る。⑦導く。⑧行政区画の名。北海道の略。

願い 社会のルールや物事の道理を重んじながら、自分の夢に向かって努力するひたむきな心を持った女性になることを願って。

名前例：
- 道(12)世(5) みちよ
- 道(12)葉(12) みちは
- 道(12)香(9) みちか
- 道(12)保(9) みちほ

敦 12画

主な読み：タイ・トン・あつ・あつし・おさむ・たい・つとむ・つる

意味 あつい。てあつい。人情があつい。

願い 人とのかかわりを大切にする気持ちや人情、思いやりの心を持ち、誠実で心優しく相手に接することができる人に。社交性があり、だれとでもすぐに打ち解けて話ができるような、慈しみにあふれた女性になることを願って。

名前例：
- 敦(12)子(3) あつこ
- 敦(12)美(9) あつみ

博 12画

主な読み：ハク・バク・とおる・はか・ひろ・ひろし・ひろむ

意味 ①広い。広める。広く行きわたる。広く。②得る。うける。③ばくち。かけごと。すごろく。

願い 知性と懐の深さを感じさせる漢字。世界を見渡す広い視野と豊富な知識、大きく豊かな心を持ち、人にも分け与えられる人になることを願って。勉強好きでコツコツと努力を惜しまない女性に。

名前例：
- 未(5)博(12) みひろ
- 美(9)博(12) みひろ
- 千(3)博(12) ちひろ
- 博(12)美(9) ひろみ

琵 12画

主な読み：ビ・ヒ

意味 〔琵琶（びわ）〕は、東洋の弦楽器の名。しゃもじ型の胴に四本または五本の弦をはり、ばちではじいて鳴らす。

願い 琵琶は、奈良時代に中国より伝来した楽器。美しくも力強く響く琵琶の音のように、個性的な魅力を持った女性に成長してほしいとの思いを込めて。

名前例：
- 都(11)琵(12) みやび
- 雅(13)琵(12) みやび
- 琵(12)菜(11) ひな
- 琵(12)奈(8) ひな

画数・漢字	主な読み	主な意味と込めたい願い	名前例
媛 12画	エン・ひめ	意味 ①たおやめ。才能のある美しい女。②身分の高い女性を敬ってよぶことば。③たおやか。美しい。 願い 同じ「ひめ」の音を持つ字でも、かわいらしさをより強くイメージする「姫」に対し、「媛」は落ち着いた優美な印象。才色兼備の魅力ある女性に成長することを願って。	媛(12)乃(2) ひめの 媛(12)花(7) ひめか 媛(12)菜(11) ひめな 媛(12)香(9) ひめか
富 12画	フ・フウ・あつし・さかえ・と・とます・とみ・とめる・とよ・ひさ・みつる・ゆたか・よし	意味 ①財産が多くなる。金持ちになる。②ゆたか。多い。③財産。 願い 裕福になるという意味から、生涯金銭的な苦労をせず豊かに育ってほしいという親の願いを託して。また、金銭的な面だけでなく、精神的にも心豊かな幸せな人生を送れるようにという願いを込めて。	富(12)子(3) とみこ 富(12)貴(12) ふき 富(12)香(9) とみか 富(12)士(3)子(3) ふじこ
満 12画	マン・ます・まろ・み・みつ・みつる	意味 ①みちる。みたす。いっぱいになる。みちたりる。②ゆきわたる。全体。全部。すっかり。③一定の期限・標準に達する。④丸一年を一歳とする年齢のかぞえ方。 願い あらゆる豊かさや満ち足りた様子を表す漢字。多くの福徳に恵まれるように、精神的にも物質的にも豊かで満ち足りた人生を送れるように願って。	満(12)里(7)奈(8) まりな 日(4)満(12)里(7) ひまり 満(12)帆(6) まほ 満(12)月(4) みつき
湊 12画	ソウ・あつ・みなと	意味 ①みなと。②多くのものが一か所に集まる。③皮膚のすじめ。 願い 多くのものが集まる活気があり、ロマンチックで旅情が感じられる漢字。社交的で多くの人を引きつける魅力にあふれた人になるように。大きな海原へ旅立つ国際的に活躍できる女性になるようにという願いを込めて。	湊(12)夏(10) そうか 湊(12)花(7) そうか 湊(12) みなと 湊(12)美(9) みなみ
椋 12画	リョウ・むく	意味 ①ちしゃの木。ムラサキ科の落葉高木。材はかたく、車輪の用材となる。②むくの木。ニレ科の落葉高木。実は食用、葉は物をみがくのに用いる。③「椋鳥」の略。 願い 高さ二〇メートルを超えて育つむくの木を表すことから、空に向かってまっすぐにのびのびと育つ女性に。素直で穏やか、人としても大きく育ち、社会に貢献できる人になるようにとの願いを込めて。	椋(12)花(7) りょうか 椋(12) りょう 椋(12)子(3) りょうこ
裕 12画	ユ・ユウ・すけ・ひろ・ひろし・まさ・みち・やす・ゆたか	意味 ①豊か。ゆとり。②ゆったり。ゆるやか。のびやか。 願い 「裕福」「余裕」などの言葉に代表されるように、さまざまな物事が豊かであることを表す漢字。おおらかで広い心を持ち、物心共に恵まれた人生を送ることができるようにとの願いを込めて。	裕(12)美(9) ひろみ 裕(12)菜(11) ゆうな 裕(12)理(11) ゆり 千(3)裕(12) ちひろ

画数・漢字	主な読み	主な意味と込めたい願い	名前例
葉 12画	ショウ・ヨウ・のぶ・は・ば	意味 ①草木のは。②草木の葉のように薄いもの。③薄いものを数えることば。④すえ。わかれ。⑤世。時代。 願い 青々と茂る若葉が持つ生命力にあふれるイメージから、いきいきとしたフレッシュな女性になってほしいという思いを込めて。自然を連想するさわやかな名前にぴったり。	彩11葉12 いろは 柚9葉12 ゆずは 乙1葉12 おとは 双4葉12 ふたば
遥 12画	ヨウ・はる・はるか	意味 ①はるか。遠い。へだたりが大きい。②長い。長く続いているようす。③さまよう。ぶらぶら歩く。 願い スケールの大きさを感じさせる漢字。さまざまな体験をしながら成長していく、自立心や好奇心を持った女性に育つように。また、可能性ある未来が長く続くようにという願いを込めて。	遥12 はるか 心4遥12 こはる 千3遥12 ちはる 遥12菜11 はるな
陽 12画	ヨウ・あき・あきら・お・きよ・きよし・たか・はる・ひ・や	意味 ①日の光。太陽。②ひなた。日の当たる場所。山の南側。川の北側。③暖かい。明るい。④物事の積極的・動的な面。プラス。⑤うわべ。表面。⑥いつわる。ふりをする。 願い 元気いっぱいで、太陽のように周囲の人を温かな気持ちにさせる、いきいきとした女性に育ってほしいという願いを込めて。明るく素直な印象を与える人気の漢字。	陽12菜11 ひな 陽12菜11乃2 ひなの 千3陽12 ちはる 陽12奈8 はるな
琳 12画	リン	意味 ①美しい玉の名。②玉がふれあう音。 願い 玉が触れ合って鳴る音を表すことから、ルックス・スタイル・声共に優れた音楽のように華やかな人になることを願って。玉のように美しく輝く純粋な女性になってほしいという祈りを込めて。	琳12 りん 香9琳12 かりん 琳12花7 りんか 琳12音9 りおん
惺 12画	セイ・さと	意味 ①さとい。かしこい。②さとる。 願い 澄みきった星を表すことから、純粋でまじめな人になるように。さえわたる星空のように、物静かで聡明な心を持った女性になることを願って。星のように輝く未来に向かってまっすぐに歩いていける人に。	惺12菜11 せいな 惺12羅19 せいら 惺12奈8 せいな 千3惺12 ちさと
琥 12画	コ	意味 ①〔琥珀（こはく）〕は、樹脂が化石となったもの。黄色でつやがある。②虎のもようを刻んだ玉の器。祭器の一種。 願い 優美で個性的な漢字。琥珀のように清らかで無欲な、美しい輝きを放つような人に。レトロなイメージもあることから、凛とした美しさ、しなやかさを持った女性になることを願って。	琥12珀9 こはく 琥12乃2美9 このみ 琥12白5 こはく 琥12夏10 こなつ

画数・漢字	主な読み	主な意味と込めたい願い	名前例
皓 12画	コウ・あき・あきら・てる・ひろ・ひろし	意味 ①色が白い。②髪が白い。老人。③明らか。明るい。白く輝く。④清い。いさぎよい。 願い 元は太陽が顔を出し、空が白む様子を表した字。澄みわたった清らかな心を持ち、希望に満ちた人生を歩んでほしいという祈りを託して。 	千3皓12 ちひろ 真10皓12 まひろ 皓12子3 こうこ
翔 12画	ショウ・かける	意味 ①かける。飛びめぐる。②つまびらか。 願い 鳥が羽を広げて空を飛ぶ様子を表す、スケールの大きな漢字。自由にのびのびと成長するようにという願いを込めて。以前は男性の名前に人気の漢字だったが、タレントの中川翔子など、近年、女性の名前としても人気が上昇中。	愛13翔12 あいか 彩11翔12 あやか 翔12子3 しょうこ 翔12香9 しょうか
萬 12画	バン・マン・かず・かつ・すすむ・たか・つもる・ま・よろず	意味 ①数の単位。千の十倍。②数の多いようす。いろいろの。③決して。かならず。 願い 非常に数が多いことを表す漢字。さまざまな分野に才能を持ち、可能性あふれる人生を送ることができるようにという思いを込めて。 	萬12桜10 まお 萬12里7香9 まりか 萬12弥8 まや 萬12由5 まゆ
愛 13画	アイ・ちか・なり・なる・のり・ひで・まな・めぐむ・よし	意味 ①あいする。かわいがる。いつくしむ。②異性を恋いしたう。③めでる。好む。④おしむ。⑤たいせつにする。⑥親しみ愛する意味を表すことば。 願い 細やかな優しさや、思いやりのある女性になってほしいという願いを込めて。また、周囲の人からたくさんの愛情を注がれて育つようにという祈りを託して。	愛13莉10 あいり 愛13子3 あいこ 愛13実8 まなみ 愛13 あい
園 13画	エン・オン・その	意味 ①草木・花・果樹などを植えた庭や畑。②人が集まる場所。 願い 美しい花々やたくさんの果実でいっぱいの土地をイメージする漢字。そのことから、幸せな出来事や友人に恵まれた、実り多き人生を送れるようにという願いを込めて。 	園13禾5 そのか 美9園13 みその 園13子3 そのこ 園13佳8 そのか
遠 13画	エン・オン・とお	意味 ①とおい。距離や時間がへだたっている。②うとい。③奥深い。④とおざける。とおざかる。 願い 物事をじっくりと落ち着いて考える思慮深さや、先のことまで見通す冷静さを持った女性に成長してほしいという願いを込めて。 	永5遠13 とわ 永5遠13子3 とわこ 久3遠13 くおん

名前例	主な意味と込めたい願い	主な読み	画数・漢字

雅　13画

主な読み：ガ・ただし・のり・ひとし・まさ・まさし・まさる・みやび

意味 ①みやびやか。上品。洗練された美しさ。②正しい。正統の。③相手に関することに対して敬ってそえることば。

願い 日本の伝統的な美徳を表す漢字。上品で、あでやかな雰囲気を持った女性に成長してほしいという思いを込めて。

名前例	読み
雅13	みやび
雅13美9	まさみ
雅13子3	まさこ
雅13姫10	まさき

楽　13画

主な読み：ガク・ラク・ささ・たの・たのし・もと・よし

意味 ①おんがく。楽器をひく。②六芸（礼・楽・射・御・書・数）の一つ。③たのしい。たのしむ。④物事がたやすい。⑤興行の終わりの日。

願い 人生にたくさんの楽しみを見つけることができるようにという願いを込めて。音楽を意味することから、音楽の才能や豊かな感性を持った女性に成長するようにという期待も託すことができる。

名前例	読み
奏9楽13	そら
咲9楽13	さくら
結12楽13	ゆら
紗10楽13	さら

寛　13画

主な読み：カン・ちか・とみ・とも・のり・ひと・ひろ・ひろし・ゆたか

意味 ①広々としてゆとりがある。心が広い。②ゆるやか。ゆったりしている。③くつろぐ。からだを休める。④大目にみる。許す。

願い 「寛大」「寛容」などに代表されるように、心が広いことを表す漢字。穏やかで、だれにでも優しく接することができる女性に育ってほしいという願いを込めて。

名前例	読み
千3寛13	ちひろ
寛13子3	ひろこ
寛13奈8	かんな
茉8寛13	まひろ

幹　13画

主な読み：カン・き・たかし・つよし・とし・とも・み・みき・もと・もとき

意味 ①木のみき。②もと。物事の主要な部分。中心。③からだ。骨組み。④腕前。わざ。

願い 木の幹や物事の中心を意味することから、しっかりとした性格をイメージできる漢字。みんなのまとめ役ができるような、リーダーシップのある子に育ってほしいという期待を込めて。

名前例	読み
幹13子3	みきこ
幹13奈8	かんな

絹　13画

主な読み：ケン・きぬ

意味 ①きぬ糸。蚕のまゆからとった糸。②きぬ糸で織った布。絹織物。

願い 独特の光沢が人々を魅了する高価な絹糸や絹織物のように、上品な魅力を備えた、つややかで美しい女性に成長するようにとの期待を込めて。

名前例	読み
絹13花7	きぬか
絹13子3	きぬこ
絹13歩8	きぬほ
絹13華10	きぬか

鼓　13画

主な読み：コ・つづみ

意味 ①つづみ。たいこ。②打つ。たたく。③ふるいたたせる。はげます。

願い 鼓は日本の伝統的な打楽器。そのことから、古風でみやびやかな雰囲気を感じさせる字。また、太鼓をたたいて人を鼓舞する意味もあることから、周囲の人を励まし、元気づける気持ちを併せ持った女性に育ってほしいという願いを込めて。

名前例	読み
鼓13	つづみ
鼓13華10	ことは

画数・漢字	主な読み	主な意味と込めたい願い	名前例
瑚 13画	コ・ゴ	意味 〔珊瑚（さんご）〕は、海中でさんご虫が集積してできる石灰質の骨組み。加工して飾り物にする。 願い 珊瑚は、深い海に生息するサンゴを加工したもの。そのことからも、大自然の美しさを連想させる漢字。ナチュラルで健康的な美しさを持った女性に成長してほしいという思いを込めて。	瑚13都11 こと 瑚13々3菜11 ここな 真10瑚13 まこ 亜7瑚13 あこ
歳 13画	サイ・セイ・とし・とせ	意味 ①一年。としどし。②年齢。③みのり。穀物のみのり。 願い 日ざしや雨に恵まれて穀物が育つように、環境や人間関係に恵まれ、すくすく成長できるようにという願いを込めて。また年を重ねるごとに、魅力的な女性になれるように。	千3歳13 ちとせ
詩 13画	シ・うた	意味 ①うた。心に感じたことを、リズムにもとづいてことばに表したもの。②からうた。中国の韻文の一つ。③「詩経」のこと。五経の一つ。 願い 自分の心の動きを言葉にすることを表す、優しく繊細な雰囲気を持つ漢字。優れた感性や表現力を持った女性に成長することを願って。	詩13織18 しおり 詩13音9 しおん 詩13 うた 詩13乃2 しの
慈 13画	シ・ジ・いつく・しげ・しげる・ちか・なり	意味 ①いつくしむ。かわいがる。恵む。②人々の苦しみを救う仏の広大な愛。 願い 親が子どもを育てるように慈しむことを意味し、奥深い心の働きを表す漢字。情に厚く、愛情を持って人と接することができる女性に成長してほしいという思いを込めて。	杏7慈13 あんじ 慈13 ちか 慈13 めぐみ 慈13乃2 しの
舜 13画	シュン・きよ・とし・ひとし・みつ・よし	意味 ①むくげ。アオイ科の落葉低木。②あさがお。③中国古代の伝説上の聖天子。 願い 夏から秋にかけて、白・紫・赤などの美しい花を咲かせるむくげのイメージから、おおらかで明るい女性に成長してほしいという願いを込めて。また、「舜」は、中国古代の伝説上の帝王の名前であることから、リーダーシップのある人になってほしいという期待も。	舜13華10 しゅんか
照 13画	ショウ・あきら・て・てらし・てり	意味 ①てらす。輝く。②天気が晴れる。③てり。太陽の光。④てらし合わせる。つき合わせて比べる。⑤あてる。ねらう。⑥てれる。気はずかしく思う。 願い 明るい日ざしのように、周囲の人を元気にするパワーと優しさを持った女性に育ってほしいという願いを込めて。	照13美9 てるみ 照13菜11 てるな 照13香9 てるか 照13子3 てるこ

画数・漢字	主な読み	主な意味と込めたい願い	名前例
慎 13画	シン・ちか・つつし・のり・まこと・よし	意味 細かに気を配る。 願い 人と競うことを好まず、控えめで、何事にも細やかな気配りができる、思慮深い女性に成長してほしいという願いを込めて。「心」と「真」が並ぶことから、誠実できちんとした印象を与える漢字。 	慎(13)奈(8) まな
新 13画	シン・あきら・あたら・あら・あらた・にい・はじめ・わか	意味 ①あたらしい。あらた。②あらたにする。あたらしくする。③初めて。④新しいの意味の接頭語。 願い 新しい、初めてなどの意味を持つことから、わが子の豊かな可能性を信じる親の気持ちを託して。また、希望ある未来を願う祈りを込めて。	新(13)菜(11) にいな 新(13)奈(8) にいな 新(13)菜(11) わかな 新(13)那(7) にいな
瑞 13画	ズイ・たま・みず	意味 ①みずみずしい。②めでたいしるし。③天子が諸侯を任命するときに与える玉。 願い 何かよいことが起きる前兆を意味する縁起がよい漢字。みずみずしいという意味もあることから、フレッシュでさわやかな雰囲気の女性になるように。また、幸運に恵まれることを願って。	瑞(13)希(7) みずき 瑞(13)歩(8) みずほ 瑞(13)姫(10) みずき 瑞(13)季(8) たまき
聖 13画	セイ・あきら・きよ・さと・さとし・さとる・ひじり・まさ	意味 ①ひじり。知徳がすぐれ、すべての物事の道理に通じている人。②ひじり。高徳の僧。③奥義をきわめた、その道の第一人者。④宗教や、それを開いた人に関することにそえることば。⑤けがれがなく清らか。⑥英語の saint に漢字をあてたもの。 願い 人間的に非常に優れた人、神の声を聞くことができる人を表す。気高く清らかな心を持った女性に成長してほしいという思いを託して。	聖(13)奈(8) せな 聖(13)那(7) せいな 千(3)聖(13) ちさと 聖(13)來(8) きよら
想 13画	ソ・ソウ	意味 思う。おしはかる。思い。 願い 心の中に形や姿を思い浮かべる様子を表すことから、人の気持ちを深く思いやることができる、温かく思慮深い女性に育ってほしいという願いを込めて。「ソウ」の優しい音の響きと字形が女性らしさを感じさせる字。	想(13)空(8) そら 想(13)來(8) そら 想(13)菜(11) そな 想(13)奈(8) そな
蒼 13画	ソウ・あお・しげる	意味 ①草の青い色。②茂る。草木が青々と茂るようす。③年老いたようす。古めかしいようす。④薄暗い。⑤白髪がまじっているようす。⑥あわてふためくようす。 願い 草木が青々と育つ様子を表す漢字。広々とした草原をイメージできることから、のびのびと健康に育ってほしいという願いを込めて。	蒼(13)空(8) そら 蒼(13)唯(11) あおい 蒼(13)依(8) あおい 蒼(13)波(8) あおば

画数・漢字	主な読み	主な意味と込めたい願い	名前例
暖 13画	ダン・ノン・あたた・はる	意味 ①あたたかい。あたたか。②あたたまる。あたためる。 願い ふんわりと温かいイメージを持つ字。優しく思いやりのある心を持った女性に育つように、また愛情にも金銭的にも恵まれた生活が送れるようにという願いを託して。「はる」「ノン」などの音を当てると女の子らしい名前に。	果8暖13 かのん 心4暖13 こはる 暖13乃2 はるの 暖13佳8 はるか
椿 13画	チュン・チン・つばき	意味 ①つばき。ツバキ科の常緑高木。暖地に自生し、早春に紅色や白色の花をつける。葉は厚くてつやがある。果実からはつばき油をとる。②不意のできごと。 願い 椿は昔から茶席に生ける花として親しまれ、美術や音楽の作品にもしばしば登場する木。雪の中で美しい花を咲かせることから、忍耐強く控えめながら、しんの強さや凛とした美しさを備えた女性に成長してほしいという思いを込めて。	椿13 つばき 椿13季8 つばき 椿13姫10 つばき 椿13希7 つばき
楠 13画	ナン・くす・くすのき	意味 クスノキ科の常緑高木。材はかたく、よいにおいがする。樟脳の原料となる。 願い 楠は、成長はゆっくりだが大きく丈夫な木に育ち、古くから船の材料としても重宝されている。そのことから、マイペースで進みながらいつか自分の目標を達成できる、努力や忍耐力のある女性に育ってほしいという期待を込めて。	理11楠13 りな 栞10楠13 かんな 楠13々3 なな 茉8楠13 まな
楓 13画	フウ・かえで	意味 ①かえで。カエデ科の落葉高木の総称。葉は、多くは手のひら形で、秋に美しく紅葉するものが多い。一般に、もみじとよばれる。②ふう。中国原産のマンサク科の落葉高木。樹脂によいかおりがあり、薬用になる。 願い 晩秋に赤や黄色に美しく紅葉する楓のイメージから、鮮やかな美しさを持った上品な女性に成長してほしいという願いを込めて。	楓13 かえで 楓13花7 ふうか 楓13菜11 ふうな 楓13 ふう
睦 13画	ボク・モク・あつし・ちか・のぶ・まこと・む・むつ・むつみ	意味 ①むつまじい。仲がよい。②むつむ。むつぶ。敬いあって仲よくする。 願い たくさんの仲間や友人に恵まれるように。また、将来、家族仲のよい温かな家庭が築けるようにという願いを込めて。	睦13実8 むつみ 睦13 むつみ 睦13美9 むつみ 睦13月4 むつき
稔 13画	ジン・ニン・ネン・とし・なり・なる・みのる	意味 ①穀物がよく熟する。②植物が実を結ぶ。③穀物が一回実る期間。一年。④積み重なること。 願い 実りを意味することから、こつこつと努力したことが報われ、豊かで幸せな人生を送れるようにという願いを込めて。	稔13梨11 みのり 稔13莉10 みのり 稔13里7 みのり

画数・漢字	主な読み	主な意味と込めたい願い	名前例
夢 13画	ボウ・ム・のぞむ・み・もち・ゆめ	意味 ①眠っているときに見る心理現象。②理想。③ゆめみる。とりとめもなく思う。 願い 寝ているときに見る夢、希望などの意味を表すことから、ロマンチックな心を持った女性に育ってほしいという思いを込めて。また、夢が実現するようにという願いを託して。	夢13 ゆめ 夢13乃2 ゆめの 夢13華10 ゆめか 夢13香9 ゆめか
靖 13画	ジョウ・セイ・おさむ・きよし・のぶ・やす・やすし	意味 ①安らか。静か。穏やか。②安んじる。しずめる。治める。 願い 安らかで落ち着いたイメージから、周囲の人を穏やかな気持ちにさせる優しい性格の女性に育ってほしいと願って。また、もめごとやトラブルのない平穏な生活が送れるようにという祈りを込めて。	靖13菜11 やすな 靖13香9 せいか 靖13葉12 やすは
稜 13画	リョウ・ロウ・いず・かど・たか	意味 ①かど。すみ。多面体の二面が交わるところの直線。②おごそかな威光。 願い 優しい印象の字形ときっちりとしたイメージの意味を併せ持つ漢字。何事にも毅然とした態度で取り組むことができる、まじめでスマートな雰囲気の女性になることを期待して。	稜13花7 りょうか 稜13子3 りょうこ 稜13 りょう 稜13桜10 りお
鈴 13画	リョウ・リン・レイ・すず	意味 ①小さな球形で中に玉や石を入れて振り鳴らすもの。また、中に金属の舌をもった小さな鐘。②よびりん。 願い 振ると澄んだかわいい音を出す鈴のイメージから、周囲の人の気持ちを和らげ、みんなに愛される女性に育ってほしいという思いを込めて。	鈴13 りん 鈴13菜11 すずな 鈴13音9 すずね 美9鈴13 みすず
蓮 13画	レン・はす	意味 はす。はちす。スイレン科の多年生水草。夏に淡紅色の花が咲く。種子と根茎は食用になる。 願い 水面に咲く白やピンクの蓮の花は、美しく清らかなイメージ。また、蓮は昔から極楽浄土に咲く花とされ、仏像の台座である蓮華座の「蓮華」は、蓮の花の意味。楚々とした美しさと穏やかさを併せ持った女性に成長してほしいという願いを込めて。	華10蓮13 かれん 蓮13奈8 れんな 蓮13花7 れんか 香9蓮13 かれん
路 13画	ロ・じ・みち	意味 ①人や車の行き来する道。②重要な地位。たいせつな場所。③物事のすじみち。 願い 重要な場所、道筋などの意味もあることから、自分の道をまっすぐに歩いていくイメージ。目標に向かってこつこつと努力することができる、ひたむきさや素直さを持った女性に成長してほしいという思いを込めて。	幸8路13 ゆきじ 心4路13 こころ

名前例	主な意味と込めたい願い	主な読み	画数・漢字
水4暉13 みずき 夏10暉13 なつき 咲9暉13子3 さきこ	意味 ①光。日の光。②輝く。 願い 周囲の人を明るく照らすことができる、元気な笑顔の女性に成長するようにという思いを込めて。また、明るく照らされた希望ある未来を願う気持ちを託して。「き」の音を持つ漢字の中ではそれほど使われていないので、新鮮な印象の名前に。	キ・あき・あきら・てる	暉 13画
茉8椰13 まや 彩11椰13 さや 麻11椰13 まや 紗10椰13 さや	意味 やし。ヤシ科の常緑高木。熱帯地方に自生し、果実は食用になる。やし油の原料。 願い 熱帯産の植物である椰子の木を表すことから、太陽がまぶしく降り注ぐ南国のイメージ。明るくのびのびとした健康的な女性に育ってほしいという願いを込めて。	ヤ	椰 13画
滉13子3 こうこ 真10滉13 まひろ 千3滉13 ちひろ	意味 広い。水が深く広いようす。 願い 字形はシャープな印象だが、意味からは深い湖のように、広々として澄んだイメージ。ゆったりとした穏やかな雰囲気と、澄んだ心を併せ持った女性に成長することを願って。	コウ・あきら・ひろ・ひろし	滉 13画
煌13子3 こうこ 煌13来7 きらら 煌13理11 きらり 煌13莉10 きらり	意味 輝く。きらめく。 願い きらきらと光り輝く様子を表す、華麗な印象の漢字。きらめくような才能や、魅力的な個性を持った女性に成長してほしいという期待を込めて。一文字で「きら」の音を持つことから、今風の名前にも人気。	コウ・きらめ	煌 13画
瑶13 よう 瑶13香9 ようか 瑶13姫10 たまき 瑶13実8 たまみ	意味 ①たま。美しいたま。美しい石。②玉のように美しいようす。 願い きらきらと輝く玉のように、優れた才能や魅力的な個性に恵まれた人になるという期待を込めて。人気の「ヨウ」の音を持つ字の中でも、女性らしい意味がある。「たま」の音を生かすとかわいい印象の名前に。	ヨウ・たま	瑶 13画
稟13 りん 稟13乃2 りの 佳8稟13 かりん 麻11稟13 まりん	意味 ①天命を受ける。天から受けた性質。生まれつき。②下の者が上官の命令を受ける。③申す。申し上げる。④ふち米。むかしの役人の俸給。⑤米蔵。 願い 人より秀でた才能に恵まれ、それを開花させてほしいという期待を込めて。また音の響きから、弾むような元気と愛らしさを持った女性に成長してほしいという思いも託して。	ヒン・リン・う	稟 13画

画数・漢字	主な読み	主な意味と込めたい願い	名前例
綾 14画	リョウ・あや	意味 ①あやぎぬ。あや織りの絹織物。②あや。入り組んだ仕組みやたくみな言いまわし。 願い 人気の「あや」の音を持つ中でも、ひときわ繊細さを感じさせる漢字。優美な絹織物のように、しっとりとした美しさと細やかな心づかいを身につけた女性に成長することを願って。	綾14乃2　あやの 綾14美9　あやみ 綾14音9　あやね 紗10綾14　さあや
維 14画	イ・これ・しげ・すみ・ただ・たもつ・つな・つなぐ・ふさ	意味 ①つなぐ。つなぎとめる。②すじ。糸。③つな。道徳を支えるもと。④これ。次にくる語を強調するために用いることば。 願い 人とのつながりがずっと続くようにという思いを託すことができる漢字。友だちに恵まれ、友情や家族の結びつきを大切にする女性に育つようにという願いを込めて。	優17維14　ゆい 維14吹7　いぶき 真10維14　まい 瑠14維14　るい
榎 14画	カ・えのき	意味 ①ひさぎ。ノウゼンカズラ科の落葉高木。②えのき。ニレ科の落葉高木。樹皮は薬用に、材は薪炭・器具材になる。江戸時代、一里塚に植えられた。 願い 榎は昔から建物や家具を作る木材として活用され、高さは二〇メートル以上にもなる。天高く伸びた榎のイメージから、のびのびと健やかに成長するようにとの願いを込めて。	榎14歩8　かほ 帆6乃2榎14　ほのか 悠11榎14　ゆうか 美9榎14　みか
嘉 14画	カ・ひろ・よし・よしみ・よみし	意味 ①よい。喜ばしい。めでたい。②うまい。③よいとする。ほめる。 願い よいこと、おめでたいこと全般を表す非常に縁起がよい字。ほめられたりお祝いをされたりすることの多い、幸せな人生を送れるようにという願いを込めて。 	嘉14乃2　かの 嘉14音9　かのん 美9嘉14　みか 千3嘉14　ちか
歌 14画	カ・うた	意味 ①節をつけてうたううた。②やまとうた。和歌。③うたう。 願い いつも歌を口ずさんでいるような、明るく朗らかな女性に育ってほしいという願いを込めて。また、音楽や文学の分野で才能を発揮できるようにとの期待も託して。 	彩11歌14　あやか 歌14音9　かのん 歌14子3　うたこ 和8歌14子3　わかこ
樺 14画	カ・かば	意味 ①かば。カバノキ科の落葉高木。材や白い樹皮は、細工物・薪・たいまつに用いる。②かばいろ。赤みのある黄色。 願い 高原や山地に生える白樺のイメージから、清楚でさわやかな雰囲気を持った女性に成長することを願って。 	樺14音9　かのん 愛13樺14　あいか 樺14恋10　かれん 七2樺14　ななか

画数・漢字	主な読み	主な意味と込めたい願い	名前例
緒 14画	ショ・チョ・お・つぐ	意味 ①糸口。糸のはし。②物事のはじめ。起こり。③心。気分。④糸やひもなどの細長いもの。はきもののひもや弓に張る糸など。 願い 繊細な心の動きをイメージする字。人とのつながりを大切にし、人の心の機微がわかる優しい性格の女性に成長するようにという願いを込めて。	真10緒14 まお 美9緒14 みお 莉10緒14 りお 七2緒14 ななお
彰 14画	ショウ・あき・あきら・ただ	意味 ①明らか。②あや。美しいかざり。③あらわれる。あらわす。明らかにする。 願い 鮮やかな模様や、物事を明らかにするという意味から、華やかさと知性を感じさせる漢字。才色兼備で自分の意見をはっきりと持った女性に成長するようにという期待を込めて。	彰14子3 しょうこ
榛 14画	シン・はる	意味 ①はしばみ。カバノキ科の落葉小高木。球形の実は食用になる。②草木がむらがり、生い茂るようす。また、雑木林。③はんのき。カバノキ科の落葉高木。材は薪炭・建築・器具用になり、果実や樹皮は黄色の染料に使われる。 願い 人気の「はる」の音を持つ字。枝葉の成長が早いはしばみの木のイメージから、素直にすくすくと育ってほしいという願いを込めて。	榛14花7 はるか 榛14乃2 はるの 榛14菜11 はるな 榛14香9 はるか
翠 14画	スイ・あきら・みどり	意味 ①かわせみ。カワセミ科の鳥。背中と尾が美しい青色をしている。雄を翡、雌を翠という。②青緑色。③ひすい。かわせみ色（緑色）の宝石の名まえ。 願い 鮮やかな青緑色の鳥のかわせみや、宝石の翡翠などを意味することから、澄みきった美しさがイメージできる漢字。明るく洗練された雰囲気の女性に成長することを期待して。	翠14 みどり 翠14 すい 翠14月4 みづき 妃6翠14 ひすい
静 14画	ジョウ・セイ・きよ・しず・しずか・やす・やすし・よし	意味 ①しずか。ひっそりとしている。②活動しない。③安らか。落ち着いている。④しずめる。しずまる。 願い 穏やかで物静かだが、どんなときにも落ち着いて正しく対処できる、しんの強さを持った女性に成長してほしいという思いを込めて。	静14香9 しずか 静14菜11 しずな 静14来7 せいら 静14玖7 しずく
総 14画	ソウ・おさ・さ・すぶる・ふさ・みち	意味 ①ふさ。糸をたばねて、先を散らしたもの。②まとめる。しめくくる。③すべる。治める。支配する。とりしまる。④みな。すべて。全部。 願い 束ねる、まとめるなどの意味があることから、リーダーシップを感じさせる漢字。多くの人に慕われ、みんなをまとめることができるしっかりした女性に育つようにという期待を込めて。	総14子3 ふさこ

画数・漢字	主な読み	主な意味と込めたい願い	名前例
聡 14画	ソウ・あき・あきら・さと・さとし・さとる・とき・とし・とみ	意味 ①さとい。聞いてよく分かる。かしこい。②聞く。 願い 物事の理解が早く、明るく賢い女性に育つようにという願いを込めて。知的な印象の漢字だが、人の話にしっかりと耳を傾けることができる謙虚な姿勢もイメージできる。	聡14美9 さとみ 美9聡14 みさと 聡14子3 さとこ 千3聡14 ちさと
摘 14画	タク・チャク・テキ・つ・つみ	意味 ①つむ。指でつみとる。つまみだす。②特定のものを選んで示す。③あばく。他人の悪い点をえぐり出す。 願い 繊細な心と、物事の真実を見極めることができる冷静な判断力を兼ね備えた人に成長することを期待して。「つみ」「つむ」などの音を止め字に生かすとかわいい印象に。	菜11摘14 なつみ 菜11摘14子3 なつこ 奈8摘14 なつみ 夏10摘14 なつみ
徳 14画	トク・あつ・あつし・いさお・ただし・のり・めぐむ・やす・よし	意味 ①人が生まれつきそなえている品性。②修養によって得られるりっぱな人格。③人民を教化する行為や人格。④めぐみ。さいわい。⑤もうけ。利益。 願い 人としての品格を表す趣のある漢字。私利私欲に関係なく、常に正しい行動ができる高い人間性を持った女性に成長してほしいという願いを込めて。	徳14華10 のりか 徳14花7 のりか 徳14子3 のりこ 美9徳14 みのり
寧 14画	デイ・ニョウ・ネイ・しず・やす・やすし	意味 ①安い。安らか。穏やか。②安んじる。安らかにする。③ねんごろにする。④むしろ。どちらかといえば。⑤なんぞ。いずくんぞ。疑問や反語を表すことば。 願い 穏やかで温かなイメージを持つ漢字。いるだけで周囲の人をホッと和ませるような、ぬくもりのある優しい女性に育ってほしいという願いを込めて。	寧14音9 ねね 心4寧14 ここね 彩11寧14 あやね 寧14彩11 ねいろ
緋 14画	ヒ・あか	意味 ①赤い色の絹。また、赤い糸。②赤。ひいろ。火のようなあざやかな赤い色。 願い 鮮やかな赤色や、赤色の絹の意味を持つことから、周囲の注目を集める華やかで魅力あふれる女性に成長してほしいという期待を込めて。 	緋14奈8 ひな 緋14音9 あかね 緋14依8 ひより 緋14莉10 あかり
碧 14画	ヘキ・あお・きよし・みどり	意味 ①緑。青。青緑。濃い青色。②青く美しい石。 願い 青色の美しい石という意味から、抜けるような青空や透き通った海がイメージできる漢字。曇りのない澄んだ心を持った女性に育ってほしいという祈りを込めて。 	碧14依8 あおい 碧14乃2 あおの 碧14羽6 あおば 碧14 みどり

画数・漢字	主な読み	主な意味と込めたい願い	名前例
鳳 14画	ブ・ホウ・おおとり	意味 ①おおとり。麒麟とともに、聖天子の治世にあらわれるといい伝えられる想像上のめでたい鳥。雄を鳳、雌を凰という。②天子や宮中に関する物事にそえることば。 願い 想像上のめでたい鳥を意味することから、神秘的で気高い印象を与える漢字。大空を舞う鳥のようなおおらかさと、優れた才能を併せ持った女性に成長するようにという期待を込めて。	真10鳳14 まほ 花7鳳14 かほう 美9鳳14 みほ
緑 14画	リョク・ロク・みどり	意味 ①みどり。青と黄の中間の色。②つやのある黒色。③銅や青銅から出るさび。 願い 緑は植物や自然を象徴する色。飾らない性格を持ち、新緑の木々や葉のようにすくすくと成長することを願って。 	緑14里7 みどり 美9緑14 みのり 緑14 みどり
瑠 14画	リュウ・ル	意味 〈瑠璃（るり）〉は、宝石の名。七宝の一つ。美しい青色の宝石。また、ガラスの古いよび名。 願い 深い青色の美しい宝石「瑠璃」をイメージすることから、わが子を宝石のように大切に思う気持ちを込めて。また、心も容姿も、瑠璃のように美しい女性に成長してほしいという願いを込めて。	瑠14花7 るか 瑠14菜11 るな 愛13瑠14 あいる 瑠14莉10 るり
榮 14画	エイ・さかえ・しげ・しげる・はる・ひさ・ひさし・ひで・ひろ	意味 （「栄」の旧字体）①さかえる。②ほまれ。名誉。③盛んにするもの。④地位や名声があがる。 願い 生命力あふれるいきいきとした女性に育つように。また将来は、人から尊敬され社会的な成功をおさめることができるようにという期待を込めて。「栄」と意味は同じだが、旧字なのでやや古風な印象があり、字形もインパクトがある。	榮14美9 えいみ 榮14香9 えいか 榮14理11 えり 榮14花7 はるか
綺 14画	キ・あや・かむはた	意味 ①美しい。華やか。②たくみな。ことばなどが美しい。③あや。あや織りの絹織物。 願い 美しい光沢があるあや絹の絹織物を意味することから、きらめくような美しさを持った女性に成長してほしいという願いを込めて。また、光の加減によって異なる輝きを見せるあや絹のように、多面的な魅力を備えた女性に育つようにという期待も。	綺14 あや 彩11綺14 さき 真10綺14 まき 綺14乃2 あやの
綸 14画	カン・リン・いと	意味 ①つり糸や弦楽器の糸。②おさめる。③天皇のことば。 願い 細くしなやかな糸を意味することから、家族や友人など、人との縁やつながりを大切にする女性に成長するように。また、恵まれた人間関係を築けるようにとの願いを込めて。	綸14 いと 香9綸14 かりん 綸14紗10 りさ 綸14花7 りんか

画数・漢字	主な読み	主な意味と込めたい願い	名前例

颯 14画

主な読み：サツ・ソウ

意味 ①はやて。疾風。急に吹く強い風。②風がさっと吹くようす。③きびきびしているようす。

願い 一陣の風のように、シャープで軽やかな雰囲気を持つ漢字。きびきびと行動する、明るくさわやかな女性に成長してほしいという思いを込めて。

名前例	画数	読み
颯花	14・7	そよか
颯来	14・7	そら
颯葵	14・12	さつき
颯姫	14・10	さつき

遙 14画

主な読み：ヨウ・はる・はるか

意味 （「遥」の旧字体）①はるか。遠い。へだたりが大きい。②長い。長く続いているようす。③さまよう。ぶらぶら歩く。

願い スケールの大きさを感じさせる漢字。さまざまな体験をしながら成長していく、自立心や好奇心のある女性になるように。また、可能性ある未来が長く続くようにという願いを込めて。人気の「遥」の旧字だが読みやすく、字形にも趣がある。

名前例	画数	読み
遙乃	14・2	はるの
遙奈	14・8	はるな
遙花	14・7	はるか
遙子	14・3	ようこ

縁 15画

主な読み：エン・ふち・ゆか・より

意味 ①ふち。へり。物のまわり。②もとづく。たよりにする。③ゆかり。つながり。④めぐり合わせ。⑤日本家屋で座敷の外側の細長い板敷き。

願い 人とのつながりやめぐり合わせの意味を持つことから、周囲の人を大切にできる女性に育つように。また、よい影響を与えてくれる多くの人と出会えるようにという願いを込めて。

名前例	画数	読み
縁	15	えん
縁	15	えにし
縁	15	ゆかり
縁理	15・11	ゆかり

嬉 15画

主な読み：キ・よし

意味 ①うれしい。喜ばしい。②楽しむ。喜ぶ。遊びたわむれる。喜び笑う。

願い 女性が遊びたわむれる様子を表した漢字。たくさんの喜びに恵まれ、幸せを人と分かち合う豊かな人生が送れるようにとの思いを込めて。

名前例	画数	読み
真嬉	10・15	まき
珠嬉	10・15	たまき
美嬉	9・15	みき
咲嬉	9・15	さき

輝 15画

主な読み：キ・あきら・かがや・てる・ひかる

意味 ①輝く。輝き。光が四方に広がる。②輝かしい。りっぱな。

願い きらきらと光り輝く華やかさを感じられる漢字。将来、輝かしい成功をおさめることができるようにとの期待を込めて。また、いつも輝いて見えるチャーミングな女性に成長することを願って。

名前例	画数	読み
沙輝	7・15	さき
真輝	10・15	まき
瑞輝	13・15	みずき
美輝	9・15	みき

慶 15画

主な読み：キョウ・ケイ・のり・やす・よし

意味 ①よろこぶ。よろこび。いわう。②めでたいこと。さいわい。③ほうび。たまもの。

願い さまざまなめでたいことを表す縁起のよい漢字。わが子の誕生を心から祝う気持ちと、喜びの多い幸せな人生を送ってほしいという願いを込めて。

名前例	画数	読み
慶子	15・3	けいこ
慶花	15・7	けいか
慶乃	15・2	よしの
美慶	9・15	みのり

画数・漢字	主な読み	主な意味と込めたい願い	名前例
慧 15画	エ・ケイ・さと・さとい・さとし・さとる	意味 ①さとい。かしこい。理解がはやい。②知恵。 願い 仏教では、物事をよく見極め、道理を正しく把握するという意味を持つ漢字。真実を察知する力に優れ、よく気がつく、賢い女性に成長してほしいという期待を込めて。	美9慧15 みさと 慧15 けい 慧15美9 えみ 千3慧15 ちさと
潤 15画	ジュン・うる・うるう・さかえ・ひろ・ひろし・まさる・みつ	意味 ①うるおう。うるおす。水分をふくむ。②うるおい。しめり。恵み。③飾る。つやを出す。つやがあってりっぱに見える。④利益。 願い 物心共に恵まれた人生を送れるようにという願いを託して。また、ほかの人の心を和らげる、優しい女性に成長してほしいという思いを込めて。	真10潤15 まひろ 潤15 じゅん 潤15奈8 じゅんな 千3潤15 ちひろ
澄 15画	チョウ・きよし・きよむ・す・すみ・すめる・とおる	意味 ①水などに、にごりがない。すきとおる。②清らかにする。静める。③まじめな顔をする。気取る。 願い 水が澄んだ状態を表すことから、にごりのない純真な心を持った女性に育ってほしいという思いを込めて。また、透明感のある美しい女性に成長することを期待して。	香9澄15 かすみ 澄15良7 きよら 明8澄15 あすみ 真10澄15 ますみ
潮 15画	チョウ・うしお・しお	意味 ①海水が満ちたり引いたりする現象。②海の水。③海水の流れ。④とき。おり。ころあい。⑤さす。あらわれ出る。色づく。⑥時世の傾向。事のなりゆき。 願い 潮の満ち引きを表す壮大なイメージを持つ漢字。大きな可能性を秘め、未来に向かって前向きに歩んでいける女性に成長することを願って。	潮15香9 しおか 潮15音9 しおん 潮15音9 しおね 美9潮15 みしお
槻 15画	キ・つき	意味 ①つき。ニレ科の落葉高木。けやきの一種。材はかたく、弓の材料にされた。②「けやき」の古いよび名。 願い 弓の材料にもなる、かたくしなやかな木のイメージから、自分の意思をしっかり持った、しんの強い女性として、すくすく成長するようにという思いを込めて。	弓3槻15 ゆづき 早6槻15 さつき 美9槻15 みつき 奈8槻15 なつき
憧 15画	ショウ・トウ・ドウ	意味 ①あこがれる。②心がゆれて定まらないようす。 願い 女性らしいしっとりとした情感を印象づける漢字。強く引かれることを意味することから、純粋で素直な心を持った女性に育ってほしいという願いを込めて。	憧15子3 あこ 憧15子3 とうこ

画数・漢字	主な読み	主な意味と込めたい願い	名前例
範 15画	ハン・すすむ・のり	意味 ①手本。きまり。②しきり。わく。 願い 「規範」「模範」など、まじめできちんとした印象のある漢字。人のお手本となるような美しい立ち居振る舞いや、正しい行動ができる女性に成長することを願って。 	範15香9 のりか 美9範15 みのり
舞 15画	ブ・ム・ま・まい	意味 ①まう。まい。足ぶみして踊る。また、その踊り。②はげます。 願い 踊りを舞う様子から、優美でしなやかな魅力のある女性に成長し、周囲の人を明るく元気づける存在になってほしいと願って。「まい」の音を縮めた「ま」の音を使った名前も人気。	舞15桜10 まお 舞15 まい 舞15花7 まいか 結12舞15 ゆま
穂 15画	スイ・お・ほ・みのる	意味 ①稲や麦の茎の先に花や実がむらがりついたもの。②ほうきのような、ほの形をしたもの。とがったものの先。筆の先。ろうそくなどのともしび。 願い 素朴で温かい印象を与える漢字。黄金色に輝く稲穂のように、実り豊かな人生を願って。音がかわいらしいことから、止め字として使うと女性らしい名前になる。	穂15香9 ほのか 千3穂15 ちほ 香9穂15 かほ 真10穂15 まほ
摩 15画	マ・きよ・なず	意味 ①する。こする。なでる。さする。②とぐ。みがく。③せまる。届く。 願い 自分を磨き高めることで、より輝かしい未来を切り開いてほしいという思いを託して。また、努力を嫌がらない向上心のある女性に育ってほしいという願いを込めて。	摩15依8 まい 摩15緒14 まお 摩15耶9 まや 摩15弥8 まや
璃 15画	リ・あき	意味 ①〈琉璃（るり）・瑠璃（るり）〉は、宝石の名。七宝の一つ。紺青色の宝石。また、ガラスの古いよび名。②〈玻璃（はり）〉は、水晶の類。七宝の一つ。また、ガラスの古いよび名。 願い 深い青色の美しい宝石「瑠璃」をイメージすることから、わが子を宝石のように大切に思う気持ちを込めて。また、瑠璃や水晶のように、透明感のある上品な雰囲気を持った女性に成長してほしいという願いを込めて。	璃15桜10 りお 朱6璃15 あかり 璃15子3 りこ 瑠14璃15 るり
諒 15画	リョウ・あき・まこと・まさ	意味 ①まこと。真実味がある。②思いやる。察する。③認める。 願い 「リョウ」の音がさわやかさを感じさせる漢字。物事の本質をしっかりと見極められる女性に。また、相手の気持ちを思いやり、だれにでも優しい態度で接することができる女性に成長してほしいという願いを込めて。	諒15花7 りょうか 諒15香9 りょうか 諒15華10 りょうか 諒15子3 りょうこ

画数・漢字	主な読み	主な意味と込めたい願い	名前例
遼 15画	リョウ・はるか	意味 ①遠くへだたっている。②りょう。中国の王朝の名。 願い はるか彼方の天空や山河をイメージする、無限の広がりが感じられる漢字。男の子の名前として人気があるが、やわらかな「はるか」の読みで、女の子の名前としても注目されている。心が広く、スケールの大きな女性に成長してほしいという願いを込めて。	遼(15) はるか 遼(15)子(3) りょうこ 遼(15)奈(8) はるな 遼(15)香(9) りょうか
輪 15画	リン・わ	意味 ①車のわ。②まるい形のもの。③物の外まわり。④めぐる。ぐるぐるまわる。かわるがわる。⑤花をかぞえることば。 願い くるくる回る輪のように、元気で朗らかなイメージがある漢字。たくさんの友だちに囲まれた活発な女性に育ってほしいという思いを込めて。	輪(15) りん 夏(10)輪(15) かりん 美(9)輪(15) みわ 咲(9)輪(15) さわ
凛 15画	リン	意味 （「凜」の俗字）①身にしみて寒い。冷たい。寒さがきびしい。②きびしい。心がひきしまる。おそれつつしむ。りりしい。 願い 身も心もピリッと引き締まるイメージから、てきぱきと明るい女性に成長してほしいという思いを込めて。音がかわいらしいことからも、女の子に人気の高い字。「凜」と意味も画数も同じだが、こちらのほうが使用頻度が高い。	花(7)凛(15) かりん 凛(15) りん 凛(15)子(3) りんこ 茉(8)凛(15) まりん
樂 15画	ガク・ラク・ささ・たの・たのし・もと・よし	意味 （「楽」の旧字体）①おんがく。楽器をひく。②六芸（礼・楽・射・御・書・数）の一つ。③たのしい。たのしむ。④物事がたやすい。⑤興行の終わりの日。 願い 楽器を演奏し音楽を楽しむように、どんなときでも楽しいことを見つけ出すことができる、明るく前向きな女性に育つようにという願いを込めて。また、音楽の才能に恵まれるようにという期待も。	咲(9)樂(15) さら 樂(15)子(3) もとこ 樂(15) らく 咲(9)樂(15) さくら
凜 15画	リン	意味 ①身にしみて寒い。冷たい。寒さがきびしい。②きびしい。心がひきしまる。おそれつつしむ。りりしい。 願い 身も心もピリッと引き締まるイメージから、てきぱきと明るい女性に成長してほしいという思いを込めて。音がかわいらしいことからも、女の子に人気の高い漢字。「凛」と意味も画数も同じだが、こちらのほうが使用頻度が低い。	凜(15) りん 凜(15)香(9) りんか 凜(15)音(9) りおん 香(9)凜(15) かりん
穏 16画	オン・おだ・しず・とし・やす・やすき	意味 おだやか。安らか。落ち着いて静か。 願い だれとでも仲よくできる、穏やかで優しい性格の女性に育ってほしいという願いを込めて。また、波風の立たない平穏で幸せな人生を送ることができるようにという祈りを込めて。	花(7)穏(16) かのん 志(7)穏(16) しおん 美(9)穏(16) みおん 穏(16)空(8) しずく

画数・漢字	主な読み	主な意味と込めたい願い	名前例
薫 16画	クン・かお・かおる・しげ・つとむ・にお・ひで・ほう・ゆき	意味 ①よいにおいがする。②よいにおい。③かおりぐさ。マメ科の多年草。らんの一種。④くすぶる。煙が出る。⑤感化する。善に導く。 願い もともとは、香りのよい草を意味したことからも、素朴で明るいイメージを持つ漢字。よい香りでふんわりと人を包み込むような、穏やかな魅力と温かい心を持った女性に成長してほしいという思いを込めて。	薫16 かおる 薫16子3 かおるこ 薫16乃2 ゆきの 薫16里7 かおり
賢 16画	ケン・さと・さとし・さとる・すぐる・たか・ただ・ただし・とし	意味 ①かしこい。りこう。才知がすぐれている。②すぐれた人。徳行のすぐれた人。かしこい人。③まさる。すぐれる。よい。④とうとぶ。たっとぶ。⑤他人のことに対して敬いの気持ちを表してそえることば。 願い 知性があり、学業でも仕事でも能力を発揮できる有能な人に成長するようにという期待を込めて。また、その能力が人のために役立ち、尊敬される人物になれるようにという願いも表すことができる。	智12賢16 ちさと 美9賢16 みさと
樹 16画	ジュ・いつき・き・しげ・たつ・たつき・みき・むら	意味 ①立ち木。②植える。③たてる。置く。 願い 植える、立ち木などの意味から、天に向かって成長する樹木のように、素直でまっすぐな性格の女性に成長してほしいという祈りを込めて。画数が多いことから、止め字として使うと名前に落ち着きを出せるが、「ジュ」の音をあてて止め字以外でも使うことも。	樹16里7 じゅり 杏7樹16 あんじゅ 沙7樹16 さき 樹16季8 いつき
磨 16画	マ・みが	意味 ①玉や石などをすりみがく。②努めはげむ。③する。すれる。すりへる。 願い 玉や石を磨くという意味から、自分自身を高めるため、真摯（しんし）な努力ができるようにという願いを込めて。学業や習い事にまじめに取り組む努力家になってほしいという思いも込めて。	志7磨16 しま 磨16依8 まい 磨16奈8 まな 絵12磨16 えま
頼 16画	ライ・たの・たよ・のり・よ・よし・より	意味 ①たよる。あてにする。②ねがう。ことづける。伝言する。まかせる。③たのもしい。たよりになる。③〔無頼（ぶらい）〕は、ごろつき。 願い 人から頼りにされる優れた能力やリーダーシップを持った、しっかりとした女性に成長してほしいという期待を込めて。	聖13頼16 せら 頼16那7 らいな 一1頼16 ひより 頼16沙7 らいさ
憐 16画	レン・あわ	意味 ①あわれむ。あわれみ。気の毒に思う。同情する。②いつくしむ。いじらしく思う。 願い 弱いものや小さいものに愛情を注ぐ、優しい気持ちを持った人に育ってほしいという思いを込めて。また、思わず守ってあげたくなるような愛らしさを持った女性に育つようにという願いも託して。	歌14憐16 かれん 憐16奈8 れんな 憐16香9 れんか 花7憐16 かれん

画数・漢字	主な読み	主な意味と込めたい願い	名前例

橙 16画

主な読み：トウ・だいだい

意味 ①だいだい。ミカン科の常緑小高木。初夏、かおりのある白い花が咲き、果実は芳香があって酸味が強い。果汁は調理用に、果皮は薬用になる。縁起物として新年の飾りに使う。②赤みがかった黄色。だいだい色。

願い 柑橘類の持つさわやかなイメージから、明るい性格とみずみずしい感性を持った女性に成長してほしいという願いを込めて。また、「だいだい＝代々」に通じることから、末永く幸せや繁栄が続くようにという祈りも込めて。

名前例	画数	読み
橙子	16・3	とうこ
橙佳	16・8	とうか
橙歌	16・14	とうか
橙花	16・7	とうか

澪 16画

主な読み：レイ・みお

意味 みお。舟が通るための水路。

願い 海や川で船が安全に通れる深い水路を表すことから、安心感や落ち着きがイメージできる漢字。困った人を助ける優しくて面倒見のよい女性になってほしいという祈りを込めて。やわらかな音と字形から、女の子の名前にぴったり。

名前例	画数	読み
澪	16	みお
澪音	16・9	みおね
澪里	16・7	みおり
澪奈	16・8	みおな

蕾 16画

主な読み：ライ・つぼみ

意味 つぼみ。まだ開かない花。

願い 花のつぼみを意味することから、初々しくかわいらしい雰囲気を持った女性に育ってほしいという思いを込めて。また、未来に大きく花開く、希望や可能性を願って。

名前例	画数	読み
美蕾	9・16	みらい
蕾佳	16・8	らいか
蕾香	16・9	らいか
蕾沙	16・7	らいさ

環 17画

主な読み：カン・たま・たまき

意味 ①輪形のもの。②めぐる。まわる。③まわり。④輪の形をした玉で、あなの直径とまわりの厚みの等しいもの。

願い 手に巻くもの、輪形のものを意味することから、人と人との絆や円満なかかわりをイメージする漢字。多くの友人や仲間に恵まれるようにという願いを込めて。

名前例	画数	読み
環那	17・7	かんな
環菜	17・11	かんな
環	17	たまき
環希	17・7	たまき

瞳 17画

主な読み：トウ・ドウ・あきら・ひとみ

意味 ①ひとみ。②無心に見つめるようす。③無知なようす。

願い 澄みきったまっすぐな心で、夢や希望に向かって進んでいってほしいという願いを託して。一般的に人気があるのは、「瞳（ひとみ）」だが、「トウ」「ドウ」の音でほかの字と組み合わせても。

名前例	画数	読み
瞳	17	ひとみ
来瞳	7・17	くるみ
瞳美	17・9	ひとみ
瞳子	17・3	とうこ

優 17画

主な読み：ユウ・かつ・すぐ・ひろ・まさ・まさる・やさ・ゆたか

意味 ①すなおでおとなしい。②穏やか。ゆったりしている。③しとやか。上品。④ひいでている。⑤成績や程度の序列で、もっともすぐれていることを表すことば。⑥手厚い。⑦役者。

願い 「優しい」「優れる」「上品」など、わが子に期待したい意味を多く持つ人気の漢字。才色兼備で、温かい心を持った穏やかな女性に成長してほしいという期待を込めて。画数が多いわりに、のびやかな字形も高ポイント。

名前例	画数	読み
優衣	17・6	ゆい
優月	17・4	ゆづき
優花	17・7	ゆうか
美優	9・17	みゆ

画数・漢字	主な読み	主な意味と込めたい願い	名前例
翼 17画	ヨク・すけ・たすく・つばさ	**意味** ①つばさ。鳥や虫、また飛行機などの羽。②助ける。かばう。③左右にあるもの。 **願い** 大空を舞うように、のびのびと自由に育ってほしいという祈りを込めて。また、「助ける」という意味もあることから、親鳥が翼でひなを守るように、人を守り助けることができる優しい女性になるようにとの思いも込めて。	翼17 紗10 つばさ 翼17 沙7 つばさ 翼17 つばさ
嶺 17画	リョウ・レイ・ね・みね	**意味** ①みね。いただき。山の頂上。②山並み。山脈。 **願い** スケールの大きさを感じさせる漢字。そびえ立つ山の頂のように、堂々として気品のある女性に成長するように。また、常に向上心を持ち、しっかりと未来を見据えて歩んでいけるようにという思いを込めて。	嶺17 奈8 れいな 嶺17 来7 れいら 嶺17 花7 れいか 美9 嶺17 みれい
織 18画	シ・シキ・ショク・お・おり・り	**意味** ①はたをおる。布をおる。②物を組み立てる。 **願い** 繊細さや奥深さをイメージさせる漢字。人に細やかな心づかいができる優しさや、物事をじっくり考える緻密さを持った女性に成長してほしいという思いを込めて。女の子の止め字として人気の字で、少し古風な和のテイストを感じさせる名前に。	詩13 織18 しおり 美9 織18 みおり 妃6 織18 ひおり 香9 織18 かおり
雛 18画	ジュ・ス・スウ・ひな	**意味** ①ひな。ひよこ。②まだ一人前にならないもの。③ひな人形。④愛らしい。小さい。 **願い** 鳥のひなや、小さい、愛らしいという意味を持つことから、わが子を大切に思う気持ちを込めて。また、いつまでも純粋さやかわいらしさを持ち続ける女性に成長してほしいという期待も。	雛18 乃2 ひなの 雛18 子3 ひなこ 雛18 詩13 ひなた 雛18 奈8 ひな
藍 18画	ラン・あい	**意味** ①あい。たであい。タデ科の一年草。葉から青色の染料をとる。②あいいろ。濃い青色。③ぼろ。ぼろきれ。 **願い** 鮮やかな濃い青色は、気高く落ち着いたイメージ。藍の字を使った故事では「出藍の誉れ」が有名で、これは弟子が師よりも優れた才能を発揮するたとえ。高い志を持ち、優れた才能を発揮できる女性になるようにという期待を込めて。	藍18 里7 あいり 藍18 らん 藍18 香9 あいか 藍18 あい
羅 19画	ラ・つら	**意味** ①鳥をつかまえる網。②網でつかまえる。③全部をくるむ。④連ねる。連なる。⑤うすぎぬ。 **願い** 梵語の音訳にも使われることから、名前にエキゾチックな雰囲気を加えることができる漢字。一文字で「ラ」と読めるので、個性的な名前をつけたいときにも使いやすい。	沙7 羅19 さら 羅19 々3 らら 咲9 羅19 さくら 星9 羅19 せいら

名前例	主な意味と込めたい願い	主な読み	画数・漢字

蘭
19画

ラン

意味 ①らん。ラン科植物の総称。美しく、よいかおりがあり、観賞用に栽培される。②ふじばかま。キク科の多年草。うすむらさきの花を咲かせる。秋の七草の一つ。③気品が高く、美しいもののたとえ。④「和蘭（オランダ）」の略。

願い 独特の美しさで人を魅了するらんの花のように、魅力的で、気高く美しい女性に育つようにという願いを込めて。

- 蘭19　らん
- 咲9蘭19　さら
- 蘭19奈8　らんな
- 美9蘭19　みらん

麗
19画

レイ・あきら・うるわ・かず・よし

意味 ①うるわしい。美しい。②うららか。のどか。③りっぱな。すぐれた。④華やかな。きらびやかな。

願い 鹿が群れをなして走っている様子を表す漢字。音も字形も美しいことから女の子の名前に使う漢字として人気があり、見た人の記憶に残る印象的な名前になる。華やかさと上品さを併せ持った女性に成長してほしいという思いを託して。

- 麗19　うらら
- 麗19　れい
- 麗19子3　れいこ
- 美9麗19　みれい

響
20画

キョウ・ひび・ひびき

意味 ①音がひびきわたる。こだまする。ひびき。こだま。②他の物に変化をおよぼす。

願い 音が広がるイメージから、そこにいるだけでまわりの人が幸せな気持ちになるような、よい影響を与えられる女性になってほしいという祈りを込めて。また、広い分野で活躍できる人になってほしいという期待も込めて。

- 響20香9　きょうか
- 響20子3　きょうこ
- 響20季8　ひびき
- 響20花7　きょうか

耀
20画

ヨウ・あき・あきら・てる

意味 ①輝く。光る。②輝き。光。

願い 元は火の光を表す漢字。勢いが感じられる漢字。周囲の人の心を温めて元気づける、明るい魅力あふれた女性に成長してほしいという期待と、輝かしい未来への思いを託して。

- 耀20子3　ようこ
- 耀20　あき

鶴
21画

カク・ず・たず・つ・つる

意味 ①つる。たず。ツル科の大形の鳥。全体に白く、首、くちばし、足が長い。長寿のたとえに使われる。②白い色のたとえ。③つるのつばさのようにはった陣形。

願い 鶴の姿のように、ほっそりとした優雅な雰囲気を持った女性に成長することを期待して。また、昔から鶴は長寿のシンボルであることから、末永く幸せな人生を送れるようにという願いも。

- 智12鶴21　ちづる
- 結12鶴21　ゆづ
- 千3鶴21　ちづる
- 千3鶴21　ちづ

櫻
21画

オウ・さくら

意味 （「桜」の旧字体）①バラ科の落葉高木。日本の国花で、古くから観賞用として親しまれている。②しなみざくら。バラ科の落葉低木。紅色の小さな実は食用となる。③馬肉。さくら肉。④露店などで客寄せの役をする人。

願い 可憐な花を満開に咲かせる桜のように、周囲の人を幸せな気持ちにできる女性に育つようにとの願いを込めて。また、日本を代表する花の名であることから、古風で伝統的なイメージも。

- 櫻21子3　さくらこ
- 櫻21　さくら
- 真10櫻21　まお
- 美9櫻21　みお

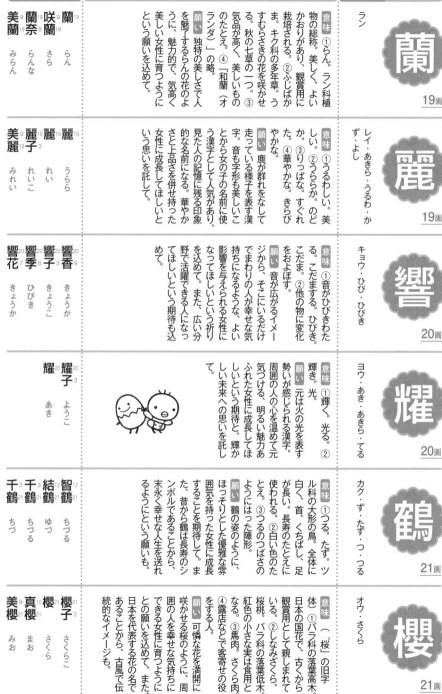

Point*Advice

昔からの スタンダードな名前をつけるなら

昔からあるスタンダードな名前のほうが、今の時代は個性的に感じられることもあります。また、長く親しまれ、読み間違われにくいというメリットにも注目しましょう!

“昔からよくある名前”のほうが今は新鮮!?

昨今は、「わが子にオンリーワンの名前、個性的な名前を」と願うママ・パパも少なくありません。近年追加された人名用漢字を使った名前や、今風の読ませ方をする名前も人気ランキングに入ってきています。

しかし、昔から愛されているスタンダードな名前にも素晴らしいところがあります。たとえば、「洋子」（ようこ）、「恵子」（けいこ）、「由美子」（ゆみこ）、「久美」（くみ）、「恵」（めぐみ）など……。

これらの名前は、昔から読み慣れているため、読み間違いが少ないというメリットがあります。また社会的にも、堅実な印象を与えるでしょう。まわりが今風の名前ばかりだと、むしろスタンダードな名前のほうが新鮮に感じられるかもしれません。

スタンダードな名前の見つけ方

では、スタンダードな名前はどうやって探せばいいのでしょうか。

まず、人名辞典を参考にする方法があります。また、ママ・パパの同年代や目上の人の名前もヒントになるでしょう。

もう少し年配の人の名前も参考にしたいなら、社会・文化・スポーツなどに功績のあった人に授与される褒章受章者名簿も参考になります。ただし、現役で活躍している人の名前にあやかる場合は、思わぬアクシデントで、その名前のイメージが変わる可能性も。同姓同名にするのは避けたほうが無難でしょう。

もっと時代をさかのぼったスタンダードな名前を見つけたいなら、歴史書から人名を探す方法もあります。ただし、著名な人の名前ほど、その人柄や評伝で名前のイメージが固定しているものです。人となりを調べた上で判断しましょう。

小説やマンガなどに出てくる名前も、発想のヒントになります。ただし、あくまでもフィクションの名前ですから、実際の名づけで使えない文字もあります。名前に使える文字かの確認は必ずしましょう。

第5章

画数から選ぶ女の子の名前

名づけのときに気になる、漢字の画数。
この章では、画数の数え方から、
画数による姓名判断の考え方、
姓に合った名前の画数などを紹介しています。
名づけの際のヒントとして活用してください。

姓名判断を使って“運勢”をよりよく！

画数から名前を考えよう

画数から考える名づけの方法として、まず基本的な五格という考え方を紹介します。
ただし、画数の数え方にはいろいろな流派があるため、
1つの流派に決めることが大切です。

画数にこだわる名づけの注意

画数にこだわる名づけの第一段階は、姓名を構成するそれぞれの漢字の画数を出すことです。

ただ、画数の考え方は、流派や流儀、辞書によって違いますから、どの流派・流儀でも吉運になるように名づけるのは不可能に近いでしょう。混乱を避けるためにも、いろいろな本を見るより、1つに絞っておくことをおすすめします。

また名前に使える漢字には制限があり、常用漢字、人名用漢字だけしか用いることができません。これ以外の漢字を表外漢字といいますが、姓には制限がありませんので、表外漢字が使われていることもあります。

名前に使える漢字とその画数は、全漢字リスト（P.469〜478）に掲載しています。

漢字の画数はこう数える

漢字の画数を数える場合は、名については法律で定められた文字（常用漢字・人名用漢字）の、見たままの字体の画数で数えるのが基本です。

また、姓の画数に関しては、日ごろ書き、使用している字体で画数を数えましょう。戸籍は「齋藤」でも、ふだん「斎藤」を使っているのなら、その画数を数えます。戸籍云々は法律上の問題であって、姓名判断とは直接、関係ありません。

画数から選ぶ名づけのコツ

1 姓に合う名前の画数を知る
あなたの姓と相性のよい名前の画数の組み合わせを調べます。（P.359〜401）

2 名前の具体例を探す
①で見つけた画数の組み合わせから名前を探します。（P.403〜468）

3 画数に合う漢字を探す
②でベストの名前が見つからなかったら、名前1文字ずつの画数から漢字を探します。（P.255〜333）

※本書では、『福武漢和辞典』と『ベネッセ新修漢和辞典』（ともにベネッセコーポレーション刊）と監修者の栗原里央子先生の見解を参考にしています。お使いになる漢和辞典、姓名判断の流派によっては、画数の異なる場合があります。

五格

「五格とは、姓名の文字の画数を5つの部位ごとにまとめて出し、その数によって姓名判断をしていく」考え方です

五格の基本

五格は、下記のように計算して出し、
その画数によって運命を占っていきます。
五格がそれぞれ何を表しているのかも紹介します。

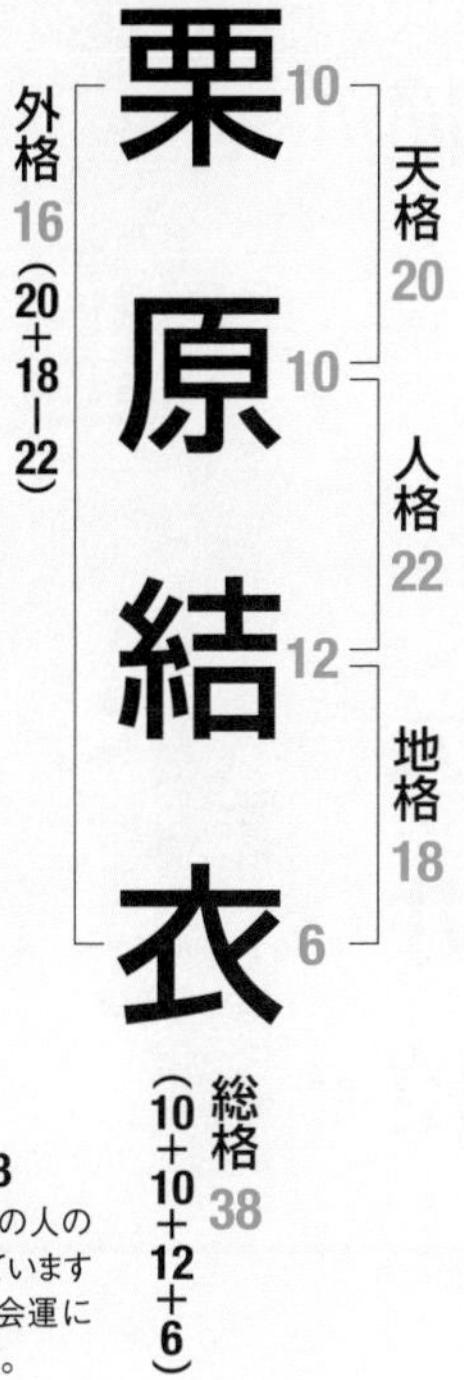

天格

10＋10＝20
姓にあたる部分で、先祖から伝えられた天運を表すものですが、吉数、凶数にかかわらず、直接作用することはありません。

人格

10＋12＝22
姓の末字と名の頭字を合計した画数。性格、才能、個性などを表し、20代～40代の青壮年期の運命を支配する重要な部分。

地格

12+6=18
名にあたる部分です。パーソナリティーやその人の基本的な部分を表し、主に出生から中年に至るまでの運命を支配します。

外格

(10＋10)＋(12+6)－(10＋12)＝16
天格と地格の合計から人格を引いた数。人格を助けて補うとともに、異性運や結婚運、子ども運などの対外関係に作用。
※外格が0の場合は人格を外格と考えてください。

総格

10＋10＋12+6＝38
姓と名の総画数です。その人の全体運や生涯運を表していますが、主に中年以降の社会運に強い影響を持っています。

本によって書いてあることが違うのはどうして？

画数の数え方や運勢の見方にはいくつかの流派があるからです。たとえば、「くさかんむり」でも6画、4画、3画と数え方が違いますし、「五格」を「五運」という呼び方で表している場合もあります。このように、画数の数え方が違ってくると、同じ名前でも運勢が異なってくることがあるのです。

そこで、どの流派でも、いい画数の名前を考えようと思うのは無理なこと。割りきって1つの流派に決め、それを信じて名前を考えるのがおすすめです。

五格

文字数別 五格の数え方

五格の考え方は、2字姓2字名が基本になりますが、姓や名前を構成する文字数が違う場合は、左記のようにバランスをとります。

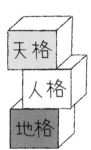

1字姓1字名

文字	画数
原	10
瞳	17

天格 10
人格 27
地格 17
外格 0
総格 27（10＋17）

★仮成数は必要なし

※外格が0の場合は、人格を外格と考えます。

1字姓2字名

文字	画数
①	1
谷	7
彩	11
花	7

天格 8
人格 18
地格 18
外格 8
総格 25（7＋11＋7）

★仮成数は姓に1

2字姓1字名

文字	画数
今	4
井	4
槙	14
①	1

天格 8
人格 18
地格 15
外格 5
総格 22（4＋4＋14）

★仮成数は名に1

2字姓2字名

文字	画数
倉	10
本	5
沙	7
月	4

天格 15
人格 12
地格 11
外格 14
総格 26（10＋5＋7＋4）

★仮成数は必要なし

3字姓1字名

文字	画数
長	8
谷	7
川	3
愛	13
①	1
①	1

天格 18
人格 16
地格 15
外格 17
総格 31（8＋7＋3＋13）

★仮成数は名に2

3字姓2字名

文字	画数
小	3
笠	11
原	10
志	7
織	18
①	1

天格 24
人格 17
地格 26
外格 33
総格 49（3＋11＋10＋7＋18）

★仮成数は名に1

1字姓3字名

文字	画数
①	1
①	1
北	5
寿	7
々	3
菜	11

天格 7
人格 12
地格 21
外格 16
総格 26（5＋7＋3＋11）

★仮成数は姓に2

2字姓3字名

文字	画数
①	1
坂	7
口	3
ま	4
ど	4
か	3

天格 11
人格 7
地格 11
外格 15
総格 21（7＋3＋4＋4＋3）

★仮成数は姓に1

3字姓3字名

文字	画数
野	11
々	3
村	7
莉	10
香	9
子	3

天格 21
人格 17
地格 22
外格 26
総格 43（11＋3＋7＋10＋9＋3）

★仮成数は必要なし

総格と仮成数について

たとえば1字姓の人が1字名をつければそのまま五格を数えられますが、2字名をつける場合は、バランスをとるためにその文字数の「差」にあたる数、1字姓2字名なら2－1＝1を、仮成数（姓と名の文字数が異なる場合、その文字数の差にあたる数）として天格に加えて計算します。右記は代表的な9パターンです。ただし、総格には仮成数を入れないで計算します。

五格の考え方とこだわり方

候補名の五格の画数がわかったら、それぞれの運勢をP.344からの「名づけ吉数表」でチェックしてみましょう。

ただ、五格すべてが◎になる、気に入った名前を考えるのは、とても難しいものです。あまりこだわりすぎないようにしましょう。

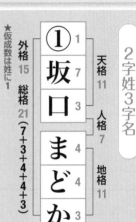

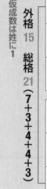

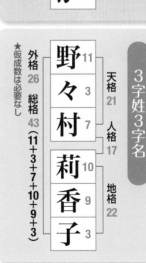

陰陽五行

「五格のうちの天格、人格、地格を木・火・土・金・水にあてはめ、その調和で判断するのが陰陽五行です」

陰陽五行説の考え方

陰陽《いんよう》五行《ごぎょう》説とは、宇宙に存在するすべてのものは、木・火・土・金・水の5つの元素でできているという考え方で、姓名も、この五行の支配を受けているとされます。姓名判断の五行とは、五格の中の天格、人格、地格を木・火・土・金・水にあてはめ、それらの配置が調和しているかどうかで吉凶を見るものです。陰陽五行が表すものは、左ページの表のように5つに分類されます。

姓名を支配する五行の見方

五行は姓名を構成する五格のうちの天格、人格、地格のそれぞれの画数の下1桁の数字を木・火・土・金・水にあてはめていきます。

数字が1・2であれば木性、3・4なら火性となります。数字が2桁の場合も下1桁の数字だけを見ていくので、11、21、31は1として木性となります。

では具体的に、先に例として挙げた「栗原結衣」で見てみましょう。

天格は20の水性、人格は22の木性、地格は18の金性ですから、この場合は水性・木性・金性の支配を受けていることになります。

五行の調和と不調和

ここで導いた木・火・土・金・水の配列によって運勢の調和がとれているか、いないか（不調和）を判断していきます（P.342を参照）。木・火・土・金・水のそれぞれの性質から、木→火→土→金→水→木と隣り合うものは調和のとれた関係で吉運ですが、木→土→水→火→金→木という配列は不調和な関係になり、凶運を招く恐れがあります。

組み合わせの吉凶はP.343を参考にしてください。

例

画数	文字		五格	五行
10	栗		天格 20	水
10	原		人格 22	木
12	結		地格 18	金
6	衣			

陰陽五行をうまく活用しましょう

名前を考える最初の段階から、「陰陽五行のよい名前をつけよう」と思っていては、なかなか決められないものです。名前の候補がいくつか挙がったものの、同じように画数がよかったり、音の響きが気に入ったりして、名前を1つに絞りきれないときの決め手として、陰陽五行の考え方を活用してみてはいかがでしょうか。

しかし、先にも述べましたが、画数や部首の数え方は流派によって違いがあるので、どの流派でも良運となる画数の漢字を見つけることは難しいことを念頭に置いて、「これだ!」と思った1つの流派に決めることが大切です。

五行の支配の関係

五行	支配を受けるもの	数字
木性	樹木、木製品など、木でつくられたすべてのもの。東の方角。春。青。肝臓。	1・2
火性	大きなものから小さなものまですべての火。南の方角。夏。赤。心臓。	3・4
土性	大地のほか土器、壁など、土でつくられたすべてのもの。中央。土用。黄。胃。	5・6
金性	すべての金属と、金属でつくられたすべてのもの。西の方角。秋。白。肺臓。	7・8
水性	大洋、大河から飲料水、水滴まですべての水。北の方角。冬。黒。生殖器。	9・0

調和（相生《そうせい》）の関係

　木と木をこすると火が生じ、火が燃え尽きると灰になり、やがて土になります。大地の中から金が生じるように、すべての鉱物は大地から生まれます。金属は水を引きつけ、水により木は成長します。

　このように木→火→土→金→水→木と隣り合う性同士は互いを生かし合っていく、調和のとれた関係だといえるのです。

不調和（相剋《そうこく》）の関係

　木は土の栄養を奪い取って荒らします。このように、木→土→水→火→金→木という配列は、勢いを弱めたり、傷つけたりする不調和な関係といえます。

五行にこだわりすぎないで

　五行を深く考え始めると、なかなかいい名前が浮かばないということにもなりかねません。あまりこだわりすぎず、あくまでも参考にするくらいにとどめておきましょう。

三才吉凶表

この表は、天、人、地3つの格を組み合わせた五行のバランスを
吉凶で表したものです。基本の考え方は、P.342を参照してください。
◎は大吉、○は中吉、△は凶を表します。

配合	吉凶	配合	吉凶	配合	吉凶	配合	吉凶	配合	吉凶
水木木	◎	金木木	△	土木木	○	火木木	◎	木木木	◎
水木火	○	金木火	△	土木火	○	火木火	◎	木木火	◎
水木土	◎	金木土	○	土木土	△	火木土	◎	木木土	◎
水木金	△	金木金	△	土木金	△	火木金	△	木木金	△
水木水	△	金木水	△	土木水	△	火木水	△	木木水	△
水火木	△	金火木	△	土火木	◎	火火木	◎	木火木	◎
水火火	△	金火火	△	土火火	○	火火火	◎	木火火	○
水火土	△	金火土	△	土火土	◎	火火土	△	木火土	◎
水火金	△	金火金	△	土火金	△	火火金	△	木火金	△
水火水	△	金火水	△	土火水	△	火火水	△	木火水	△
水土木	△	金土木	△	土土木	△	火土木	△	木土木	△
水土火	△	金土火	○	土土火	◎	火土火	◎	木土火	○
水土土	△	金土土	◎	土土土	◎	火土土	◎	木土土	△
水土金	○	金土金	◎	土土金	◎	火土金	○	木土金	△
水土水	△	金土水	△	土土水	△	火土水	△	木土水	△
水金木	△	金金木	△	土金木	△	火金木	△	木金木	△
水金火	△	金金火	△	土金火	△	火金火	△	木金火	△
水金土	◎	金金土	◎	土金土	◎	火金土	△	木金土	○
水金金	△	金金金	△	土金金	◎	火金金	△	木金金	△
水金水	△	金金水	△	土金水	△	火金水	△	木金水	△
水水木	△	金水木	△	土水木	△	火水木	△	木水木	◎
水水火	△	金水火	△	土水火	△	火水火	△	木水火	△
水水土	△	金水土	△	土水土	△	火水土	△	木水土	△
水水金	△	金水金	◎	土水金	△	火水金	△	木水金	△
水水水	△	金水水	△	土水水	△	火水水	△	木水水	○

運勢のいい名前を見つけるヒントに!

名づけ吉数表

五格のうち、人格、地格、外格、総格の画数を出したら、
この吉数表でそれぞれの画数がどのような運勢なのかをチェックしてみましょう。
ただし、すべてが大吉になるパーフェクトの名前はそれほどあるものではありません。
あまりこだわりすぎないようにしましょう。

表の見方

数字はそれぞれの格の画数を表し、◎は大吉、○は中吉、△は凶を表しています。この吉数表では、1～81画を紹介しています。82画以上になった場合、82画は2のところを、83画は3のところを見てください。天格は姓にあたり、直接作用することはありません。

1 出世 指導力 行動力 ◎

———

地格●好奇心旺盛で活発、何事も自分でやってみます。周囲から慕われ、人気者になるでしょう。

———

———

2 災難 別離 孤独 △

人格●消極的で、優柔不断な性格です。いざというときに決断ができず、思うように事が進みません。

地格●飽きっぽい傾向が。すぐにだれかを頼るのではなく、できるところまで自分でやってみることが大切です。

外格●対人関係に不満を抱きやすく、長続きしない傾向があります。自分から打ち解ける努力が必要です。

総格●物事に対するこだわりがしだいに強くなります。身内や親しい人との別離があるかもしれません。

3 才能 行動的 信頼 ◎

人格●頭の回転が速く、明るく行動的な性格です。人間関係にも恵まれて、チャンスをつかむでしょう。

地格●家庭環境に恵まれ、豊かな幼～青年期でしょう。せっかちなので物事にじっくり取り組みましょう。

外格●他人に穏やかに接し、良好な人間関係が築けます。周囲からも信頼され、何事もスムーズに。

総格●物質的にも精神的にも安定した生活を得ます。健康、人間関係とも恵まれ、楽しい後半生になるでしょう。

※例えば人格＝22画だったら「22」の人格の運勢を、地格＝18画だったら「18」の地格の運勢を、外格＝16画だったら「16」の外格の運勢を、総格＝38画だったら「38」の総格の運勢をチェックします。巻頭とじ込み「たまひよ名づけ博士」を使えば簡単に確認できます。

4 不満 不遇 情緒不安定 △

人格●高い理想を持ち、努力もするのですが、物事が裏目に出やすく、成果が上がりづらいでしょう。

地格●物事を途中で投げ出してしまいがちです。基礎をしっかり固める、周囲の協力を仰ぐなどしてみましょう。

外格●人づき合いが下手で、誠意が相手に誤解されて受け取られることも。根気よく接していくことが大切。

総格●周囲の人との調和がしだいに難しくなってきます。気力も衰え、子どもに見放されたりしがちです。

5 健康 財産 繁栄 ◎

人格●抜群の行動力と温厚な性格で、周囲の信用を得て順調に発展します。健康にも恵まれるでしょう。

地格●目上の人、目下の人ともうまく接していけます。人を当てにするより、率先して物事に取り組むでしょう。

外格●温厚な性格でしょう。付かず離れずの接し方を心得ているため、対人関係は順調です。

総格●家庭を大事にするタイプで、夫婦仲も円満。家庭は憩いの場に。周囲の人からも慕われます。

6 信頼 誠実 努力 ◎

人格●親切で面倒見がいいでしょう。周囲の人から信頼され、名誉と財産を手にすることができるでしょう。

地格●家庭環境に恵まれて育ちます。若いころから、なんらかの分野で頭角を現すようになるかも。

外格●面倒見がよく、だれにでも親切で、人間関係も仕事も順調。周囲からの引き立ても期待できます。

総格●努力が報われ、家族と平穏な晩年を迎えられそう。目標を持って取り組めば、さらに生活が充実します。

7 強い意志 独立心 自尊心 ◎

人格●さっぱりした気性の持ち主。意志が強く、どんな困難も決断力と行動力を持って乗りきります。

地格●興味を持つと熱心に取り組みます。独立心旺盛なので、周囲が手を出さなくても乗りきる力があります。

外格●協調性に乏しいところがありますが、周囲の人の意見に耳を傾けることで、対人関係も円滑になります。

総格●人の意見を聞く柔軟さを持つことで、安泰を得られます。権威や名声にも恵まれるでしょう。

8 勤勉 努力 成功 ◎

人格●確固たる信念の持ち主で、目的に向かって努力します。チャンスをつかむのもうまいでしょう。

地格●強情な面はありますが、我慢強く物事に取り組みます。基礎がしっかりしている上、環境にも恵まれます。

外格●人の意見に耳を貸さないところがあります。普段から柔軟さを忘れなければ、友だちに恵まれるでしょう。

総格●頑固にならなければ、周囲から慕われます。人の意見に耳を貸す姿勢が、後半生をさらに豊かにします。

9 薄幸 消極的 孤立 △

人格●頭がよく才能もあるのですが、消極的で気分屋なために、世の中に認められにくい傾向があります。

地格●優れた感受性を持っていますが、精神的に弱い面もあります。失敗から学ぶことが大切です。

外格●ささいなことにこだわりがち。他人の成功を祝福することも大事です。感情をコントロールしましょう。

総格●家族や親しい人との不和、別離を経験するかもしれません。健康面では十分に注意しましょう。

10　多難　大凶　空虚　△

人格●何事も悪意に解釈するので、人が離れていきます。物事を成し遂げることが難しいでしょう。

地格●子どものころは虚弱体質かもしれません。気分が変わりやすく、時に大胆な行動に出ることも。

外格●つき合う相手を慎重に選ばないと、利用されることがあります。自分の言葉には責任を持ちましょう。

総格●気力が衰え、怠惰な生活を送ったりしがちです。健康に問題が生じる可能性もあるので注意。

11　幸運　富　地位　◎

人格●強い意志を持ち、着実に発展して、富と名声を得ます。傾きかかった物事を立て直す才能もあります。

地格●家庭環境に恵まれ、健康的な幼～青年期を迎えます。向上心があり、なんでも挑戦したがります。

外格●人間関係を大事にするので、多くの友人に恵まれます。援助も期待できます。結婚運も良好です。

総格●再興運があり、趣味や今までできなかったことなどに挑戦すると、充実した人生が送れるでしょう。

12　意志薄弱　失敗　病弱　△

人格●自分の能力以上に背伸びをする傾向があります。意志が弱く、何をやっても中途で挫折しがちです。

地格●我慢しすぎたり、あきらめが悪かったりする傾向があります。体力的に無理はきかないほうでしょう。

外格●誘惑に弱く、異性関係には注意が必要。安請け合いしやすく、それがもとでトラブルを招く可能性も。

総格●能力をわきまえず、実力以上のことに手を出したがります。縁の下の力持ちに徹するといいでしょう。

13　円満　名声　人気　◎

人格●状況の変化を読み取るのが上手です。感性が豊かで、芸術、学術、芸能などで才能を発揮します。

地格●物事の理解が早く、子どものころから才能を発揮します。得意分野を見つけることが飛躍のカギです。

外格●さっぱりした人間関係でも友だちに恵まれます。人とのつながりから思わぬ飛躍のチャンスをつかみます。

総格●頭の回転は速いのですが、同時に気の迷いも多いので、目標を絞れば成果が期待できます。

14　孤立　トラブル　不遇　△

人格●几《き》帳面《ちょうめん》で義理堅いタイプ。しかし、一方で自我が強いため、人間関係のトラブルが多くなります。

地格●周囲と打ち解けようとしなかったり、物事がうまくいかないといじけたりする傾向があります。

外格●人間関係で円満さを欠くため、逆境に遭うと人が離れていく可能性が。相手の立場になって考えましょう。

総格●信念を押し通し、家族や周囲を犠牲にしてきたツケが回ってきそう。性格的にひがみっぽくなりがちです。

15　人徳　出世　順調　◎

人格●穏和な性格で人の和を大切にするため、自然に発展していきます。経済観念もしっかりしています。

地格●場を盛り上げるのがうまく、人気者。友だちも多く、目上の人にもかわいがられるでしょう。

外格●和を大切にするため、人間関係はスムーズです。うまく相手を立てて信用を得ていくことができます。

総格●思いやりがあるため、人望を得ることができます。成功してもねたまれることなく、周囲の助力があります。

16 人望 逆転成功 大成 ◎

人格●面倒見がよく、実力もあるため、リーダーに推し上げられるでしょう。運勢も安定しています。

地格●おっとりしていますが、行動力があります。人望があるので、自然と周囲の人から頼りにされます。

外格●人の心をつかむのが上手な上に、人望があります。リーダーとして活躍していくでしょう。

総格●家庭も円満で、安定した後半生になります。人望が厚く、実力もあり、リーダーとして活躍します。

17 積極性 地位 財産 ◎

人格●意志が強く、積極的で行動力が備わっています。チャレンジ精神に富み、初志を貫徹します。

地格●行動力があり、体も丈夫ですが、自分の思いどおりにしないと気がすまないところもあります。

外格●指導力があり、対人関係においてもリーダー的存在になりそう。謙虚さを心がけることが大切です。

総格●強い意志と行動力で、希望を達成します。周囲の意見にはもう少し耳を貸すようにしましょう。

18 信頼性 忍耐 成功 ◎

人格●アイデアによって成功をつかみ取る運を持っています。精神的にもタフですが、強情な一面もあります。

地格●独立心があり、何事もまず自分でやろうとします。健康にも恵まれ、バイタリティにあふれています。

外格●誠実な人柄なので、自己主張を抑え、相手のよさを認めれば、円滑な人間関係を保っていけるでしょう。

総格●非常に強い意志を持っていますが、周囲の人に厳しすぎる傾向が。まわりへの気配りにより成功します。

19 苦労 挫折 障害 △

人格●人生に浮き沈みが多いでしょう。うまくいっているように見えても、内実は苦労ばかり、ということも。

地格●うまくいかないと、すぐ気力をなくしてしまいがち。ストレスが体調に影響することもあるので注意。

外格●何事も損得だけで考えると、挫折したときに助けてくれる人がいなくなるので、注意しましょう。

総格●障害が多くなかなか安らげません。大それたことをねらわず、趣味や家庭生活の充実を図りましょう。

20 社交下手 薄幸 別離 △

人格●意欲はあるのですが、優柔不断で自分から悩みをつくり出してしまうようなところがあります。

地格●頭脳明晰なのに行動力が不足しがち。物事がうまくいかないと、自分の不運や人のせいにする傾向があります。

外格●協調性に欠けるため、対人関係で孤立することも。つき合うべき相手とそうでない相手を見極めましょう。

総格●働き者ですが、から回りが多くなかなか実を結びません。人生を楽しめるよう心に余裕を持ちましょう。

21　独立　統率力　名誉　◎

人格●頭脳明晰な上に、困難を切り開く強い精神力を持ち、目標に向かって着実に努力を重ねます。

地格●運動神経抜群で体力にも恵まれています。意志の強さと行動力を備え、困難を克服します。

外格●強い意志と実行力があるため、リーダー的立場につくことに。周囲の人から信頼を集めるでしょう。

総格●若いころの苦労が糧になって、大きく発展します。名誉と地位をともに手にするでしょう。

22　努力不足　衰退　無気力　△

人格●意志が弱く、才能があるにもかかわらず、器用貧乏になりやすく、不平不満が多くなりがちです。

地格●ささいなことを気に病んだり、人の顔色をうかがったりする傾向が。不平不満は何も生み出しません。

外格●周囲の人の言動に左右されることが多いでしょう。共同して行うことは避けたほうが無難です。

総格●一つのことを追求するだけの気力に欠けています。あれこれ手を出さず、的を絞って取り組みましょう。

23　成功　名誉　創造力　◎

人格●創造力、企画力に優れ、日の出の勢いで発展します。明るい人柄で人の上に立ちます。

地格●若いうちから頭角を現すでしょう。ただ、持久力は不足ぎみで、我慢することは苦手です。

外格●自信過剰ぎみですが、その頼もしさを慕い、人が集まってきます。行動力があり、やり手でもあります。

総格●自分の地位を確実に築きます。いつまでも第一線で活躍でき、晩年も豊かで実り多いものになります。

24　柔軟性　順調　家庭運　◎

人格●才能がある上に、まじめで優しい人柄です。まわりの人から慕われ、順調に発展することでしょう。

地格●友だちに恵まれ、異性にも人気があります。とくに、異性から多くの恩恵を得ることができるでしょう。

外格●温和で才能に恵まれているため、人望を得ることができます。周囲の助力も大きいでしょう。

総格●自分のペースで成果を積み重ねていきます。人望があるので、成功してもねたまれません。

25　個性　才能　強運　◎

人格●個性が強く、人に合わせることが苦手なタイプ。困難な状況に遭うと、闘志を燃やすでしょう。

地格●成績優秀ですが、まわりに自分を合わせることはしません。協調精神を養うことが大切です。

外格●高い能力を持っていますが、頑固なところがあり、それが摩擦を生む原因になることがあります。

総格●競り勝って成功しますが、同時に周囲とのトラブルの可能性も出てきます。謙虚さを忘れずに。

26 波乱万丈 衝突 不安定 △

人格●自分の能力を過信すると、波乱の多い人生になる可能性が。一時的に成功しても長続きしないかも。

地格●体力がある分、無理をしがちです。人を見下したり、人と衝突しやすい点には注意が必要です。

外格●傲慢な言動になりやすく、それが人間関係にも波風を立てます。時には、柔軟さも必要です。

総格●波乱傾向です。傲慢になったり、周囲と衝突したりすることで、人が離れていくかもしれません。

27 摩擦 孤立 頭脳明晰 ○

人格●自己主張が強いでしょう。周囲との和を保つように気をつければ、成功も夢ではありません。

地格●才能がある上に、強い意志を持っています。周囲と協調していけば、物事が好転します。

外格●才能と意志の強さを備えています。自己顕示欲を抑え、周囲の人との調和を心がけましょう。

総格●独断専行で物事を運ぶため、人間関係に円滑さを欠きます。周囲の人の考えも尊重しましょう。

28 翻弄《ほんろう》 誤解 不和 △

人格●偏った考えに陥りやすく、自己表現も下手なため、誤解を受けがちです。言動に気を配ることが大切。

地格●わざと人の言うことに逆らうようなところがあります。体力があまりないので無理はきかないでしょう。

外格●わがままで強情なため、対人関係でしばしば誤解を受けます。能力を正しく評価されにくい傾向も。

総格●手を広げすぎるため、物事が中途半端になってしまいがちです。目標を絞って力を集中させましょう。

29 厳格 才能 完全主義 ○

人格●知的でアイデアに富み、意欲があるので成功します。周囲の人に批判的なところがあります。

地格●周囲の人と仲よくしていくことで、友だちにも恵まれます。しかし、うぬぼれは大敵ですので注意しましょう。

外格●優れた知性の持ち主です。物事に完璧を求めず、相手の長所を認めれば、運が向いてきます。

総格●周囲の人をあまり批判しすぎると、援助者を失います。寛容になることで、運が開けるでしょう。

30 苦境 浮沈 悲運 △

人格●なかなかの野心家で金銭に強い執着があります。地道さを嫌い、勝負に出るため、安定性を欠きます。

地格●他人の言動に左右されがちです。自分で物事を考え、行動する習慣を身につけましょう。

外格●他人の言葉に左右されて、損をすることがあります。自分の意志をしっかり持つことが大切です。

総格●一攫千金をねらう傾向があります。山っ気が強いため、中年期以降も人生が不安定でしょう。

31 判断力 社交性 円満 ◎

人格●誠実な人柄のため、人望を集めるでしょう。判断力にも優れ、指導力を発揮して成功します。

地格●何にでも興味を示します。明るく健康的な家庭に育ち、温厚な性格のため、友だちも多いでしょう。

外格●欲得抜きで人に尽くします。周囲の人からも信頼されて、成功の糸口をつかむことでしょう。

総格●誠実で人情味があり、人から信頼されるでしょう。晩年には地位と名声を手にする傾向があります。

32　独創性　金運　成功　◎

人格●独創性があり、わが道を行くタイプ。チャンスや幸運を生かすことができ、成功するでしょう。

地格●自分の価値観にこだわるところがあります。温和な性格のため、友だちも多いでしょう。

外格●駆け引きがうまく、思わぬチャンスをものにします。目上の人の引き立てや援助を得て、運が開けます。

総格●周囲に迎合せず、自分の道を追究します。不思議と運が強く、いつの間にか希望を実現します。

33　開運　勇気　成功　◎

人格●強い精神力と豊かな才能を備え、若いころから頭角を現します。ただし、慢心は禁物です。

地格●才能を伸ばしていける家庭環境に恵まれ、若いころから、なんらかの分野で頭角を現すでしょう。

外格●行動力はありますが、独断的な面も見られます。リーダーの適性はあるので、周囲にも気配りしましょう。

総格●全力で仕事に取り組んで、地位、財産を手にできます。その分、家庭生活がおろそかになりがちです。

34　繊細　災難　挫折　△

人格●あと一歩のところで、障害に見舞われたり、一生懸命やったことが裏目に出たりしがちです。

地格●体質的にも精神的にもデリケートです。物事がなかなかスムーズに運ばない傾向があります。

外格●失敗を人のせいにしたり、人をねたんだりしないこと。コミュニケーションを大事にしましょう。

総格●人間関係でのもめ事が多いでしょう。家族や親しい人との別離を経験するかもしれません。

35　温厚　人望　安定　◎

人格●温和な性格で、知性に優れています。芸術や文学、技術、学問などの分野で成功するでしょう。

地格●平穏な家庭環境に恵まれ、人間関係も円満です。聡明ですが、積極性には乏しい傾向があります。

外格●性格に裏表がなく義理堅いので、周囲の信用を得られます。人間関係に恵まれ、発展していくでしょう。

総格●精神的にも安定し、充実した後半生を送れます。面倒見がよく、周囲からも慕われます。

36　苦労　波乱　面倒見がいい　○

人格●自分を犠牲にしてでも、まわりの人に尽くします。面倒事に巻き込まれないように注意しましょう。

地格●目下の人の面倒をよく見ますが、自分のことがおろそかになりがちです。まずは自分を第一に。

外格●面倒見はいいのですが、見守ることも大切です。集団作業より独力で取り組むほうが力を発揮できます。

総格●自分に不利益とわかっていても、ひと肌脱がなければ気がすみません。相手を見守るだけの余裕も必要です。

37　現実的　才能　努力　◎

人格●有能で人柄も誠実なため、周囲から慕われるようになります。努力を重ね、目標を達成します。

地格●熱中すると、わき目も振らずに取り組みます。家庭ではワンマンですが、友だちの間では人気者です。

外格●責任感が強く、周囲の人から信頼されます。周囲の協力や引き立てを受けて仕事も順調に発展します。

総格●いつまでもチャレンジ精神を失わず、堅実に努力を重ねます。後半生は実りあるものになるでしょう。

38 才能 挫折 意志薄弱 ○

人格●豊かな才能を持ち、芸術方面に秀でます。成功するには意志の弱さを克服する必要があります。

地格●ストレスに弱いようです。落ち着いて物事に取り組めるように環境を整えることが大切です。

外格●器用で、対人関係もそつなくこなしますが、広く浅い交友関係よりも、自分に有益な人脈を育てましょう。

総格●あれこれ手を出しすぎると、成果を得にくいでしょう。まずは得意分野を確立することです。

39 生命力 大物 成功 ◎

人格●雑草のようにたくましい生命力の持ち主です。困難を糧にして、大きく成長、発展していきます。

地格●自分のペースややり方にこだわり、負けず嫌いの性格です。指導力があり、リーダー的存在になります。

外格●社交家ですが、周囲の人との距離を保ったつき合い方をします。人間関係の変化で好機をつかみます。

総格●気持ちが若く、常に新しいものを吸収しようと意欲的です。波乱を乗り越え、成功を収めます。

40 自信過剰 異性トラブル 投機的 △

人格●頭脳明晰で、度胸も十分です。しかし、自信家で敵が多く、いざというときに助けを得られないことも。

地格●人を自分の思いどおりにしようとします。怒りっぽいために、交友関係がうまくいきづらいでしょう。

外格●自信過剰で、敵をつくりやすいでしょう。また、異性関係で問題を起こしがちなので注意しましょう。

総格●投機的なことを好む傾向があり、浮き沈みが極端です。人生において常にリスクがつきまとうでしょう。

41 温和 安定 実り ◎

人格●温厚誠実な人柄です。リーダーとしても尊敬され、堅実な努力を重ねて成功するでしょう。

地格●平穏な家庭環境に恵まれ、心身ともに健全に育ちます。何をやっても上手にこなします。

外格●健全なものの考え方をするため、目上の人、目下の人からも慕われます。人脈も豊かになるでしょう。

総格●賢明で、判断力にも優れています。また、人望もあるので、周囲の人の協力を得ることができます。

42 器用貧乏 未完成 頭脳明晰 ○

人格●頭脳明晰です。物事を最後まで完成させる意志力を養うことが、成功のカギとなるでしょう。

地格●もともと才能はあるので、飽きっぽさやあきらめの早さを克服し、目標を絞ることが成功への近道です。

外格●常識家で世渡りもそこそこ上手ですが、周囲からの信頼を得るには、ルーズな点を改めることが大切。

総格●多芸多才な半面、器用貧乏になりやすいでしょう。粘り強く物事に取り組む力を養うことが大切です。

43 浪費 非現実的 迷い △

人格●経済観念に乏しく、見栄っ張りで浪費家です。優柔不断なため、チャンスを逃しやすいでしょう。

地格●気持ちが優しい半面、依存心が強く優柔不断です。非現実的なことを考えがちなので注意しましょう。

外格●交際で見栄を張る傾向があります。また、親しくなった相手に依存するところもありそうです。

総格●経済観念に乏しく、浪費することが多いでしょう。人生を自分で切り開くだけの気力も不足しがちです。

44 自滅 波乱 辛苦 △

人格●才能はあるのですが、企画倒れに終わるなど、アイデアがなかなか実を結びにくいでしょう。

地格●計画的に行動することが苦手です。精神面での弱さも目立つので、我慢することを覚えましょう。

外格●相手に見返りを期待し、かなえられないと失望します。大言壮語する傾向もあるので注意しましょう。

総格●直感に頼って行動するため、運勢は波乱含みです。能力はあるので、落ち着いて取り組みましょう。

45 不言実行 達成 克服 ◎

人格●温厚な性格ですが、強い精神力も持っています。困難を乗り越え、不言実行で目標を達成します。

地格●多くの友だちに恵まれます。幼少年期の経験が、社会人になったとき生かせます。探究心も旺盛です。

外格●社交的で和を保ち、人間的な魅力を持っています。困難に遭っても周囲の助力が期待できるでしょう。

総格●普段は温厚ですが、いざというときにはパワーを発揮します。家庭も円満で豊かな後半生になります。

46 急転 明暗 苦労 △

人格●なぜかチャンスに恵まれません。あと一歩というところで、突然の障害や災難に遭う可能性があります。

地格●勉強や苦しいことから逃避しようとします。うまくいき始めても、すぐ調子に乗らないよう注意。

外格●遊び友だち以外の苦楽をともにする友人ができにくいかも。友だちからの悪い影響に気をつけましょう。

総格●物事にのめり込みすぎる傾向があります。波乱含みの運勢なので、安定を目指しましょう。

47 結実 円満 発展 ◎

人格●有能で忍耐強く、努力が実を結んでいきます。協力者や援助者にも恵まれることでしょう。

地格●家族や友だちに恵まれ、健全な幼少年期を過ごします。性格が謙虚なため、常に周囲の助けがあります。

外格●周囲の協力や援助に恵まれ、発展の糸口をつかみます。元気で周囲の人を明るくします。

総格●健康で有意義な後半生を送ることができます。後継者や協力者に恵まれ、家庭生活も平穏です。

48 人望 尊敬 社交的 ◎

人格●円満な常識家で、責任感もあります。リーダー的立場よりは、補佐的立場で才能を発揮します。

地格●なかなかの社交上手です。高い能力がありますが、華やかな場に出ることは苦手です。

外格●有能な上に人柄も誠実で、多くの人から助力を得ることが可能です。人気運も備えています。

総格●有能で謙虚なため、周囲からの信頼を集めます。危なげなく、安定した後半生が過ごせるでしょう。

49 明暗 不安定 不和 △

人格●実力を省みず、無謀なチャレンジをするでしょう。そのため、人生が不安定になりがちです。

地格●外面《そとづら》はいいのですが、家庭ではわがままです。機嫌のいいときと悪いときが極端でしょう。

外格●人の好き嫌いが極端で、対人関係での衝突が頻繁に。感情的になりやすいので、注意が必要です。

総格●繁栄と衰退が極端な運勢なので、無謀な試みをすると得たものを失いかねません。慎重な行動を。

52 企画力 独創性 財運 ◎

人格●先見性と度胸があり、チャンスをつかんで大きく飛躍します。企画力があり、独創性も豊かです。

地格●頭の回転が速く、人の気持ちを読むのが上手です。若いころから人生の目標が定まるでしょう。

外格●人を見る目があり、人間関係は平穏です。自分の利益にならない人とは交際しない傾向があります。

総格●企画力やアイデアに優れているので、勢いに乗れば大財を得ることができるでしょう。

53 虚栄心 見栄 散財 ○

人格●虚勢や見栄を張らず、堅実さを心がければ運勢が安定します。自分にふさわしい人生設計をしましょう。

地格●過分に評価される傾向があります。パフォーマンスに加え、実力が伴えば申し分ありません。

外格●必要以上に背伸びしても、いつかは知られることになります。自然体で接するようにしましょう。

総格●世間体を気にして背伸びしないようにしましょう。現実に合わせたライフスタイルを念頭に。

50 不安定 尻すぼみ 変動 ○

人格●何事も初めは順調に進みますが、あとが続かず、尻すぼみになりがち。継続する努力が大切です。

地格●家族と不和になるなど、家庭生活がうまくいきづらい傾向です。家族の協力も得られません。

外格●人間関係が、初めは良好でも長続きしない傾向があります。相手を見極め、人脈を育てていきましょう。

総格●順調なように見えても、長続きしません。状況を見極め、変化に対応していくことが大切です。

54 貧困 薄幸 トラブル △

人格●努力が評価されず、成功の糸口をつかむのが困難でしょう。他人に尽くしても報われないことも。

地格●能力はあるのに自分を過小評価する傾向があります。プレッシャーで力を出しきれないことも。

外格●周囲の助力が期待できず、面倒な問題を押しつけられがちです。協調性に乏しいでしょう。

総格●人の助けを当てにしても、いざというときには頼りにならないことが多いでしょう。健康には注意。

51 不安定 変化 危険 ○

人格●若くして成功を収めても、おごらないようにしましょう。常に気を緩めず、安定を心がけましょう。

地格●うまくいくときは気を引き締め、好調を持続させましょう。背伸びしなければ物事は順調に進みます。

外格●気弱なために、他人にいいように利用されやすいでしょう。意思表示を明確にすることが大切です。

総格●人生に一度、大きな好機を得ます。チャンスに恵まれても気を緩めず、足場を固めていきましょう。

55 欲張り 軽率 極端 △

人格●盛運と衰運の運気が交互に訪れます。周囲の人からはよく見えても内実は苦しいでしょう。

地格●やることが極端になる傾向があります。自分の気持ちをコントロールすることを学びましょう。

外格●初めは仲がよくても、こじれると敵のような関係に。相手を傷つけたり怒らせたりしがちです。

総格●年齢に応じた生き方を心がけましょう。無理を重ねると、せっかくのチャンスも失ってしまいます。

56 無気力 不誠実 転落 △

人格●うまくいきかけると障害が持ち上がる傾向があるので注意。信念や行動力も不足がちです。

地格●いつも人のあとからついていこうとします。何か得意なものを見つけて、自信をつけましょう。

外格●保守的なために、人間関係では損をしがちです。誤解されたり、人に利用されることもあるので気をつけて。

総格●中年以降、体力、気力が衰えてきます。現状を維持しようとしてもズルズルと衰退します。

57 向上心 人望 地位 ◎

人格●目標に向かって努力を惜しみません。強い信念で困難を越え、確実に地位や立場を築きます。

地格●向上心にあふれる努力家です。友だちに恵まれ、周囲から助けを得られることも多いでしょう。

外格●穏健で、自然と周囲から慕われるようになります。人脈も年々豊かになっていくでしょう。

総格●向上心や向学心を持ち続けます。長年の経験や人脈を生かせば、後半生は恵まれたものになるでしょう。

58 大器晩成 富貴 安定 ◎

人格●若いころには苦労しますが、それを糧に大きく飛躍します。結婚によって人生が安定します。

地格●期待されると頑張りすぎる傾向があります。遊びや息抜きも必要です。家庭運に恵まれます。

外格●対人関係で多くの有益な経験をするでしょう。苦楽をともにすることで、絆が生まれます。

総格●困難や下積みを経験したあとに、境遇が安定してきます。中年期以降は着実に発展するでしょう。

59 意志薄弱 敗北 あきらめ △

——

地格●我慢することが苦手で、すぐにあきらめがち。大きな収穫は、忍耐のあとにやってくるものです。

外格●意思表示をはっきりしないと、金銭的な迷惑を被るかもしれません。愚痴の多さは人を遠ざけるので注意。

総格●家庭や健康上の問題が生じやすいでしょう。困難を克服するだけの気力や忍耐力も不足しがちです。

60 不遇 悲観 破滅 △

―――

地格●理屈よりも、感情で動くところがあります。物事の悪い面ばかりを考え、前に進まなくなるので注意。

外格●人づき合いが下手で、他人の評価ばかりを気にします。交際範囲も狭くなりがちで、協力を得られません。

総格●とても心配性です。健康状態がすぐれなかったり、人生の目標を見失ったりする傾向があります。

61 うぬぼれ 不和 破滅 △

―――

地格●うまくいくとすぐに得意になって、傲慢な態度をとりがちです。他人を思いやる気持ちが大切です。

外格●自信過剰で、傲慢な態度をとることがあり、人間関係の不和を招きがちです。謙虚さを忘れないこと。

総格●意欲も能力もありますが、うぬぼれが強いのが難点。人との和を大切にすることで、幸運を招きます。

62 貧困 心労 トラブル △

―――

地格●家庭内で争いが絶えません。経済的な問題を抱えることもありそうです。まずは、家庭の安定を。

外格●言動に裏表があるため、人から信用されにくいでしょう。人間関係でも、孤立無援になる恐れがあります。

総格●不安定な運勢なので、今までが順調でも油断しないで。健康面でも体力を過信しないことです。

63 温和 順調 家庭運 ◎

―――

地格●家庭環境に恵まれ、素直に才能を発揮できます。のびやかな性格で目上の人にかわいがられるでしょう。

外格●人に好感を与え、人間関係も円満です。周囲の協力や援助によって発展していく運の持ち主です。

総格●富と名声を得て、平穏で充実した後半生になります。配偶者や子どもにも恵まれ、家庭生活も円満です。

64 もろさ 衰退 トラブル △

―――

地格●体力があるように見えて、意外に病弱です。家庭生活に問題が起きやすく、愛情的にも恵まれません。

外格●人を信用せず、つき合いも悪いため、人間関係がぎくしゃくしがち。当初は順調に見えても気をつけて。

総格●後半生に強気で攻めると、思わぬアクシデントから物事が崩壊する可能性が。ペースダウンも必要です。

65 実り 包容力 幸運 ◎

―――

地格●恵まれた家庭環境で育ち、友だちも多くできます。包容力があり、目下の人の面倒もよく見るでしょう。

外格●包容力と面倒見のよさで、自然と人に慕われます。目上の人の引き立てや周囲の援助も期待できます。

総格●健康で長寿に恵まれます。明るい性格なので、おのずと人望を得て、吉運を呼び込むことができます。

66

苦労
挫折
陰気

△

—

地格●体は丈夫なほうではありません。自発的に友だちをつくったり、何かに取り組んだりする意欲に欠けます。

外格●悲観的で陰気な印象を与えると、人が寄りつきません。周囲から孤立しないよう気をつけましょう。

総格●苦労や失敗を繰り返し、なかなか浮上できないことも。人と気さくに接することも苦手です。

67

幸運
苦労知らず
前途洋々

◎

—

地格●健康で、家庭環境にも恵まれます。何事にも家族の協力が得られるため、活動しやすいでしょう。

外格●人間関係に恵まれます。人当たりがよく、目上の人には信頼され、目下の人には慕われるでしょう。

総格●順風満帆の後半生を送れます。元来、強い運を持っているので、あまり苦労せずに成功を収めます。

68

勤勉
集中力
潜在能力

◎

—

地格●知的に優れ、高い潜在能力を持っています。温かな家庭にも恵まれ、家族が協力し合います。

外格●思慮深く、勤勉なため、社会的信用を得ていくでしょう。人間関係も順調で周囲の協力も期待できます。

総格●知的能力が高く、どんな仕事でも成功するでしょう。クリエイティブな分野ならさらに才能を発揮します。

69

貧乏
災難
没落

△

—

地格●体質がデリケートで、無気力に陥りやすいところがあります。家庭的にも悩みが多くなります。

外格●愚痴や不満ばかりを口にするため、人から敬遠されがちです。人に利用されやすい傾向があるので注意。

総格●金運は弱いので、無理して金銭を追い求めると破綻を招くことに。身の丈にあった考え方が必要です。

70

苦境
自滅
孤独

△

—

地格●病弱なため、活動的になれません。家庭運にも恵まれず、家族と気持ちが通い合わないでしょう。

外格●斜めに物事を見るような批判的言動が多いと、周囲から相手にされなくなります。反抗的な態度は禁物。

総格●才能や実力はあっても、好機を呼び込むための努力がたりません。困難を克服する強い意志を持って。

71

小心者
凡庸
平穏無事

○

—

地格●家庭環境に恵まれ、平穏無事な幼少年期でしょう。尻込みせず、まずはなんでも挑戦してみましょう。

外格●人間関係は比較的順調ですが、大きな益もないでしょう。人を補佐する能力に優れています。

総格●大きな波風の立たない、平穏な後半生でしょう。大それた野心を抱くと、墓穴を掘ることになるので注意。

72 明暗 不安定 消極的 ○

—

地格●障害に遭うとすぐにあきらめてしまいがちです。体力もなく、頑張りが効きづらいでしょう。

外格●人を頼りにしすぎるところがあります。交際面で背伸びをしなければ、相手の信用を得られるでしょう。

総格●弱気や依存心は、よくない結果を招きかねません。自立自助の精神を忘れないようにしましょう。

73 苦労 晩年幸福 誠実 ○

—

地格●才能は普通ですが、努力で能力を身につけていきます。幼少年期の経験が、成人後に開花します。

外格●初めはうまくいかなくても、誠意を持って接することで、しだいに信用を得て人脈が広がるでしょう。

総格●運気が好転し、それまでの経験が生きてくるのは後半生。地道に暮らすことで晩年は安定するでしょう。

74 無気力 怠惰 無責任 △

—

地格●頭脳明晰ですが、怠け癖があり、安易な道ばかりを選ぶ傾向があります。何事も努力が肝心です。

外格●無責任だったり、失敗を人のせいにしたりすると、人間関係が破綻します。誠実な対応で臨みましょう。

総格●年とともに無気力で怠惰になりがち。人生を自分で切り開く意欲と行動力を持ちましょう。

75 保守的 性急 失敗 △

—

地格●温和な性格で保守的ですが、分不相応なことに挑戦すると手痛い挫折を味わうことになります。

外格●親しみやすい人柄ですが、安請け合いや粗雑な対応は、信頼を得にくくなるので気をつけましょう。

総格●守りの姿勢が強いため、分をわきまえていれば平穏な後半生を送れます。冒険すると波乱を招きがちに。

76 劣等感 陰気 孤立 △

—

地格●劣等感を抱きやすい性格です。周囲の人と比較せず、前向きな考え方をするよう心がけましょう。

外格●ひがみやねたみは、人間関係に円滑さを欠くもとです。プラス思考への気持ちの切り替えがカギです。

総格●交際範囲が狭く、人の協力を得にくいでしょう。自信のなさから自分の可能性を閉ざさないよう前向きに。

77 吉凶運 不安定 明暗 ○

———

地格●交友関係や興味の対象が移ろいやすいでしょう。物事を完成させていくことが、自分の自信となります。

外格●熱しやすく冷めやすい性格のため、人間関係も変わりやすいでしょう。信頼できる人を見つけましょう。

総格●計画性と見通しがあれば、吉運が持続するでしょう。運気が順調であるときほど、気を抜かないこと。

78 誠実 信念不足 もろさ ○

———

地格●家庭環境に恵まれないでしょう。家庭も含め基礎運が弱いので、足元をしっかり固める必要があります。

外格●誠実な人柄ですが、要領はよくありません。状況に流されやすいので、意思をはっきり持ちましょう。

総格●才能はあってもピンチに弱いので、信念を貫くことが大切です。安易な妥協は避けましょう。

79 消極的 失敗 不安定 △

———

地格●実行力に欠けます。家庭環境に恵まれない暗示があるので、まずは生活を整えることが大切です。

外格●のらりくらりとその場だけの対応をとると、信頼を得ることが難しいでしょう。異性関係にも注意。

総格●自信のなさが失敗を呼び込みがちです。中年期以降は優柔不断を改め、自分の意志を強く持ちましょう。

80 病弱 破綻 苦労 △

———

地格●体質的には弱いほうです。物事を悲観的に考えやすいので、プラス面をもっと見るようにしましょう。

外格●非建設的な言動が多いと、人から避けられます。人間関係のトラブルに巻き込まれないよう用心しましょう。

総格●不運が重なり、苦労が絶えないでしょう。慎重に障害を克服していけば、きっと道は開けます。

81 大吉 幸運 繁栄 ◎

———

地格●探求心に富み、子どものころからリーダーシップを発揮するでしょう。家庭や健康にも恵まれます。

外格●パイオニア精神にあふれ、人間関係においても常にイニシアチブをとる存在になるでしょう。

総格●向上心を失わず、常に前向きに努力します。財産、地位、名誉のすべてを手にできるでしょう。

自分の姓に合う名前の画数がわかる!

姓別
吉数リスト

「自分の姓に対し、名前はどんな画数の組み合わせがいいの？」
膨大な画数の組み合わせの中から、
“姓に調和する”名前の画数の組み合わせを一覧にしました。

※本書では、すべての姓の画数、およびすべての姓の吉数を掲載しているわけではありません。
膨大にある吉数の中の一部を抜粋して紹介しています。

このリストの見方

「姓の画数」と「姓の代表例」では、一般的に多い姓をサンプルに挙げ、それらの画数を記しています。もし自分の姓がサンプルにない場合は、自分の姓の画数を調べてみてください。なお、くさかんむり(⺾)はすべて3画で数えています。

それらの姓に対し、姓と調和する名前の画数の組み合わせを、「1字名」「2字名」「3字名」に分けて掲載しました。たとえば、一色という「1・6」の姓には、2字名の場合、「1・15」「2・14」「9・7」……など、ここに挙げた名前の画数の組み合わせが吉となります。

3字名の場合、「2・(14)」とありますが、(　)内は2字目と3字目の画数の合計を表したものを指します。2・(14)の場合は、「2・(2・12)」でも「2・(10・4)」でも組み合わせは自由です。

姓の画数	2·6	2·5	2·4	2·3	1·10	1·6
姓の代表例	二羽 入吉 入江	力田 入矢 二石	八木 二木 八戸 乃木	二上 入川 入山	一宮	一色
1字名	5　7　10 15　17	6　10　16	7　12　17	2　10 12　20	なし	なし
2字名	9・14 9・15 9・16 10・5 10・6 10・13 10・14 10・15 11・4 11・5 11・14 12・4	2・14 3・13 10・6 10・14 10・15 11・5 11・6 11・13 11・14 12・4 12・13 13・3	1・16 3・4 7・11 9・6 11・4 11・14 12・5 14・3 14・11	3・13 3・15 4・14 5・11 5・13 8・5 10・6 12・4 12・6 13・3 13・5 14・4	1・4 1・5 1・12 1・20 3・2 3・10 6・7 11・2 11・10 14・7 14・10 22・2	1・15 2・14 9・7 9・15 9・16 10・6 10・7 10・14 10・15 11・5 11・14 12・4
3字名	1・(14) 1・(15) 2・(13) 2・(14) 5・(8) 5・(10) 5・(18) 5・(20) 11・(14) 12・(13)	2・(14) 3・(13) 3・(22) 10・(8) 10・(14) 10・(15) 11・(13) 11・(14) 12・(13) 13・(12)	2・(5) 3・(14) 3・(15) 4・(14) 7・(8) 7・(10) 9・(22) 12・(21)	2・(14) 3・(5) 3・(10) 3・(13) 3・(15) 4・(4) 4・(12) 4・(14) 5・(13)	1・(4) 1・(5) 3・(3) 3・(21) 5・(19) 11・(13) 13・(11) 15・(9)	2・(14) 9・(9) 9・(15) 9・(16) 10・(14) 10・(15) 11・(14) 12・(13)

姓の画数	2·7	2·8	2·10	2·12·11	3·1·4	3·2
姓の代表例	二村 入谷 人見	入岡 二松	二宮 入倉	二階堂	山ノ内	川又
1字名	4 6 14 16	5 7 15 23	5 6 23	6 14 22	3 9 13	なし
2字名	1・5 1・14 1・15 4・11 4・19 10・5 10・6 11・4 11・5 14・1 14・9	3・3 3・22 5・16 7・14 8・13 9・6 9・16 10・1 10・3 10・5 10・11 10・15	1・4 1・5 1・22 3・3 3・22 11・14 14・9 14・11 21・4 22・1 22・3	2・10 4・3 4・8 4・10 5・9 6・8 6・10 7・9 10・2 12・2 13・1 14・2	2・13 3・12 4・11 11・6 11・12 11・13 12・3 12・11 12・12 13・2 13・11 14・10	3・10 3・13 3・15 4・12 4・14 5・13 6・10 6・12 9・4 11・5 13・5 14・4
3字名	1・(5) 1・(14) 1・(15) 4・(2) 4・(12) 4・(20) 4・(28) 10・(5) 14・(10) 14・(18)	3・(8) 3・(10) 3・(12) 3・(18) 5・(8) 5・(10) 5・(18) 8・(15) 13・(12) 15・(10)	1・(20) 3・(18) 3・(20) 5・(8) 5・(18) 5・(20) 11・(10) 11・(12) 11・(14) 13・(10)	2・(4) 4・(4) 4・(19) 5・(11) 5・(18) 6・(10) 7・(9) 12・(11) 13・(10) 13・(19)	2・(14) 3・(12) 3・(13) 4・(11) 4・(12) 4・(21) 11・(12) 11・(13) 11・(14) 12・(13)	1・(12) 3・(13) 4・(9) 4・(12) 4・(14) 5・(11) 5・(13) 6・(12) 11・(21)

姓の画数	3·5	3·4	3·3·9	3·3·5	3·3·4	3·3
姓の代表例	上田 川本 大石 山田 山本 久田	大月 大友 土井 川内 山内 山中	大久保 小久保	小山田 下山田 三ケ尻	小山内 三ツ井 三ツ木 山之内	山口 小川 丸山 小口 大山 三上
1字名	なし	なし	6　9　16	6　13	3　13　14	なし
2字名	1・12 3・10 6・10 8・15 10・3 10・14 11・2 11・4 12・4 12・12 13・2 16・8	1・15 3・8 3・14 4・12 7・10 9・8 11・5 12・4 12・5 13・12 14・2 17・8	2・8 4・16 6・11 7・10 8・9 9・1 14・8 15・1 16・4	2・4 3・1 3・17 6・4 6・8 10・14 11・11 12・8 13・11 18・6	3・11 4・1 4・10 4・11 7・8 7・16 13・1 14・1 17・6	2・3 3・4 4・3 5・10 8・3 10・5 10・8 12・3 12・5 13・4 14・3 15・3
3字名	3・(4) 3・(12) 6・(11) 8・(17) 10・(13) 11・(13) 12・(13) 12・(19)	2・(4) 3・(13) 4・(12) 7・(11) 11・(13) 11・(14) 12・(12) 13・(11)	2・(15) 4・(12) 6・(12) 6・(18) 7・(10) 7・(11) 9・(9) 14・(10)	1・(5) 2・(19) 3・(18) 6・(15) 8・(5) 10・(11) 11・(10) 12・(9)	3・(2) 3・(12) 4・(2) 4・(11) 7・(18) 13・(12) 14・(11) 17・(18)	3・(4) 3・(14) 4・(13) 5・(13) 8・(9) 10・(21) 12・(19) 13・(12)

姓の画数	3·5·4	3·5·7	3·6	3·6·3
姓の代表例	小田切	三田村	大竹 大西 川西 久米 三宅 山名	小早川
1字名	なし	なし	なし	3　4　5 13　21
2字名	3・9 4・8 4・16 7・16 9・14 11・9 11・12 12・8 13・7 14・6 14・9 17・6	6・14 6・16 8・9 8・14 8・16 9・8 9・15 10・7 10・14 11・6 14・6 14・8	1・15 5・2 5・3 7・8 9・15 10・5 10・14 11・4 11・5 11・12 12・3 15・8	4・8 5・7 5・15 8・15 10・13 12・8 12・11 13・7 14・6 15・5 15・8 18・5
3字名	1・(10) 2・(9) 3・(8) 3・(10) 4・(7) 4・(9) 4・(17) 7・(16) 9・(16) 12・(13)	6・(10) 8・(8) 8・(9) 8・(10) 8・(16) 9・(9) 9・(15) 16・(16)	2・(4) 2・(14) 5・(11) 9・(14) 10・(14) 11・(12) 11・(13) 12・(11)	2・(9) 3・(8) 3・(22) 4・(7) 4・(9) 5・(6) 5・(8) 5・(16) 8・(15) 10・(15)

3·8·11	3·8·10	3·8·5	3·8·4	3·8	3·7	姓の画数
小松崎	大河原 小河原 小松原	大和田 小和田	大河内 小岩井 小金井 小長井	大岩 上松 小沼 小林 小松 山岡 土居	大坂 大沢 上杉 三谷 山谷 山村	姓の代表例
13	11　14	1　16　19	9	なし	なし	1字名
2・13 2・21 4・19 10・5 10・13 12・3 12・11 14・9 20・3 22・1	1・3 1・9 3・1 3・9 3・11 6・6 11・3 11・9 13・1 13・11	3・12 10・5 10・6 10・13 11・4 11・5 11・6 11・12 12・4 12・5 13・4 18・5	1・5 3・13 4・12 4・20 7・3 9・1 9・13 11・13 12・5 14・3 17・5	3・2 3・3 5・2 5・8 7・14 8・5 9・4 10・3 10・14 16・5 16・8	1・5 1・10 4・2 4・4 6・5 6・15 8・3 8・15 9・4 10・5 11・2 11・14	2字名
2・(13) 2・(21) 10・(5) 10・(13) 12・(13) 13・(10) 13・(12) 13・(22) 21・(14) 22・(13)	1・(10) 1・(30) 3・(13) 3・(21) 3・(28) 11・(13) 11・(20) 14・(10)	2・(13) 2・(14) 3・(12) 3・(13) 3・(14) 8・(13) 10・(13) 11・(12) 11・(14) 12・(13)	1・(5) 2・(6) 3・(14) 4・(12) 4・(14) 9・(7) 11・(6) 12・(12)	3・(2) 3・(4) 5・(19) 7・(17) 8・(13) 9・(12) 10・(14) 13・(11)	1・(7) 4・(7) 6・(9) 6・(19) 8・(13) 9・(12) 10・(13) 11・(12)	3字名

姓の画数	3・9	3・9・5	3・9・6	3・10	3・10・3	3・11
姓の代表例	大垣 大城 久保 小泉 山城 土屋	久保田 万城目	久保寺	上原 小島 大島 川原 小宮 三浦	小宮山	上野 大野 大堀 小野 川野 山野
1字名	なし	なし	なし	なし	5　15　21	なし
2字名	2・3 4・2 6・5 6・15 7・14 7・18 8・3 8・5 8・15 9・2 9・4 12・13	1・3 2・4 3・4 3・12 8・8 10・5 11・4 11・11 12・12 13・2 18・2 20・2	1・4 2・3 2・12 9・5 9・8 10・4 10・5 11・3 11・4 12・2 12・3 19・4	1・2 1・10 3・2 3・8 5・3 6・5 6・12 8・3 8・10 11・13 14・4 15・3	4・11 5・10 5・11 12・4 12・11 13・3 13・4 13・10 14・2 14・3 15・1 15・2	2・5 4・3 4・14 5・2 5・12 6・5 7・4 7・10 10・8 12・5 13・8 14・3
3字名	2・(3) 2・(4) 4・(7) 7・(14) 8・(13) 8・(17) 9・(12) 12・(11)	2・(5) 2・(6) 3・(4) 3・(5) 6・(12) 10・(6) 11・(13) 12・(12)	1・(4) 1・(5) 2・(3) 2・(4) 2・(13) 9・(6) 10・(5) 10・(13)	1・(4) 3・(2) 5・(13) 6・(12) 7・(11) 11・(7) 11・(13) 13・(11)	3・(12) 3・(20) 4・(11) 4・(12) 5・(10) 5・(11) 5・(12) 8・(24) 10・(11) 10・(22)	2・(9) 4・(14) 5・(13) 5・(20) 6・(11) 7・(11) 10・(7) 12・(11)

姓の画数	3·14	3·13	3·12·10	3·12	3·11·10	3·11·6
姓の代表例	大熊 大関 川端 小暮 小関 山際	大滝 大園 大溝 山路 川路	大曾根 小曾根	大塚 大場 大森 小森 千葉 山森	小笠原	小野寺
1字名	なし	なし	6　14 22　23	なし	11　21	1　5　11 15　19
2字名	1・5 2・5 2・13 3・3 3・13 4・12 7・8 9・15 10・5 10・8 11・4 11・5	4・13 5・12 8・15 10・13 10・15 11・10 11・12 11・14 12・4 12・5 12・13	3・17 3・19 5・17 6・16 6・17 11・9 13・7 13・9 14・8 14・9 15・7 15・8	1・2 1・15 3・3 4・4 4・12 5・3 6・10 6・12 9・8 9・15 11・5 12・4	3・20 5・10 5・18 6・9 6・17 13・10 14・9 15・8 15・9 21・2	2・10 5・10 7・8 7・10 9・3 9・6 9・8 10・2 11・1 11・6 12・3 15・2
3字名	1・(7) 2・(4) 3・(12) 4・(2) 4・(12) 7・(11) 11・(7) 11・(13)	2・(14) 2・(21) 3・(13) 3・(14) 3・(20) 4・(11) 4・(12) 4・(21) 5・(11) 5・(20)	3・(20) 5・(18) 6・(10) 6・(17) 7・(9) 8・(8) 13・(10) 14・(9) 14・(18) 15・(8)	1・(7) 4・(4) 4・(12) 5・(12) 5・(19) 6・(11) 11・(13) 13・(11)	1・(10) 3・(10) 5・(10) 5・(18) 6・(7) 6・(9) 11・(10) 14・(7)	5・(10) 5・(27) 7・(10) 7・(18) 7・(25) 9・(23) 10・(11) 10・(27) 11・(21) 15・(17)

姓の画数	3·15	3·16	3·17	3·18
姓の代表例	大蔵 大槻 小幡 三輪	大館 大橋 小橋 丸橋 土橋 三橋	大磯 小磯 小嶺 川鍋	大藤 大藪 工藤 山藤 大類
1字名	なし	なし	なし	なし
2字名	1・2 1・4 2・3 2・4 3・3 3・12 8・5 8・15 9・4 9・8 10・3 10・5	1・4 1・5 1・12 1・15 2・3 2・4 5・8 5・13 8・5 8・8 8・10 9・4	4・13 6・15 7・8 7・10 7・14 7・18 8・13 14・3 15・2 15・10 16・5 18・3	3・8 3・13 3・15 5・13 6・5 6・10 6・18 7・4 13・3 13・5 14・4 15・3
3字名	2・(3) 2・(4) 2・(13) 3・(3) 3・(12) 6・(7) 6・(9) 8・(13)	1・(4) 2・(3) 2・(4) 2・(11) 2・(14) 5・(11) 5・(13) 7・(11)	4・(13) 4・(17) 4・(21) 6・(9) 6・(11) 6・(19) 7・(14) 8・(9) 8・(13) 8・(17)	3・(13) 5・(11) 5・(13) 6・(12) 7・(9) 7・(11) 7・(17) 13・(11)

姓の画数	3·19	4·2·12	4·3	4·4	4·5	4·6
姓の代表例	川瀬 山瀬 大瀬	五十嵐	天川 井川 井上 牛山 中川	井戸 今井 木内 木戸 木元 公文	井田 牛込 牛田 太田 今田 水田	天地 今西 中西 日向 日吉 元吉
1字名	なし	3 5 6 13	4 10 14	7 17	2 12 16	5 7 15
2字名	2・13 2・21 4・21 5・8 5・10 5・18 5・20 12・3 12・13 13・2 13・10 13・12	3・4 4・10 5・1 5・10 6・9 9・6 11・4 13・4	2・9 4・7 8・3 8・9 10・1 12・4 13・3 14・2 15・9	1・7 3・4 3・12 9・14 11・2 12・3 12・11 12・12 13・3 14・9	1・7 3・3 3・12 6・2 8・7 11・4 12・4 13・3 16・7	5・2 7・4 7・14 9・4 9・12 10・3 10・11 11・2 12・9
3字名	2・(11) 2・(13) 2・(21) 4・(9) 4・(19) 6・(7) 6・(9) 6・(17) 6・(19) 12・(13)	3・(10) 4・(9) 5・(10) 5・(18) 6・(11) 6・(15) 11・(10) 13・(10)	2・(6) 3・(13) 5・(11) 5・(12) 8・(8) 8・(16) 10・(8) 12・(12)	3・(10) 3・(12) 4・(12) 7・(10) 11・(13) 12・(12) 13・(10) 14・(10)	2・(6) 3・(13) 6・(18) 8・(8) 8・(16) 11・(13) 12・(12) 13・(11)	1・(6) 5・(16) 5・(18) 9・(12) 10・(13) 11・(12) 12・(11) 12・(13)

姓の画数	4・12	4・11	4・10	4・9	4・8	4・7
姓の代表例	犬塚 木場 中塚 中森 戸塚 水落	天野 井深 片野 木野 木部 中野	井原 片桐 木原 日高 日原 水原	今泉 今津 木津 中津 中畑 仁科	今枝 今岡 中居 中林 片岡 水沼	井沢 井村 今村 中条 中谷 戸村
1字名	5　23	6　10　20	7	2　12　22	5	4　6 10　14
2字名	1・14 3・2 4・3 4・4 5・11 6・9 9・12 11・12 12・9 19・4	4・12 5・11 5・13 6・2 7・9 10・14 12・4 13・11 14・3	3・4 5・2 6・1 6・11 7・4 8・3 11・12 13・12 14・7 14・9 15・2	2・1 2・3 2・9 4・7 4・20 7・17 12・12 15・9 22・2	3・3 7・14 8・3 9・2 9・4 9・14 10・3 10・11 13・12 16・7 17・4	1・12 4・9 6・7 8・13 9・4 11・13 14・7 17・7
3字名	3・(2) 3・(20) 4・(11) 4・(13) 5・(10) 5・(11) 6・(10) 13・(10)	2・(6) 5・(12) 6・(11) 7・(11) 10・(6) 12・(6) 13・(11) 14・(10)	3・(18) 5・(12) 5・(18) 6・(11) 7・(10) 7・(18) 8・(10) 11・(12)	2・(3) 2・(30) 6・(18) 12・(12) 12・(20) 14・(10) 16・(19) 22・(13)	3・(2) 3・(10) 5・(16) 7・(6) 8・(13) 9・(12) 10・(13) 15・(10)	1・(6) 6・(18) 8・(13) 8・(16) 9・(12) 10・(11) 11・(13) 14・(10)

姓の画数	4・13	4・14	4・15	4・16	4・18	5
姓の代表例	犬飼 中園 中溝 日置	井熊 井関 今関 日暮 比嘉	木幡	中橋 水橋 元橋	木藤 木藪 内藤 仁藤	台 叶 北 平 田
1字名	4 22	なし	2 6 16 20 22	5 15	15 17 23	8 11 13 16 18
2字名	2・13 3・3 3・4 3・13 4・11 4・12 5・1 5・11 12・4 12・12	1・2 2・1 2・3 2・13 3・2 3・3 4・1 4・2 4・11 11・2 11・4 11・12	1・17 2・11 2・14 3・13 6・7 6・12 9・4 9・7 9・9 10・3 16・2 17・1	1・4 2・3 2・13 5・12 5・20 7・4 8・3 8・9 9・4 15・2	3・12 3・14 5・12 6・11 7・4 13・4 13・12 14・1 14・9 15・2	1・10 2・4 3・15 6・10 8・10 11・5 16・2
3字名	2・(13) 3・(3) 3・(13) 4・(2) 4・(11) 5・(10) 5・(11) 12・(6)	3・(2) 3・(3) 3・(12) 4・(2) 4・(11) 7・(6) 7・(8) 7・(16)	1・(12) 2・(11) 2・(16) 3・(3) 3・(10) 3・(13) 6・(10) 6・(12) 8・(8) 8・(10)	1・(10) 2・(11) 2・(19) 5・(6) 5・(8) 7・(6) 7・(10) 9・(8)	3・(8) 3・(20) 5・(6) 5・(8) 6・(11) 7・(8) 7・(16) 13・(10)	2・(6) 2・(14) 3・(3) 3・(5) 3・(15) 8・(5) 10・(6) 12・(6)

姓の画数	5·3	5·4	5·5	5·6	5·7	5·8
姓の代表例	石上 加山 白山 田子 田丸 古川	石井 北井 田井 立木 平木 永井	生田 北田 正田 末田 田代 立石	末次 永江 永吉 本庄 本多 本吉	石坂 市村 北沢 田坂 立花 矢沢	石岡 北岡 末松 平沼 平岩 平岡
1字名	5　10　15	4　7 12　14	6	5　7　12	4　6	10
2字名	3・10 4・11 5・2 5・8 8・16 10・3 12・12 13・2 14・3	3・3 7・1 9・6 11・13 12・12 13・3 14・1 17・6	1・10 2・3 3・10 6・2 8・13 10・3 10・13 11・10 12・3 12・13 13・2	2・3 2・19 5・8 5・16 7・6 11・10 12・1 15・6 18・3	1・12 4・2 8・3 8・13 9・12 10・3 11・12 14・11 17・6 18・3	3・8 5・3 5・19 7・11 8・10 8・16 9・2 10・8 13・11 15・3 16・8
3字名	3・(10) 4・(9) 4・(12) 8・(15) 8・(17) 12・(11) 12・(19) 14・(10)	2・(5) 3・(12) 4・(12) 4・(19) 7・(9) 11・(12) 12・(12) 13・(11)	2・(5) 3・(5) 3・(12) 6・(15) 10・(11) 11・(10) 12・(9) 13・(10)	1・(5) 2・(11) 5・(19) 7・(17) 9・(12) 10・(11) 11・(10) 12・(9)	4・(2) 4・(9) 6・(15) 6・(19) 8・(15) 9・(12) 10・(15) 11・(10)	3・(2) 5・(19) 7・(11) 7・(17) 8・(10) 13・(11) 13・(19) 15・(9)

姓の画数	5·15	5·14	5·12	5·11	5·10	5·9
姓の代表例	田幡	石綿 石関 古関 田熊 田端 本領	石塚 石森 加賀 甲斐 田淵 永森	石黒 北野 平野 古野 矢野 矢部	石倉 加納 広島 永倉 田宮	石垣 石神 布施 古畑 氷室 本城
1字名	17	2　4	4　6　20	5　7	6	2　7　23
2字名	1・16 3・18 6・11 8・13 9・6 9・8 9・12 9・16 10・11 16・1 17・8 18・3	2・3 3・2 3・10 4・1 4・12 7・6 7・11 10・6 10・8 11・2	3・12 4・3 4・12 5・10 6・2 9・6 11・13 12・12 13・11	4・11 5・3 5・11 6・10 7・8 7・16 10・6 10・11 12・11 13・8	1・16 3・13 5・11 6・2 6・11 6・18 7・10 8・8 8・16 11・6 11・13	2・19 4・19 7・11 7・18 8・10 9・12 12・11 12・13 15・8
3字名	2・(19) 3・(18) 6・(11) 6・(15) 6・(19) 8・(9) 8・(17) 9・(12) 10・(11) 10・(15)	2・(11) 3・(2) 3・(10) 4・(9) 7・(9) 7・(11) 9・(9) 11・(7)	3・(5) 3・(15) 4・(11) 4・(12) 5・(10) 6・(9) 9・(15) 12・(12)	2・(5) 4・(12) 5・(10) 5・(12) 6・(10) 6・(15) 10・(11) 12・(11)	1・(7) 3・(15) 5・(11) 5・(19) 6・(10) 7・(9) 8・(10) 13・(11)	2・(9) 4・(7) 6・(12) 7・(10) 8・(10) 9・(12) 12・(11) 14・(9)

姓の画数	5·16	5·18	5·19	6
姓の代表例	石橋 市橋 広橋 古館 本橋	加藤 古藤 本藤 矢藤	市瀬 加瀬 広瀬 古瀬	旭 池 芝 仲 西 向
1字名	2　16	14	なし	11　15
2字名	1・10 5・6 7・11 8・3 8・10 9・2 15・3 16・8 17・1 21・3	3・13 5・3 5・13 6・10 6・12 7・11 13・12 14・11 15・3 15・10 17・8	2・11 4・11 5・8 5・18 6・11 12・3 12・11 13・8 13・11 14・10 16・8 18・6	1・14 2・23 5・6 7・4 9・6 9・16 10・5 10・15 11・7 12・5
3字名	1・(10) 2・(9) 5・(11) 5・(19) 7・(9) 7・(17) 8・(10) 9・(9)	3・(15) 5・(11) 6・(10) 6・(18) 7・(9) 7・(11) 13・(11) 14・(10)	4・(7) 4・(17) 5・(10) 5・(12) 5・(18) 6・(11) 6・(15) 12・(11)	1・(4) 2・(5) 2・(13) 9・(6) 10・(5) 11・(14) 12・(13) 19・(14)

姓の画数	6·3	6·4	6·5	6·5·3	6·6	6·7
姓の代表例	有山 有川 老川 寺川 光山 西山	伊丹 江戸 西井 竹中 光井 吉井	有田 池辺 江本 竹本 西本 吉永	宇田川 牟田口	有吉 安西 江守 寺西 吉池 吉江	有沢 安芸 池沢 寺村 成沢 早坂
1字名	4　12 14　15	7　14	2　6 10　12	3　4	5　12	4　10
2字名	3・5 4・11 5・2 5・18 8・7 8・15 10・5 13・10	1・10 2・9 3・10 3・12 4・7 9・12 11・10 12・11 13・12 14・9	2・5 3・10 6・7 6・18 8・5 10・11 11・2 12・9	3・4 4・6 5・12 10・13 12・5 12・11 13・4 14・3 14・9	5・18 9・2 9・12 10・11 11・10 11・12 12・9 12・11 15・10 18・7	1・7 4・7 6・5 6・12 8・10 9・9 10・1 11・7 14・10 17・7
3字名	2・(14) 3・(4) 4・(11) 5・(10) 5・(18) 8・(16) 10・(14) 13・(10)	2・(6) 3・(8) 3・(10) 4・(9) 7・(8) 9・(14) 11・(10) 12・(11)	1・(4) 2・(11) 3・(4) 3・(18) 10・(11) 11・(10) 12・(9) 13・(11)	2・(5) 3・(14) 3・(20) 4・(13) 4・(14) 5・(12) 8・(10) 13・(12)	5・(6) 5・(18) 7・(14) 9・(14) 11・(10) 11・(14) 12・(11) 15・(10)	1・(10) 4・(14) 6・(18) 8・(10) 8・(24) 9・(9) 10・(14) 14・(18)

姓の画数	6·7·9	6·8	6·9	6·10	6·11	6·12
姓の代表例	宇佐美 名児耶	安東 江波 寺岡 光岡 吉岡 吉松	安彦 会津 池畑 西海 西垣 米津	安倍 有馬 伊原 寺島 西浦 吉原	安野 池野 西郷 寺崎 吉崎 吉野	安達 有賀 江間 江森 宅間 西塚
1字名	9　15　23	7　10　17	2　6　16	5　7　15	4　6 7　14	5　6
2字名	2・21 4・11 6・9 6・11 7・10 8・7 8・9 12・3 14・3	3・15 5・2 5・12 7・11 8・10 9・9 9・12 10・7 13・12	6・10 7・9 8・9 8・10 9・7 9・9 12・12 14・10 15・9	3・18 5・10 5・18 6・9 7・9 8・9 11・10 13・10 14・7	4・11 5・2 6・9 6・12 7・9 10・5 13・5 14・2	3・2 4・9 4・11 5・1 5・10 6・7 9・12 11・12 12・9 13・2
3字名	2・(11) 4・(11) 6・(5) 6・(11) 7・(4) 7・(8) 7・(10) 8・(5)	3・(4) 5・(16) 7・(10) 7・(14) 8・(10) 9・(8) 9・(14) 10・(8)	6・(10) 7・(9) 7・(11) 8・(8) 8・(10) 9・(8) 14・(10) 16・(8)	5・(10) 5・(18) 6・(9) 6・(11) 7・(9) 7・(18) 8・(8) 15・(10)	4・(4) 4・(14) 5・(10) 6・(10) 7・(8) 10・(8) 12・(6) 13・(11)	3・(10) 5・(10) 6・(9) 9・(6) 9・(14) 11・(10) 12・(11) 13・(8)

姓の画数	6・19	6・18	6・16	6・14	6・13	6・12・10
姓の代表例	成瀬 早瀬 安瀬	安藤 伊藤 江藤	安積 池橋 竹橋 寺橋	池端 江端	有働 安楽 伊勢 竹腰	伊集院
1字名	6　12 14　16	7　15　17	2　15 17　23	4　17	4　5 12　20	なし
2字名	4・2 4・19 5・2 5・11 6・2 6・10 12・11 13・10	3・5 3・10 5・12 6・5 6・15 7・10 13・10 14・9 15・2	1・12 5・10 5・12 5・18 7・18 8・5 8・7 8・15 8・17 15・10 16・7 16・9	2・9 3・2 3・12 4・9 4・11 9・2 9・12 10・5 11・10	3・2 3・10 4・9 4・12 5・1 5・11 8・5 11・5	5・12 6・14 6・18 7・13 8・12 8・16 11・6 11・13 13・4 14・6 15・2 15・5
3字名	2・(4) 2・(14) 4・(4) 5・(11) 5・(18) 6・(10) 6・(17) 12・(11)	3・(10) 3・(14) 5・(8) 5・(10) 5・(16) 7・(8) 7・(10) 13・(10)	5・(6) 5・(8) 5・(10) 5・(18) 5・(30) 7・(16) 9・(14) 9・(16) 9・(26)	2・(11) 3・(8) 7・(4) 7・(6) 7・(10) 9・(6) 10・(11) 11・(10)	2・(4) 2・(11) 3・(10) 4・(9) 5・(8) 5・(11) 8・(8) 10・(6)	1・(6) 1・(23) 3・(14) 3・(21) 5・(6) 5・(19) 6・(7) 7・(17) 11・(13)

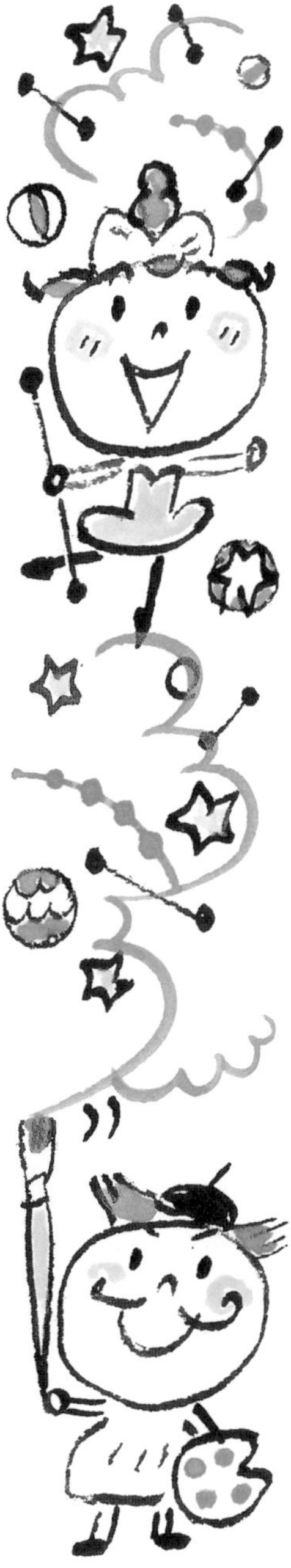

姓の画数	7	7·2	7·3	7·3·4
姓の代表例	沖 近 車 坂 杉 谷	坂入	赤川 尾山 阪口 近山 村山 谷口	佐々木 佐々井
1字名	6　8　16	4　6　14 15　16　22 23	5　14　15	なし
2字名	1・15 4・12 6・10 8・10 9・7 10・6 11・6 14・4 16・2	5・11 6・9 6・10 9・6 9・14 11・4 13・10 13・11 14・9 14・10 15・8 15・9	3・4 4・9 4・11 5・6 5・10 10・11 12・9 13・8 15・6	1・6 2・5 3・7 3・14 4・13 7・10 9・14 11・6 11・12 12・5 13・10 17・6
3字名	4・(4) 4・(14) 6・(11) 8・(16) 9・(9) 9・(16) 10・(14) 11・(13)	1・(15) 3・(13) 5・(10) 6・(9) 6・(10) 6・(17) 9・(15) 11・(13) 15・(17) 16・(16)	2・(5) 3・(10) 4・(9) 5・(8) 5・(16) 8・(13) 10・(13) 12・(9)	1・(6) 2・(5) 3・(8) 3・(14) 4・(14) 9・(8) 11・(7) 17・(14)

姓の画数	7·3·12	7·4	7·5	7·6	7·7	7·8
姓の代表例	佐久間	赤井 坂元 杉井 花井 花木 村内	足立 児玉 坂田 角田 谷本 町田	赤池 坂西 佐竹 沢地 住吉 谷地	赤坂 尾沢 志村 谷沢 花形 村尾	赤沼 赤松 杉岡 杉林 別府 花岡
1字名	なし	4　7 12　14	6　12	5　10　12	4　10	10　16　17
2字名	1・14 3・12 4・6 4・13 5・10 6・4 9・14 11・6 11・12 12・5 13・4 13・10	2・4 3・10 3・18 4・9 7・6 11・10 12・9 13・11	1・4 2・9 3・8 3・18 10・11 11・10 12・9 13・8 13・10 16・9	2・6 2・16 5・6 7・11 9・9 10・14 12・6 15・9 18・6	4・17 6・17 8・9 8・10 9・8 9・9 9・14 10・8 11・10 14・11	5・1 7・9 7・11 8・9 8・10 9・8 10・8 13・11 15・9
3字名	3・(8) 3・(14) 4・(11) 5・(8) 6・(11) 9・(6) 9・(14) 12・(11)	2・(3) 3・(10) 4・(9) 4・(17) 7・(17) 9・(15) 11・(10) 12・(9)	2・(9) 3・(8) 6・(15) 8・(5) 8・(15) 10・(13) 12・(9) 12・(13)	1・(7) 2・(16) 5・(13) 7・(17) 9・(15) 10・(8) 11・(13) 15・(9)	4・(7) 6・(5) 8・(10) 8・(13) 9・(9) 10・(13) 11・(10) 14・(9)	3・(3) 3・(13) 5・(13) 7・(10) 7・(17) 8・(10) 8・(16) 15・(9)

姓の画数	7·15	7·12	7·11	7·10·3	7·10	7·9
姓の代表例	沢幡 志摩 花輪	赤塚 坂間 佐賀 志賀 杉森 花塚	沖野 坂崎 佐野 近野 花崎 芳野	吾孫子 利根川	赤倉 児島 杉浦 杉原 対馬 兵庫	赤津 赤星 更科 呉屋 花柳 坂巻
1字名	10 17	5 6 12 20	5 6 14	なし	6 7 14 15	7 15 16
2字名	2・9 2・11 3・8 3・14 6・9 6・11 8・9 9・4 9・6 10・1	4・9 5・8 5・11 6・10 9・4 9・9 12・4 12・6	4・9 5・8 5・16 6・9 7・10 10・11 12・9 13・4 14・9	2・3 2・13 2・15 3・14 4・13 5・7 8・7 10・5 10・7 12・3 12・5 14・3	3・4 5・10 6・9 6・18 7・8 8・10 11・4 13・11	2・14 4・4 6・9 7・8 7・9 8・8 9・8 12・9 15・6
3字名	1・(10) 2・(9) 2・(13) 3・(8) 3・(10) 6・(5) 8・(7) 10・(5)	3・(3) 3・(15) 4・(9) 5・(13) 6・(7) 6・(10) 9・(7) 11・(7)	2・(5) 4・(17) 5・(8) 5・(16) 6・(9) 7・(8) 10・(7) 12・(9)	2・(15) 3・(8) 3・(14) 5・(6) 5・(16) 8・(7) 10・(7) 13・(8)	3・(5) 3・(13) 5・(10) 5・(13) 6・(9) 7・(8) 8・(8) 8・(16)	2・(5) 4・(13) 6・(10) 7・(10) 8・(13) 9・(8) 14・(7) 15・(8)

姓の画数	8·3·9	8·3	8	7·19	7·18	7·16
姓の代表例	阿久津 金久保 長久保	阿川 青山 岡山 金子 東山 若山	東 岸 岡 武 所 林	貝瀬 佐瀬 村瀬	近藤 佐藤 谷藤 尾藤 兵藤	村橋 杉橋
1字名	4　15	なし	7　8	5　6	6　7　14	2　16
2字名	2・3 2・13 4・11 6・6 6・9 7・5 8・4 8・9 9・6 12・5	2・5 3・10 4・9 5・8 5・16 8・5 8・13 10・3 12・9 14・10 15・9 18・3	3・4 5・2 5・12 7・6 8・7 9・6 9・15 10・7 13・4 16・7	2・4 2・11 4・9 4・17 5・6 5・8 6・9 12・1 12・9 13・8	3・4 5・11 5・18 6・10 7・9 7・16 13・10 14・9 15・8	5・11 7・9 7・17 8・16 9・9 9・16 15・1 15・9 15・10 16・8 16・9 19・6
3字名	2・(13) 4・(7) 4・(13) 6・(5) 7・(6) 7・(10) 8・(7) 9・(6)	2・(4) 3・(4) 4・(2) 4・(9) 5・(8) 8・(16) 10・(14) 12・(9)	3・(4) 3・(13) 5・(11) 8・(15) 9・(14) 9・(16) 10・(13) 10・(14)	2・(3) 2・(13) 4・(3) 4・(9) 5・(8) 5・(10) 6・(7) 12・(9)	3・(3) 3・(5) 3・(13) 6・(10) 7・(9) 13・(10) 15・(8) 17・(15)	5・(13) 7・(17) 8・(10) 8・(16) 8・(17) 9・(9) 9・(15) 9・(16)

8·8	8·7·3	8·7	8·6	8·5	8·4	姓の画数
青沼 岩岡 岩波 岡林 松居 若林	長谷川 長谷山	岡村 河村 妹尾 奈良 宗形 松坂	青江 河合 河西 国安 松江 和光	青田 岩本 岡本 国広 東田 和田	青木 岩井 金井 国井 長井 若木	姓の代表例
なし	3　5　13	なし	なし	なし	なし	1字名
3・5 3・13 5・10 7・10 8・8 8・15 9・7 9・16 10・7 13・3 13・10 15・8	2・5 4・2 5・9 8・7 8・15 10・7 12・5 13・2 14・9	1・5 1・15 6・10 8・8 8・16 9・7 9・9 10・8 11・5 14・3 16・8 17・7	1・10 5・13 5・16 7・10 9・8 9・16 10・8 11・7 12・9 15・3 15・10 17・8	1・7 2・3 2・9 3・5 3・15 6・5 8・10 8・16 10・8 11・7 13・5 16・8	1・10 2・3 3・8 3・10 4・9 7・16 11・10 12・13 13・8 14・7 14・9 17・8	2字名
3・(4) 3・(14) 5・(12) 7・(8) 7・(14) 8・(8) 9・(12) 10・(6)	3・(3) 3・(10) 3・(18) 4・(9) 4・(17) 5・(10) 8・(9) 12・(9)	4・(4) 4・(12) 6・(12) 8・(8) 8・(16) 9・(9) 10・(7) 10・(14)	5・(6) 5・(16) 7・(14) 7・(16) 9・(8) 9・(12) 10・(7) 11・(12)	1・(7) 2・(6) 3・(8) 6・(12) 8・(16) 10・(8) 11・(7) 12・(12)	2・(4) 3・(8) 4・(7) 7・(6) 7・(14) 9・(12) 11・(12) 12・(9)	3字名

姓の画数	8·9	8·10	8·11	8·12	8·14	8·16
姓の代表例	青柳 和泉 河津 長屋 金城 若狭	青島 岩倉 金原 長原 松浦 若宮	阿野 阿部 青野 岡崎 東郷 松崎	青葉 岩淵 岩間 金森 若葉 若森	長嶋 松嶋 岩熊	板橋 松橋
1字名	なし	なし	なし	なし	なし	なし
2字名	6・9 6・10 7・8 7・9 7・17 8・7 8・8 9・7 9・9 12・3 15・9 16・8	1・5 3・3 5・8 5・16 6・9 6・15 7・10 8・7 11・10 13・8 14・7 15・8	2・3 2・16 4・9 5・8 5・13 6・7 6・10 7・9 10・3 10・8 13・3 13・5	1・16 3・8 4・9 4・13 5・8 5・10 6・7 6・9 9・8 12・5 12・9 13・8	7・8 7・10 7・16 9・16 10・3 10・5 10・13 10・15 17・8 18・5 18・7	1・16 5・16 7・10 7・16 8・7 8・9 8・13 8・15 9・8 15・8 16・5 16・7
3字名	6・(9) 6・(12) 7・(8) 8・(7) 8・(8) 9・(6) 12・(12) 16・(8)	1・(4) 3・(4) 3・(14) 5・(8) 5・(16) 6・(15) 7・(8) 8・(9)	2・(4) 2・(14) 4・(9) 5・(8) 6・(12) 7・(9) 10・(8) 12・(6)	1・(4) 3・(8) 3・(12) 4・(9) 5・(12) 6・(9) 9・(12) 11・(14)	3・(8) 3・(14) 4・(9) 7・(8) 7・(16) 9・(14) 9・(16) 10・(15) 11・(12) 11・(14)	5・(12) 5・(16) 7・(14) 7・(16) 8・(9) 8・(15) 8・(16) 9・(12) 9・(14) 9・(15)

姓の画数	8・18	8・19	9	9・3
姓の代表例	阿藤 斉藤 周藤 松藤 武藤	岩瀬 長瀬 若瀬	泉 県 城 神 畑 南	秋山 浅川 香川 品川 城山 柳川
1字名	なし	なし	7　8　15	なし
2字名	3・3 3・8 3・10 5・8 5・10 5・16 6・5 6・7 6・9 6・15 7・8 13・8	2・3 2・16 4・17 5・3 5・13 5・16 6・15 12・9 13・5 13・8 14・7 16・5	2・5 4・4 4・12 6・10 7・16 8・7 9・7 9・15 12・12	2・9 3・8 4・2 4・7 5・16 8・15 10・15 12・9 13・12 14・9 15・6 15・8
3字名	3・(2) 3・(8) 3・(12) 5・(6) 5・(8) 6・(9) 7・(8) 7・(14)	2・(4) 2・(16) 4・(4) 4・(14) 6・(12) 6・(15) 12・(6) 12・(9)	2・(4) 2・(6) 2・(13) 4・(4) 4・(11) 7・(9) 8・(15) 9・(14)	2・(3) 2・(11) 3・(8) 4・(7) 8・(13) 10・(11) 10・(15) 12・(11)

姓の画数	9·9	9·8	9·7	9·6	9·5	9·4
姓の代表例	浅海 浅香 神津 草柳 神保 前畑	浅岡 浅沼 信岡 室岡 柳岡 柳沼	相沢 秋谷 浅見 神尾 保坂 柳沢	秋吉 秋好 香西 春名 星名 室伏	相田 浅田 信田 春田 室田 持田	秋元 浅井 香月 神戸 柏木 柳井
1字名	なし	なし	なし	なし	なし	なし
2字名	2・4 4・9 6・7 6・9 7・6 7・8 8・9 9・8 9・12 12・9 14・9 15・6	3・4 3・12 5・2 7・8 7・9 8・7 8・8 9・9 10・6 10・8 15・9 16・8	1・15 4・4 4・12 6・15 8・8 9・8 9・16 10・7 10・15 11・6 11・12 14・7	1・7 2・4 2・14 7・9 9・7 10・6 10・7 11・6 12・6 15・9 17・7 18・6	1・6 3・14 6・12 6・15 8・9 10・7 10・15 11・6 12・9 13・8 16・7	1・4 1・7 3・8 3・15 4・14 7・4 9・9 9・15 11・7 12・6 12・12 14・4
3字名	2・(5) 2・(13) 4・(11) 6・(7) 8・(5) 8・(13) 12・(11) 15・(8)	3・(5) 5・(3) 5・(13) 7・(8) 7・(11) 10・(5) 10・(14) 13・(11)	6・(11) 6・(15) 8・(8) 8・(15) 9・(6) 10・(6) 10・(15) 11・(14)	1・(5) 1・(15) 2・(6) 2・(14) 9・(7) 9・(8) 10・(7) 11・(7)	1・(6) 3・(8) 3・(14) 6・(15) 8・(13) 10・(11) 12・(6) 12・(11)	2・(3) 3・(5) 3・(8) 4・(7) 4・(14) 9・(15) 11・(13) 13・(11)

姓の画数	9·10	9·11	9·12	9·16	9·18	10
姓の代表例	浅原 神原 春原 星島 秋庭 前原	秋野 浅野 草野 畑野 星野 春野	相葉 秋間 浅間 風間 草間 南雲	草薙 美濃 前橋 柳橋	海藤 後藤 首藤 神藤	荻 柴 島 峰 宮 原
1字名	なし	なし	なし	なし	なし	7　8　11
2字名	1・4 1・12 3・2 3・15 5・8 6・7 6・12 7・6 8・8 11・2 11・7 14・4	2・9 4・7 5・8 5・12 6・7 6・15 7・8 7・14 10・15 12・9 13・8 13・12	1・15 3・8 3・15 4・7 4・12 5・6 6・12 9・2 9・15 11・7 12・4 12・12	1・6 1・7 2・4 2・6 2・14 7・9 8・8 9・7 15・8 16・7 17・6 19・4	3・2 3・15 5・16 6・2 6・12 6・15 7・14 13・8 14・4 15・6 17・4 17・8	1・10 3・2 3・5 5・6 5・16 6・7 7・14 8・7 11・10
3字名	1・(5) 3・(3) 3・(15) 5・(11) 5・(13) 7・(11) 8・(8) 11・(7)	2・(13) 4・(7) 4・(13) 5・(6) 6・(11) 7・(8) 10・(7) 12・(13)	3・(8) 3・(15) 4・(7) 4・(14) 5・(11) 5・(13) 9・(15) 11・(13)	1・(5) 1・(6) 2・(5) 2・(6) 2・(14) 8・(8) 9・(7) 15・(8)	3・(3) 3・(5) 3・(15) 5・(13) 6・(15) 7・(11) 7・(14) 13・(8)	1・(6) 3・(4) 3・(5) 5・(16) 6・(15) 6・(19) 8・(13) 11・(14)

姓の画数	10・3	10・4	10・5	10・6	10・7	10・8
姓の代表例	浦山 桐山 原口 宮口 宮下 宮川	梅木 酒井 高井 桃井 速水 宮井	家田 倉本 真田 柴田 原田 宮本	桑名 高安 宮地 宮西 浜地 浜名	梅沢 梅村 島村 高見 高村 宮尾	梅林 高岡 島岡 根岸 浜岡 浜松
1字名	2 4 5 10 12	4 7 17	6 10 16	5 7 15 17	6 14 16	5 7 15
2字名	2・3 3・8 4・7 5・13 8・3 10・8 13・11	4・3 4・7 7・11 9・8 11・6 11・14 12・11 13・5 14・7	1・15 3・5 3・14 6・11 8・8 10・7 11・6 11・13 13・5	2・15 5・11 7・8 9・6 10・7 11・5 12・11 17・6	1・5 4・3 4・11 8・7 9・6 10・8 11・7 17・7 18・6	3・14 5・8 7・8 8・7 9・8 9・14 10・7 13・8 15・6
3字名	2・(6) 3・(5) 4・(4) 4・(14) 5・(6) 8・(10) 10・(14) 12・(12)	2・(5) 3・(4) 4・(14) 7・(10) 7・(14) 9・(14) 11・(12) 12・(6)	2・(6) 3・(13) 6・(10) 8・(10) 10・(6) 10・(7) 11・(13) 12・(6)	1・(4) 2・(5) 2・(13) 5・(10) 7・(10) 9・(12) 11・(6) 15・(10)	1・(7) 4・(12) 6・(10) 6・(12) 9・(6) 10・(6) 10・(14) 14・(10)	3・(4) 3・(12) 5・(12) 7・(6) 8・(13) 9・(12) 10・(13) 13・(10)

姓の画数	10·9	10·10	10·11	10·12
姓の代表例	財津 島津 高城 高柳 根津 宮城	梅原 桐原 桜庭 島根 高原 宮脇	浦野 荻野 高野 浜崎 原野 宮崎	座間 残間 高須 高森 馬淵 宮森
1字名	2　12　22	5　15	4　10 12　14	なし
2字名	2・3 2・11 6・7 7・6 7・11 8・5 9・7 12・6 15・3	3・8 5・6 6・11 7・6 7・14 8・3 11・14 13・8 14・7 15・6	4・7 5・11 6・5 10・6 10・14 12・6 13・5 13・11	3・8 3・14 4・7 4・11 5・6 5・8 6・7 6・11 9・8 11・14 12・3 12・11
3字名	2・(4) 2・(14) 4・(12) 6・(10) 6・(12) 8・(10) 9・(7) 12・(6)	3・(10) 3・(14) 5・(10) 5・(12) 7・(10) 8・(13) 11・(6) 13・(12)	2・(14) 4・(12) 5・(6) 5・(13) 6・(10) 10・(6) 12・(6) 14・(10)	3・(10) 3・(12) 4・(7) 5・(10) 5・(12) 9・(6) 11・(12) 13・(10)

姓の画数	姓の代表例	1字名	2字名	3字名
10・13	能勢 宮路 梅園 宮腰	2　10 12　22	3・13 3・15 4・14 5・11 5・13 8・8 10・6 10・8 10・14 11・5 11・7 12・6	3・(13) 4・(12) 4・(14) 4・(20) 5・(13) 8・(10) 10・(14) 11・(13) 11・(14) 12・(12)
10・16	倉橋 栗橋 高橋 根橋 馬橋	5　7　15	2・5 2・11 5・6 7・8 7・14 8・3 8・7 9・6 16・5	1・(6) 2・(4) 2・(13) 5・(6) 7・(14) 8・(5) 8・(7) 9・(6)
10・17	真鍋	4　6 14　20	4・14 6・15 7・1 7・11 7・14 8・13 14・7 14・11 15・3 15・6 16・5 18・3	4・(4) 4・(14) 4・(21) 6・(12) 7・(14) 8・(10) 8・(13) 15・(10)
11	乾 梶 菅 笹 都 郷	5　7　13	4・2 5・16 6・7 6・15 7・6 10・14 12・12 14・7 14・10	2・(3) 2・(11) 4・(9) 5・(16) 6・(15) 7・(14) 10・(11) 12・(9)
11・3	亀山 菊川 野口 深川 細川 笹川	なし	3・4 3・14 5・6 8・10 8・13 10・13 12・6 13・5 13・12 14・7 15・6 15・10	2・(5) 4・(19) 5・(6) 5・(13) 8・(9) 10・(11) 12・(6) 12・(19)
11・3・7	野々村	4　11 14　16	4・10 4・16 6・8 6・10 8・6 8・8 10・6 10・10 11・1 11・3 11・9 14・2	4・(7) 4・(27) 6・(10) 6・(18) 6・(25) 8・(10) 8・(23) 9・(9) 10・(21) 14・(17)

11·10	11·8	11·7	11·6	11·5	11·4	姓の画数
笠原 梶原 菅家 菅原 野原 野島	猪股 亀岡 黒岩 菅沼 常松 盛岡	逸見 渋沢 渋谷 野村 野沢 深沢	菊地 菊池 鳥羽 野寺 堀江	亀田 菊本 黒田 袴田 深田 船田	梶井 亀井 野木 堀井 堀木 望月	姓の代表例
なし	なし	なし	なし	なし	なし	1字名
1・10 3・13 5・6 6・10 6・12 7・4 8・10 11・7 11・13 13・5 14・4 14・10	3・2 3・10 3・13 5・13 7・6 8・5 8・10 9・4 9・7 10・6 13・5 16・2	1・4 4・2 6・7 8・7 8・13 9・12 10・7 11・6 11・10 14・7 16・7 17・4	1・7 2・5 5・10 5・13 9・6 10・5 10・14 11・7 12・6 12・12 17・7 18・6	1・4 3・4 3・12 6・10 8・13 10・7 11・6 11・12 12・5 12・13 13・10 16・5	1・5 3・13 4・4 4・12 7・10 9・7 11・6 12・5 12・12 13・5 14・4 14・10	2字名
3・(13) 5・(11) 5・(13) 6・(12) 7・(9) 7・(11) 11・(13) 13・(11)	3・(3) 3・(13) 5・(11) 5・(13) 7・(11) 9・(9) 10・(6) 13・(20)	1・(5) 4・(9) 4・(13) 6・(9) 8・(5) 8・(13) 9・(12) 10・(11)	2・(4) 2・(6) 5・(11) 5・(19) 7・(9) 9・(6) 10・(6) 11・(13)	2・(6) 3・(4) 3・(12) 3・(13) 6・(11) 8・(13) 10・(6) 12・(9)	2・(4) 3・(5) 3・(13) 4・(12) 7・(9) 9・(9) 11・(13) 12・(12)	3字名

姓の画数	11・11	11・12	11・13	11・18	11・19	12
姓の代表例	鹿野 黒崎 紺野 笹野 船崎	笠間 菊間 黒須 鹿間 鳥越 野間	淡路 設楽 鳥飼	斎藤 進藤 清藤	清瀬 黒瀬 野瀬 深瀬 梁瀬	越 奥 堺 萩 湊 渡
1字名	なし	なし	なし	なし	なし	5　6　13
2字名	4・7 4・13 5・10 5・12 6・7 7・4 7・10 10・7 10・13 12・5 13・4 13・10	3・13 4・12 6・10 9・7 11・5 11・7 11・13 12・4 12・6 12・12 13・5 13・12	3・12 3・14 4・13 5・10 5・12 8・5 8・7 10・5 10・7 11・2 11・4 11・6	3・5 3・13 5・13 6・2 6・10 6・12 13・5 13・10 14・2 14・4 17・6 19・4	2・5 2・13 4・7 4・13 5・2 5・6 5・10 6・5 6・12 12・5 13・4 14・4	1・10 3・10 4・7 5・16 6・7 9・12 11・2 11・10 13・12
3字名	2・(9) 2・(13) 4・(9) 4・(13) 5・(6) 6・(9) 10・(13) 12・(11)	3・(5) 3・(13) 4・(12) 4・(20) 11・(13) 12・(12) 12・(13) 13・(11)	3・(12) 4・(9) 4・(11) 4・(13) 4・(19) 5・(12) 8・(9) 8・(13) 10・(11) 10・(13)	3・(3) 3・(5) 3・(13) 5・(11) 5・(13) 6・(12) 7・(9) 7・(11)	2・(3) 2・(9) 4・(3) 4・(11) 5・(6) 6・(5) 6・(9) 6・(11)	3・(3) 4・(19) 5・(6) 6・(15) 9・(14) 11・(14) 12・(9) 12・(11)

姓の画数	12·3	12·4	12·5	12·6	12·7	12·8
姓の代表例	朝川 須山 富山 森川 森口 湯川	朝井 奥井 森井 森内 森木 森元	朝生 須田 富永 萩本 森田 森本	落合 喜多 椎名 森江 森安 渡会	植村 奥沢 森沢 森谷 湯沢 湯村	朝岡 飯沼 勝沼 須長 富岡 森岡
1字名	2　10　20	7	6　16　20	5　7 15　17	4　6 14　16	5　15
2字名	3・3 3・13 4・12 5・11 5・13 10・6 12・12 13・5 14・4	2・3 3・4 7・9 9・6 11・4 11・12 12・3 12・5 12・9 12・13 13・3	2・5 3・3 3・12 6・9 10・6 11・5 12・4 12・12 13・5	1・4 2・3 5・12 7・6 9・4 10・11 11・6 12・9	1・12 4・9 6・12 8・5 9・4 10・3 11・5 14・4	3・12 5・6 8・3 8・5 8・9 9・4 9・12 10・3 10・5 13・12
3字名	2・(4) 3・(5) 4・(12) 5・(11) 5・(19) 8・(8) 10・(8) 12・(12)	1・(4) 2・(5) 3・(5) 3・(12) 4・(11) 7・(10) 11・(12) 12・(11)	2・(5) 3・(4) 3・(12) 6・(10) 6・(12) 8・(8) 10・(8) 12・(12)	2・(4) 2・(11) 5・(8) 5・(12) 7・(8) 9・(12) 11・(10) 12・(11)	1・(5) 4・(2) 4・(12) 6・(10) 8・(5) 8・(10) 10・(8) 11・(22)	3・(2) 3・(8) 3・(18) 5・(8) 5・(10) 7・(10) 8・(5) 13・(8)

姓の画数	12·16	12·12	12·11	12·10	12·9	12·8·6
姓の代表例	棚橋 富樫	飯塚 飯森 越塚 須賀 塚越 番場	植野 雲野 奥野 塚崎 塚野 森野	朝倉 須原 塚原 間島 森脇 湯原	植草 森泉 森垣 森屋 湯浅 結城	寒河江
1字名	5　7　17	なし	10　12　14	15	4　12　14	なし
2字名	1・12 1・23 2・11 5・12 5・19 7・6 8・5 8・9 9・4 15・9 16・1 19・5	1・12 3・5 3・12 4・9 4・11 5・6 6・9 9・4 9・12 11・12 12・5 12・12	4・12 5・11 6・12 7・9 10・6 12・12 13・5 13・12 14・11	3・12 5・6 6・9 6・11 7・6 8・3 8・9 11・6 13・12 14・9 14・11	2・9 4・12 7・4 7・11 8・3 9・9 12・4 12・6 15・9	1・4 2・3 2・4 5・2 5・10 10・12 11・4 11・11 12・3 12・10 18・4 19・3
3字名	1・(10) 1・(12) 2・(5) 2・(11) 5・(8) 5・(12) 5・(19) 7・(10)	3・(4) 3・(10) 5・(10) 5・(18) 6・(11) 9・(8) 11・(10) 12・(11)	4・(4) 5・(11) 6・(10) 6・(18) 7・(11) 10・(8) 12・(12) 13・(12)	3・(8) 3・(12) 5・(8) 5・(12) 6・(11) 6・(19) 7・(10) 11・(12)	4・(12) 6・(10) 6・(12) 6・(18) 7・(11) 12・(12) 14・(10) 16・(8)	1・(4) 1・(12) 2・(3) 2・(11) 2・(19) 7・(4) 9・(12) 10・(5)

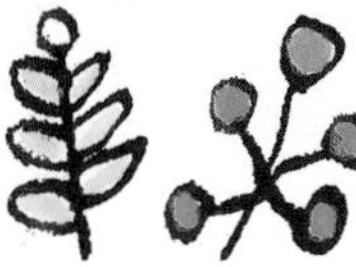

姓の画数	姓の代表例	1字名	2字名	3字名
12·18	須藤	5　7 15　17	3・12 5・6 5・13 6・5 6・11 7・11 13・5 14・4	3・(2) 3・(8) 3・(12) 5・(10) 6・(11) 6・(12) 7・(8) 7・(11)
13	楠 園	3　5　8 11　18	2・16 3・15 4・7 4・14 5・6 8・10 8・16 10・14 11・7 12・6 12・12 18・6	2・(16) 3・(15) 3・(21) 4・(14) 5・(13) 5・(19) 8・(16) 10・(14) 10・(22) 11・(13)
13·3	愛川 塩川 滝口 新山 福川 溝口	なし	2・3 3・5 5・12 8・8 10・5 12・3 12・4 12・5 12・11 13・3 13・8 14・3	2・(3) 2・(21) 3・(4) 4・(11) 5・(10) 5・(11) 12・(11) 13・(10)
13·4	新木 塩井 鈴木 遠井 福井 福元	なし	1・5 2・5 3・12 4・4 4・11 7・8 11・4 12・12 13・5 13・11 14・4 14・10	2・(4) 3・(4) 4・(4) 4・(11) 7・(9) 7・(17) 11・(7) 13・(11)

姓の画数	13·11	13·10	13·9	13·8	13·7	13·5
姓の代表例	塩崎 塩野 新堀 園部 遠野 豊崎	楠原 嵯峨 塩島 福島 福原	豊泉 新海 新保 新津 新美 福室	新居 殿岡 新妻 蓮沼 福岡 豊岡	塩谷 新谷 鈴村 新村 福沢 福村	愛甲 遠田 滝田 福田 福本 幕田
1字名	なし	なし	なし	なし	なし	なし
2字名	2・11 4・11 5・8 5・10 7・4 7・8 10・3 10・5 12・3 12・5 12・11 13・8	3・5 5・11 6・10 6・12 7・11 7・18 8・8 11・5 13・5 13・11 14・10 15・10	2・11 4・11 4・19 7・4 7・8 8・3 8・5 9・4 9・8 12・3 12・5 12・11	3・8 5・11 7・4 7・11 8・3 8・8 8・10 9・2 10・8 13・3 15・3 16・2	1・10 4・11 6・11 8・5 9・4 9・8 10・5 10・11 11・10 14・11 17・8 18・3	1・12 3・4 3・10 3・18 8・5 10・5 10・11 11・4 11・12 12・11 13・4 13・8
3字名	2・(9) 4・(4) 4・(11) 5・(3) 6・(9) 7・(10) 10・(11) 12・(11)	1・(7) 5・(11) 6・(10) 6・(18) 7・(9) 8・(10) 11・(7) 13・(11)	2・(9) 2・(11) 4・(7) 4・(19) 6・(7) 6・(9) 7・(10) 12・(11)	5・(11) 7・(4) 7・(9) 8・(10) 9・(7) 9・(9) 13・(11) 15・(9)	1・(10) 4・(7) 4・(11) 6・(9) 6・(19) 8・(9) 10・(7) 11・(10)	2・(4) 2・(11) 3・(4) 3・(10) 6・(9) 6・(11) 10・(11) 12・(9)

姓の画数	13·18	14	14·3	14·4	14·5	14·7
姓の代表例	遠藤 新藤	榎 窪 関 槙	稲山 熊川 関口 徳丸 増山	稲井 稲毛 稲木 緒方 熊井 徳井	稲田 榎本 熊本 徳田 徳本 増田	稲見 稲村 熊坂 関沢 種村 増村
1字名	なし	7　11　17	4　14　15	7　14　17	6　12　16	4　10 14　16
2字名	3・5 3・18 5・11 5・12 6・10 6・11 7・10 13・4 13・8 14・3 15・2 17・4	1・10 2・5 3・14 4・7 7・10 9・12 10・7 11・6 17・4	3・4 4・11 5・3 8・7 8・10 12・4 13・2 14・4 15・9	2・3 3・10 4・3 4・9 7・10 9・4 11・4 12・3 13・10	2・11 3・10 6・7 6・10 8・10 11・7 12・4 13・3 16・2	4・7 6・10 8・3 8・10 9・7 9・9 11・7 14・2
3字名	3・(3) 3・(18) 5・(3) 5・(11) 6・(10) 6・(11) 7・(9) 7・(10)	2・(5) 3・(14) 4・(14) 7・(11) 9・(9) 9・(16) 10・(11) 11・(14)	3・(3) 4・(2) 5・(10) 8・(8) 8・(10) 8・(16) 10・(6) 12・(6)	3・(3) 3・(10) 4・(9) 7・(8) 7・(16) 9・(8) 11・(10) 12・(9)	2・(3) 3・(3) 3・(10) 6・(10) 8・(8) 10・(6) 10・(8) 12・(6)	4・(20) 6・(10) 6・(18) 8・(8) 8・(10) 8・(16) 14・(10) 16・(8)

15・4	15・3	14・12	14・11	14・10	14・9	姓の画数
駒井	影山 澄川 横川 横山	稲葉 関塚 徳富 徳間 増淵	綾部 綾野 熊崎 境野 熊野 綿貫	漆原 関根 関原 徳原 徳島 箕浦	稲垣 漆畑 関屋 徳重	姓の代表例
2　4　12 14　20	5　14　15	5　6	6　10 12　14	7　15	12　14　16	1字名
1・17 2・16 3・10 4・9 7・6 7・9 9・9 11・2 12・1 12・6 13・3 14・2	2・3 3・10 4・9 5・8 5・16 8・9 13・8 14・9 15・6	1・10 3・4 3・18 4・7 4・11 5・10 6・7 6・9 9・2 12・9	2・4 4・3 5・3 6・10 7・9 12・4 12・11 13・10	3・10 5・3 5・10 6・7 6・11 7・4 8・7 11・4 13・10 14・7	4・4 6・10 7・9 7・11 8・10 12・4 14・10 15・3 16・9	2字名
1・(15) 1・(17) 2・(16) 3・(15) 4・(9) 4・(29) 7・(9) 9・(9) 12・(21) 14・(19)	2・(5) 4・(9) 4・(19) 5・(16) 8・(9) 8・(15) 10・(7) 12・(9)	1・(6) 3・(8) 3・(18) 4・(9) 5・(8) 5・(16) 9・(6) 12・(9)	2・(6) 4・(2) 4・(3) 5・(3) 5・(18) 6・(10) 7・(9) 13・(10)	3・(8) 3・(10) 5・(8) 5・(16) 7・(8) 7・(10) 8・(16) 11・(10)	2・(6) 6・(10) 7・(9) 8・(8) 8・(10) 9・(9) 12・(6) 14・(10)	3字名

姓の画数	15・5	15・7	15・10	15・11
姓の代表例	熱田 蔵田 駒田 箱田 諸田 横田	潮来 駒形 駒沢 駒村 横尾 横沢	駒宮 横倉 横島 横浜 輪島	嬉野 駒野 権堂 諏訪 箱野 横野
1字名	12	10	6　7　14	5　6　7
2字名	1・2 1・10 2・9 3・8 3・18 6・9 10・3 11・6 12・9 13・8 16・9	4・9 6・9 6・17 8・3 8・9 9・2 9・6 9・8 10・3 14・9 17・6	3・3 5・1 5・3 6・10 7・1 7・9 8・8 13・3 14・2	2・3 4・9 5・8 6・1 6・9 7・6 7・8 10・3 12・9
3字名	2・(9) 2・(15) 3・(8) 6・(15) 8・(7) 10・(7) 12・(9) 16・(9)	4・(7) 4・(9) 4・(19) 6・(5) 6・(7) 6・(17) 8・(5) 8・(15)	3・(29) 6・(17) 7・(9) 8・(8) 11・(21) 13・(19) 14・(9) 15・(8)	2・(5) 4・(2) 4・(7) 4・(9) 5・(8) 6・(9) 7・(8)

姓の画数	姓の代表例	1字名	2字名	3字名
16	橘 橋 壇 黛	5 7 8 15 16 17 21 23	1・4 1・14 1・15 2・14 2・23 9・6 9・7 9・14 9・16 19・4 19・6 21・4	1・(4) 1・(14) 1・(15) 2・(3) 2・(13) 2・(14) 2・(23) 9・(6) 9・(14) 9・(16)
16·3	鮎川 鴨川 鴨下 橘川 館山 築山	4 5 12 14	4・9 5・1 5・8 8・5 8・8 10・8 13・5 14・2	2・(4) 3・(15) 4・(14) 5・(8) 8・(8) 10・(6) 10・(8) 12・(6)
16·4	薄井 鴨井 薄木 橋爪 橋内 橋元	4 12 17	2・9 3・8 4・9 7・8 9・8 9・16 12・9 13・8 14・7	2・(15) 3・(8) 3・(14) 4・(7) 7・(8) 9・(6) 9・(16) 11・(14)
16·5	薄田 繁田 積田 橋田 橋立 橋本	10 12 16	1・15 2・9 3・8 3・15 6・5 8・8 10・8 11・7 13・5	2・(14) 3・(8) 6・(18) 8・(8) 10・(6) 10・(14) 11・(7) 12・(6)
16·7	鮎沢 壁谷 樽見 橋村 築沢	14	4・21 8・8 8・16 8・17 9・7 9・15 9・16 14・2 16・8 17・7 18・7	4・(20) 6・(18) 8・(8) 8・(16) 9・(7) 9・(15) 9・(16) 16・(8)
16·10	橋高 鴨原 樽原	5 6 7 15	1・5 3・2 3・8 5・8 6・5 6・7 8・5 11・2	1・(6) 3・(8) 3・(18) 5・(6) 6・(15) 7・(6) 8・(7) 13・(8)

姓の画数	17・5	17・7	17・10	17・11	18・4	18・5
姓の代表例	磯田 磯辺 輿石 霜田 鍋田	磯貝 磯村 磯谷 篠沢	鮫島 鍋島 篠原	磯崎 磯野 磯部 鴻巣 霜鳥	藤井 藤木 藤戸 藤元 藪内	織田 鎌田 藤代 藤田 藤永 藤本
1字名	2　10	17	5　6　14	4　5 7　20	なし	なし
2字名	2・1 3・8 3・14 6・7 8・7 10・1 10・7 11・6 13・4 16・1	1・7 1・14 4・7 6・7 8・7 8・15 9・4 9・6 9・8 10・7 11・4	1・7 3・15 5・1 5・16 6・15 7・14 11・7 13・8 14・7	2・1 4・1 4・7 5・6 5・8 7・4 10・7 13・4	1・14 3・14 4・7 4・13 7・6 9・6 9・14 11・6 12・5 12・13 14・3 17・6	1・7 3・5 3・13 10・6 10・14 11・5 11・13 12・6 12・13 13・3 13・5 18・6
3字名	1・(14) 2・(13) 3・(14) 6・(7) 8・(5) 8・(7) 10・(7) 11・(6)	1・(6) 4・(7) 6・(7) 8・(13) 9・(6) 10・(7) 11・(13) 14・(7)	3・(15) 5・(13) 6・(15) 7・(14) 8・(13) 8・(17) 11・(7) 11・(14)	2・(3) 2・(5) 4・(3) 4・(13) 5・(6) 6・(7) 7・(6) 10・(7)	2・(13) 3・(12) 3・(14) 4・(13) 7・(16) 7・(18) 9・(6) 11・(12)	2・(6) 2・(14) 3・(13) 6・(12) 8・(16) 10・(6) 11・(13) 12・(6)

姓の画数	18·12	18·11	18·10	18·9	18·8	18·7
姓の代表例	鯉淵 額賀 藤塚 藤間 藤森 藪塚	鵜野 藤堂 藤掛 藤崎 藤野 藪崎	藍原 鎌倉 藤浦 藤倉 藤島 藤原	藤咲 藤城 藤巻 藤屋	鯉沼 難波 藤枝 藤岡 藤沼 藤林	鵜沢 鎌形 藤尾 藤沢 藤谷 藤村
1字名	なし	なし	なし	なし	なし	なし
2字名	1・6 1・14 3・14 4・3 4・7 5・6 6・5 9・6 11・6 12・3 12・5 13・5	2・6 2・14 4・14 4・19 5・3 5・13 6・17 10・6 10・13 12・6 13・3 13・5	1・6 3・14 3・21 5・6 6・5 6・7 7・6 8・3 8・5 11・6 11・13 14・3	2・3 2・6 2・19 4・14 4・17 6・15 7・14 8・13 12・6 14・7 15・3 16・5	3・3 5・6 7・6 7・14 8・3 8・5 8・7 9・6 10・3 10・5 15・6 16・5	1・5 1・6 1・7 1・15 4・19 6・17 8・15 9・7 9・14 10・6 11・5 16・7
3字名	1・(4) 3・(4) 3・(12) 4・(13) 5・(6) 6・(5) 9・(6) 11・(6)	2・(4) 2・(14) 4・(12) 5・(13) 5・(18) 6・(12) 10・(6) 10・(13)	1・(4) 3・(2) 3・(14) 5・(6) 5・(12) 6・(18) 7・(6) 8・(16)	2・(6) 2・(16) 4・(2) 4・(14) 6・(12) 7・(14) 9・(12) 12・(6)	3・(2) 3・(12) 5・(6) 7・(4) 7・(6) 8・(5) 9・(6) 10・(5)	1・(5) 1・(6) 4・(28) 6・(26) 9・(14) 10・(6) 14・(18) 16・(16)

姓の画数	19	19·4	19·7	21·4
姓の代表例	鏡	鏑木 鯨井 瀬戸	瀬尾 瀬良	露木
1字名	5　6　13 16　18	なし	なし	なし
2字名	4・2 4・12 4・14 6・7 6・10 6・12 12・4 12・6 13・5 14・2 14・4 16・2	2・6 2・14 3・5 3・13 4・4 4・12 7・18 9・16 11・5 12・4 13・5 14・2	1・4 1・12 4・2 6・5 8・5 8・13 9・2 9・6 10・5 11・2 11・4 16・5	2・14 3・4 3・20 4・3 4・4 4・12 7・16 9・14 11・12 12・4 13・3 14・2
3字名	2・(11) 2・(14) 2・(16) 4・(9) 4・(14) 4・(29) 5・(11) 5・(13) 12・(21) 14・(19)	1・(15) 3・(5) 3・(13) 4・(4) 4・(12) 7・(11) 9・(15) 11・(13)	1・(5) 1・(12) 4・(3) 6・(5) 8・(5) 8・(13) 9・(12) 10・(5)	1・(15) 3・(13) 4・(19) 7・(9) 7・(25) 9・(23) 12・(11) 13・(19)

ひらがな&カタカナの画数一覧表

ひらがなやカタカナを使った名前は、やわらかいイメージになるので、
女の子の名前として根強い人気。「゛（濁音）」は2画、「゜（半濁音）」は1画で数えます。

あ	い	う	え	お
3	2	2	3	4
か	き	く	け	こ
3	4	1	3	2
さ	し	す	せ	そ
3	1	3	3	3
た	ち	つ	て	と
4	3	1	2	2
な	に	ぬ	ね	の
5	3	4	4	1
は	ひ	ふ	へ	ほ
4	2	4	1	5
ま	み	む	め	も
4	3	4	2	3
や		ゆ		よ
3		3		3
ら	り	る	れ	ろ
3	2	3	3	2
わ	ゐ	ゑ	を	ん
3	3	5	4	2

ア	イ	ウ	エ	オ
2	2	3	3	3
カ	キ	ク	ケ	コ
2	3	2	3	2
サ	シ	ス	セ	ソ
3	3	2	2	2
タ	チ	ツ	テ	ト
3	3	3	3	2
ナ	ニ	ヌ	ネ	ノ
2	2	2	4	1
ハ	ヒ	フ	ヘ	ホ
2	2	1	1	4
マ	ミ	ム	メ	モ
2	3	2	2	3
ヤ		ユ		ヨ
2		2		3
ラ	リ	ル	レ	ロ
2	2	2	1	3
ワ	ヰ	ヱ	ヲ	ン
2	4	3	3	2
ー	ゝ	ゞ	々	
1	1	3	3	

※ゐ、ゑ、ヰ、ヱは旧かなづかいですが人名に使えます。

姓に合った名前が見つかる!

画数組み合わせリスト

P.359の「姓別吉数リスト」で、自分の姓にぴったりの
名前の画数の組み合わせを見つけたら、
このリストでお気に入りの名前を探してください。
画数のパターンごとに、名前の実例を紹介しています。

※本書では、仮成数(P.339)を加えて吉数にする場合も考えて、
画数としてそのままでは吉数ではない名前例も掲載しています。

このリストの見方

名前の1文字目の画数がインデックスになっています。まずはこのインデックスで、1文字目の画数を見つけます。次に、大きい色文字の部分「1-2」「1(4)」で、名前の画数の組み合わせを探します。( )内は、2文字目以降の画数を合計したものです。

1字ごとの画数は、1字名と2字名の場合は、大きい色文字(「5」「1-2」など)をご覧ください。3字名の場合、文字のすぐ右にある小さい文字をご覧ください。

1文字目の画数

1画

1-1
しの

1-2
のい
レイ
レナ
一乃《いちの》

1-3
のえ
のあ

1-5
しほ
一加《いちか》

1-6
一羽《かずは》
乙羽《おとは》

1-7
一花《いちか》
一希《かずき》
一伽《いちか》
乙希《いつき》
一沙《かずさ》

1-8
乙佳《いつか》
一佳《いちか》
一歩《かずほ》

1-9
乙音《おとね》
一香《いちか》
一咲《かずさ》
一美《かずみ》

1-10
一華《いちか》
乙華《おとか》
一純《かすみ》
一姫《かずき》
一夏《いちか》
一恵《かずえ》

1-11
一椛《いちか》
一菜《かずな》

1-12
乙葉《おとは》
一葉《かずは》
乙稀《いつき》

1-13
一楓《いちか》

1-14
一綺《いつき》
乙寧《おとね》
一歌《いちか》
一樺《いちか》

1-15
一穂《いつほ》

1(2)
つくし 1 1 1

1(4)
ののか 1 1 3
レイナ 1 2 2

1(5)
ののは 1 1 4
レオナ 1 3 2

1(6)
くるみ 1 3 3
くらら 1 3 3
つかさ 1 3 3
つぐみ 1 3 3
しおり 1 4 2
しずく 1 5 1

1(7)
くれは 1 3 4
のどか 1 4 3
しほり 1 5 2

1(8)
のの花《ののか》 1 1 7
のぞみ 1 5 3
しずか 1 5 3

1(9)
つばさ 1 6 3

1(10)
のの香《ののか》 1 1 9
一千花《いちか》 1 3 7
つむぎ 1 4 6
つばき 1 6 4

1(11)
くる実《くるみ》 1 3 8

1(12)
くる美《くるみ》 1 3 9

1文字目の画数

2画

2-1
りの

うの
りく

2-2
めい
ルナ
りこ
りん
こと
いと
リナ
ルイ
マヤ
リカ
ユイ
メイ
ナナ

2-3
りあ
りさ
七々《なな》
マキ
リサ
りえ
りか
めぐ
ナツ
りら
りみ

2-4
うた
りお
七月《なつき》

2-5
りな
ひな
七生《ななみ》
七未《ななみ》
りほ

2-6
乃衣《のい》
七羽《ななは》
七帆《なほ》

2-7
七花《ななか》
乃杏《のあ》
乃亜《のあ》

2-8
七実《ななみ》
七奈《なな》
七佳《ななか》
乃依《のえ》
十和《とわ》

2-9
七海《ななみ》
七泉《ななみ》
七美《ななみ》
乃音《のん》
七音《ななね》
八重《やえ》
七香《ななか》

2-10
七桜《なお》
七珠《ななみ》
七華《ななか》
七恵《ななえ》
乃恵《のえ》

2-11
七菜《なな》
七望《ななみ》
乃彩《のあ》
七都《なつ》
乃野《のの》

2-12
二葉《ふたば》
七葉《ななは》
乃絵《のえ》

2-13
乃愛《のあ》
二瑚《にこ》
乃蒼《のあ》
七聖《ななせ》
七楓《ななか》

2-14
七緒《ななお》
七歌《ななか》
乃碧《のあ》

2-15
七穂《ななほ》

2-19
七瀬《ななせ》

2(3)
このん 2 1 2
いのり 2 1 2
カレン 2 1 2
カノン 2 1 2
ひめの 2 2 1

ことの 2 2 1
ひろの 2 2 1

2(4)
このみ 2 1 3
このか 2 1 3
いつみ 2 1 3
いつか 2 1 3
いくみ 2 1 3
こころ 2 2 2
ひいろ 2 2 2
こと乃《ことの》 2 2 2
こうめ 2 2 2
ことり 2 2 2
マリア 2 2 2
ハンナ 2 2 2
めいこ 2 2 2

カンナ 2 2 2
アンナ 2 2 2
セイラ 2 2 2
いちの 2 3 1

2(5)
このは 2 1 4
いつき 2 1 4
ここみ 2 2 3
ことみ 2 2 3
ひろか 2 2 3
ひろみ 2 2 3
ひとみ 2 2 3
アユミ 2 2 3
りんか 2 2 3
りり子《りりこ》 2 2 3
りりか 2 2 3

ひより 2 3 2
ひかり 2 3 2
りょう 2 3 2
カエラ 2 3 2
りさこ 2 3 2
こはく 2 4 1

2(6)
ことは 2 2 4
ここね 2 2 4
いろは 2 2 4
ことね 2 2 4
ひかる 2 3 3
うらら 2 3 3
いちか 2 3 3
ともか 2 3 3
ともみ 2 3 3

いづみ 2 3 3
めぐみ 2 3 3
りさ子《りさこ》 2 3 3
ひまり 2 4 2
いおり 2 4 2
ひおり 2 4 2
いまり 2 4 2
りおん 2 4 2
ひなの 2 5 1
こなつ 2 5 1

2(7)
めいな 2 2 5
こゆき 2 3 4
こはる 2 3 3
こまち 2 4 3
ひなこ 2 5 2

ひな乃《ひなの》 2 5 2

2(8)
こまき 2 4 4
ひなみ 2 5 3
いずみ 2 5 3
ひばり 2 6 2

2(9)
この実《このみ》 2 1 8
ひなた 2 5 4

2(10)
乃々花《ののか》 2 3 7
いち花《いちか》 2 3 7

2(11)
乃々果《ののか》 2 3 8
七々実《ななみ》 2 3 8
乃々佳《ののか》 2 3 8

十和子《とわこ》 2 8 3
七奈子《ななこ》 2 8 3
八重乃《やえの》 2 9 2

2(12)
乃々香《ののか》 2 3 9
七夕美《なゆみ》 2 3 9
七々海《ななみ》 2 3 9

2(13)
乃々華《ののか》 2 3 10
七々夏《ななか》 2 3 10
乃々夏《ののか》 2 3 10

2(14)
七々椛《ななか》 2 3 11
七菜子《ななこ》 2 11 3

2(15)
こず恵《こずえ》 2 5 10

七奈花《ななか》 2 8 7

2（19）

七夏海《ななみ》 2 10 9

七夏美《ななみ》 2 10 9

七菜実《ななみ》 2 11 8

2（20）

七菜美《ななみ》 2 11 9

七菜香《ななか》 2 11 9

1文字目の画数 3画

3

夕《ゆう》

3-1

みく

かの

3-2

ゆめ

にこ

ゆい

ゆう

みこ

みう

わこ

あん

あい

あこ

久乃《ひさの》

せり

かこ

えり

らん

ゆり

エマ

サラ

るい

るり

れい

千乃《ゆきの》

夕七《ゆうな》

3-3

そら

もも

ゆあ

あみ

えみ

もえ

さら

久子《ひさこ》

みや

るか

さや

あゆ

弓子《ゆみこ》

さよ

さわ

さえ

さち

みか

みさ

みち

せら

ちよ

ちか

ちえ

あや

モモ

ゆみ

ゆか

みゆ

みわ

るみ

わか

れみ

3-4

さき

弓月《ゆづき》

ゆき

みき

ゆま

えま

万友《まゆ》

あき

もね

サホ

千文《ちふみ》

夕月《ゆづき》

3-5

ゆず

ゆな

すず

かほ

みな

万由《まゆ》

万央《まお》

さな

せな
ちな
ちほ
にな
かな
みほ
れな
千代　ちよ
千史　ちふみ
千加　ちか
千央　ちひろ

3-6

小羽　こはね
千帆　ちほ
千早　ちはや
夕衣　ゆい

3-7

千花　ちはな
弓花　ゆみか
万里　まり
小町　こまち
小花　こはな
万那　まな
千沙　ちさ
千那　ちな
千里　ちさと
夕里　ゆうり
夕那　ゆうな

3-8

千果　ちか
夕奈　ゆうな
千奈　ちな
弓佳　ゆみか
三奈　みな
千朋　ちほ
千佳　ちか
千依　ちより
夕茉　ゆま
小和　さわ
小波　こなみ
小夜　さや
小幸　こゆき
万知　まち
万実　まみ
万奈　まな
万依　まい
万侑　まゆ
久実　くみ
三佳　みか
千怜　ちさと
千幸　ちゆき
千明　ちあき
千歩　ちほ
千枝　ちえ
夕季　ゆうき
夕依　ゆい

3-9

小春　こはる
千咲　ちさき
小珀　こはく
千春　ちはる
久美　くみ
三咲　みさき
千草　ちぐさ
千秋　ちあき
千香　ちか

3-10

千紘　ちひろ
千紗　ちさ
小梅　こうめ
千桜　ちお
小粋　こいき
小桃　こもも
小夏　こなつ
万紘　まひろ
千莉　せんり
千笑　ちえみ
千夏　ちなつ
夕華　ゆうか
之恵　ゆきえ
弓夏　ゆみか
弓華　ゆみか
小姫　さき
万桜　まお
万姫　まき
万莉　まり
三桜　みお
千恵　ちえ
千晃　ちあき
千華　ちはな
千珠　ちず
夕莉　ゆうり
夕姫　ゆき
夕夏　ゆうか

3-11

小雪　こゆき

千紘　ちづる
万悠　まゆ
万理　まり
千彩　ちさ
千菜　ちな
夕梨　ゆうり
夕菜　ゆうな

3-12

千尋　ちひろ
千陽　ちはる
千晴　ちはる
小遥　こはる
万結　まゆ
千遥　ちはる
三結　みゆ
千賀　ちか
夕稀　ゆうき
小晴　こはる
小絵　さえ
万智　まち
万尋　まひろ
万喜　まき
万貴　まき
万葉　まよ
万陽　まひろ
三葉　みつば
千絵　ちえ
千絢　ちひろ
千温　ちはる
千智　ちさと
千晶　ちあき
千詠　ちえ
千裕　ちひろ
夕結　ゆい
夕陽　ゆうひ
夕葵　ゆうき

3-13

小暖　こはる
千聖　ちさと
千歳　ちとせ
千愛　ちな
千寛　ちひろ
千楓　ちか
夕愛　ゆうあ
小鈴　こすず
小蒔　こまき
三鈴　みすず
千暖　ちはる

3-14

小綾　さあや
万綾　まあや
万緒　まお
千嘉　ちか
千緒　ちお
千歌　ちか

3-15

千穂　ちほ
万穂　まほ
千慧　ちさと

3-17

万優　まゆ
千優　ちひろ

3-18

千織　ちおり
千雛　ちひな

3-19

夕蘭　ゆら
千瀬　ちせ

3-21

千鶴　ちづる

3（2）

よしの　3 1 1

3（3）

みのり　3 1 2
かのん　3 1 2
あのん　3 1 2
よし乃　3 1 2　よしの
あいく　3 2 1
ゆめの　3 2 1
ゆりの　3 2 1
ゆいの　3 2 1

3（4）

さくら　3 1 3
かのか　3 1 3
かの子　3 1 3　かのこ
みくる　3 1 3
あつみ　3 1 3
ゆうり　3 2 2
みこと　3 2 2
あいり　3 2 2
ちひろ　3 2 2
けいと　3 2 2
かりん　3 2 2
みひろ　3 2 2
あんり　3 2 2
ゆりこ　3 2 2

エリカ 3 2 2
サヤカ 3 2 2
さやの 3 3 1
あやの 3 3 1

3（5）

さつき 3 1 4
みつき 3 1 4
ゆり子《ゆりこ》 3 2 3
ゆい子《ゆいこ》 3 2 3
ゆりか 3 2 3
ゆりあ 3 2 3
ちとせ 3 2 3
さとみ 3 2 3
せいら 3 2 3
ありさ 3 2 3
えりか 3 2 3

あいか 3 2 3
るりか 3 2 3
れいら 3 2 3
れいか 3 2 3
あかり 3 3 2
あさひ 3 3 2
ゆかり 3 3 2
やよい 3 3 2
みさと 3 3 2
あやめ 3 3 2
かれん 3 3 2
かや乃《かやの》 3 3 2
ちより 3 3 2
ちさと 3 3 2
えみり 3 3 2
あや乃《あやの》 3 3 2

あゆり 3 3 2
ミチル 3 3 2
エミリ 3 3 2
ゆきの 3 4 1

3（6）

すみれ 3 3 3
あすか 3 3 3
あゆか 3 3 3
さやか 3 3 3
みちる 3 3 3
みちか 3 3 3
すみか 3 3 3
ちづる 3 3 3
かすみ 3 3 3
あさみ 3 3 3
あやみ 3 3 3

あゆみ 3 3 3
ももか 3 3 3
もみじ 3 3 3
あおい 3 4 2
ゆき乃《ゆきの》 3 4 2
さおり 3 4 2
かをり 3 4 2
みどり 3 4 2
かおり 3 4 2
ちなつ 3 5 1

3（7）

かんな 3 2 5
ゆうな 3 2 5
ゆりな 3 2 5
あんず 3 2 5
えりな 3 2 5

かりな 3 2 5
にいな 3 2 5
せりな 3 2 5
あいな 3 2 5
ゆいな 3 2 5
れいな 3 2 5
みやび 3 3 4
あかね 3 3 4
みさき 3 3 4
ゆづき 3 3 4
さゆき 3 3 4
みづき 3 3 4
ちさき 3 3 4
ちあき 3 3 4
あやね 3 3 4
みゆき 3 3 4

ちはる 3 4 3
みはる 3 4 3
かおる 3 4 3
ゆきみ 3 4 3
かなめ 3 5 2
かほり 3 5 2

3（8）

あやな 3 3 5
ももな 3 3 5
えれな 3 3 5
さやな 3 3 5
みづほ 3 3 5
みすず 3 3 5
えみな 3 3 5
わかな 3 3 5
あまね 3 4 4

ゆきね 3 4 4
みなみ 3 5 3
ゆずか 3 5 3
あずみ 3 5 3
万由子《まゆこ》 3 5 3
さなえ 3 5 3
かなみ 3 5 3
かな子《かなこ》 3 5 3
すずか 3 5 3
かなえ 3 5 3
あずさ 3 5 3

3 (9)

わかば 3 3 6
ちはな 3 4 5
ゆきな 3 4 5
れおな 3 4 5

みずき 3 5 4
すずね 3 5 4
すずは 3 5 4
かずは 3 5 4
ゆずき 3 5 4
万有子《まゆこ》 3 6 3
すばる 3 6 3

3 (10)

小乃実《このみ》 3 2 8
もも花《ももか》 3 3 7
あか里《あかり》 3 3 7
三千花《みちか》 3 3 7
あゆ花《あゆか》 3 3 7
あす花《あすか》 3 3 7
あおば 3 4 6
みずほ 3 5 5

ゆずな 3 5 5
ゆずほ 3 5 5
万佑子《まゆこ》 3 7 3
万里子《まりこ》 3 7 3
千花子《ちかこ》 3 7 3

3 (11)

あゆ実《あゆみ》 3 3 8
小夜子《さよこ》 3 8 3
久実子《くみこ》 3 8 3
千佳子《ちかこ》 3 8 3

3 (12)

さや香《さやか》 3 3 9
そよ香《そよか》 3 3 9
あさ美《あさみ》 3 3 9
あや香《あやか》 3 3 9
ゆき奈《ゆきな》 3 4 8

万由花《まゆか》 3 5 7
みず希《みずき》 3 5 7
すず花《すずか》 3 5 7
千央里《ちおり》 3 5 7
小百合《さゆり》 3 6 6
千咲子《ちさこ》 3 9 3
万柚子《まゆこ》 3 9 3
久美子《くみこ》 3 9 3
千香子《ちかこ》 3 9 3
千紗乃《ちさの》 3 10 2

3 (13)

よつ葉《よつは》 3 1 12
あい梨《あいり》 3 2 11
小夕姫《こゆき》 3 3 10
そよ夏《そよか》 3 3 10
万由佳《まゆか》 3 5 8

みな実《みなみ》 3 5 8
みず季《みずき》 3 5 8
すず佳《すずか》 3 5 8
ゆず奈《ゆずな》 3 5 8
千紗子《ちさこ》 3 10 3
千華子《ちかこ》 3 10 3

3 (14)

万由香《まゆか》 3 5 9
みな美《みなみ》 3 5 9
千代美《ちよみ》 3 5 9
万里亜《まりあ》 3 7 7
万里花《まりか》 3 7 7
千亜希《ちあき》 3 7 7
万梨子《まりこ》 3 11 3

3 (15)

ゆき菜《ゆきな》 3 4 11

小羽音《こはね》 3 6 9
万衣香《まいか》 3 6 9
万里佳《まりか》 3 7 8
夕希奈《ゆきな》 3 7 8
万智子《まちこ》 3 12 3
万結子《まゆこ》 3 12 3
千賀子《ちかこ》 3 12 3

3 (16)

すず菜《すずな》 3 5 11
久玲亜《くれあ》 3 9 7
千咲希《ちさき》 3 9 7

3 (17)

ゆず葉《ゆずは》 3 5 12
万奈美《まなみ》 3 8 9
千奈津《ちなつ》 3 8 9
千紗希《ちさき》 3 10 7

千桜里 3 10 7 ちおり

3（18）

夕希菜 3 7 11 ゆきな
万里菜 3 7 11 まりな
千沙都 3 7 11 ちさと
久留実 3 10 8 くるみ
万莉奈 3 10 8 まりな
千紗季 3 10 8 ちさき

3（19）

久留美 3 10 9 くるみ
千恵美 3 10 9 ちえみ
夕莉南 3 10 9 ゆりな

3（20）

みず穂 3 5 15 みずほ
小茉智 3 8 12 こまち
千咲都 3 9 11 ちさと

千菜美 3 11 9 ちなみ
万優子 3 17 3 まゆこ

3（21）

久玲葉 3 9 12 くれは
万莉菜 3 10 11 まりな
千恵梨 3 10 11 ちえり
千紗都 3 10 11 ちさと
夕莉菜 3 10 11 ゆりな
千緒里 3 14 7 ちおり

3（22）

久玲愛 3 9 13 くれあ
千紗葵 3 10 12 ちさき
千菜都 3 11 11 ちなつ

3（24）

千咲穂 3 9 15 ちさほ
千優希 3 17 7 ちゆき

1文字目の画数 4 画

4

心 こころ
巴 ともえ
文 あや
円 まどか
友 ゆう

4-1

まの
ふく

4-2

きい
まい
友乃 ともの

月乃 つきの
文乃 ふみの
まり

4-3

はる
まゆ
まや
元子 もとこ
文子 あやこ
まよ
まみ
友子 ゆうこ

4-4

心月 みつき
まお
ねね

4-5

はな
まほ
まな

4-6

日向 ひなた
友衣 ゆい
友羽 ゆう

4-7

心花 このか
心那 ここな
円花 まどか
六花 りっか
仁那 にいな
友里 ゆり
友花 ともか

4-8

日和 ひより
心実 ここみ
心奈 ここな
文奈 あやな
友茉 ゆま
友奈 ゆうな
友佳 ゆうか
巴奈 はな
文佳 あやか
仁奈 にいな
仁実 ひとみ
友依 ゆい
友果 ともか

4-9

心春 こはる

心美 ここみ
心咲 みさき
心音 ここね
仁美 ひとみ
天音 あまね
心海 ここみ
仁香 にこ
友香 ともか
心香 このか
文音 あやね
友美 ともみ
文美 あやみ
文香 あやか
月香 つきか
月美 つきみ
木香 このか

公美 くみ
公香 きみか
円香 まどか
元香 もとか
元美 もとみ
友紀 ゆき
友南 ゆな
天祢 あまね
天香 てんか

4-10

心桜 みお
心夏 こなつ
文華 ふみか
文恵 ふみえ
月華 つきか
水姫 みずき

友華 ともか
友莉 ゆり
友姫 ゆき
友恵 ともえ

4-11

心菜 ここな
心絆 ここな
日菜 ひな
友菜 ゆな
心雪 こゆき
仁菜 にいな
心望 ここみ
巴菜 はな
友唯 ゆい
日彩 ひいろ
友彩 ゆい

月菜 つきな
友理 ゆうり
友麻 ゆま
友梨 ゆり

4-12

心結 みゆ
心晴 こはる
心遥 こはる
心陽 こはる
双葉 ふたば
日葵 ひまり
心琴 みこと
心温 しおん
友結 ゆい
心葉 ここは
日陽 ひなた

文葉 あやは
木葉 このは
仁絵 ひとえ
友貴 ゆき
友葉 ともは
友葵 ゆうき
友稀 ゆき
友喜 ゆき

4-13

心愛 ここあ
心暖 こはる
友愛 ゆうあ
仁瑚 にこ
心詩 こまき
心鈴 こすず
日暖 ひなた

水鈴 みすず
友楽 ゆら

4-14

心寧 ここね
心緒 みお
文歌 ふみか
文緒 ふみお
文寧 あやね
天歌 てんか
天寧 あまね

4-17

心優 みゆ
友優 ゆう
日鞠 ひまり

4-19

友羅 ゆら

4（3）

まつり 4 1 2
ましろ 4 1 2
まりの 4 2 1

4（4）

むつみ 4 1 3
まひろ 4 2 2
まりん 4 2 2
まこと 4 2 2
ねいろ 4 2 2
はるの 4 3 1

4（5）

まひる 4 2 3
ふうか 4 2 3
まりえ 4 2 3
まいか 4 2 3

はる乃《はるの》 4 3 2

4（6）

おとは 4 2 4
はるか 4 3 3
きらら 4 3 3
きよら 4 3 3
まゆ子《まゆこ》 4 3 3
ふみか 4 3 3
まあさ 4 3 3

4（7）

はんな 4 2 5
まりな 4 2 5
はづき 4 3 4
たまみ 4 4 3
今日子《きょうこ》 4 4 3
はな乃《はなの》 4 5 2

4（8）

はるな 4 3 5
たまき 4 4 4
日向乃《ひなの》 4 6 2

4（9）

木の実《このみ》 4 1 8
日向子《ひなこ》 4 6 3
友里乃《ゆりの》 4 7 2
友希乃《ゆきの》 4 7 2

4（10）

ふたば 4 4 6
友里子《ゆりこ》 4 7 3
日奈乃《ひなの》 4 8 2
比奈乃《ひなの》 4 8 2

4（11）

心乃美《このみ》 4 2 9

木乃香《このか》 4 2 9
まり香《まりか》 4 2 9
はる奈《はるな》 4 3 8
今日花《きょうか》 4 4 7
日奈子《ひなこ》 4 8 3
比奈子《ひなこ》 4 8 3
日南乃《ひなの》 4 9 2
友紀乃《ゆきの》 4 9 2

4（12）

心乃華《このか》 4 2 10
はる香《はるか》 4 3 9
日加里《ひかり》 4 5 7
友里加《ゆりか》 4 7 5
日南子《ひなこ》 4 9 3

4（13）

日万莉《ひまり》 4 3 10

今日香《きょうか》 4 4 9
日夏子《ひなこ》 4 10 3
日菜乃《ひなの》 4 11 2

4（14）

木乃葉《このは》 4 2 12
まな美《まなみ》 4 5 9
仁衣奈《にいな》 4 6 8
日花里《ひかり》 4 7 7
友里亜《ゆりあ》 4 7 7
友里花《ゆりか》 4 7 7
日奈多《ひなた》 4 8 6
日菜子《ひなこ》 4 11 3
友貴乃《ゆきの》 4 12 2

4（15）

五十鈴《いすず》 4 2 13
友里奈《ゆりな》 4 7 8

友希奈《ゆきな》 4 7 8
友佳里《ゆかり》 4 8 7

4（16）

ふた葉《ふたば》 4 4 12
友里香《ゆりか》 4 7 9
日香里《ひかり》 4 9 7

4（17）

仁衣菜《にいな》 4 6 11
友里恵《ゆりえ》 4 7 10
友希恵《ゆきえ》 4 7 10
友紀奈《ゆきな》 4 9 8
友莉花《ゆりか》 4 10 7
日菜多《ひなた》 4 11 6

4（18）

日花梨《ひかり》 4 7 11
友里菜《ゆりな》 4 7 11

1文字目の画数

5画

［1文字目の画数 4画（つづき）］

- 友香梨 ゆかり
- 友紀梨 ゆきな
- 日香梨 ひかり
- 友里愛 ゆりあ（4）（20）
- 友梨奈 ゆりな
- 仁唯奈 にいな
- 友莉香 ゆりか
- 友紀恵 ゆきえ
- 日香莉 ひかり
- 友佳理 ゆかり
- 日茉莉 ひまり（4）（19）
- 友梨花 ゆりか
- 日茉莉 ひまり
- 友希菜 ゆきな

- 友梨香 ゆりか（4）（21）
- 友理恵 ゆりえ
- 日麻莉 ひまり
- 友梨華 ゆりか（4）
- 心優華 みゆか（4）（27）
- 心優菜 みゆな（4）（28）

［1文字目の画数 5画］

- 礼 れい
- 史 ふみ
- 由 ゆう

5-1
- なつ

5-2
- 由乃 よしの
- 礼乃 あやの
- 史乃 ふみの
- 央乃 ひろの

5-3
- 末久 みく
- 弘子 ひろこ
- 礼子 れいこ
- なみ

5-4
- 禾月 かづき
- 由月 ゆづき
- なお

5-5
- 未央 みお
- なな
- 由加 ゆか
- なほ

5-6
- 末羽 みう
- 由衣 ゆい
- 史帆 しほ
- 礼衣 れい
- 禾帆 かほ
- 末帆 みほ
- 由妃 ゆき
- 由有 ゆう
- なぎ
- 叶衣 かなえ

5-7
- 加帆 かほ
- 未来 みく
- 未希 みき
- 由希 ゆうき
- 由花 ゆうか
- 由那 ゆうな
- 由里 ゆり
- 由来 ゆら
- 礼花 あやか
- 礼良 れいら
- 礼那 れいな
- 史花 ふみか
- 加那 かな

5-8
- 由芽 ゆめ

- 由奈 ゆな
- 世奈 せな
- 由依 ゆい
- 未來 みく
- 市佳 いちか
- 未空 みく
- 未侑 みゆう
- 永茉 えま
- 由茉 ゆま
- 由佳 ゆか
- 叶芽 かなめ
- 史奈 ふみな
- 史佳 ふみか
- 禾歩 かほ
- 未季 みき
- 由季 ゆき

画数から選ぶ

1文字目の画数 **4**〜**5**画

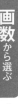

由実　ゆみ
礼芽　あやめ
礼果　れいか
礼実　あやみ
礼佳　れいか
冬果　ふゆか
令奈　れいな
叶佳　きょうか
史歩　しほ
加奈　かな

5-9

未海　みう
冬音　ふゆね
禾音　かのん
広美　ひろみ
弘美　ひろみ
未咲　みさき
由香　ゆか
由紀　ゆき
由美　ゆみ
礼音　あやね
礼香　あやか
冬美　ふゆみ
史香　ふみか

5-10

未桜　みお
由莉　ゆり
叶恵　かなえ
市華　いちか
未紗　みさ
未紘　みひろ
由華　ゆか
由真　ゆま
由珠　ゆず
史華　ふみか
未姫　みき
永真　えま
由姫　ゆき
由夏　ゆか
礼華　れいか
冬華　ふゆか
史夏　ふみか
可純　かすみ
加恋　かれん

5-11

由唯　ゆい
由菜　ゆな
未悠　みゆう
由萌　ゆめ
未彩　みさ
由麻　ゆま
古都　こと
広菜　ひろな
未梨　みり
永麻　えま
永菜　えな
由彩　ゆい
由梨　ゆり
礼菜　れいな
史菜　ふみな
可梨　かりん
加菜　かな

5-12

未結　みゆ
由稀　ゆき
未稀　みき
未琴　みこと
未尋　みひろ
未晴　みはる
未遥　みはる
未裕　みゆう
未貴　みき
由喜　ゆき
由葵　ゆき
由貴　ゆき

5-13

由愛　ゆあ
未楽　みら
永遠　とわ
未鈴　みすず
可鈴　かりん
可蓮　かれん
加鈴　かりん

5-14

未緒　みお
史緒　しお

5-15

史穂　しほ
可凛　かりん
可穂　かほ

5-16

未樹　みき
由樹　ゆき
可憐　かれん

5-17

未優　みゆ

5-18

未織《みおり》
禾織《かおり》
史織《しおり》

5-19

未蘭《みらん》
未羅《みら》
由羅《ゆら》
由蘭《ゆら》

5(2)

なつの 5 1 1

5(3)

なつめ 5 1 2

5(4)

ほのか 5 1 3
なつ子《なつこ》 5 1 3

ほのみ 5 1 3
なつみ 5 1 3

5(5)

なのは 5 1 4
なつね 5 1 4
なつき 5 1 4

5(6)

なつほ 5 1 5
なゆか 5 3 3
なるみ 5 3 3

5(7)

ほたる 5 4 3
ほまれ 5 4 3
ななこ 5 5 2

5(8)

ほの花《ほのか》 5 1 7
なの花《なのは》 5 1 7
ななみ 5 5 3
ななか 5 5 3
由布子《ゆうこ》 5 5 3
ほなみ 5 5 3
ななせ 5 5 3
由妃乃《ゆきの》 5 6 2
由衣乃《ゆいの》 5 6 2

5(9)

なつ芽《なつめ》 5 1 8
ななは 5 5 4
由衣子《ゆいこ》 5 6 3
なぎさ 5 6 3
由希乃《ゆきの》 5 7 2

5(10)

なつ美《なつみ》 5 1 9
ほの香《ほのか》 5 1 9
なずな 5 5 5
ななほ 5 5 5
未希子《みきこ》 5 7 3
由希子《ゆきこ》 5 7 3
由里子《ゆりこ》 5 7 3
加那子《かなこ》 5 7 3
由季乃《ゆきの》 5 8 2

5(11)

加奈子《かなこ》 5 8 3
可奈子《かなこ》 5 8 3
由佳子《ゆかこ》 5 8 3
由依子《ゆいこ》 5 8 3
由紀乃《ゆきの》 5 9 2

5(12)

未乃莉《みのり》 5 2 10
由加里《ゆかり》 5 5 7
未由希《みゆき》 5 5 7
なな花《ななか》 5 5 7
由美子《ゆみこ》 5 9 3
由紀子《ゆきこ》 5 9 3
可南子《かなこ》 5 9 3
由姫乃《ゆきの》 5 10 2

5(13)

礼央奈《れおな》 5 5 8
なな実《ななみ》 5 5 8
由衣花《ゆいか》 5 6 7
由莉子《ゆりこ》 5 10 3

5(14)

なな美《ななみ》 5 5 9
由衣奈《ゆいな》 5 6 8
加奈江《かなえ》 5 8 6
可菜子《かなこ》 5 11 3
加菜子《かなこ》 5 11 3
由貴乃《ゆきの》 5 12 2

5(15)

由希奈《ゆきな》 5 7 8
由里奈《ゆりな》 5 7 8
世里奈《せりな》 5 7 8
由佳里《ゆかり》 5 8 7

5(16)

未沙紀《みさき》 5 7 9
未那美《みなみ》 5 7 9
由利香《ゆりか》 5 7 9
由里香《ゆりか》 5 7 9
由依奈《ゆいな》 5 8 8
未咲来《みさき》 5 9 7
由香里《ゆかり》 5 9 7

永遠子 5 13 3 とわこ

5 (17)

由希恵 5 7 10 ゆきえ
未奈美 5 8 9 みなみ
未莉亜 5 10 7 みりあ
未紗希 5 10 7 みさき
由莉亜 5 10 7 ゆりあ

5 (18)

由希菜 5 7 11 ゆきな
由里菜 5 7 11 ゆりな
可奈恵 5 8 10 かなえ
加奈恵 5 8 10 かなえ
由美香 5 9 9 ゆみか
由莉奈 5 10 8 ゆりな
世莉奈 5 10 8 せりな
由梨亜 5 11 7 ゆりあ

5 (19)

由佳理 5 8 11 ゆかり
未依菜 5 8 11 みいな
由依菜 5 8 11 ゆいな
由紀恵 5 9 10 ゆきえ
由梨奈 5 11 8 ゆりな
世理奈 5 11 8 せりな

5 (20)

なな穂 5 5 15 ななほ
由香理 5 9 11 ゆかり
由紀菜 5 9 11 ゆきな
史恵莉 5 10 10 しえり
未菜美 5 11 9 みなみ
由梨香 5 11 9 ゆりか
古都音 5 11 9 ことね
由貴奈 5 12 8 ゆきな

5 (21)

由莉菜 5 10 11 ゆりな

5 (22)

未知瑠 5 8 14 みちる
由梨菜 5 11 11 ゆりな

5 (27)

由樹菜 5 16 11 ゆきな

1文字目の画数 6画

6

旭 あさひ
灯 あかり
凪 なぎ
圭 けい
好 このみ
有 ゆう
糸 いと
光 ひかる

6-2

帆乃 ほの
羽乃 うの
吏乃 りの
好乃 よしの

6-3

灯子 とうこ
圭子 けいこ

6-4

羽月 はづき
名月 なつき

6-5

羽叶 わかな
帆加 ほのか
成未 なるみ
早代 さよ
有未 ゆみ
有加 ゆうか
百加 ももか
吏央 りお
衣央 いお

6-6

羽衣 うい
早妃 さき
有羽 ゆう
有衣 ゆい
百合 ゆり
色羽 いろは
光帆 みつほ

6-7

百花 ももか
朱里 あかり
早希 さき
汐里 しおり
安那 あんな
有那 ゆうな
光希 みつき
妃那 ひな
好花 このか
帆花 ほのか
有希 ゆき
灯里 あかり
羽那 はな
帆那 はんな
帆希 ほまれ

早良 さら
有里 ゆり
有沙 ありさ
朱花 あやか
吏沙 りさ
吏那 りな
凪沙 なぎさ
安希 あき
衣吹 いぶき
衣里 えり

6-8

妃奈 ひな
帆佳 ほのか
成実 なるみ
百佳 ももか
羽奈 はな

安奈 あんな
帆波 ほなみ
帆奈 はんな
早苗 さなえ
有芽 ゆめ
有佳 ゆうか
百奈 ももな
光季 みつき
妃波 ひなみ

6-9

朱音 あかね
百香 ももか
有咲 ありさ
成美 なるみ
有紀 ゆき
百音 もね

羽奏 わかな
羽美 うみ
羽海 うみ
吏咲 りさ
妃南 ひな
帆奏 ほのか
帆南 ほなみ
有香 ゆか
羽南 はな
好香 このか
帆香 ほのか
早紀 さき
早映 さえ
早耶 さや
汐音 しおね
江美 えみ

凪砂 なぎさ
好美 このみ
衣咲 いさき

6-10

百華 ももか
朱莉 あかり
汐莉 しおり
有紗 ありさ
凪紗 なぎさ
有真 ゆま
有桜 ありさ
百恵 ももえ
妃夏 ひな
多恵 たえ
羽華 わか
光莉 ひかり

吏紗 りさ
安純 あずみ
帆華 ほのか
成珠 なるみ
早姫 さき
有莉 ゆり
有華 ゆか
圭純 かすみ
衣真 えま
衣純 いずみ

6-11

妃菜 ひな
羽菜 はな
百椛 ももか
有彩 ありさ
朱梨 あかり

朱理 あかり
汐梨 しおり
羽唯 うい
光彩 ひかり
安菜 あんな
帆菜 はんな
成菜 せいな
早彩 さあや
早都 さと
有菜 ゆうな
有理 ゆり
汐理 しおり
江梨 えり
百菜 ももな
光琉 ひかる
名都 なつ

凪彩 なぎさ

6-12

- 早智 さち
- 早稀 さき
- 好葉 このは
- 早瑛 さえ
- 早絢 さあや
- 早貴 さき
- 早葵 さき
- 早絵 さえ
- 有稀 ゆうき
- 有貴 ゆうき
- 百絵 ももえ
- 光稀 みつき

6-13

- 羽詩 うた

6-14

- 羽瑠 はる
- 光瑠 ひかる
- 妃翠 ひすい

6-15

- 朱璃 あかり
- 有璃 ゆり
- 成穂 なるほ
- 早穂 さほ
- 伊澄 いずみ
- 安澄 あすみ

6-16

- 安樹 あんじゅ

6-17

- 伊鞠 いまり
- 安優 あゆ

6-18

- 伊織 いおり
- 妃織 ひおり
- 衣織 いおり
- 圭織 かおり
- 早織 さおり
- 朱織 あかり
- 汐織 しおり

6-19

- 羽麗 うらら
- 成羅 せいら

6(7)

- 帆乃加 6 2 5 ほのか
- 帆乃可 6 2 5 ほのか

6(8)

- 百合乃 6 6 2 ゆりの

6(9)

- 帆乃花 6 2 7 ほのか
- 有衣子 6 6 3 ゆいこ
- 百合子 6 6 3 ゆりこ
- 妃那乃 6 7 2 ひなの
- 有希乃 6 7 2 ゆきの

6(10)

- 帆乃佳 6 2 8 ほのか
- 帆乃果 6 2 8 ほのか
- 百々花 6 3 7 ももか
- 衣千花 6 3 7 いちか
- 伊万里 6 3 7 いまり
- 妃万里 6 3 7 ひまり
- 早希子 6 7 3 さきこ
- 有里子 6 7 3 ゆりこ
- 有希子 6 7 3 ゆきこ
- 安沙子 6 7 3 あさこ
- 妃那子 6 7 3 ひなこ
- 有季乃 6 8 2 ゆきの

6(11)

- 帆乃香 6 2 9 ほのか
- 好乃美 6 2 9 このみ
- 早也佳 6 3 8 さやか
- 百々佳 6 3 8 ももか
- 百々奈 6 3 8 ももな
- 妃奈子 6 8 3 ひなこ
- 有紀乃 6 9 2 ゆきの
- 妃南乃 6 9 2 ひなの

6(12)

- 帆乃華 6 2 10 ほのか
- 帆乃夏 6 2 10 ほのか
- 百々香 6 3 9 ももか
- 早也香 6 3 9 さやか
- 百々音 6 3 9 ももね
- 衣千香 6 3 9 いちか
- 有加里 6 5 7 ゆかり
- 安加里 6 5 7 あかり
- 早紀子 6 9 3 さきこ
- 有美子 6 9 3 ゆみこ
- 妃南子 6 9 3 ひなこ
- 多香子 6 9 3 たかこ

6(13)

- 百々華 6 3 10 ももか
- 百々夏 6 3 10 ももか
- 百合花 6 6 7 ゆりか
- 百合亜 6 6 7 ゆりあ
- 多恵子 6 10 3 たえこ
- 妃菜乃 6 11 2 ひなの

6（14）

百合奈 6 6 8 ゆりな
妃菜子 6 11 3 ひなこ
有理子 6 11 3 ゆりこ

6（15）

百々葉 6 3 12 ももは
衣央莉 6 5 10 いおり
百合香 6 6 9 ゆりか
有里奈 6 7 8 ゆりな
有希奈 6 7 8 ゆきな
江里奈 6 7 8 えりな
有佳里 6 8 7 ゆかり
安佳里 6 8 7 あかり
衣知花 6 8 7 いちか

6（16）

向日葵 6 4 12 ひまり
百合夏 6 6 10 ゆりか
百合恵 6 6 10 ゆりえ
百合華 6 6 10 ゆりか
江里香 6 7 9 えりか

6（17）

百合菜 6 6 11 ゆりな
安里紗 6 7 10 ありさ
有里紗 6 7 10 ありさ
帆奈美 6 8 9 ほなみ
早弥香 6 8 9 さやか
江玲奈 6 9 8 えれな
伊桜里 6 10 7 いおり
有莉亜 6 10 7 ゆりあ

6（18）

有里彩 6 7 11 ありさ
有里菜 6 7 11 ゆりな
有希菜 6 7 11 ゆきな
妃茉莉 6 8 10 ひまり
有美香 6 9 9 ゆみか
早耶香 6 9 9 さやか
多香美 6 9 9 たかみ
有梨沙 6 11 7 ありさ
有梨花 6 11 7 ゆりか
有梨亜 6 11 7 ゆりあ
江梨花 6 11 7 えりか

6（19）

安紗海 6 10 9 あさみ
有理奈 6 11 8 ゆりな
有梨奈 6 11 8 ゆりな
衣智花 6 12 7 いちか

6（21）

伊緒里 6 14 7 いおり

6（24）

伊緒莉 6 14 10 いおり

1文字目の画数 7画

7

杏 あん
花 はな
希 のぞみ
初 うい
忍 しのぶ
更 さら
芹 せり
冴 さえ
伶 れい
妙 たえ
里 さと

7-2

志乃 しの
寿乃 じゅの
杏乃 あんの
芳乃 よしの
花乃 かの
里乃 りの

7-3

希子 きこ
亜子 あこ
亜己 あこ
孝子 たかこ
寿々 すず
杏子 きょうこ
李子 りこ
沙也 さや
花子 はなこ
亜弓 あゆみ
冴子 さえこ
佑子 ゆうこ
伸子 のぶこ
妙子 たえこ
里子 りこ
那々 なな

7-4

希心 のぞみ
那月 なつき
杏月 あづき
沙月 さつき
芭月 はづき
亜友 あゆ

- 里心　りこ

7-5

- 亜未　あみ
- 希未　のぞみ
- 里禾　りか
- 来未　くるみ
- 沙矢　さや
- 沙世　さよ
- 沙代　さよ
- 花世　はなよ
- 花代　はなよ
- 亜由　あゆ
- 亜矢　あや
- 利央　りお
- 那央　なお
- 里央　りお
- 那由　なゆ

7-6

- 花帆　かほ
- 志帆　しほ
- 希衣　きい
- 希帆　きほ
- 沙羽　さわ
- 杏朱　あんじゅ
- 沙衣　さえ
- 佑衣　ゆい
- 那帆　なほ
- 杏衣　あい
- 杏名　あんな
- 李帆　りほ
- 沙江　さえ
- 沙妃　さき
- 沙帆　さほ
- 花江　はなえ
- 花衣　はなえ
- 芙羽　ふう
- 亜妃　あき
- 亜衣　あい
- 佐妃　さき
- 伶衣　れい
- 里江　りえ
- 里帆　りほ
- 里衣　りえ
- 那名　なな
- 里名　りな

7-7

- 花那　はな
- 杏花　きょうか
- 杏那　あんな
- 沙良　さら
- 芹那　せりな
- 里玖　りく
- 希沙　きさ
- 更沙　さらさ
- 杏里　あんり
- 沙希　さき
- 沙那　さな
- 芹花　せりか
- 亜寿　あず
- 亜希　あき
- 佑里　ゆうり
- 佑花　ゆうか
- 伶那　れな
- 利沙　りさ
- 利那　りな
- 里那　りな
- 里杏　りあん
- 里沙　りさ
- 里花　りか

7-8

- 杏奈　あんな
- 希実　のぞみ
- 志歩　しほ
- 花歩　かほ
- 那奈　なな
- 里奈　りな
- 沙弥　さや
- 花奈　はな
- 利奈　りな
- 希歩　きほ
- 佑奈　ゆうな
- 杏実　あみ
- 来実　くるみ
- 沙季　さき
- 杏果　きょうか
- 花怜　かれん
- 希和　きわ
- 希依　きい
- 杏佳　きょうか
- 沙來　さら
- 芹奈　せりな
- 花朋　かほ
- 佑佳　ゆうか
- 佑果　ゆうか
- 亜実　あみ
- 伶奈　れいな

亜依 あい／佐奈 さな／宏佳 ひろか／李実 りみ／李奈 りな／沙知 さち／沙依 さえ／沙佳 さやか／沙奈 さな／沙和 さわ／玖実 くみ／芹果 せりか／花林 かりん／良佳 よしか／芭奈 はな／芙佳 ふうか

亜季 あき／佐知 さち／佐季 さき／伸枝 のぶえ／初依 うい／初実 はつみ／利佳 りか／里歩 りほ／里実 さとみ／里英 りえ／里佳 りか／花音 かのん／**7-9**／亜美 あみ／希美 のぞみ／里咲 りさ

寿音 ことね／希咲 きさ／杏南 あんな／佑香 ゆうか／初音 はつね／志保 しほ／志音 しおん／李咲 りさ／杏香 きょうか／来美 くるみ／沙紀 さき／花奏 かなで／花海 はなみ／花保 かほ／那海 なみ／里音 りのん

孝美 たかみ／希春 きはる／宏美 ひろみ／李音 りおん／杏音 あのん／沙映 さえ／沙耶 さや／玖美 くみ／花美 はなみ／良美 よしみ／秀香 しゅうか／芙美 ふみ／亜咲 あさき／亜香 あこ／亜耶 あや／亜紀 あき

佑美 ゆうみ／佐紀 さき／伽耶 かや／佑南 ゆうな／伶美 れみ／伶香 れいか／初美 はつみ／利美 りさ／利香 りか／利咲 りさ／里香 りか／里美 さとみ／里南 りな／**7-10**／里桜 りお／杏莉 あんり／花恋 かれん

希恵 きえ／杏珠 あんじゅ／里紗 りさ／佑莉 ゆうり／更紗 さらさ／沙姫 さき／沙笑 さえ／花純 かすみ／亜純 あずみ／初華 ういか／那桜 なお／希紗 きさ／杏純 あすみ／杏夏 きょうか／李紗 りさ／沙恵 さえ

花華 はなか
花連 かれん
花夏 はなか
亜姫 あき
亜珠 あじゅ
亜紗 あさ
伽恋 かれん
佑華 ゆうか
佑夏 ゆうか
伶華 れいか
利桜 りお
利紗 りさ
利華 りか
里恵 りえ
里華 りか
里莉 さとり

里夏 りか

7-11

杏菜 あんな
里菜 りな
花菜 はな
那菜 なな
花梨 かりん
希望 のぞみ
芹菜 せりな
杏理 あんり
伶菜 れな
里彩 りさ
杏梨 あんり
来望 くるみ
沙菜 さな
沙雪 さゆき

佑菜 ゆな
佑梨 ゆり
那唯 なゆ
亜規 あき
寿菜 ことな
寿理 じゅり
寿梨 じゅり
志麻 しま
志菜 ここな
杏望 あずみ
李菜 りな
沙彩 さあや
沙梨 さり
沙都 さと
芹梨 せり
花野 かの

芙悠 ふゆ
芭菜 はな
佑唯 ゆい
初菜 はつな
里都 りと
里梨 さとり

7-12

志晴 しはる
沙絵 さえ
花絵 はなえ
沙瑛 さえ
沙智 さち
沙稀 さき
沙絢 さあや
花琳 かりん
亜湖 あこ

佐智 さち

7-13

花楓 かえで
杏慈 あんじ
花暖 かのん
花蓮 かれん
花鈴 かりん
亜瑚 あこ
沙楽 さら

7-14

李緒 りお
花寧 はなね
沙綾 さや
沙綺 さき
花綸 かりん
初寧 はつね

利緒 りお
里緒 りお
那緒 なお

7-15

杏璃 あんり
沙輝 さき
花凜 かりん
希穂 きほ
志穂 しほ
沙穂 さほ
花澄 かすみ
花穂 かほ
花凛 かりん
亜澄 あずみ
初穂 はつほ
里穂 りほ

7-16

- 杏樹 あんじゅ
- 沙樹 さき
- 花穏 かのん
- 志穏 しおん
- 志磨 しま
- 花憐 かれん
- 亜樹 あき
- 里穏 りおん

7-17

- 亜優 あゆ
- 沙優 さゆ
- 芙優 ふゆ
- 里穂 りほ
- 那優 なゆ
- 里優 りゆ

7-18

- 志織 しおり
- 沙織 さおり
- 花織 かおり
- 佐織 さおり
- 里織 りお

7-19

- 沙羅 さら
- 沙蘭 さら

7(6)

- 那々子 7 3 3 ななこ

7(7)

- 亜矢乃 7 5 2 あやの

7(8)

- 寿々加 7 3 5 すずか
- 沙也加 7 3 5 さやか
- 沙代子 7 5 3 さよこ
- 亜由子 7 5 3 あゆこ
- 里可子 7 5 3 りかこ

7(9)

- 希乃花 7 2 7 ののか
- 志帆子 7 6 3 しほこ
- 花帆子 7 6 3 かほこ
- 芙羽子 7 6 3 ふうこ
- 亜衣子 7 6 3 あいこ
- 里帆子 7 6 3 りほこ

7(10)

- 里々花 7 3 7 りりか
- 寿々花 7 3 7 すずか
- 李々花 7 3 7 りりか
- 沙也花 7 3 7 さやか
- 那々花 7 3 7 ななか
- 亜希子 7 7 3 あきこ
- 里沙子 7 7 3 りさこ
- 里花子 7 7 3 りかこ
- 亜弥乃 7 8 2 あやの

7(11)

- 沙也佳 7 3 8 さやか
- 那々佳 7 3 8 ななか
- 里佳子 7 8 3 りかこ
- 沙英子 7 8 3 さえこ
- 花奈子 7 8 3 かなこ
- 亜依子 7 8 3 あいこ
- 佐和子 7 8 3 さわこ
- 佐知子 7 8 3 さちこ
- 里歩子 7 8 3 りほこ
- 里奈子 7 8 3 りなこ
- 那奈子 7 8 3 ななこ

7(12)

- 寿々美 7 3 9 すずみ
- 寿々音 7 3 9 すずね
- 沙也香 7 3 9 さやか
- 那々美 7 3 9 ななみ
- 里々香 7 3 9 りりか
- 沙由里 7 5 7 さゆり
- 里衣名 7 6 6 りいな
- 里香子 7 9 3 りかこ

7(13)

- 寿々夏 7 3 10 すずか
- 沙也夏 7 3 10 さやか
- 沙也華 7 3 10 さやか
- 亜由奈 7 5 8 あゆな
- 亜由実 7 5 8 あゆみ
- 亜矢佳 7 5 8 あやか
- 里央奈 7 5 8 りおな
- 亜衣里 7 6 7 あいり
- 佑莉子 7 10 3 ゆりこ
- 佐恵子 7 10 3 さえこ
- 里紗子 7 10 3 りさこ

7(14)

- 寿々菜 7 3 11 すずな
- 亜由美 7 5 9 あゆみ
- 亜由香 7 5 9 あゆか
- 亜衣奈 7 6 8 あいな
- 亜里沙 7 7 7 ありさ
- 沙耶加 7 9 5 さやか
- 花菜子 7 11 3 かなこ
- 里彩子 7 11 3 りさこ
- 里菜子 7 11 3 りなこ
- 那菜子 7 11 3 ななこ

7（15）

- 亜衣香 7 6 9 あいか
- 沙亜弥 7 7 8 さあや
- 沙弥花 7 8 7 さやか
- 亜依里 7 8 7 あいり

7（16）

- 亜加梨 7 5 11 あかり
- 亜由菜 7 5 11 あゆな
- 利央菜 7 5 11 りおな
- 里央菜 7 5 11 りおな
- 沙亜耶 7 7 9 さあや
- 亜寿香 7 7 9 あすか
- 亜佑美 7 7 9 あゆみ
- 亜花音 7 7 9 あかね
- 亜里咲 7 7 9 ありさ
- 亜沙美 7 7 9 あさみ
- 沙弥佳 7 8 8 さやか
- 亜弥佳 7 8 8 あやか
- 亜依佳 7 8 8 あいか
- 佑季奈 7 8 8 ゆきな
- 那奈実 7 8 8 ななみ
- 沙耶花 7 9 7 さやか
- 芙美花 7 9 7 ふみか
- 亜香里 7 9 7 あかり
- 亜美花 7 9 7 あみか
- 佑香里 7 9 7 ゆかり
- 亜紗妃 7 10 6 あさひ

7（17）

- 亜衣梨 7 6 11 あいり
- 里衣菜 7 6 11 りいな
- 亜花莉 7 7 10 あかり
- 亜里紗 7 7 10 ありさ
- 杏里紗 7 7 10 ありさ
- 亜利紗 7 7 10 ありさ
- 那奈美 7 8 9 ななみ
- 沙弥香 7 8 9 さやか
- 花奈美 7 8 9 かなみ
- 亜弥音 7 8 9 あやね
- 亜弥香 7 8 9 あやか
- 亜弥美 7 8 9 あやみ
- 亜依音 7 8 9 あいね
- 亜美佳 7 9 8 あみか
- 沙耶佳 7 9 8 さやか
- 沙桜里 7 10 7 さおり
- 亜莉沙 7 10 7 ありさ
- 里歌子 7 14 3 りかこ

7（18）

- 寿々穂 7 3 15 すずほ
- 花里菜 7 7 11 かりな
- 亜里彩 7 7 11 ありさ
- 那奈夏 7 8 10 ななか
- 沙耶香 7 9 9 さやか
- 亜咲美 7 9 9 あさみ
- 亜美香 7 9 9 あみか
- 那津美 7 9 9 なつみ
- 里桜奈 7 10 8 りおな
- 玖留実 7 10 8 くるみ
- 亜紗実 7 10 8 あさみ
- 亜梨沙 7 11 7 ありさ
- 里梨花 7 11 7 りりか

7（19）

- 亜依理 7 8 11 あいり
- 亜美華 7 9 10 あみか
- 亜紗美 7 10 9 あさみ
- 沙理奈 7 11 8 さりな

7（20）

- 花菜美 7 11 9 かなみ
- 亜緒衣 7 14 6 あおい
- 亜優子 7 17 3 あゆこ

7（21）

- 里桜菜 7 10 11 りおな
- 花菜恵 7 11 10 かなえ
- 亜梨紗 7 11 10 ありさ
- 志緒里 7 14 7 しおり

7（22）

- 亜梨彩 7 11 11 ありさ
- 里緒奈 7 14 8 りおな
- 志穂里 7 15 7 しほり

7（23）

- 来瑠美 7 14 9 くるみ
- 玖瑠美 7 14 9 くるみ
- 那瑠美 7 14 9 なるみ

7（24）

- 沙優希 7 17 7 さゆき
- 芙優花 7 17 7 ふゆか
- 亜優花 7 17 7 あゆか

7（25）

- 亜麻寧 7 11 14 あまね
- 里緒菜 7 14 11 りおな
- 志緒理 7 14 11 しおり
- 亜優実 7 17 8 あゆみ
- 亜優奈 7 17 8 あゆな

7（26）

- 花菜穂 7 11 15 かなほ
- 亜優美 7 17 9 あゆみ
- 亜優香 7 17 9 あゆか

8

空 そら	和 なごみ	怜 れい	歩 あゆみ	朋 とも	芽 めい	幸 ゆき	尚 めい	岬 みさき	明 あかり	直 なお	英 はな

8-2

京 みやこ	周 あまね

8-3

幸乃 ゆきの	果乃 かの	歩乃 ほの	佳乃 よしの	和乃 かずの	茅乃 かやの

奈々 なな	佳子 かこ	幸子 さちこ	実久 みく	和子 わこ	怜子 れいこ

果子 かこ	侑子 ゆうこ	茉子 まこ	周子 ちかこ	弥久 みく	実千 みち	実夕 みゆ	明子 あきこ	朋子 ともこ	東子 とうこ	法子 のりこ	直子 なおこ	芽久 めぐ	知子 ともこ	苑子 そのこ	京子 みやこ

享子 きょうこ	典子 のりこ	佳也 かや	奈弓 なゆみ	奈子 なこ	奈巳 なゆ	茉夕 まゆ	采女 あやめ

8-4

茉友 まゆ	奈月 なつき	和心 なごみ	弥月 みつき	実月 みづき	佳月 かづき

8-5

芽生 めい	奈央 なお	茉央 まお	弥生 やよい	芽以 めい	実央 みお	佳央 かお	依央 いお	來未 くるみ	京加 きょうか	茉由 まゆ	幸代 さちよ	幸加 ゆきか	弥央 みお	実由 みゆ

実世 みよ	実冬 みふゆ	実加 みか	実可 みか	尚央 なお	尚未 なおみ	怜生 れい	怜加 れいか	明生 めい	明以 めい	歩加 あゆみ	朋加 ともか	朋世 ともよ	朋代 ともよ	朋未 ともみ

果央　かお
直央　なお
直生　なお
英未　えいみ
苺加　まいか
知未　ともみ
知代　ちよ
知世　ともよ
知央　ちひろ
育未　いくみ
典加　のりか
佳加　よしか
佳代　かよ
佳世　かよ
佳永　かえ
侑生　ゆう

侑加　ゆうか
和加　わか
和代　かずよ
和叶　わかな
奈未　なみ
奈生　なお
茉白　ましろ
茉矢　まや
采未　あやみ
采生　ことみ
采加　あやか

8-6

芽衣　めい
明衣　めい
実羽　みう
怜衣　れい

朋江　ともえ
果帆　かほ
知帆　ちほ
佳帆　かほ
侑衣　ゆい
和羽　かずは
奈帆　なほ
茉衣　まい
采羽　ことは

8-7

明里　あかり
和花　わか
歩花　あゆか
侑希　ゆき
実玖　みく
奈那　なな

実花　みか
怜那　れな
実希　みき
幸希　さき
実来　みく
知沙　ちさ
知里　ちさと
侑花　ゆうか
苺花　いちか
幸那　ゆきな
実佑　みゆ
朋花　ともか
明希　あき
明花　はるか
果那　かな
空良　そら

芽那　めいな
英那　えな
佳花　よしか
依那　えな
侑亜　ゆうあ
茉希　まき
采花　あやか
采芭　ことは
弥花　みか
弥玖　みく
実那　みな
実沙　みさ
尚花　なおか
怜花　れいか
怜亜　れいあ
明李　あかり

波那　はな
直花　なおか
知那　ちな
祈里　いのり
知佐　ちさ
若那　わかな
苑花　そのか
京花　きょうか
典花　のりか
佳那　かな
侑杏　ゆあん
侑来　ゆら
依里　えり
侑良　ゆら
依吹　いぶき
侑那　ゆうな

侑里 ゆり
和那 かずな
和沙 かずさ
季里 きり
茉那 まな
茉佑 まゆ
茉利 まり
茅沙 ちさ

8-8

芽依 めい
怜奈 れいな
明依 めい
果歩 かほ
佳歩 かほ
幸芽 こうめ
若奈 わかな
茉奈 まな
侑奈 ゆな
怜佳 れいか
実和 みわ
歩実 あゆみ
佳奈 かな
依奈 えな
青依 あおい
茉実 まみ
茉依 まい
弥空 みく
苺果 まいか
幸奈 ゆきな
幸実 ゆきみ
幸歩 さちほ
明奈 めいな
明佳 めいか
果奈 かな
歩奈 あゆな
知奈 ちな
知歩 ちほ
依茉 えま
侑果 ゆうか
侑季 ゆき
京果 きょうか
奈実 なみ
奈歩 なほ
采芽 あやめ
茉旺 まお
享佳 きょうか
昌奈 あきな
幸佳 さちか
弥怜 みれい
弥和 みわ
弥奈 みな
弥來 みく
実波 みなみ
実歩 みほ
実佳 みか
実奈 みな
実季 みき
実弥 みや
怜來 れいら
怜依 れい
明歩 あきほ
明季 あき
朋実 ともみ
朋奈 ともな
朋果 ともか
朋枝 ともえ
果怜 かれん
果朋 かほ
杷奈 はな
枇奈 ひな
果林 かりん
波奈 はな
直佳 なおか
知佳 ちか
苑実 そのみ
英奈 えいな
育実 いくみ
育歩 いくほ
京佳 きょうか
佳苗 かなえ
侑來 ゆら
侑依 ゆい
和佳 わか
和果 わか
茉歩 まほ
采果 あやか
采佳 あやか

8-9

和奏 わかな
実咲 みさき
和香 わか
明音 あかね
芽咲 めいさ
采音 ことね
知咲 ちさ
果奏 かなで

明咲　めいさ
歩美　あゆみ
空音　そらね
奈南　なな
和美　かずみ
茉耶　まや
佳音　かのん
弥咲　みさき
実玲　みれい
実音　みお
朋美　ともみ
果音　かのん
朋香　ともか
明美　あけみ
知香　ちか
知春　ちはる

芽香　めいか
周音　あまね
和音　かずね
和泉　いずみ
治美　はるみ
弥香　みか
弥紅　みく
実香　みか
実紅　みく
尚香　なおか
尚美　なおみ
怜美　れみ
怜香　れいか
明香　めいか
果保　かほ
直美　なおみ

直香　なおか
知音　ともね
知美　ともみ
京音　けいと
京香　きょうか
佳南　かな
佳美　よしみ
佳耶　かや
來美　くるみ
侑香　ゆうか
依咲　いさき
奈津　なつ
奈保　なお
奈柚　なゆ
奈美　なみ
茉美　まみ

采香　あやか

8-10

明莉　あかり
奈桜　なお
実桜　みお
弥桜　みお
知紗　ちさ
佳恋　かれん
実紗　みさ
明純　あすみ
歩莉　あゆり
佳純　かすみ
侑莉　ゆうり
和華　わか
茉桜　まお
茉紘　まひろ

果連　かれん
典華　のりか
幸姫　ゆき
幸華　さちか
弥恵　やえ
幸恵　ゆきえ
弥華　みか
実莉　みのり
実華　みか
実紘　みひろ
実夏　みか
怜珠　さとみ
明紗　めいさ
明恵　あきえ
朋夏　ともか
朋華　ともか

朋恵　ともえ
果恋　かれん
歩華　あゆか
英恵　はなえ
知紘　ちひろ
知恵　ちえ
知夏　ちか
京夏　きょうか
京華　きょうか
佳恵　かえ
侑華　ゆうか
和紗　かずさ
和姫　かずき
茅夏　ちなつ

8-11

若菜　わかな

幸菜　ゆきな
芽彩　めい
明梨　あかり
芽惟　めい
佳菜　かな
杷菜　はな
実梨　みのり
実悠　みゆ
怜菜　れいな
明彩　めいさ
果菜　かな
侑菜　ゆうな
和菜　かずな
奈都　なつ

芽結　めい
実結　みゆ
知尋　ちひろ
和葉　かずは
幸葉　ゆきは
弥琴　みこと
実琴　みこと
果琳　かりん
和湖　わこ
茉絢　まあや
茉貴　まき
青葉　あおば

8-12

若葉　わかば

8-13

果暖　かのん
実愛　みあ
実夢　みゆ

芽愛　めい
茉椰　まや
知聖　ちせ
佳稟　かりん
侑愛　ゆうあ
和瑚　わこ
茉鈴　まりん
実鈴　みすず
果楠　かなん
果蓮　かれん
果鈴　かりん
佳蓮　かれん
佳鈴　かりん
侑楽　ゆら
奈瑚　なこ
茉寛　まひろ

茉瑚　まこ

8-14

実緒　みお
直緒　なお
奈緒　なお
茉緒　まお
明寧　あかね
芽維　めい
佳緒　かお
和歌　わか
奈摘　なつみ

8-15

佳穂　かほ
果穂　かほ
茉穂　まほ
実穂　みほ

明璃　あかり
佳凜　かりん
佳澄　かすみ
幸穂　さちほ
明穂　あきほ
明澄　あすみ
果凜　かりん
果凜　かりん
果澄　かすみ
直穂　なお
知穂　ちほ
佳凜　かりん
季穂　きほ
奈穂　なお

8-16

実樹　みき

果穏　かのん
依蕗　いぶき

8-17

実優　みゆ
茉優　まゆ
弥優　みゆう
知優　ちひろ
佳穂　かほ
奈優　なゆ
茅優　ちひろ

8-18

依織　いおり
実織　みおり
佳織　かおり

8-19

実蘭　みらん

怜蘭 れいら
空羅 そら

8 (5)
果乃子 8 2 3 かのこ
佳乃子 8 2 3 かのこ
奈七子 8 2 3 ななこ
佳也乃 8 3 2 かやの
依千乃 8 3 2 いちの

8 (6)
奈々子 8 3 3 ななこ

8 (7)
奈々巴 8 3 4 ななは
茉由乃 8 5 2 まゆの

8 (8)
奈乃羽 8 2 6 なのは
奈々代 8 3 5 ななよ
奈々未 8 3 5 ななみ
芽生子 8 5 3 めいこ
佳代子 8 5 3 かよこ
奈央子 8 5 3 なおこ
茉由子 8 5 3 まゆこ

8 (9)
実乃里 8 2 7 みのり
実乃利 8 2 7 みのり
歩乃花 8 2 7 ほのか
奈々羽 8 3 6 ななは
奈々江 8 3 6 ななえ
奈々帆 8 3 6 ななほ
明日加 8 4 5 あすか
芽衣子 8 6 3 めいこ
佳名子 8 6 3 かなこ
佳帆子 8 6 3 かほこ
茉衣子 8 6 3 まいこ
幸希乃 8 7 2 ゆきの
侑希乃 8 7 2 ゆきの

8 (10)
歩乃佳 8 2 8 ほのか
歩乃果 8 2 8 ほのか
奈乃佳 8 2 8 なのか
実千花 8 3 7 みちか
奈々花 8 3 7 ななか
明日羽 8 4 6 あすは
英里子 8 7 3 えりこ
実花子 8 7 3 みかこ
実那子 8 7 3 みなこ
明希子 8 7 3 あきこ
枝里子 8 7 3 えりこ
佳那子 8 7 3 かなこ
侑希子 8 7 3 ゆきこ
侑里子 8 7 3 ゆりこ
和花子 8 7 3 わかこ
奈那子 8 7 3 ななこ
茉佑子 8 7 3 まゆこ
佳弥乃 8 8 2 かやの

8 (11)
奈々実 8 3 8 ななみ
奈々佳 8 3 8 ななか
明日那 8 4 7 あすな
明日花 8 4 7 あすか
実和子 8 8 3 みわこ
実果子 8 8 3 みかこ
実弥子 8 8 3 みやこ
知佳子 8 8 3 ちかこ
佳奈子 8 8 3 かなこ
和佳子 8 8 3 わかこ

8 (12)
実乃莉 8 2 10 みのり
歩乃華 8 2 10 ほのか
奈々美 8 3 9 ななみ
奈々香 8 3 9 ななか
奈々海 8 3 9 ななみ
明日果 8 4 8 あすか
明日奈 8 4 8 あすな
明日佳 8 4 8 あすか
明日実 8 4 8 あすみ
和香子 8 9 3 わかこ
奈津子 8 9 3 なつこ

8 (13)
実乃理 8 2 11 みのり
実乃梨 8 2 11 みのり
奈々華 8 3 10 ななか
奈々夏 8 3 10 ななか
奈々恵 8 3 10 ななえ
明日香 8 4 9 あすか
明日美 8 4 9 あすみ
実央奈 8 5 8 みおな
怜央奈 8 5 8 れおな
和可奈 8 5 8 わかな
和加奈 8 5 8 わかな
知華子 8 10 3 ちかこ

8 (14)
明日夏 8 4 10 あすか
芽衣奈 8 6 8 めいな
明花里 8 7 7 あかり
佳菜子 8 11 3 かなこ
奈菜子 8 11 3 ななこ

奈都子 8 11 3 なつこ

8 (15)

奈々絵 8 3 12 ななえ
奈々葉 8 3 12 ななは
明日梨 8 4 11 あかり
依央莉 8 5 10 いおり
茉由莉 8 5 10 まゆり
芽衣咲 8 6 9 めいさ
芽衣香 8 6 9 めいか
佳里奈 8 7 8 かりな
実沙季 8 7 8 みさき
侑里奈 8 7 8 ゆりな
和花奈 8 7 8 わかな
奈那実 8 7 8 ななみ
茉里奈 8 7 8 まりな
茉利奈 8 7 8 まりな

明佳里 8 8 7 あかり
茉結子 8 12 3 まゆこ

8 (16)

明日葉 8 4 12 あすは
怜央菜 8 5 11 れおな
佳央梨 8 5 11 かおり
芽衣紗 8 6 10 めいさ
英里香 8 7 9 えりか
奈那香 8 7 9 ななか
茉那美 8 7 9 まなみ
和佳奈 8 8 8 わかな
英怜奈 8 8 8 えれな
茉奈果 8 8 8 まなか
明香里 8 9 7 あかり
阿香里 8 9 7 あかり
英美里 8 9 7 えみり

和香那 8 9 7 わかな
奈津希 8 9 7 なつき

8 (17)

奈々緒 8 3 14 ななお
明花莉 8 7 10 あかり
芽依香 8 8 9 めいか
佳奈美 8 8 9 かなみ
和香奈 8 9 8 わかな
奈津季 8 9 8 なつき
奈津実 8 9 8 なつみ
知紗希 8 10 7 ちさき
実桜里 8 10 7 みおり
実紗希 8 10 7 みさき
和華那 8 10 7 わかな
和歌子 8 14 3 わかこ
奈緒子 8 14 3 なおこ

8 (18)

奈々穂 8 3 15 ななほ
明日歌 8 4 14 あすか
知沙都 8 7 11 ちさと
和花菜 8 7 11 わかな
佳奈恵 8 8 10 かなえ
奈津美 8 9 9 なつみ

8 (19)

芽依菜 8 8 11 めいな
和佳菜 8 8 11 わかな
明香莉 8 9 10 あかり
奈留美 8 10 9 なるみ
茉莉香 8 10 9 まりか

8 (20)

佳奈絵 8 8 12 かなえ
和香菜 8 9 11 わかな

明香理 8 9 11 あかり
知菜美 8 11 9 ちなみ
佳菜美 8 11 9 かなみ
奈菜美 8 11 9 ななみ
奈都美 8 11 9 なつみ

8 (21)

和華菜 8 10 11 わかな
侑榎里 8 14 7 ゆかり

8 (22)

奈々瀬 8 3 19 ななせ
和歌奈 8 14 8 わかな

8 (23)

佳奈穂 8 8 15 かなほ
実結菜 8 12 11 みゆな
奈緒香 8 14 9 なおか
奈緒美 8 14 9 なおみ

8 (24)

侑梨愛 8 11 13 ゆりあ
奈瑞菜 8 13 11 なずな

8 (25)

実咲樹 8 9 16 みさき
和歌菜 8 14 11 わかな

1文字目の画数 9画

9

咲 さき
柚 ゆず
茜 あかね
泉 いずみ
奏 かなで
香 かおり

春　はる
柊　しゅう
玲　れい
律　りつ
星　せい
紅　べに
南　みなみ
要　かなめ
郁　かおる

9-2

柚乃　ゆずの
星七　せいな
香乃　かの
宥乃　ゆの
春乃　はるの
美乃　みの
咲七　さな
娃乃　あいの
思乃　しの
春七　はるな
柚七　ゆな
玲乃　れの
紀乃　ことの
秋乃　あきの
保乃　ほの
信乃　しの
咲乃　さきの
奏乃　かなの
虹乃　にじの
郁乃　あやの

9-3

柚子　ゆず
紀子　のりこ
奏子　かなこ
音々　ねね
香子　かこ
律子　りつこ
春子　はるこ
洋子　ようこ
玲子　れいこ
祐子　ゆうこ
美久　みく
美也　みや
美夕　みゆう
亮子　りょうこ
咲子　さきこ
風子　ふうこ
郁子　いくこ

9-4

美月　みづき
柚月　ゆづき
咲月　さつき
美友　みゆ
泉水　いずみ
玲心　れみ
春日　はるひ
映月　はづき
柚巴　ゆずは
風月　ふづき

9-5

美央　みお
美礼　みれい
香世　かよ
思央　しお
美冬　みふゆ
美加　みか
美世　みよ

9-6

美羽　みう
柚羽　ゆずは
咲妃　さき
音羽　おとは
咲帆　さきほ
美妃　みき
玲衣　れい
美有　みゆう
咲衣　さえ
南帆　みなほ
美名　みな
紅羽　くれは
奏帆　かなほ
奏羽　かなは
香帆　かほ
香凪　かな
宥衣　ゆい
春帆　はるほ
柚帆　ゆずほ
柚衣　ゆい
砂羽　さわ
祐衣　ゆい
美帆　みほ
奏衣　かなえ
音衣　ねい
風羽　ふう

9-7

咲希　さき

| 柚希 ゆずき | 咲良 さくら | 柚花 ゆずか | 春花 はるか | 風花 ふうか | 美玖 みく | 柚那 ゆな | 美里 みさと | 咲来 さくら | 星那 せな | 柑那 かんな | 茜里 あかり | 玲那 れな | 祐希 ゆうき | 玲花 れいか | 海里 かいり |

| 美伶 みれい | 美花 みか | 咲那 さきな | 柚来 ゆら | 星良 せいら | 柊花 しゅうか | 玲来 れいら | 玲杏 れいあ | 美沙 みさ | 美杏 みあん | 美来 みく | 美希 みき | 美亜 みあ | 紀花 のりか | 紅芭 くれは | 咲里 えみり |

| 娃李 あいり | 娃那 あいな | 香里 かおり | 香花 きょうか | 香那 かな | 俐花 りか | 宥里 ゆうり | 宥伽 ゆうか | 春花 はるか | 春希 はるき | 春那 はるな | 星花 せいか | 映里 えり | 星来 せいら | 柚李 ゆうり | 栄里 えり |

| 柚里 ゆり | 柚良 ゆら | 玲伽 れいか | 玲良 れいら | 紅亜 くれあ | 秋花 しゅうか | 祐花 ゆうか | 祐那 ゆうな | 祐里 ゆり | 美那 みな | 美杜 みと | 美良 みら | 美吹 みぶき | 美冴 みさえ | 美佐 みさ |

| 俐那 りな | 娃里 あいり | 奏良 そら | 虹花 にじか | 音花 おとか | 郁花 あやか | 9-8 | 美空 みく | 柚奈 ゆずな | 玲奈 れな | 咲空 さきな | 咲奈 さくら | 咲季 さゆき | 星奈 せな | 美和 みわ |

| 春佳 はるか | 柚季 ゆずき | 香奈 かな | 春奈 はるな | 柚茉 ゆま | 美怜 みれい | 美依 みい | 咲茉 さら | 咲弥 さや | 咲來 えま | 美來 みく | 祐奈 ゆうな | 柚歩 ゆずほ | 柚依 ゆい |

柚佳　ゆずか
柑奈　かんな
星來　せいら
玲依　れい
美歩　みほ
美波　みなみ
美奈　みな
音和　おとわ
娃佳　あいか
香朋　かほ
香怜　かれん
香弥　かや
香歩　かほ
香芽　こうめ
香苗　かなえ
香波　かなみ

春果　はるか
春実　はるみ
星佳　せいか
映茉　えま
映奈　えな
泉実　いずみ
玲佳　れいか
玲來　れいら
玲果　れいか
紀佳　のりか
紅奈　くれな
秋奈　あきな
秋歩　あきほ
祐佳　ゆうか
祐依　ゆい
祐実　ゆうみ

美雨　みう
美果　みか
美苑　みその
美佳　みか
美侑　みゆう
美幸　みゆき
美弥　みや
美季　みき
咲佳　さきか
奏歩　かなほ
風果　ふうか
風奈　ふうな
風佳　ふうか
郁弥　いくみ
郁実　いくみ
郁佳　あやか

9-9

美咲　みさき
奏音　かのん
美音　みおん
美海　みう
咲南　さな
玲美　れみ
美春　みはる
風香　ふうか
咲耶　さや
春香　はるか
玲香　れいか
玲音　れおん
美玲　みれい
美柚　みゆ
咲香　えみか

美紀　みき
香美　こうみ
柚紀　ゆずき
洋香　ひろか
泉美　いずみ
美南　みな
美紅　みく
美胡　みこ
祐香　ゆうか
咲音　さきね
茜音　あかね
香音　かのん
香春　こはる
香南　かなん
香海　こうみ
香耶　かや

香保　かほ
美哉　みや
美珈　みか
宥美　ゆうみ
春美　はるみ
春海　はるみ
春南　はるな
星南　せいな
映美　えみ
星香　せいか
柑南　かんな
柊香　しゅうか
洋美　ひろみ
玲南　れいな
紀香　のりか
祐美　ゆみ

美香 みか
美砂 みさ
美保 みほ
美星 みほし
美宥 みゆう
南美 なみ
風音 かざね
郁海 いくみ
郁美 いくみ
郁音 あやね
郁香 あやか

9-10

美桜 みお
胡桃 くるみ
咲恵 さえ
美莉 みり

咲姫 さき
香恋 かれん
柚華 ゆずか
春華 はるか
柚姫 ゆずき
咲桜 さくら
香梅 こうめ
香恵 かえ
柊華 しゅうか
玲夏 れいな
玲桜 れお
祐華 ゆうか
美華 みか
美紗 みさ
美紘 みひろ
美夏 みか

美姫 みき
奏恵 かなえ
風華 ふうか
風夏 ふうか

9-11

柑菜 かんな
玲菜 れな
柚菜 ゆずな
紅菜 くれな
祐菜 ゆうな
咲菜 さな
茜梨 あかり
美悠 みゆう
咲彩 さあや
咲雪 さゆき
音彩 ねいろ

香雪 こゆき
香都 こと
香梨 かりん
香菜 かな
飛鳥 あすか
海梨 かいり
美都 みさと
美雪 みゆき
美涼 みすず
美菜 みな
胡都 こと
風菜 ふうな

9-12

美結 みゆ
美琴 みこと
柚葉 ゆずは

美晴 みはる
美遥 みはる
咲葵 さき
春陽 はるひ
柚稀 ゆずき
海琴 みこと
美尋 みひろ
美陽 みはる
咲絢 さあや
香陽 こはる
柚葵 ゆずき
海結 みゆ
美智 みち
美湖 みこ
美釉 みゆう
咲喜 さき

咲陽 さや
咲貴 さき
奏瑛 かなえ
奏絵 かなえ
音葉 おとは
香晴 こはる
香遥 こはる
香琳 かりん
美嵐 みらん
柚貴 ゆずき
海陽 みはる
海遥 みはる
海晴 みはる
紅葉 くれは
美遊 みゆう
美雲 みくも

美登　みと
美瑛　みえ
美森　みもり
美裕　みひろ
美詞　みこと
美貴　みき
美稀　みき
美喜　みき
奏葉　かなは
咲智　さち
咲稀　さき
咲絵　さえ
咲瑛　さえ
虹晴　こはる

9-13

紅愛　くれあ

玲愛　れあ
奏楽　そら
咲楽　さくら
咲愛　さえ
香鈴　かりん
美瑚　みこ
美鈴　みすず
神楽　かぐら
奏鈴　かりん
香暖　かのん
香蓮　かれん
海鈴　みすず
珂蓮　かれん
美楽　みら
美聖　みさと
美暖　みはる

美園　みその

9-14

美緒　みお
咲綾　さあや
柚歌　ゆずか
春瑠　はる
美瑠　みる
風歌　ふうか
香綸　かりん
俐緒　りお
美榎　みか
春樺　はるか
春寧　はるね
星歌　せいか
紅緒　べにお
紅寧　あかね

祢緒　ねお
美鳳　みほ
美歌　みか
美聡　みさと
美維　みい
美嘉　みか
美寧　みね
南緒　なお
咲綺　さき
咲緒　さお
音緒　ねお
音寧　ねね
風樺　ふうか

9-15

香穂　かほ
香澄　かすみ

柚穂　ゆずほ
美穂　みほ
美璃　みり
美慧　みさと
咲輝　さき
珂穂　かほ
珈穂　かほ
香凛　かりん
香凛　かりん
咲樂　さら
俐穂　りほ
美憬　みさと
泉穂　みずほ
泉澄　いずみ
海璃　かいり
珂凛　かりん

紀穂　きほ
秋穂　あきほ
美澄　みすみ
美潮　みしお
美輝　みき
美範　みのり
美慶　みのり
南穂　なほ
奏穂　かなほ
咲輪　さわ
咲慧　さえ
咲嬉　さき
咲穂　さきほ
虹穂　にじほ

9-16

美穏　みおん

- 美蕾 みらい
- 香憐 かれん
- 香穏 かのん
- 美薗 みその
- 柚樹 ゆずき
- 美澪 みれい
- 美樹 みき
- 美賢 みさと
- 咲樹 さき

9-17

- 美優 みゆ
- 海優 みゆう
- 美嶺 みれい

9-18

- 美織 みおり
- 咲藍 さくら
- 香織 かおり
- 美藍 みらん
- 咲織 さおり

9-19

- 咲羅 さくら
- 咲蘭 さら
- 星蘭 せいら
- 星羅 せいら
- 玲羅 れいら
- 美麗 みれい
- 美蘭 みらん

9-21

- 美鶴 みつる
- 美櫻 みお

9（4）

- 咲くら 9 1 3 さくら

9（5）

- 香乃子 9 2 3 かのこ

9（6）

- 美也子 9 3 3 みやこ
- 咲也子 9 3 3 さやこ
- 南々子 9 3 3 ななこ

9（8）

- 美由子 9 5 3 みゆこ
- 柚妃乃 9 6 2 ゆきの

9（9）

- 美乃里 9 2 7 みのり
- 保乃花 9 2 7 ほのか
- 美夕羽 9 3 6 みゆう
- 南々帆 9 3 6 ななほ
- 美羽子 9 6 3 みわこ
- 香名子 9 6 3 かなこ
- 美帆子 9 6 3 みほこ
- 南帆子 9 6 3 なほこ
- 咲羽子 9 6 3 さわこ
- 柚希乃 9 7 2 ゆきの
- 祐希乃 9 7 2 ゆきの

9（10）

- 保乃佳 9 2 8 ほのか
- 音々花 9 3 7 ねねか
- 美那子 9 7 3 みなこ
- 美沙子 9 7 3 みさこ
- 美花子 9 7 3 みかこ
- 美佐子 9 7 3 みさこ
- 美寿々 9 7 3 みすず
- 咲希子 9 7 3 さきこ

9（11）

- 柚乃香 9 2 9 ゆのか
- 保乃香 9 2 9 ほのか
- 香奈子 9 8 3 かなこ
- 美佳子 9 8 3 みかこ
- 美和子 9 8 3 みわこ
- 美弥子 9 8 3 みやこ
- 美奈子 9 8 3 みなこ
- 咲和子 9 8 3 さわこ

9（12）

- 美乃莉 9 2 10 みのり
- 保乃華 9 2 10 ほのか
- 柚子香 9 3 9 ゆずか
- 胡々音 9 3 9 ここね
- 南々美 9 3 9 ななみ
- 美友奈 9 4 8 みゆな
- 玲央那 9 5 7 れおな
- 美由花 9 5 7 みゆか
- 美由希 9 5 7 みゆき
- 美央里 9 5 7 みおり
- 咲由希 9 5 7 さゆき
- 美百合 9 6 6 みゆり
- 美有羽 9 6 6 みゆう
- 咲百合 9 6 6 さゆり
- 祐美子 9 9 3 ゆみこ
- 美香子 9 9 3 みかこ
- 美紀子 9 9 3 みきこ
- 美保子 9 9 3 みほこ
- 美咲子 9 9 3 みさこ
- 咲耶子 9 9 3 さやこ

9（13）

- 玲央奈 9 5 8 れおな
- 美由奈 9 5 8 みゆな
- 美峰子 9 10 3 みほこ

祐起子 9 10 3 ゆきこ
美桜子 9 10 3 みおこ

9 (14)

香々菜 9 3 11 ここな
柚子菜 9 3 11 ゆずな
胡々菜 9 3 11 ここな
美由紀 9 5 9 みゆき
玲衣奈 9 6 8 れいな
祐衣奈 9 6 8 ゆいな
美衣奈 9 6 8 みいな
美沙希 9 7 7 みさき
美佐希 9 7 7 みさき
美寿希 9 7 7 みずき
香奈江 9 8 6 かなえ
珂菜子 9 11 3 かなこ
香菜子 9 11 3 かなこ
祐理子 9 11 3 ゆりこ
美菜子 9 11 3 みなこ
美彩子 9 11 3 みさこ
南菜子 9 11 3 ななこ
咲都子 9 11 3 さとこ
祐貴乃 9 12 2 ゆきの

9 (15)

柚子葉 9 3 12 ゆずは
胡々葉 9 3 12 ここは
南々葉 9 3 12 ななは
美由姫 9 5 10 みゆき
風羽香 9 6 9 ふうか
香羽音 9 6 9 こはね
美羽音 9 6 9 みはね
映里奈 9 7 8 えりな
香里奈 9 7 8 かりな
柚里佳 9 7 8 ゆりか
祐希奈 9 7 8 ゆきな
祐里奈 9 7 8 ゆりな
美沙季 9 7 8 みさき
美希奈 9 7 8 みきな
咲里奈 9 7 8 さりな
玲依那 9 8 7 れいな
美知花 9 8 7 みちか
咲弥花 9 8 7 さやか
美咲妃 9 9 6 みさき
美貴子 9 12 3 みきこ
美結子 9 12 3 みゆこ
美智子 9 12 3 みちこ
咲瑛子 9 12 3 さえこ

9 (16)

美古都 9 5 11 みこと
祐里香 9 7 9 ゆりか
美沙紀 9 7 9 みさき
美依奈 9 8 8 みいな
美侑奈 9 8 8 みゆな
美咲希 9 9 7 みさき
柚香里 9 9 7 ゆかり
美香里 9 9 7 みかり
咲耶花 9 9 7 さやか
美紗妃 9 10 6 みさき
咲暉子 9 13 3 さきこ

9 (17)

美衣菜 9 6 11 みいな
保奈美 9 8 9 ほなみ
美桜里 9 10 7 みおり
美莉亜 9 10 7 みりあ
美緒子 9 14 3 みおこ

9 (18)

香里菜 9 7 11 かりな
美沙都 9 7 11 みさと
美音香 9 9 9 みねか
美南海 9 9 9 みなみ
美咲紀 9 9 9 みさき
香莉奈 9 10 8 かりな
星莉奈 9 10 8 せりな
玲桜奈 9 10 8 れおな
美桜奈 9 10 8 みおな
美梨亜 9 11 7 みりあ
美彩希 9 11 7 みさき
咲都花 9 11 7 さとか
美穂子 9 15 3 みほこ

9 (19)

美沙稀 9 7 12 みさき
美依菜 9 8 11 みいな
美咲姫 9 9 10 みさき
美桜香 9 10 9 みおか
美樹子 9 16 3 みきこ

9 (20)

香奈葉 9 8 12 かなは
美咲都 9 9 11 みさと
美桜莉 9 10 10 みおり
美紗姫 9 10 10 みさき
香菜美 9 11 9 かなみ
美彩紀 9 11 9 みさき
美結奈 9 12 8 みゆな

9 (21)

美桜菜 9 10 11 みおな
美紗都 9 10 11 みさと
美彩姫 9 11 10 みさき

香緒里 9 14 7 かおり

9 (22)

美沙輝 9 7 15 みさき
美知瑠 9 8 14 みちる
美紗稀 9 10 12 みさき
美紗貴 9 10 12 みさき
香理菜 9 11 11 かりな
美野梨 9 11 11 みのり
美唯菜 9 11 11 みいな
美智華 9 12 10 みちか
俐緒奈 9 14 8 りおな
玲緒奈 9 14 8 れおな

9 (23)

美沙樹 9 7 16 みさき
香菜絵 9 11 12 かなえ
美彩貴 9 11 12 みさき

美結菜 9 12 11 みゆな

9 (24)

美瑚都 9 13 11 みこと
美優那 9 17 7 みゆな
美優花 9 17 7 みゆか
美優希 9 17 7 みゆき
美優里 9 17 7 みゆり
咲優希 9 17 7 さゆき

9 (25)

玲緒菜 9 14 11 れおな
美優奈 9 17 8 みゆな

9 (26)

美紗樹 9 10 16 みさき
美優香 9 17 9 みゆか
咲優香 9 17 9 さゆか
咲優美 9 17 9 さゆみ

風優香 9 17 9 ふうか
美織奈 9 18 8 みおな

9 (27)

美彩樹 9 11 16 みさき
美優華 9 17 10 みゆか

9 (28)

美優菜 9 17 11 みゆな

1文字目の画数 10画

10

桜 さくら
栞 しおり
桃 もも
華 はな
紡 つむぎ

恵 めぐみ
倫 りん
恭 きょう
晏 あん
桂 けい
珠 すず
笑 えみ
粋 すい
紗 すず
純 じゅん
凌 りょう
夏 なつ

10-2

莉乃 りの
梅乃 うめの
栞七 かんな

桃乃 ももの
珠乃 じゅの
紘乃 ひろの
紋乃 あやの
祥乃 よしの
姫乃 ひめの
夏乃 かの
華乃 かの

10-3

莉子 りこ
桃子 ももこ
桜子 さくらこ
莉々 りり
真子 まこ
眞子 まこ
恵子 けいこ

珠子 たまこ
真夕 まゆ
祥子 しょうこ
紗也 さや
紗夕 さゆ
紗子 さこ
紗千 さち
倫子 りんこ
峰子 みねこ
恭子 きょうこ
晃子 あきこ
桐子 とうこ
桂子 けいこ
珠々 すず
珠己 たまき
笑子 えこ

紗弓　さゆみ
紘子　ひろこ
素子　もとこ
紗与　さよ
紗々　すず
紋子　あやこ
純子　じゅんこ
倭子　わこ
姫子　ひめこ
夏夕　なゆ
夏子　なつこ
華子　はなこ
透子　とうこ

10-4

莉心　りこ
真心　まこ
夏月　なつき
華月　かづき
紗月　さつき

10-5

莉央　りお
真央　まお
真由　まゆ
真白　ましろ
恵生　めい
真生　まお
桃加　ももか
桃代　ももよ
珠央　みお
真未　まなみ
紗生　さき
紗礼　さあや
紗世　さよ
修加　しゅうか
恵未　めぐみ
桜加　おうか
桃世　ももよ
桃乎　ももか
真矢　まや
眞央　まお
眞矢　まや
眞生　まお
眞白　ましろ
眞由　まゆ
留未　るみ
留以　るい
珠生　しゅう
珠由　みゆ
珠未　たまみ
珠世　たまよ
珠代　たまよ
真広　まひろ
真以　まい
真代　まよ
真冬　まふゆ
真叶　まかな
笑加　えみか
笑未　えみ
紗永　さえ
紗矢　さや
紗由　さゆ
紗央　さお
紘加　ひろか
純礼　すみれ
純白　ましろ
紗代　さよ
紋可　あやか
紋加　あやか
祥加　さちか
倫世　ともよ
倫加　りんか
倫央　りお
夏代　なつよ
夏央　なお
夏未　なつみ
夏生　なつき
華央　かお
華代　かよ
莉加　りか
莉生　りお
莉未　りみ

10-6

真帆　まほ
真衣　まい
紗衣　さえ
華帆　かほ
恵衣　けい
栞凪　かんな
紗江　さえ
莉帆　りほ
栞名　かんな
栞帆　しほ
桃衣　ももえ
桃羽　ももは
桃名　ももな
桜妃　さき

- 晏朱　あんじゅ
- 珠羽　みう
- 眞衣　まい
- 紗有　さゆ
- 紗妃　さき
- 紗帆　さほ
- 夏帆　かほ
- 晃妃　あさひ
- 桜帆　さほ
- 桃江　ももえ
- 桜衣　さえ
- 真有　まゆ
- 眞帆　まほ
- 留衣　るい
- 真妃　まき
- 珠妃　たまき
- 真名　まな
- 紗羽　さわ
- 紗名　さな
- 夏凪　かな
- 夏妃　なつき
- 莉名　りな
- 華衣　かえ

10-7

- 桃花　ももか
- 紗良　さら
- 栞那　かんな
- 紗希　さき
- 莉那　りな
- 桜希　さき
- 紗那　さな
- 莉杏　りあん
- 莉来　りこ
- 栞里　しおり
- 桃伽　ももか
- 珠寿　すず
- 姫花　ひな
- 華那　かな
- 桜来　さら
- 留里　るり
- 珠那　みな
- 珠希　たまき
- 真花　まなか
- 紡希　つむぎ
- 笑花　えみか
- 笑里　えみり
- 紗来　さら
- 紗里　さり
- 莉沙　りさ
- 莉良　りら
- 莉亜　りあ
- 峯花　みねか
- 恭花　きょうか
- 恵利　えり
- 恵里　えり
- 恵那　えな
- 晏里　あんり
- 晏那　あんな
- 桜良　さくら
- 桜花　おうか
- 桃芭　ももは
- 桐花　きりか
- 桃那　ももな
- 朔良　さくら
- 眞那　まな
- 留那　るな
- 珠李　じゅり
- 珠里　じゅり
- 真希　まき
- 純伶　すみれ
- 真里　まり
- 倖花　さちか
- 倫花　ともか
- 夏那　かな
- 夏花　なつか
- 莉伽　りか
- 華花　はなか
- 透花　とうか

10-8

- 莉奈　りな
- 紗弥　さや
- 真奈　まな
- 紗奈　さな
- 栞奈　かんな
- 桜空　さくら
- 紗季　さき
- 恵奈　えな
- 桃佳　ももか
- 桜來　さくら
- 紗和　さわ
- 姫和　ひより
- 姫奈　ひな
- 桃果　ももか
- 桃奈　ももな
- 珠奈　じゅな
- 真依　まい

真歩　まほ
紗英　さえ
紗依　さえ
莉歩　りほ
莉依　りい
恵茉　えま
恵実　めぐみ
栞和　かんな
桜歩　さほ
桃実　ももみ
桜季　さき
留奈　るな
真朋　まほ
笑実　えみ
笑奈　えな
紗枝　さえ

純奈　あやな
紗知　さち
純怜　すみれ
紗幸　さゆき
倖奈　ゆきな
夏奈　かな
華実　はなみ
華怜　かれん
華歩　かほ
華英　はなえ
莉実　りみ
桐佳　きりか
桐奈　きりな
紗杷　さわ
恭果　きょうか
恭佳　きょうか

恵依　けい
恵佳　けいか
晏奈　あんな
桜果　おうか
桜佳　おうか
桧奈　ひな
桂奈　けいな
真知　まち
眞依　まい
眞歩　まほ
留佳　るか
留実　るみ
留依　るい
真季　まき
真実　まみ
真弥　まや

珠季　たまき
珠実　たまみ
笑佳　えみか
紗波　さなみ
紗歩　さほ
素実　もとみ
紗苗　さなえ
紗來　さら
倫果　りんか
姫佳　ひめか
夏佳　なつか
夏季　なつき
夏芽　なつめ
夏歩　かほ
華奈　かな
華林　かりん

莉佳　りか
華苗　かなえ

10-9

桃香　ももか
莉音　りのん
華音　かのん
桜香　おうか
純玲　すみれ
恵美　めぐみ
桃音　ももね
桜咲　さくら
真紀　まき
真美　まみ
紗栄　さえ
紗耶　さや
夏美　なつみ

姫香　ひめか
莉胡　りこ
浩美　ひろみ
栞南　かんな
栞音　かのん
朔耶　さくや
留美　るみ
珠海　たまみ
珠紀　たまき
珠美　たまみ
真咲　まさき
笑美　えみ
紗紀　さき
紗南　さな
紗音　すずね
純香　すみか

倫香　ともか
凌香　りょうか
夏音　かのん
夏香　なつか
夏海　なつみ
莉香　りか
華保　かほ
華香　はなか
華耶　かや

10-10

莉桜　りお
姫華　ひめか
莉紗　りさ
珠莉　じゅり
真桜　まお
莉華　りんか

桜華　おうか
桃華　ももか
桜姫　さき
紗恵　さえ
夏桜　なお
浩華　ひろか
峯夏　みねか
恵莉　えり
恵真　えま
桃恵　ももえ
梅華　うめか
栞夏　かんな
桃夏　ももか
真起　まき
留華　るか
真姫　まき

珠姫　たまき
珠恵　たまえ
笑莉　えみり
笑真　えま
紗姫　さき
純夏　すみか
夏姫　なつき
夏華　なつか
夏恋　かれん
夏純　かすみ
夏珠　なつみ
華恵　はなえ
華純　かすみ
莉真　りま
莉珠　りず
莉恵　りえ

華連　かれん

10-11

紗菜　さな
紗彩　さあや
莉菜　りな
桃菜　ももな
栞菜　かんな
紗雪　さゆき
真悠　まゆ
珠菜　じゅな
莉彩　りさ
恵麻　えま
桜彩　さあや
桧菜　ひな
眞彩　まあや
真唯　まい

真菜　まな
恵菜　えな
真望　まみ
真彩　まあや
恋雪　こゆき
恵唯　めい
恵都　けいと
笑菜　えな
笑麻　えま
純菜　じゅんな
紗唯　さゆ
夏菜　なつな
姫菜　ひめな
莉都　りと
真規　まき
恵梨　えり

恵理　えり
晃菜　あきな
晏梨　あんり
桔梗　ききょう
栞理　しおり
栞渚　かんな
真理　まり
真梨　まり
留唯　るい
留菜　るな
珠雪　みゆき
珠理　じゅり
笑梨　えみり
紗理　さり
紗梨　さり
紗野　さや

紗都　さと
紋菜　あやな
真雪　まゆき
真麻　まあさ
夏野　かの
夏梨　かりん
莉野　りの
華野　かの
華菜　かな
華萌　かほ

10-12

真結　まゆ
紗葵　さき
紗結　さゆ
華絵　かえ
桃葉　ももは
真琴　まこと
泰葉　やすは
眞琴　まこと
珠貴　たまき
珠結　みゆ
真喜　まき
紗瑛　さえ
紗智　さち
夏葵　なつき
夏琳　かりん
華琳　かりん
莉湖　りこ

10-13

莉愛　りあ
華蓮　かれん
栞愛　かんな
純蓮　すみれ
莉夢　りむ
恵愛　めい
桜瑚　さくらこ
桃愛　ももあ
真愛　まな
真瑚　まこ
真鈴　まりん
紗楽　さら
栞楠　かんな
朔楽　さくら
真椰　まや
珠鈴　みすず
純鈴　すみれ
夏蓮　かれん
夏鈴　かりん
莉瑚　りこ
華鈴　かりん

10-14

真緒　まお
莉緒　りお
紗綾　さあや
桃寧　ももね
桜歌　おうか
桃歌　ももか
珠緒　たまお
眞緒　まお
真綾　まあや
紗綺　さき
紗寧　すずね
華緒　かお
恭歌　きょうか
真綺　まき
真維　まい
眞綾　まあや
珠綺　たまき
笑歌　えみか
純歌　すみか
紋歌　あやか
姫歌　ひめか
夏緒　なお
夏摘　なつみ
夏綺　なつき

10-15

栞璃　しおり
真穂　まほ
紗穂　さほ
莉穂　りほ
紗璃　さり
華凜　かりん
夏輪　かりん
恵舞　えま
栞凜　かりん
真潤　まひろ
真澄　ますみ
真輝　まき
眞穂　まほ
留璃　るり
真嬉　まき
夏凜　かりん
夏澄　かすみ

10-16

真樹　まき
珠樹　たまき

紗樹 さき
夏樹 なつき
華穏 かのん

10-17

真優 まゆ
眞優 まひろ
珠優 みゆ
紗優 さゆ

10-18

姫織 ひおり
桜織 さおり
紗織 さおり
華織 かおり

10-19

紗羅 さら
紗蘭 さらん

純麗 すみれ
莉羅 りら

10-21

真櫻 まお

10(5)

栞乃子 10 2 3 かのこ
夏乃子 10 2 3 かのこ
華乃子 10 2 3 かのこ
紗也乃 10 3 2 さやの
華也乃 10 3 2 かやの

10(6)

真也子 10 3 3 まやこ
紗也子 10 3 3 さやこ
莉々子 10 3 3 りりこ

10(7)

真心子 10 4 3 まみこ
真友子 10 4 3 まゆこ

10(8)

紗也加 10 3 5 さやか
真由子 10 5 3 まゆこ
真生子 10 5 3 まおこ
真矢子 10 5 3 まやこ
眞由子 10 5 3 まゆこ
紗代子 10 5 3 さよこ

10(9)

莉乃亜 10 2 7 りのあ
真衣子 10 6 3 まいこ

10(10)

紗也花 10 3 7 さやか
紗久良 10 3 7 さくら
莉々花 10 3 7 りりか
真亜子 10 7 3 まあこ

10(11)

華乃音 10 2 9 かのん
紗也佳 10 3 8 さやか
紗友里 10 4 7 さゆり
紗和子 10 8 3 さわこ
恵実子 10 8 3 えみこ
真実子 10 8 3 まみこ
真依子 10 8 3 まいこ
紗英子 10 8 3 さえこ
莉奈子 10 8 3 りなこ
紗耶乃 10 9 2 さやの

10(12)

紗也香 10 3 9 さやか
真由花 10 5 7 まゆか
眞美子 10 9 3 まみこ
留美子 10 9 3 るみこ
莉香子 10 9 3 りかこ

10(13)

紗也華 10 3 10 さやか
莉々夏 10 3 10 りりか
恵礼奈 10 5 8 えれな
真由奈 10 5 8 まゆな
真由佳 10 5 8 まゆか
紗有里 10 6 7 さゆり
紗弥加 10 8 5 さやか
恵莉子 10 10 3 えりこ
真桜子 10 10 3 まおこ
紗恵子 10 10 3 さえこ
莉紗子 10 10 3 りさこ

10(14)

真由香 10 5 9 まゆか
真由美 10 5 9 まゆみ
紗矢香 10 5 9 さやか
紗由美 10 5 9 さゆみ
莉衣奈 10 6 8 りいな
真衣佳 10 6 8 まいか
恵里花 10 7 7 えりか
恵里那 10 7 7 えりな
珠美礼 10 9 5 すみれ
真理子 10 11 3 まりこ
恵理子 10 11 3 えりこ
真悠子 10 11 3 まゆこ
真梨子 10 11 3 まりこ
夏菜子 10 11 3 かなこ
華菜子 10 11 3 かなこ

10(15)

紗友梨 10 4 11 さゆり
恵里奈 10 7 8 えりな

10画（つづき）

紗里奈　さりな　｜　恵里佳　えりか　｜　眞里奈　まりな　｜　真里佳　まりか　｜　夏里奈　かりな　｜　紗弥花　さやか　｜　真喜子　まきこ　｜　真結子　まゆこ　｜　紗瑛子　さえこ

（16）莉央菜　りおな　｜　恵里香　えりか　｜　真奈実　まなみ　｜　恵美花　えみか　｜（17）莉衣菜　りいな

真奈美　まなみ　｜　紗弥香　さやか　｜　恵美奈　えみな　｜　恵莉花　えりか　｜（18）真莉花　まりか　｜　華里菜　かりな　｜　紗耶音　さやね　｜　紗耶香　さやか　｜　恵莉奈　えりな　｜　真理亜　まりあ　｜　恵梨花　えりか　｜　真菜佳　まなか　｜（19）恵梨佳　えりか

恵理奈　えりな　｜　真梨奈　まりな　｜　紗理奈　さりな　｜　莉梨奈　りりな　｜（20）真結花　まゆか　｜　恵梨香　えりか　｜　真理香　まりか　｜　夏菜美　かなみ　｜　真優子　まゆこ　｜（21）真莉菜　まりな　｜　恵梨華　えりか　｜　紗梨華　さなえ　｜　華菜恵　かなえ　｜　真結香　まゆか

莉緒那　りおな　｜（22）莉緒奈　りおな　｜　紗希穂　さきほ　｜　真梨菜　まりな　｜　莉緒奈　りおな　｜　真璃亜　まりあ　｜（23）真奈穂　まなほ　｜　真理絵　まりえ　｜　夏菜絵　かなえ　｜（24）真理愛　まりあ　｜　真梨愛　まりあ　｜（25）莉緒菜　りおな　｜　真優花　まゆか

真優佳　まゆか　｜　真優奈　まゆな　｜　紗優奈　さゆな　｜（27）真優華　まゆか　｜　恵麗奈　えれな

1文字目の画数　11画

唯　ゆい　｜　雫　しずく　｜　彩　あや　｜　紬　つむぎ　｜　悠　はるか　｜　渚　なぎさ

11-2

菫　すみれ　｜　雪　ゆき　｜　梓　あずさ　｜　望　のぞみ　｜　椛　もみじ　｜　皐　さつき　｜　萌　もえ　｜　梢　こずえ　｜　涼　りょう　｜　絆　きずな　｜　絃　いと　｜　啓　けい　｜　蛍　ほたる　｜　都　みやこ　｜　彩乃　あやの

梨乃 りの
雪乃 ゆきの
理乃 りの
菜乃 なの
悠乃 ゆの
彩七 あやな
淑乃 よしの
梓乃 しの
涼乃 すずの
章乃 あきの
啓乃 ひろの
菊乃 きくの
萌七 もな
萌乃 もえの

11-3

菜々 なな
理子 りこ
萌々 もも
萌子 もえこ
彩子 あやこ
啓子 けいこ
彩女 あやめ
悠子 ゆうこ
清子 さやこ
涼子 りょうこ
章子 あきこ
笙子 しょうこ
唯子 ゆいこ
陶子 とうこ

11-4

菜月 なつき
悠月 ゆづき
梨心 りこ
彩心 あこ
麻友 まゆ
雫月 しずく
彩巴 いろは
望友 みゆ
深月 みつき
雪月 ゆづき
彩日 あやか
彩友 あゆ
梓心 あずみ
望心 のぞみ
皐月 さつき

11-5

理央 りお
麻央 まお
菜央 なお
萌生 めい
彩未 あやみ
麻矢 まや
悠加 ゆうか
悠未 ゆうみ
彩生 さき
彩叶 あやか
彩世 さよ
梨央 りお
理世 りよ
理加 りか
紬生 つむぎ
唯生 ゆい
菫礼 すみれ
麻礼 まあや
麻生 まい
麻由 まゆ
麻未 あさみ
彩代 さよ
彩加 あやか
彩可 あやか
彩禾 あやか
彩永 さえ
梨世 りせ
梨代 りよ
望未 のぞみ
望央 みお
理生 りお
琉加 るか
菜由 なゆ
雪未 ゆきみ
都古 みやこ

11-6

彩羽 いろは
萌衣 めい
唯衣 ゆい
麻衣 まい
悠衣 ゆい
望羽 みう
琉衣 るい
菜名 なな
彩凪 あやな
理衣 りい
菜帆 なほ
麻帆 まほ
麻有 まゆ
彩帆 あやほ

彩圭　あやか
彩名　あやな
悠妃　ゆき
彩江　さえ
涼帆　すずほ
涼羽　すずは
理名　りな
理帆　りほ
琉羽　るう
雪凪　ゆきな
都羽　とわ

11-7

彩花　あやか
梨花　りんか
菜那　なな
唯花　いちか
琉那　るな
琉花　るか
萌花　もえか
悠花　ゆうか
彩良　さら
彩吹　いぶき
毬花　まりか
悠希　ゆき
悠良　ゆら
彩那　あやな
彩里　あやり
麻希　まき
麻里　まり
悠来　ゆら
悠里　ゆうり
悠那　ゆな
彩希　さき
彩芭　いろは
梨那　りな
梨沙　りさ
理那　りな
絆那　はんな
紬希　つむぎ
凰花　おうか
萌那　もな
啓花　ひろか
麻那　まな
羚花　れいか
彩伽　あやか
悠李　ゆうり
清良　せいら
清花　きよか
理佐　りさ
理花　りか
理沙　りさ
琉里　るり
唯良　ゆら
唯来　ゆら
雪那　ゆきな
野亜　のあ

11-8

彩芽　あやめ
彩佳　あやか
萌依　めい
悠奈　ゆうな
唯奈　ゆいな
萌果　もえか
悠佳　ゆうか
彩奈　あやな
彩季　さき
理歩　りほ
理奈　りな
淳奈　じゅんな
麻実　あさみ
麻弥　まや
彩弥　さや
理佳　りか
絆奈　はんな
唯果　ゆいか

11-9

彩音　あやね
梨音　りお
彩香　あやか
彩海　あやみ
望美　のぞみ
琉香　るか
理香　りか
彩映　さえ
悠香　はるか

11-10

理桜　りお
菜桜　なお
唯華　ゆいか
彩華　あやか
彩恵　さえ
梨桜　りお
望桜　みお
理紗　りさ
渚紗　なぎさ
萌恵　もえ

悠莉　ゆり
悠華　ゆうか
彩夏　あやか
梨紗　りさ
唯莉　ゆいり
萌峰　もね
毬夏　まりか
菊恵　きくえ
啓華　けいか
皐姫　さつき
麻莉　まり
麻紘　まひろ
麻華　あさか
麻姫　まき
麻夏　あさか
梁華　りょうか

羚華　れいか
彩峰　あやね
彩姫　さき
悠珠　ゆず
彩純　あずみ
梨恵　りえ
梓紗　あずさ
梨華　りか
清華　きよか
理恵　りえ
琉莉　るり
唯夏　ゆいか
萌華　もえか

11-11

彩菜　あやな
悠菜　ゆうな

唯菜　ゆいな
悠理　ゆうり
絆菜　はんな
琉菜　るな
麻彩　まあや
悠梨　ゆうり
理菜　りな
理彩　りさ
菜都　なつ
雪菜　ゆきな

11-12

彩葉　いろは
望結　みゆ
彩絵　さえ
麻尋　まひろ
麻陽　あさひ

彩貴　さき
深結　みゆう
菜湖　なこ
菜結　なゆ
雪葉　ゆきは
麻貴　まき
麻琴　まこと
彩絢　さあや
梨絵　りえ
深晴　みはる
理絵　りえ
理惠　りえ
雪絵　ゆきえ

11-13

彩愛　さえ
琉愛　るあ

梨愛　りあ
望愛　のあ
唯愛　ゆあ
悠愛　ゆうあ
麻鈴　まりん
彩椰　さや
麻椰　まや
悠楽　ゆら
彩楽　さら
椛鈴　かりん
理愛　りあ
理瑚　りこ

11-14

梨緒　りお
菜緒　なお
彩寧　あやね

理緒　りお
麻緒　まお
彩歌　あやか
唯歌　ゆいか
菜摘　なつみ
麻綾　まあや
悠歌　はるか
彩綾　さあや
涼歌　すずか
萌寧　もね

11-15

菜穂　なほ
彩穂　さほ
梨穂　りほ
理穂　りほ
琉璃　るり

11-16		
麻樹		まき
彩樹		さき
11-17		
梨優		りゆ
望優		みゆ
深優		みゆ
麻優		まゆ
彩優		さや
菜優		なゆ
11-18		
彩織		いおり
梨織		りお
麻織		まお
理織		りお
唯織		いおり
11-19		
彩羅		さら
彩蘭		さら
11(5)		
梨乃子	11・2・3	りのこ
野乃子	11・2・3	ののこ
彩也乃	11・3・2	さやの
菜々乃	11・3・2	ななの
11(6)		
菜々子	11・3・3	ななこ
萌々子	11・3・3	ももこ
梨々子	11・3・3	りりこ
理々子	11・3・3	りりこ
11(7)		
野乃可	11・2・5	ののか
麻友子	11・4・3	まゆこ
11(8)		
菜乃羽	11・2・6	なのは
菜々未	11・3・5	ななみ
11(9)		
野乃花	11・2・7	ののか
菜乃花	11・2・7	なのか
麻衣子	11・6・3	まいこ
11(10)		
菜乃佳	11・2・8	なのか
萌々花	11・3・7	ももか
菜々花	11・3・7	ななか
梨々花	11・3・7	りりか
理々花	11・3・7	りりか
野々花	11・3・7	ののか
菜那子	11・7・3	ななこ
麻里子	11・7・3	まりこ
悠花子	11・7・3	ゆかこ
悠里子	11・7・3	ゆりこ
梨沙子	11・7・3	りさこ
梨花子	11・7・3	りかこ
理佐子	11・7・3	りさこ
理沙子	11・7・3	りさこ
11(11)		
萌乃香	11・2・9	ほのか
野乃香	11・2・9	ののか
菜乃香	11・2・9	なのか
菜々実	11・3・8	ななみ
菜々佳	11・3・8	ななか
萌々佳	11・3・8	ももか
萌々奈	11・3・8	ももな
理依子	11・8・3	りいこ
理奈子	11・8・3	りなこ
菜奈子	11・8・3	ななこ
都和子	11・8・3	とわこ
11(12)		
野乃夏	11・2・10	ののか
菜々美	11・3・9	ななみ
菜々海	11・3・9	ななみ
菜々香	11・3・9	ななか
彩也香	11・3・9	さやか
萌々音	11・3・9	ももね
萌々香	11・3・9	ももか
彩央里	11・5・7	さおり
菜南子	11・9・3	ななこ
悠香子	11・9・3	ゆかこ
麻美子	11・9・3	まみこ
麻祐子	11・9・3	まゆこ
梨香子	11・9・3	りかこ
理咲子	11・9・3	りさこ
理香子	11・9・3	りかこ
菜津子	11・9・3	なつこ
11(13)		
萌々華	11・3・10	ももか
菜々華	11・3・10	ななか
菜々恵	11・3・10	ななえ
麻友香	11・4・9	まゆか
麻由佳	11・5・8	まゆか
彩矢佳	11・5・8	さやか
梨央奈	11・5・8	りおな
理央奈	11・5・8	りおな
悠衣花	11・6・7	ゆいか
唯衣花	11・6・7	ゆいか
理紗子	11・10・3	りさこ
梨紗子	11・10・3	りさこ

11（14）

梨々菜 11 3 11 りりな
梨衣奈 11 6 8 りいな
悠里花 11 7 7 ゆりか
彩花里 11 7 7 あかり
理彩子 11 11 3 りさこ
菜都子 11 11 3 なつこ

11（15）

菜々葉 11 3 12 ななは
麻里奈 11 7 8 まりな
麻結子 11 12 3 まゆこ

11（16）

梨々愛 11 3 13 りりあ
理央菜 11 5 11 りおな
理衣紗 11 6 10 りいさ
梨里香 11 7 9 りりか
麻那美 11 7 9 まなみ
菜那美 11 7 9 ななみ
菜津希 11 9 7 なつき

11（17）

悠衣菜 11 6 11 ゆいな
梨衣菜 11 6 11 りいな
麻奈美 11 8 9 まなみ
菜緒子 11 14 3 なおこ

11（18）

菜々穂 11 3 15 ななほ
麻里菜 11 7 11 まりな
梨依紗 11 8 10 りいさ
彩耶音 11 9 9 あやね
麻梨亜 11 11 7 まりあ
菜都希 11 11 7 なつき
理穂子 11 15 3 りほこ
菜穂子 11 15 3 なおこ

11（19）

麻理奈 11 11 8 まりな
麻梨奈 11 11 8 まりな
菜都実 11 11 8 なつみ

11（20）

麻里愛 11 7 13 まりあ
梨里愛 11 7 13 りりあ
麻菜美 11 11 9 まなみ
理梨香 11 11 9 りりか
菜都紀 11 11 9 なつき
菜都美 11 11 9 なつみ
麻優子 11 17 3 まゆこ

11（21）

麻莉菜 11 10 11 まりな
理桜菜 11 10 11 りおな
彩菜恵 11 11 10 さなえ

11（22）

菜々瀬 11 3 19 ななせ
麻理菜 11 11 11 まりな
梨緒奈 11 14 8 りおな

11（24）

菜穂美 11 15 9 なほみ
菜優花 11 17 7 なゆか

11（25）

梨緒菜 11 14 11 りおな

1文字目の画数 12画

12

葵 あおい
遥 はるか
結 ゆい
陽 はる
琳 りん
晴 はる
琴 こと
温 はる
絢 あや
詠 うた
景 けい
晶 あき
瑛 あき

12-2

琴乃 ことの
陽乃 はるの
結乃 ゆの
絢乃 あやの
晴乃 はるの
遥乃 はるの
紫乃 しの
媛乃 ひめの
裕乃 ひろの

12-3

琴子 ことこ
結子 ゆうこ
葵子 きこ
晴子 はるこ
景子 けいこ
敦子 あつこ
絢女 あやめ
絢子 あやこ
陽子 ようこ
詠子 うたこ

智子　ともこ
晶子　あきこ
椋子　りょうこ
朝子　あさこ
温子　あつこ
湖子　ここ
瑛子　あきこ
琳子　りんこ
稀子　きこ
翔子　しょうこ
結女　ゆめ
絵子　えこ
喜子　きこ
塔子　とうこ
裕子　ひろこ
葉子　ようこ

順子　じゅんこ
遥子　はるこ
貴子　たかこ
賀子　かこ

12-4

結月　ゆづき
琴心　ことみ
晴日　はるひ
琴巴　ことは
葉月　はづき
朝日　あさひ
琴水　ことみ
結友　ゆう
裕月　ゆづき

12-5

琴未　ことみ
結生　ゆい
琴生　ことみ
結以　ゆい
遥加　はるか
絢禾　あやか
道世　みちよ
智禾　ちか
智世　ともよ
智加　ともか
智代　ちよ
晴加　はるか
琳央　りお
琴加　ことか
絢加　あやか
絢可　あやか
絢未　あやみ

結加　ゆうか
陽加　はるか
陽由　ひより

12-6

結衣　ゆい
琴羽　ことは
葵衣　あおい
結羽　ゆう
朝妃　あさひ
結妃　ゆき
稀衣　きい
結名　ゆいな
結凪　ゆな
紫帆　しほ
結有　ゆう
陽色　ひいろ

智帆　ちほ
晶帆　あきほ
晴名　はるな
絢名　あやな
結宇　ゆう
結帆　ゆいほ
詞帆　しほ
裕衣　ゆい
葉名　はな

12-7

結花　ゆいか
結那　ゆいな
結希　ゆき
結良　ゆら
遥花　はるか
智花　ともか

智里　ちさと
智那　ちな
朝花　あさか
瑛里　えり
琳花　りんか
琴那　ことな
結来　ゆら
絢花　あやか
絢那　あやな
絵里　えり
裕花　ゆうか
陽那　ひな

12-8

結奈　ゆな
陽奈　ひな
陽依　ひより

結芽 ゆめ
絢奈 あやな
陽和 ひより
陽佳 はるか
琴奈 ことな
結佳 ゆいか
結來 ゆら
結依 ゆい
遥佳 はるか
葵依 あおい
智実 ともみ
智奈 ちな
智佳 ともか
智波 ちなみ
智歩 ちほ
晶奈 あきな

晴佳 はるか
晴奈 はるな
琳奈 りんな
琴弥 ことみ
琴実 ことみ
絢芽 あやめ
絢佳 あやか
結実 ゆみ
絵奈 えな
裕奈 ゆな

12-9

琴音 ことね
結香 ゆいか
陽咲 ひさき
絢音 あやね
遥香 はるか

絢香 あやか
陽香 はるか
智咲 ちさき
晴香 はるか
琴美 ことみ
琥珀 こはく
智香 ともか
結音 ゆいね
結南 ゆな
紫音 しおん
結咲 ゆいさ
絢美 あやみ
葵音 あおね
裕美 ひろみ
晴美 はるみ
智美 ともみ

智春 ちはる
結海 ゆうみ
道香 みちか
智草 ちぐさ
智海 ともみ
晴音 はるね
晴海 はるみ
敦美 あつみ
朝香 あさか
朝美 あさみ
温美 あつみ
湖春 こはる
瑛香 えいか
瑛美 えみ
琳南 りな
琴香 ことか

翔香 しょうか
絵美 えみ
博美 ひろみ
媛香 ひめか
裕香 ゆうか
葉音 はのん
遥南 はるな
貴美 たかみ

12-10

結華 ゆいか
陽莉 ひまり
結珠 ゆず
結莉 ゆり
智紗 ちさ
智華 ともか
智恵 ともえ

晴恵 はるえ
椎夏 しいな
満桜 まお
瑛莉 えり
瑛華 えいか
琴恵 ことえ
琴莉 ことり
結真 ゆま
絢華 あやか
結夏 ゆいか
絵真 えま
喜恵 きえ
裕夏 ゆうか
裕華 ひろか

12-11

陽菜 ひな

結菜　ゆな
陽彩　ひいろ
絢菜　あやな
結唯　ゆい
結惟　ゆい
結梨　ゆり
結理　ゆり
琴菜　ことな
絢萌　あやめ
晴菜　はるな
智菜　ちな
景都　けいと
椎菜　しいな
絵菜　えな
絵麻　えま
裕菜　ゆうな

遥菜　はるな
葉菜　はな
裕理　ゆり
葵彩　あおい
恵理　えり
智彩　ちさ
智理　さとり
朝菜　あさな
湖雪　こゆき
瑛梨　えり
瑛理　えり
琳菜　りんな
琴梨　ことり
結麻　ゆま
紫野　しの
絵梨　えり

絵理　えり
裕梨　ゆうり
葉琉　はる

12-12

陽葵　ひまり
琴葉　ことは
遥陽　はるひ
朝陽　あさひ
絢葉　あやは
結稀　ゆき
結葵　ゆうき
結貴　ゆき
富貴　ふき
智尋　ちひろ
智葉　ともは
智絵　ちえ

智陽　ちはる
智晴　ちはる
琴絵　ことえ
貴絵　きえ

12-13

結愛　ゆあ
陽愛　ひより
陽詩　ひなた
結夢　ゆめ
結楽　ゆら
智聖　ちさと
絵蓮　えれん

12-14

琴寧　ことね
絢寧　あやね
晴歌　はるか

結歌　ゆいか
遥歌　はるか

12-15

結舞　ゆま
智穂　ちほ
晴穂　はるほ
琴璃　ことり
紫穂　しほ
陽穂　あきほ

12-16

紫穏　しおん
絵磨　えま

12-17

結優　ゆう
智優　ちひろ
満優　みゆう

稀優　きひろ

12-18

陽織　ひおり
紫織　しおり

12-19

晴羅　せいら
結羅　ゆら
結蘭　ゆら

12-21

智鶴　ちづる
結鶴　ゆづ

12(5)

喜久乃（12・3・2）　きくの

12(6)

富士子（12・3・3）　ふじこ
満ちる（12・3・3）　みちる

12 (9)

陽乃花 12 2 7 ひのか
結衣子 12 6 3 ゆいこ
陽向子 12 6 3 ひなこ
結希乃 12 7 2 ゆきの
裕希乃 12 7 2 ゆきの

12 (10)

瑛里子 12 7 3 えりこ
裕里子 12 7 3 ゆりこ
陽奈乃 12 8 2 ひなの

12 (11)

陽奈子 12 8 3 ひなこ
智佳子 12 8 3 ちかこ
結佳子 12 8 3 ゆかこ
結実子 12 8 3 ゆみこ
裕佳子 12 8 3 ゆかこ
陽南乃 12 9 2 ひなの

12 (12)

陽央里 12 5 7 ひおり
陽世里 12 5 7 ひより
瑛里加 12 7 5 えりか
絵里加 12 7 5 えりか
詠美子 12 9 3 えみこ
智香子 12 9 3 ちかこ
結香子 12 9 3 ゆかこ
裕美子 12 9 3 ゆみこ
陽南子 12 9 3 ひなこ

12 (13)

陽万莉 12 3 10 ひまり
結衣花 12 6 7 ゆいか
智華子 12 10 3 ちかこ
陽菜乃 12 11 2 ひなの

12 (14)

絵里花 12 7 7 えりか
陽奈多 12 8 6 ひなた
陽菜子 12 11 3 ひなこ
絵理子 12 11 3 えりこ

12 (15)

満里奈 12 7 8 まりな
絵里奈 12 7 8 えりな
瑛里奈 12 7 8 えりな
結希奈 12 7 8 ゆきな
陽茉里 12 8 7 ひまり
陽依里 12 8 7 ひより
結愛乃 12 13 2 ゆめの

12 (16)

絵里香 12 7 9 えりか
萬里香 12 7 9 まりか
裕里香 12 7 9 ゆりか
瑛美里 12 9 7 えみり
絵美里 12 9 7 えみり
陽香里 12 9 7 ひかり

12 (17)

結衣菜 12 6 11 ゆいな
智奈美 12 8 9 ちなみ
結莉亜 12 10 7 ゆりあ
陽真里 12 10 7 ひまり
陽桜里 12 10 7 ひおり
陽菜多 12 11 6 ひなた

12 (18)

結里菜 12 7 11 ゆりな
結希菜 12 7 11 ゆきな
絵里菜 12 7 11 えりな
陽茉莉 12 8 10 ひまり
陽菜花 12 11 7 ひなか
結梨花 12 11 7 ゆりか
絵梨花 12 11 7 えりか

12 (19)

陽茉梨 12 8 11 ひまり
陽茉理 12 8 11 ひまり
陽依梨 12 8 11 ひより
智奈都 12 8 11 ちなつ
結依菜 12 8 11 ゆいな
絵梨奈 12 11 8 えりな
瑛梨佳 12 11 8 えりか
結梨奈 12 11 8 ゆりな
絵理奈 12 11 8 えりな

12 (20)

陽菜香 12 11 9 ひなか
智菜美 12 11 9 ちなみ
結梨香 12 11 9 ゆりか
絵理香 12 11 9 えりか

12 (21)

陽真理 12 10 11 ひまり
智紗都 12 10 11 ちさと
絵莉菜 12 10 11 えりな

1文字目の画数 13画

13

楓 かえで
愛 あい
詩 うた
夢 ゆめ
稟 りん
椿 つばき

鈴 りん
雅 みやび
暖 はる
瑶 よう
睦 むつみ
楽 らく
稜 りょう
蒼 あおい

13-2

詩乃 しの
夢乃 ゆめの
暖乃 はるの
愛乃 あいの
愛七 あいな
聖七 せいな
稟乃 りの
夢七 ゆめな
鈴乃 すずの
蓮乃 はすの
寛乃 ひろの
聖乃 きよの

13-3

愛子 あいこ
瑚子 ここ
愛巳 まなみ
蒼子 そうこ
詩子 うたこ
絹子 きぬこ
誠子 せいこ
幹子 みきこ
寛子 ひろこ
楽々 らら
瑶子 ようこ
園子 そのこ
夢子 ゆめこ
鈴子 すずこ

13-4

愛心 まなみ
夢月 むつき
瑞月 みづき
睦月 むつき

13-5

夢叶 ゆめか
愛生 めい
愛未 まなみ
愛叶 あいか
愛央 まお
愛可 まなか
瑚白 こはく
楓加 ふうか
瑞加 みずか
瑞央 みお
瑞生 みずき
夢加 ゆめか
詩央 しお
蒼央 あお
蒼生 あおい
鈴加 すずか

13-6

愛衣 めい
蒼衣 あおい
瑞妃 みずき
瑞帆 みずほ
瑞羽 みずは
鈴羽 すずは

13-7

愛花 あいか
楓花 ふうか
愛来 あいら
瑞希 みずき
愛那 あいな
聖那 せいな
愛希 あき
鈴花 れいか
蒼来 そら
蓮花 れんか
絹花 きぬか
稜花 りょうか
想良 そら
新那 にいな
椿希 つばき
瑶希 たまき
瑞花 みずか
聖良 せいら
聖花 せいか
夢花 ゆめか
詩花 しいか
鈴那 すずな

13-8

蒼空 そら
愛奈 あいな
愛実 まなみ
愛來 あいく
聖奈 せな
愛果 まなか
愛依 めい

瑞季　みずき
愛佳　まなか
想空　そら
睦実　むつみ
想來　そら

13-9

詩音　しおん
愛美　まなみ
愛香　まなか
鈴音　すずね
夢香　ゆめか
愛音　あいね
愛海　まなみ
愛南　あいな
瑞紀　みずき
鈴香　すずか

雅美　まさみ
靖香　せいか
瑞香　みずか
瑚珀　こはく
睦美　むつみ
聖香　きよか
絹香　きぬか
蓮香　れんか
蓮美　はすみ

13-10

愛莉　あいり
愛桜　あいら
愛華　あいか
楓華　ふうか
夢華　ゆめか
愛珠　まなみ

瑞姫　みずき
雅姫　みやび
蓮華　れんか
寛恵　ひろえ
椿姫　つばき
楓恋　かれん
瑞恵　みずえ
瑚夏　こなつ
聖夏　せな
聖華　きよか
夢姫　ゆめき
詩恩　しおん
詩栞　しおり
蓮夏　れんか
鈴夏　りんか
鈴桜　りお

13-11

愛梨　あいり
愛菜　あいな
愛理　あいり
愛琉　あいる
愛徠　あいら
楓菜　ふうな
聖菜　せな
新菜　にいな
瑚都　こと
夢菜　ゆめな
蒼唯　あおい
鈴菜　すずな
楓梨　かりん
蒼彩　あおい
寛菜　かんな

瑞涼　みすず
詩野　しの
詩麻　しま
詩菜　うたな
蓮菜　れんな

13-12

愛結　あゆ
瑞葉　みずは
瑞葵　みずき
靖葉　やすは
瑞稀　みずき
瑞貴　みずき
瑚陽　こはる
夢葉　ゆめは
詩葉　うたは
詩絵　うたえ

詩温　しおん
蒼葉　あおば
鈴葉　すずは

13-13

夢愛　ゆあ
想楽　そら
詩楽　うた
雅楽　うた

13-14

愛瑠　あいる
愛歌　あいか
愛緒　まお
瑞綺　みずき
鈴歌　すずか

13-15

愛璃　あいり

瑞穂 みずほ
夢穂 ゆめほ
詩穂 しほ

13-16
詩穏 しおん
瑞樹 みずき

13-18
詩織 しおり
愛織 あいり

13-19
聖羅 せいら
愛蘭 あいら
愛羅 あいら
聖蘭 せいら

13（8）
愛由子（13・5・3） あゆこ

13（9）
愛衣子（13・6・3） あいこ

13（10）
瑚乃果（13・2・8） このか
瑚乃実（13・2・8） このみ
鈴々花（13・3・7） りりか

13（11）
瑚乃香（13・2・9） このか
瑚々奈（13・3・8） ここな
愛友里（13・4・7） あゆり

13（12）
瑚々音（13・3・9） ここね
詩央里（13・5・7） しおり
愛加里（13・5・7） あかり

13（14）
瑚乃葉（13・2・12） このは
瑚々菜（13・3・11） ここな
愛由美（13・5・9） あゆみ
愛里沙（13・7・7） ありさ

13（16）
愛里咲（13・7・9） ありさ
愛沙美（13・7・9） あさみ
愛香里（13・9・7） あかり
詩音里（13・9・7） しおり

13（17）
愛衣梨（13・6・11） あいり
愛里紗（13・7・10） ありさ
愛美佳（13・9・8） あみか

13（18）
愛里彩（13・7・11） ありさ
愛咲美（13・9・9） あさみ
愛理沙（13・11・7） ありさ
詩穂子（13・15・3） しほこ

13（19）
愛依菜（13・8・11） あいな
愛佳理（13・8・11） あかり
愛結花（13・12・7） あゆか

13（20）
詩桜莉（13・10・10） しおり
愛菜美（13・11・9） まなみ
愛結奈（13・12・8） あゆな
愛結実（13・12・8） あゆみ

13（21）
聖莉菜（13・10・11） せりな
愛梨紗（13・11・10） ありさ
愛結美（13・12・9） あゆみ

13（22）
愛梨彩（13・11・11） ありさ
詩穂里（13・15・7） しほり

13（23）
愛裕菜（13・12・11） あゆな
愛結菜（13・12・11） あゆな

13（24）
愛優花（13・17・7） あゆか
愛優里（13・17・7） あゆり

1文字目の画数 14画

14
碧 あおい
翠 みどり
寧 ねい
綸 いと
綺 あや
歌 うた
槙 まき
緑 みどり
綾 あや
静 しずか

14-2
綾乃 あやの
嘉乃 かの
瑠乃 るの
瑠七 るな
碧乃 あおの
遥乃 はるの
歌乃 かの
静乃 しずの

14-3
寧々 ねね

碧子 あおこ
彰子 しょうこ
遙子 ようこ
寧久 しずく
寧子 やすこ
徳子 のりこ
歌子 うたこ
聡子 さとこ
綾子 あやこ
綾女 あやめ

14-4

颯月 さつき
翠月 みづき
維月 いつき

14-5

瑠生 るい
瑠加 るか
碧生 あおい
綾加 あやか

14-6

瑠衣 るい
瑠羽 るう
碧衣 あおい
綺羽 あやは
綾羽 あやは

14-7

瑠花 るか
綾花 あやか
瑠里 るり
瑠那 るな
緋那 ひな
颯希 さつき
緑里 みどり
遙花 はるか
歌那 かな
瑠李 るり
綸花 りんか
綾那 あやな
綾里 あやり
綺那 あやな
静花 しずか
静良 せいら

14-8

瑠奈 るな
瑠依 るい
緋奈 ひな
碧依 あおい
瑠実 るみ
瑠佳 るか
碧波 あおば
綾佳 あやか
綺芽 あやめ
綾奈 あやな
静佳 しずか

14-9

寧音 ねね
綾美 あやみ
綾音 あやね
聡美 さとみ
瑠香 るか
歌音 かのん
瑠美 るみ
緋音 あかね
静香 しずか
綾祢 あやね
徳香 のりか
榛香 はるか
瑠南 るな
聡香 さとか
緒美 つぐみ
綺美 あやみ
綾香 あやか
綺音 あやね
綾南 あやな

14-10

瑠華 るか
瑠莉 るり
歌純 かすみ
瑠夏 るか
歌恋 かれん
榛華 はるか
翠莉 みどり
綺夏 あやか
綾華 あやか
緋莉 あかり
綺莉 あやり
静華 しずか

14-11

瑠菜 るな
寧彩 ねいろ
緋彩 ひいろ
緋菜 ひな
綾菜 あやな
歌菜 かな
瑠梨 るり
瑠唯 るい

綾萌 あやめ

14-12

碧葉 あおば
颯葵 さつき
寧葉 やすは

14-13

瑠愛 るな
歌鈴 かりん

14-14

瑠樺 るか
瑠維 るい
綺寧 あやね
綾歌 あやか

14-15

瑠璃 るり
榎穂 かほ

歌凛 かりん
嘉穂 かほ

14-18

榎織 かおり
歌織 しおり
緋織 ひおり

14（6）

寧々子（14・3・3） ねねこ

14（10）

寧々花（14・3・7） ねねか
瑠里子（14・7・3） るりこ
緋那子（14・7・3） ひなこ
緋奈乃（14・8・2） ひなの

14（11）

寧々佳（14・3・8） ねねか
寧々果（14・3・8） ねねか

榎奈子（14・8・3） かなこ
瑠実子（14・8・3） るみこ
緋奈子（14・8・3） ひなこ

14（14）

瑠衣奈（14・6・8） るいな
瑠里花（14・7・7） るりか
榎菜子（14・11・3） かなこ

14（15）

瑠里奈（14・7・8） るりな

14（16）

瑠里香（14・7・9） るりか

14（17）

瑠衣菜（14・6・11） るいな
榎奈美（14・8・9） かなみ

14（18）

瑠美香（14・9・9） るみか

瑠璃子（14・15・3） るりこ

14（22）

瑠璃花（14・15・7） るりか

14（23）

瑠璃奈（14・15・8） るりな

14（24）

瑠璃香（14・15・9） るりか

14（25）

瑠璃夏（14・15・10） るりか
瑠璃華（14・15・10） るりか

1文字目の画数 15画

15

凛 りん
舞 まい
縁 えん
穂 みのり
輝 ひかる
慧 けい
慶 けい
樂 らく
潤 じゅん
凛 りん

15-1

璃乙 りお
舞乙 まお

15-2

璃乃 りの
穂乃 ほの
凛乃 りの
慶乃 よしの
舞乃 まいの
凛乃 りんの

15-3

璃子 りこ
凛子 りんこ
慶子 けいこ
璃々 りり
舞子 まいこ
憬子 けいこ
凛々 りり
凛子 りこ
諒子 りょうこ
遼子 りょうこ

15-4

璃月 りつき
穂月 ほづき

凛月　りつき

15-5

璃世　りせ
璃央　りお
舞央　まお
凛生　りお
凛央　りお

15-6

璃衣　りい
璃帆　りほ
舞帆　まほ
舞衣　まい

15-7

穂花　ほのか
舞花　まいか
諒花　りょうか
慶花　けいか
慧那　えな
澄花　すみか
璃沙　りさ
璃亜　りあ
璃杏　りあん
璃来　りら
穂希　ほまれ
凛杏　りあん
凛花　りんか
凜花　りんか

15-8

穂佳　ほのか
歓奈　かんな
璃奈　りな
舞依　まい
舞奈　まな
凜果　りんか
慧奈　えな
摩弥　まや
澄佳　すみか
澄怜　すみれ
潤奈　じゅんな
璃実　りみ
穂波　ほなみ
穂果　ほのか
穂実　ほのみ
舞佳　まいか
舞果　まいか
凛果　りんか
凛佳　りんか
凛奈　りな
凜佳　りんか
凜奈　りんな
遼佳　はるか
遼奈　はるな

15-9

穂香　ほのか
璃音　りおん
凜香　りんか
凛音　りおん
舞香　まいか
璃咲　りさ
穂南　ほなみ
慧美　えみ
摩耶　まや
澄香　すみか
潮香　しおか
澄玲　すみれ
潮音　しおん
璃美　りみ
璃香　りか
璃南　りな
穂美　ほのみ
範香　のりか
舞玲　まいれ
舞耶　まや
舞美　まいみ
凛海　りみ
凛美　りみ
凛胡　りこ
凛香　りんか
諒香　りょうか
遼香　はるか

15-10

舞桜　まお
凜桜　りお
璃桜　りお
舞華　まいか
穂華　ほのか
凛華　りんか
澄夏　すみか
澄恋　すみれ
璃紗　りさ
璃珠　りず
璃莉　りり
穂夏　ほのか
舞純　ますみ
舞紘　まひろ
凛桜　りお

凛華 りんか
凛夏 りんか
諒華 りょうか
遼華 りょうか

15-11

璃菜 りな
舞彩 まい
凛菜 りんな

15-12

璃湖 りこ
璃琴 りこ
舞結 まゆ
舞琴 まこと

15-13

璃愛 りあ
璃夢 りむ
璃瑚 りこ

15-14

璃緒 りお
穂歌 ほのか
舞緒 まお
凛緒 りお
凛歌 りんか

15-15

璃穂 りほ
舞穂 まほ

15-17

舞優 まゆ
摩優 まゆ

15-18

璃織 りお
舞織 まお

15（6）

璃々子 15 3 3 りりこ
凛々子 15 3 3 りりこ
凛々子 15 3 3 りりこ

15（7）

穂乃加 15 2 5 ほのか

15（8）

穂の花 15 1 7 ほのか

15（9）

穂乃花 15 2 7 ほのか
璃乃亜 15 2 7 りのあ
穂乃里 15 2 7 ほのり
穂乃伽 15 2 7 ほのか
舞衣子 15 6 3 まいこ

15（10）

穂乃佳 15 2 8 ほのか
穂乃果 15 2 8 ほのか
穂乃実 15 2 8 ほのみ
璃々花 15 3 7 りりか
凛々花 15 3 7 りりか
璃々亜 15 3 7 りりあ
凛々花 15 3 7 りりか
輝代加 15 5 5 きよか

15（11）

穂乃香 15 2 9 ほのか
穂乃美 15 2 9 ほのみ
璃々佳 15 3 8 りりか

15（12）

穂乃華 15 2 10 ほのか
穂乃夏 15 2 10 ほのか
璃々香 15 3 9 りりか
凛々香 15 3 9 りりか
凛々香 15 3 9 りりか

15（13）

凛々華 15 3 10 りりか
璃央奈 15 5 8 りおな

15（14）

凛々菜 15 3 11 りりな
璃里花 15 7 7 りりか

15（16）

穂乃歌 15 2 14 ほのか
璃央菜 15 5 11 りおな
璃里香 15 7 9 りりか
穂奈実 15 8 8 ほなみ

15（17）

穂奈美 15 8 9 ほなみ
舞奈美 15 8 9 まなみ
璃莉亜 15 10 7 りりあ
舞莉亜 15 10 7 まりあ
舞菜羽 15 11 6 まなは

15（18）

澄美玲 15 9 9 すみれ
舞美香 15 9 9 まみか
璃理花 15 11 7 りりか
璃梨花 15 11 7 りりか
舞雪花 15 11 7 まゆか

15（19）

穂菜実 15 11 8 ほなみ

15（20）

舞里愛 15 7 13 まりあ
穂菜美 15 11 9 ほなみ
穂野香 15 11 9 ほのか

15（21）

璃桜菜 15 10 11 りおな

璃梨華《りりか》（璃15 梨11 華10）

15（23）

舞莉愛《まりあ》（舞15 莉10 愛13）

1文字目の画数 16画

16

澪《みお》
薫《かおる》
樹《いつき》
操《みさお》
燈《あかり》
蕗《ふき》

16-2

樹乃《じゅの》
薫乃《ゆきの》

16-3

橙子《とうこ》
薫子《かおるこ》
篤子《あつこ》
燈子《とうこ》
蕗子《ふきこ》

16-5

樹生《いつき》
澪生《みお》
澪央《みお》

16-7

樹里《じゅり》
橙花《とうか》
憐花《れんか》
樹希《いつき》
薫里《かおり》

16-8

樹季《いつき》
鮎奈《あゆな》
橙佳《とうか》
蕾佳《らいか》
蕾奈《らいな》

16-9

澪音《みおね》
蕗美《ろみ》
薗香《そのか》
樹香《このか》

1文字目の画数 17画

17

優《ゆう》
瞳《ひとみ》
環《たまき》
翼《つばさ》

17-2

優乃《ゆうの》
優七《ゆうな》

17-3

優子《ゆうこ》
瞳子《とうこ》

17-4

優月《ゆづき》
優心《ゆうみ》
優友《ゆう》
霞月《かづき》

17-5

優禾《ゆうか》
優生《ゆう》
優未《ゆうみ》
優加《ゆうか》

17-6

優衣《ゆい》
優羽《ゆう》
優帆《ゆうほ》
優多《うた》
優凪《ゆな》
優有《ゆう》
優妃《ゆき》

17-7

優花《ゆうか》
優希《ゆき》
優那《ゆうな》
優里《ゆり》
優杏《ゆあ》
環那《かんな》
優来《ゆら》
優利《ゆうり》
優亜《ゆあ》
環希《たまき》
翼沙《つばさ》
優李《ゆうり》
優伽《ゆうか》
優寿《ゆず》
鞠花《まりか》

17-8

優奈《ゆうな》
優芽《ゆめ》
優佳《ゆうか》
優果《ゆうか》

優茉 ゆま
優來 ゆら
優依 ゆい
優実 ゆみ

17-9

優香 ゆうか
優音 ゆのん
優海 ゆうみ
優美 ゆみ

17-10

優華 ゆうか
優真 ゆま
優姫 ゆうき
翼紗 つばさ
優莉 ゆり
優夏 ゆうか

17-11

優菜 ゆうな
環菜 かんな
優梨 ゆうり
優理 ゆうり
優麻 ゆま

17-12

優陽 ゆうひ
優貴 ゆうき
優稀 ゆうき

17-13

優愛 ゆあ
優楽 ゆら

17-14

優維 ゆい
優歌 ゆうか

優綺 ゆうき
優嘉 ゆうか

17-15

優舞 ゆま
優璃 ゆうり
優穂 ゆうほ

17-16

優樹 ゆうき

17-19

優羅 ゆら
優蘭 ゆら

17(9)

優気子 17 6 3 ゆきこ
優希乃 17 7 2 ゆきの

17(10)

優里子 17 7 3 ゆりこ

優花子 17 7 3 ゆかこ
優希子 17 7 3 ゆきこ
優芽乃 17 8 2 ゆめの
優季乃 17 8 2 ゆきの

17(12)

優美子 17 9 3 ゆみこ

17(13)

優衣花 17 6 7 ゆいか
優羽花 17 6 7 ゆうか

17(14)

優衣奈 17 6 8 ゆいな
優羽奈 17 6 8 ゆうな
優妃奈 17 6 8 ゆきな
優里花 17 7 7 ゆりか
優里那 17 7 7 ゆりな
優里亜 17 7 7 ゆりあ

優利杏 17 7 7 ゆりあ
優希那 17 7 7 ゆきな
優理子 17 11 3 ゆりこ
優梨子 17 11 3 ゆりこ

17(15)

優衣香 17 6 9 ゆいか
優里奈 17 7 8 ゆりな
優里佳 17 7 8 ゆりか
優希奈 17 7 8 ゆきな
優芽花 17 8 7 ゆめか
優貴子 17 12 3 ゆきこ

17(16)

優里香 17 7 9 ゆりか
優希美 17 7 9 ゆきみ
優依奈 17 8 8 ゆいな
優美花 17 9 7 ゆみか

優香里 17 9 7 ゆかり

17(17)

優衣菜 17 6 11 ゆいな
優羽菜 17 6 11 ゆうな
優莉亜 17 10 7 ゆりあ

17(18)

優希菜 17 7 11 ゆきな
優里菜 17 7 11 ゆりな
優美香 17 9 9 ゆみか
優莉奈 17 10 8 ゆりな
優梨亜 17 11 7 ゆりあ
優理亜 17 11 7 ゆりあ

17(19)

優明菜 17 8 11 ゆめな
優季菜 17 8 11 ゆきな
優莉香 17 10 9 ゆりか

優理奈 17 11 8 ゆりな
優梨奈 17 11 8 ゆりな

17(20)

優里愛 17 7 13 ゆりあ
優紀菜 17 9 11 ゆきな
優理香 17 11 9 ゆりか
優梨香 17 11 9 ゆりか
優貴奈 17 12 8 ゆきな

17(21)

優莉菜 17 10 11 ゆりな
優姫菜 17 10 11 ゆきな

17(22)

優梨菜 17 11 11 ゆりな
優理菜 17 11 11 ゆりな

17(24)

優梨愛 17 11 13 ゆりあ

優理愛 17 11 13 ゆりあ
優樹奈 17 16 8 ゆきな

17(26)

優璃菜 17 15 11 ゆりな

17(27)

優樹菜 17 16 11 ゆきな

1文字目の画数 18画

18

藍 あい
燿 ひかる
類 るい
雛 ひな

18-2

雛乃 ひなの

藤乃 ふじの

18-3

雛子 ひなこ
繭子 まゆこ
藤子 とうこ
藍子 あいこ

18-4

藍日 あいか
観月 みづき

18-5

藍加 あいか
藍未 あいみ
雛未 ひなみ

18-6

藍衣 あい
織江 おりえ

18-7

藍里 あいり
藍那 あいな
藍良 あいら
藍花 あいか
藍寿 あいじゅ
藍来 あいら
雛希 ひなき
雛花 ひなか

18-8

藍佳 あいか
雛奈 ひな

18-9

藍音 あいね
藍香 あいか
藍美 あいみ

藍海 あいみ
雛美 ひなみ
雛音 ひなね

18-10

藍莉 あいり
藍華 あいか
藍夏 あいか
雛姫 ひなき

18-11

藍菜 あいな
藍理 あいり
藍梨 あいり
藍琉 あいる
雛梨 ひなり
雛理 ひなり
雛菜 ひな

18-13

雛詩 ひなた

18-14

藍瑠 あいる
藍歌 あいか

18-15

藍璃 あいり

18-19

藍蘭 あいら
藍羅 あいら

1文字目の画数 19画

19

蘭 らん
麗 れい

19-2
麗乃　れの
瀬七　せな
蘭乃　らんの

19-3
羅々　らら
麗子　れいこ
蘭々　らんらん
蘭子　らんこ

19-5
麗加　れいか
麗央　れお
麗生　れい
麗未　れみ

19-6
麗凪　れな
麗衣　れい
麗名　れいな

19-7
瀬里　せり
麗来　れいら
麗那　れいな
麗花　れいか
瀬那　せな
羅良　らら
羅那　らな

19-8
麗奈　れな
蘭奈　らんな
麗実　れみ
麗佳　れいか
瀬奈　せな
羅奈　らな

19-9
麗香　れいか
麗海　れみ
麗美　れみ
麗音　れおん
瀬南　せな
蘭南　らな

19-10
麗桜　れお
麗華　れいか
瀬莉　せり
瀬夏　せな
蘭華　らんか

19-11
麗菜　れいな
瀬菜　せな
瀬梨　せり

19-13
麗愛　れいあ
蘭楽　らら

19-14
麗歌　れいか

19-19
麗蘭　れいら
麗羅　れいら

19（13）
麗19央5奈8　れおな

19（15）
瀬19里7奈8　せりな

19（18）
瀬19里7菜11　せりな

19（19）
瀬19理11奈8　せりな
瀬19梨11奈8　せりな

19（22）
麗19緒14奈8　れおな

1文字目の画数 20画

20
馨　かおり
耀　あき
響　ひびき

20-3
馨子　かおるこ
耀子　ようこ
響子　きょうこ

20-7
響希　ひびき
響花　きょうか

20-8
響季　ひびき

20-9
響香　きょうか

1文字目の画数 21画

21
櫻　さくら

21-3
櫻子　さくらこ

21-7
櫻花　さくら

名前に使える

全漢字リスト

名づけに使える漢字は、常用漢字と人名用漢字です。
画数については『福武漢和辞典』『ベネッセ新修漢和辞典』と
監修者・栗原里央子先生の見解をもとにしています。

※P.469～478に記載された情報は2024年8月現在のものです。
名前の届け出の前に、法務省のホームページ内「戸籍統一文字情報」で確認することをおすすめします。

1画

一乙

2画

丁七九了二人入八刀
力十卜又乃

3画

丈三上下丸久亡凡刃
勺千叉及口土士夕大
女子寸小山川工己已
巾干弓才万与之也巳
乞

4画

不中丹乏云屯互五井
仁仏今介元内公六冗
凶分切刈勾匂勿匁化
匹区升午廿厄友壬反
円天太夫尤孔少尺幻
弔引心戸手支収文斗
斤方日月木止比毛氏
水火爪父片牛牙犬王
欠予双丑允巴

5画

且世丘丙主乎付仕仔
仙他代令以兄冊冬凧
凹出凸刊功加包北半
占去古句召可史右司

囚四圧外央失奴写尼
左巧巨市布平幼広庁
必戊打払斥未末本札
正母民永氷汁犯玄玉
瓦甘生用田由甲申疋
白皮皿目矛矢石示礼
穴禾立台旧処号弁込
辺卯只叶弘旦汀叱尻
丼氾

6画

交仰仲件任企伏伐休
仮伝充兆先光全両共
再刑列劣匠印危叫各
合同吉名后吏吐向回
吸因団在地壮多夷好
如妃妄存字宅宇守安
寺尖州帆年式弛忙成
扱托收旨早曳旬曲会
有朱机朽朴次此死毎
気汚江汝池汎汗灰灯
牟争当百尽竹米糸缶
羊羽老考而耳肉肌肋
自至臼舌舟色芝芋虫
血行衣西辻弐巡迅丞
亘亙亥亦伊伍伎凪匡
圭庄旭汐瓜

7画

串乱亜来伯伴伸伺似
位但低佃住佐何作佛
克児兎兵冷初判別利
劫助努労励即却卵君
呑否吻含呈呉吹告吟
困囲図坂均坐坊坑壱
壯寿妊妙妥妨妖孝孜
完宋対尾尿局岐希床
庇序廷弟形役忌忍志
忘快応我戒戻扶批技
抄抑投抗折抜択把改
攻更材杉村条杖束歩

毎求汲決汽沈沌没沖
沢灸災灼牡状狂男町
社秀私究系声肖肘肝
臣良芥芦花芳芸芯芭
見角言谷豆貝売赤足
走身車辛迂迄辿迎近
返邦医里阪防余体麦
亨伶伽佑冴冶吾呂宏
李杏杜汰沙玖甫芙芹
辰邑那酉沃弄巫

8画

乳事亞些享京佳使例
侍供依佪侮併來免兒

其具典函到制刹刷券
刺刻劾効卒卓協卑卷
参叔取受周味呼命和
固国坦坪垂夜奄奉奇
奔妹妻姉始姓委季学
宛定宕宜宗官宙実宝
尚居屈届岩岸岳岬岡
帖幸庚底店府延弦往
彼征径怖忽忠性怪或
念房所承抱抵押拙拍
拒拓拘抽招拝担拡抛
拐披抹拔拂放斧昊昏
昇明易昔昆服杭杯東

杵松板析枕杷枇林枚
果枝枢枠欧歩武殴毒
沓河沸油治沼況泊泌
法波沿泣注泳泥泡沫
炊炎炉争版牧物狀画
玩的盲直知祈祉社空
突竺並者肥肩肪肯育
肴肢舎苗若苦英茂茎
芽苔苺表迭迫述金長
門阜祁邸邪阻陀附雨
青非斉侃侑尭奈孟弥
怜於旺昂昌朋欣苑茉
茄茅虎迪采阿穹苛股

呪狙妬拉

9画

乗亭俄俠侯侵便係促
俗保信俊侮俣俐侶冠
則削前勅勃勇勉南卑
巻巷卸即厘厚単咲哀
品型城垣奏契娃姻姿
姪姥威孤客宣室封専
屋峠峡帝帥幽度廻建
弧待律後怒思怠急恒
恆恨悔恢恰按括挟拷
拶拾持指拭挑拝叙政
故施星映春昨昭是昼

冒味枯柄架柑某染柔
査柵柿柘柱栃柏柳殆
栄段毘泉洋洗津活派
海浄浅洪洞洛炭為牲
狩狭独珍珈珂珊珀甚
畏界畑疫発皇皆盃盆
相盾省看砂研砕祖祢
祝神祈祇祉秋科秒窃
穿突竿籾紀約紅糾級
県美者耐肺胃背胎胞
胆臭茶草荒荘茨茸虐
衷要計訂変負貞赴軌
軍迷追退送迦逃逆郊

郎重臥限面革音頁風
飛食首香点亮勁哉奎
宥彦昴柊柚柾洲洵洸
玲眉祐耶胡胤茜虹衿
郁咽怨訃

10画

乘俺倶倦修俳俵倣倉
個倍倒候借値倫倹俸
兼冥凍准凄凉剖剛剤
剣勉匿原哨員哲唆唐
唇哩圃埋夏套娘姫娯
娠娩孫宮宰害宴家容
宵射将屑展峨峰峯峽

島差師席帯座庫庭弱
徐徒従恐恋恭悦恥恩
息悟恵悩悔扇挨振挽
挺捉捕捜挿挙敏料旅
既晄晒時書朕朗桧桔
校桁柴株栖核根格栽
桃案桑梅桜桟栓帰殉
殊残殺氣流浦浪浮浴
浸消涙浜泰海渉浬烏
烈特狼狭班珠畔留畜
畠畝疾病疲症益真眞
眠砥砧砲破祥祝神祖
祕秘租秩称秤窄笈笑

粉粋紋納純紙紛素紐
紡索翁耕耗耽胴胸脇
能脂脅脈臭致航般荻
莫荷華荘蚊蚕衰袖被
討訓託記訊豹財貢起
軒辱透逐途通速造連
逓逝郡郎配酒酎酌針
釘釜閃陛院陣除降陥
隻飢馬骨高鬼党竜倖
倭凌唄啄峻恕悌拳晃
晋晏晟朔栗栞桂桐浩
矩祐秦紗紘莉莞赳隼
挫恣脊捗剝哺

---

11 画

乾偏停健側偶偽偵兜
冨凰剰副動勘務唯唱
商問啓喝圏國域執培
基埼堂堀埴堆埜婚婆
婦宿寂寄密尉將專崖
崇崩崎巣巢帳常帶庵
庶庸康張強彩彫得從
徠患悪惚悼情惜惨悉
悠戚捨掃掛措授排描
掘捲採探接控推掲据
捻捧掠掬教救敗敍敏
斜断旋族曹晦晝晩曽

望朗械條梳梛梗梯桶
梅梶梁欲殼液涼淑淡
深混淸添渴涉澁済涯
溪淨淀淋淚牽猫猛猟
率現球理瓶産畢略異
盛盗眼眺砦票祭移窓
窒章笛符第粒粗粘笠
累紺細紹終組絆紳経
羚翌習粛脳脚脱舷舶
舵船菊菌菓菜著菅萄
菩萠菱莱虚蛍蛇術袋
袴規視祥訣訟訪設許
訳豚貧貨販貫責赦軟

転這逞逗逢逮週進逸
部郭郵都郷酔釈野釧
釣閉陪陰陳陵陶険陸
隆陥雀雫雪頃頂魚鳥
麻黄黒斎偲寅崚彗彪
彬惇惟捷捺晨梓梢梧
梨毬淳渚爽猪琢皐眸
笙笹紬絃脩菖菫萌袈
鹿亀琉祷萎淫惧痕斬
羞唾貪

12 画

傍備偉傘割創剰勝募
勤博卿厨善喚喜喰喧

喪喫單喋圏堰堺堯堤
堵堪報堅場塔塁堕塀
塚奥婿媒富寓寒尊尋
就属帽幅幾廃廊弾御
復循悲惑惹愉慌惺惰
惡惠戟扉掌提揚換握
揮援揺搭掲揃敢散敬
斑斯晩普景晴暁晶暑
替最曾朝期椅棋棒森
棲棺植検極棚棟椀欺
款殖淵減渡測港湖湯
滋温湿湘湊湛満湾渦
渴焔焼焚無焦然煮営

爲犀猶琴琥琶琵甥番
畳疎疏痘痛痢登盜短
硯硝硫硬視税程童筈
筆等筋筒筑答策粥粧
粟結絶絡絞紫給統絵
着腔腕脹萱葺董萬葡
落葉葛葬著虚虜蛮衆
街裁裂裕補裡装覚評
訴詐診詔詞詠証註象
貴買貫貸費貯貼貿賀
超越距軸軽遂遇遊運
遍過道達遅逸都酢釉
量鈍開閑間閏陽隊階

随隅隈雄雁集雇雲雰
順項飲飯黄黒搜歯凱
喬媛嵐巽惣敦斐智椋
椎欽渚渥猪琢湧琳瑛
皓禄稀竣絢翔萩葵遥
須喉痩喩渾

13画

僅催傑債傷傾働僧傳
傭勢勧勤嗣嘆嘩園圓
塊塑塙塞塡塗墓夢奨
奥嫁嫌寝寛幌幕幹廉
廊微慎愼慨想愁意愚
愛感慈戦損搬携搾摂

搖数新暇暖暗暑業楽
棄楼楢楯楚楕歳殿溢
源準溶滅滑滞漢溜滝
溝漠溫煙煌照煎煤煉
煩献煮牒猿獅痴盟睡
督碁碎碓碑碗禍福禁
禽禅稚稟窟節絹継続
罪置署群義羨聖腹腰
腎腸艇蒸蓄葦蓋蓑蒐
蒲蒙虜虞蜂裏與裸褐
裾裝解触該試詩詰詣
話詳詮詫誇誠誉豊賃
資賄賊跨跳跡践路載

較辞農遁遠遺違酪酬
鈴鉛鉄鉱鉢隔隙雅零
雷電靴預頒頓頑飼飾
飽馴馳塩鼎鼓嵩嵯暉
椰椿楊楓楠滉瑚瑞瑶
睦禎祿稔稜舜蒔蒼蓉
蓮裟詢靖頌鳩彙楷毀
嗅傲嫉腫腺溺慄賂

14画

像僚僕僞僧厩嘗嘆團
境増墨塾奨奪嫡察寡
實寧寢寛壽嶋層彰徳
徴慢態慕慣憎摑摺摘

斡旗暮暦榮構槍模概
槌様榎榊歌歴漁漆漸
滴漂漫漏演漬漢滞漕
漣獄疑盡磁碑禍福種
穀稲窪端管箇箕算箔
精粋維綱網綿緑綠緒
練総綴罰署聞腐膏膜
蔭蒋蔓蓬蜜複製裳語
誤誌誓説認誘読貌豪
賑賓踊遡遜遙遭適遮
酵酷酸豎銀銃銑銅銘
銭閣閥関閤際障隠雑
雌需静鞄領頗駆駅駄

髪魂鳶鳴鼻齊嘉暢榛
槙槇樺漱熊爾瑠瑳碧
碩綜綸綺禎綾緋翠聡
肇蔦輔颯魁鳳煕箋綻
瘍辣蔑

15画

億儀價儉凜劇劍劉勳
噴器囑噌噂墜墳增墨
審寮幡導履層幣廣廟
弊彈影徹徵德憤慰慮
慶憂憎戲撮撒撰撤撞
播撫摩撲擊敵敷暴暫
樋標横権樟槽樂樣歓

歎潔潤澄潮潛瀉澁熟
熱畿瘦盤監確磐稿穗
稼稽穀稻窮窯箱節箸
範篇糊縁緣緩線編締
緊繩緖練罷膚舖舞藏
蕎蕨蕃蕪蔽蝦衝褒課
諏請談調論誕諸誰諾
謁賓賜賠賦質賞贊賣
趣踏輪輩輝遷遺遵選
鄭醉銳鋳鋒閱震霊鞍
養餓餅駐駕駈髮魅魯
默凜嬉慧憧槻毅蕉蝶
誼諄諒遼醇駒黎璃潰

憬摯踪緻嘲罵膝餌

16画

儒凝勲器壇墾壁壞壤
奮孃憲憶憾憩懷戰擁
操整曇曉曆樫樽橙機
橋樹橫歷激濁濃燕燃
燒燈獲獸磨積穩窺築
篤糖縛縱縫緯縞繁縣
膳膨興薪薦薄薰藥薗
薙蕾融衡衛衞親謂諮
謀諺諭謠謁諦諸賢賴
頼蹄輸輯還避醐醒醍
鋸鋼錯錘錆錐錠録錄

錫錬隣險隷靜鞘頰頭
館鴨默龍叡橘澪燎蕗
錦鮎黛憐諧骸錮賭麵

17画

償優徵嚴嚇壕懇應戲
戴擬擦擢擊曖檜檢檎
濯濕濡燭燥爵犧環療
瞥矯礁禪穗篠縮績纖
縱繁瓢翼臆聴薰藁薩
螺覽謙講謝謹謎謠謄
購轄輿醜鍋鍵鍬鍛鍊
闇霜頻鮮齡嶺彌曙檀
燦瞭瞳磯霞鞠駿鴻

18画

儲叢壘懲曜櫂濫癖癒
瞬礎禮穫簡簞糧織繕
繭藥藝職蟬臨藩襖襟
覆観謹贈蹟轉醬鎧鎖
鎮鎭難雜鞭額顏題類
顕翻騎騒験闘燿穣藍
藤藏鎌雛鯉鵜曆韓顎
璧

19画

壞寵懷懲曝櫛櫓瀕瀬
瀨瀧爆獸璽禱禰簿簾
繰繫繡臓羅蘇藻蟹覇
識譜警贈蹴鏡難離顛
霧韻願類髄鯨鶏麒麗
麓艶蘭鯛鵬

20画

嚴孃懸欄競籍纂議護
譲醸鐘響騰騷巌耀馨

21画

攝櫻欄纏艦轟躍露蠟
顧飄魔鰯鷄鶴

22画

灘疊聽臟襲覽讃鑄響
饗驚驍穰鷗籠

23画

鑑顯驗巖纖鱒鷲

24画

讓釀鷹鷺麟鱗

25画

廳

29画

鬱

名前の候補が決まったら

後悔しないために！

最終チェック10＆メモ

名前の候補が決まったら、いろいろな視点からチェックしましょう。子どもが大きくなってから名前で不便な思いをしないよう、きちんと確認してから決定してあげたいですね。

check **1**

□ 名前に使える字？

名前に使える字は法律で決まっています。人名に使えない字は、出生届を受理してもらえないので、P.469～の全漢字リストや漢和辞典で必ずチェック！

check **2**

□ 姓とのバランスは？

視覚的なバランスをチェックするため姓と名前を続けて書いてみましょう。同じ部首の重なりはないか、画数や姓名の文字のバランスはどうかをチェック。

check **3**

□ 読みやすい？

だれもが読めないようなあて字は子どもが将来、苦労することも。

check **4**

□ 聞き取りやすい？

姓と名前を続けて声に出し、第三者が聞き取りやすいかを確認。相手が何度も聞き返すなら再検討したほうがいい場合も。

check **5**

□ 書きやすい？

姓名を実際に書き、漢字の数や画数の多さなどをもう一度チェック。画数が多いと書くのが大変で、子どもが将来、苦労する可能性もあります。

check **6**

□ 変換しやすい？

パソコンやスマホなどで名前を入力・変換してみましょう。すぐに変換できない場合、第三者からのメールや文書で、間違われる可能性が大です。

check **7**

□ ローマ字＆イニシャルは？

ローマ字やイニシャルを書いてみましょう。マイナスイメージの強い単語やイニシャルにならないかをチェック。W・CやN・Gなどは避けたいもの。

check **8**

□ 別の意味はない？

姓名を続けて読んだときに、たとえば「大庭加奈→おおばかな→大馬鹿な」のように、別の意味にならないか確認しましょう。

check **9**

□ 説明のしやすさは？

名前の漢字を第三者に説明するときに、たとえば、理科の「り」に、奈良の「な」で理奈（りな）など、相手にわかりやすく説明できることも大切なポイント。

check **10**

□ 呼びやすさは？

同じ母音（アイウエオ）が続くなど、声に出して読んだときに呼びにくくないかをチェック。「ともちゃん」「ゆうちゃん」など呼び名も考えてみましょう。

＼＼ 気になる人はここも！ ／／

「画数」を確認

候補名の画数が気になる人は、P.337の五格の考え方を参考にチェック。吉数になるように、候補名をアレンジすることも可能です。

候補名をチェック!

□ ローマ字＆イニシャルは?

ローマ字

イニシャル

□・□

□ 別の意味はない?

□ 説明のしやすさは?

説明のしかた

□ 呼びやすさは?

ちゃん

漢字

〈姓〉

画数

画

天格 画

画

人格 画

画

〈名〉

画

地格 画

画

画

総格 画

外格 画

\\ check! //

□ 名前に使える字?

□ 姓とのバランスは?

□ 読みやすい?

□ 聞き取りやすい?

□ 書きやすい?

□ 変換しやすい?

※このチェックリストは、姓3字、名前3字まで記入できる形ですが、五格の考え方は2字姓2字名が基本となります。姓と名の文字数が異なる場合、仮成数(その文字数の差にあたる数)を入れて計算する必要があります。詳しい画数の出し方については、P.337～を参考にしてください。

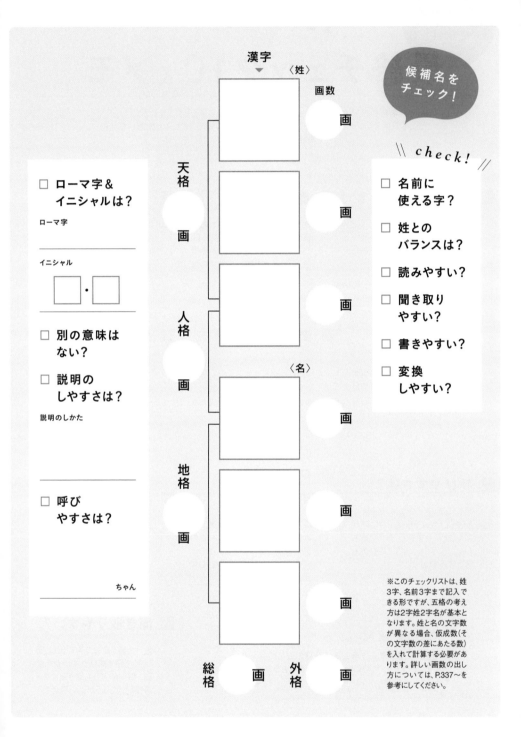

□ ローマ字＆イニシャルは？

ローマ字

イニシャル

・

□ 別の意味はない？

□ 説明のしやすさは？

説明のしかた

□ 呼びやすさは？

ちゃん

漢字

〈姓〉

画数

画

画

画

〈名〉

画

画

画

天格 画

人格 画

地格 画

総格 画

外格 画

＼＼ check! ／／

□ 名前に使える字？

□ 姓とのバランスは？

□ 読みやすい？

□ 聞き取りやすい？

□ 書きやすい？

□ 変換しやすい？

※このチェックリストは、姓3字、名前3字まで記入できる形ですが、五格の考え方は2字姓2字名が基本となります。姓と名の文字数が異なる場合、仮成数（その文字数の差にあたる数）を入れて計算する必要があります。詳しい画数の出し方については、P.337〜を参考にしてください。

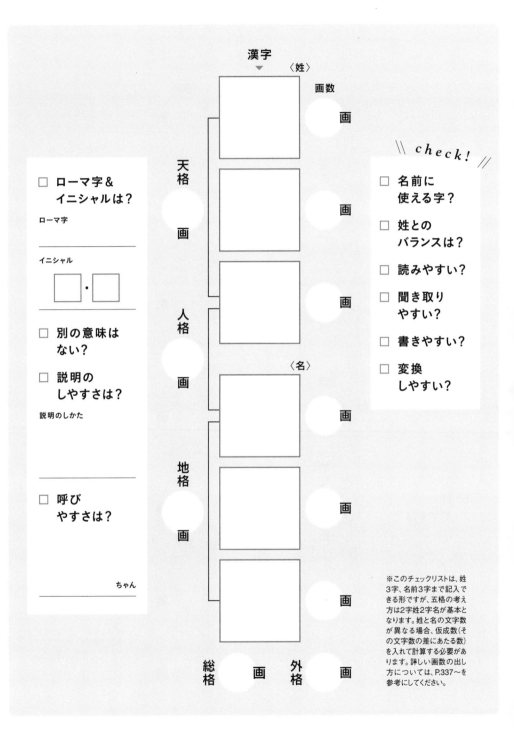

漢字

〈姓〉

画数

画

天格

画

画

画

人格

画

〈名〉

画

地格

画

画

画

総格 画

外格 画

□ ローマ字＆イニシャルは？

ローマ字

イニシャル

・

□ 別の意味はない？

□ 説明のしやすさは？

説明のしかた

□ 呼びやすさは？

ちゃん

check!

□ 名前に使える字？

□ 姓とのバランスは？

□ 読みやすい？

□ 聞き取りやすい？

□ 書きやすい？

□ 変換しやすい？

※このチェックリストは、姓3字、名前3字まで記入できる形ですが、五格の考え方は2字姓2字名が基本となります。姓と名の文字数が異なる場合、仮成数（その文字数の差にあたる数）を入れて計算する必要があります。詳しい画数の出し方については、P.337〜を参考にしてください。

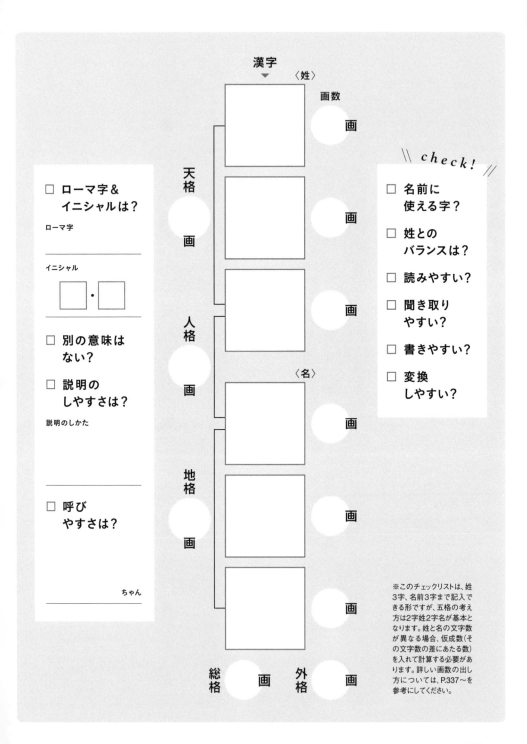

□ ローマ字＆イニシャルは？

ローマ字

イニシャル

□・□

□ 別の意味はない？

□ 説明のしやすさは？

説明のしかた

□ 呼びやすさは？

ちゃん

漢字

〈姓〉

画数

画

天格 画

画

画

人格 画

〈名〉

画

地格 画

画

画

総格 画

外格 画

\\ check! //

□ 名前に使える字？

□ 姓とのバランスは？

□ 読みやすい？

□ 聞き取りやすい？

□ 書きやすい？

□ 変換しやすい？

※このチェックリストは、姓3字、名前3字まで記入できる形ですが、五格の考え方は2字姓2字名が基本となります。姓と名の文字数が異なる場合、仮成数(その文字数の差にあたる数)を入れて計算する必要があります。詳しい画数の出し方については、P.337～を参考にしてください。

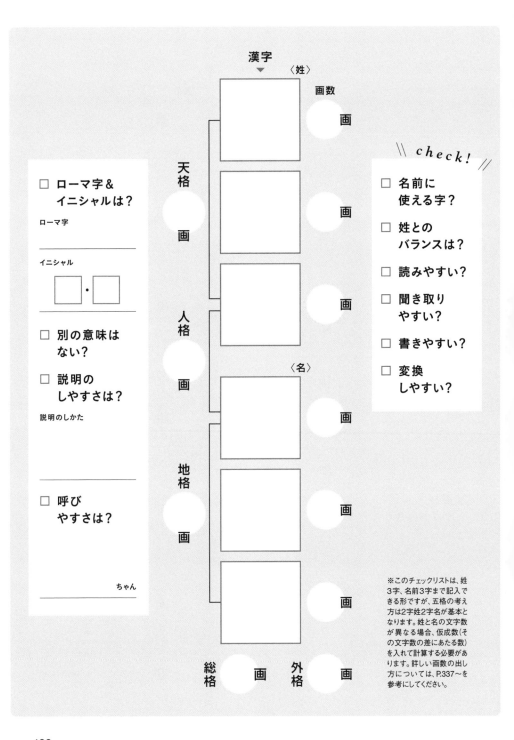

漢字

〈姓〉

画数

画

画

画

〈名〉

画

画

画

天格

画

人格

画

地格

画

総格

画

外格

画

□ ローマ字＆イニシャルは？

ローマ字

イニシャル

・

□ 別の意味はない？

□ 説明のしやすさは？

説明のしかた

□ 呼びやすさは？

ちゃん

\\ check! //

□ 名前に使える字？

□ 姓とのバランスは？

□ 読みやすい？

□ 聞き取りやすい？

□ 書きやすい？

□ 変換しやすい？

※このチェックリストは、姓3字、名前3字まで記入できる形ですが、五格の考え方は2字姓2字名が基本となります。姓と名の文字数が異なる場合、仮成数（その文字数の差にあたる数）を入れて計算する必要があります。詳しい画数の出し方については、P.337～を参考にしてください。

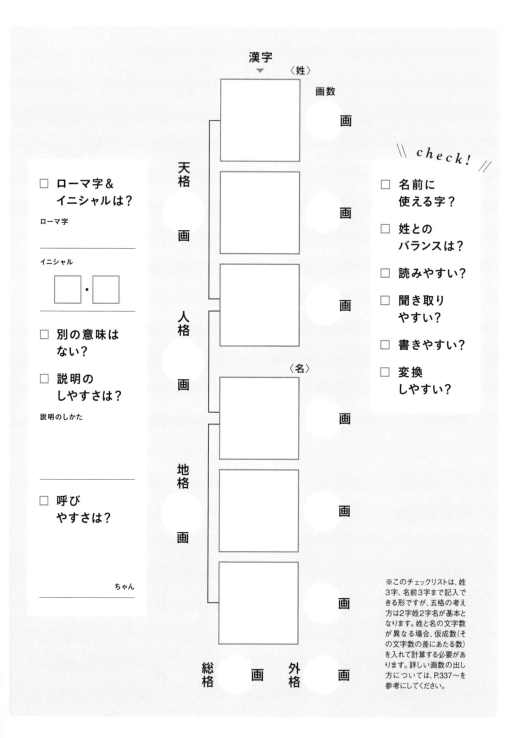

□ ローマ字＆
イニシャルは？

ローマ字

イニシャル

□・□

□ 別の意味は
ない？

□ 説明の
しやすさは？

説明のしかた

□ 呼び
やすさは？

ちゃん

漢字

〈姓〉

画数

画

天格

画

画

画

人格

画

〈名〉

画

地格

画

画

画

総格

画

外格

画

\\ check! //

□ 名前に
使える字？

□ 姓との
バランスは？

□ 読みやすい？

□ 聞き取り
やすい？

□ 書きやすい？

□ 変換
しやすい？

※このチェックリストは、姓3字、名前3字まで記入できる形ですが、五格の考え方は2字姓2字名が基本となります。姓と名の文字数が異なる場合、仮成数（その文字数の差にあたる数）を入れて計算する必要があります。詳しい画数の出し方については、P.337～を参考にしてください。

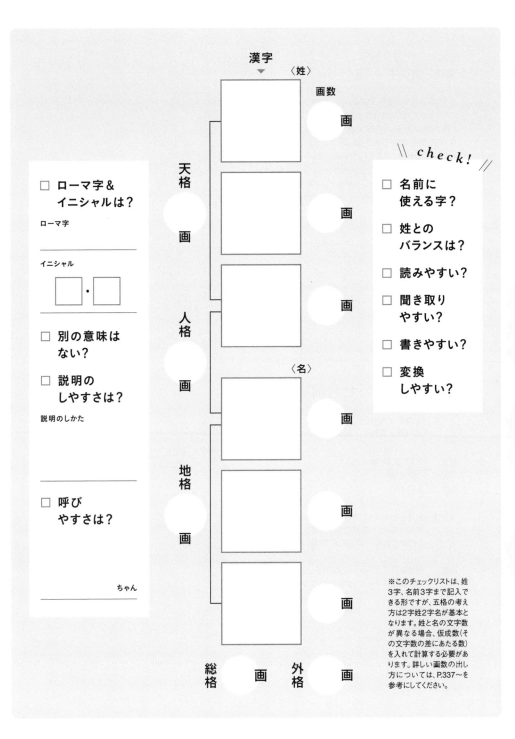

監修
栗原　里央子（くりはら　りおこ）

日本占術協会常任理事、認定占術士、ハワイ・台湾フォーチュン友の会主宰。20代から占術の不思議な魅力にひかれ、故・大熊芽楊師に師事。周易をはじめ、命名・姓名判断・気学・人相・手相・家相・風水・生年月日によるバイオリズム周期などを合わせて、総合的に鑑定を行うほか、改名などの相談にも応じる。ハワイと台湾では、ボランティアでラジオ出演や講演を行い、精力的な活動を展開。一般の方から芸能人・プロスポーツ選手まで、幅広い支持を得ている。鑑定のモットーは"初心を忘れず　謙虚な心で"。

<連絡先>
ホームページ　https://fortune-rioko.com/

最新 たまひよ
女の子のしあわせ名前事典

発行日　2023年 1 月31日　第1刷発行
　　　　2024年 9 月30日　第3刷発行

編者　　たまごクラブ編
発行人　松澤拓也
編集人　米谷明子

発行所　株式会社ベネッセコーポレーション
　　　　〒206-8686　東京都多摩市落合1-34
　　　　お問い合わせ　0120-68-0145

編集　　株式会社ベネッセコーポレーション
　　　　株式会社ベネッセクリエイティブワークス

印刷所／製本所　大日本印刷株式会社

ISBN978-4-8288-7258-2 C2077